Jüdische Frauen waren im gesamten von den Deutschen besetzten Europa aktiv im Widerstand gegen die Besatzer und deren »Endlösung der Judenfrage«. Sie engagierten sich in allen unterschiedlichen Bereichen des Widerstands. Da waren die jüdische Pfadfinderin, die in Südfrankreich half, jüdische Kinder zu verstecken, um sie vor der Deportation zu bewahren; die junge jüdische Kommunistin, die in Brüssel einen Gestapospitzel beschattete, den ihre Genossen »unschädlich« machen wollten; die achtzehnjährige Zionistin, die in Budapest Hunderte von Personalausweisen fälschte, um die letzten überlebenden Juden Ungarns zu retten, und viele andere mehr.

In einer vergleichenden Studie untersucht Ingrid Strobl erstmals die Beteiligung jüdischer Frauen an den verschiedenen Formen des Widerstands in den besetzten Ländern von Frankreich bis Polen. Anhand von Archivmaterial, privaten Dokumenten, Briefen, Tagebüchern und mittels der knapp sechzig ausführlichen Interviews, die sie mit ehemaligen jüdischen Widerstandskämpferinnen aus ganz Europa geführt hat, erhellt sie ein bislang verborgenes Kapitel der Geschichte des Zweiten Weltkriegs und der Shoa.

Ingrid Strobl beschreibt den Hintergrund, vor dem diese Frauen handelten: die Situation der jüdischen Bevölkerung in dem jeweiligen Land; die verschiedenen Formen von Widerstand, die die Juden entwickelten oder denen sie sich anschlossen, und die Funktionen, die Frauen darin übernahmen. Sie fragt: Wer waren diese Frauen, woher kamen sie, wie sind sie aufgewachsen? Warum haben sie sich überhaupt am Widerstand beteiligt, und was haben sie dabei empfunden? Wie gingen sie mit der Angst um? Und: Wie kamen sie nach der Befreiung mit einer »Normalität« zurecht, in die sie nicht mehr paßten?

Ingrid Strobl, geboren 1952, promovierte über »Rhetorik im Dritten Reich«, lebt als freie Autorin und Dokumentarfilmerin in Köln und arbeitet seit vielen Jahren über die Beteiligung jüdischer Frauen am Widerstand. Im Fischer Taschenbuch Verlag erschienen ihre Bücher ›»Sag nie, du gehst den letzten Weg.« Frauen im bewaffneten Widerstand gegen Faschismus und deutsche Besatzung‹ (Bd. 4752), ›Anna und das Anderle. Eine Recherche‹ (Bd. 2382) und ihre Übersetzung von Chaika Grossmans autobiographischem Bericht ›Die Untergrundarmee‹ (Bd. 11598).

Ingrid Strobl

Die Angst kam erst danach

Jüdische Frauen im Widerstand
in Europa 1939–1945

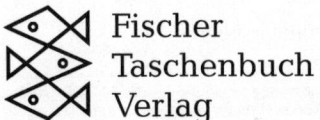

Fischer
Taschenbuch
Verlag

Die Frau in der Gesellschaft
Herausgegeben von Ingeborg Mues

Das Titelfoto zeigt jüdische Partisaninnen aus Brüssel
nach ihrer Rückkehr aus Auschwitz beziehungsweise Ravensbrück (v. l. n. r.):
Sarah Goldberg, Sara Gutfrajnd und Lola Rabinowicz

Originalausgabe
Veröffentlicht im Fischer Taschenbuch Verlag GmbH,
Frankfurt am Main, Februar 1998

© Fischer Taschenbuch Verlag GmbH, Frankfurt am Main 1998
Gesamtherstellung: Clausen & Bosse, Leck
Printed in Germany
ISBN 3-596-13677-6

Für Chaika Grossman (gestorben am 26. Mai 1996 im Kibbuz Evron) und Sarah Goldberg, Brüssel, die meine Arbeit über Jahre hinweg begleitet und mir darüber hinaus ihre Freundschaft geschenkt haben.

Inhalt

Danksagung

Ich hätte meine Forschungsarbeit für dieses Buch niemals durchführen können, wenn mir nicht Freundinnen und Freunde, Bekannte und Interviewpartnerinnen ungemein großzügig dabei geholfen hätten, indem sie mir ihre Gastfreundschaft gewährten, mir Kontakte vermittelten und Dokumente zur Verfügung stellten. Chaika Grossman und Meir Orkin im Kibbuz Evron, Chasia Bielicka-Bornstein und Heini Bornstein im Kibbuz Lehavot Habashan, Dina und Henri Krischer in Nancy, Lieselotte und Gert Levy in Brüssel haben mich mehrfach bei sich aufgenommen und verwöhnt. Für ihre Gastfreundschaft, Großzügigkeit und Liebenswürdigkeit danke ich außerdem Claudia Schmidt, Brüssel; Anja Rud, Tel Aviv; Liza Czapnik und Ilja Mashewitzki, Bersheva; Anat Asaiag-Teitelbaum, Jersusalem; Ita Schmolowsky, Haifa; und Carry van Lakerveld, Amsterdam.

Die Interviews, die eine wichtige Grundlage für dieses Buch bilden, konnte ich nur führen, weil die Frauen (und Männer), die ich interviewte, mir ihr Vertrauen schenkten. Ich danke ihnen allen dafür aus ganzem Herzen. Vitka Kempner-Kovner und Zila Amit danke ich ganz besonders dafür, daß sie mir ihre schriftlichen und auf Video aufgezeichneten umfassenden Zeitzeuginnenberichte zur Verfügung stellten. Bei Chava Raban bedanke ich mich für ihre ausführliche Antwort auf meinen Fragebogen. Zudem danke ich den vielen Frauen, die auf meinen Fragebogen geantwortet haben. Für die Vermittlung von Interviewpartnerinnen danke ich vor allem: Abraham Nejszaten, Sarah Goldberg, Claude Collin, Max Weinstein, Yvette Wirtschafter, Henri Krischer, Frieda Wattenberg, Meir Orkin, Heini Bornstein, Carry van Lakerveld, Max Arian, Robert Büchler, Yael Peled, Alisa Teitelbaum, Ita Schmolowsky, Menachem Ben Yami, Karl Pfeifer, Rafael Ruppin und Bronia Klibanski.

Ich hätte die Arbeit an diesem Buch nicht vollenden können ohne die finanziellen Zuwendungen, die mir zuteil wurden. Dem Herbert-Wehner-Stipendium verdanke ich es, daß ich mehrere Recherchereisen in verschiedene Länder unternehmen und dadurch die Zahl meiner Interviewpartnerinnen erheblich erhöhen konnte. Das Ökobildungswerk Saarbrücken hat mich zu Beginn meiner Arbeit unterstützt und mir damit auch Mut zur Weiterarbeit an diesem aufwendigen Projekt gemacht. Robert Hamlisch, Meran, Hertha Liebknecht, Paris, sowie Dorit und Martin Whiteman, New York, haben mir finanziell unter die Arme gegriffen, als ich dachte, ich müßte dieses Projekt aufgeben, weil es nicht mehr finanzierbar schien. Ihnen allen bin ich zu größtem Dank verpflichtet. Anja Rud in Tel Aviv, Barbara Distel in Dachau und Robert Büchler in Givat Haviva danke ich sehr herzlich dafür, daß sie meine Arbeit als förderungswürdig empfohlen haben.

Viele Dokumente konnte ich für diese Arbeit nur verwenden, weil Freunde und Bekannte sie für mich aus dem Hebräischen, Polnischen und Jiddischen übersetzt haben. Abi Ehrlich, Margita Weber, Uriel Leumi, Alisa und Raul Teitelbaum und Shoshana Ronen bin ich hierfür zu großem Dank verpflichtet. Ebenso bedanke ich mich bei Heini Bornstein, Zeev Betzer und Joseph Caspari, die für mich Interviews aus dem Hebräischen gedolmetscht haben; bei Sara Stebbins, die mehrere längere Texte für mich ins Englische übersetzt hat; und bei Gert Levy, der mir beim Transkribieren mehrerer französischer Interviews geholfen und Briefe und andere Texte für mich ins Französische übersetzt hat.

Ich danke Professor Dalia Ofer von der Hebrew University in Jerusalem dafür, daß sie es mir ermöglicht hat, am Institute of Contemporary Jewry meine Forschungsarbeit über die Beteiligung jüdischer Frauen am Widerstand vorzustellen. Und ich danke den Teilnehmerinnen und Teilnehmern dieses Seminars für ihre Kritik und Anregungen.

Vidar Jacobson vom Centre de Documentation Juive Contemporaine in Paris und Robert Büchler von den Moreshet Archives danke ich für ihre langjährige freundliche und unermüdliche Hilfe bei der Suche nach Archivmaterial. Desgleichen danke ich Elisabeth Pastwa und Florence Belot vom Musée de la Résistance et de la Déportation in Besançon, Esther Aran von den Yad Vashem Archives, Judith Belinfante und Edward van Voolen vom Jüdischen Museum Amsterdam, Rudi van Doorslaer vom Centre de Recherches et d'Études Historiques de la Seconde Guerre Mondiale in Brüssel, Elke Rieck von der Kölner Germania Judaica und allen, die mir großzügig ihre privaten Archive zur Verfügung gestellt haben, insbesondere Henri Krischer, Herbert Herz, Hélène Taich, Paul Urman, Adam Rayski und Heini Bornstein. Volker Schlunk habe ich zu danken für seine wertvollen Informationen über die Stationierung von Wehrmachtseinheiten im französisch-schweizerischen Grenzgebiet.

Mein herzlicher Dank gilt meiner Lektorin Ingeborg Mues, die auch dieses Buch mit der ihr eigenen großen Sorgfalt und Sensibilität betreut hat. Ingeborg Haase danke ich dafür, daß sie das Manuskript nicht nur akribisch, sondern auch engagiert Korrektur gelesen hat.

In den vielen Jahren, die ich an diesem Forschungsprojekt gearbeitet habe, haben mich Renate Göllner, Martina Domke, Barbara Jasemi, Sarah Goldberg, Abraham Nejszaten, Chaika Grossman, Meir Orkin, Chasia Bielicka-Bornstein, Heini Bornstein, Anja Rud, Liza Czapnik, Dina und Henri Krischer, Herbert Herz, Bronia Klibanski, Sara Stebbins, Georg Fülberth, Gerhard Scheit, Robert Hamlisch und Rosetta Jori mit Informationen, Material und vor allem ihrem Zuspruch und ihrer fürsorglichen Freundschaft unterstützt. Ich danke ihnen sehr dafür und möchte mich an dieser Stelle auch bei Heinz Schütte und bei Yvette Wirtschafter für ihre Hilfe und Freundlichkeit bedanken.

Meinen Freundinnen und Freunden in Köln danke ich für ihre unerschöpfliche Geduld und dafür, daß sie meinen völligen Rückzug in den letzten Monaten nicht nur akzeptiert, sondern mich darin unterstützt haben. Insbesondere danke ich Martina Domke dafür, daß sie mit großer Sorgfalt Interviews für mich transkribiert und mir bei den Korrekturen des Buches geholfen hat. Max Annas danke ich dafür, daß er mit dem Blick des kritischen Lektors das Manuskript gelesen und redigiert und mir wichtige Hinweise gegeben hat.

Last not least danke ich Gert Levy für vieles. Vor allem aber dafür, daß er an jedem Arbeitsschritt für dieses Buch Anteil genommen, jedes Kapitel sofort nach seiner Fertigstellung kritisch gelesen und mich immer wieder ermutigt hat, weiterzuschreiben.

Einleitung

Ist es möglich, nach 50 Jahren eine Geschichte zu rekonstruieren, über die häufig selbst von den Beteiligten jahrzehntelang geschwiegen wurde? Kann man eine Geschichte rekonstruieren, wenn der Bestand an schriftlichen Quellen gering, die emotionale Besetzung des Themas und die mit dem Thema verbundenen Vorurteile dafür um so größer sind? Sowohl Frauen als auch Juden wurde eine Beteiligung am »aktiven« Widerstand gegen die deutsche Besatzung und »Endlösung« lange Zeit weitgehend abgesprochen. Während den ermordeten Juden nachträglich vorgeworfen wurde, sie seien »wie die Lämmer zur Schlachtbank gegangen«, galt für Frauen das Diktum, sie hätten lediglich »passiven« Widerstand geleistet, sie hätten als »Kofferträgerinnen« beziehungsweise »Sanitäterinnen« der Résistance gedient und nur »die vielen Verwundeten eingesammelt«.[1]

Beide Behauptungen stützen sich, direkt oder indirekt, auf eine militärische Definition von Widerstand, die sowohl die Rettung von Menschen als auch die Aufrechterhaltung ihrer Moral nicht als »echten« Widerstand akzeptiert. Unter »aktivem Widerstand« wird hier lediglich der bewaffnete Kampf verstanden, zu dem allerdings schon der Transport, die Aufbewahrung und die Verteilung der Waffen – Aufgaben, die meist von Frauen erfüllt wurden – nicht mehr gezählt werden. Die Kampfgruppen jedoch hätten ohne die Arbeit der Verbindungsagentinnen weder existieren noch agieren können. Die bewaffneten Kämpferinnen und Kämpfer erhielten von den Verbindungsagentinnen Anweisungen und Informationen über Ort, Zeitpunkt und Objekt eines Anschlags, über drohende Gefahren, erfolgte Verhaftungen, enttarnte Spitzel etc., sie bekamen von ihnen Geld, Lebensmittelkarten, Nachrichten über die politische Lage und über ihre Familien. Die Verbindungsagentinnen hielten den Kontakt zwischen den Kommandanten, den Gruppen und den Kommandanten und den Gruppen untereinander. Sie transportierten den Sprengstoff von den Steinbrüchen in die Stadt, die Waffen von einer Stadt in die nächste und vom Waffendepot zum Anschlagsort und zurück. Sie schufen die Logistik und beschafften die Mittel und Informationen, ohne die der bewaffnete Widerstand nicht funktionsfähig gewesen wäre.

12

Angesichts der Vernichtung der europäischen Juden wurde die Rettung von Menschen zu einer dringlichen und bedeutenden Widerstandstätigkeit. Die jungen Frauen (und Männer), die jüdische Kinder, Jugendliche und Erwachsene außer Landes brachten oder Verstecke und falsche Papiere für sie organisierten und sie über teils lange Zeiträume hinweg versorgten, bekämpften den Feind auf einer anderen Ebene als die bewaffneten Kämpferinnen und Kämpfer: Diese versuchten, ihn aus dem Land zu treiben oder zumindest seine Kräfte zu schwächen, jene versuchten, ihm seine Opfer zu entreißen. Ersteres als »aktiven« und letzteres als »passiven« Widerstand zu bezeichnen, ergibt bei genauerer Betrachtung keinen Sinn. Renée Poznanski bezeichnet die Rettungsaktionen des jüdischen Widerstands als »humanitären« Widerstand.[2] Dem ist zuzustimmen, wenn das Begriffspaar »aktiv« und »passiv« grundsätzlich verworfen und durch andere, treffendere Termini ersetzt wird, wie etwa bewaffneter, humanitärer und politischer Widerstand.

Die Tatsache, daß in den als »passiver Widerstand« definierten Domänen primär Frauen aktiv waren, und die Tatsache, daß sowohl diese Tätigkeiten als auch die Widerstandskämpferinnen selbst nach dem Krieg wenig bis gar nicht gewürdigt wurden, hängen eng miteinander zusammen. Rachel Cheigham, die in Frankreich an der Rettung von jüdischen Kindern und Jugendlichen mitarbeitete und gleichzeitig Aktivistin einer bewaffneten Formation der Armée Juive (Jüdische Armee) war, stellt fest, daß zum Teil auch die Frauen selbst diese Minderbewertung verinnerlicht haben: »Die Männer, die direkt gegen den Feind gekämpft haben, in der direkten Konfrontation, haben nicht mehr gemacht als die Frauen, aber sie haben das Bewußtsein, gekämpft zu haben. Die Frauen haben nicht das Gefühl, gekämpft zu haben. Sie haben den Eindruck, sie haben getan, was getan werden mußte. Es ist noch heute so: Abgesehen von ein paar wenigen bekannten Frauen, die als Heldinnen verehrt werden, spricht man nicht von ihnen. Mit Auszeichnungen wurden nach dem Krieg die Männer dekoriert, nicht die Frauen. Als der Krieg beendet war und man die Ausweise für ehemalige Widerstandskämpfer verteilte, haben die Frauen kaum welche bekommen. Sie haben sich dann später doch noch darum bemüht, denn dieser Ausweis war auch wichtig für die Rente. Aber die Männer haben sich sofort darauf gestürzt, auch solche, die gar nichts gemacht haben.«[3]

Vivette Samuel, die nach dem Krieg als Beraterin einer Vereinigung ehemaliger Widerstandskämpferinnen arbeitete, machte die Erfahrung, daß die Rettung von Kindern und auch Erwachsenen nicht als Widerstand definiert wurde: »Die Netzwerke zur Kinderrettung, wie zum Beispiel auch der Circuit Garel (der illegale Rettungsdienst des jüdischen Kinderhilfswerks OSE, Œuvre de secours aux enfants, Anm. d. Verf.), wurden nicht als Widerstand betrachtet. Und das hängt natürlich auch damit zusammen, daß es so viele Frauen waren, die diese Arbeit gemacht haben. Was wir getan haben, wurde und wird nicht als Widerstand anerkannt. Ich habe dafür keine einzige Auszeichnung erhalten. Meine Auszeichnungen erhielt ich auf Grund der Arbeit, die ich nach dem Krieg geleistet habe. Und so geht es allen. Diejenigen aus dem Circuit Garel zum Beispiel, die eine Anerkennung erhielten, bekamen sie, weil sie noch in einem anderen Rahmen am Widerstand beteiligt waren.«[4] Eine ähnliche Mißachtung ihrer Arbeit im Widerstand erfuhren auch Angehörige der zionistischen Jugendbewegungen, die in Ungarn jüdische Kinder und Erwachsene gerettet hatten. Als sie in Israel (beziehungsweise zu diesem Zeitpunkt Palästina) ankamen, wurde ihnen vorgeworfen, daß sie nicht bewaffnet gegen die Deutschen gekämpft hatten.[5]

Renée Poznanski konstatiert in ihrem Aufsatz über jüdischen Widerstand in Frankreich einen Paradigmenwechsel, der sich im Verlauf der letzten Jahre in der Beschäftigung mit dem jüdischen Widerstand und der Debatte darüber vollzog: »Das Modell für den jüdischen *Résistant* war nicht länger der Kämpfer der MOI (der Widerstandsorganisation der kommunistischen Immigranten, Anm. d. Verf.), sondern eher der junge jüdische Pfadfinder, der sich der Rettung jüdischer Kinder widmete.«[6] Diese Einschätzung trifft auch auf andere Länder zu, doch es ist kein Zufall, daß Poznanski jeweils die männliche Form wählt, obwohl es näherläge, von der jüdischen Pfadfinderin zu sprechen, die sich der Rettung der Kinder widmete. Und während der Kämpfer der MOI in den Hintergrund gedrängt wird, ist die Kämpferin nie in den Vordergrund getreten. Frauen, die mit der Waffe in der Hand gegen die deutschen Besatzer und »Endlöser« und ihre Verbündeten kämpften, galten und gelten als unweiblich, als nicht vorzeigbar. Lediglich den Ghettokämpferinnen und Partisaninnen in Osteuropa wird ein klassisches, das heißt militärisches Heldentum zugestanden, doch auch sie werden vergleichsweise häufiger als Kurierinnen und Kundschafterinnen als in direkten Kampfsituationen dargestellt.[7]

Der Vorwurf, »die Juden« seien wie die Lämmer zur Schlachtbank gegangen, wurde bereits vielfach kompetent zurückgewiesen. Ich verweise in diesem Zusammenhang auf die Argumente von Jehuda Bauer, Israel Gutman, Adam Rayski, Marek Edelman, Asher Cohen, Renée Poznanski.[8] Da die Historiographie des Widerstands von Juden stets die Gefahr in sich birgt, auch unabsichtlich die »aktiven« Widerständler gegen die »passiven« Opfer auszuspielen, habe ich in den Kapiteln über die besetzten Länder versucht, jeweils darzustellen, unter welchen Bedingungen die jüdische Bevölkerung des Landes vor dem Einmarsch der Deutschen lebte, wie sie sich zusammensetzte, wie sie ihre Interessen vertrat, welchen Belastungen sie durch die deutsche Besatzung ausgesetzt wurde, wann die ersten Informationen über das Vernichtungsprogramm beziehungsweise das Schicksal der Deportierten eine breitere jüdische Öffentlichkeit erreichten, mit welchen Methoden der Vernichtungsprozeß in dem jeweiligen Land in Gang gesetzt und durchgeführt wurde und in welchem Ausmaß sich im Vergleich zur jüdischen Bevölkerung die jeweilige nichtjüdische Bevölkerung eines Landes im Widerstand gegen die Besatzung und die »Endlösungs«-Politik der Besatzer engagierte. Mit anderen Worten: Ich habe versucht, deutlich zu machen, daß nicht die Tatsache erstaunlich ist, daß die Masse der Menschen sich nicht gewehrt hat, sondern umgekehrt die Tatsache, daß es einer angesichts der Umstände beachtlichen Zahl von Frauen und Männern gelingen konnte, Widerstand zu leisten.

Die Debatte darüber, welcher Widerstand das Recht hat, sich als jüdisch zu definieren, wird vor allem in Frankreich seit Jahren heftig und kontrovers und häufig polemisch geführt, und sie ist noch nicht beendet.[9] Ich verwende hier, ohne dadurch den Anspruch ehemaliger Widerstandskämpferinnen und Widerstandskämpfer der MOI, auch den von ihnen geführten Kampf als jüdischen Widerstand zu definieren, zurückzuweisen, aus Gründen der Vereinfachung den Begriff »jüdischer Widerstand« für Gruppen, Organisationen und Bewegungen, die ausschließlich aus Jüdinnen und Juden bestanden und sich selbst dezidiert als jüdische Widerstandsorganisationen verstanden und bezeichneten. Den Widerstand von Gruppen und Organisationen, die nichtjüdischen Parteien oder Verbänden angehörten oder deren Oberbefehl unterstanden und sich selbst primär als politisch (kommunistisch) definierten, bezeichne ich als Widerstand von Jüdinnen und Juden. Wo ich verallgemeinernd alle verschiedenen Formationen meine, verwende ich den neutraleren Begriff Widerstand von Jüdinnen und Juden, der in diesem Zusammenhang den jüdischen Widerstand impliziert.

Das Ziel meiner hier vorliegenden Arbeit ist es, den Widerstand jüdischer Frauen aus seinem Schattendasein ins Licht der Historiographie des Widerstands zu rücken. Ich habe versucht, eine erste vergleichende Geschichte der Beteiligung jüdischer Frauen am Widerstand im deutsch besetzten Europa zu schreiben. Ich habe mich bemüht, soweit dies überhaupt möglich ist, herauszufinden und darzustellen, welchen Beitrag jüdische Frauen qualitativ und quantitativ zum Widerstand im deutsch besetzten Europa geleistet haben, unter welchen Bedingungen und in welchen Bereichen jüdische Frauen im Widerstand aktiv waren, wer diese Frauen sind, woher sie kommen, wie sie dachten, handelten und empfanden. Eine solche Untersuchung unterliegt notwendigermaßen starken Eingrenzungen. Ich konnte mehrere Aspekte, die für die Erforschung des Widerstands von Jüdinnen und Juden von Bedeutung sind, wie etwa die Rolle der Judenräte, nicht berücksichtigen. Ich mußte auch individuelle, das heißt unorganisierte Widerstandshandlungen einzelner außer acht lassen und ebenso den Bereich der Solidarität als Widerstand: Wenn zum Beispiel eine Frau einer anderen Frau in Auschwitz ein Stück von ihrem Brot abgab, war dies bereits ein Akt des Widerstands. Ich beschränke mich hier jedoch auf die Beteiligung jüdischer Frauen am organisierten Widerstand von Gruppen, Parteien, Bewegungen, sozialen Einrichtungen, Selbstschutzorganisationen etc.

Den ursprünglichen Plan, alle deutsch besetzten Länder zu untersuchen, habe ich rasch aufgegeben. Für eine ernsthafte Beschäftigung mit dem Widerstand jüdischer Frauen in Ländern, deren Sprache ich nicht beherrsche und deren Fach- und Memoirenliteratur nicht in eine mir zugängliche Sprache übersetzt ist, fehlten mir die Grundlagen. Die Interviews, die ich mit einigen ehemaligen jüdischen Widerstandskämpferinnen aus Jugoslawien, der Slowakei und dem »Protektorat Böhmen und Mähren« geführt habe, reichten dafür nicht aus, bereicherten jedoch mein Vergleichsmaterial über Herkommen, Erziehung, Politisierung etc. von jüdischen Widerstandskämpferinnen. Zudem wurde der Partisanenkampf in Jugoslawien und der Slowakei unter anderen Bedingungen geführt und gehorchte anderen Gesetzen als der Kampf städtischer Freischärlergruppen und des Ghettountergrunds oder die Aktionen zur Rettung jüdischer Kinder und Jugendlicher. Ich habe aus diesem Grund auch die Beteiligung jüdischer Frauen am Widerstand der Partisanen in Italien ausgeklammert und ebenso die jüdischen Frauen, die in Partisanenformationen in Polen, dem Baltikum und Belorußland kämpften. Eine Erforschung der

Beteiligung jüdischer Frauen am Partisanenkampf steht noch aus, und es wäre wünschenswert, daß Historikerinnen und Historiker sich dieses Themas annähmen.

Auch auf einen Exkurs über die Beteiligung österreichischer jüdischer Exilantinnen am Widerstand in Frankreich und Belgien habe ich nach längerem Zögern verzichtet. Die Darstellung und Analyse der spezifischen Situation dieser Frauen und ihrer ambivalenten Haltung gegenüber ihrem Herkunftsland würden den Rahmen dieser Studie sprengen. Sie waren in einem speziellen Sektor des Widerstands der kommunistischen Immigrantenorganisationen aktiv, der Travail antiallemand (antideutschen Arbeit), kurz TA, Travail allemand, genannt. Ihre Aufgabe bestand darin, deutsche (und hier vorzugsweise österreichische) Soldaten anzusprechen, ihr Vertrauen zu gewinnen, Informationen von ihnen zu erlangen und ihnen Propagandamaterial zur Verteilung an andere Soldaten zu übergeben. Im Idealfall sollten die Soldaten desertieren und sich mit ihren Waffen der Résistance anschließen. Diese als »Mädelarbeit« bezeichnete Widerstandtätigkeit wurde, nicht zuletzt auf Grund ihres als »heikel« wahrgenommenen und gelegentlich als Prostitution mißverstandenen Charakters, trotz einiger vorliegender Publikationen bis heute nicht ausreichend erforscht.[10] Im Dokumentationsarchiv des österreichischen Widerstands, DÖW, befinden sich Dossiers zu einzelnen Frauen, Zeitschriften und »Streuzettel« der TA in Frankreich und Belgien. Interviews mit ehemaligen TA-Aktivistinnen wurden in Auszügen in den vom DÖW herausgegebenen Dokumentenbänden »Österreicher im Exil« und »Erzählte Geschichte« veröffentlicht. Ich verweise zudem auf meinen Beitrag auf dem Symposion »Frauen im Exil«, Wien 1995, in dem ich erste Ergebnisse meiner Untersuchung dieses Teilaspekts der Beteiligung jüdischer Frauen am Widerstand vorstelle.[11]

In den letzten 20 Jahren entstand in einigen ehemals besetzten Ländern, in Israel und in den USA eine wissenschaftliche Forschung zum Widerstand von Juden im deutsch besetzten Europa. Renée Poznanski weist zu Recht darauf hin, daß seit den Vorwürfen, die Hannah Arendt und vor allem Raul Hilberg gegen die »passiven« jüdischen Opfer beziehungsweise die Judenräte erhoben, die Literatur über den Widerstand von Juden häufig von dem Bemühen geprägt ist, jüdischen Heldenmut zu belegen.[12] Dies trifft mit Einschränkungen auch auf Veröffentlichungen zu, die auf die bis in die 60er Jahre vorherrschende negative israelische Rezeption des Verhaltens der jüdischen

Bevölkerung in der Diaspora reagieren.[13] Der Vorbehalt betrifft jedoch die neueren Arbeiten, wie etwa die von Claude Collin, Sabine Zeitoun, Stéphane Courtois und Denis Peschanksi, Annette Wieviorka, Renée Poznanski, Maxime Steinberg, Asher Cohen, Yehoyakim Cochavi, Yael Peled und anderen, nicht mehr oder nur noch eingeschränkt. Auch der Wert der älteren Literatur, wie etwa der großangelegten Studie von Reuben Ainsztein[14] über den jüdischen Widerstand in Osteuropa, der langjährigen Forschungsarbeit von Israel Gutman[15] und der Arbeit von Jehuda Bauer[16] wird durch eine, gelegentlich tatsächlich vorhandene, legitimatorische Motivation nicht gemindert. Als problematischer erweisen sich Publikationen, die in eindeutig apologetischer Absicht verfaßt wurden, wie etwa die dreibändige »Anthology on Armed Jewish Resistance«, die sich bemüht, so viele »Beweise« wie möglich für heldenhaftes Verhalten von Juden während des Zweiten Weltkrieges anzuführen und dabei, unter weitgehender Außerachtlassung von Quellenangaben, Tatsachenberichte mit Anekdoten und Legenden mischt.[17]

Das Gros der historischen Arbeiten über den jüdischen Widerstand in Polen, dem Baltikum und Belorußland erschien Ende der 70er und vor allem in den 80er Jahren. Die Forschung über den jüdischen Widerstand in Osteuropa wurde, mit Ausnahmen, wie etwa Reuben Ainsztein und Bernard Mark[18], vor allem in Israel betrieben, die entsprechenden Publikationen wurden mit einigen Jahren Verspätung zu einem gut Teil ins Englische beziehungsweise Amerikanische übersetzt. Diese Forschung stützt sich weitgehend auf Dokumente, die Untergrundbewegungen in verschiedenen Ghettos anlegen, sammeln, verstecken und retten konnten, und auf schriftliche und mündliche Zeitzeugenberichte, die zuerst vom Jüdischen Historischen Institut in Warschau und später von diversen israelischen Archiven gesammelt wurden. Vor allem das Archiv des Kibbuz der Ghettokämpfer, Lohamei Haghettaot, und später das Archiv der zionistischen Jugendbewegung, Moreshet, aber auch das Archiv von Yad Vashem sammelten nicht nur Dokumente jüdischen Lebens, Überlebens und Widerstands in der Shoa, sie initiierten auch Zeugenaussagen, indem sie Überlebende aufforderten, ihre Berichte niederzuschreiben, auf Tonband zu sprechen oder indem sie diese in späteren Jahren auf Video aufnahmen.

Bereits in den ersten Jahren nach Kriegsende erschienen Anthologien, Dokumentationen und autobiographische Berichte von überlebenden Widerstandskämpferinnen und Widerstandskämpfern über den jüdischen Widerstand in Polen, im Baltikum und in den besetzten Teilen der Sowjetunion (wie etwa die Berichte von Itzhak Zuckerman, Marek Edelman, Tuvya Borzykowski, Shmuel Zygelboim, Bernard Goldstein, Zivia Lubetkin, Roszka Korczak, Chaika Grossman, Vladka Meed [Wladka Feigele Peltel] und anderen) *; die Aufzeichnungen von Emanuel Ringelblum und Gusta Drenger-Dawidsons »Tagebuch der Justyna«; die von Melech Neustadt herausgegebene Anthologie »Hurbn un oyfshtand fun di Yidn in Varshe« (Vernichtung und Aufstand der Juden in Warschau); die vom Bund in New York publizierte Sammlung »In di Yorn fun yidishn hurbn« (In den Jahren der jüdischen Katastrophe); der Dokumentenband »Martyrs and Fighters«; und der Band »Blessed is the Match«, in dem die amerikanische Journalistin Marie Syrkin Gespräche publizierte, die sie kurz nach Kriegsende in Palästina mit überlebenden Widerstandskämpfern, vor allem aber Widerstandskämpferinnen aus Osteuropa geführt hatte.[19]

In Frankreich wurde die Forschung über den jüdischen Widerstand beziehungsweise den Widerstand von Juden lange Zeit vernachlässigt bis ignoriert. Die Gründe dafür sind vielfältig: Jüdische *Résistants* aus den Organisationen des gaullistischen Widerstands, wie Combat, Libération etc., definierten sich selbst als französische Patrioten und sahen keinen Anlaß, ihr Jüdischsein eigens zu thematisieren. Sie verwahrten sich, im Gegenteil, gegen eine erneute »Aussonderung« der Juden, eine Trennung von Juden und Franzosen im Nachkriegsfrankreich und in der Historiographie der Résistance.[20] Von den *Résistants*, die in zionistischen Organisationen aktiv gewesen waren, gingen viele nach der Befreiung nach Palästina und später Israel. Es erschienen allerdings bereits in den späten 40er Jahren in Frankreich erste Veröffentlichungen über den jüdischen Widerstand, wie zum Beispiel die Bände von David Knout und Jacques Lazarus.[21] Beide Autoren waren führende Organisatoren und Aktivisten der Armée Juive (Jüdischen Armee). Sie gründen ihre Darstellung des jüdischen Widerstands auf die eigene Erfahrung und mündliche Berichte ihrer Kameradinnen und Kameraden. 1970 erschien die Untersuchung von Anny Latour (auch sie eine ehemalige Aktivistin der Armée Juive), »La Rési-

---

* Jiddische Namen werden im folgenden gelegentlich unterschiedlich geschrieben, da nach den Regeln des JIVO (Jiddischen Visenschaftliken Instituts) aus der hebräischen Schrift verschieden ins Englische, Deutsche und Französische transkribiert wird. Von daher kann die Schreibweise je nach Quelle variieren.

stance juive en France« (Der jüdische Widerstand in Frankreich), die auf ausführlichen Interviews mit ehemaligen Aktivistinnen und Aktivisten und den persönlichen Erinnerungen der Autorin beruht.[22] Eine systematische Forschung zum jüdischen Widerstand in Frankreich hat sich jedoch bis dato nicht entwickelt.[23] In einem Leserbrief an die Zeitschrift »La lettre des résistants et déportés juifs« vom April/Mai 1997 erklärt ein ehemaliger Aktivist der jüdischen Kampforganisation Armée Juive: »Die Geschichte (unserer Organisation und unseres Maquis, Anm. d. Verf.) ist noch nicht geschrieben. Die paar Bücher, die bisher dazu erschienen sind, wurden, nicht ganz grundlos, als unzureichend kritisiert.« Eine nicht näher benannte »Generalversammlung«, berichtet der Briefschreiber weiter, habe daher vor einem Jahr beschlossen, einen Autor mit dem Verfassen eines neuen Buches zu betrauen – doch diesen Autor suche man noch immer.[24]

»Schweigen umgibt die Geschichte der kommunistischen Juden«[25], konstatierte David Douvette 1984 auf dem Pariser Symposion über die Beteiligung der Juden am Widerstand in Frankreich. Diese Feststellung bezieht sich nicht nur auf Versäumnisse der, durch den Antikommunismus des kalten Krieges geprägten, »bürgerlichen« Geschichtsschreibung. Auch die kommunistische Historiographie verschwieg über Jahrzehnte hinweg den dominanten Anteil der jüdischen Immigrantinnen und Immigranten am kommunistischen Widerstand in Frankreich. Das politische Interesse an der Machtbeteiligung im Nachkriegsfrankreich, die Konkurrenz gegen die gaullistischen Widerstandsbewegungen, die weitgehend von nichtjüdischen Franzosen und französischen Juden getragen wurden (und nicht von jüdischen Immigrantinnen und Immigranten), und eine seit 1947/48 ausgeprägte antisemitische Tendenz in den »Bruderparteien« der Sowjetunion, der Tschechoslowakei, Ungarns und später Polens bewirkten eine nachträgliche »Französisierung« des kommunistischen Widerstands durch die Partei. Zu dieser Geschichtsverfälschung trugen allerdings die jüdischen Widerstandskämpferinnen und Widerstandskämpfer zum Teil selbst bei. Wie ein Großteil der gaullistischen jüdischen *Résistants* definierten sich einige von ihnen nicht primär ethnisch, sondern politisch und wollten die von den deutschen Besatzern und dem Vichy-Regime erzwungene Trennung zwischen Juden und Franzosen aufheben und die Immigrantinnen und Immigranten in die französische Gesellschaft integrieren. Andere gingen in ihre Herkunftsländer (Polen, Tschechoslowakei, Ungarn) zurück, um sich dort

20

am Aufbau des jeweiligen neuen sozialistischen Staates zu beteiligen. Die Partei löste schließlich den politischen Apparat der MOI (Main d'Œuvre Immigrée) auf, gliederte die jüdische Sektion der MOI aus und unterstellte sie direkt dem Zentralkomitee. Ein großer Teil der in Frankreich gebliebenen jüdischen *Résistants* stimmte dieser als integrativ definierten (und auch häufig so rezipierten) Marginalisierungspolitik, die sich in der Geschichtsschreibung fortsetzte, zu oder nahm sie stillschweigend hin.[26] Die wissenschaftliche Auseinandersetzung mit dem Widerstand von Juden in Frankreich, die in den 80er Jahren einsetzte, widmete sich nun allerdings vorwiegend dem Anteil der (vor allem osteuropäischen) jüdischen Immigranten am kommunistischen Widerstand. Neben dem ehemaligen *Résistant* Adam Rayski sind es vor allem Angehörige der »zweiten Generation«, die sich dem Thema widmen und die (mehr oder weniger) subjektiv gefärbten Darstellungen der ehemals Beteiligten durch wissenschaftliche Forschung und kritische Analyse ergänzen.[27]

Trotz der Ausgrenzung der jüdischen Immigrantinnen und Immigranten aus der offiziellen Geschichtsschreibung der Partei erschienen nach 1945 einzelne autobiographische Berichte und Dokumentationen zu ihrer Beteiligung am Widerstand (vor allem) der Kommunistischen Partei, wie etwa die Biographien- und Dokumentensammlungen von David Diamant, die von Jacques Ravine gesammelten und publizierten Berichte und Dokumente, der Bericht »eines jüdischen Freischärlers« von Abraham Lissner, die Dokumentation der jiddischen und französischen Untergrundpresse der jüdischen Sektion der MOI, die Autobiographien von Adam Rayski und Louis Gronowski, die kritische Darstellung von Annie Kriegel und die in Romanform verfaßte Geschichte der 35. Brigade der FTP-MOI in Toulouse von Claude Lévy.[28]

In auffallendem Gegensatz zur vergleichsweise umfangreichen Aufarbeitung des Widerstands und der kritischen Auseinandersetzung mit dem Widerstand von Juden in Osteuropa und Frankreich steht die wissenschaftliche, aber auch die (publizierte) (auto-)biographische und dokumentarische Beschäftigung mit diesem Thema in anderen ehemals deutsch besetzten Ländern. Zur Beteiligung von Juden am Widerstand in Belgien erschienen bislang im wesentlichen drei größere Publikationen: die zweibändige Studie von Maxime Steinberg, die Sammlung von Zeitzeugenberichten ehemaliger jüdischer Partisanen, »Partisans armés juifs. 38 témoignages«, und Viviane Teitelbaum-Hirschs Darstellung der Rettung jüdischer Kinder unter anderem durch das jüdische Selbstschutzkomitee CDJ (Comité de Defense des Juifs).[29] Daneben existieren kleinere Broschüren und einige Aufsätze.[30]

In den Niederlanden begann die Beschäftigung mit dem Widerstand von Juden Anfang der 80er Jahre mit dem Band »Joods Verzet« (Jüdischer Widerstand) von Jac van de Kar[31], dem schließlich fast zehn Jahre später Ben Brabers Darstellung von »Joden in verzet en illegaliteit«[32] (Juden in Widerstand und Illegalität) folgte. Wichtige Vorarbeiten zur Erforschung des Widerstands von Juden in den Niederlanden leistete der holländische Historiker Jacob Presser, der Verfasser von »Ondergang«, dem Standardwerk über die Vernichtung der holländischen Juden.[33]

Die Erforschung des jüdischen Widerstands in Ungarn wurde bislang in Israel geleistet, da die kommunistische Geschichtsschreibung eine spezifisch jüdische Fragestellung nicht zuließ. Einzelne bisher erschienene Arbeiten, vor allem die Studien von Asher Cohen[34], beschäftigen sich mit den Aktivitäten der zionistischen Jugendbewegungen. Die Beteiligung von Jüdinnen und Juden am kommunistischen Widerstand in Ungarn ist meines Wissens noch nicht erforscht. In deutscher Übersetzung erschien 1996 der Erinnerungsbericht von Tusia Herzberg, einer polnischen Widerstandskämpferin, die nach Ungarn flüchtete und sich in Budapest am Widerstand beteiligte.[35] Wichtige Einblicke in den Alltag und die Arbeit der zionistischen Jugendbewegungen in Budapest gewährt der Briefwechsel zwischen deren Aktivisten und Vertretern der Zentrale des Hechaluz (der zionistischen Pionier-Jugendbewegungen) in Genf. Diese Korrespondenz befindet sich in Teilen im Archiv von Moreshet in Givat Haviva, im Privatarchiv von Heini Bornstein und im Archiv von Lohamei Haghettaot.

1997 erschien in Israel ein autobiographischer Bericht von Heini Bornstein über die Aktivitäten der Vertreter der Welt-Hechaluz-Zentrale (Zentrale der zionistischen Jugendbewegung) in Genf, der an Hand bisher unveröffentlichter Dokumente und der persönlichen Erinnerungen des Autors erstmals detailliert die Rettungs- und Hilfsaktionen der Vertretungen des Hechaluz und des Joint Distribution Committee (amerikanische jüdische Hilfsorganisation) in der Schweiz für den jüdischen Widerstand in mehreren besetzten Ländern darstellt.[36] Eine erste Darstellung des Widerstands von Juden in den besetzten Ländern Europas in deutscher Sprache veröffentlichte Arno Lustiger 1994.[37]

Die Rolle, die Frauen im Widerstand gegen die deutsche Besatzung und »Endlösung« spielten, stößt seit einigen Jahren auf ein gewisses Interesse von seiten der Historikerinnen in verschiedenen Ländern. Mitte der 80er Jahre zählte Rita Thalmann auf dem Pariser Symposion über die Beteiligung von Juden an der Résistance 17 Werke zum Thema Frauen im französischen Widerstand, von denen 13 bereits vor 1971 erschienen waren.[38] Florence Hervé bemerkt 1997 in ihrer vergleichenden Untersuchung über deutsche und französische Frauen im Widerstand, daß in Frankreich zwischen 1972 und 1989 fünf ausführliche Darstellungen der Résistance erschienen, in denen Frauen zu Wort kommen und/oder die sich auf Frauen beziehen.[39] Die von Thalmann und Hervé genannten Arbeiten und Dokumentationen handeln von französischen Frauen, die sich am Widerstand beteiligten. Jüdische Frauen kommen darin vor, werden jedoch weder eigens als solche benannt, noch wird die Spezifik ihrer Situation und ihres Handelns thematisiert. Eine wissenschaftliche Literatur über die Beteiligung jüdischer Frauen am Widerstand ist noch immer nicht oder nur marginal vorhanden. Arbeiten wie Sabine Zeitouns Dissertation über die Aktivitäten des jüdischen Kinderhilfswerks OSE (Œuvre de Secours aux Enfants) unter der deutschen Besatzung in Frankreich implizieren thematisch bedingt eine Darstellung und Erforschung des hohen Anteils von Frauen an den Widerstandsaktivitäten der untersuchten Organisation. Den Schwerpunkt der Studie aber bilden Tätigkeit und Politik von OSE und nicht dessen weibliche Mitarbeiter. Ähnliches gilt für Polen: Die große Bedeutung etwa der Emissärinnen des jüdischen Widerstands oder die wichtige Rolle, die Frauen in den Untergrundführungen in diversen Ghettos spielten, spiegelt sich in der Forschungs- wie in der Memoirenliteratur wider, wird jedoch nicht eigens thematisiert und untersucht. Erste Vorarbeiten zu einer Untersuchung dieses Themenbereiches habe ich in meinem 1989 erschienenen Band »Sag nie, du gehst den letzten Weg. Frauen im bewaffneten Widerstand gegen Faschismus und deutsche Besatzung« geleistet.[40]

Weder in Belgien noch in den Niederlanden und meines Wissens auch nicht für Ungarn wurde bislang die Beteiligung jüdischer Frauen am Widerstand untersucht und/oder dokumentiert. In der Geschichtsschreibung des jüdischen Widerstands in diesen Ländern tauchen Frauen auch auffallend weniger häufig und weniger explizit auf als in den Arbeiten über Frankreich und Osteuropa.

Allgemein kann festgestellt werden: Widerstandskämpferinnen kommen in der allgemeinen Literatur über den Widerstand von Juden je nach Land mehr oder weniger ausführlich vor, doch weder wird ihre spezifische Rolle darin dargestellt, noch werden ihre Herkunft, Motivationen, Eigenarten etc. erforscht. In der Erforschung des Widerstands von Juden ist ein gewisser Anteil von weiblichen Autoren festzustellen, und in den Arbeiten dieser Historikerinnen werden häufig, doch nicht immer, die schriftlichen und mündlichen Aussagen weiblicher Beteiligter berücksichtigt. Dies gilt jedoch weitgehend auch für die Forschungsarbeit männlicher Historiker des Widerstands von Juden. Es zeigt sich allerdings, daß in den Studien, die von ehemaligen Widerstandskämpfern und Überlebenden der Shoa verfaßt wurden, sowohl die Zeugnisse von Frauen als Quellen stärker berücksichtigt als auch die Beteiligung der Frauen am und ihre Bedeutung für den Widerstand expliziter erwähnt werden. Um so stärker fällt die fast völlige geschlechtsspezifische Ignoranz der neuesten Literatur auf, die versucht, Bedingungen, Genese, Formen des Widerstands von Juden über die historische Darstellung hinaus kritisch zu analysieren. Weder in der umfassenden Arbeit von Maxime Steinberg über den Widerstand der Juden in Belgien noch in der detaillierten Studie von Asher Cohen über den Widerstand der zionistischen Jugendbewegungen in Ungarn, weder in den diversen Beiträgen zum Thema in den neueren Bänden der Yad Vashem Studies noch etwa in dem von Asher Cohen und Yehoyakim Cochavi herausgegebenen Sammelband über den Widerstand der zionistischen Jugendbewegungen im besetzten Europa[41], noch in den in »Le Monde Juif« publizierten Forschungsergebnissen werden Spezifik und Bedeutung der weiblichen Beteiligung am Widerstand von Juden berücksichtigt.

Insgesamt gilt für die Forschung über die Beteiligung von Frauen am Widerstand allgemein und am Widerstand von Juden im besonderen: Initiiert durch die neue Frauenbewegung und deren Interesse an der (Sozial-)Geschichte der Frauen, entstand in den letzten 20 Jahren eine gewisse Beschäftigung auch mit diesem speziellen Forschungsbereich. Das neu erwachte (primär weibliche) Interesse an der Rolle, die jüdische Frauen im Widerstand spielten, korrespondiert mit einem etwa im selben Zeitraum neu entdeckten Interesse am Widerstand von Juden insgesamt. Diese parallele Entwicklung drückte sich zum Beispiel 1984 auf dem ersten französischen Symposion über die Beteiligung der Juden an der Résistance dadurch aus, daß den Frauen ein eigener Block gewidmet wurde. Umgekehrt beschäftigte sich eine große Sektion der Jerusalemer Konferenz von 1995 über Frauen in der Shoa mit der Beteiligung jüdischer Frauen am Widerstand. Dennoch ist festzustellen, daß einerseits in der allgemeinen wissenschaftlichen Literatur über den Zweiten Weltkrieg die Teilnahme von Frauen am Widerstand noch immer bestenfalls eine marginale Rolle spielt und daß andererseits in der internationalen Frauenforschung der Bereich Frauen im Widerstand und noch viel mehr das Thema jüdische Frauen im Widerstand gleichfalls eine Randexistenz führt.

Die Historikerinnen und Historiker, die sich mit dem Widerstand allgemein und dem von Juden im besonderen beschäftigen, beklagen, von Frankreich bis Ungarn und zum Teil auch in bezug auf Polen, den Mangel an schriftlichem Quellenmaterial. Die Conditio sine qua non der konspirativen Tätigkeit ist es, keine Spuren zu hinterlassen. Zu den grundlegenden Regeln der Illegalität gehörte es, möglichst kein schriftliches Material anzulegen oder gar zu sammeln. Dazu kommt, daß die ehemaligen Illegalen die Gesetze der Konspiration teilweise so tief verinnerlicht haben, daß es ihnen noch heute schwerfällt, Namen und Adressen zu nennen und über bestimmte Dinge zu sprechen. Häufig haben sie derlei Fakten auch vergessen, auf Grund eines bewußten Aktes des Vergessens, nach dem Sicherheitsgrundsatz: »Was ich nicht weiß, kann die Gestapo selbst mit der schlimmsten Folter nicht aus mir herauspressen.« Zudem haben viele von ihnen die Erfahrung gemacht, daß ihre Aktivitäten auch von der europäischen Nachkriegsgesellschaft nicht unbedingt positiv registriert wurden. Der französische Historiker Claude Collin faßt die Schwierigkeiten, über den Widerstand zu arbeiten, treffend in der Bemerkung zusammen, es gebe zu diesem Thema aus einleuchtenden Gründen kaum Spuren, aber noch immer starke Emotionen.[42]

An schriftlichen Quellen habe ich für diese Untersuchung verwendet: Rechenschaftsberichte und Kommuniqués von Gruppen und Organisationen, die sowohl nach einzelnen Aktionen als auch, vor allem, während oder direkt nach der Befreiung verfaßt wurden; illegale Zeitschriften, Aufrufe, Flugblätter etc.; Tagebücher und Briefe aus Ghettos und Gefängnissen; nach der Befreiung erstellte Vorschlagslisten für Ordensverleihungen und die Personaldaten auf diesen Listen; Personendossiers, die von Widerstandskämpfern in führender Position über im Kampf gefallene und ermordete Kameradinnen und Kameraden erstellt wurden und für Überlebende, die sie für eine Ordensverleihung vorschlugen; Berichte, die von Widerstandskämpferinnen und Widerstandskämpfern in den ersten Monaten und Jahren nach der Befreiung verfaßt wurden. Daneben benutzte ich Prozeßakten, Aussagen angeklagter Kriegsverbrecher gegenüber Verhörbeamten oder Zellengenossen im Gefängnis und Akten der deutschen Sicherheitsorgane und der kollaborierenden Länderpolizeien.

Klassische Quellen, wie Prozeßakten, die für die Erforschung des Widerstands im allgemeinen herangezogen werden, sind für die Untersuchung des Widerstands von Jüdinnen und Juden nur teilweise verfügbar. Vielen jüdischen Widerständlern in Westeuropa wurde kein Prozeß gemacht, da man sie direkt in die Vernichtungslager deportierte; Ghettokämpferinnen und -kämpfer in Osteuropa wurden gleichfalls deportiert, fielen im Kampf oder wurden bei ihrer Gefangennahme erschossen, auch ihnen wurde kein Prozeß gemacht. Aus denselben Gründen liegen auch im Vergleich zu nichtjüdischen Widerständlern wenige letzte Briefe jüdischer Kämpferinnen und Kämpfer vor: Aus den Vernichtungslagern konnte man keine Abschiedsbriefe schreiben und ebensowenig war man dazu, aus anderen Gründen, im Ghetto in der Lage. Die letzten Briefe der Angeklagten im Prozeß gegen die Pariser Kampfgruppen der MOI, der letzte Brief des belgischen jüdischen Widerstandskämpfers Shmuel Potasznik und der des Kommandanten des Warschauer Ghettoaufstands, Mordechai Anielewicz, stellen eher Ausnahmen dar. Angehörige des jeweiligen nationalen oder des nichtjüdischen kommunistischen Widerstands hatten meist Verwandte und Freunde, denen sie persönliche Schriften, Fotos, Familienerinnerungen anvertrauen konnten und die sie für sie aufbewahrten. Die Verwandten, Freundinnen und Freunde der jüdischen Widerstandsaktivistinnen und -aktivisten waren entweder bereits deportiert worden oder lebten selbst, meist nur mit dem Nötigsten ausgestattet, in einem Versteck. Aus diesem Grund verfügen überlebende jüdische *Résistants* und die einschlägigen Archive auch über keine oder wenige persönliche Dokumente.

Die Schwierigkeiten, denen sich eine Geschichtsschreibung des Widerstands von Juden gegenübersieht, vervielfältigen sich noch in der Erforschung der Beteiligung jüdischer Frauen am Widerstand. Frauen werden in der Literatur zwar, sofern sie eine besonders wichtige Rolle spielten oder eine ungewöhnlich hochrangige Funktion innehatten, erwähnt, sie werden jedoch seltener als Männer mit Biographien ausgestattet. Sie tauchen häufig aus dem Nichts auf und verschwinden wieder, ohne daß man etwas über ihr Ende oder Weiterleben erfährt. Der Mangel an Quellen ist hier noch größer als zum Widerstand von Juden allgemein. Ich habe für diese Untersuchung das bereits genannte Quellenmaterial auf Aussagen über Frauen überprüft. So geben zum Beispiel die Aktionsberichte der 35. Brigade der FTP-MOI in Toulouse für einen bestimmten Zeitabschnitt in verschlüsselter Form an, welche Mitglieder der Brigade welche Aktionen durchgeführt haben.[43] In den in öffentlichen und privaten Archiven angelegten Personendossiers finden sich auch Unterlagen zu einzelnen jüdischen Widerstandskämpferinnen, wie, von ihren ehemaligen Vorgesetzten verfaßte, Bestätigungen und Würdigungen ihrer Teilnahme am Widerstand, biographische Notizen, gelegentlich auch Polizeiakten, Gerichtsurteile, Kopien von Eintragungen in Eingangsbücher von Gefängnissen, Hinrichtungsbescheide und Sterbeurkunden. Als weitere Quelle dienten mir Briefe und Tagebücher von jüdischen Widerstandskämpferinnen aus der Zeit der Besatzung; speziell an weibliche Aktivisten adressierte Anweisungen zu Sicherheitsregeln und Arbeitsanleitungen; Artikel in der illegalen Presse und Aufrufe, die sich direkt an Frauen wenden, sowie von Frauen verfaßte oder unterzeichnete Artikel und Aufrufe.

Als die ertragreichste und wichtigste Quelle für diese Untersuchung erwiesen sich, neben den schriftlichen Berichten Überlebender, die ausführlichen Interviews, die ich mit ehemaligen jüdischen Widerstandskämpferinnen geführt habe, und ihre schriftlichen Antworten auf meinen Fragebogen. 28 ehemalige jüdische Widerstandskämpferinnen haben, zum Teil ausführlich, auf den Fragebogen geantwortet. Mit 52 ehemaligen jüdischen Widerstandskämpferinnen aus Frankreich, Belgien, den Niederlanden, Ungarn, Polen, der Tschechoslowakei (dem »Protektorat Böhmen und Mähren« und der Slowakei), Österreich und Jugoslawien und einer Frau aus der Gruppe der Fallschirmspringer aus Palästina habe ich eingehende Interviews geführt. Einige dieser Frauen konnte ich über mehrere Jahre hinweg immer wieder befragen und das Thema in informellen Gesprächen mit ihnen vertiefen. Ich habe daneben auch sieben ehemalige jüdische Widerstandskämpfer aus Frankreich, Belgien, Ungarn und Deutschland befragt, teils in Interviewform, teils in informellen Gesprächen. Ein ehemaliger Gruppenleiter des Haschomer Hazair aus Polen vermittelte mir über die einschlägige Literatur hinausgehende Einblicke in Struktur und Ideologie der linkszionistischen Jugendbewegung im Polen der 30er Jahre.

Die meisten verfügbaren schriftlichen Quellen sind nur mit Einschränkungen und unter Vorbehalten zu verwenden. Eine zum Beispiel von Raul Hilberg, aber auch von Peschanski, Courtois und Rayski in »L'Affiche rouge« vertretene Bevorzugung deutscher beziehungsweise französischer Polizeiakten auf Grund einer unterstellten

27

Objektivität dieses Materials ist nicht nachvollziehbar.[44] Auch die deutschen und kollaborierenden Sicherheitsbehörden vertraten eigene Interessen, nicht alle Geschehnisse wurden in Akten festgehalten, und nicht alles, was in Akten festgehalten wurde, muß in Wahrheit genau so geschehen sein. Leopold Trepper und Gilles Perrault weisen an Hand des Umgangs verschiedener deutscher Sicherheitsapparate mit der »Roten Kapelle« nach, wie sehr interne Konkurrenz und Machtinteressen die Rapporte beeinflußten, die der jeweilige Dienst nach Berlin sandte.[45] Claude Collin, der Aktionskommuniqués von Einheiten der FTP-MOI mit den entsprechenden Polizeiakten verglich, stellt fest, daß die Sicherheitsorgane untertreiben, wo die Résistance übertreibt.[46] Beide Arten von Rapporten sind im Interesse der Verfasser beziehungsweise deren Auftraggebern geschrieben: Die Résistance hat ein Interesse daran, sich als aktiv und erfolgreich darzustellen, während die Polizei nicht zugeben kann, daß sie keine absolute Kontrolle über ihren Zuständigkeitsbereich hat.

Neben taktischen Manipulationen von Akten spielen auch Verfälschungen, die durch Vorurteile entstehen, eine Rolle. Ein eklatantes Beispiel für die von Ressentiments gefärbte Darstellung jüdischen Widerstands in deutschen Berichten liefern die Aussagen von Jürgen Stroop über den Warschauer Ghettoaufstand.[47] Der SS-Brigadeführer verfaßte vom 19. April bis zum 24. Mai 1943 »Tägliche Meldungen« über den Fortgang der von ihm geleiteten »Aktion«. Seine Sprache wird im Verlauf der Kämpfe zusehends ausfallender. Er beschränkt sich nicht auf den üblichen Sprachgebrauch, Widerstandskämpfer als »Banditen« und »Terroristen« zu bezeichnen, er hat es, macht er seinen Vorgesetzten deutlich, mit »Untermenschentum« zu tun, mit »Kreaturen«, die sich »in Schlupflöcher verkriechen« und versuchen, die Männer der Wehrmacht und Waffen-SS »umzulegen«.[48] Gleich dreimal (am 3., 8. und 13. Mai 1943) berichtet Stroop in seinen »Täglichen Meldungen« und noch einmal in seinem zusammenfassenden Bericht an den Höheren SS- und Polizeiführer Ost, Friedrich Krüger, Jüdinnen hätten aus ihren Schlüpfern geladene und entsicherte Pistolen beziehungsweise eine Eierhandgranate gezogen.[49] Er scheint von diesem Bild besessen. Seinem Zellengenossen im Warschauer Mokotow-Gefängnis, einem von der kommunistischen Regierung angeklagten Angehörigen der Armia Krajowa (Heimatarmee), erzählte Stroop mehrmals von den »beidhändig« schießenden »Mädels« der »Chaluzzenbewegung«, die sein männliches Selbstvertrauen offenbar erschütterten.[50] Die »Täglichen Meldungen«, der abschließende

Bericht von SS-Brigadeführer Jürgen Stroop und seine späteren Aussagen im Gefängnis liefern anschauliche Belege für den Antisemitismus, die generelle Menschenverachtung und die Misogynie dieses Mannes. Als Quelle für eine Geschichte des Warschauer Ghettoaufstands sind sie jedoch nur von eingeschränktem Nutzen. Joseph Wulf macht in seinem Dokumentenband »Das Dritte Reich und seine Vollstrecker« durch eine einfache Gegenüberstellung die Schwierigkeiten einer Geschichtsschreibung des jüdischen Widerstands und die Schwächen, Beschränkungen und Gefahren deutlich, die in den Quellen liegen: Er dokumentiert für jeden Tag des Aufstands im Warschauer Ghetto den Bericht von Stroop zu diesem Tag und – so vorhanden – die jeweiligen Bulletins der ZOB, der jüdischen Kampforganisation, ergänzt durch persönliche Berichte von Aufständischen. Diese unterschiedlichen Dokumente zeigen, daß es keine objektiven Quellen zu diesem Forschungsbereich gibt und geben kann.[51]

Auch der Bericht des SS- und Polizeiführers Katzman über die Liquidierung und den Widerstand der Juden in Galizien ist dermaßen gefärbt von einem Antisemitismus auf »Stürmer«-Niveau, daß sich seriöse Historiker fragen sollten, was von diesem Text als »objektiver Quelle« zu halten ist.[52] Selbst der vergleichsweise neutrale Bericht des Königsberger Propagandaamtes an das Reichspropagandaministerium in Berlin über die Liquidierung des Bialystoker Ghettos und den Ghettoaufstand weist in beinahe jedem zweiten Satz sachliche Fehler auf, begonnen damit, daß der Name des Leiters der Liquidierungsaktion, Odilo Globocnik, falsch geschrieben wird.[53]

Die beinahe ausschließliche Benutzung deutscher Quellen führte Raul Hilberg zu der Behauptung: »Das Reaktionsmuster der Juden ist durch ein nahezu vollständiges Fehlen von Widerstand gekennzeichnet. In auffälligem Gegensatz zur deutschen Propaganda sind die Zeugnisse eines – offenen oder versteckten – jüdischen Widerstands äußerst rar. Nirgends in Europa verfügten die Juden über eine Widerstandsaktion, nirgends besaßen sie Pläne für bewaffnete Aktionen oder auch nur für eine psychologische Kriegsführung.«[54] Diese angesichts der historischen Realität nicht haltbare Behauptung, die dem Autor zugleich als Verdikt dient, stützt er auf die Aussagen von drei hochrangigen Vollstreckern der »Endlösung«: von dem Bach, Stroop und Katzman. Hilberg begann mit seiner Arbeit an »Die Vernichtung der europäischen Juden« 1948 und legte die umfassende Studie 1961 vor. Es ist ihm zugute zu halten, daß zu diesem Zeitpunkt eine Erforschung des jüdischen Widerstands noch kaum existierte. Es lagen aber sehr wohl Quellen vor, die Hilberg offenbar nicht kannte und nicht berücksichtigte. Die Tatsache, daß ein so bedeutender und seriöser Forscher wie Raul Hilberg in einem Bereich, der nicht von den von ihm bevorzugten Quellenbeständen abgedeckt werden kann, zu geradezu absurden Fehlschlüssen gelangte, führte dazu, daß sich Forscherinnen und Forscher über den Widerstand von Juden einem gewissen Legitimationszwang ausgesetzt sahen.

Auch bei der Verwendung der jüdischen Quellen ist Vorsicht geboten. Claude Collin, Historiker des jüdisch-kommunistischen Widerstands in Frankreich, verweist darauf, daß die von den Organisationen verfaßten Rechenschafts- und Tätigkeitsberichte sich nicht immer streng an das tatsächlich Erreichte halten: Jede Organisation schreibt sich möglichst viele Aktionen zu, in dem Bemühen, die eigene Bedeutung größer erscheinen zu lassen als die anderer Organisationen. Diese Dokumente, so Collin, »sind nicht völlig aus der Luft gegriffen, sie erfinden keine Aktionen, die nicht stattgefunden haben, aber sie übertreiben, sie vergrößern und verschönern das, was in der Realität existierte, sie rationalisieren, was sich dem Zufall verdankte, sie systematisieren, was nur gelegentlich vorkam, sie schreiben sich Aktionen zu, die manchmal auf das Konto anderer gingen.«[55]

Ähnliche Einschränkungen gelten für die Personendossiers über gefallene und deportierte Angehörige des Widerstands und die autobiographischen Berichte, die nach der Befreiung verfaßt wurden. Der Impetus, diese Berichte zu verfassen, war weniger das Bedürfnis, das eigene Handeln darzustellen, als das, die Leistungen der Gruppe oder Bewegung, der die Verfasserin oder der Verfasser angehörte, zu dokumentieren und, häufig auch in Konkurrenz zu anderen Gruppen und Bewegungen, hervorzuheben. So wird etwa in den Texten von Mitgliedern der linkszionistischen Jugendbewegung Haschomer Hazair die Initiative und Führung des jüdischen Widerstands in einer Stadt beziehungsweise einem Ghetto vor allem dem Haschomer Hazair zugeschrieben, während Mitglieder der zionistischen Jugendbewegung Dror in ihren Berichten der eigenen Bewegung diese Rolle zuweisen und kommunistische Autorinnen und Autoren wiederum die einzigartige Bedeutung der Kommunisten für den Widerstand hervorheben. Dieses Phänomen ist nicht nur in den Quellen zum jüdischen Widerstand zu finden, sondern kennzeichnet die Kommuniqués aller Widerstandsorganisationen und die meisten in der ersten Zeit nach der Befreiung geschriebenen (autobiographischen) Zeugnisse ehemaliger Widerständler. Mit Blick auf die machtpolitischen

Interessen der Nachkriegsära wurden die in einer bestimmten Phase des Krieges von Sektoren des jeweiligen Widerstands praktizierte Bündnispolitik und die darin von den Beteiligten erlebte Solidarität über Partei- und Organisationsschranken hinweg den partikularen Interessen der einzelnen Parteien oder Organisationen untergeordnet oder gänzlich geopfert.

Eine wichtige Quelle für die Erforschung des jüdischen Widerstands bilden die Aussagen von Überlebenden. Von Ausnahmen abgesehen, sind sich die Historikerinnen und Historiker des Widerstands, und hier vor allem des jüdischen Widerstands, einig über den Wert der Zeitzeugenaussagen für ihre Forschung. Trotz – und unter Berücksichtigung – aller gebotenen Zweifel an der Brauchbarkeit von *oral history* verweisen die Historikerinnen und Historiker des Widerstands darauf, daß in ihrem Bereich die Aussagen der ehemals Beteiligten unverzichtbar sind: Nur sie können – mit allen Einschränkungen, Mängeln und Fehlern – die Geschichte des Widerstands rekonstruieren, denn sie haben diese Geschichte gemacht. Der Widerstand von Jüdinnen und Juden gegen die deutsche Besatzung und »Endlösung« war kein Kampf von großen Armeen mit Heerführern und Stäben gegen eine andere Armee. Dem Widerstand der Jüdinnen und Juden fehlte es an Adjutanten, die Tagesberichte verfaßten, und an Kriegsberichterstattern, die ihren Kampf dokumentierten. Dafür waren die meisten Aktivistinnen und Aktivisten aktiv und bewußt am Geschehen beteiligt. Sie führten nicht blind Befehle irgendwelcher Kommandanten aus, sondern übernahmen die Verantwortung für das, was sie in ihrem jeweiligen Zuständigkeitsbereich taten. Liegen keine Tages- oder Aktionskommuniqués vor (die vor der Befreiung, wenn überhaupt, eher sporadisch als regelmäßig erstellt wurden), wissen nur noch die Beteiligten, was sie wie gemacht haben. Die Polizeiakten können Auskunft darüber geben, welchen Schaden ein Anschlag anrichtete, wie viele Personen dabei verletzt oder getötet wurden, wo welcher Zug zum Entgleisen gebracht wurde etc., wo sich welches von der Polizei observierte Mitglied des Untergrunds wann mit wem traf und wann jemand verhaftet wurde. Sie geben jedoch keine Auskunft darüber, warum eine Aktion durchgeführt, wie sie geplant, wie sie ausgeführt wurde und welche Folgen sie für die Ausführenden hatte. Und sie geben schon gar keine Auskunft darüber, wer diese »Terroristen«, »Chaluzzenmädels«, Freischärler und Partisaninnen waren, woher sie kamen, wie sie sich dem Widerstand anschlossen oder warum sie ihn organisierten.

Die Aussagen von Zeitzeuginnen und Zeitzeugen eignen sich, wie Collin feststellt, nicht für Zeitangaben und chronologische Bestimmungen.[56] Das Gedächtnis der Menschen wird zudem durch das mitgeprägt, was sie zwischen dem befragten Zeitraum und dem Zeitpunkt der Befragung erlebt, gelesen, gehört, getan haben. Erinnerung ist, das ist allgemein bekannt, selektiv, und sie verwandelt ihr Material im Laufe der Zeit. Diese Schwächen mündlicher Berichte, die 50 Jahre nach dem Geschehen erfolgen, sind auch vielen Befragten bewußt. Andererseits steigert sich mit zunehmendem Alter die Erinnerungsfähigkeit an Ereignisse der Kindheit und Jugend. Lange Zeit Verdrängtes steigt an die Oberfläche. Und, darauf verweist Claude Collin, die große zeitliche Distanz gibt den Befragten auch eine gewisse innere Distanz, sie müssen die Ereignisse nicht mehr vergrößern oder heroisieren.[57] Ich bin bei den Interviews, die ich für diese Untersuchung geführt habe, häufig auf eine lakonische Haltung, Skepsis gegenüber gängigen Erklärungen und ein großes Maß an Selbstironie gestoßen. Catherine Varlin, eine der wenigen Frauen, die eine militärische Führungsposition in der Résistance einnahmen, betont zum Beispiel, daß vieles, das nachträglich als absichtsvoll und durchdacht dargestellt wurde, in der Situation selbst oft dem Zufall geschuldet war oder von der Disposition des Individuums abhing. Sie fügt hinzu: »Unsere Erfahrung zu beschreiben, ist sehr schwierig, denn sie besteht aus vielen Widersprüchen. Diese Erfahrung hat jeder anders erlebt und beschreibt sie daher auch anders. Das hat auch mit den verschiedenen Temperamenten der Menschen zu tun. Der Widerstand war eine sehr individuelle Erfahrung, denn wir waren keine Armee, die einem Befehl gehorcht, wir waren alle ständig verantwortlich.«[58]

Eine Darstellung von Zeitzeugen als bewußtlosen Sklaven ihrer verfälschten Erinnerungen tut den realen Menschen meist Unrecht. Weist ein Historiker, wie etwa Maxime Steinberg in seiner Studie über den jüdischen Widerstand in Belgien, die Brauchbarkeit mündlicher Zeitzeugenberichte generell zurück oder zieht die Aussagen von Überlebenden a priori in Zweifel, gewinnt seine Darstellung damit nicht automatisch an Objektivität. Seine Ablehnung kann auch einer Selbstüberschätzung geschuldet sein oder zu einer solchen führen.[59] Das Vertrauen in die Herstellbarkeit einer »objektiven« Geschichtsschreibung führt häufig auch zu einer vorgeblich »wissenschaftlichen« Kälte gegenüber dem Forschungsgegenstand. So sehr manche ältere Arbeiten über den Widerstand von Juden an einem unkritischen Umgang mit den Berichten der Überlebenden leiden und zur Heroisierung ihres Gegenstandes neigen, so wenig dient eine von wissenschaftlicher Arroganz und prinzipiellem Mißtrauen geprägte Herangehensweise der Suche nach der historischen Wahrheit. »Sehr schnell wurde mir klar«, schreibt Annette Wieviorka in ihrer Studie über den Widerstand jüdisch-kommunistischer Immigrantinnen und Immigranten in Frankreich, »daß die Zeitzeugenaussagen ihren eigenen, inneren Wert haben, daß sie nicht nur nützlich sind, um die Lücken zu schließen, die das schriftliche Quellenmaterial offenläßt; sie vermitteln ein grundlegendes Verständnis der Menschen und der Epoche. Einer tragischen Epoche, die noch nicht lange zurückliegt und über die mit kalter Distanz zu schreiben, mir nicht hilfreich scheint. Hier ist vielmehr Empathie vonnöten.«[60]

Im ersten Teil dieser Studie untersuche ich an Hand einzelner Länderbeispiele, was jüdische Frauen in welchen Organisationen des Widerstands getan haben, worin ihre verschiedenen Aufgaben bestanden, welche Funktionen sie innehatten, welchen Verlauf ihre »Karrieren« im Widerstand nahmen. Es handelt sich dabei um Frankreich, Belgien, die Niederlande, Ungarn und Polen. In allen diesen Ländern waren Jüdinnen und Juden in eigenen jüdischen und/oder den Widerstandsorganisationen der politischen Parteien und Bewegungen des entsprechenden Landes aktiv. Das Hauptgewicht meiner Untersuchung lege ich auf Frankreich und Polen. In Frankreich existierten nicht nur mehrere jüdische oder mehrheitlich aus Jüdinnen und Juden zusammengesetzte Widerstandsorganisationen, es wurden auch verschiedene Formen des Widerstands praktiziert, von der Rettung der Kinder über die Herstellung falscher Papiere bis zum bewaffneten Kampf. Der Widerstand von Jüdinnen und Juden bildete einen quantitativ wie qualitativ bedeutenden Sektor der Résistance. Polen wiederum stellte das Zentrum des jüdischen Widerstands in Europa dar: Hier lebten mehr Juden als in jedem anderen europäischen Land, hier war eine größere Anzahl der Juden politisch in jüdischen Parteien und Bewegungen organisiert, hier wurde die Vernichtungspolitik der deutschen Besatzer rascher, direkter und offener in Gang gesetzt und durchgeführt als in den westeuropäischen Ländern. Ich habe Frankreich, Belgien, die Niederlande, Polen und Ungarn nicht zuletzt auch deshalb als Länderbeispiele gewählt, weil mir die jeweiligen Sprachen, Französisch, Niederländisch und gesprochenes Jiddisch, verständlich sind beziehungsweise Literatur und teilweise auch Dokumente aus dem Polnischen, Hebräischen und Jiddischen in englischer, gelegentlich auch deutscher und französischer Übersetzung vorliegen und mir zudem freundlicherweise Interviews in hebräischer Sprache von Freunden gedolmetscht und Dokumente aus dem Hebräischen, Jiddischen und Polnischen von Freundinnen und Bekannten übersetzt wurden. Da inzwischen einige wichtige Aufsätze und Bücher über die Geschichte der ungarischen Juden im Zweiten Weltkrieg und den Widerstand der zionistischen Jugendbewegungen in englischer Übersetzung vorliegen und meine aus Ungarn stammenden Interviewpartnerinnen und -partner alle Deutsch sprechen, konnte ich trotz mangelnder Sprachkenntnisse zumindest einen gewissen Eindruck von der Beteiligung jüdischer Frauen am Widerstand in Ungarn gewinnen und vermitteln.

Um die Beteiligung jüdischer Frauen am Widerstand in den von mir behandelten Ländern darstellen zu können, mußte ich zuerst erklären, unter welchen Bedingungen die jüdische Bevölkerung in dem jeweiligen Land lebte, welchen Repressalien sie unterworfen war und welchen Verlauf der Vernichtungsprozeß in dem jeweiligen Land nahm. Im Anschluß erläutere ich, welche Formen von Widerstand Juden in dem jeweiligen Land wählten, welche Organisationen sie selbst gründeten und welchen »gemischten« (aus jüdischen und nichtjüdischen Mitgliedern bestehenden) Verbänden sie sich anschlossen. Renée Poznanski bemerkt in ihrer Studie über die Juden in Frankreich während des Zweiten Weltkriegs, »die Juden« zum Thema zu machen bedeute, das Thema zu vervielfachen.[61] Dies gilt vor allem für Frankreich, aber auch, mit Einschränkungen, für Belgien und die Niederlande, für die westeuropäischen Staaten also, in denen neben der alteingesessenen »einheimischen« jüdischen Bevölkerung eine größere Zahl jüdischer Immigrantinnen und Immigranten lebte. In Polen, dessen jüdische Gemeinschaft homogener war, existierten gleichwohl große Unterschiede zwischen den verschiedenen Gesellschaftsschichten, den verschiedenen Regionen (vor allem West- und Ostpolen) und den verschiedenen Glaubenshaltungen (von orthodox bis liberal). Die Tatsache, daß die große Mehrheit der in Frankreich und Belgien lebenden Juden aus osteuropäischen Ländern eingewandert war, hob, bis zum Beginn der antijüdischen Maßnahmen durch die deutsche Besatzungsmacht, gewisse Unterschiede zwischen den jüdischen Bevölkerungen in West- und Osteuropa auf.

Der Einmarsch der Deutschen änderte die Lebensbedingungen der jüdischen Bevölkerungen in den verschiedenen Ländern in unterschiedlicher Weise. Die Besatzungmacht verhielt sich zum einen in

Frankreich, Belgien und Holland anders als in Polen, sie verhielt sich zum andern aber auch innerhalb der besetzten westeuropäischen Länder gegenüber jüdischen Immigranten anders als gegenüber jüdischen Staatsbürgern des betreffenden Landes. Diese divergierende und an den nationalistischen und rassistischen Kriterien des Nationalsozialismus orientierten Vorgehensweisen führten bei der betroffenen Bevölkerung zu entsprechend unterschiedlichen Reaktionsweisen. Während die polnischen Juden in Paris bereits gejagt wurden, konnten sich die alten elsässisch-jüdischen Familien noch vormachen, sie seien nicht gemeint. Während in Frankreich auch jüdische Widerstandskämpfer noch im Herbst 1943 die Nachrichten über Vernichtungslager und Gaskammern für Greuelpropaganda hielten, lebten die Juden in Polen in mehr oder weniger unmittelbarer Nachbarschaft der Krematorien.

Das Beispiel Ungarns habe ich gewählt, um die Vielfalt jüdischen Widerstands darzustellen. Die Situation in Ungarn ist nicht mit der anderer besetzter Länder zu vergleichen. Ungarn wurde als Verbündeter des nationalsozialistischen Deutschland erst 1944 besetzt, und der Vernichtungsprozeß lief hier quasi im Zeitraffertempo ab. Der Prozeß von Erfassung, Aussonderung, Entrechtung und schließlich Deportation, der in anderen Ländern über drei Jahre hinweg Schritt für Schritt vollzogen wurde, wurde in Ungarn (mit Ausnahme von Budapest) binnen weniger Wochen abgewickelt. Entsprechend unterschiedlich waren auch die Bedingungen, unter denen Widerstand sich entwickeln und geleistet werden konnte.

Um die verschiedenen Organisationsformen, die Ungleichzeitigkeiten und die divergenten Aktionsweisen des Widerstands von Jüdinnen und Juden in verschiedenen deutsch besetzten Ländern und damit die unterschiedlichen Arbeitsbereiche, Aufgaben und Funktionen der jüdischen Frauen im Widerstand verständlich zu machen, habe ich die Bedingungen aufgezeigt, unter denen der Widerstand von Jüdinnen und Juden in den einzelnen Ländern sich formierte und agierte. Ich stütze mich dabei auf die vorhandene Literatur zum Widerstand (von Juden) und meine eigenen Forschungsergebnisse zur Beteiligung der jüdischen Frauen am Widerstand.

Die Frage, wie hoch der Anteil der Frauen an der Gesamtzahl der jüdischen Widerstandsaktivisten war, erwies sich als nur in bezug auf einzelne Organisationen und auch hier nur schwer zu beantworten. Ich habe in jedem der einzelnen Länderkapitel versucht, an Hand von Vorschlagslisten für die Verleihung von Verdienstorden, von Gefal-

lenenlisten und, sofern vorhanden, Mitgliederlisten von Widerstandsorganisationen, von Verhaftungsprotokollen, Aussagen ehemaliger
Gruppenmitglieder und Namenszählungen in schriftlichen Berichten
zu ermitteln, wie hoch in etwa der Anteil der Frauen an Widerstandsgruppen oder Zusammenschlüssen von Widerstandsorganisationen
in den einzelnen Ländern war.

Im zweiten Teil dieses Bandes stelle ich die Ergebnisse meiner vergleichenden Untersuchung über jüdische Frauen im Widerstand vor.
In fünf Kapiteln behandle ich die Themenbereiche: Herkunft, Familie, Jugend; Politisierung und Motivation; die Probleme und Gefahren
des Alltags im Untergrund; die konkrete Arbeitspraxis im Widerstand
und die damit verbundenen Gefühle und moralischen Haltungen; das
Leben nach der Befreiung. Mein Interesse galt nicht nur dem Lebens-
abschnitt, in dem die Frauen im Widerstand aktiv waren, ich wollte
auch die Vorgeschichte und den Hintergrund ihrer Aktivität erkennen. Ich wollte herausfinden, woher die Frauen, die im Widerstand
aktiv waren, kamen, zu welcher Gesellschaftsschicht ihre Eltern gehörten; wie sie ihre Kindheit und Jugend erlebten; ob sie aus einem
religiösen oder assimilierten, einem politischen oder unpolitischen Elternhaus kamen; welche Rolle Religion, Politik und die Tatsache, daß
sie Mädchen waren, für ihre Entwicklung spielten. Ich habe untersucht, wie sie den Alltag im Untergrund organisiert und gestaltet haben, worin genau ihre verschiedenen Aufgaben bestanden und wie
sie diese konkret ausführten. Ich habe nach Gefühlen und Ängsten
gefragt und nach Strategien zur Bewältigung des täglichen Grauens.
Und ich wollte wissen, was die Frauen nach der Befreiung taten, wie
sie ihr Leben in der »Normalität« der Nachkriegsjahre gestalteten.
Im Kapitel »Herkunft: Familie, Kindheit, Jugend« untersuche ich
die soziale Herkunft der Frauen, die religiöse und politische Orientierung ihrer Eltern, die Atmosphäre im Elternhaus, die Rolle, die
die Mutter in der Familie und für die Entwicklung der Tochter spielte.
Ich frage nach dem Mädchen, das die Frauen einmal waren, nach seinen Zukunftsträumen und ob die Frauen dieses Mädchen als eher
angepaßt oder eher rebellisch erinnern, als jüdisch identifiziert oder
assimiliert, als »Vaterkind« oder »Puppenmutter«. Ich untersuche
den schulischen und beruflichen Werdegang der Frauen und ihre
Konflikte mit dem weiblichen Rollenbild. Das Kapitel »Der Weg in
den Widerstand: Politisierung und Motivation« handelt von der politischen Herkunft der jüdischen Widerstandskämpferinnen: von den

Organisationen und Bewegungen, denen sie sich als Mädchen oder junge Frauen anschlossen, von der Frage, warum sie überhaupt in eine politische Organisation oder eine Jugendbewegung eintraten, was die politischen und ideologischen Inhalte dieser Organisationen waren und wie sich ihr Gruppenleben gestaltete. In diesem Kapitel untersuche ich des weiteren die Motivationen, die diese Frauen bewegten, Widerstand zu leisten, ihre unterschiedlichen Formen der Annäherung an, des »Hineinwachsens« in und der Rekrutierung für die Illegalität.

Im Kapitel »Der Alltag im Untergrund« untersuche ich die Bedingungen, die jüdische Frauen erfüllen mußten, um unter der deutschen Besatzung als Illegale überleben zu können: Wie beschafften sie sich falsche Papiere, konspirative Wohnungen und das nötige Einkommen? Über welches Aussehen und welche Kenntnisse (zum Beispiel der Landessprache und der katholischen Religion) mußten sie verfügen, welches Auftreten sich aneignen? Ich frage auch nach den persönlichen Bedürfnissen der Frauen, nach ihrer Einsamkeit, ihren Kontakten zur Familie oder dem Beziehungspartner. Ich frage nach den Sicherheitsregeln der Konspirativität, denen sie unterworfen waren, ob sie sich an (alle) diese Regeln hielten und warum sie bestimmte Regeln brachen. Das Kapitel »Die Praxis: Verstand und Gefühl« handelt von der konkreten Arbeit, die jüdische Frauen im Widerstand leisteten. Ich untersuche darin vor allem die Arbeit der Verbindungsagentinnen und Kurierinnen, einschließlich des Waffentransports und des Kundschafterdienstes, und die Arbeit der Frauen, die an der Rettung von jüdischen Kindern und Jugendlichen beteiligt waren. Ich habe mich auf diese beiden Bereiche konzentriert, weil sie einerseits die »typischen« Frauenbereiche darstellen und andererseits eine Erforschung dieser weiblichen Domänen im Widerstand deutlich macht, daß es sich hier um Aufgabenbereiche handelt, die für das Funktionieren sowohl des bewaffneten als auch des humanitären Widerstands unverzichtbar waren. Ich habe in diesem Kapitel auch danach gefragt, wie die Frauen, die in ihrer Arbeit ständig ihr Leben riskierten, mit ihren Ängsten umgingen und mit persönlichen Problemen, die sich aus der Arbeit ergaben. Und ich habe last not least versucht, zumindest in Ansätzen der Frage nachzugehen, wie die jüdischen Widerstandskämpferinnen die Balance zwischen ihrem im Sinne ihrer Erziehung unmoralischen, aber unabdingbaren Verhalten im Widerstand – lügen, sich verstellen, töten – und ihren moralischen Ansprüchen halten konnten, wo sie gezwungen waren, von ihren moralischen Maßstäben abzuweichen, und ob und wie es ihnen gelang, dennoch nicht zu werden wie der Gegner.

Das letzte Kapitel schließlich fragt nach den Gefühlen, die jüdische Widerstandskämpferinnen bei der Befreiung empfanden, und nach dem Leben, das sie danach führten; nach den Schwierigkeiten, sich wieder »normal« zu verhalten, sich in eine Gesellschaft einzugliedern, die nicht nach ihren Erfahrungen und Erlebnissen fragte, die sich auf den Aufbau eines neuen Lebens konzentrierte, in eine Gesellschaft, die noch immer antisemitisch war und zunehmend antikommunistisch wurde, in eine Gesellschaft, die von Frauen erwartete, daß sie dem tradierten und nach den »Wirrnissen des Krieges« wiederbelebten Rollenbild entsprachen.

Als Material für diesen zweiten Teil meiner Untersuchung habe ich primär die Interviews benutzt, die ich mit ehemaligen Widerstandskämpferinnen geführt habe, ihre schriftlichen Antworten auf meinen Fragebogen, Lebensberichte in schriftlicher Form und auf Videokassetten, die einzelne Frauen mir zur Verfügung stellten, und ergänzend Memoirenliteratur und publizierte Zeitzeuginnenberichte der von mir interviewten Frauen und anderer ehemaliger Widerstandskämpferinnen, die in direktem Bezug zu den von mir untersuchten Organisationen oder Bewegungen standen. Ergänzend habe ich Interviews und informelle Gespräche verwendet, die ich mit ehemaligen jüdischen Widerstandskämpfern geführt habe, und publizierte Erfahrungsberichte männlicher Kameraden der von mir befragten Frauen. Die vorhandene Literatur zum Widerstand (von Juden) habe ich berücksichtigt, wo sie mir hilfreich erschien. Da die von mir untersuchten Fragestellungen bisher jedoch nicht oder nur in Einzelaspekten erforscht wurden, konnte ich hier nur selten auf bereits vorhandene Forschungsergebnisse zurückgreifen.

Eine Forschung über die Beteiligung jüdischer Frauen am Widerstand arbeitet mit Quellenmaterial in verschiedenen Sprachen. Es stellt sich somit immer auch das Problem der Übersetzung. Die Aussagen über Gefühle, über traumatisch besetzte und lange Zeit verdrängte Erfahrungen, aber auch Kindheitserinnerungen sind oft nur inadäquat ins Deutsche übertragbar. Verstärkt wird diese Schwierigkeit, wenn die befragten Frauen in einer Sprache Auskunft geben, die ihnen selbst fremd oder fremd geworden ist. So habe ich zum Beispiel Interviews auf englisch mit Frauen geführt, deren Muttersprache Jiddisch, Polnisch oder Russisch ist, und die seit mehreren Jahren im Alltag Hebräisch sprechen. Ich habe mich bemüht, für die Übersetzung dieser Interviews einen Tonfall zu finden, der dem der jeweiligen Frau entspricht, doch dies ist nur in Ansätzen möglich. Generell leiden derlei Sekundärübersetzungen daran, daß sie eher den Duktus der Übersetzerin als den der Übersetzten wiedergeben. Andere Frauen wuchsen deutschsprachig auf, leben aber seit fast 50 Jahren in Israel und haben zudem aus einleuchtenden Gründen Probleme damit, die deutsche Sprache zu verwenden. Sie sprachen dennoch mit mir deutsch, ein Deutsch allerdings, das auf Grund der langjährigen Abstinenz »verrostet« ist und nicht den authentischen Sprachstil der Frauen wiedergibt. Ich habe daher in solchen Fällen Fehler korrigiert, da sie nicht eine Eigenart der Sprechweise ausdrücken, sondern lediglich mangelnder Sprachpraxis geschuldet sind.

Sprachliche Probleme ergaben sich auch aus Begriffen, für die es im Deutschen keine Entsprechung gibt. So sprachen zum Beispiel die *Résistants* in Frankreich und Belgien von den »Rendezvous de Repechage«. Es handelt sich dabei um Treffen, die stattfanden, wenn das ursprünglich geplante Rendezvous nicht zustande kam, um »Wiederholungsrendezvous« also, oder, wörtlich übersetzt, »herausgefischte Treffen«, doch diese Begriffe sind im Deutschen nicht gebräuchlich oder ergeben keinen Sinn. Ich habe in diesem Fall keine Übersetzung versucht, sondern mich darauf beschränkt, den Tatbestand zu beschreiben.

Weitere Schwierigkeiten entstanden auf Grund der Besetzung bestimmter deutscher Wörter durch den Nationalsozialismus. Während etwa im Englischen das Wort »Leader« ganz selbstverständlich eingesetzt wird, hatte ich Probleme damit, im Kontext des Widerstands von Führerinnen und Führern zu sprechen. Ich bin daher auf Umschreibungen wie »in führender Position« oder auf den Begriff Leiterin, Leiter ausgewichen. Nicht zu vermeiden sind in einer solchen Untersuchung Wörter, die aus dem »Wörterbuch des Unmenschen« stammen, aber von den Menschen, die Gegenstand der Studie sind, regelmäßig verwendet werden. Hier wäre insbesondere das Wort »arisch« zu nennen. Eine Frau mußte »arisch« aussehen, um auf der »arischen Seite«, das heißt außerhalb des Ghettos leben und agieren zu können. Die hier vorliegende Untersuchung ist nicht der Ort, um den Unsinn und verbrecherischen Inhalt eines Begriffs wie »arisch« zu erörtern. Ich setze ein Einverständnis darüber voraus und benutze das Wort so, wie die von mir befragten Frauen es verwenden: als Beschreibung einer ihnen aufgezwungenen Realität.

39

Die Beteiligung jüdischer Frauen am Widerstand am Beispiel einzelner Länder

Frankreich

I

Als die deutschen Truppen am 14. Juni 1940 in Paris einmarschieren, verläßt Rachel Cheigham auf einem Lastwagen des »Petit Parisien« die Stadt. Die 23jährige Sportreporterin und ihre Kollegen von der Zeitung reihen sich ein in den unübersehbaren Strom von Flüchtlingen, die in Zügen, Autos, auf Fahrrädern und zu Fuß vor den eindringenden Deutschen Richtung Westen und Süden flüchten.[1] Die siegreiche Wehrmacht triumphiert über eine quasi leere Hauptstadt: Nur noch ein Drittel der Bevölkerung ist in Paris geblieben. Die Familie Bendavid wohnt in einem Außenbezirk und sieht erst einmal zu, wie die Kolonnen unter ihren Fenstern vorbeiziehen. »Da begriffen wir endlich«, erzählt Lucienne Pawlocki, geborene Bendavid, »und machten uns auch auf den Weg, zu Fuß, mit einem Kinderwagen und wenig Gepäck.«[2] Hélène Taich ist zwar erst 20 Jahre alt, aber bereits ein erfahrener Flüchtling. Sie schließt sich erst dem Exodus an, kehrt dann aber nach Paris zurück.[3] Als Aktivistin der sozialistischen Schülerbewegung hatte sie bereits mit 16 Jahren in Rumänien im Gefängnis gesessen, ein Leben als Illegale unter der deutschen Besatzung ist ihr nicht so unvorstellbar wie der fast gleichaltrigen Vivette Hermann (später verheiratete Samuel), die aus »gutem« Hause stammt und sich im Sommer 1940 auf ihren Studienabschluß an der Sorbonne vorbereitet. Um sich ein wenig eigenes Geld zu verdienen, arbeitet sie als Aushilfserzieherin in einem Internat in Vannel, nicht weit von Paris. Als sich die deutschen Truppen der Hauptstadt nähern, hilft Vivette, die Schülerinnen und Schüler in den Süden zu evakuieren.[4]

Diese vier denkbar unterschiedlichen Frauen, Rachel, Lucienne, Hélène und Vivette, haben dreierlei gemeinsam. Sie alle sind Jüdinnen, sie sind die Töchter von Immigranten oder selbst nach Frankreich immigriert, und sie nehmen künftig alle am Widerstand teil.

Die jüdische Bevölkerung im Frankreich der späten 30er Jahre besteht aus vielen verschiedenen Gruppen und Gemeinden. Die französischen Juden stellen circa ein Drittel der jüdischen Bevölkerung, die ausländischen und frisch naturalisierten Jüdinnen und Juden je ein weiteres Drittel. Das Gros der Immigrantinnen und Immigranten kommt aus den Ländern Osteuropas, und hier wieder vor allem aus

Polen. Zwischen den beiden Gruppen besteht eine scharfe Kluft, sowohl in bezug auf ihre soziale Herkunft und Zusammensetzung als auch auf ihr Selbstverständnis.[5] Die jüdischen Immigranten machten zwischen sieben Prozent[6] und fünf Prozent[7] der etwa drei Millionen Ausländer aus, die in den 30er Jahren in Frankreich lebten. Im Frankreich des Jahres 1940 machen die etwa 330 000 ausländischen Juden unter den 43 Millionen Einwohnern noch nicht einmal ganze 0,4 Prozent aus. Dennoch stellen sie das bevorzugte Objekt der ausländerfeindlichen Propaganda dar.[8] Während die Immigranten in der jüdischen Gemeinschaft der Vorkriegszeit weder in politischer noch gesellschaftlicher Hinsicht eine Rolle spielten, bilden sie die große Mehrheit der Organisatorinnen und Organisatoren und aktiven Mitglieder des späteren Widerstands. Doch bis dahin ist es noch ein langer Weg.

»Der französische Jude des 20. Jahrhunderts betrachtet das jüdische Problem als gelöst und beschränkt seine jüdische Identität auf zwei Aspekte: den konfessionellen und den philanthropischen. Eine schwache Minderheit schließt sich zionistischen oder prozionistischen Bewegungen an, indem sie die Notwendigkeit der Errichtung eines jüdischen Staates in Palästina für die ausländischen Juden anerkennt.«[9] So beschreibt der spätere Mitbegründer der zionistischen Armée juive das Selbstverständnis der alteingesessenen französischen Juden. Der – typisierte – französische Jude war seit 1791 emanzipiert, er begriff sich als gleichwertigen Staatsbürger, die Religion war seine Privatsache. Er lebte in einer Großstadt oder der Hauptstadt und gehörte dem Bürgertum an, manchmal dem Großbürgertum. Er war als Kaufmann tätig und in den freien Berufen. Viele jüdische Familien waren während der deutschen Besatzung im Krieg von 1870 aus dem Elsaß und aus Lothringen nach Zentralfrankreich, vorzugsweise nach Paris, geflüchtet – und hatten somit ihren Patriotismus demonstriert. Das Consistoire central (die Generalvertretung der französischen Israeliten) vertrat die französischen Juden, die sich selbst nicht als Juden, sondern als Israeliten bezeichneten, gegenüber den staatlichen Autoritäten. Viele französische Jüdinnen und Juden engagierten sich in Wohltätigkeitsvereinen, vor allem die Frauen, für die diese Beschäftigung eine Möglichkeit war, sich gesellschaftlich zu betätigen.[10] Die Beziehung der französischen Juden zu den jüdischen Immigranten bestand vor allem in Wohltätigkeit und der Angst, sie könnten zu viele werden und damit ihren eigenen Status gefährden.[11] Yvette Bernard Farnoux, die aus einer alteingesessenen teils Elsässer, teils Pariser Familie stammt, beschreibt auf dem Pariser Symposion über »Die Juden in Widerstand und in der Befreiung« selbstironisch die patriotische Atmosphäre, in der sie aufwuchs: »Der familiäre Nationalismus war so stark, daß es mir als Kind fast als ein Makel erschien, nicht französisch zu sein. Mir schien, ein schweizerisches oder englisches Kind zum Beispiel könne nicht wirklich glücklich sein.«[12] An den Nationalfeiertagen schmückte Yvettes Familie ihre Wohnung, einschließlich der Fenster, mit den Nationalfarben, und Yvette mußte mit blau-weiß-roten Schleifen im Haar zur Schule gehen.[13]

Die jüdischen Immigranten aus Osteuropa oder zumindest ein großer Teil von ihnen bildeten das heute legendäre »Yiddischland«, eine Enklave jiddisch sprechender, meist ärmerer und proletarischer, oft politisch linksstehender Frauen und Männer, deren Aufenthaltsstatus seit den restriktiven Ausländergesetzen, die in den 30er Jahren erlassen wurden, zusehends prekär wurde. Viele von ihnen sprachen mehr schlecht als recht Französisch, und das mit einem starken Akzent. Sie mußten ständig um ihre Aufenthaltserlaubnis zittern, und ihre Arbeitsplätze waren nicht immer korrekt angemeldet. Sie lebten mehrheitlich in Paris, und hier vor allem im 10., 11., 18., 19. und 20. Arrondissement. Sie waren kleine Händler und Arbeiterinnen und Arbeiter in den »klassischen« Branchen Textil und Konfektion, Kürschnerei, Lederverarbeitung. Sie standen in enger Beziehung zu den Teilen der Familie, die in Polen geblieben waren, ein Foto der polnischen Großeltern hing in fast jedem Wohnzimmer (sofern ein Wohnzimmer vorhanden war). Sie lasen die jiddische Presse und engagierten sich in Kulturvereinen und Landsmannschaften. Sie begingen die jüdischen Feiertage, ein Teil von ihnen blieb fromm oder zumindest traditionell, einige lockerten ihre religiösen Bindungen im laizistischen und auf Assimilation bedachten Frankreich.[14] Ihre Verbindung zur französischen »Außenwelt« waren die Kinder. Die besuchten die öffentlichen Schulen (nur zwei Prozent der in Frankreich eingeschulten jüdischen Kinder gingen auf eine jiddische oder traditionell religiöse Schule[15]), sprachen Französisch und verkehrten auch mit nichtjüdischen Freundinnen und Schulkameraden. Diese Jungen und Mädchen schlossen sich, wenn sie aus den ärmeren Familien stammten und/oder aus Familien, die politisch auf seiten der Linken aktiv waren, häufig den Jugendorganisationen der MOI (der Immigrantenorganisation der Kommunistischen Partei Frankreichs), dem Arbeitersportklub, YASK, und den Kulturvereinen des Bund (der sozialistischen jüdischen Arbeiterpartei) an.[16] Gehörten ihre Familien zum Bürgertum, war ihre Assimi-

lation meist ausgeprägter als bei den Gleichaltrigen aus den Arbeitervierteln. Die Mädchen und Jungen aus, wenn auch ausländischem,
so doch »gutem« Hause fühlten sich häufig als echte Französinnen
und Franzosen und lehnten alles ab, was diese Identifikation in Frage
stellte.[17]

Vivette Samuel, deren Eltern während des Ersten Weltkriegs aus
Rußland eingewandert waren, litt als Mädchen unter dem »unfranzösischen« Verhalten ihrer Mutter. Rachel Spirt, Vivettes Mutter, hatte
in Odessa Pädagogik studiert und war wohl eine typische Angehörige
der Intelligenz. In Frankreich war sie, mit zwei Kindern, zu einem
Hausfrauendasein gezwungen, das sie sich zu erleichtern suchte, indem sie sich für Literatur und Theater und vor allem für den modernen
Tanz und die Schule von Isadora Duncan interessierte. Die kleine Vivette, die solche Extratouren nicht zu schätzen weiß, geht in Opposition zur Mutter: »Ich finde sie seltsam, so verschieden von den Müt-
tern meiner Freundinnen, sie ist mir sicher zu wenig französisch.«[18]
Sie ist der Tochter nicht nur zu wenig französisch, sondern auch entschieden zu jüdisch: »Sie erzählt uns Geschichten aus der Bibel, wo
ich doch die Bücher der Comtesse de Ségur bevorzuge. (...) Ihre Origi-
nalität stört mich. (...) Ich mag mich nicht als etwas anderes, als
Fremde fühlen. Ich bin Jüdin, das ist schon viel. Ich wäre es lieber
nicht ...«[19] Vivette selbst ist ganz Französin und ganz Patriotin. Noch
1941, als sie erfährt, daß das Kinderhilfswerk OSE (in dessen Rahmen
sie sich am Widerstand beteiligen wird) eine Frau für den Kindergarten im französischen Internierungslager Rivesaltes sucht, sagt sie
sich: »Kinder in diesen Lagern? Das würde Pétain[20] niemals zulassen!«[21]

Die Schwestern Lucienne und Raymonde Bendavid passen in keine
der größeren Gruppen: Sie sind Sephardinnen und aus Saloniki eingewandert. In Griechenland waren sie, wie beide betonen, bereits
»französisiert«. Sie besuchten das französischsprachige Gymnasium,
die Familie war frankophil, mehrere Familienmitglieder sprachen
Französisch. In Frankreich jedoch sind sie Ausländerinnen und werden als solche behandelt. Der Vater arbeitet im Stoffgeschäft seines
Bruders, der schon früher nach Paris ausgewandert war. Das kleine
Häuschen im Pariser Vorort St. Maur, das er für seine Familie gekauft
hat, ehe er die Frau und sechs Kinder nachkommen läßt, ist eng und
vor allem kalt: »Wir sind am 25. Dezember aus Saloniki angekommen
und haben schrecklich gefroren. In dem Haus gab es nur in einem
Zimmer einen kleinen Kamin, das war die einzige Wärmequelle.«

Man ist arm, aber stolz: »Wir wurden in der Haltung erzogen, Sephar-
den arbeiten nicht mit den Händen. Wir waren immer gut angezogen.
Dafür hatten wir nichts zu essen.« Juden leben in St. Maur nur wenige, auf der Schule sind die Töchter Bendavid die einzigen jüdischen
Kinder. Lucienne erinnert sich: »Ich weiß noch gut, als ich in der
Schule nach meiner Nationalität gefragt wurde, sagte ich stolz: Grie-
chin. Das Judentum spielte auf der Schule für unsere Identität keine
Rolle. Wichtig war die Tatsache, daß wir Ausländerinnen waren, also
keine Französinnen. Ich hatte dadurch sehr stark das Gefühl, ausge-
stoßen zu sein. Das hat mich krank gemacht. Ich wollte Französin sein,
wie alle anderen.«[22]

Rachel Cheigham, die als Mädchen in Enghien, einer Kleinstadt
nicht weit von Paris, lebt, erzählt von der Verwirrung, die damals gelegentlich um die Begriffe »Rasse«, Religion und Nationalität herrschte:
»Ich wurde einmal von der Lehrerin in der Volksschule auf Grund
meiner angeblichen Lethargie als ›typische Slawin‹ bezeichnet. Ich
sagte, ›aber ich bin doch keine Slawin!‹ Sie erwiderte: ›Wie? Du bist
doch Russin!‹ Ich sagte, ›ja, aber keine Slawin, sondern Jüdin. Ich bin
Jüdin.‹ Darauf meinte sie: ›Aber das ist doch eine Religion und keine
Rasse.‹«[23]

Im Gegensatz zu Rachel Cheighams Lehrerin wußten die französischen Antisemiten sehr wohl über die »jüdische Rasse« Bescheid und
verbreiteten sich darüber Ende der 30er Jahre in einem solchen Ausmaß, daß die Regierung ein eigenes Dekret erließ, um den Auf-
schwung antisemitischer Verlage und Zeitschriften etwas zu brem-
sen.[24] David Knout vermutet in diesem offensiven Antisemitismus ein
»typisches Merkmal der Reaktion«[25], Renée Poznanski nimmt an, daß
der Antisemitismus in der Südzone (dem unbesetzten Teil Frankreichs) stärker war als in der Nordzone[26], und die überwiegende
Mehrheit der von mir befragten Zeitzeuginnen gibt an, keine oder
kaum antisemitische Erfahrungen im Frankreich der Vorkriegszeit
gemacht zu haben. Die Aussagen über den Antisemitismus während
des Krieges sind widersprüchlich. Ehemalige kommunistische jüdische Widerstandskämpferinnen und Widerstandskämpfer berichten
über ihre Isolierung in der nichtjüdischen Bevölkerung, sie waren
ständig auf der Hut vor Denunziationen, und sie konnten nicht so
selbstverständlich wie »echte Franzosen« auf Hilfe von seiten ihrer
nichtjüdischen Umgebung rechnen.[27] Ehemalige Aktivistinnen und
Aktivisten des Kinderhilfswerks OSE, der jüdischen Pfadfinder und
der zionistischen Jugendbewegung, die jüdische Kinder und Jugend-

liche vor der Deportation retteten, berichten von großer Hilfsbereitschaft von Teilen der Bevölkerung und des Klerus. Ohne die praktische Unterstützung nichtjüdischer Institutionen, Familien und Einzelpersonen hätten sie ihre Rettungsaktionen nicht durchführen können.[28] Diese Widersprüche haben inhaltliche wie zeitliche Ursachen. »Normale« Durchschnittsfranzosen waren eher dazu zu bewegen, verfolgten wehrlosen Kindern zu helfen als »Terroristen«, die nicht aus ihrer eigenen Mitte kamen (wie später die jungen Franzosen in den Maquis[29]), die von der französischen wie der deutschen Polizei gejagt wurden und dies – zumindest in den ersten Besatzungsjahren – in den Augen mancher selbst verschuldet hatten. Doch auch die Hilfe für die »unschuldigen« Kinder war nicht selbstverständlich und wurde nicht von Anfang an gewährt.

Lange Zeit erhoben sich nur wenige Stimmen gegen die antijüdischen Maßnahmen der deutschen Besatzer. Die ersten Razzien – die sich gegen ausländische Juden richteten und bei denen nur Männer festgenommen wurden (so daß man die Behauptung der Besatzer, es handle sich um die Verschickung in Arbeitslager, glauben konnte) – erregten kaum Widerspruch von seiten der französischen Bevölkerung, der Intellektuellen oder auch der Widerstandspresse. Die Registrierung und damit Aussonderung der jüdischen Bevölkerung wurde hingenommen, auch von einem gut Teil derer, die sich auf die Gleichheit aller Bürger in der Republik beriefen.[30] Asher Cohen stellt in einem Aufsatz über die Untergrundpresse im besetzten Frankreich eine »Vielfalt von Meinungen über die ›jüdische Frage‹« fest, die nicht gerade von Solidarität mit den Verfolgten geprägt sind.[31] Der große Umschwung in der »Stimmung« und damit dem Verhalten gegenüber der jüdischen Bevölkerung kam jedoch erst mit der Einführung der Zwangsarbeit: Am 16. Februar 1943 erließ die Vichy-Regierung ein Gesetz, nach dem die Jahrgänge 1920, 1921 und 1922 verpflichtet werden, im deutschen Reich zu arbeiten. Dieser STO (Service du Travail Obligatoire) führte dazu, daß viele junge Franzosen sich versteckten und Maquis bildeten. Diese Versteckten brauchten falsche Papiere und logistische Unterstützung – Illegalität und Widerstandsarbeit wurden somit auch für die Durchschnittsbevölkerung etwas Nachvollziehbares.[32]

Die jüdische Bevölkerung, die sich schon kurze Zeit nach dem Einmarsch mit den ersten Verfolgungsmaßnahmen konfrontiert sah, wurde damit längere Zeit mehr oder weniger alleine gelassen. Da es keine einheitliche jüdische Gemeinschaft gab, reagierten die verschiedenen Segmente und Gruppen entsprechend ihrer Betroffenheit, ihrem gewohnten Verhalten und ihren Möglichkeiten. Frankreich wird nach der Niederlage vom Juni 1940 in zwei Zonen aufgeteilt: in die Nordzone mit der Hauptstadt Paris, die dem Militärbefehlshaber für Belgien und Nordfrankreich untersteht, und die sogenannte »freie« Südzone, die von der Regierung des Marschall Pétain in Vichy regiert wird. Am 27. September 1940 erläßt die deutsche Militärverwaltung den ersten Befehl zur Registrierung der jüdischen Bevölkerung und zur Kennzeichnung von »jüdischen Geschäften«. Am 3. Oktober erläßt die Regierung Pétain das »Judenstatut«, in dem festgelegt wird, wer künftig als Jude zu gelten hat. Einen Tag später wird bekanntgegeben, daß »Ausländer jüdischer Rasse« in speziellen Lagern interniert werden können. Bei der Registrierung, die auf den Polizeikommissariaten erfolgt, wird allen, die sich melden, das Wort »Jude« in den Personalausweis gestempelt. Am 23. März 1941 richtet Vichy ein »Kommissariat für Judenfragen« ein, unter der Leitung des notorischen Antisemiten Xavier Vallat. Am 12. Mai ergeht an 6494 jüdische Familienvorstände in Paris die Anweisung, sich »zum Arbeitseinsatz« zu melden.[33] Am 14. Mai 1941 werden 3710 ausländische und staatenlose jüdische Männer verhaftet und in die Internierungslager Pithiviers und Beaune-la-Rolande transportiert. Zwei Wochen später, am 2. Juni, werden alle Juden aufgefordert, sich in Listen einzutragen, die auf dem für sie zuständigen Polizeikommissariat ausliegen. Am 21. August folgt die große »Razzia vom 11. Arrondissement«, die in weiteren von Juden bewohnten Vierteln fortgesetzt wird und in der schließlich 4230 Juden festgenommen und in das Sammellager Drancy deportiert werden.[34]

In den persönlichen Erinnerungen wie in der Fachliteratur wird seither immer wieder die Frage gestellt: Warum haben sich die Juden registrieren lassen? Und: Warum hat keine politische oder soziale Organisation sie davor gewarnt? Die Antworten auf diese Fragen lassen sich nur in der Analyse der konkreten Situation finden. Vorab muß immer wieder betont werden: Die Menschen wußten 1940 und im Frühjahr 1941 nichts von Gaskammern, die zu der Zeit auch noch gar nicht existierten. Das »Projekt« der industriell betriebenen Vernichtung der europäischen Juden wurde zu diesem Zeitpunkt erst entwickelt, die künftigen Opfer konnten nicht vorhersehen, was ihre künftigen Mörder selbst noch nicht ausgearbeitet hatten. Es ging also zu diesem Zeitpunkt darum, ob man sich ganz generell erfassen lassen und als Jude deklarieren sollte. Wer Kontakt zu jüdischen Flüchtlingen aus Deutschland und Österreich hatte, wußte, es gab Konzentrationslager in Deutschland, und in diesen Lagern wurden auch Menschen umgebracht. Es gab auch, seit 1939, Internierungslager in Frankreich, die von der französischen Regierung Ende der 30er Jahre zur Festsetzung der Flüchtlinge aus Spanien und später der »feindlichen Ausländer« errichtet worden waren, und in denen im Mai 1940 60 Prozent der Internierten Juden waren.[35] Man mußte also fürchten, daß man sich, ließ man sich registrieren, eventuell irgendwelchen künftigen Maßnahmen aussetzte, die jedoch nicht genau vorstellbar waren. Meldete man sich jedoch nicht, setzte man sich mit Sicherheit Repressionen aus – und kam womöglich in eines der gefürchteten Lager.

Annette Wieviorka weist darauf hin, daß gerade Immigranten notgedrungen ein inniges Verhältnis zu ihren Identitätspapieren haben, ohne die sie völlig ausgeliefert wären.[36] An die ganz praktischen Gründe, sich bei den Behörden zu melden, erinnert Jacques Lazarus, später einer der Führer der Jüdischen Kampforganisation, Organisation Juive de Combat: »Man muß auch bemerken, daß es (...) für viele unserer Glaubensbrüder schwer war, sich dieser Verpflichtung zu entziehen. Diejenigen, die schon viele Jahre am selben Ort oder im selben Wohnviertel lebten, waren ihren Nachbarn bekannt. (...) sie hätten ihr gewohntes Heim verlassen, mit alten Gewohnheiten brechen müssen.« Lazarus bestätigt auch, was Poznanski und andere Historikerinnen und Historiker konstatieren: »Die Schikanen, die ihnen von den Besatzern oder von Vichy auferlegt wurden, hatten in manchen (Juden) das Gefühl für ihre Herkunft geweckt oder das bereits vorhandene Gefühl verstärkt, so daß sie, weit davon entfernt, ihre Zugehörigkeit zur jüdischen Rasse zu leugnen, sie wie eine Herausforderung hinausschreien wollten.«[37]

Adam Rayski, der spätere Leiter der jüdischen Sektion der kommunistischen Immigrantenorganisation MOI, gesteht in seinen Erinnerungen, daß auch die meisten Kommunisten »gute Staatsbürger« waren und sich meldeten.[38] Sogar Führungskader wie er selbst und Louis Gronowski ließen sich registrieren. In seinen Memoiren schreibt Gronowski: »Angesichts des Holocaust haben sich einige von uns gefragt, ob unsere Haltung damals richtig war und ob wir nicht die jüdische Bevölkerung von Anfang an zum Ungehorsam gegenüber den Anordnungen aus Vichy hätten aufrufen müssen. Aber es war zu dem Zeitpunkt absolut unvorstellbar, Tausende von Menschen von heute auf morgen in die Illegalität zu schicken.«[39]

Die Pariser Studentin Vivette Hermann zählt zu den wenigen, die schon der ersten Anordnung vom September 1940 nicht nachkommen. In ihren Erinnerungen schreibt sie: »Meine Weigerung ist zutiefst instinktiv. Ich lasse mich nicht registrieren, weil ich nicht einsehe, was mich verpflichten könnte, auf einem amtlichen Dokument meine Religionszugehörigkeit einzutragen: das betrifft die Privatsphäre (...).«[40] Im mündlichen Gespräch fügt sie hinzu: »Von den Leuten, die regulär hier lebten, die Arbeit hatten und gemeldet waren, konnte sich kaum jemand vorstellen, was auf sie zukam. Diejenigen, die man anfangs aus der französisch-jüdischen Bevölkerung verhaftete, die hatten wirklich etwas getan oder wurden zumindest dessen verdächtigt, sie hatten wirklich oder vermeintlich mit der Résistance zu tun. Man sagte sich also: Wenn ich nichts tue, kann mir auch nichts passieren.«[41]

Die junge Sportjournalistin Rachel Cheigham läßt sich registrieren. Ihre Familie ist typisch für viele Immigrantenfamilien, in ihr gibt es die verschiedensten Staatsbürgerschaften und damit Aufenthaltsgenehmigungen: Ihre Eltern sind Ausländer, ihre jüngste Schwester ist Französin (da in Frankreich geboren), ihr älterer Bruder ist in der Armee und wie Rachel selbst naturalisiert, und ihr jüngerer Bruder ist Ausländer, wie die Eltern.[42] Verweigerte in solch einer Familie ein Mitglied die Registrierung, brachte es alle anderen in Gefahr. Dennoch, trotz aller scheinbar guten und in jedem Fall einleuchtenden Gründe, dem Gesetz Folge zu leisten, änderte sich die Haltung eines Teils der jüdischen Bevölkerung im Laufe des Jahres 1941, als ein Schlag auf den anderen folgte. Die »grünen Briefe« vom Mai 1941 wurden 6494 Juden zugestellt, es meldeten sich aber längst nicht alle: fast 40 Prozent ignorierten die Aufforderung.[43] Als im Oktober 1941 eine neue Registrierung, quasi zur Kontrolle, angeordnet wird, melden sich 17000 Menschen weniger als im Jahr zuvor. Tausende haben also inzwischen die besetzte Zone verlassen oder sich in der Illegalität eingerichtet.[44] In jedem Fall haben sie sich – vorläufig – ihrer Erfassung und damit Verfolgung entzogen.

Den ersten großen Schock für die gesamte jüdische Bevölkerung der besetzten Zone, ob französisch oder immigriert, ob reich oder arm, ob Frau oder Mann, stellte die Einführung des gelben Sterns dar, die offene Stigmatisierung. Am 1. Juni 1942 ergeht an alle Juden, die über sechs Jahre alt sind, die Anweisung des Militärbefehlshabers in Frankreich, ab dem 7. Juni an ihre Kleidung einen gelben sechszackigen Stern, schwarz umrandet und in der Größe einer Handfläche, anzunähen. Dieser Stern muß mit der Inschrift »Juif«, Jude, versehen sein und gut sichtbar auf der Höhe der linken Brust getragen werden.[45] Die Tatsache, daß sie für den Stern auch noch einen Punkt ihrer Kleiderkarte abgeben mußte, erbost Rachel Cheigham noch heute: »Man hat uns nicht nur erniedrigt und markiert, man ließ uns auch noch dafür bezahlen!« Sie erinnert sich: »Ich glaube, ich war die erste in ganz Frankreich, die den Stern getragen hat. Als dieser Erlaß bekannt wurde, kam ich gerade aus der Südzone zurück. Ich ging direkt auf das Polizeikommissariat, um mir meine Sterne zu holen, und einen habe ich mir sofort angesteckt. Der Beamte, der mich kannte, sagte, ›nein, Mademoiselle, das müssen Sie noch nicht, Sie haben noch etwas Zeit‹. Ich sagte: ›Wissen Sie was? Sie geben ihn mir, und ich trage ihn.‹ Und so bin ich hinausgerauscht. Die Leute haben alle gestarrt, aber nicht offen, das war ihnen peinlich.«[46]

Auf den Stern folgte die große Razzia vom 16. Juli 1942, dem »schwarzen Donnerstag« von Paris. Die jüdische Sektion der MOI war von Weißrussen, die auf der Polizeipräfektur arbeiteten, vor der bevorstehenden Razzia gewarnt worden. Sie schrieb daraufhin ein Flugblatt, auf dem sie die Warnung »An die jüdischen Volksmassen« weitergab. Sie fordert darin die »Brüder und Schwestern« auf: »Nicht zu Hause auf die Banditen warten. Alle Maßnahmen treffen, um sich zu verstecken und vor allem die Kinder zu verstecken mit Hilfe der sympathisierenden französischen Bevölkerung.« Nachdem man so gesichert habe, daß man in Freiheit blieb, solle man sich einer patriotischen Kampforganisation anschließen, um den Todfeind zu bekämpfen und seine Verbrechen zu rächen. »Die besten Jungen und Mädchen der jüdischen Gemeinschaft in Frankreich«, heißt es weiter, »erfüllen mit unbeschränktem Opfermut unter dem Banner der Kommunistischen Partei ihre Pflicht gegenüber der freien Menschheit und unserem Volk. Sie sind die besten Verteidiger unserer Existenz.« Die jüdischen Frauen werden aufgefordert: »Begreift, daß dies nicht der Moment ist, um die Opfer zu beweinen. Dies ist die Stunde der Aktion. Die Hilfe und der Kampf, die Solidaritätsarbeit stellen die wichtigste Forderung an jede jüdische Frau dar!«[47]

Es ist nachträglich nicht feststellbar, welche Wirkung diese Mischung aus echter Information und Propaganda auf ihre Adressaten hatte. Fest steht, daß von den 27 361 (staatenlosen und ausländischen) Juden, die auf den Listen der französischen Polizei standen, 13 152 festgenommen werden konnten.[48] Die Razzia begann am 16. Juli im Morgengrauen, wurde am 17. Juli fortgesetzt, und auch an den folgenden Tagen wurden noch Menschen gejagt und festgenommen. Die jüdischen Viertel von Paris hallten wider von den Schreien der verzweifelten Menschen und dem Weinen der Kinder.[49] Die junge kommunistische Widerstandskämpferin Paulette Sliwka hat das Flugblatt ihrer eigenen Organisation ernst genommen, sie ist in Alarmbereitschaft: »Wir hatten schon vor dem 16. Juli Gerüchte über eine Razzia gehört, aber die Menschen wußten nicht, wohin – ohne Geld, ohne Französisch zu sprechen, ohne die Familie, deshalb waren die Razzien auch so erfolgreich. Meine Eltern hatten in derselben Straße, in der sie wohnten, eine kleine Schneiderei. Am Morgen, so um fünf Uhr, verließ mein Vater das Haus, um in das Atelier zu gehen und sich dort zu verstecken. Ich kam um sechs Uhr, da waren sie schon dabei, aus allen Häusern Familien zu verhaften, samt Kindern. Ich ging hinauf, meine Mutter war gerade dabei, einen Rucksack für meinen kleinen Bruder vorzubereiten. Ich sagte, ›laßt uns sofort abhauen!‹, brachte meine Mutter ins Atelier, nahm meinen Bruder an der Hand und ging dann den ganzen Tag mit ihm spazieren. Er schlief eine Nacht bei mir, und am anderen Morgen gaben mir die Genossen eine Adresse von einem Internat im Norden von Paris.«[50]

Frieda Wattenberg macht am 15. Juli 1942 ihr Abitur. Sie kommt nicht dazu, ihren Schulabschluß zu feiern: »Ich habe Maurice, meinen Bruder, an die Banlieue (der Ring aus Vororten um Paris, Anm. d. Verf.) gebracht zu einer Amme, die wir kannten. Als ich wieder zu Hause war, klopfte es an die Tür, und die französische Polizei kam, meine Mutter abholen, denn die war immer noch polnische Staatsbürgerin. Mein Bruder und ich, wir waren französische Staatsbürger, also haben sie sich für uns nicht interessiert. Sie sagten zu meiner Mutter: ›Wir kommen Sie in einer Stunde holen, machen Sie sich fertig.‹ Meine Mutter sagte, ›ich habe nichts verbrochen, man wird mich wieder freilassen. Und wir haben nicht genug Geld, um uns für längere Zeit zu verstecken.‹ Außerdem, die Rue des Ecouffes, die Rue des Rosiers waren voll mit Lastwagen und Polizei, meine Mutter sprach nicht gut Französisch, und man dachte, die Frauen lassen sie sowieso wieder frei. Ich sagte meiner Mutter, sie muß sich retten. Aber sie sagte, ›ich habe nichts getan, du wirst sehen, daß sie uns wieder laufenlassen werden‹.«[51]

In Gruppen trieben die Polizisten die Festgenommenen zu den Bussen, die sie in das Vélodrome d'Hiver (die Radrennbahn) fuhren, wo sie drei bis fünf Tage lang auf den Weitertransport warten mußten. Die »Hölle vom Vél d'Hiv«, in dem über 13 000 Menschen, unter ihnen

Kinder und frisch Operierte aus den Krankenhäusern, ohne Essen und Wasser und ohne hygienische Einrichtungen zusammengepfercht waren, wurde im Laufe dieser fünf Tage in der Stadt bekannt, die Gleichgültigkeit vieler nichtjüdischer Pariserinnen und Pariser wurde erstmals erschüttert.[52] Die Gefangenen, unter ihnen Frieda Wattenbergs Mutter, wurden schließlich in das Sammellager Drancy gefahren, die Zwischenstation auf dem Weg nach Auschwitz:»Mein Bruder und ich versuchten, Mutter freizubekommen. Wir sind nach Drancy gegangen, wir versuchten, sie zu sehen, mit ihr zu sprechen. Ein paar Tage später kam in die Rue des Ecouffes ein Herr, der in Drancy war. Er arbeitete in seinem Betrieb für die Deutschen und hatte deshalb eine Bescheinigung[53], deshalb war er entlassen worden. Da kam mir die Idee: Meine Mutter arbeitete ja auch als Schneiderin in einem Betrieb, der für die deutsche Armee Hosen und Anoraks produzierte. Ich lief hin, bekam die Bescheinigung und ging damit nach Drancy. Daraufhin wurde Mutter tatsächlich freigelassen. Ich sagte zu ihr, ›komm, wir hauen ab‹. Aber sie erwiderte, ›was willst du denn, sie haben mich doch freigelassen‹. Man kann sich heute nicht mehr vorstellen, welche Mentalität die Leute hatten, wie sie dachten.«[54]

Rachel Cheigham macht inzwischen »hier und da etwas«, man kannte, erzählt sie, »hier jemanden, der falsche Papiere brauchte, und dort jemanden, der in einem Rathaus einen Beamten kannte, der vielleicht bereit war, solche Papiere auszustellen«. Sie selbst lebt mit ihren legalen Papieren und trägt den Stern. Sie wohnt im 15. Arrondissement, einem Viertel, in dem nicht viele Juden leben. Als die große Razzia stattfindet, geht sie gerade einkaufen:»Ich war auf dem Markt, mit meinem Stern, da kam eine Dame auf mich zu und sagte, ›Mademoiselle, verschwinden Sie, schnell, man verhaftet alle Juden‹. Ich ging zuerst zu einer Freundin und fragte sie, ob sie uns aufnehmen würde. Sie sagte sofort ja. Danach ging ich nach Hause und sagte zu meinen Eltern, ›kommt mit!‹ Ich brachte sie zu der Freundin und sagte, ›macht euch keine Sorgen, bewegt euch hier nicht weg‹. Danach bin ich noch einmal zurück ins Haus und habe die nötigsten Sachen mitgenommen. Wir blieben fast zwei Wochen dort. Wir sind schließlich nach Hause zurückgekehrt. Meine Eltern und Geschwister sind dann in die Südzone gegangen. Ich selbst wollte aber nicht weggehen. Ich wollte sehen, wie die Deutschen Paris verlassen. Ich wußte, eines Tages mußte es soweit sein.«[55]

Es dauert noch gut zwei Jahre, bis Rachel Cheigham diesen Tag erlebt und nicht nur sieht, wie, sondern auch aktiv dazu beiträgt, daß die Deutschen Paris verlassen. In diesen zwei Jahren deportieren die Besatzer im Verein mit der Regierung in Vichy ein Viertel der in Frankreich lebenden Juden in die Vernichtungslager. Von den 75000 deportierten Juden kehrten nur drei Prozent zurück.[56] 14 Prozent der in Frankreich lebenden jüdischen Kinder und Jugendlichen wurden nach den Berechnungen von Serge Klarsfeld Opfer der »Endlösung«[57], das sind über 9000 Mädchen und Jungen im Alter von zwei Wochen bis 15 Jahren.[58]

Am 8. November 1942 landeten die Alliierten in Nordafrika, drei Tage später marschierte die Wehrmacht in die bis dahin »freie« Zone ein. Acht Départements der Südzone wurden von den italienischen Truppen besetzt. Die Städte Grenoble und Nizza standen somit unter italienischer Besatzung und spielten künftig eine wichtige Rolle für die vor den Deutschen flüchtenden Juden und den jüdischen Widerstand. Die italienischen Behörden verfolgten die unter ihrer Kontrolle lebenden Juden nicht nur nicht, sie schützten sie auch vor den Repressalien der französischen Polizei. Alle jüdischen Widerstandsorganisationen richteten daher in der italienisch besetzten Zone Hilfswerke für die Flüchtlinge und/oder wichtige Basen der Untergrundarbeit ein.[59] Am 8. September 1943, knapp zwei Monate nach dem Sturz Mussolinis, wurde der zwischen Italien und den Alliierten am 3. September geschlossene Waffenstillstand bekanntgegeben. Einen Tag später marschierte die Wehrmacht in die bis dahin italienisch besetzte Zone ein. Bis zur Befreiung im August/September 1944 stand nun das gesamte Gebiet Frankreichs unter deutscher Herrschaft.

II

Die Organisationen und Formen des Widerstands der in Frankreich lebenden Jüdinnen und Juden sind so vielfältig und divergent wie die jüdische Bevölkerung. Das Spektrum reicht von den Kommunistinnen und Kommunisten der MOI bis zu den rechtszionistischen Gründerinnen und Gründern der Armée Juive (Jüdische Armee), AJ. Während die einen schon im ersten Besatzungsjahr oder sofort nach dem Ende des Hitler-Stalin-Paktes zum bewaffneten Widerstand aufrufen, führt andere, wie die Mitarbeiterinnen und Mitarbeiter des Kinderhilfswerks OSE, die jüdischen Pfadfinder und die Mitglieder des MJS, der zionistischen Jugend, ihre legale Wohlfahrts- und Sozialarbeit Schritt für Schritt in die Illegalität und einige gegen Ende des Krieges auch zum bewaffneten Kampf.

Eine Vielzahl von Juden (und mehrere Jüdinnen) engagieren sich im Rahmen des nationalen Widerstands. Einige, wie Raymond Aron, der Herausgeber von »France libre«, gehen nach London, die meisten engagieren sich im Land, wie Yvette Farnoux, die sich in der Widerstandsorganisation Combat organisiert und zur Leiterin der Sozialdienste von MUR (Mouvements Unis de la résistance), der Vereinigung der nationalen (gaullistischen) Widerstandsbewegungen, avanciert. Sie alle motiviert ihr Patriotismus, sie kämpfen als Franzosen, nicht als Juden. »Es versteht sich von selbst«, schreibt Jean-Jacques Bernard 1944 in seinem Text »Le camp de la mort lente« (Das Lager des langsamen Todes), »daß ich, sollte ich in diesem Abenteuer untergehen, für Frankreich gestorben sein werde. Ich möchte auf keinen Fall vom Judentum als Opfer vereinnahmt werden.«[60] Es gab im nationalen Widerstand keine spezifisch jüdische Gruppierung, jeder Unterschied zwischen jüdischen und nichtjüdischen Franzosen wurde geleugnet, auch als mit Beginn der Deportationen nicht mehr zu übersehen war, daß der Gegner diese Unterscheidung sehr wohl traf und damit zum einen jüdische Résistants stärker gefährdet waren als ihre nichtjüdischen Kameradinnen und Kameraden und daß zum anderen die jüdische Bevölkerung Frankreichs in anderem Maße der Verteidigung bedurfte als die nichtjüdische Bevölkerung.[61]

Innerhalb des kommunistischen Widerstands findet sich ein ähnliches Phänomen wie bei den gaullistischen Organisationen: Mehrere führende Funktionäre und militärische Kommandanten der kommunistischen Freischärler und Partisanen, FTPF, sind Juden, die sich jedoch weder auf ihre eigene Herkunft noch auf die besondere Lage der jüdischen Bevölkerung beziehen. Innerhalb der FTPF bildet die MOI, die Immigrantenorganisation der KPF, eigene Kampfeinheiten, die FTP-MOI, von denen einige ausschließlich und andere mehrheitlich aus Juden bestehen. Die jüdische Sektion der MOI, die sowohl die politische als auch die Solidaritätsarbeit koordiniert, gibt regelmäßig bis zur Befreiung eine Vielzahl von illegalen Zeitschriften, Flugblättern, Aufrufen und Broschüren in jiddischer und französischer Sprache heraus. Sie verbreitet Informationen über die Situation in den französischen Internierungs- und Sammellagern und über das Schicksal der Deportierten, sie veröffentlicht die ersten schriftlichen Berichte über den Massenmord und die Existenz von Gaskammern, und sie ruft immer wieder die französische Bevölkerung auf, Juden zu helfen und sie zu verstecken. Diese Orientierung auf die Interessen der jüdischen Bevölkerung ist ein wichtiger Bestandteil der jüdisch-kommunistischen Untergrundpresse. Die Priorität der Politik der MOI aber liegt nicht bei der Hilfe für die Verfolgten, sondern in deren Mobilisierung für den bewaffneten Kampf. Der jüdisch-kommunistische Widerstand eröffnet Jüdinnen und Juden, und vor allem den jüdischen Immigranten, die Möglichkeit, sich mit anderen Juden zusammen gegen die Verfolger zu wehren. Eine Chance, die viele junge Frauen und Männer aus der »Generation der Razzia« seit der Razzia vom 16. Juli 1942 nutzen, auch ohne daß sie der Kommunistischen Partei oder einer ihrer Organisationen angehören.[62]

Die Armée Juive wird bereits 1940 von einer Handvoll Zionisten in Toulouse gegründet. Sie beginnt mit ihren ersten größeren Aktivitäten im Laufe des Jahres 1943. Die Armée Juive arbeitet auf zwei Ebenen: Sie bildet in verschiedenen Städten Kampfgruppen und im Tarn und der Montagne Noire in Südfrankreich Maquis; und sie arbeitet mit den jüdischen Pfadfindern und der zionistischen Jugend zusammen, um Jugendliche über die Pyrenäen nach Spanien zu schmuggeln, von wo sie weiter zu den Alliierten Armeen oder nach Palästina geschickt werden.[63]

Die jüdischen Pfadfinder EIF (Eclaireurs Israélites de France) wurden 1923 von dem damals 17jährigen Robert Gamzon gegründet. Sie nahmen ursprünglich nur französische Mitglieder auf, später auch die naturalisierten Kinder von Immigranten. Bei Kriegsbeginn bildeten sie bereits ein Sammelbecken unterschiedlicher Strömungen, die Mehrheit ihrer Mitglieder war französisch-patriotisch, es gab aber auch junge Zionistinnen und Zionisten in ihren Reihen, religiöse und atheistische Mitglieder, zu ihrem typischen Pfadfinderleben gehörten auch Lieder aus Eretz Israel. Die EIF bildeten unter dem legalen Deckmantel der »sechsten Abteilung« der UGIF (der Zwangsvertretung der jüdischen Gemeinden und Organisationen unter der deutschen Besatzung) ihren illegalen Zweig, die »Sixième« (die »Sechste«), die sich auf die Herstellung falscher Papiere und die Rettung jüdischer Kinder spezialisierte. 1944 bildete die Sixième auch einen Maquis in Südfrankreich, der sich schließlich der Armée Juive unterstellte und unter dem Kommando der gaullistischen Armée Secrète an Kampfhandlungen und schließlich an der Befreiung teilnahm.[64]

Der MJS (Mouvement de la Jeunesse Sioniste), die zionistische Jugendbewegung, entstand 1942 aus einem Zusammenschluß verschiedener zionistischer Jugendorganisationen. Wie die EIF bildete auch der MJS eine illegale Unterorganisation, die »Éducation Physique« (Körperliche Erziehung), die falsche Papiere herstellte und vor allem jüdische Kinder und Jugendliche bei Familien und Institutionen im Land versteckte und über die Schweizer Grenze schmuggelte. Einzelne Mitglieder des MJS schlossen sich der Armée Juive an und nahmen auch an deren bewaffneten Aktionen teil. Die zionistische Jugend arbeitete mit den jüdischen Pfadfindern zusammen, und beide Organisationen, beziehungsweise ihre illegalen Unterorganisationen, beteiligten sich an den Rettungsaktionen von OSE.[65]

Das Kinderhilfswerk OSE (Œuvre de secours aux enfants) wurde von jüdischen Intellektuellen, vorwiegend Ärztinnen und Ärzten, 1910 in Rußland gegründet. Seine Arbeit galt der medizinisch-sozialen Betreuung armer und bedürftiger Kinder. 1923 übersiedelte OSE nach Berlin, und 1933 emigrierten seine Mitarbeiterinnen und Mitarbeiter nach Paris. Die Schirmherrschaft über OSE hatte bereits in Berlin Albert Einstein übernommen. Die Klientel des Kinderhilfswerks bestand vor allem aus den Kindern der osteuropäischen jüdischen Immigranten, bald kamen aber auch die Kinder der jüdischen Flüchtlinge aus Deutschland, Österreich und der Tschechoslowakei hinzu. OSE arbeitete unter der deutschen Besatzung noch längere Zeit legal, indem es Kinder in Heime aufnahm und verpflegte, Kinder unter 15 Jahren aus den Internierungslagern befreite und in den Lagern selbst Kindergärten und Beratungszentren einrichtete. Als die Deportation der Kinder aus Frankreich begann, intensivierte OSE die illegalen Rettungsaktionen, die es bereits hier und dort unternommen hatte, und organisierte schließlich – auch mit Hilfe der jüdischen Pfadfinder und der zionistischen Jugend – mehrere umfassende Untergrundnetzwerke zur Rettung jüdischer Kinder.[66]

In allen diesen Organisationen und an allen diesen Formen des Widerstands waren Frauen aktiv beteiligt. Auf diese Tatsache, die gut 40 Jahre lang mehr oder weniger verschwiegen wurde, verweisen einige Historiker, häufiger allerdings Historikerinnen, seit den 80er Jahren, und seit dieser Zeit erschienen auch Untersuchungen zum Thema, begleitet von einer Handvoll Memoiren. Im Rahmen der allgemeinen Literatur zur Résistance und auch der zur jüdischen Résistance spielen diese Publikationen allerdings noch immer eine marginale Rolle. Und Historiker wie männliche Zeitzeugen neigen dazu, in der Einleitung zu ihrem Werk oder Referat auf die große Bedeutung der Frauen für den jüdischen Widerstand hinzuweisen – um dann fortzufahren wie gehabt. So schreibt zum Beispiel Jacques Lazarus in seinem Buch

»Juifs au combat. Témoignage sur l'activité d'un mouvement de résistance« (Juden im Kampf. Erfahrungsbericht über die Aktivitäten einer Widerstandsbewegung) über »die kleine Gruppe der jüdischen Jugend in Nizza, etwa 15 Mädchen und Jungen«: »Sie verdienen, daß man ihre Namen kennt, diese Ehre sollte man ihnen erweisen.« Er fährt fort mit der Aufzählung der – männlichen – Chefs, mit Vor- und Zunamen, und von neun männlichen Vornamen. Dann folgt der Satz: »... es gab die jungen Mädchen, die es an Mut und Leidenschaftlichkeit mit ihren Kameraden aufnahmen: Charlotte, Josée, Annette, Micheline, Mina; später waren da noch Rachel, Nelly, Maurice Leblond und noch einige andere.«[67]

Wären da nicht die Listen, die von Jacques Lazarus nach der Befreiung erstellt wurden, um die Aktivistinnen und Aktivisten seiner Organisation zur Ordensverleihung vorzuschlagen, wären da nicht die Arbeit von Anny Latour und die Berichte diverser Zeitzeuginnen, die vollen Namen und die Biographien von Charlotte, Annette, Rachel und den anderen wären heute wohl nicht mehr bekannt.[68] Die vorhandenen Vorschlagslisten für Auszeichnungen und die Listen gefallener oder deportierter Gruppenmitglieder sind eine wichtige Quelle zur Auffindung weiblicher Aktivisten des Widerstands. Sie geben allerdings nicht über das Leben und meist auch nicht über die Taten der betreffenden Frau Auskunft. Die OJC (die aus der Armée Juive entstandene Organisation Juive de Combat) schlägt dem Präsidenten der Kommission zur Verleihung der Medaille des französischen Widerstands am 1. Mai 1945 22 Frauen und 22 Männer für diese Auszeichnung vor. Unter den drei Vorschlägen zur posthumen Verleihung der Widerstandsmedaille befindet sich eine Frau, Marianne Cohn.[69]

Raymond Heymann, Mitglied der Organisation Juive de Combat, erstellte am 28. November 1944 eine Liste der Personen, die aktiv am jüdischen Widerstand beteiligt waren. Es handelt sich hier vor allem um Aktivistinnen und Aktivisten des MJS und der EIF. Heymann zählt 29 Personen auf, von denen 14 Frauen sind.[70] Alain Michel erwähnt in seinem Werk über die jüdischen Pfadfinder unter den 52 von ihm genannten Widerständlern zehn Frauen.[71]

Das Kinderhilfswerk OSE zählt in einer vervielfältigten Broschüre »Notre mémoire« (Unsere Erinnerung) 32 Aktivisten auf, die deportiert und ermordet wurden. Unter ihnen finden sich 14 Frauen. Je zwei Frauen und zwei Männer von OSE kehrten von der Deportation zurück.[72]

In seinem Werk »Les Juifs dans la résistance 1940–1944« listet David Diamant unter 600 namentlich genannten und mit Kurzbiographien versehenen Widerständlern 100 Frauen auf. In der Liste der Gefallenen, die er im Anhang veröffentlicht, finden sich unter insgesamt 725 Personen 110 Frauen.[73] In »Jeune Combat« veröffentlicht David Diamant eine Liste der jüdisch-kommunistischen Widerständler des 5. und 6. Pariser Arrondissements, die hingerichtet oder nach ihrer Verhaftung in ein Vernichtungslager deportiert und dort ermordet wurden. Von den 21 genannten Personen sind zehn Frauen, das ist fast die Hälfte.[74] Insgesamt machen die Widerstandskämpferinnen auf diesen Listen zwischen etwa 16 und knapp 50 Prozent aus.

In der Zwischenzeit wird zumindest die Tatsache anerkannt, daß Frauen als Zeitzeuginnen zur Erhellung der Geschichte der Shoa und des Widerstands in Frankreich beitragen können. Anny Latour befragt in ihrem 1970 erschienenen Werk über den jüdischen Widerstand insgesamt 85 Zeitzeugen, unter ihnen 18 Frauen.[75] Im Vergleich dazu befragt Renée Poznanski in ihrem 1994 veröffentlichten Standardwerk über die Juden im besetzten Frankreich unter 34 Zeitzeugen 10 Frauen.[76] Adam Rayski zitiert in seiner Arbeit »Le Choix des juifs« von 1992 unter 47 Zeitzeugen 13 Frauen[77], und Courtois, Peschanski und Rayski verwenden in ihrer Untersuchung über die MOI in Paris die Aussagen von 40 Zeitzeugen, von denen wiederum 15 Frauen sind.[78] Annette Wieviorka befragt in ihrer Studie über die jüdischen Kommunisten immerhin unter 16 Zeitzeugen (deren Kurzbiographien sie im Anhang auflistet) fünf Frauen, das macht fast ein Drittel.[79] Die Zahl der in der Literatur über den Widerstand von Juden in Frankreich erwähnten beziehungsweise zitierten Frauen entspricht somit in etwa dem vermutlichen Anteil ihrer Beteiligung am Widerstand, das heißt, zwischen einem Viertel und einem Drittel. Genauere Schätzungen sind nicht möglich. Der Anteil von Frauen variiert von Gruppe zu Gruppe, und die meisten Organisationen und Kampfeinheiten haben nie eine Zählung nach Geschlechtern veranstaltet. Diese Fragestellung war nach dem Krieg nicht aktuell. Dazu kommt, daß sich in einigen Bereichen des Widerstands, wie zum Beispiel den Maquis der Armée Juive oder der Pfadfinder, kaum Frauen finden (sie dienten hier lediglich als Verbindungsagentinnen, lebten jedoch eher in der Stadt als im Maquis und nahmen an den militärischen Aktivitäten der diversen Maquis nicht teil[80]), während in anderen, wie den Netzwerken zur Rettung der jüdischen Kinder oder auch in einigen bewaffneten Einheiten der jüdischen Kommunisten, auffallend viele Frauen aktiv waren.[81]

Die reinen Zahlen geben jedoch noch keine Auskunft über den Wert beziehungsweise die Bewertung der Beteiligung der jüdischen Frauen am Widerstand. Historikerinnen wie Rita Thalmann und Sabine Zeitoun und ehemalige Widerstandskämpferinnen, die sich in den letzten Jahren schriftlich oder in mündlichen Beiträgen auf Symposien zu Wort gemeldet haben, verweisen vor allem auf zwei Probleme: zum einen die Aufspaltung des Widerstands in einen »aktiven« und einen »passiven« Widerstand und die darin implizite Minderbewertung des sogenannten »passiven« Widerstands. Zum anderen die Ausgrenzung der Verbindungsagentinnen und der Frauen, die Waffen und Sprengstoff für die bewaffneten Einheiten aus dem militärischen Widerstand transportierten. Sabine Zeitoun schreibt in den Schlußfolgerungen ihrer Dissertation über das Kinderhilfswerk OSE während der deutschen Besatzung: »Wenn die allgemeine Historiographie der Résistance die Rolle der Juden verdunkelt, so ist die Verdunkelung noch deutlicher in bezug auf die Rolle der Frauen generell und die der jüdischen Frauen im besonderen. Darüber hinaus stellt man dort, wo das Thema überhaupt behandelt wird, eine Tendenz fest, die Widerstandskämpferinnen auf eine subalterne Rolle zu reduzieren. Was wiederum die Verdunkelung verstärkt.« Deshalb, so Zeitoun, war es ihr wichtig, »die spezifische und essentielle Rolle« aufzuzeigen, »die Frauen in demjenigen Bereich des Widerstands gespielt haben, der die Rettung der jüdischen Kinder betraf«[82]. Zeitoun empfiehlt, den Wert des Beitrags der Frauen zu diesem als »passiv« betrachteten Widerstand daran zu messen, daß dank OSE 5000 Kinder vor der Deportation und damit dem sicheren Tod gerettet wurden.[83] Léo Hamon, der ehemalige Vizepräsident des Pariser Befreiungs-Komitees, treibt die Minderbewertung der Aktivitäten, die Renée Poznanski als »humanitären Widerstand« bezeichnet, auf die Spitze. In seinem Beitrag zum Pariser Symposion über »Die Juden im Widerstand« von 1985 degradiert er die Frauen und Männer, die »sich der Rettung der Kinder widmeten«, zu einer Art Kofferträger des »echten« Widerstands: »Diese Rettungs-Netzwerke, das muß man sagen, haben in diesem Kampf einen hohen Preis bezahlt, aber sie waren, so könnte man sagen, die ›Sanitäter‹ unserer Armee, die die vielen Verwundeten einsammeln.«[84] In der darauf folgenden Debatte hält die ehemalige OSE-Aktivistin Vivette Samuel Hamon entgegen: »Für uns war auch das eine Form des Widerstands gegen die Nazis und gegen die antijüdischen Maßnahmen von Vichy, eine Form des Widerstands, die half, zu leben und zu überleben.«[85] Der Paradigmenwechsel, der gegen Ende der 80er Jahre einsetzt und der in einer Hierarchisierung der verschiedenen Formen des Widerstands den bewaffneten Kämpfer vom ersten Platz verweist zugunsten »des Pfadfinders, der Kinder rettet«[86], hatte, als dieses erste Symposion zum Thema Juden im Widerstand abgehalten wurde, noch nicht stattgefunden. Die Vertreterinnen und Vertreter des humanitären Widerstands sind noch in der Defensive. Als die klassische, die eigentliche Résistance wird der bewaffnete Kampf angesehen, den die unter der Führung von General de Gaulle operierenden nationalen Widerstandsorganisationen auf der einen und die Kampfformationen der Kommunistischen Partei auf der anderen Seite führten. Diese Résistance wird als männlich und französisch identifiziert. Die Rolle, die Juden, Immigranten und (französische, immigrierte, jüdische) Frauen darin spielten, wurde erst in den letzten zehn Jahren dokumentiert und erforscht. Neben dieser »eigentlichen« Résistance führte der jüdische Widerstand, der, mit Ausnahme der Armée Juive und einer im letzten Kriegsjahr formierten Kampfgruppe der jüdischen Pfadfinder, zur Sparte »passiver Widerstand« gerechnet wurde, ein Schattendasein. Daß Juden eine eigene Rolle beanspruchen, sich separieren, paßt zudem auch nicht in das »egalitäre« jakobinische Selbstverständnis des republikanischen Frankreich, das (wider alle Realität) darauf beharrt, es habe keinen Unterschied zwischen jüdischen und nichtjüdischen Résistants gegeben.[87]

Der jüdische Widerstand, schreibt der ehemalige Widerstandskämpfer Aron Lublin, mußte sich mit sehr spezifischen Problemen auseinandersetzen, die die allgemeine Résistance nicht kannte und mit denen sie sich nicht beschäftigte. Diese Realität war konstitutiv für die zivile Résistance.[88] »Unser Widerstand war defensiv«, notiert ein jüdischer Widerständler, dessen Name nicht bekannt ist, in einem kurz nach der Befreiung verfaßten Rechenschaftsbericht über die Aktivitäten des MJS und anderer Formationen des jüdischen Widerstands, und er fügt erläuternd hinzu: »Der Sozialdienst lag allem zugrunde.«[89] Lazare Lucien, auch er ein ehemaliger Widerständler, definiert »die Rettungsaktion (als) das spezifische Element par excellence des jüdischen Widerstands«.[90] Der allgemeinen Résistance wirft er vor, sie habe »den Krieg gegen die Juden nicht berücksichtigt«.[91]

Es ist kein Zufall, daß in einem Bereich des Widerstands, dessen Spezifikum die Versorgung und Rettung von Menschen darstellt, Frauen quantitativ wie qualitativ eine überragende Rolle spielen. Diese Art von Arbeit wird ihnen ebenso von anderen zugestanden, wie sie selbst sie sich auch zutrauen. Zumal sich in dieser humanitären Résistance der Übergang von der Legalität zur Illegalität, von der Sozialarbeit zum Untergrund – auf Grund der objektiven Bedingungen – quasi natürlich aus der Arbeit ergab. Als ein typisches Beispiel für diesen Widerstand und seine Genese definiert Lucien Lazare die Befreiung von Kindern und Jugendlichen aus französischen Internierungslagern durch das Kinderhilfswerk OSE: »Es handelt sich hier um den fließenden und auf der praktischen Erfahrung basierenden Übergang von der Legalität zum Widerstand.«[92] Junge Frauen, die sich anfangs »nur« um die Kinder von Flüchtlingen kümmerten, die sich darum bemühten, diesen Kindern eine menschliche Umgebung und ein bißchen Lebensfreude zu verschaffen und ihre jüdische Identität zu stärken oder zu bewahren, sahen diese Kinder plötzlich in Gefahr und setzten ihre Sorge um sie fort, indem sie Versteckplätze für sie suchten, Papiere für sie fälschten und Lebensmittelkarten für sie stahlen. Sie selbst betrachteten ihre Aktivitäten noch lange Zeit als Sozialarbeit, und einige von ihnen wagen es bis heute nicht, sich dem »richtigen« Widerstand zuzurechnen.[93] Nach dem Krieg wurden sie häufig nicht als Widerstandskämpfer anerkannt, eine Benachteiligung, die sich nicht nur auf ihre historische Würdigung auswirkte, sondern auch auf ihre Renten.[94]

Diese Erfahrung mußten auch Frauen machen, die zu bewaffneten Formationen gehört, selbst aber nicht geschossen hatten. Die Verbindungsagentinnen, die den Kontakt zwischen den einzelnen Kampfgruppen, zwischen den Kampfgruppen und der Führung, zwischen den verschiedenen Kommandanten beziehungsweise Kommissaren (und gelegentlich Kommissarinnen) der Leitungsebene, zwischen den verschiedenen Städten und Zonen hielten und ohne die keine koordinierte Aktion hätte stattfinden können, wie auch die Frauen, die Waffen und Sprengstoff aus dem Depot zu den Kombattanten, vom Anschlagsort zurück ins Depot und von einer Stadt in die andere transportierten, all diese unverzichtbaren Aktivistinnen des bewaffneten Kampfes gelten nicht als »echte« Kämpfer. Ein solcher ist nur, wer eigenhändig geschossen oder eine Bombe gezündet hat, und das haben (im besetzten Westeuropa) vergleichsweise wenige Frauen.[95] Auch die ehemalige Widerstandskämpferin der MOI, Jeanne List-Pakin, empört sich über das Wort von den »Sanitätern« der Résistance. »War es verdienstvoller«, fragt sie, »eine Salve abzufeuern, als einem Verletzten zu Hilfe zu kommen und ihm das Leben zu retten?« In bezug auf ihre eigene Widerstandstätigkeit fügt sie hinzu: »Ein Paket

Flugblätter von einer Eisenbahnbrücke (...) zu werfen, war genauso gefährlich, wie eine Handgranate in eine Garage zu schleudern. (...) War es denn weniger gefährlich, die Bombe im Einkaufsbeutel zum Anschlagsort zu tragen? Wie viele der Frauen, die das gemacht haben und die dafür in Deutschland enthauptet wurden, haben posthum die Ehrenlegion erhalten?«[96] Nicht nur die Arbeit der Zionistinnen und Pfadfinderinnen, auch die Beteiligung der jüdischen Kommunistinnen am Widerstand wurde nach dem Krieg nicht mehr gewürdigt. Jeanne List-Pakin erinnert sich: »Nach der Schlacht, nachdem sie ihre Pflicht erfüllt hatten, kehrten die Frauen zurück zu ihrer niederen Arbeit als Mutter und Hausfrau, und die Männer ›machten Politik‹: sie vergaßen die Anerkennung, die sie ihren Kampfgefährtinnen schuldeten.«[97]

Catherine Varlin, die als beinahe einzige Frau der – nicht nur kommunistischen – Résistance zum Kommandanten einer ganzen Region aufstieg, stellte 40 Jahre nach der Befreiung selbstkritisch fest, die Frage, wie sie die Résistance als Frau und als Jüdin erlebt habe, habe sie selbst sich erst in den letzten Jahren gestellt. Sie sei damals, nachdem sie bereits Mitglied des Führungstrios der 35. Brigade in Toulouse gewesen war, nach ihrer Versetzung wieder zur Verbindungsagentin heruntergestuft worden. (Ein »Karriereknick«, den kein Mann zu verzeichnen hatte, es sei denn, er hatte als Leitungsmitglied versagt, Anm. d. Verf.) Die Tatsache, daß man ihr letztlich das Kommando über die FTP (die kommunistischen Kampfeinheiten) der Region Meuse übertrug, erklärt sie sich nachträglich damit, daß niemand sich hätte freiwillig in diese Region versetzen lassen. Damals aber habe sie das alles nicht sonderlich bekümmert.[98]

Das Resümee, das sie schließlich aus ihren eigenen und den Nachkriegserfahrungen ihrer Genossinnen zieht, gilt nicht nur für die jüdischen Kommunistinnen, sondern auch für die Frauen, die in den Reihen der jüdischen Pfadfinder, der zionistischen Jugend, der Armée Juive und von OSE Widerstand geleistet haben: »Es ist offensichtlich, daß eine Frau und gleichzeitig Jüdin zu sein, die Aufnahme in die Geschichtsbücher, die offiziellen wie die inoffiziellen, nicht erleichtert hat.«[99]

Nach dem Einmarsch der Deutschen in Paris verlegt das Kinderhilfswerk OSE seine Zentrale aus der Hauptstadt nach Montpellier. Einige Leiterinnen und Leiter bleiben jedoch in Paris und setzen dort ihre Arbeit fort, beziehungsweise erweitern sogar ihr Betätigungsfeld. In den jüdischen Vierteln von Paris werden Fürsorgezentren eingerichtet. Jeden Donnerstag und Sonntag (donnerstags ist in Frankreich schulfrei) können die Kinder sich dort treffen, miteinander spielen und lernen.[100] Im Juli 1940 eröffnet OSE eine Poliklinik im Pariser Stadtteil Marais, die vor allem von den ärmeren Immigranten aus Osteuropa besucht wird, von Familien, die juristischen Rat, medizinische oder materielle Hilfe brauchen.[101] In den Sommermonaten von 1941 – die ersten Razzien haben bereits stattgefunden – organisiert OSE Paris Ferienkolonien, um den Kindern im wahren Sinne des Wortes ein wenig Luft zu verschaffen. Gleichzeitig entstehen erste Pläne, Kinder bei nichtjüdischen Familien außerhalb von Paris unterzubringen. Als diese Pläne ab dem Herbst 1941 langsam realisiert werden, dient die Poliklinik fortan als legale Fassade für die, parallel zur offiziellen Sozialarbeit laufenden, illegalen Tätigkeiten. Zur alten Equipe, die neben Dr. Eugène Minkowski vor allem aus Frauen besteht, bewährten OSE-Mitarbeiterinnen wie Dr. Valentine Cremer, Hélène Matorine und Enéa Averbouh, kommen die »Neuen«, die sich bald bewähren sollen: die Sozialarbeiterin Céline Vallée, die Studentin Jeanine Lévy und Simone Kahn, die bisher ohne Beruf war.[102]

Frieda Wattenberg geht noch zur Schule. 1942 werden die jüdischen Kinder aus den Schulen verbannt. Frieda kann auf ihrem Gymnasium, dem Lycée Victor Hugo, bis zum Abitur im Juli bleiben. Nach dem Unterricht geht sie gelegentlich in die von der Fondation Rothschild finanzierte jüdische Schule in der Rue des Hospitaliens St. Gervais im Marais. Der Direktor dieser Schule organisiert die Herstellung falscher Papiere, Frieda geht ihm dabei zur Hand. Sie ist Pfadfinderin, und bei den Éclaireurs Israélites beginnt man um diese Zeit bereits, hier und da jemandem zu helfen, der etwas tut, das anderen hilft. Eines Tages spricht Enéa Averbouh, eine der Leiterinnen von OSE Paris, Frieda auf der Straße an: »Sie sagte mir, ›du hast eine bestimmte Bildung, du bist ein altes Kind der OSE, wir möchten ein Zentrum eröffnen, jeden Tag von halb fünf bis Viertel vor acht, damit die Kinder sich nicht auf der Straße herumtreiben‹. Wir hatten auch das Recht, sonntags mit den Kindern einen Ausflug in die Banlieue zu machen.«[103]

Jugendliche Helferinnen wie Frieda werden von den Organisatorinnen und Organisatoren von OSE beauftragt, »arische« Familien außerhalb von Paris zu finden, die bereit sind, jüdische Kinder aufzunehmen. Anfangs handeln sich die jungen Freiwilligen mehr Absagen als Zusagen ein [104], während gleichzeitig immer mehr Menschen sich an OSE um Hilfe wenden, vor allem nach der großen Razzia vom 16. Juli 1942. Enéa Averbouh erinnert sich: »Ich ging in die Rue des Rosiers. Es war unvergeßlich! Die Menschen, die sich hatten verstecken können, kamen aus ihren Verstecken, barfuß, im Pyjama oder auch ohne, halbnackt, die Kinder schrien: ›Mama, Papa!‹ Ich rief meine Kolleginnen an: Wir mußten sofort damit anfangen, die Kinder zu verstecken, Unterschlupfmöglichkeiten für sie zu finden. Viele Mütter waren festgenommen worden. Die Kinder waren durch ein Wunder hiergeblieben. Die Kleinen erzählten mir: ›Als sie gekommen sind, hat Mama auf jiddisch gesagt: Versteck dich unter dem Bett!‹ (...) Es haben auch nicht wenige französische Nachbarn Kinder zu sich genommen. Sie erwarteten nun von uns, daß wir eine Lösung für sie fanden.« [105]

Die jungen Sozialarbeiterinnen und Freiwilligen wissen, daß es nun nicht mehr um Übergangsunterkünfte geht. Sie müssen Familien finden, die bereit sind, das Kind oder die Kinder für eine unabsehbar lange Zeit bei sich zu behalten. Nicht immer gestehen sie den künftigen Pflegeeltern, daß ihr kleiner Gast jüdisch ist. Sie suchen vor allem nach isoliert gelegenen Bauernhöfen und nach Familien mit bescheidenem Einkommen, die für einen zahlenden Hausgast dankbar sind.

Die Mädchen und Jungen müssen so gut wie möglich auf ihr neues Leben und die Gefahren, die es birgt, vorbereitet werden. Sie müssen sich an ihren neuen Namen gewöhnen und lernen, zu lügen, ihre Familie und Herkunft zu »vergessen«. All das ist schon nicht einfach mit Kindern, die französisch sprechen und »arisch« aussehen. Sehr viel schwieriger gestaltet sich das Unternehmen mit Mädchen und Jungen, die die Landessprache kaum oder schlecht beherrschen, die nicht ausreichend »französisch« aussehen oder die streng religiös erzogen sind. Dennoch gelingt es den Frauen von OSE, auch diese schwierigen Fälle unterzubringen.

Das Kind wird von den Eltern oder der Person, die es bisher betreut hat, in der Poliklinik oder in einer der Privatwohnungen der OSE-Organisatorinnen abgeliefert. Von hier macht sich dann eine Sozialarbeiterin von OSE mit dem Kind oder einer kleinen Gruppe von Kindern auf den Weg. Nachdem sie ihre Schützlinge bei der Pflegefamilie abgeliefert hat, übernimmt sie ihre Betreuung, das heißt, sie kommt circa einmal im Monat, um das Pensionsgeld zu bringen, eventuell nötige Kleidungsstücke, Spielzeug etc. und um sich das Kind anzusehen: Wird es gut versorgt? Muß es schwere körperliche Arbeit leisten? Wird es womöglich geschlagen? Findet sie das Kind in einer untragbaren Situation vor, nimmt sie es wieder mit und sucht eine neue Unterkunft.[106]

Im November 1943 ist die Lage nicht mehr haltbar. Die Pariser Equipe von OSE gibt ihre offizielle Fassade auf und geht in den Untergrund. Anfang 1944 wird Enéa Averbouh gewarnt, Paris zu verlassen. Vier der Organisatorinnen und Organisatoren bleiben in der Hauptstadt und kümmern sich bis zur Befreiung weiterhin um die Versorgung der Kinder, die sie bei Pflegefamilien untergebracht haben. Insgesamt hielt die Pariser Equipe von OSE an die 600 Kinder bei circa 450 Familien versteckt und rettete ihnen so das Leben.[107]

Während die Pariser OSE, angesichts der Situation in der besetzten Zone, relativ rasch den Weg in die Illegalität einschlug, betrieb die Zentrale von OSE in der Südzone noch lange Zeit Fürsorgearbeit im alten, traditionellen Stil, was auch heißt: streng legal. Erst als im August 1942 die ersten Razzien in der unbesetzten Zone stattfinden und erstmals Kinder aus Frankreich deportiert werden, beginnt die Leitung, über mögliche Konsequenzen nachzudenken. Ein Teil plädiert für die weitere Einhaltung der Legalität und die Fortsetzung der reinen Sozialarbeit. Andere Leitungsmitglieder, vor allem Dr. Joseph Weill, aber auch Andrée Salomon strecken ihre Fühler in Richtung Widerstand aus. Nach dem Einmarsch der Deutschen in die »freie« Südzone im November 1942 intensivieren die Verantwortlichen die illegale Arbeit hinter der legalen Fassade von OSE, das inzwischen als »3. Direktion – Gesundheit« der UGIF, der Zwangsvereinigung der Juden in Frankreich, eingegliedert ist.[108] Die ersten, quasi zufälligen, Schritte in die illegale Arbeit aber machen die jungen Frauen wie Vivette Hermann und Ruth Lambert, die für OSE in den Internierungslagern in Südfrankreich arbeiten.

Vivette Hermann hat ihr Studium abgeschlossen, ihre Familie ist in die Südzone geflüchtet, Vivette ist ohne Arbeit und von den Eltern abhängig. Das paßt ihr nicht. Als sie erfährt, daß OSE eine Kindergärtnerin für das Internierungslager Rivesaltes sucht, geht Vivette in das Büro von OSE in der Rue d'Italie und hinterläßt ihre Adresse. Ein paar Tage später kommt ein Anruf: Andrée Salomon, Vorstandsmitglied und eine der zentralen Persönlichkeiten von OSE, will sie sehen. Die erfahrene Leitungsfrau von OSE, ehemalige Pfadfinderführerin aus dem Elsaß, fragt die junge Pariserin aus, versucht, sie einzuschätzen: Bringt sie die nötigen Qualitäten für die psychisch wie physisch belastende Arbeit mit? Sie testet auch ihre Deutschkenntnisse, denn viele Kinder im Lager sind Flüchtlinge aus Deutschland und die Kinder der aus Baden und der Pfalz deportierten Juden. Und sie eröffnet der verwöhnten 22jährigen: Wenn sie diese Arbeit übernehmen will, muß sie im Lager leben. Vivette ist von der älteren Frau beeindruckt. Sie sagt zu.[109] In der Zentrale von OSE in Montpellier erklärt man ihr ihre Aufgaben: OSE hat, gemeinsam mit den anderen Hilfswerken, wie zum Beispiel dem Unitarian Service, den Vichy-Behörden die Erlaubnis abgerungen, Kinder bis zum Alter von 15 Jahren aus den Lagern freizubekommen. Die Mädchen und Jungen werden dann in Heimen von OSE, gelegentlich auch bei Familien untergebracht. Vivette muß die Erlaubnis der Eltern einholen, die Kinder von ihnen zu trennen. Und sie muß die nötige administrative Arbeit leisten, um die Befreiung der Kinder durchzuführen.

Am 3. November 1941 fährt sie zusammen mit Andrée Salomon nach Rivesaltes und findet sich in einer anderen Welt wieder: Rivesaltes war ursprünglich ein Militärlager, das im Januar 1941 in ein Internierungslager umgewandelt wurde. Als Vivette Hermann mit ihrer Arbeit beginnt, leben etwa 20 000 Menschen in Rivesaltes, von denen 5000 Kinder im Alter von vier bis 15 Jahren sind.[110] »Ich versuche vor allem, meinen Platz zu finden«, schreibt sie in ihren Erinnerungen über die ersten Wochen als »freiwillig Internierte«, sie kämpft gegen das Gefühl der Machtlosigkeit angesichts der Dimension ihrer Aufgabe an und stellt fest: »Das Gefühl der Scham, das mich überfällt, ist heilsam, es treibt mich zum Handeln.«[111]

Im Januar 1941 schickt Andrée Salomon Simone Weil, »Reinette«, auch sie eine alte Pfadfinderführerin aus Straßburg, nach Rivesaltes. Andrée Salomons Art, Mitarbeiterinnen zu rekrutieren, ist so knapp wie entschieden. Lise Schlager, Krankenschwester aus Straßburg, erinnert sich an den kurzen Anruf, der über ihr weiteres Leben entschied. Andrée Salomon teilte ihr, ohne zu fragen oder etwas zu erklären, mit: »Du hast einen Zug, der heute abend abfährt ... Ich werde dich mittags in Perpignan auf dem Bahnhof abholen. Dein Passierschein ist schon fertig.«[112]

Vivette Hermann ist froh über die Verstärkung, die Arbeit ist kaum zu bewältigen. Sie richtet ihr Büro mit Vorhängen, Blumen und Farbe an den Wänden so ein, daß sich die Menschen, die zu ihr kommen, halbwegs wohl fühlen können.[113] Es geht zu diesem Zeitpunkt noch nicht darum, die Kinder vor der Deportation oder gar der Gaskammer zu retten. Es geht darum, sie aus den menschenunwürdigen Bedingungen des Lagers zu befreien, sie an einen Ort zu bringen, an dem sie sich waschen, an dem sie ordentlich essen, an dem sie in richtigen Betten schlafen können. An einen Ort, an dem sie in einem Garten spielen und Spaziergänge machen können und Unterricht erhalten. Bald findet Vivette Hermann heraus, daß es noch um mehr geht. Nicht wenige Kinder verrohen in den Lagern, sie tragen psychische Störungen davon, beginnen zu stehlen, werden gewalttätig oder ziehen sich völlig in sich zurück. Sie haben eine oder mehrere Fluchten oder die erste Deportation bereits hinter sich, sie sind entwurzelt und erleben ihre Eltern hilflos und gedemütigt. Die Bedingungen im Lager tragen nicht dazu bei, ihren Zustand zu verbessern, ganz im Gegenteil. Die Mütter kommen zu den Mitarbeiterinnen der Hilfswerke und bitten sie, die Kinder fortzubringen. Lieber wollen sie sich von ihren Kleinen trennen als mit anzusehen, wie das Lager sie seelisch wie körperlich krank macht. Und: Sie wissen auch nicht, wie ihre weitere Zukunft aussehen wird. Wird man sie in ein Arbeitslager nach Deutschland schicken? Was wird dann mit den Kindern geschehen?[114]

Die Jugendlichen werden zum Teil selbst aktiv – und führen die Sozialarbeiterinnen damit auf unbekannte Pfade: »Ich habe gar nicht selbst damit angefangen, es waren die Kinder. Sie wollten weg, sie kamen bei mir an und behaupteten, ich bin 14, aber meine Papiere habe ich verloren. Also habe ich sie eben als 14jährige eingetragen. So hat alles angefangen. Ich wußte rasch, daß sie logen, denn wenn sie in Montpellier angekommen waren, rief mich jemand von OSE an und sagte: ›Wieso haben Sie uns die geschickt, warum haben Sie nicht auf die Geburtsdaten geachtet?‹ Ich habe das aber damals nicht als besonders illegal oder gar als Widerstand empfunden.«[115]

Die Leitung von OSE ist da anderer Meinung und ermahnt ihre Mitarbeiterinnen streng, jede illegale Handlung zu unterlassen. Sie könnte das ganze Projekt gefährden. Die Kinder und Jugendlichen, die Vivette Hermann und die anderen Mitarbeiterinnen von OSE aus den Lagern freibekommen, werden in Heimen von OSE untergebracht. Vom November 1939 bis zum Februar 1944 unterhält OSE 18 Kinderhäuser, vor allem in Zentralfrankreich. Einige der Heime sind streng religiös. Die älteren Kinder bringt OSE gelegentlich in Heimen der jüdischen Pfadfinder unter. Um die Heime von OSE entspann sich nach dem Krieg eine heftige Debatte: Die Kinder waren dort dem Zugriff der Polizei ausgesetzt, sie wurden ab 1943 tatsächlich zu Fallen.

Die Verantwortlichen von OSE, die für die Illegalität votieren, beginnen zu diesem Zeitpunkt, die Heime peu à peu zu leeren. Doch um die Kinder anderweitig unterzubringen, müssen erst Versteckplätze für sie gefunden werden. Und es fällt den Mitarbeiterinnen und Mitarbeitern auch psychologisch schwer, Institutionen aufzugeben, die bisher so viele Vorteile geboten haben, die Kinder einer – scheinbaren – Sicherheit und Geborgenheit zu berauben, sie der Gemeinschaft mit den anderen Kindern zu entreißen, sie erneut zu entwurzeln und in die Obhut fremder Menschen zu bringen.[116]

Die »Nacht von Vénissieux« wird zur entscheidenden Station im Übergang von der Sozialarbeit zum Widerstand. Ab Ende August 1943 führen die französischen Behörden, die mit der Durchführung der Deportationen betraut sind, das ein, was sie die »Familienzusammenführung« nennen: Als sie damit beginnen, die Menschen aus den Internierungslagern über Drancy nach Auschwitz zu deportieren, fordern sie die Eltern, die ihre Kinder aus dem Lager gegeben hatten, auf, ihnen die Adressen der Kinder zu geben, damit man sie zurückholen und mit den Eltern gemeinsam auf Transport schicken könne. Da die meisten Eltern dachten, sie würden nach Deutschland in Arbeitslager gebracht, und fürchteten, den Kontakt zu ihren Kindern zu verlieren, gaben sie deren Aufenthaltsorte preis. Mitarbeiterinnen von OSE mischten sich in die Schlangen, die vor den Meldebüros in Rivesaltes anstanden, und flüsterten den Menschen zu: »Gehen Sie! Gehen Sie zurück in Ihre Baracken!« Die älteren Lagerinsassen, die sich noch an die Frauen erinnern konnten, verstanden. Die anderen jedoch ließen ihre Kinder von der Polizei abholen.[117] Insgesamt wurden im Zuge dieser Operation 70 Kinder aus Heimen von OSE festgenommen.

In einer ehemaligen Kaserne in Vénissieux warten die Juden aus der Region Lyon auf ihre Deportation. Eine Kommission aus Mitarbeitern der diversen Hilfswerke und christlichen Helfern bemüht sich, noch gemäß der alten Bestimmung, nach der Kinder unter 15 nicht deportiert werden, so viele Kinder wie möglich fortzuschaffen. Sie versprechen den Eltern, die Kinder würden nicht später alleine deportiert (wie es in Paris bereits geschehen war), sondern sie würden bei verläßlichen Leuten untergebracht. Während die Kommission noch in Vénissieux arbeitet, trifft die neue Anordnung ein, nach der die Kinder zusammen mit den Eltern abtransportiert werden müssen. Jean-Marie Soutou und Abbé Glasberg von der Amitié chrétienne, einem christlichen Hilfswerk, das sich auf die Hilfe für Flüchtlinge spezialisiert hat und unter der Ägide von Kardinal Gerlier arbeitet, unterschlagen die Neuigkeit. In drei Polizeilastwagen, die der Amitié chrétienne von der Lagerleitung zur Verfügung gestellt wurden, werden um die 90 Kinder in ein Lokal der EIF, der jüdischen Pfadfinder, gebracht. Von dort werden sie auf verschiedene Verstecke verteilt. Als der zuständige Präfekt von der neuen Anweisung erfährt, schickt er die Polizei los, um die Kinder zurückzuholen, doch die Beamten finden das Lokal der Pfadfinder leer vor. Die Kinder sind allesamt verschwunden. Die Behörden drohen den Verantwortlichen von Amitié chrétienne mit Konsequenzen – ohne Erfolg.[118]

Die Erfahrung von Vénissieux ist aus mehreren Gründen entscheidend für den Weg, den OSE nun einschlägt: Der Wechsel von der Legalität zur Illegalität ist nicht geplant gewesen, er hat sich im Laufe der Ereignisse quasi von selbst ergeben. Die Mitarbeiter von Amitié chrétienne ziehen aus diesem Erlebnis dieselben Schlüsse wie die Verantwortlichen von OSE: Dank ihrer aktiven und dauerhaften Unterstützung können künftig zahlreiche Versteckplätze für Kinder, aber auch ganze Familien gefunden werden.

Georges Garel, Verantwortlicher für die Waffenbeschaffung der Résistance in der Südzone, hat bei der Evakuierung der Kinder von Vénissieux mitgeholfen. Ihn bittet Dr. Joseph Weill von OSE, ein illegales Netzwerk zur Rettung der Kinder und Jugendlichen aufzubauen. Garel ist einverstanden unter folgenden Bedingungen: Erstens, seine Arbeit darf in keinerlei Beziehung zur »3. Direktion« der UGIF, das heißt, zu OSE oder zu sonst einer jüdischen Einrichtung, gebracht werden. Zweitens, die Mitarbeiterinnen und Mitarbeiter seines Netzwerks arbeiten alle unter einer – echten oder falschen – »arischen« Identität und sind beruflich einer nichtjüdischen Hilfsorganisation eingegliedert.[119] Georges Garel selbst beschrieb nach dem Krieg die drei Hauptkomponenten der von ihm aufgebauten und geleiteten Arbeit: die Kinder in einem christlichen Milieu verteilen, in dem man sie nicht kennt; die Kinder mit einer »arischen« Identität ausstatten; die Überwachung und Versorgung der Kinder an ihren Versteckplätzen durch (wirklich oder vorgetäuscht) nichtjüdisches Personal sichern.[120] Es waren vor allem – junge – jüdische und nichtjüdische Frauen, die diese Arbeit übernahmen.

Den meisten Kindern fiel es nicht leicht, die neue Rolle anzunehmen. Ein Mädchen, dessen falscher Name Annette Bernay lautete, erklärte seiner Pflegemutter eines Tages: »Ich heiße auch Annette Bernheim, aber Mademoiselle Marthe hat gesagt, das darf ich nicht sagen ...«[121] Ehe die Sozialarbeiterinnen von OSE die Kinder zu ihren

Pflegefamilien transportierten, mußten sie ihr Gepäck durchsuchen: Es durfte keinen Gegenstand enthalten, der die wahre Identität des Kindes hätte verraten können. Fotos, Familienerinnerungen, Schulhefte, Bücher, in denen der Name des Kindes oder seiner Eltern stand, hebräische Gebetbücher, all das mußten sie den Kleinen wegnehmen. Die Kinder flehten sie mit Tränen in den Augen an: »Das ist das einzige, was ich von meiner Mutter noch habe!« Doch die junge Frau mußte, auch wenn sie selbst den Tränen nahe war, hart bleiben. Sie versprach, die Sachen gut aufzuheben[122], ein Versprechen, von dem sie nicht wußte, ob sie es würde halten können.

Vivette Hermann, seit Oktober 1942 mit Julien Samuel, dem Organisator von OSE Marseille, verheiratet, führt nach der Schließung der Marseiller OSE-Zentrale mit ihrem Mann das Büro von OSE in Limoges. Eine ihrer Aufgaben ist es, die Verbindung zwischen »den beiden OSEs« herzustellen. Sie erinnert sich: »Die Heime unterstanden der UGIF. Das war sozusagen die eine Seite, die andere war der Circuit Garel. Nun mußte man die Kinder vom einen zum anderen bringen. Das mußte alles koordiniert werden. Ich hielt einerseits Verbindung zu den Direktoren der Heime und andererseits zu den Sozialarbeiterinnen des Circuit Garel. Die durften sich ja nie direkt kennenlernen, die einen durften von den anderen nichts wissen. Das alles geschah in meinem Büro. Die Leute, die in den Heimen arbeiteten, kamen in dieses Büro. Und ich war mit Germaine Masour, die den Circuit Garel in Limoges repräsentierte, in Kontakt.«[123]

Die von Georges Garel geordnete strikte Trennung wird offenbar nicht immer eingehalten. Vivette Samuel arbeitet mit Germaine Masour zusammen, die für die Sozialarbeiterinnen des »Circuit Garel« verantwortlich ist. Madeleine Dreyfus arbeitet für OSE in Lyon und für den »Circuit Garel«. Dasselbe gilt für Marthe Sternheim, Fanny Loinger und vermutlich noch andere.[124] Doch selbst bei genauester Planung, bei sorgfältigster Einhaltung aller Regeln: Vieles hängt in dieser Arbeit, wie im Widerstand generell, vom Zufall ab. Als sie in Romans im Département Drome auf den Zug nach Lyon wartet, hört Fanny Loinger, wie ein deutscher Soldat zu einem Eisenbahner sagt, er wisse aus sicherer Quelle, daß in einem Kloster in Romans jüdische Kinder versteckt sind. Anstatt, wie es ihr Auftrag gebietet, nach Lyon zu fahren, geht Fanny Loinger in das betreffende Kloster und erklärt der Schwester Oberin, daß sie ihr die drei Kinder sofort mitgeben muß. Es kostet sie viel Zeit, die Frau, die ihre Schützlinge nur ungern gehen läßt, zu überzeugen, daß sie im Kloster nicht mehr in Sicherheit sind.

72

Kurz nachdem sie mit den drei Kindern gegangen ist, kommen die Deutschen in das Kloster.[125] Madeleine Dreyfus betreut im OSE-Zentrum von Lyon eine Gruppe von Mädchen und Jungen, die auf dem Weg in die Schweiz sind. Eines Morgens kommt eine Angestellte des Polizeikommissariats und fragt nach den Kindern. Sie seien draußen, es sei doch so schönes Wetter, erklärt Madeleine Dreyfus. Sie solle die Kinder reisefertig machen, sagt die Frau von der Polizei, sie würden sie um Punkt drei Uhr nachmittags holen kommen. Natürlich sind um drei Uhr längst keine Kinder mehr da. Später erfährt Madeleine Dreyfus, daß die Polizeiangestellte absichtlich gekommen war, um sie zu warnen.[126]

Das von Georges Garel geleitete illegale Netzwerk spannte sich über beinahe die gesamte Südzone, mit Ausnahme der italienisch besetzten Zone. Hier ist es bis zum September 1943 möglich, unter relativ günstigen Bedingungen zu arbeiten. Kurz vor dem Einmarsch der Deutschen wurden führende Funktionäre jüdischer Organisationen in Nizza von alliierter Seite gewarnt, daß der zwischen Italien und den Alliierten geschlossene Waffenstillstand bekanntgegeben würde. Die Folgen waren vorhersehbar.[127] Maurice Brenner, einer der Verantwortlichen des Joint (Jewish Distribution Committee, die amerikanische Hilfsorganisation, die einen Großteil der Kinderrettungsaktionen in mehreren besetzten Ländern Europas finanzierte), bat Moussa Abadi in Nizza, einen illegalen Sozialdienst zur Rettung von jüdischen Kindern und Jugendlichen zu organisieren. So entsteht in der Region um Nizza eine Parallelstruktur zu OSE, die eng mit OSE zusammenarbeitet. Abadis direkte Mitarbeiterin ist Odette Rosenstock. Es gelingt den beiden, schon zwei Wochen nach dem deutschen Einmarsch 140 Kinder in sicheren Verstecken unterzubringen.[128] Ende September 1943 wird die OSE-Mitarbeiterin Huguette Wahl bei der Arbeit verhaftet. Sie wird von der Gestapo gefoltert und schließlich nach Auschwitz deportiert. Die Gestapo vermutet im Raum Nizza ein illegales Netzwerk zur Rettung jüdischer Kinder. Sie schickt nichtjüdische Kinder in die Büros von OSE und ähnlicher Einrichtungen, um ein Ende des Fadens in die Hand zu bekommen. Vergebens. In Zusammenarbeit mit OSE, der zionistischen Jugendbewegung und den jüdischen Pfadfindern gelingt es dem »Circuit Abadi«, an die 300 Kinder vor der Deportation zu retten.[129]

Nicht alle Kinder, die OSE anvertraut werden oder sich bereits in seiner Obhut befinden, können im Land versteckt werden. Im Januar 1943 schlägt Dr. Joseph Weill von der Leitung von OSE Georges Loinger, der zur Widerstandsorganisation Combat gehört[130], vor, eine Fluchtroute in die Schweiz zu organisieren. Mit Hilfe der Sixième, der illegalen Abteilung der jüdischen Pfadfinder und der Untergrundorganisation der zionistischen Jugend, »Education Physique«, baut Loinger ein neues Netzwerk auf.[131] Er setzt sich mit den professionellen Grenzschmugglern von Annemasse in Verbindung und gewinnt die Unterstützung des Bürgermeisters dieser kleinen Grenzstadt, Jean Deffaugt. Die Kinder und Jugendlichen werden über die Route Limoges–Lyon nach Annemasse (oder Aix-les-Bains, wo Loinger seine Kommandozentrale aufgebaut hat) gebracht. Auf verschiedenen Abschnitten werden sie von einer Staffel illegaler Sozialarbeiterinnen betreut und an die jeweils nächste übergeben. Bis zum September 1943, als die Deutschen die italienisch besetzte Zone übernehmen, gehen drei bis vier Konvois pro Woche ab. Loinger und seine Mitarbeiterinnen setzen ihre Arbeit auch unter der deutschen Besatzung fort, nun allerdings unter erheblich erschwerten Bedingungen. Loinger traut jetzt den professionellen Schmugglern nicht mehr, er nimmt den Grenzübertritt selbst in die Hand, mit Hilfe seiner Kameraden von Combat.[132] 1947 verfaßte Georges Loinger einen Bericht, in dem er beschreibt, wie der eigentliche Grenzübertritt vor sich ging: In Annemasse wurde die jeweilige Gruppe in eine städtische Unterkunft gebracht, die der Bürgermeister zur Verfügung stellte.[133] Gegen fünf Uhr abends holt Loinger die Gruppe ab. Er trägt einen Basketball unter dem Arm, die Kinder singen, und gemeinsam marschieren sie zu einem Spielplatz im Wald. Hier, etwa einen Kilometer von der Grenze entfernt, warten sie auf den Einbruch der Nacht. »Die Kinder waren so in das Spiel vertieft, daß sie die Gefahren, die um sie herum lauerten, völlig vergaßen.« Als es dunkel wird, gehen sie, abseits des Weges, in Richtung Grenze. Ein Kollege Loingers aus der Résistance überwacht währenddessen die Umgebung, um die Gruppe notfalls vor dem Auftauchen der Deutschen warnen zu können. An der Grenze schließt er sich der Gruppe an. Die beiden Männer biegen den Stacheldraht auseinander, die Kinder schlüpfen, eines nach dem anderen, durch. Sie werden sofort von den Schweizer Zöllnern aufgegriffen und der nächsten Polizeistation übergeben, von wo man sie in Auffanglager bringt.[134] Von diesem Moment an übernimmt die Zentrale von OSE in Genf die Verantwortung für die Kinder. Nach einem kurzen Zwangsaufenthalt im Auffanglager werden sie in Heimen des Schweizer OSE untergebracht.[135]

Die Fluchtroute in die Schweiz bewahrt etwa 1500 Kinder und Jugendliche vor der Deportation und damit der Gaskammer. Sie kostet aber auch drei junge Widerständlerinnen das Leben, Nicole Salon-Weil von OSE und Mila Racine und Marianne Cohn von der zionistischen Jugend.

Nicole Weil wurde 1915 in Lisieux geboren. Sie studierte Sozialarbeit und arbeitete nach dem Studienabschluß in den Wohltätigkeitseinrichtungen der Baronin Rothschild. Im Frühjahr 1941 tritt sie bei OSE ein und übernimmt die medizinisch-soziale Betreuung im Marseiller Zentrum von OSE. Im September 1942 organisiert sie einen illegalen Dienst zur Herstellung falscher Papiere. Zusammen mit ihrem Mann, Jacques Salon, richtet sie im Juli 1943 ein Zufluchtzentrum von OSE in Megève ein. Als Andrée Salomon von dem bevorstehenden Einmarsch der Deutschen in die italienisch besetzte Zone erfährt, muß das Haus sofort evakuiert werden. Nicole Salon-Weil übernimmt es, die Kinder »verschwinden« zu lassen – mit Hilfe von Georges Loingers Fluchtnetzwerk werden sie in die Schweiz geschmuggelt.[136] Andrée Salomon erzählte später Anny Latour, Nicole habe »drei Stunden pro Nacht geschlafen, in aller Eile ein paar Sandwiches hinuntergeschlungen und dabei mehr als 200 Menschen gerettet«.[137] Anschließend geht sie nach Nizza, um diese Arbeit mit den dortigen Flüchtlingen fortzusetzen. Sie bringt mehrere Gruppen von Kindern nach Chambéry, von wo sie weiter in Richtung Annemasse und Schweiz befördert werden. Am 24. Oktober 1943 wird Nicole Salon-Weil verhaftet. Sie ist vermutlich denunziert worden. Im Sammellager Drancy »adoptiert« sie drei Waisenkinder, um die sie sich bis zuletzt kümmert. Als sie, am 23. November 1943, an der Rampe von Auschwitz als arbeitstauglich selektiert wird, weigert sie sich, sich von »ihren« Kindern zu trennen: Zusammen mit ihnen geht sie in die Gaskammer.[138] »Nicole hatte all die Anmut und Lebhaftigkeit der Pariserin. Klein, mit braunen, lockigen Haaren, lebhaften Zügen und großen Augen war sie ständig in Bewegung.« Mit diesen Worten leitet ihre ehemalige Vorgesetzte Andrée Salomon einen Bericht ein, den sie nach dem Krieg über Nicole Salon-Weil verfaßt.[139]

Im Oktober 1943, im selben Monat, in dem Nicole Salon-Weil verhaftet wird, durchsucht die Gestapo das Kinderheim von OSE in Marseille und nimmt die Kinder mitsamt der Direktorin Alice Salomon fest. Alle werden in der Folge deportiert und in Auschwitz ermordet. Dieser Vorfall macht selbst den auf Legalität pochenden Verantwortlichen von OSE in der Südzone deutlich, daß alle Kinder – und das Personal der Organisation – in Gefahr sind. Dennoch hält OSE in

Chambéry noch eine Zentrale aufrecht, um hinter dieser Fassade das »Verschwinden« der letzten Kinder, die sich noch in Heimen von OSE befinden, zu organisieren. Anfang des Jahres 1944 leben noch circa 30 »schwervermittelbare« Kinder in Chambéry selbst. In anderen Heimen befinden sich insgesamt etwa 500 Kinder. Germaine Masour sorgt im Auftrag von Georges Garel dafür, daß diese Jungen und Mädchen im Laufe des Januar und Februar versteckt oder außer Landes gebracht werden. Im Januar 1944 kommen französische Milizmänner und ein Gestapoagent in das UGIF-Büro in Limoges, unter dessen Dach Vivette und Julien Samuel für OSE arbeiten. Die beiden können entkommen, Vivette Samuels Vater, der zufällig anwesend ist, wird verhaftet. OSE schließt daraufhin das Büro in Limoges. Anfang Februar werden die Kinder und das Personal des Zentrums von OSE in Chambéry verhaftet. Alain Mossé, der Direktor von Chambéry und bis zu diesem Zeitpunkt einer der Vertreter der legalen Linie, kann einen Kassiber aus dem Gefängnis schmuggeln. Sein Verhör, teilt er darin OSE mit, habe deutlich gemacht, daß die Gestapo über die Aktivitäten der Organisation Bescheid weiß. Georges Garel dekodiert den Brief, gibt die Nachricht weiter und sorgt dafür, daß binnen der nächsten 48 Stunden alle Kinderheime von OSE evakuiert werden. Um die Spuren fürs erste zu verwischen, werden die Heime offiziell nichtjüdischen Institutionen übergeben. OSE befindet sich nun in der völligen Illegalität.[140]

Vivette und Julien Samuel werden nach Chambéry entsandt, um dort die Verbindung zwischen den verschiedenen Personen zu halten, die an der Organisierung der Fluchtroute in die Schweiz beteiligt sind. Die beiden verfügen inzwischen über »echte« falsche Papiere: Freunde aus Paris haben ihnen die ihren überlassen. Die Samuels heißen nun Lutz. Untereinander nennen sie sich »Cherie«, »Liebling«, um sich nie im Namen zu irren. Ein Versprecher im falschen Moment könnte tödlich sein.[141] Am 8. Mai 1944 wird Julien Samuel verhaftet, als er an einem illegalen Treffen in Lyon teilnimmt. Er kann später fliehen, und die Samuels verstecken sich von da an bis zur Befreiung bei Bauern in der Nähe von Aix-les-Bains.[142]

Im Frühjahr 1944 setzt sich Andrée Salomon mit Ernest Lambert von der Armée Juive in Verbindung, um deren Route über die Pyrenäen nach Spanien und schließlich Palästina für OSE zu nutzen. Zwölf Mädchen und Jungen zwischen acht und 14 Jahren werden ausgewählt, diese Fluchtroute zu nehmen, zusammen mit fünf Erwachsenen. Elisabeth »Böszi« Hirsch, die bisher auf der Route Grenoble – Schweiz für OSE gearbeitet hat, übernimmt die Gruppe in Toulouse und begleitet sie bis an ihr Ziel.[143]

Nach der Befreiung von Lyon, im September 1944, tauchen die überlebenden Aktivistinnen und Aktivisten von OSE aus dem Untergrund auf. Sie beschließen, zurück nach Paris zu gehen und ihre Organisation neu aufzubauen.[144] Andrée Salomon wird damit beauftragt, den Kontakt zu den versteckten Kindern aufzunehmen, Germaine Masour damit, die Familienzusammenführung oder Emigration zu organisieren. Vivette Samuel, deren Mann Julien zum Leiter des medizinisch-sozialen Dienstes ernannt wurde, organisiert in Chambéry einen Notdienst für die jüdischen Flüchtlinge in der Region.[145]

Die Arbeit von OSE im Untergrund, der insgesamt in beiden Zonen des Landes circa 5000 Kinder das Überleben verdanken, wäre nicht möglich gewesen ohne die Hilfsbereitschaft nichtjüdischer Einzelpersonen und Organisationen. Sie wäre allerdings auch viel bescheidener ausgefallen ohne die finanzielle Unterstützung durch den Joint. Die US-amerikanische jüdische Hilfsorganisation »Joint Distribution Committee«, kurz Joint genannt, finanzierte viele Aktionen des humanitären jüdischen Widerstands im deutsch besetzten Europa. In Frankreich unterstützte der Joint OSE und die Rettungsaktionen der jüdischen Pfadfinder, der zionistischen Jugend und der Armée Juive.

Nach der Niederlage Frankreichs verlegt der Joint sein Büro von Paris nach Marseille. Die Gelder des Joint werden offiziell über die UGIF an deren verschiedene »Direktionen« verteilt, de facto gehen sie an die Hilfswerke, die sie zu einem gut Teil für ihre illegalen Aktivitäten verwenden. Nach der Besetzung der »freien« Südzone durch die Deutschen muß der amerikanische Leiter des Joint, Dr. Joseph Schwarzt, Frankreich verlassen, er richtet sein neues Büro in Lissabon ein. Die französischen Verantwortlichen Maurice Brenner und Jules Jefroykin gehen in die Illegalität. Im Frühjahr 1943 gründet Jefroykin in Nizza, in der italienisch besetzten Zone, den Conseil du Joint, der auf seiner konstituierenden Sitzung beschließt, in der Verteilung seiner finanziellen Mittel dem Widerstand den Vorrang zu geben. Das Geld wird zu einem großen Teil vom Vertreter des Joint in der Schweiz, Saly Mayer, in französische Francs umgetauscht und von professionellen Schmugglern der Résistance nach Frankreich gebracht.[146] Von den mehreren Millionen Francs, die der Joint zwischen 1942 und 1944 in Frankreich verteilt[147], werden die Familien und Institutionen, die jüdische Kinder, Jugendliche und Erwachsene aufnehmen, mit einer kleinen monatlichen Pension entschädigt, falsche Papiere für die Versteckten hergestellt, die illegalen Mitarbeiterinnen und Mitarbeiter mit Papieren und dem nötigsten Unterhalt versorgt, Schmuggler bezahlt und Beamte bestochen. Offiziell dürfen die Gelder nur für humanitäre Hilfeleistungen verwendet werden. Marc Jarblum jedoch, der in Genf mit Saly Mayer für die Vergabe mitverantwortlich ist, berichtete Anny Latour später: »Ich habe an alle Widerstandsbewegungen, ob zivile oder militärische, Geld verteilt, auch an die A. J. (Armée Juive, Anm. d. Verf.) und ebensogut an die Kommunisten.«[148]

Die jüdischen Pfadfinder EIF, Éclaireurs Israélites de France

Die ursprünglich »rein« französischen EIF verfügten zu Kriegsbeginn bereits über einen beträchtlichen Anteil an naturalisierten und ausländischen Mitgliedern. Wie so viele Bewohner des nördlichen Frankreich und der Hauptstadt fliehen auch Mitglieder der jüdischen Pfadfinder vor den deutschen Truppen in Richtung Süden. Um den Flüchtlingen zu helfen, richten die EIF in der Stadt Moissac im Tarn Heime ein. Sie restaurieren eine Reihe von alten verfallenen Häusern aus dem 18. Jahrhundert und bringen dort jugendliche Flüchtlinge aus ihren Reihen unter. Gleichzeitig errichten Shatta und Bouli Simon, die Leiter des Zentrums, hier das neue Hauptquartier der jüdischen Pfadfinder in der Südzone. Das Pariser Generalsekretariat der EIF zieht nach Moissac um. Das erste Treffen der Führerinnen und Führer der EIF nach dem Einmarsch der Deutschen findet hier im August 1940 statt.[149] Nicht weit entfernt, in Lautrec, gründen die EIF ein Zentrum, in dem die Jugendlichen eine handwerkliche oder landwirtschaftliche Ausbildung erhalten. Pierre Kauffmann, der Sicherheitsverantwortliche von Lautrec, beschreibt das Zentrum als eine Mischung aus Pfadfinderlager und Kibbuz. Das Leben besteht aus harter Arbeit, kargem Essen, man lebt in Gemeinschaftsräumen. Aber da sind auch noch die kulturellen und geistigen Aktivitäten, die den Charakter dieses Zentrums bestimmen. Schritt für Schritt wird aus dem Pfadfinderleben Ernst: Ein Alarmsystem wird eingerichtet, ergänzt durch einen Plan für die sofortige Evakuierung des Zentrums, die Bewohnerinnen und Bewohner lernen, wie sie sich im Falle einer Festnahme oder eines Angriffs zu verhalten haben, es wird ständig Wache gehalten.[150]
Denise Lévy, die als Gymnasiastin den jüdischen Pfadfindern bei-

trat, war bis in ihr letztes Studienjahr Gruppenleiterin der Wölflinge. Dann war sie zu sehr von ihrem Beruf beansprucht, blieb aber in Kontakt mit ihnen. Denise Lévy arbeitet als Pharmazeutin in einem staatlichen Labor. Als die Deutschen sich Paris nähern, wird das Labor samt seinen Angestellten nach Montauban verlegt. Denise fährt, sooft sie kann, in das nur 30 Kilometer entfernte Moissac: »Da war ich unter Freunden. Es hat sich schon gelohnt, für einen Tag hinzufahren.«[151] Als sie, als Jüdin, ihre Arbeit verliert, geht sie nach Moissac und kümmert sich dort um die Korrespondenz und hält den Kontakt zu den Gruppenleiterinnen der EIF der gesamten Südzone.[152] Sie gehört nun zur vierköpfigen Leitung der EIF.

Im Sommer 1942 warnen sympathisierende Polizisten die Leitung in Moissac davor, daß Razzien gegen Ausländer, die älter als 16 Jahre sind, bevorstehen und daß Jugendliche aus den Heimen der EIF auf der Liste stehen. Denise Lévy wird damit beauftragt, die bedrohten Mädchen aus Beaulieu-sur-Dordogne, dem Zentrum für Mädchen der EIF, zu verstecken.[153] Sie ist auf eine solche Situation noch nicht vorbereitet. Dennoch gelingt es ihr, die Mädchen, über die ganze Gegend verstreut, in Sicherheit zu bringen. Doch damit ist ihre Arbeit noch nicht beendet: »Wir haben diskutiert, was man machen soll. Ich bin ständig zwischen den verschiedenen Zentren hin- und hergefahren. Nach der ersten Razzia erfolgte ja die nächste, es galt also, Strukturen aufzubauen, die dem entgegenwirken konnten, das hieß auch, falsche Papiere herzustellen, Stempel und alles, was man dazu brauchte.«[154]

So entsteht, aus der Situation geboren, die »Sixième«, der illegale Zweig der jüdischen Pfadfinder. Denise Lévy stellt gewissermaßen die Intendanz der Sixième dar: Zu ihr kommen die Verantwortlichen der gesamten Südzone, um Papiere, Geld und alles, was sie sonst benötigen, zu holen. Moissac verwandelt sich in ein Zentrum zur Herstellung falscher Papiere. Den ersten Stempel, erinnert sich Denise Lévy, erhielten sie von einem evangelischen Pfarrer im Département Drome. Denise Lévy weiter: »Wir haben die Blankoformulare im Zigarettenladen gekauft. Die mußte man im Rathaus ausfüllen und abstempeln lassen. Wir gingen damit natürlich nicht ins Rathaus, sondern benutzten die Stempel, die wir hergestellt haben. Das war alles ziemlich verrückt, denn diese Identitätskarten waren nicht im Einwohnermeldeamt registriert, aber für eine oberflächliche Kontrolle reichten sie aus. Wir kauften natürlich nicht zehn Karten auf einmal, sondern hier ein paar und dort ein paar. Mit der Zeit haben wir von einigen Bürgermeistern und anderen Sympathisanten in Rathäusern noch andere Stempel bekommen. Wir hatten einen sehr fähigen Kameraden, der konnte aus Kartoffeln und sogar aus Brot Stempel anfertigen, so daß wir bald für alle Regionen die richtigen Stempel hatten.«[155]

Doch Moissac ist schon allzu bekannt und damit gefährlich geworden. Henri Wahl, Ninon Hait und Denise Lévy gehen nach Lyon und leiten nun von der »Hauptstadt der Résistance« aus eine Zeitlang die Aktivitäten der Sixième. Denise Lévy wird offiziell Mitarbeiterin der Mütterhilfe »Aide aux mères«, deren Direktorin Juliette Vidal mit dem jüdischen Widerstand zusammenarbeitet. Eine Zeitlang reisen Denise Lévy und ihre Kameradinnen und Kameraden ständig von einem Ort zum nächsten, kümmern sich um Versteckplätze, Papiere und die Arbeit der Sozialarbeiterinnen, die die Jugendlichen, die versteckt werden müssen, betreuen. Ninon Hait, die zusammen mit Denise Lévy und Henri Wahl die Aktivitäten der »Sixième« leitet, fährt zwei Jahre lang regelmäßig zu Monsignore Thèas, den Bischof von Montauban. Im Gepäck hat sie die gesamte Fälscherwerkstatt, die sie braucht, um für die jüdischen Schützlinge des Bischofs die nötigen Papiere auszustellen. Schließlich bringt sie dem Bischof das Fälscherhandwerk bei, so daß er diese Arbeit künftig selbst erledigen kann. Das nötige Werkzeug stellt sie ihm zur Verfügung.[156] Als im Januar 1943 die EIF verboten werden und sich offiziell auflösen müssen, tauchen die Aktivistinnen und Aktivisten vollständig in den Untergrund ab. Die ständigen Reisen quer durch den Süden Frankreichs werden nun zu einem nicht mehr tragbaren Risiko. Die »Sixième« organisiert sich nach Regionen. Denise Lévy erinnert sich, daß das entscheidende Treffen Anfang März in Montauban stattfand[157]: »Jeder Regionalchef hatte die Verantwortung für ein Département, das aus zwei Regionen bestand. Alle Regionen wurden in Sektoren aufgeteilt. Auch für jeden Sektor gab es einen Verantwortlichen. Dieser Verantwortliche mußte für die Mädchen und Jungen in seinem Bereich Verstecke suchen, ihnen Papiere ausstellen, für diejenigen, die in Internaten waren, die Miete bezahlen. In jeder Region gab es eine oder zwei Sozialarbeiterinnen, die gingen jeden Monat zu den Versteckplätzen, um zu sehen, ob alles in Ordnung war, um die nötigen Sachen zu bringen, die Unterkunft zu bezahlen, wo das erforderlich war. Und wo es noch Eltern gab – den Eltern haben wir nie die Adresse des Kindes gegeben – haben sie Briefe hin- und hertransportiert.«[158]

In Lyon führen die Leiterinnen und Leiter der »Sixième« das übliche

Leben von Illegalen: »Jeder hatte ein Zimmer und die Adresse von einem Sympathisanten, über den wir Post bekommen konnten. Wir sind jeden Tag hingegangen und haben nachgesehen, ob es eine Nachricht für uns gab. Wir erhielten jeden Monat eine gewisse Summe Geld, um unser Leben bestreiten zu können. Marc Haguenau hat das Sekretariat gemacht und war der offizielle Vertreter der UGIF. Er erhielt das Geld und hat es an uns verteilt. Das Geld war für unsere Reisen bestimmt, für die Hotels während der Reisen, aber wenn wir uns ein Stück Kuchen kauften, haben wir dieses Geld nicht angerührt. Es war alles nur für die Arbeit. Es gab vielleicht ein, zwei, die hatten von ihren Familien noch genügend Geld zur Verfügung. Und andere hatten nichts. Wir haben uns in Lyon jeden Tag an einem bestimmten Ort auf der Straße getroffen. Bei diesen Treffen haben wir uns gegenseitig Informationen und Ratschläge gegeben und über Probleme bei der Arbeit gesprochen. Die meiste Zeit waren wir allerdings auf Reisen. Um in jeder Region nachzuhören, welche Probleme es gab, denn manchmal gab es auch schwierige Menschen, denen mußte man helfen, Verstecke zu finden. Es ging auch darum, neue Stempel zu finden, damit wir nicht immer dieselben verwenden mußten; wir mußten auch das Geld bringen und ganz spezifische Probleme lösen: Wenn zum Beispiel Verantwortliche verhaftet wurden, dann mußte man einen Ersatz finden, oder wenn jemand ›verbrannt‹ war, dann mußte man ihn mit jemandem aus einer anderen Region austauschen.« [159] Denise Lévy ist für die Regionen Toulouse und Limoges zuständig, einmal pro Monat fährt sie in die jeweilige Stadt, um die ihr unterstellten Verantwortlichen zu treffen. Als ihr Ende 1943 ihre Vermieterin erklärt, sie benötige das Zimmer, nimmt Denise Lévy an, sie sei »verbrannt«. Sie geht nach Toulouse. [160] Hier organisiert Anny Latour den »Service Adultes«, die Erwachsenenhilfe der EIF: In Zusammenarbeit mit der Armée Juive organisiert sie den Schmuggel von erwachsenen und – auf Grund ihres Status als Ausländer und ihrer mangelnden Sprachkenntnisse – besonders gefährdeten Juden über die Pyrenäen nach Spanien. [161]

Im Dezember 1943 gründen die EIF ihren ersten Maquis in La Malquière. Von dort aus geht ein Teil nach La Roque, der andere nach Lacado. Die Maquis der jüdischen Pfadfinder sind teils selbständig, teils der Armée Juive eingegliedert und unterstehen dem militärischen Oberbefehl der gaullistischen Armée Secrète im Tarn. Die bekannteste bewaffnete Formation der jüdischen Pfadfinder bildete die Compagnie Marc Haguenau, die an der Befreiung von Castres teilnahm. Die Compagnie gab sich ihren Namen im Gedenken an Marc Haguenau, einen der wichtigsten Leiter und Organisatoren der EIF, der 1943 beim Versuch, vor der Gestapo zu fliehen, erschossen wurde.[162] Die Mehrheit der Kämpfer ist sehr jung, häufig sind es ehemalige Studenten.[163] Robert Gamzon, der Gründer der EIF und nunmehr Kommandant der Compagnie Marc Haguenau, erklärte, die jüdischen Pfadfinder gründeten ihren Maquis, »um nicht länger die gejagten Hasen zu sein, sondern Raubtiere mit Zähnen und Klauen«.[164] Frauen haben anscheinend nicht im Maquis der EIF gelebt und waren nicht Teil der kämpfenden Einheiten. In der Literatur werden keine weiblichen Mitglieder des Maquis der EIF genannt. Denise Lévy erinnert sich, daß es keine Frauen in den bewaffneten Einheiten gab. Frauen hielten aber als Verbindungsagentinnen den Kontakt zwischen dem Maquis und der Stadt.[165]

Im Mai 1943 schließen sich Sixième und »Education Physique«, die illegalen Zweige der Pfadfinder und der zionistischen Jugend, zusammen, um ihre Widerstandsarbeit künftig zu koordinieren. Beide wiederum arbeiten auch eng mit OSE zusammen.[166]

Im April 1943 gründen die Führer der Sixième einen illegalen sozialen Hilfsdienst in der Nordzone mit Sitz in Paris. Dieser »Service Paris« schließt sich Anfang 1944 mit »Education Physique« zusammen und bildet den »Service social des Jeunes«, den »Sozialdienst der Jungen«, der beträchtliche Ausmaße annimmt. Die 33 Aktivistinnen und Aktivisten in Paris bilden fünf Gruppen: das Labor, in dem falsche Papiere hergestellt und die dafür nötigen Materialien gelagert werden; die Gruppe »Synthétisation«, die »echte« falsche Papiere herstellt, das heißt, Illegale mit den Identitäten wirklich vorhandener Personen ausstattet; den Sozialdienst, der Familien aufsucht, die Papiere oder Verstecke für ihre Kinder brauchen; die Sozialarbeitsgruppe, die sich um die versteckten Kinder kümmert und Hilfe jeglicher Art leistet; den Recherchedienst, der Verstecke für Kinder und Jugendliche und Unterkünfte für ganze Familien sucht.[167]

Das Labor des »Service« sitzt in der Mansarde eines Hauses in der Rue des Saint-Pères im Quartier Latin. Die Fälscherinnen und Fälscher arbeiten wie am Fließband. Die Mitarbeiterinnen und Mitarbeiter der Gruppe »Synthétisation« suchen Bürgermeister und Angestellte in den verschiedensten Gemeindeämtern auf und riskieren ihr Leben, indem sie sie bitten, »der Résistance« zu helfen. Nach mehreren Fehlschlägen gelingt es ihnen, zahlreiche Sympathisanten zu gewinnen, die ihnen aus den Melderegistern die Personaldaten realer

Menschen heraussuchen und die nötigen Blankoformulare, Lebensmittelkarten etc. zur Verfügung stellen, um eine sozusagen gedoubelte Person herstellen zu können.

Gleichzeitig schickt der Pariser »Service« gefährdete Jugendliche und eigene Mitglieder, die sich dem Maquis oder den alliierten Armeen anschließen wollen, in den Süden. Hier werden sie entweder in einen entsprechenden Maquis oder über die Pyrenäen nach Spanien geführt und von dort aus weiter nach Palästina oder zu den Alliierten in Nordafrika.[168] Insgesamt sorgte der »Sozialdienst der Jungen« in beiden Zonen für 853 Kinder und Jugendliche. Etwa 500 Jugendliche wurden in die Schweiz oder nach Spanien gebracht.[169] Von den 88 Aktivistinnen und Aktivisten des »Sozialdienstes der Jungen« in beiden Zonen wurden in den zwei Jahren zwischen August 1942 und August 1944 vier hingerichtet und 26 deportiert und in den Vernichtungslagern ermordet. Die von diesen jungen Frauen und Männern geretteten Kinder und Jugendlichen haben alle den Krieg überlebt.[170]

Schon im März 1944 setzen sich die Mitglieder der »Sixième« in Paris mit der Widerstandsbewegung Ceux de la Résistance (CDLR) in Verbindung. Während der Befreiung von Paris beteiligen sie sich an den Kämpfen um das Hotel de Ville. Ihre Kameraden im Süden nehmen im Rahmen ihrer bewaffneten Formationen unter dem Kommando der Armée Secrète an der Befreiung teil. Denise Lévy befindet sich während der Befreiung in Toulouse. Da sie nicht weiß, was mit ihren Eltern geschehen ist, fährt sie sofort nach Paris. Sie braucht vier Tage, um im Chaos der Befreiung die Strecke zu bewältigen, per Bahn, Autostopp und zu Fuß:

»Als ich ankam, hatte ich gerade noch so viel Geld, um mir ein Metroticket zu leisten. Ich kam also zu meinen Eltern, es war Essenszeit, ich war völlig verschmutzt, hatte drei Nächte nicht geschlafen, meine Mutter wollte mir etwas zu essen geben, aber ich sagte, ›nein, ich will mich nur waschen, nur waschen!‹ Dann ging ich ins Eßzimmer, sah mich um und sagte nur: ›Ihr seid ja alle da!‹ Ich bin lediglich gekommen, um die Eltern zu sehen, dann mußte ich zurück nach Toulouse, um die Arbeit fortzusetzen. Denn man mußte ja nun die Jugendlichen wieder aus den Verstecken holen. Für diejenigen, die noch Familie hatten, mußte man eine Zusammenführung organisieren. Und für die, die keine mehr hatten, mußte man Lösungen finden.«[171]

Die zionistische Jugendbewegung MJS, Mouvement de la Jeunesse Sioniste

»Unsere Gruppierung der zionistischen Jugend gab es in Nizza schon lange vor der italienischen Besatzung, aber sie befaßte sich vor allem mit rein zionistischen Belangen (Propaganda, Sozialhilfe etc.). Zu Beginn der italienischen Besatzung organisierten wir einen Hilfsdienst, der den jüdischen Flüchtlingen, die aus der deutsch besetzten Zone gekommen waren, half, sich gegenüber den italienischen Autoritäten zu legalisieren. Seit der Besetzung Nizzas durch die Deutschen hat die Arbeit unserer Gruppierung einen rein illegalen Charakter angenommen.«[172] Mit diesen Worten faßt der Rechenschaftsbericht eines 23jährigen Mitglieds des MJS dessen Aktivitäten in Nizza zusammen – ein Resümee, das auf die Entwicklung der zionistischen Jugendbewegung in Frankreich generell übertragen werden kann.

Der Zusammenschluß verschiedener zionistischer Jugendbewegungen und -organisationen fand im Mai 1942 in Montpellier statt. Von dieser ersten Stunde an war der MJS stark mit den jüdischen Pfadfindern verflochten: Simon Levitte, neben Jules (»Dika«) Jefroykin einer der Initiatoren des MJS, kam von den EIF und war dort Leitungsmitglied. Er wurde zum Generalsekretär des Mouvement de la Jeunesse Sioniste gewählt. Auch Robert Gamzon, der Gründer und einer der Führer der EIF, trat ein Jahr nach der Gründung des MJS in dessen Leitung ein. So läßt sich auch die relativ enge Zusammenarbeit der beiden illegalen Unterorganisationen von EIF und MJS, der »Sixième« und der »Education Physique«, erklären.[173] Anny Latour verweist allerdings darauf, daß diese Zusammenarbeit nicht immer problemlos war: Die jungen Zionistinnen und Zionisten, von denen die meisten aus Osteuropa stammten oder die Kinder jüdischer Immigranten aus Osteuropa waren, mißtrauten häufig der Sixième, deren Mitglieder sie mit dem französischen Judentum identifizierten und somit für fremdenfeindlich hielten.[174]

Auch der Zusammenschluß der sehr verschiedenen zionistischen Richtungen war nicht einfach: Im MJS arbeiteten die linken Pioniere mit den rechten Revisionisten und den religiösen Mitgliedern von Brit Hanoar Hand in Hand. Der gemeinsame Gegner und das gemeinsame Ziel, so viele Menschen wie möglich zu retten, einten sie. Als beides wegfiel, nach der Befreiung also, brach die Gemeinsamkeit zusammen, und die Mitglieder des MJS zogen sich wieder in ihre jeweils eigene Bewegung zurück.[175] Die beiden wichtigsten Aktivitäten des

MJS lagen in der Erziehungs- und der Rettungsarbeit. Die Bewegung richtete in Paris und zehn Städten der Südzone Studierzirkel ein, in denen Bildung und Kultur im Sinne des zionistischen Erziehungsideals vermittelt und aus denen politische Führerinnen und Führer und damit künftige Aktivistinnen und Aktivisten des Widerstands rekrutiert wurden.[176]

Im August 1942 eröffnet der MJS eine Kaderschule in Moissac. 25 junge Frauen und Männer werden hier auf ihre Führungsaufgaben vorbereitet.[177] Die Debatten, die hier stattfinden, sind sehr liberal. Es werden sogar Vertreter anderer Organisationen zu Diskussionsveranstaltungen eingeladen. Catherine Varlin, später eine Kommandantin des jüdisch-kommunistischen Widerstands, lernt als junge Zionistin in Moissac ihren Mann, den späteren Führer der kommunistischen Stadtguerilla in Toulouse, Jan Gerhard, kennen: Er stellt in Moissac die jüdisch-kommunistische Sicht der Dinge dar, die Catherine so beeindruckt, daß sie die Organisation wechselt. Gerhards Position – man müsse hier und jetzt gegen die Deutschen kämpfen – teilen auch einige Mitglieder der MJS-Kader. Andere vertreten die Haltung, man müsse sich verstecken und versuchen, nach Palästina zu gelangen.[178]

Die genuin zionistische Haltung wird 1942 von der Mehrheit des MJS vertreten, und so gründet die Bewegung in der unbesetzten Südzone Hachscharot, Ausbildungszentren, in denen die jungen Leute landwirtschaftliche und handwerkliche Fähigkeiten erlernen, Kurse in Palästinakunde, Hebräisch und jüdischer Geschichte erhalten und Sport treiben.[179] Hier werden die jungen Zionistinnen und Zionisten dem Ideal gemäß erzogen: »Ein Pionier ist ein junger Jude, der körperlich und moralisch rein und von starkem Charakter ist.«[180] Obwohl dieses Ideal männlich definiert ist, gilt es auch für die jungen Frauen, die einen beachtlichen Anteil der Mitglieder des MJS stellen. Je schwieriger jedoch die Situation der in Frankreich lebenden Juden wird, desto stärker widmet sich der MJS der praktischen Hilfe für Flüchtlinge, Alte, Kranke und Kinder. Da eine wirkliche Hilfe für die jüdische Bevölkerung zusehends illegaler Mittel bedarf, verwandelt sich die zionistische Jugend Schritt für Schritt in eine Widerstandsorganisation. »Education Physique«, der illegale MJS, ist in Paris, Lyon, Grenoble, Toulouse, Marseille, Limoges, Nizza und anderen Städten, vor allem der Südzone, aktiv. Nach dem Einmarsch der Deutschen in die Südzone verlegt der MJS sein Zentrum nach Grenoble in der italienischen Zone.[181] Etwas außerhalb der Stadt lebt Jeanne Latchiver, »Reine Mère«, die »Königin Mutter«, genannt. Die 40jährige kam zufällig zum MJS, indem sie zwei Jugendliche nach Grenoble begleitete. Sie blieb und schuf den jungen Frauen und Männern einen Ersatz für ihr Zuhause. Toto Giniewski, einer der jugendlichen Aktivisten, erzählte Anny Latour über Jeanne Latchiver: »Sie war für uns die Mutter, die die meisten von uns (...) nicht mehr hatten. Sie sang mit uns, sie hat uns bekocht, sie hat uns ein Heim geschaffen.«[182] Gleichzeitig beteiligt sich Jeanne Latchiver aktiv an der illegalen Arbeit. Nach dem Krieg berichtet sie über diese spezifische Mischung aus Widerstand und Pfadfinderleben, die Organisationen wie MJS oder auch die EIF bis zu einem bestimmten Zeitpunkt charakterisierte: »Nachts machte ich mit ihnen falsche Papiere. (...) Wir waren etwa ein Dutzend. Es gab zwei Schreibmaschinen. Jemand rief: ›Ich brauche einen Namen! Einen Namen für eine Polin!‹ Jemand anderer antwortete: ›Léonidas!‹ Wieder jemand anderer: ›Naphtali!‹ (...) Wenn wir mit der Arbeit fertig waren, leisteten wir uns die Frechheit, auf den Berg zu steigen und, Grenoble zu unseren Füßen, Pfadfinder- und hebräische Lieder zu singen. Beim Morgengrauen kehrten wir zurück.«[183]

Seine Fälscherzentrale, die sich durch besonders gute Papiere auszeichnet, hat der MJS nach Nizza verlegt. Der Gdud, die Zelle des MJS in Nizza, umfaßt etwa 100 Jugendliche und wird von Jacques Weintraub vom Haschomer Hazair geleitet, der gleichzeitig einer der Chefs der örtlichen Armée Juive ist. In Grenoble und vor allem Nizza konzentriert sich ab Anfang 1943 auch die Rettungsarbeit des MJS.[184] Die italienischen Besatzer unterstellten die jüdischen Bewohner ihrer Zone ebenso wie die in ihre Zone geflüchteten Juden ihrer alleinigen Kontrolle und damit de facto ihrem Schutz. Diese Tatsache hat sich rasch herumgesprochen und Tausende Menschen in den Südosten Frankreichs gezogen. Hier gibt es keine Kennzeichnung, kein »J« im Ausweis, keine Verhaftungen und schon gar keine Deportationen. Das Hilfskomitee für Immigranten der Synagoge am Boulevard Dubouchage nimmt die Ankommenden am Bahnhof in Empfang und gibt ihnen das Dokument der italienischen Besatzungsbehörden, das sie zum Aufenthalt in der Stadt berechtigt und vor der Verfolgung durch die Vichy-Behörden schützt.[185]

Frieda Wattenberg ist in Paris geblieben, bis es ihr gelang, ihre Mutter in Sicherheit zu bringen. Nun kann sie selbst aus der Hauptstadt flüchten, in der sie sich nicht mehr sicher fühlt. Da sie sich ihren Lebensunterhalt verdienen muß, nimmt sie eine Stelle als Kindermädchen in einem vornehmen Internat in der italienischen Zone an. Als sie während der Mittagsruhe spazierengeht, hört sie plötzlich aus einem

Gebäude hebräische Lieder. Sie klopft, wird eingelassen und kommt mit den Bewohnern ins Gespräch. Es sind Sascha Racine und eine Gruppe von Jugendlichen auf dem Weg in die Schweiz. »So bin ich durch reinen Zufall mitten im Nest gelandet«, erinnert sich Frieda Wattenberg. Man kennt ihren Namen, und nachdem die Betreuer der Jugendgruppe offenbar zusätzliche Erkundigungen eingezogen haben, bitten sie Frieda, bei ihnen zu bleiben und mit ihnen zu arbeiten. Wenig später wird sie mit einer Kindergruppe nach Annemasse an der Schweizer Grenze geschickt. Dort übernehmen Marianne Cohn und eine zweite Frau die Gruppe. Frieda soll weiter nach Grenoble fahren.[186]

Von Grenoble aus wird Frieda Wattenberg für die illegale Arbeit eingesetzt. Sie soll sowohl Sympathisanten in Gemeindeämtern finden, die ihr Papiere zur Verfügung stellen, als auch Versteckplätze für Kinder und Familien: »Ich bin in die Gemeindeämter und sagte, ich bin von der Résistance und brauche Lebensmittelkarten und Identitätskarten. Welche Art von Résistance, das habe ich nicht präzisiert. Ich hatte eine Identitätskarte auf den Namen Thérèse Perevier aus Grenoble. Die Art, wie diese Bürgermeister Widerstand leisteten, war unterschiedlich, der eine gab dies, der andere das. Manchmal gab man mir in dem einen Bürgermeisteramt die Adresse von einem anderen, in dem ich etwas bekommen konnte. Um falsche Identitätskarten für Ausländer herstellen zu können, ging man in die Einwohnermeldeämter und suchte sich Daten von Leuten heraus, die eingebürgert worden waren. Man suchte nach jemandem, der paßte, Alter, Akzent, alles mußte passen. Wenn es möglich war, fragte ich hier und dort Leute: ›Können Sie jemanden verstecken? Die Leute haben auch Geld ...‹ In Wirklichkeit kam das Geld von uns, aber das mußten die ja nicht wissen. Das war die alltägliche Arbeit. Morgens nahm ich einen Zug, stieg irgendwo aus und machte all das. Abends fuhr ich zurück oder nahm ein Hotel. Das einzig Wichtige war, nicht verhaftet zu werden. Aber ich sah mit meinen 18 überhaupt nicht jüdisch aus, ich hatte einen Pariser Akzent, ich war also gut geeignet für diese Reisen. Ich wurde auch nicht kontrolliert.«[187]

Als die Deutschen in die italienische Zone einmarschieren, kommt das Gerücht auf, sie würden Nizza nicht besetzen. Die jüdischen Hilfsorganisationen bemühen sich, so viele Menschen wie möglich in die Stadt zu schaffen. Auch Frieda Wattenberg wird vom MJS nach Nizza geschickt: In ihrer Tasche transportiert sie eine große Summe Geld, die sie Jacques Weintraub übergeben soll. Das Geld ist dafür bestimmt, Reisebusse zu mieten, um die Flüchtlinge von Nizza weiter nach Italien zu evakuieren.[188] Als sie in Nizza ankommt, sind die Deutschen bereits da. Jacques Weintraub, erfährt sie, wurde verhaftet. Frieda Wattenberg schließt sich nun der Armée Juive an, die in Nizza über eine starke Gruppe verfügt.

Lea Weintraub und ihr Mann Jacques verließen nach den Verhaftungen vom Mai 1941 Paris und gingen nach Nizza. Nach der Gründung des MJS schlagen sie dem Hilfskomitee der Synagoge am Boulevard Dubouchage vor, ihnen einen Raum zu überlassen, in dem sie sich um die Jugendlichen kümmern können. Da OSE die Kinder bis 15 betreut, will der MJS sich der Jugendlichen zwischen 15 und 21 annehmen. Die Jugendlichen, die den Razzien in Paris entkommen waren, wandten sich häufig an die Hilfskomitees in der Hauptstadt, an den Sozialdienst der Synagoge in der Rue Saint Victoire oder an den Keren Kajemeth (Jüdischer Nationalfonds), oder sie gehörten einer Jugendbewegung an. So erfuhren sie, daß es in Nizza eine Möglichkeit gab, zu überleben und vielleicht außer Landes zu kommen. Lea Weintraubs Arbeit besteht nun darin, diese Jugendlichen aufzunehmen und zu versorgen: »Sie kamen oft mit nichts hier an. Sie wußten nicht, wo sie schlafen sollten, was sie essen sollten, wo sich waschen und die Kleider wechseln. Sie wußten aber, es gibt das Büro der Sozialhilfe für Jugendliche. Ich betreute eine Reihe von Hotels, in denen wir die Jugendlichen unterbrachten. Ich gab ihnen Gutscheine, und einmal pro Woche ging ich in die Hotels zum Bezahlen. Ich gab den Leuten 30 Francs pro Tag, als Lebensgrundlage. Das Geld kam vor allem von der Jüdischen Gemeinde und vom Joint.«[189] Lieber als in Hotels brachte sie die Jugendlichen bei Familien unter, denn wer im Hotel wohnte, war auch registriert. Nach einer Weile sagte Lea Weintraub ihren Schützlingen: »Bringt mir zwei Fotos und findet heraus, wer ihr sein könntet, dann können wir euch vielleicht falsche Papiere machen lassen.«[190]

Jacques Weintraub arbeitet eng mit Andrée Salomon von OSE zusammen. Er kümmert sich um die Herstellung falscher Papiere und hilft bei der Flucht von Kindergruppen in die Schweiz mit. Lea Weintraub arbeitet offiziell und legal im Sozialdienst für Jugendliche in der Synagoge. Heimlich bereitet sie die Jugendlichen auf die Flucht nach Spanien vor. Eine ihrer Aufgaben besteht jedoch genau darin, die legale Fassade zu wahren. Als im August 1942 ihre Tochter zur Welt kommt, stellt sie ein Kindermädchen ein: Die Weintraubs sind eine ordentliche, normale bürgerliche Familie. Der Mann ist Antiquitätenhändler, die Frau eine junge Mutter, die sich sozial engagiert. Später stellt sich heraus, daß die Camouflage niemanden getäuscht hat. Der italienischen Polizei war egal, was der jüdische Untergrund trieb, die französischen Behörden hatten schon bald Verdacht geschöpft, und der deutsche Sicherheitsdienst führt Lea wie Jacques Weintraub auf seinen Fahndungslisten.

Als bekannt wird, daß der Einmarsch der Deutschen in die italienisch besetzte Zone bevorsteht, bittet Jacques Weintraub seine Frau, ihm zu helfen: »Er gab mir ganz viele Adressen und sagte, ›du gehst dahin, wo die jüdischen Familien wohnen, es gibt dort viele Kinder. Du sagst den Leuten, wir nehmen die Kinder ab acht Jahren.‹ Außerdem sollte ich den Leuten, die ja keine Ahnung hatten, was bevorstand, sagen, sie sollten verschwinden, sich verstecken, wir würden eine Lösung für die Kinder suchen. Während meiner Tour durch die Stadt kam ich auch zu einer Frau, Ecke Rue de France in der zweiten Etage. Sie hatte eine Tochter, die zwischen acht und zehn Jahre alt war. Ich sagte, ›Hören Sie, Madame, die Deutschen kommen in ein oder zwei Tagen. Am besten wäre, Sie geben mir Ihre Tochter jetzt gleich. Ich bringe sie an einen Ort, wo sie zwei, drei Tage gut aufgehoben ist, und dann bringen wir sie mit anderen Kindern zusammen über die Schweizer Grenze.‹ Die Frau erwiderte mir: ›Sie sind schlimmer als die Deutschen! Die Deutschen verhaften uns wenigstens mit den Kindern zusammen. Sie wollen uns auseinanderreißen.‹ Ich bin diese zwei Stockwerke wieder hinuntergelaufen, und am Portal bin ich stehengeblieben und habe geweint. Das war das einzige Mal, daß ich geweint habe in dieser Zeit. Es gab schlimmere Momente, in denen habe ich nicht geweint.«[191]

Am 10. September 1943 trifft Alois Brunner an der Spitze eines Spezialkommandos in Nizza ein und macht sich sofort an die Arbeit. 1100 jüdische Frauen, Männer und Kinder werden in den folgenden drei Monaten verhaftet und nach Drancy verfrachtet. Im selben Zeitraum verteilt die jüdische Jugendbewegung in der Region von Nizza 6000 Identitätskarten, 200 Lebensmittelkarten, 1000 Arbeitskarten, 1000 Demobilisierungsbescheide. Außerdem versteckt der MJS Hunderte Juden in der Umgebung oder bringt sie über die Schweizer Grenze in Sicherheit.[192] Serge Karwasser beschreibt in seinem Tätigkeitsbericht von 1945 die Aktivitäten der Fälscherwerkstatt des MJS. Da sie über drei Blankoformulare für Einbürgerungsbescheide verfügten, konnten sie auch Ausländern helfen, die verdächtig aussahen oder sprachen: »Wir fotografierten die Originale, schrieben den Namen des neuen Besitzers hinein und fotografierten das Ganze erneut. Auf diese Art konnten wir eine Menge Leute mit diesen kostbaren Dokumenten ausstatten.«[193]

Lea Weintraub erfährt kurz nach dem deutschen Einmarsch, daß sie in Gefahr ist: »Die Deutschen haben die verhafteten Juden auf dem Bahnhof in Viehwaggons gesperrt. Es gab ein Abkommen zwischen dem Roten Kreuz und den Deutschen in bezug auf die französischen Zwangsarbeiter, die ins Reich fuhren: Das Rote Kreuz durfte den Leuten, die auf der Straße verhaftet worden waren und deshalb nichts bei sich hatten, eine Flasche Wasser und ein Brot an den Zug bringen. Mein Mann machte mir gute Papiere, nach denen ich Angestellte des Roten Kreuzes war, außerdem brachte er mir eine weiße Bluse und ein Tuch mit dem roten Kreuz darauf. So ausgestattet, ging ich auf den Bahnhof und verteilte an die Juden, die nach Drancy verfrachtet wurden, Wasserflaschen. Eines Tages kamen mir drei Deutsche in Uniform entgegen. Der mittlere von ihnen war Alois Brunner. Sie hatten Schäferhunde dabei. Sie sagen: ›Was machen Sie hier?‹ Ich sage: ›Ich muß hier die Züge versorgen, bevor sie abfahren.‹ – ›Wer hat Ihnen das aufgetragen?‹ – ›Das französische Rote Kreuz. Das ist mein Arbeitgeber.‹ – ›Das französische Rote Kreuz versorgt die Arbeiter, aber nicht die Juden.‹ – Darauf ich: ›Ich habe keine Ahnung, ob das hier Juden sind. Man hat mir gesagt, immer, wenn Züge abgehen, gehst du zum Bahnhof und verteilst das Wasser.‹« Brunner und seine Männer glauben ihr. Sie fragen sie, ob sie eine blonde Jüdin kennt, die Lea Weintraub heißt und die möglicherweise beim französischen Roten Kreuz arbeitet. Lea Weintraub verspricht ihnen, sich auf ihrer Dienststelle umzuhören. Wenig später wird ihr Mann, Jacques Weintraub, verhaftet. Lea Weintraub verläßt sofort die Stadt und flüchtet mit ihrer kleinen Tochter in die Schweiz. Sie wartet noch zwei Jahre lang darauf, daß Jacques zurückkommt: »Jedesmal wenn ich verreist bin, habe ich hinterlassen, wo man mich erreichen kann. Für den Fall, daß er doch noch kommt.«[194]

Mehrere Mitglieder des MJS in Nizza schließen sich 1943 und 1944 der Armée Juive an. Serge Karwasser schreibt in seinem Tätigkeitsbericht von 1945, gegen Ende des Krieges habe die Fälscherwerkstatt des MJS vor allem für die allgemeine Résistance gearbeitet. Die Grenzen zwischen den verschiedenen Organisationen, Bewegungen und Strukturen sind fließend geworden. In den Kämpfen um die Befreiung stehen die Mitglieder des MJS an der Seite der jüdischen Pfadfinder und werden von der Armée Juive kommandiert, die wiederum unter dem Oberbefehl der Armée Secrète und damit General de Gaulles steht. Zwei Aktivistinnen des MJS erleben die Befreiung nicht mehr: Mila Racine und Marianne Cohn haben Hunderten jüdischen Kindern und Jugendlichen das Leben gerettet und dafür mit ihrem eigenen Leben bezahlt.

Mila Racine, 1923 in Boulogne geboren, bringt am 21. Oktober zusammen mit Roland Epstein eine Kindergruppe, die in die Schweiz geschmuggelt werden soll, in die Nähe der Grenze. Sie werden von Polizeihunden aufgespürt, die ganze Gruppe wird verhaftet.[195] Jean Deffaugt, der Bürgermeister von Annemasse, erinnert sich an Mila Racines Verhalten im Gefängnis. Sie darf zwei Stunden auf dem Flur auf und ab gehen, und während dieser Zeit muntert sie ihre Mitgefangenen auf und bringt sie zum Lachen. Sie erklärt Deffaugt: »Wissen Sie, Herr Bürgermeister, ich ersetze ihnen die Mutter, ich ersetze ihnen die große Schwester. Ein bißchen Zärtlichkeit tut ihnen so gut...«[196] Zusammen mit ihrem Kameraden Roland Epstein wird Mila Racine nach Drancy transportiert und von dort nach Ravensbrück. Laut Anny Latour stirbt Mila Racine bei einem Bombenangriff in der Nähe von Ravensbrück.[197] Eine ehemalige Mitgefangene, Marie Josée Chombart, berichtet, sie seien zusammen von Ravensbrück nach Mauthausen deportiert worden. Mila Racine sei ums Leben gekommen, als sie mit anderen Lagerhäftlingen bei Aufräumungsarbeiten auf dem Bahnhof Amstetten in einen amerikanischen Bombenangriff gerieten.[198]

Nach Mila Racines Verhaftung übernimmt Marianne Cohn die Stafette. Marianne Cohn, 1922 in Mannheim geboren, emigriert mit ihrer Familie aus Deutschland über Spanien nach Frankreich und schließt sich 1942 in Moissac der zionistischen Jugend an.[199] 1943 lebt Marianne Cohn in Grenoble. Als Mila Racine verhaftet wird, wird Marianne Cohn gebeten, ihre Stelle einzunehmen. Von da an führt sie regelmäßig Gruppen von Kindern und Jugendlichen an die Schweizer Grenze. Ihr Verantwortlicher ist Emmanuel Racine, der Mitglied von Combat ist und gleichzeitig für den jüdischen Widerstand arbeitet. Am 31. Mai 1944 übernimmt Marianne Cohn in Annecy eine Gruppe von circa 28 Kindern.[200] Auf einem Lastwagen fahren sie nach Viry, wo Emile Barras auf sie wartet, der die Kinder über die Grenze bringen soll. Als der Wagen am Bestimmungsort ankommt und die Kinder aussteigen, hält ein Wagen mit deutschen Zöllnern an und verlangt die Papiere und eine Erklärung, was diese Gruppe um acht Uhr abends hier zu suchen habe. Marianne Cohn sagt, es handle sich um Kinder aus dem Norden, die auf dem Weg in die Ferienkolonie in Pas-de-l'Echelle seien (nahe Annemasse, Anm. d. Verf.). Einige der Kinder versuchen inzwischen wegzulaufen, werden jedoch von den Hunden der Zöllner verfolgt und durch Warnschüsse eingeschüchtert. Die Deutschen zwingen die ganze Gruppe, wieder einzusteigen und in die Ferienkolonie zu fahren. Dort stellt sich heraus, daß diese Kinder nicht erwartet werden. Marianne Cohn, der Chauffeur des Lastwagens, Joseph Fournier, und die Mädchen und Jungen werden verhaftet und in das Gestapo-Gefängnis in Annemasse gebracht.[201] Marianne Cohn wird im Eingangsbuch des nach dem vormaligen Hotel »Pax« genannten Gefängnisses unter der Laufnummer 625, Aktenzeichen: 2/7/44, als Colin, Marie registriert, geboren am 17. 9. 22 in Montpellier, Nationalität: Französin, Wohnort: Grenoble. Sie wurde also anfangs nicht als Jüdin erkannt, ihre falschen Papiere hatten »gehalten«. Als Datum ihrer Einlieferung wird der 1. 6. 44 angegeben, in der Rubrik »Wann entlassen oder wem übergeben« heißt es: »Lyon SD Meyer«.[202]

Dem Bürgermeister von Annemasse, Jean Deffaugt, gelingt es, eine Besuchserlaubnis zu bekommen, er stellt den Kontakt zwischen Marianne Cohn und dem Widerstand her. Deffaugt erreicht schließlich außerdem, daß die Kinder aus dem Gefängnis entlassen und in einer Ferienkolonie untergebracht werden.[203] Gleichfalls über Vermittlung Deffaugts wird Marianne Cohn darüber informiert, daß ein Plan zu ihrer Befreiung existiert. Sie solle eine Blinddarmentzündung vortäuschen. Auf dem Weg in das Krankenhaus soll dann ihre Flucht inszeniert werden. Marianne Cohn lehnt ab: Sie will nicht die Kinder in Gefahr bringen, indem sie sich rettet.[204] In einem Kassiber an Emmanuel Racine begründet sie ihre Ablehnung: »Für mich allein, nichts leichter als das. Aber solange die Kinder da sind, unmöglich.« Sie fügt hinzu: »Du weißt, ich habe viel Zeit, nachzudenken, aber ich bereue nichts von dem, was geschehen ist, und ich würde nicht eine Sekunde zögern, wenn alles noch einmal von vorne begänne. Geht die Arbeit weiter?«[205]

Während eines Verhörs soll Marianne Cohn dem Gestapo-Beamten, einem gewissen Mainzold, erklärt haben: »Ja, ich habe mehr als 200 Kinder (…) gerettet, und wenn ich wieder in Freiheit käme, würde ich damit fortfahren. Nichts könnte mich davon abhalten.«[206] Am 8. September werden Marianne Cohn und fünf andere gefangene Widerstandskämpfer aus ihren Zellen geholt. Nach der Befreiung werden in Ville-la-Grand bei Annemasse die Leichen von zwei Frauen und vier Männern aus einem Massengrab geborgen. Es handelt sich um die sechs Widerstandskämpfer, die aus dem Gefängnis »Pax« verschwunden sind.[207] Lea Weintraub, die Marianne Cohn in Nizza im Rahmen der Widerstandsarbeit kennengelernt hat, wird gebeten, die mutmaßliche Leiche von Marianne Cohn zu identifizieren. Sie erinnert sich, daß ihr Mann, Jacques Weintraub, Marianne gebeten hatte, den Transport einer Kindergruppe an die Schweizer Grenze zu übernehmen: »Marianne sagte, ich mache das gerne, aber ich habe nichts anzuziehen. Ich sagte, das macht nichts, du hast ungefähr meine Größe, ich geb dir etwas von mir. Ich weiß nicht mehr, was ich ihr alles gab, auf jeden Fall aber eine grüne Bluse. Ich weiß nämlich noch genau, die hatte ich mir gekauft, obwohl sie grün war, bisher hatte ich nichts Grünes getragen. Direkt nach dem Krieg ging ich eines Morgens nach Annemasse und sah Georges Loinger und Sascha Racine. Sie brachten mich zum Bürgermeister. Sie hatten ein Massengrab aufgemacht, in dem mehrere Résistants lagen. Das sollte ich mir ansehen. Ich sagte: ›Das ist Marianne!‹ Ich erkannte sie an mehreren Dingen: an ihren zwei vorstehenden Zähnen, an ihren Haaren und an der Bluse, und die war unzweifelhaft, denn es war meine grüne. Ich sagte: ›Die Verbrecher haben sie vergewaltigt.‹ Sie hatte außer der Bluse nichts an. Unten herum war sie nackt.«[208] Zudem war ihr Körper mit Wunden bedeckt, die von schweren Schlägen und Tritten herrührten. Eine weitere Teilnehmerin der Exhumierung identifizierte die Leiche an Hand der Sandalen an ihren Füßen.[209]

Kurz vor der Befreiung beschlagnahmten Widerstandskämpfer bei einem deutschen Soldaten, der in Haute-Savoy gefangengenommen wurde, drei Fotos. Auf diesen Fotos ist der nackte Körper einer Frau bis zum Hals zu sehen (der Kopf ist auf allen drei Fotos abgeschnitten). An ihren Füßen befinden sich die Sandalen, an Hand derer Marianne Cohns Leiche identifiziert werden konnte. Vier deutsche Soldaten präsentieren diesen Körper wie eine Jagdbeute. Sie lachen herzlich in die Kamera. Der nackte Körper der Frau weist mehrere schwarze Flecken auf. Die deutschen Soldaten spreizen die Beine der Frau so weit auseinander, daß der nackte Unterleib der Frau als eine große schwarze Wunde erkennbar ist. Auf einem der Fotos beugt sich einer der Männer lachend über den Körper der Frau und hält ein langes Messer so über ihren offenen Unterleib, als wolle er es ihr einführen.[210]

André Allombert, ehemaliger Résistant, berichtete Herbert Herz von einem Gespräch, das Jean Deffaugt, der ehemalige Bürgermeister von Annemasse, zehn Jahre nach der Befreiung mit einem gewissen Wissman, ehemaliger Feldwebel und Dolmetscher der Wehrmacht, in Genf führte. Allombert sollte an diesem Gespräch teilnehmen, war jedoch verhindert. Deffaugt berichtete ihm anschließend, Wissman habe gesagt, die Vergewaltiger und Mörder von Marianne Cohn seien die Männer vom Sicherheitsdienst in Lyon. Herbert Herz weist jedoch zu Recht darauf hin, daß die Männer auf dem Foto Soldatenuniformen tragen und nicht Uniformen des SD.[211] Zum Zeitpunkt von Marianne Cohns Vergewaltigung und Ermordung tat, neben anderen Einheiten, vor allem die 157. Reservedivision im gesamten Raum von Grenoble bis zum Genfer See Dienst, eine Ausbildungseinheit, die aber fast ständig bei der Partisanenbekämpfung eingesetzt wurde.[212] Die Folterer und Mörder von Marianne Cohn wurden bis heute nicht ermittelt.

Frieda Wattenberg, die wie Marianne Cohn im jüdischen Widerstand in Südfrankreich aktiv war, erinnert sich an sie: »Bei unseren Sitzungen lachte sie immer, sie war so lebhaft. Sie war so einfach, bescheiden, so... ich weiß nicht. Vielleicht wäre sie eine gute Lehrerin geworden. Sie fuhr gerne Schi. Jedesmal, wenn wir Vorträge hatten, meldete sie sich zu Wort, und was sie sagte, war sehr intelligent und überlegt. Daran versuche ich mich zu erinnern, nicht daran, wie sie zermartert in einem Massengrab gefunden wurde. Es war ihr Heldentum, die Kinder nicht verlassen zu haben. Ich weiß nicht, ob ich in ihrer Situation so gehandelt hätte. Und sie hat uns nicht verraten.«[213]

Die Armée Juive, AJ (Jüdische Armee)

Armée Juive, Main Forte (Starke Hand), Organisation Juive de Combat (Jüdische Kampforganisation) – das sind die verschiedenen Namen für die verschiedenen Phasen einer Organisation, die bislang kaum erforscht wurde. »Es wurde über die AJ, ihre Ideologie und ihren Kampf schon viel geredet, aber nur wenig geschrieben«, stellt Lucien Lublin, einer ihrer ehemaligen Chefs, noch 1994 fest.[214] Während ihres Bestehens operierte die Armée Juive mit der Suggestivkraft des Geheimnisses. Wer ihr Mitglied werden wollte, mußte sich einer düsteren Zeremonie unterziehen und einen heiligen Schwur leisten. Anny Latour beschreibt ihre eigene Aufnahme in die AJ in Toulouse: »Wir, Régine und ich, erklimmen eine baufällige Treppe. Sie öffnet eine Tür. Ich befinde mich in der vollständigen Dunkelheit eines Zimmers, in dem eine grelle Lampe mein Gesicht beleuchtet. Vor mir: eine blau-weiße Fahne und die Bibel. Ich höre mich den Text des Schwurs aufsagen: ›Ich schwöre Treue zur Armée Juive und Gehorsam ihren Chefs. Auf daß mein Volk wiedergeboren werde! Auf daß das Land Israel neu erstehe! Freiheit oder Tod!‹ Eine Stimme erhebt sich aus der Dunkelheit: ›Sie gehören jetzt zur Armée Juive.‹« [215] Die beiden Frauen verlassen das Zimmer, und Régine gibt Anny Latour weitere Anweisungen: »Es wird von Ihnen absolute Geheimhaltung erwartet. Sie werden Kameraden treffen, die, wie Sie, zur Armée Juive gehören. Sie werden sie nicht kennen, so wie sie wiederum nichts von Ihrer Zugehörigkeit wissen werden. Sollten Sie sich ihnen aber je eröffnen müssen, sprechen Sie niemals den Namen Armée Juive aus: Sprechen Sie von AJ oder von Armand-Jules.« [216]

Régine ist eine der Mitbegründerinnen der Armée Juive. Diese Organisation, die sich männlich-militärisch präsentiert, die von ihren Mitgliedern absoluten Gehorsam und völlige Anerkennung der Hierarchie verlangt, hat nicht nur mehrere weibliche Mitglieder, die zu ihren aktivsten Militanten gehören, sie wurde auch von zwei Frauen, Ariane (Régine) Knout und Eugénie (Genia) Polonski, mit ins Leben gerufen. Zu dem später sechsköpfigen Zentralen Leitungskomitee (Comité Central de Direction) der Armée Juive zählt allerdings keine Frau mehr. [217]

Die Entstehung der Armée Juive, beziehungsweise der Main Forte, die den Nukleus der späteren Armée Juive bildete, beschreibt Mitbegründer David Knout in seinem 1947 erschienenen Buch über den jüdischen Widerstand in Frankreich. [218] Knout ist ein junger, begabter, aus Rußland stammender Dichter. Seine Frau Ariane ist die Tochter des russischen Komponisten Skriabin. Sie konvertierte zum Judentum und nannte sich seither Sarah. Im Widerstand nimmt sie den Decknamen Régine an. [219] Régine und ihre Tochter Betty spielen eine wichtige Rolle in den künftigen Aktionen der Armée Juive. »In einem winzigen staubigen Zimmer im St.-Agnes-Viertel von Toulouse«, schreibt David Knout, »schen sich ein Soldat in französischer Uniform und eine junge Frau, seine Frau, fragend an. Sie sind beide ›wilde Zionisten‹ (will heißen: sie gehören keiner offiziellen zionistischen Partei an), und sie haben ein Problem, über das sie nachdenken, und das sie lösen müssen: Was muß ein Jude tun, was müssen die Juden tun, unternehmen, nicht nur im Sinne einer individuellen Lösung, sondern in Hinsicht auf eine gemeinsame Démarche? Der Mann zitiert den bitteren und empörten Ausruf des Wegbereiters des Zionismus, Pinsker, einen Ausruf, der 60 Jahre alt und doch noch immer aktuell ist: ›Unsere ewige Taktik: die Flucht.‹ (…) Nein, – sagt der Soldat zu seiner Frau, – nein, das ist nicht die Lösung (…). – Was tun, – fragt sie mit der gebieterischen Stimme von jemandem, der eine Antwort verlangt, eine Lösung, – was tun? – Man muß nachdenken. Ein paar Arbeitswochen später erblickt eine kleine maschinengeschriebene Broschüre das Licht der Welt. Sie trägt den Titel: Was tun? (Que Faire).«[220]

Die Szene zwischen dem Ehepaar Knout spielt im Herbst 1940. In der Antwort auf die titelgebende Frage wird bereits die künftige Politik der Armée Juive vorweggenommen: In der Zukunft soll ein jüdischer Staat in Palästina gegründet werden. In der Gegenwart muß ein jüdischer Widerstand gegen die deutschen Besatzer und die Vichy-Regierung organisiert werden, ein Widerstand, der zugleich defensiv und offensiv sein soll.[221]

Als die Knouts zu einer Diskussion ihrer Broschüre einladen, stoßen sie vor allem auf Ablehnung. Nur Avraham Polonski und seine Frau Eugénie schließen sich begeistert ihren Ideen an. Gemeinsam gründen sie mit einer Handvoll weiterer Unterstützer die Main Forte (Starke Hand), aus der später die Armée Juive entsteht.[222] Knout weist darauf hin, daß es nicht eben einfach war, im Jahr 1940 in der nicht besetzten Südzone irgend jemanden davon zu überzeugen, daß Widerstand vonnöten sei. Zudem mißtrauten die Vertreter der zionistischen Parteien und Organisationen diesen »wilden« Zionisten, die nirgends Mitglied waren, deren Ideologie aber eindeutig revisionistisch war. Der Rechtszionismus der Gründer und ersten Mitglieder der Main Forte führte dazu, daß die Armée Juive in der Literatur gelegentlich als revisionistische Organisation auftaucht und daß noch Ende 1943 Mitglieder des linkszionistischen Haschomer Hazair in Nizza sich eine Zeitlang weigerten, ihr beizutreten.[223]

Laut Auskunft von Polonski konstituiert sich die Armée Juive Ende 1941. Sie hat nun ein Leitungsgremium, das aus sechs Mitgliedern verschiedener zionistischer Organisationen von rechts bis links außen besteht, die beiden Chefs sind Lublin und Polonski. Das Hauptquartier der AJ ist Toulouse. Um vor den kritischen Fragen der jüdischen Gemeinde und der zionistischen Organisationen bestehen zu können, formuliert die Armée Juive ihre Doktrin und erklärt, sie anerkenne die Institutionen des Jischuw, der jüdischen Gemeinschaft in Palästina, und unterstelle sich deren militärischem Organ, der Hagana. Nach dem Krieg würde die Armée Juive alle ihre zionistischen Mitglieder zur Alia, der Auswanderung nach Palästina, verpflichten und von ihnen verlangen, daß sie sich den Autoritäten des Jischuw zur Verfügung stellten.[224] Marc Jarblum, der selbst Mitglied der AJ ist und später zum Vertreter des Joint in Frankreich ernannt wird, stellt der Armée Juive ab 1943 Geld aus dem Fonds des Waad Hatzala (Verteidigungsfonds der jüdischen Gemeinschaft in Palästina) zur Verfügung, später erhält die Organisation auch Gelder des Joint.[225] Als Ziel der Organisation nennt Lublin »die Verteidigung der Juden«.[226] Der Widerstand der Armée Juive ist zugleich offensiv und defensiv: Sie rettet Menschen vor der Verfolgung, und sie greift die Verfolger bewaffnet an.[227] Eine wichtige Aufgabe der seit Ende 1943 gebildeten Maquis der Armée Juive ist es, junge Männer militärisch auszubilden und einen Teil von ihnen anschließend via Spanien zur jüdischen Armee in Palästina zu schicken. Ein anderer Teil von ihnen bleibt in Frankreich und beteiligt sich an den Kämpfen um die Befreiung.[228] Frauen spielen in diesen Maquis keine Rolle. Sie halten allerdings als Verbindungsagentinnen den Kontakt zwischen dem jeweiligen Maquis und der Stadt, und sie transportieren Waffen in den Maquis.[229]

Die Verbindungsagentinnen der AJ bringen auch die Menschen, die über die spanische Grenze geschmuggelt werden sollen, aus Toulouse zu dem Maquis, der in nächster Nähe zur Grenze liegt.[230] Der Transport von Waffen ist eine der wichtigsten Aufgaben, die Frauen bei der Armée Juive erfüllen.[231] Der Mut und Einfallsreichtum von Régine und ihren Kameradinnen werden immer wieder in der Literatur und den Berichten der »Ehemaligen« beschrieben. Rachel Cheigham, selbst Mitglied der Freischärlergruppe der AJ in Nizza, erzählt, daß Régine Knout sich während ihrer Schwangerschaft die Waffen, die sie transportierte, an den Bauch band – eine Schwangere wurde bei einer Kontrolle nicht ausgezogen. Rachel Cheigham erinnert sich: »Das fand ich ganz außergewöhnlich. Daß Frauen die Waffen im Kinderwagen transportierten, war ganz normal. Das war sozusagen üblich.«[232] Jacques Lazarus berichtet vom Transport eines halben Dutzends Maschinenpistolen, den er zusammen mit »Régine« (Ariane Knout) und Reine Roman durchführte: Mit drei schweren Koffern besteigen sie den Bus. Lazarus stemmt den ersten Koffer mit Mühe auf das Gepäcknetz. Ein Mitreisender fragt: »Ziemlich schwer, was? Da ist sicher Schinken drin.« Während Lazarus »idiotisch lächelt«, erzählt Reine ganz freundlich: »Schinken? Was denken Sie! Maschinenpistolen!« Sie erntet, wie erhofft, schallendes Gelächter.[233]

Eine wichtige Rolle spielen die Frauen der Armée Juive in den Freischärlergruppen in den verschiedenen Städten. In Lyon, Nizza und

Toulouse beteiligen sie sich an den Aktionen zur Rettung der Kinder und Jugendlichen. In Lyon führt Anne-Marie Lambert ein kleines Papiergeschäft, das als Zentrum und Kontaktbörse der Armée Juive dient. Im Hinterzimmer des Ladens finden Besprechungen statt, in der Kommode werden Ausgaben von »Quand-Meme«, der illegalen Zeitschrift der AJ, falsche Papiere und Blankoformulare und auch Waffen gelagert.[234] In Nizza nehmen die weiblichen Mitglieder der Freischärlergruppe auch an den bewaffneten Aktionen teil.

Ende 1942 entwickelt die AJ in Toulouse die Fluchtroute über die Pyrenäen nach Spanien, ab August 1943 werden die ersten Gruppen über die Grenze geleitet.[235] Als Frieda Wattenberg, die für den MJS, die zionistische Jugendbewegung, in Grenoble und Nizza im Widerstand aktiv ist, im Dezember 1943 ihre Papiere gestohlen werden, muß sie aus der Region verschwinden. Sie geht nach Toulouse und arbeitet von nun an im Rahmen der Armée Juive. Sie bildet eine Art Bodenstation für die Gruppen, die nach Spanien geschmuggelt werden. In ihrer Wohnung, direkt gegenüber dem Bahnhof, stehen zwei große Schränke, in denen sie warme Kleidung und feste Schuhe aufbewahrt. Die Jugendlichen, die am nächsten Tag zu ihrer »Tour« aufbrechen sollen, übernachten in Friedas Wohnung und werden von ihr mit allem Nötigen ausgestattet. Am anderen Morgen besteigt Frieda mit ihnen den Zug und bringt sie zur nächsten Zwischenstation, einem Ort in der Nähe der Grenze. Frieda Wattenberg fährt auch regelmäßig in die Pyrenäen, um Juden, die dort in den Bergdörfern versteckt leben, mit Geld und Lebensmittelkarten zu versorgen. Häufig transportiert sie Geld für die Aktivistinnen und Aktivisten der AJ, gelegentlich auch Waffen. »Nebenbei« verfügt sie noch über den Schlüssel zu dem Labor, in dem die Gruppe falsche Papiere herstellt. Sie ist für das Labor verantwortlich und hilft auch selbst bei der Herstellung der Papiere mit.[236]

Rachel Cheigham, die junge Sportreporterin des »Petit Parisien«, ist nach ihrer Flucht aus Paris über viele Umwege in Nizza gelandet. Zuvor lernt sie in Pau nahe den Pyrenäen eine Gruppe junger Juden kennen, die darüber diskutieren, daß »man etwas tun muß«. Dieser Ansicht ist auch Rachel, die bereits in Paris ihre ersten Schritte in den Widerstand getan hat. Als sie einmal verreist, fragt sie einer der jungen Leute, ob sie Papiere mitnehmen und an einem bestimmten Ort abgeben könne. Sie ist »natürlich« einverstanden, so etwas hat sie schon in Paris erledigt. Als Widerstand hat sie dergleichen damals nicht betrachtet: »Als ich diese Papiere transportiert habe, da habe ich nicht überlegt, ist das legal oder illegal. Ich wußte, sie könnten vielleicht jemandem das Leben retten. Von daher war es ganz normal, daß ich sie befördert habe. Ich habe nicht gedacht, jetzt leiste ich Widerstand, sondern, jetzt kann ich jemandem helfen. Wenn ein Haus brennt, und Sie wissen, es sind Kinder in dem Haus, dann wollen Sie diese Kinder herausholen. Sie denken nicht darüber nach, ob das Feuer Sie womöglich selbst erfassen könnte, Sie wollen einfach die Kinder herausholen.«[237]

In Nizza nimmt Rachel Cheigham Kontakt auf zu einem der Résistance-Leute, die sie aus Paris kennt. Für ihn arbeitet sie bis zu seiner Verhaftung. Dann überlegt sie, wie sie nun »richtigen« Widerstand leisten könnte. »Richtig« heißt für sie inzwischen auch, mit anderen Juden zusammen: »Ich hatte einen Bekannten, der war Rechtsanwalt und Jude. Ich ging zu ihm und sagte, hör mal, ich bin sicher, es gibt hier eine jüdische Gruppe oder Organisation, ich hätte gerne einen Kontakt. Er machte mir denn auch einen Kontakt, und zwar direkt zur Freischärlergruppe der Armée Juive. Ich hatte ein Rendezvous mit jemandem in einem Park, er trug eine bestimmte Zeitung, ich weiß nicht mehr, in welcher Hand, ich hatte keine Ahnung, wer er war, aber so lernten wir uns kennen. Er brachte mich dann in Kontakt mit seinem Bruder, wir haben ein bißchen geredet, und so kam ich zu der Gruppe.«[238]

Die AJ-Gruppe in Nizza hat sich darauf spezialisiert, eine Gruppe von Denunzianten »unschädlich« zu machen. Mehrere seit langem in der Stadt ansässige Weißrussen unter der Führung von Serge Mojaroff und seinem Nachfolger Georges Karakaeff dienen der Gestapo für ein Kopfgeld als »Physiognomisten«: Sie suchen nach Menschen, die in ihren Augen jüdisch aussehen, und denunzieren sie. Der AJ gelingt es zwar nicht, Mojaroff zu töten, er wird jedoch bei dem Anschlag so schwer verletzt, daß er aus Nizza flüchtet. Weitere Mitglieder der Denunziantengruppe werden von der AJ vertrieben, indem sie ihre Geschäfte anzünden und Bomben vor ihren Treffpunkten deponieren.[239]

Nach Auskunft von Rachel Cheigham nahmen Frauen auch direkt an den Anschlägen teil, namentlich nennt sie Patricia Graff (verheiratete Rubel). In jedem Fall aber bereiten die Frauen die Anschläge vor. Sie beschatten die Person, die angegriffen werden soll, finden den idealen Ort und den besten Zeitpunkt für den Angriff heraus und bringen dem Kommando, das den Angriff ausführt, die nötigen Waffen oder die Bombe. Rachel Cheigham erinnert sich: »Wenn wir eine Bombe bei einem dieser Denunzianten legen wollten, dann habe ich den Sprengstoff hingebracht. Denn die Jungs, die den Anschlag machten, kamen aus Sicherheitsgründen mit nichts in der Tasche, also völlig unbewaffnet. Ich habe die Bombe oder die Waffen in einem Einkaufsnetz oder in der Handtasche gebracht. Ich hatte ein Rendezvous mit jemandem, der gab mir den Sprengstoff und sagte, bring ihn an den und den Ort zu der und der Zeit, dort wird dich jemand erwarten. Man hat mir auch gesagt, diese Art explodiert in einer Stunde, jene in einer halben Stunde. Damit wir uns die Zeit einteilen konnten. Ich habe dann die Aktion abgewartet, um die Waffen wieder einzusammeln. In Nizza war es manchmal sehr schwierig, so einen Bombenanschlag durchzuführen, denn dort ist es heiß, und die Leute saßen bis zur letzten Minute vor der Sperrstunde auf den Bänken im Freien. Wir mußten dann die Leute überreden, zehn Minuten früher zu gehen, damit wir die Aktion durchführen konnten. – Wie wir das gemacht haben? Wir hatten Glück.«[240]

Auch die Beschattung war nicht einfach, denn die Denunzianten wußten, daß ihre Gegner sie im Auge hatten. Rachel Cheigham erinnert sich, daß sie sich zum Beispiel in der Nähe eines Cafés, in dem die Männer verkehrten, auf eine Bank setzte und strickte. Eine Frau mit Strickzeug fiel nicht auf, so daß sie relativ lange auf diesem Kundschafterposten verharren konnte.[241]

Rachel Cheighams jüngere Schwester Nelly ist gleichfalls Mitglied der Freischärlergruppe der AJ in Nizza geworden. Die beiden Schwestern wohnen zusammen und entgehen so ein wenig der Einsamkeit, unter der so viele Illegale leiden. Rachel weigert sich allerdings, »von der Organisation zu leben«. Als Aktivistin stünde ihr ein – kleines – regelmäßiges Einkommen zu. Von den Kämpferinnen und Kämpfern kann nicht erwartet werden, daß sie sich »nebenbei« ihren Lebensunterhalt verdienen. Außerdem wäre das zu gefährlich, nicht nur für die oder den Betreffenden, sondern auch für alle anderen. Doch die Sicherheitsregeln gelten auch bei der AJ häufig nur theoretisch. Rachel besteht darauf, ganz »legal«, das heißt, mit ihren »echten« falschen Papieren in einer Buchhandlung zu arbeiten. Außerdem gibt das der Gruppe die Möglichkeit, unauffällig Informationen zu erhalten und weiterzugeben: Man geht in den Buchladen und sieht sich um, unterhält sich mit der Verkäuferin … Ihre Berufsarbeit läßt Rachel Cheigham keine Zeit, zu den regelmäßigen Treffen zu gehen, die ihre Gruppe abhält: »Der jüdische Widerstand hatte eine sehr gute Sache: Es waren ja fast alles sehr junge Leute, und deshalb gab man ihnen Kurse. In Geschichte, über Palästina, in Religion, in Moral. Diese

Kurse fanden regelmäßig statt, um die Leute moralisch zu festigen. Wir hatten Jungen von 16, 17 Jahren, und die gingen los, um jemanden zu töten. Vielleicht sogar mehrmals. Wir wollten verhindern, daß sie zu jugendlichen Banditen werden. Es gab deshalb neben der praktischen Arbeit immer eine sehr starke erzieherische Linie, die wir verfolgten.« Daß sie selbst diese Kurse versäumen mußte, störte Rachel Cheigham nicht allzusehr: »Ich war schon älter, ich habe gearbeitet, ich war gefestigt. Ich war nicht in Gefahr, mich in eine schlimme Richtung zu entwickeln.«[242]

Wie für alle Widerstandsgruppen und -aktionen gilt auch für die Tätigkeit der Freischärlergruppe der Armée Juive in Nizza: Der Zufall hilft manchmal mehr als die beste Planung. Monatelang bemühen sich Rachel Cheigham und ihre Kameradinnen vergeblich, einen erfolgreichen Anschlag auf Georges Karakaeff vorzubereiten, der als »Chefdenunziant« die Nachfolge des schwer verletzten Serge Mojaroff angetreten hat. Eines Morgens stößt Annette Zymann, eine der Aktivistinnen der Gruppe, auf dem Fahrrad mit einem Mann zusammen. Er entschuldigt sich höflich und hilft der attraktiven jungen Frau, das Gemüse wieder einzusammeln, das aus ihrem Einkaufskorb auf die Straße gerollt ist. Annette Zymann sieht sich ihren neuen Bekannten genauer an und stellt fest, daß er ziemlich genau der Beschreibung entspricht, die sie von Karakaeff hat. Sie geht auf die Avancen des Mannes ein und verabredet sich mit ihm für den Nachmittag. In der Zwischenzeit informiert sie die Gruppe. Als Karakaeff wie geplant zum Rendevous erscheint, führt Annette Zymann ihn zu einem schmalen Weg etwas außerhalb der Stadt. Hier wartet Roger, einer von Annettes Kameraden, auf sie. Er feuert mehrere Schüsse auf Karakaeff ab und tötet ihn.[243]

Am 22. Juli 1944, wenige Wochen vor der Befreiung, gerät Ariane, »Régine«, Knout in Toulouse in eine Falle der französischen Miliz: Die konspirative Wohnung, in der sie zusammen mit Raoul, einem Kommandanten, der aus dem Maquis in die Stadt gekommen ist, jemanden treffen soll, ist denunziert worden. Als sie die Tür aufsperren will, werden sie von Milizionären umringt. Raoul zerschlägt eine Flasche auf dem Kopf eines der Milizionäre. Dessen Kollegen eröffnen das Feuer, Raoul wird verwundet, kann aber flüchten. »Régine« bricht, von einer Kugel getroffen, tot zusammen.[244]

Im Juli 1944 geht die Armée Juive in Paris der Gestapo in die Falle, fast alle Mitglieder werden verhaftet.[245] Rachel Cheigham und ihre Schwester Nelly, Charlotte Sorkine, Marc Lévy und andere Mitglieder

der Freischärlergruppe in Nizza werden nach Paris geschickt, um, zusammen mit Kameradinnen und Kameraden aus Toulouse und Lyon, eine neue Gruppe in der Hauptstadt aufzubauen.[246] Rachel Cheigham wird zur Chefin des Verbindungsdienstes ernannt. Sie ist Mitglied des Führungstrios, dem außer ihr noch Simon Levitte und Lucien Rubel, der militärische Verantwortliche, angehören. In den Kämpfen um die Befreiung von Paris hält Rachel Cheigham den Kontakt zwischen den verschiedenen Gruppen in der Stadt: »Ich bin die ganze Zeit von einem Ende von Paris zum anderen gerannt. Geschlafen habe ich im Hauptquartier von Colonel Rol-Tanguy.«[247] Die anderen Frauen müssen neben ihrer Widerstandsarbeit FFI-Armbinden sticken. Eine Aufgabe, gegen die sie wütend protestieren. Die Männer reinigen derweilen ihre Waffen.[248] Als Rachel Cheigham die ersten Wagen der FFI, der französischen Streitkräfte, in die Stadt einfahren sieht, ist sie mit sich und der Welt zufrieden: »Ich dachte, du wolltest die Deutschen aus Paris abmarschieren sehen, und nun hast du sie abmarschieren sehen.«[249]

Die jüdischen Kommunisten

Die jüdischen Kommunistinnen und Kommunisten sind nach dem Einmarsch der Deutschen politisch mehr oder weniger gelähmt. Als disziplinierte Genossen müssen sie der Linie folgen, die ihnen die Kommunistische Internationale seit dem Nichtangriffspakt zwischen dem Deutschen Reich und der Sowjetunion vorschreibt: keine antideutsche Propaganda und schon gar keine antideutschen Aktionen. Am 7. Juli 1940, drei Wochen nachdem die Wehrmacht Paris eingenommen hat, können die Mitglieder der KPF in der »Humanité«, ihrem Zentralorgan, lesen: »Es ist in diesen unseligen Zeiten besonders tröstlich zu sehen, wie sich zahlreiche Pariser Arbeiter freundschaftlich mit den deutschen Soldaten unterhalten, sei es auf der Straße, sei es im Bistro an der Ecke. Bravo, Genossen, weiter so, auch wenn das gewissen Bourgeois, die so dumm wie übelwollend sind, nicht paßt.«[250]

Es gibt allerdings auch andere Haltungen innerhalb der KP, vor allem im Kreis um Charles Tillon, der Mitglied der nationalen Leitung ist und im Oktober 1941 damit beauftragt wird, die bewaffneten Gruppen der Partei zu vereinheitlichen.[251] Viele unter den jüdischen Kommunistinnen und Kommunisten der MOI sind verzweifelt über die neue politische Linie, die ihnen unverständlich ist und sie enttäuscht. Adam Rayski berichtet über die Erleichterung, die er und mehrere seiner Genossinnen und Genossen empfanden, als Deutschland die Sowjetunion überfiel: Nun waren die Fronten wieder klar.[252] Mira Kugler, die schon in Polen in die Kommunistische Partei eingetreten war, dann am Spanischen Bürgerkrieg teilnahm und 1939 mehr oder weniger legal in Frankreich lebt, erinnert sich: »Der Pakt hat mich erschüttert, ich konnte das nicht begreifen. Man hat uns erklärt, daß das ein kluger Schachzug von Stalin war, um die Engländer von einem Angriff auf die Sowjetunion abzuhalten. Viel mehr an Erklärungen haben wir nicht bekommen. Und dann begann das Spießrutenlaufen, die anderen wollten von uns wissen: Wie könnt ihr nur so etwas tun! Und ich konnte es ihnen nicht erklären, weil ich selber keine Erklärung hatte. Ich kam mir ziemlich blöde vor.«[253] Die fast zehn Jahre jüngere Paulette Sliwka hat noch keine eigene Meinung: »Ich bin hier völlig meinem Vater gefolgt, der hat den Pakt gerechtfertigt mit dem Argument, daß die Sowjetunion noch nicht für den Krieg vorbereitet sei. Sie müsse Zeit gewinnen, um Waffenfabriken aufzubauen. Mein Vater dachte so und viele andere auch. Aber wir haben trotzdem schon angefangen, gegen die Deutschen zu kämpfen. Es gab noch keine FTP, aber politische Arbeit.«[254]

Ein Jahr und einen Monat nachdem »Humanité« sich über die Verbrüderung zwischen deutschen Soldaten und französischen Arbeitern freute, werden zwei junge Arbeiter, die sich vermutlich niemals freundschaftlich mit den Wehrmachtsoldaten unterhalten haben, verhaftet und erschossen.[255] Im selben August 1941 erschießt der Kommunist Pierre Georges an der Metrostation Barbès-Rochechouart einen Angehörigen der deutschen Kriegsmarine: Wenige Wochen nach dem Überfall der Deutschen auf die Sowjetunion und damit dem Ende des Paktes hat die Kommunistische Partei Frankreichs den bewaffneten Kampf gegen die Besatzer eröffnet. Im Oktober 1941 kritisiert General de Gaulle in einer Sendung von Radio London scharf die Angriffspolitik der Kommunisten. Es sei noch nicht an der Zeit, der Effekt einer solchen Politik sei lediglich der, daß Geiseln dafür büßen müßten, es gelte, alle Kräfte zu sammeln für den entscheidenden Tag, an dem Franzosen und Alliierte gemeinsam zum Angriff übergehen könnten. Wenn dieser Moment gekommen sei, würde er, de Gaulle, die entsprechenden Befehle erteilen.[256] Die Kommunistische Partei wendet sich gegen diese Politik des »attentisme«, der »Abwarterei«: Es gehe nicht darum, die Kämpfer in Reserve zu halten, ganz im Gegenteil, nur im Kampf könnten sie sich auf die letzte entscheidende Schlacht vorbereiten. Die Deutschen müßten in allen von ihnen besetzten Ländern und in jedem nur möglichen Moment angegriffen, verunsichert, demoralisiert werden.[257]

Die Protagonisten dieses Kampfes werden künftig die Mitglieder der MOI, der Immigrantenorganisation der Partei, sein und unter ihnen zahlreiche Jüdinnen und Juden der Section Juive, der jüdischen Sektion. Während die FTP (Francs-Tireurs et Partisans), die bewaffneten Gruppen, bis zum November 1942 vor allem in der Hauptstadt agieren, organisiert die MOI ihre Mitglieder auch in der unbesetzten Südzone. In Lyon, Montpellier, Toulouse, Marseille, Grenoble und Nizza entstehen Gruppen, die sich vorerst der politischen Arbeit widmen und nach dem Einmarsch der Deutschen in die Südzone den bewaffneten Kampf gegen die Besatzer führen. Doch solange Frankreich in zwei Zonen aufgeteilt ist, bildet der von den Deutschen besetzte Norden mit der Hauptstadt Paris das Zentrum des politischen wie des militärischen Widerstands.

Paris

Die Jugendlichen und die Frauen der MOI übernehmen die Propaganda- und Solidaritätsarbeit: Sie tippen, vervielfältigen, verteilen die illegale Presse, die Broschüren, Aufrufe und Flugblätter der jüdischen Sektion der MOI, sie nehmen an Kundgebungen teil, halten kurze Reden auf Märkten und kleben Plakate und Zettel an Hauswände. Sie sammeln Geld für verhaftete Genossinnen und Genossen und deren Familien, sie kümmern sich um Verstecke für Leute, die kurzfristig untertauchen müssen, sie packen Päckchen für die Insassen der französischen Internierungslager.[258] Paulette Sliwka, die in der Jugendorganisation der MOI aktiv ist, erinnert sich: »Das erste Treffen fand bei mir zu Hause statt mit einigen erwachsenen Genossinnen. Wir begannen einfach, Flugblätter zu machen. Gegen die Besatzung. Wir hatten noch keinerlei Aktionen im Kopf. Es ging nur darum, diese Flugblätter überall an die Wände zu kleben und zum Beispiel zum Rathaus zu gehen und Lebensmittelkarten zu fordern. Wir versuchten auch wie die Verrückten, Milch für die Kinder zu beschaffen. Wir haben zum Beispiel eine Riesenaktion von Frauen vor dem Rathaus des 20. Arrondissement ›organisiert‹, indem wir das Gerücht streuten, es würden zusätzliche Lebensmittelkarten ausgegeben, und so haben wir es geschafft, daß die Frauen demonstrierten. Wir haben auch Demonstrationen wie die zum 14. Juli 1941 organisiert. Wir zogen uns blau-weiß-rot an oder trugen blau-weiß-rote Blumensträußchen. Wir demonstrierten im Marais, von der Rue du Temple bis zur Republique, bis wir uns zurückziehen mußten. Die Frauen, also wir Mädchen, wurden dazu ausersehen, das Material zu transportieren. Wir waren beauftragt, dieses Material von der Druckerei zu den Verteilerpunkten zu bringen, von dort wurde es an die Gruppen weitergegeben. Wir haben das Material auch hergestellt. Bevor wir die Abzugmaschinen hatten, haben wir mit Kindersetzkästen gearbeitet.«[259]

Nach den ersten Razzien kümmern sich die Jugendlichen auch um die Untergetauchten und um die Deportierten in den französischen Lagern Pithivier und Baune-la-Rolande: »Wir sammelten Geld bei den Juden, die noch zu Hause lebten, vor allem bei denen, die für die Deutschen arbeiteten und einen Ausweis hatten. Sie gaben das Geld freiwillig, denn sie hatten ja auch selbst ein Interesse daran: Seit der Razzia im 11. Arrondissement wußten sie, daß auch ein Ausweis keine Garantie war.«[260] Sie »sammeln« allerdings auch bei denjenigen, die nicht freiwillig geben.[261]

»Es war verrückt, aber auch großartig«, so beschreibt Paulette Sliwka nachträglich die Widerstandsarbeit, die sie und ihre Genossinnen in den ersten Jahren leisteten. Sie erinnert sich: »Also, ich stehe morgens auf und weiß, ich hab ein Rendezvous mit dem Verantwortlichen. Ich gehe hin, und er sagt mir, mit wem ich ein Treffen habe. Mit der Genossin zum Beispiel, der ich das Material bringen soll. Ich gehe zum verabredeten Treff, die Freundin hat eine Zeitung oder ein Buch unter dem Arm, ich komme mit einem Einkaufsnetz, mit Lauch drin. Wir tauschen unsere Netze aus, gehen noch ein bißchen zusammen spazieren, wir sind halt zwei Frauen, die sich gerade getroffen haben, dann trenne ich mich von ihr und bringe mein Netz zum nächsten verabredeten Ort. Von dort wird dann alles verteilt. Oder es wird beschlossen, wir gehen heute abend ins Kino und werfen dort Flugblätter. Im Kino oben auf dem Balkon ist ein Kasten mit einer Schnur dran, an der ziehen wir, die Flugblätter fallen runter, und wir laufen weg. Im Kino war ja während der Wochenschau das Licht noch an. Deshalb war es wichtig, die Flugblätter in einem ganz bestimmten Moment fliegen zu lassen. Bei einer Aktion zum Beispiel, 1942, zum 25. Jahrestag der Roten Armee, haben wir mit einem guten Trick ein riesiges rotes Transparent über die Stromleitungen gehängt und die

Feuerwehr und die Polizei mußten mit einem großen Kranwagen kommen, um es wieder abzunehmen. Beim Plakatieren zum Beispiel stiegen die Mädchen auf die Schultern der Jungen, um die Plakate ganz oben anzukleben. Das alles, damit die mindestens zwei Stunden brauchten, um die Plakate wieder abzumachen. Oder ein Mädchen und ein Junge gingen als Liebespärchen getarnt durch die Straßen und klebten Streuzettel an die Wände.«[262]

In Paulette Sliwkas Erinnerungen klingt die Abenteuerlust noch an, die diese jungen Frauen und Männer in der ersten Zeit wohl auch bewogen hat, ihr Leben zu riskieren. Sie sind noch nicht die »Generation der Razzia«, sie sind junge Kommunistinnen und Kommunisten, für die Deportationen noch in französischen Internierungslagern enden, die zwar unangenehm sind, aus denen man aber notfalls flüchten kann. Doch ganz so »harmlos« ist ihre Lage nicht. Sie wissen, daß ihre Genossen Gautherot und Tyszelman von den Deutschen erschossen wurden, für nichts weiter als die Teilnahme an einer Kundgebung. Sie lernen die ersten Grundregeln des konspirativen Verhaltens: »Wir liefen möglichst zu Fuß, in der Metro war es schon viel zu gefährlich. Zu den Treffen mußte man auf die Minute genau kommen. Wenn wir einmal nicht pünktlich kommen konnten, trafen wir uns exakt eine Stunde später am selben Ort. Paris war für uns in Sektoren aufgeteilt. Ich war im 20. Arrondissement.«[263]

Parallel zur Gründung der FTP der MOI in Paris gehen die Jugendlichen von der Propaganda- und Solidaritätsarbeit zu ersten kleineren Anschlägen über: Sie zünden erst Wegweiser an, dann Garagen, und schließlich werden sie als Kämpferinnen und Kämpfer für die FTP-MOI rekrutiert.[264] Paulette Sliwka erhält ihre militärische Ausbildung Anfang 1943. Danach wird sie für Waffentransporte eingesetzt. Sie trägt die Waffen in den Taschen ihrer Pelerine an den Anschlagsort. Oder sie kommt zu einem vereinbarten Treffpunkt und nimmt dort Waffen in Empfang, die sie jemand anderem übergeben soll. Für welches Détachement der FTP-MOI sie gearbeitet hat, weiß sie nicht: »Es war alles sehr abgeschottet. Wenn du etwas wohin bringen mußtest, kanntest du denjenigen gar nicht. Man erkannte sich an einer Zeitung oder einem Buch, das man auf eine bestimmte Art in der Hand hielt.«[265]

Im Mai 1942 baut die MOI fünf Kampfgruppen in Paris auf: Eine davon, die jüdische, deren Umgangssprache Jiddisch ist, besteht ausschließlich aus Juden, vor allem ostjüdischen Immigrantinnen und Immigranten, in den meisten anderen Détachements stellen die jüdischen Mitglieder die Mehrheit.[266] Zu jedem Détachement gehören Verbindungsagentinnen, die den Kontakt zwischen den Verantwortlichen der Kampfgruppe, zwischen der Kampfgruppe und der Führung und zwischen den einzelnen Kampfgruppen halten. Jeder Verantwortliche verfügt über eine eigene Verbindungsagentin, die seine Anweisungen weitergibt und seine Treffen mit anderen Verantwortlichen, mit Vorgesetzten und Untergebenen arrangiert. Zusätzlich gibt es einen Aufklärungsdienst, den die Rumänin Cristina Boico leitet.[267] Die Kampfgruppen der MOI überziehen die Hauptstadt zwei Jahre lang mit Anschlägen, sie greifen Einrichtungen und Personal der Wehrmacht an, sie erschießen hochrangige Funktionäre der Besatzungsbehörden, sie bringen Truppenzüge zum Entgleisen; sie töten Kollaborateure und sprengen Betriebe, die für die Wehrmacht arbeiten, in die Luft. David Douvette schätzt, daß es nicht viel mehr als 100 Leute sind, einschließlich der technischen und der Verbindungsdienste, die der Besatzungsmacht derart zu schaffen machen.[268]

Die Verfolgung der »Terroristen« übernimmt die französische Polizei. Nachdem ihr zwei große Schläge gegen den politischen und militärischen Apparat der Kommunistischen Partei und anschließend gegen Mitglieder der FTP-MOI gelungen sind, beginnen die mit der »Terrorismus«-Bekämpfung beauftragten Brigades Speciales im Januar 1943 ihre Offensive gegen die Pariser MOI.[269] Die ersten Verhaftungen erfolgen im März: 24 vorwiegend sehr junge Frauen und Männer, Mitglieder der Jugendorganisation der jüdischen Sektion der MOI, werden festgenommen. Die Pariser Gruppen der FTP-MOI intensivieren ihren Kampf, während die Brigades Speciales ihre Observation ständig erweitern und immer mehr Aktivistinnen und Aktivisten identifizieren. Im Juli schlagen sie erneut zu und nehmen 77 Frauen und Männer fest. Eine der Frauen kann einen Kassiber aus dem Gefängnis schmuggeln, in dem sie ihre Genossinnen und Genossen warnt, Paris sofort zu verlassen. Als die Brigades Speciales im November 1943 68 Militante der FTP-MOI verhaften, sind die Pariser Kampfgruppen zerschlagen. Unter den letzten 68 Verhafteten sind 21 Frauen.[270] Die jüdischen Gefangenen werden nach ihrer Festnahme und Folterung meist über Drancy nach Auschwitz deportiert. Hania Mansfeld, »Hélène Kro«, stürzt sich, als die Gestapo ihre Wohnung als Falle einrichten will, aus dem fünften Stock, um die Genossinnen und Genossen zu warnen. Gegen 22 Männer und eine Frau, Golda »Olga« Bancic, wird Anklage erhoben. In einem Prozeß, der am 15. Februar 1944 beginnt und der als der »Prozeß der 23« in die Geschichte eingehen wird, werden alle Angeklagten zum Tode verurteilt. Im Vorfeld des Prozesses läßt die deutsche Propagandastaffel eine Broschüre und ein Plakat drucken, die in hohen Auflagen verteilt beziehungsweise verklebt werden. Das Plakat ist von leuchtend roter Farbe und wird als das affiche rouge, das Rote Plakat, bekannt. Auf ihm sind die Köpfe von zehn Widerstandskämpfern zu sehen, von denen sieben Juden sind. Die Bildunterschriften bezeichnen die Abgebildeten als »polnischer Jude«, »Rotspanier« etc. und schreiben ihnen eine bestimmte Zahl von Attentaten zu. Der Titel, der in großen Lettern am oberen und unteren Ende des Plakates prangt, lautet: »Befreier? – Die Befreiung durch die Armee des Verbrechens.« »Die Armee des Verbrechens« lautet der Titel der Broschüre, die man für drei Francs erstehen kann und die das Publikum in großzügiger, modern anmutender Gestaltung darüber »aufklärt«, woher »diese Verbrecher« kommen und woher ihre Waffen stammen. Eine beeindruckende Auflistung der Attentate, Anschläge und Sabotageaktionen, die in knapp zwei Jahren von ein paar Dutzend Frauen und Männern ausgeführt wurden, erregt den Eindruck, hier sei tatsächlich eine Armee zugange gewesen. Eine Armee, und das ist die Botschaft sowohl des Plakates als auch der Broschüre, die aus Ausländern und vornehmlich ausländischen Juden besteht und aus Moskau gesteuert wird. Die, anders gesagt, mit Frankreich und den echten Franzosen nichts zu schaffen hat und ihnen nur schadet.[271]

Die 22 im »Prozeß der 23« zum Tode verurteilten Männer werden am 21. Februar 1944 auf dem Mont Valérien hingerichtet. Golda Bancic wird nach Stuttgart transportiert und im dortigen Gefängnis am 10. Mai 1944, ihrem 32. Geburtstag, enthauptet.[272] Golda Bancic wurde 1912 in Rumänien geboren. Seit ihrer frühen Jugend war sie politisch aktiv; als sie 1938 nach Paris emigrierte, kannte sie bereits Verfolgung und Gefängnis. 1941 versteckte sie ihre 1939 geborene Tochter bei französischen Freunden und schloß sich den Pariser Kampfgruppen der MOI an, deren Gründung sie mitinitiiert und -organisiert hatte. »Olga«, wie Golda Bancic sich im Untergrund nannte, war für das Waffendepot verantwortlich. Nach ihrer Verhaftung wurde sie so gefoltert, daß sie kaum noch gehen konnte. Das Waffendepot wurde nie entdeckt.[273] Im Gefangenenbuch der Untersuchungshaftanstalt Stuttgart, Urbanstraße 18A, ist Golda Bancic unter der Nummer 724 eingetragen. Als »Annahmetag« wird der 3. 5. 1944, 11 Uhr 15, angegeben, als »Austrittstag« der 10. 5. 44, 5 Uhr, als Grund des »Austritts«: »hingerichtet«.[274] Am 9. Mai, dem Tag vor ihrer Hinrichtung, schreibt

Golda Bancic ihren letzten Brief. Sie richtet ihn an ihre kleine Tochter Dolores. Der Briefumschlag ist »an das Französische Rote Kreuz« adressiert. Darin befindet sich neben dem Brief an die Tochter ein Briefvordruck der Untersuchungshaftanstalt Stuttgart, auf dem Golda Bancic unter dem Datum 9. Mai 1944 fünf Zeilen eingetragen hat: »Liebe gnädige Frau, ich bitte Sie, diesen Brief nach dem Krieg meiner kleinen Tochter Dolores zu geben. Das ist der letzte Wunsch einer Mutter, die nur noch 12 Stunden zu leben hat. Danke.«[275]

Aus dem Brief, den die gerade 32 Jahre alt gewordene Frau ihrer vierjährigen Tochter schreibt, spricht das Schuldgefühl, dieses Kind schon einmal verlassen zu haben und nun für immer verlassen zu müssen. Die Angst um das Kind hat Golda Bancic sicher ebenso bewegt wie die anderen Frauen, die schon Mütter waren, als sie sich dem Widerstand anschlossen, und die ihre Kinder bei Freunden oder Unbekannten in eine »Sicherheit« gebracht hatten, von der sie wußten, daß sie niemand garantieren konnte. Golda Bancic schreibt am 9. Mai 1944 an Dolores:

»Meine liebe kleine Tochter, meine geliebte Kleine,

Deine Mutter schreibt ihren letzten Brief, mein Kleines, morgen um sechs Uhr, am 10. Mai, werde ich nicht mehr sein. Mein Liebes, weine nicht, Deine Mutter weint auch nicht. Ich sterbe mit einem guten Gewissen und in der Gewißheit, daß Du morgen ein glücklicheres Leben und eine bessere Zukunft haben wirst als Deine Mutter. Du wirst nicht mehr leiden müssen. Sei stolz auf Deine Mutter, mein geliebtes Kleines. Ich habe immer Dein Bild vor Augen. Ich will daran glauben, daß Du Deinen Vater sehen wirst, ich habe die Hoffnung, daß sein Geschick ein anderes sein wird. Sage ihm, daß ich immer an ihn gedacht habe, wie auch an Dich. Ich liebe Euch aus ganzem Herzen. Ihr seid beide mein Liebstes. Mein liebes Kind, Dein Vater wird Dir auch eine Mutter sein. Er liebt Dich sehr. Du wirst das Fehlen Deiner Mutter nicht spüren. Mein liebes Kind, ich schließe diesen Brief in der Hoffnung, daß Du Dein ganzes Leben lang glücklich sein wirst, mit Deinem Vater und mit der ganzen Welt. Ich küsse Dich aus ganzem Herzen, sehr, sehr. Adieu, mein Liebes. Deine Mutter.«[276]

Die Zerschlagung der Pariser MOI führte viele Jahre später zu einer erbitterten Debatte, die bis heute fortgesetzt wird. Der Filmemacher Mosco erhob 1985 in seinem Film »Les terroristes à la retraite« (Die Terroristen im Ruhestand) den Vorwurf, die Kommunistische Partei habe ihre – ausländischen, jüdischen, »unfranzösischen« – Pariser Kämpferinnen und Kämpfer bewußt fallenlassen und damit den Deut-

schen ans Messer geliefert. Adam Rayski, damals Chef der jüdischen
Sektion der MOI, wies die These Moscos zurück, bestätigte jedoch
1985, daß die Parteiführung den Pariser Aktivisten, obwohl diese sich
offensichtlich in größter Gefahr befanden, nicht erlaubt hatte, sich
für eine Weile zurückzuziehen und dadurch ihre Spuren zu verwischen.[277] Ende der 80er Jahre erhielt eine Gruppe von französischen
Historikern, unter ihnen Adam Rayski, die Genehmigung, die bis dahin unter Verschluß gehaltenen Tages- und Abschlußberichte der Brigades Speciales einzusehen. Diese Berichte zeigen, wie die französische Polizei durch systematisches Observieren einzelner, durch Zufall
oder Denunziation entdeckter Personen Schritt für Schritt das gesamte Netz der Pariser MOI aufrollen konnte. Die Historikergruppe
erklärt damit die Frage, Verrat durch die Partei oder nicht, für beant-
wortet. »Wir haben«, verkündet sie, »so etwas wie eine Gegenunter-
suchung durchgeführt, ausgehend von unanfechtbaren Dokumenten.«[278] Hier stellt sich zum einen die Frage, warum Polizeiberichte als
»unanfechtbare Dokumente« gelten sollen, und zum anderen, inwie-
weit der Nachweis der polizeilichen Geduld und Geschicklichkeit
Auskunft darüber gibt, warum die KPF ihren Pariser Kadern nicht erlaubte, sich dem absehbaren Zugriff der Polizei zu entziehen. Die Pariser Geschichte ist nicht die einzige dieser Art. Ähnliche Probleme
ergaben sich in Toulouse (siehe Seite 123 ff.). Die Frage »Was geschah
in Paris wirklich?« wird nicht zu beantworten sein. Das Unbehagen
jedoch bleibt.[279]

Am 18. Februar 1943 nachmittags folgen die Polizisten der Brigades
Speciales einem ihnen bis dahin unbekannten jungen Mann, den sie
»Bertrand« nennen. Um 15.50 Uhr beobachten sie, wie »Bertrand«
sich an der Place de la République mit einer jungen Frau trifft, die sie
»Martine« nennen. Sie beschreiben sie als »20 Jahre, 1,60 m, mittlere
Statur, mittelbraunes, vorn hochgestecktes, nach hinten fallendes
Haar, leichte Stupsnase, bräunlicher Teint, ungeschminkt. Beiger
Mantel, am Rücken gerafft, weiße Strümpfe. Sie trägt eine graue Einkaufstasche und eine schwarze Handtasche. Sie ist in Begleitung
eines kleinen Mädchens.«[280] Die Frau, deren Spur die Brigades Speciales an diesem 18. Februar 1943 aufgenommen haben, ist Paulette
Sliwka, die inzwischen zur Verantwortlichen für die Sympathisanten
in den Jugendgruppen der jüdischen Sektion der MOI aufgestiegen
ist. Paulette Sliwka erinnert sich an ihre ambivalenten Gefühle während ihrer Observation: »Ich war sicher, daß mir niemand folgt. Die
waren technisch sehr gut. Dann hatte ich aber doch das Gefühl, daß

ich verfolgt werde. Aber wenn ich mich umdrehte, war da niemand. Ich wechselte die Metro, fuhr mit dem Bus weiter – es half nicht.«[281] Die erwachsenen Genossinnen und Genossen haben den jüngeren ein paar Sicherheitsregeln erklärt:»Ich wußte, daß ich darauf achten mußte, ob ich beschattet werde, daß ich mich umdrehen muß, häufig umsteigen. Man mußte sich gut die Treffpunkte merken. Wenn man das Gefühl hatte, auf dem Weg zu einem Treffen verfolgt zu werden, mußte man an dem Freund vorbeigehen und ihm signalisieren:›Hau ab!‹ Es gab aber dafür keinen eigenen Ausbildungslehrgang. Wir wußten instinktiv, was es heißt, achtzugeben.«[282] Als Verantwortliche für die Sympathisanten hat Paulette Sliwka mit Lucienne Goldfarb zu tun, einer jungen Jüdin, die in die Organisation aufgenommen werden möchte. Kurz vor ihrer eigenen Verhaftung findet Paulette Sliwka heraus, daß Lucienne Goldfarb Kontakte zur Polizei hat.[283]

Der»Bertrand«, der die Brigades Speciales auf ihre Spur führte, ist Henri Krasucki, der gerade 18 Jahre alte Leiter der Pariser Jugendorganisationen der Jüdischen Sektion der MOI. Die permanente Beschattung von Henri Krasucki und Paulette Sliwka führt die Polizei zu 14 weiteren Mitgliedern der Jugendorganisation. Am 23. März nehmen vier Inspektoren der Brigades Speciales Henri Krasucki fest, als er das Haus gegen sieben Uhr morgens verläßt. Sie finden bei ihm den Schlüssel zur Wohnung, die er mit Paulette Sliwka teilt. Die Polizisten verschaffen sich mit dem Schlüssel Zutritt und überraschen Paulette völlig. In der Wohnung befinden sich falsche Papiere, Paßfotos, Aktionsberichte, Kleiderkarten und andere Dokumente.[284]

Paulette Sliwka kümmerte sich auch, als sie bereits illegal war, um ihre Eltern, die sich in der Straße, in der sich auch ihre Schneiderei befand, versteckt hielten. Sie brachte ihnen Lebensmittelkarten, Essen und Zigaretten für den Vater, der starker Raucher war. Die Polizei konnte offenbar nicht herausfinden, wohin Paulette Sliwka bei diesen Besuchen ging:»Beim Verhör fragten sie mich ständig,›was hast du dort gemacht?‹ Ich habe nichts gesagt. Sie haben mich geschlagen, aber ich habe nichts gesagt. Sie haben Fotos von mir gemacht und sie mit denen auf der Präfektur verglichen. Nach dem Krieg habe ich erfahren, daß sie mit diesen Fotos die ganze Straße abgegangen sind. Sie zeigten das Foto auch der Concierge von unserem Haus. Vater hatte sein Zimmer direkt neben der Tür der Concierge. So konnte er hören, wie die Flics fragten:›Das ist eine Terroristin, kennen Sie die?‹ Sie sagte:›Ja, aber die wohnen auf Nummer 14.‹ Als die Flics auf Nummer 14 ankamen, sagte die Concierge dort:›Natürlich kenne ich die, aber die sind schon lange nicht mehr da, die Tür ist versiegelt.‹ Die Polizisten brachen die Tür auf, sie dachten, es sei ein Waffenlager. Dann sahen sie, daß es eine Schneiderwerkstatt war. Als sie zurückkamen, beschimpften sie mich und sagten, ›du Schlampe, warum hast du uns nicht gesagt, daß es sich um deine Eltern handelt. Aber jetzt wirst du uns kennenlernen. Wir haben deine Eltern festgenommen. Und deinen kleinen Bruder auch, jetzt werden wir dir's zeigen.‹ Aber ich wußte, daß mein Bruder gar nicht da war. (Sie hatte ihn nach der Razzia vom 16. Juli 1942 in einem Internat im Norden von Paris versteckt, Anm. d. Verf.) Deshalb war ich mir sicher, daß sie meine Eltern in Wirklichkeit nicht festgenommen hatten. Und so war es ja auch. Es ging ihnen nur darum, mich zum Sprechen zu bringen.« [285]

Die jungen Frauen und Männer werden nach ihrer Verhaftung schwer gefoltert. Henri Krasucki wird vor den Augen seiner Mutter gefoltert. [286] Paulette Sliwka beschreibt ihre eigene Folter als »nicht so schlimm«. Konkret erinnert sie sich: »Ich wurde bei den Verhören geschlagen. Man gab mir Ohrfeigen, man schlug mich mit Ochsenziemern, mit Fußtritten, Faustschlägen. Ich verbrachte eine Nacht – ich glaube, es war eine Nacht – auf einer Eisenstange. Ich konnte mich danach nicht mehr bewegen. Ich wurde am 23. März verhaftet, und am 30. März kam ich ins Krankenhaus. Also sieben Tage Folter. Sie stellten ständig Fragen, und ich habe immer nur geantwortet: ›Ich weiß nicht, ich weiß nicht, ich weiß nicht.‹ Du weißt, wenn du ein einziges Wort sagst, bist du verloren. Wenn du nur ein Wort sagst, dann verlangen sie ein zweites, ein drittes, und so weiter. Also schließt du die Augen, du fällst, du weißt von nichts mehr ... Niemand hat gesprochen. Wegen uns gab es keine weiteren Verhaftungen.« [287]

Nach mehreren Tagen Folter verlangt Paulette Sliwka einen Arzt und wird tatsächlich ins Krankenhaus gebracht. Dort trifft sie auf einen Arzt, der ihr hilft. Er sorgt dafür, daß sie ins Rothschild-Hospital überführt wird, so daß sie sich ein wenig von der Folter erholen kann. Hier gelingt es Paulette Sliwka, einen Kassiber an ihren Verantwortlichen, Adam Rayski, zu schmuggeln, in dem sie vor Lucienne Goldfarb warnt, deren mögliche Kontakte zur Polizei sie noch kurz vor ihrer Verhaftung entdeckt hat. [288] Nach zwei Wochen wird Paulette Sliwka wieder ins Gefängnis zurückgebracht und schließlich nach Drancy transportiert: »Ich erinnere mich, daß es Frühling war und draußen Knospen trieben. Das war für alle zauberhaft. Wir standen abwechselnd am Fenster und sahen uns dieses Schauspiel an. Als ich aus der Préfecture herausgeführt wurde, das gab mir ein Gefühl von Freiheit, ach wenn ich doch in diesem Moment hätte fliehen können! Aber ich war gut umzingelt und hatte Handschellen an.«[289] Am 23. Juni 1943 wird Paulette Sliwka von Drancy nach Auschwitz deportiert.

Grenoble – Lyon

In der nicht besetzten Südzone entwickeln sich die Dinge langsamer. Zwar haben auch die Kommunisten, wie die anderen Widerstandsbewegungen, Kader in die Südzone, und vor allem nach Lyon, entsandt, doch an bewaffneten Widerstand ist hier vorerst nicht zu denken. Dazu kommt, daß ein großer Teil der späteren jüdischen Kombattantinnen und Kombattanten erst nach den großen Razzien in Paris in den Süden flieht, nur ein halbes Jahr also, bevor die Deutschen im November 1942 in die unbesetzte Zone einmarschieren. In der Zwischenzeit entwickelt sich in den Städten des Südens die politische, die Propaganda-, die Solidaritätsarbeit.[290]

Irène Mendelson wurde 1920 in Warschau geboren. Als sie sieben Jahre alt ist, immigrieren ihre Eltern mit ihr nach Brüssel. Von Brüssel geht es 1930 weiter nach Paris. Hier verbringt Irène die nächsten zehn Jahre, geht auf das Gymnasium, beginnt ein Medizinstudium. Sie liest viel, Romain Rolland, Gide, Malraux, sie begeistert sich für den Spanischen Bürgerkrieg. Als die Deutschen in Paris einmarschieren, flieht sie wie alle Welt aus der Stadt und fährt mit ihren Eltern Richtung Süden. In Toulouse hält es sie nicht lange, sie gehen nach Montpellier.[291] Montpellier ist unter all den Städten in Südfrankreich eine Oase der Toleranz und Gastfreundschaft. Hier hat sich eine kleine Gruppe polnisch-jüdischer Studentinnen und Studenten gebildet, der sich bald auch Irène Mendelson anschließt. Sie befreundet sich mit »Nicole«, die mit ihrem Mann gleichfalls aus Paris gekommen ist, und mit Catherine Varlin, die später eine führende Rolle in der 35. Brigade von Toulouse spielen wird. Man diskutiert, bald finden regelmäßige Treffen statt, die den Charakter politischer Schulungskurse annehmen. Man sammelt Geld und packt Päckchen für die spanischen Flüchtlinge in den südfranzösischen Internierungslagern. Irène weiß zwar nichts Genaues, nimmt aber an, daß viele ihrer Freundinnen und Freunde Kommunisten sind. Sie will selbst der Partei beitreten: Sie wendet sich an Catherine Varlins Freund Jan Gerhard, von dem sie annimmt, daß er in der Partei ist. Er verspricht, ihr einen »Kontakt zu machen«. Als sie zum Treffen mit dem geheimnisvollen Kontakt kommt, erwartet sie Jean Halpern, einer der Freunde aus der Gruppe jüdisch-polnischer Studenten. 1942 tritt sie in die Kommunistische Partei Frankreichs ein. Ihre Freundin »Nicole« ist schon Ende 1941 Parteimitglied geworden.[292]

Die 15jährige Catherine Varlin floh mit ihren Eltern aus Paris nach Toulouse. Als der dortige Präfekt eine Anweisung erläßt, nach der alle ausländischen jüdischen Flüchtlinge das Stadtgebiet verlassen und sich in kleine Dörfer in den Pyrenäen begeben müssen, beschließt die Familie, sich einen anderen Aufenthaltsort zu suchen. Catherine Varlin erinnert sich: »Die Hauptsorge meines Vaters war nicht, wo bekommen wir etwas zu essen oder eine Wohnung, sondern wo kann meine Tochter weiter zur Schule gehen.«[293] In Montpellier kann sie, denn der dortige Präfekt vertritt eine völlig andere Politik als sein Kollege in Toulouse. Catherine besteht in Montpellier die Vorprüfung für ihr Abitur. Das Abitur selbst wird sie nicht mehr machen – da hat sie schon zu viel anderes zu tun. Sie tritt in eine zionistische Jugendorganisation ein, gleichzeitig lernt sie die Gruppe von jungen polnischjüdischen Immigranten kennen, der sich auch »Nicole« und Irène Mendelson angeschlossen haben. Im Sommer 1942 lernt sie in der »Kaderschule« der zionistischen Jugendbewegung in Moissac einen Vertreter der Kommunistischen Partei kennen, ihren späteren Mann, Jan Gerhard, und dessen Argumente. Von beidem, dem Mann und den Argumenten, fühlt sie sich angezogen: »Ich wollte kämpfen. Ich wußte nicht, wie, aber ich wollte kämpfen.«[294] Im Winter 1941/42 tritt sie in die Partei ein. Ihre Aktivitäten bestehen nun darin, Flugblätter zu verteilen und Steine in Schaukästen der Miliz zu werfen. Sie bringt falsche Papiere in die Internierungslager Gurs und Le Vernet, um Menschen dort zur Flucht zu verhelfen. Sie transportiert Sprengstoff, »um die Reserven aufzufüllen«. Sie habe, sagt sie, alles getan, was anfiel: »Spezialisiert war damals niemand von uns. Das war alles noch sehr improvisiert.«[295]

Als die Deutschen in die Südzone einmarschieren, folgt Irène Mendelson ihren Eltern nach Grenoble, das in der italienisch besetzten Zone liegt. Auch »Nicole« und ihr Mann und Catherine Varlin und ihre Eltern gehen nach Grenoble, die jungen Frauen und Männer nehmen hier die politische Arbeit wieder auf. Irène wird von Jean Halpern beauftragt, eine Jugendorganisation aufzubauen – eine Aufgabe, der sie sich mit Begeisterung widmet. Sie wird nach Lyon geschickt, um sich dort mit dem Verantwortlichen der MOI zu treffen. Hier erfährt sie unter anderem, daß die Jugendgruppen, die sie organisieren soll, auch als Rekrutierungsbasis für die FTP-MOI gedacht sind. Zurück in Grenoble, widmet sich Irène Mendelson ihrem Auftrag: »Ich versuchte, so viele Jugendliche wie möglich zu gewinnen, in der Schule, auf der Uni, bei den jungen Arbeitern. Als wir anfingen, waren wir vier oder fünf. Das war alles. Dann haben wir versucht, kleine Dreiergruppen zu bilden. Da ich die Verantwortliche war, war ich gewissermaßen die Mutter dieser kleinen Organisation, ich war ein bißchen älter als die anderen. Aber ich hatte nicht die geringste Erfahrung. Wir hatten keine Kader, wir mußten alles selber schaffen, erschaffen, auch die Erwachsenen waren oft Leute, die erst neu dazugekommen waren. Es ist sehr begeisternd, eine Organisation zu erschaffen.«[296]

Irène selbst kennt alle Mitglieder der Gruppen. Die Jugendlichen kennen nur jeweils zwei andere Kameradinnen oder Kameraden, gemäß der Triangelstruktur des Widerstands. Irène Mendelson erinnert sich, daß viele junge Frauen sich ihrer Organisation anschlossen, Schülerinnen, die »unbedingt etwas tun wollten« und »sehr energisch« waren. Es meldeten sich ihrer Erinnerung nach auch mehrere dieser jungen Frauen freiwillig zu den FTP. Irène Mendelson unterstützte sie in diesem Entschluß. Ihre Entscheidungen traf sie, was die alltägliche Arbeit betraf, selbst. Anschließend erstattete sie Bericht. Nur für größere Entscheidungen mußte sie ihrer Erinnerung nach Direktiven von oben einholen.[297]

»Nicole« baut eine Frauengruppe auf und arbeitet in der Jugendorganisation mit. Sie schreibt Aufrufe und später Artikel für »Jeune Combat« (Kampf der Jugend), die illegale Zeitung der kommunistischen jüdischen Jugendorganisation.[298]

Catherine Varlin arbeitet für die Straßenbahner-Gewerkschaft. Sie ist inzwischen 17 Jahre alt und gerade von zu Hause ausgezogen, um unabhängig von den Eltern zu sein. Sie leitet eine Gruppe von jungen Straßenbahnern und baut, zusammen mit Annie Kriegel, illegale Dreiergruppen der kommunistischen Jugend auf. Als Leos Gaist, ein »alter« Kader der MOI, der in Grenoble eine bewaffnete Gruppe aufbaut, die spätere Einheit »Liberté« der FTP-MOI, sie im Februar 1943 über den Parteibefehl informiert, daß ein Teil der kommunistischen Jugend in die FTP, die Freischärlergruppen, eintreten soll, meldet sich Catherine sofort selbst.[299]

Im Mai 1943 beschließt die MOI die Gründung der Union de la Jeunesse Juive, UJJ, in der alle jungen jüdischen Frauen und Männer in den verschiedenen Städten der Südzone organisiert werden.[300] Die

UJJ arbeitet unter dem Dach der Union des Juifs pour la Résistance et l'Entraide, UJRE (Jüdischer Verband für Widerstand und gegenseitige Hilfe). Die 1943 (von Sophie Szwarc, Teschka Tennenbaum, Adam Rayski, Idel Korman und anderen) in Paris gegründete UJRE vereint alle politischen Organisationen der jüdischen Kommunisten, wie den Frauenverband, die Volkshilfe, die Jüdische Jugend etc.[301] Die Gründung der UJJ bedeutet in der Praxis, daß sich die gemischten, das heißt aus nichtjüdischen Franzosen und Juden bestehenden Gruppen auflösen müssen. Irène Mendelson sieht darin einen Eingriff in ihre Arbeit, den sie nicht versteht und nicht wirklich akzeptiert. Sie begreift sich selbst nicht als Jüdin und sieht nicht ein, warum sie und die anderen Juden sich von den Franzosen unterscheiden sollen. Die Erklärung, die sie von der Partei beziehungsweise der MOI erhält, kann sie nicht nachvollziehen: Es gehe darum, der zionistischen Propaganda Paroli zu bieten und nach dem Krieg deutlich zu machen, daß es einen eigenen jüdisch-kommunistischen Widerstand gegeben habe.[302]

Catherine Varlin transportiert inzwischen Waffen für die jüdische Kampfgruppe »Liberté«. Rückblickend sieht sie die illegale Arbeit in Grenoble, also unter der italienischen Besatzung, als »eine Art Ferien«. Was bewaffneter Kampf wirklich bedeutet, begreift sie erst in der harten Realität von Toulouse. Einmal, erzählt sie über die Zeit in Grenoble, fuhr sie auf ihrem Fahrrad durch die Stadt und hatte hinten auf dem Gepäckträger ein Paket mit sechs Revolvern: »Ich hörte plötzlich einen großen Krach, habe aber nicht darauf geachtet und bin weitergefahren. Da hörte ich jemanden hinter mir herrufen: ›Mademoiselle! Mademoiselle!‹ Ein italienischer Soldat kam mir nachgelaufen mit den sechs Revolvern, gab sie mir und sagte: ›Mademoiselle, Sie haben etwas verloren.‹«[303] Die erste Aktion der Gruppe, im Juli 1943, ist ein Anschlag auf die Keksfabrik Brun, die für die Deutschen arbeitet. Leos Gaist, einer der vier Männer, die den Anschlag ausführen, wird dabei getötet.[304] Jan Gerhard kommt aus Toulouse, um Catherine Varlin zu warnen: Sie ist in Grenoble »verbrannt« und muß die Stadt verlassen. Sie beschließt, nach Toulouse zu gehen und dort in der 35. Brigade zu kämpfen, ein Beschluß, der Jan Gerhard nicht unbedingt behagt: »Nicht, weil er Frauen nicht zutraute, daß sie kämpfen können«, erklärt sie, »sondern weil er mich liebte und Angst um mich hatte.« Doch Catherine, die inzwischen 18 Jahre alt und schon eine »alte« Militante ist, tut, was sie will.[305]

Nach dem Tod von Leos Gaist werden auch »Nicole« und ihr Mann aufgefordert, Grenoble zu verlassen. Sie gehen nach Lyon, wo »Nicole« vorerst im Rahmen der UJRE die Arbeit in der Frauenorganisation fortsetzt, mit der sie schon in Grenoble begonnen hat. Irène Mendelson bleibt bis zur Befreiung in Grenoble und ist bis zuletzt in der Jugendarbeit aktiv.[306]

In Lyon befinden sich seit ihrer Flucht aus Paris auch die Schwestern Raymonde und Lucienne Bendavid. Sie leben unter ihrem richtigen Namen, sie haben keinen Kontakt zum Widerstand, suchen aber »verzweifelt nach einem Weg in die Résistance«.[307] Durch Zufall treffen sie bei einem Abendessen bei Freunden einen alten Bekannten. Schon während des Essens merken sie, daß das Gespräch eine bestimmte Richtung nimmt. Auf dem Nachhauseweg erzählt er ihnen, daß es Leute gibt, die Dreiergruppen organisieren und »etwas tun«. Ob sie Interesse hätten?

Ihre erste Arbeit besteht nun darin, Flugblätter in Briefkästen zu stecken und Plakate an Mauern zu kleben. Dann lernen sie, Flugblätter zu drucken. Und schließlich bringt man ihnen bei, wie man mit einem Revolver umgeht und eine Handgranate zündet. Sie haben ihr Ziel erreicht: »Das war schon eine große Veränderung. Denn wir spürten, daß wir wieder auflebten. Man lebte nicht mehr im Unglück, man kämpfte. Wir mußten die Wohnung wechseln, man verschaffte uns eine andere Wohnung, und wir tauchten mit falschen Papieren in die Illegalität ab.« Ihr Vater ist in der Zwischenzeit gestorben, die beiden älteren Schwestern sind nach Paris zurückgegangen. Raymonde und Lucienne leben in der neuen Wohnung zusammen mit ihrer Mutter, die sich ihres Akzents wegen als Spanierin ausgibt. »Sie war nicht im Widerstand«, sagen Raymonde und Lucienne, »aber sie war auf dem laufenden.«[308]

Die beiden Schwestern transportieren auch Waffen innerhalb der Stadt. Warum sie diese Pistolen oder den Sprengstoff wohin brachten, wußten sie nicht: »Man hat getan, was einem aufgetragen wurde.« Sie trugen die Waffen in eine Zeitung eingeschlagen oder in der Einkaufstasche. Sie erinnern sich an Parolen, die sie auswendig lernen mußten und die oft gewechselt wurden. »Wir müssen die Kartoffeln von der Kellertreppe holen« war eine Zeitlang der Erkennungssatz, wenn sie Handgranaten abholten.[309] Während des Aufstands in Villeurbanne, einem Arbeitervorort von Lyon, dient Raymonde als Kurierin. Sie besitzt Schuhe mit Ledersohlen, eine Seltenheit in diesen Zeiten, in denen die meisten Frauen Holzpantinen tragen müssen. Mit diesen Schuhen kann sie schnell zwischen Villeurbanne und der Stadt hin- und herlaufen. In den letzten Tagen der Kämpfe um die Befreiung errichten die beiden Schwestern Barrikaden auf der Route Nationale, bis die Alliierten eintreffen.

Beide Schwestern wissen um die Wertehierarchie innerhalb des Widerstands. Sie sind keine Kämpferinnen der FTP-MOI. Doch sie sind sich des Wertes ihrer Widerstandsarbeit, der politischen Arbeit, bewußt: »Wir haben nur ganz kleine lächerliche Sachen gemacht. Aber selbst die waren Widerstand. Wir waren nur Ringe in einer langen Kette. Wir waren die Basis, die kleinen Arbeiter. Die sind aber unabdingbar. Flugblätter waren schon deshalb so wichtig, weil es zum Beispiel Aktionen gegen Züge gab, da mußte der Zug dann drei Stunden anhalten, und niemand verstand, warum. Auf den Flugblättern wurde später die Erklärung dazu abgegeben. Es war sehr wichtig, die Menschen zu informieren – damit sie sich nicht gegen uns wandten.«[310]

Es ist auch wichtig, die eigenen Leute zu warnen. Obwohl wöchentlich die Deportationszüge nach Auschwitz rollen, haben sich noch immer nicht alle in Frankreich lebenden Jüdinnen und Juden bewußt gemacht, daß sie sich in akuter Lebensgefahr befinden. Sie haben sich falsche Papiere zugelegt, sie leben untergetaucht – und treffen sich trotzdem immer wieder an Orten, an denen sie in Polizeikontrollen geraten können. UJRE, der Verband der Juden für Widerstand und gegenseitige Hilfe, verteilt im Januar/Februar 1944 ein Flugblatt an die Lyoneser jüdische Bevölkerung, in dem darauf hingewiesen wird, daß die Polizei vor kurzem zwölf Juden auf einem Treffen von Philatelisten festgenommen hat. Es folgt der eindringliche Aufruf: »Seid wachsam! Vermeidet Menschenansammlungen an öffentlichen Orten. Verlaßt eure legalen Unterkünfte (…) Bringt eure Kinder vor der Wut der Gestapo in Sicherheit, und versteckt euch auch selbst. Helft euch gegenseitig.« Die wahre Lösung jedoch für die Jungen und Mutigen besteht in den Augen von UJRE nicht darin, sich zu verstecken: »Anstatt uns wie ein Haufen Schafe abschlachten zu lassen, sollten wir uns am Kampf beteiligen für ein Frankreich, das von den Boches gereinigt ist, ein freies Frankreich, das menschlich und tolerant ist.«[311]

Mira Kugler verließ 1936 ihre Heimatstadt Lodz, um in Spanien zu kämpfen. Sie arbeitete in einem Feldlazarett und lernte alle Schrecken des Krieges kennen. Sie lernte allerdings auch ihren Mann kennen, den jüdischen bayerischen Kommunisten Norbert Kugler. Gemeinsam gehen sie nach der Auflösung der Internationalen Brigaden nach Toulouse, wo ein Bruder Norberts lebt, bei dem sie vorläufig unterschlüpfen können. Auf Umwegen kommen sie schließlich nach

Lyon. Norbert Kugler nimmt an der Gründung der FTP-MOI-Einheit »Liberté« in Grenoble teil und wird einer ihrer Kommandanten. Als er zum militärischen Kommandanten der FTP-MOI der Südzone ernannt wird, kehrt er nach Lyon zurück. Mira Kugler gehört zu den Kadern von »Carmagnole«, der eng mit »Liberté« in Grenoble verbundenen Einheit der FTP-MOI in Lyon. Sie kann sich an die Anfänge der Gruppe erinnern, als sie noch nichts hatten außer dem festen Vorsatz, die Deutschen zu bekämpfen. Sie bauten ihre Bomben aus Konservendosen. Mira ging in die Geschäfte, um die Konservendosen zu kaufen. Um zu erklären, warum sie gleich mehrere auf einmal brauchte, sagte sie, ihr Vater stelle aus dem Blech Löffel her.[312]

Dieser kleine Haufen aus polnischen, ungarischen und rumänischen Jüdinnen und Juden oder deren Kindern, antifaschistischen Italienerinnen und Italienern und einer Handvoll Spaniern war arm. Sie hatten schlechte falsche Papiere, keine Waffen und großen Hunger. Von den Jüngeren hatten viele ihre Eltern während der großen Razzien in Paris verloren. Die Älteren waren nicht älter als Mitte 20, doch sie waren schon »alte Kämpfer«: Sie hatten in Polen im Gefängnis gesessen und in Spanien im Schützengraben gelegen. Die Mehrheit der Mitglieder von »Carmagnole« wie »Liberté« ist zwischen 18 und 22 Jahre alt. Einige von ihnen sprechen besser Jiddisch als Französisch, und fast alle sprechen ihr Französisch mit einem lebensgefährlichen Akzent. Im besten Fall können sie sich als Elsässer ausgeben. Einige von ihnen sind Kommunisten und wollen sich als Kommunisten für ein freies Frankreich und eine revolutionäre Zukunft schlagen. Andere wollen ihre deportierten Eltern rächen und sich als Juden wehren. Wieder andere von ihnen haben sich als Kommunistin, als Kommunist politisiert und wollen nun als Jüdin, als Jude kämpfen. Die Juden stellen die Mehrheit der Gruppe, in Carmagnole machen sie 65 Prozent aus. Die meisten jüdischen Mitglieder von »Carmagnole« wie von »Liberté« sind aus Paris in die Südzone gekommen, sei es nach dem Exode, der Massenflucht vor dem Einmarsch der Deutschen 1940, sei es nach den großen Razzien 1942.[313]

Die Verbindung zwischen »Carmagnole« in Lyon und »Liberté« in Grenoble ist von Anfang an sehr eng. Erst schickt Carmagnole »verbrannte« Mitglieder nach Grenoble, dann kommen Kämpferinnen und Kämpfer von Liberté, denen der Boden in Grenoble zu heiß geworden ist, nach Lyon. Bis zur Befreiung tauschen die beiden Einheiten Personal, Informationen und Material aus. Beide Einheiten unterstehen der Leitung der FTP-MOI der Südzone, die wiederum dem

Oberkommando der FTPF unterstellt ist, der Kampforganisation der Kommunistischen Partei Frankreichs. In der Realität jedoch treffen die Kampfgruppen der MOI in Lyon und Grenoble wie in Toulouse, Marseille und Nizza ihre Entscheidungen häufig allein, nach den Möglichkeiten und Anforderungen der konkreten Situation in ihrer jeweiligen Stadt. Es werden nicht alle Anweisungen von oben befolgt, aber auch nicht alle in den Augen der Kämpfenden vor Ort falschen Befehle verweigert. Die Autonomie der Praktikerinnen und Praktiker stößt häufig an die Grenzen ihrer kommunistischen Kaderdisziplin. Und der Gehorsam gegenüber der Partei kollidiert gelegentlich mit der eigenen konträren Einschätzung der Lage.[314]

Die Frauen stellen in »Carmagnole« und »Liberté« mit einem Viertel der Mitglieder einen für eine bewaffnete Einheit ungewöhnlich hohen Prozentsatz. Ebenso ungewöhnlich ist der Stolz, mit dem die Amicale (der Ehemaligenverband) Carmagnole Liberté auf ihre weiblichen Mitglieder verweist. Als 1985 im Rathaus von Vénissieux, einem Vorort von Lyon, erstmals in einer Ausstellung der Kampf von Carmagnole und Liberté gewürdigt wird, informiert eine eigene große Schautafel über »Unsere Frauen«. 26 Frauen werden darauf gezeigt und namentlich genannt. Die meisten von ihnen sind Jüdinnen.[315] Nach dem Krieg begann der Kampf um die Anerkennung und Ehrung als Widerstandskämpferinnen. Es ging dabei nicht primär um die Ehre. Es ging um Renten, um kleine Vergünstigungen, die ehemalige Mitglieder der Résistance erhielten, es ging vor allem um die französische Staatsbürgerschaft, die diesen ausländischen Jüdinnen und Juden, die zwar ihr Leben für Frankreich riskiert hatten, aber eben auch Ausländer und Kommunisten waren, häufig verwehrt wurde.[316] Diesem Bemühen um Anerkennung und den häufig erst in den 80er Jahren erfolgten Forderungen nach Auszeichnung der weiblichen Mitglieder von Carmagnole und Liberté verdanken wir nicht nur die Namen der Frauen, sondern auch die Kenntnis ihrer Tätigkeit, denn die entsprechenden Anträge mußten begründet werden. Weitere kurze Biographien, zum Teil von den betreffenden Frauen selbst verfaßt, entstanden, als Dina und Henri Krischer begannen, ein Archiv von Carmagnole und Liberté aufzubauen, für das sie alle noch auffindbaren Dokumente über diese beiden Einheiten und ihre Mitglieder sammelten. So finden sich heute in diesem Archiv Fotos und Dossiers von Anna Burstyn, die als junge Mutter Sprengstoff und Papiere im Kinderwagen transportierte; von Thérèse Szynkman-Bloch, »Jacqueline«, die unter anderem an Zugentgleisungen beteiligt war und einmal ihre ganze Gruppe rettete, als sie von Deutschen überrascht wurden; von Jeanine Sontag, einer jungen Frau aus »gutem Hause«, die vielen Gruppenmitgliedern zu bürgerlich erschien und die meinte, sich durch die Teilnahme an den schwierigsten Aktionen bewähren zu müssen. Sie schleppte kiloschwere Rucksäcke voller Sprengstoff aus den Bergen in die Stadt, sie nahm an den »Patrouillen« teil, Aktionen, in deren Verlauf deutsche Soldaten auf offener Straße getötet wurden. Sie machte mit, wenn Garagen oder Fuhrparks der Wehrmacht angezündet oder in die Luft gesprengt wurden. Während einer solchen Aktion stürzte sie auf der Flucht vom Dach und verletzte sich so schwer am Bein, daß sie sich nicht mehr bewegen konnte. Sie forderte ihre Kameraden auf, zu verschwinden, sich selbst zu retten – und sie damit alleine den Deutschen zu überlassen. Jeanine Sontag wurde 17 Tage lang von der Gestapo gefoltert. Sie verriet nichts und niemanden und wurde am 20. August, elf Tage vor der Befreiung, in einem Steinbruch erschossen. Die Kameraden, die mit ihr an dieser Aktion teilnahmen, quälen sich bis heute mit Selbstvorwürfen. Sie wissen: Wären sie geblieben, um Jeanine zu helfen, wären sie alle zusammen der Gestapo in die Hände gefallen. Sie wissen aber auch: Sie selbst trugen Lederschuhe. Nur Jeanine trug, wie fast alle Frauen von Carmagnole, Holzpantinen. Und nur wegen dieser Schuhe ist sie abgestürzt. Der Geldmangel der jüdisch-kommunistischen Kämpferinnen und Kämpfer wurde ihr zum Verhängnis. Und wo alle zu wenig Geld hatten, hatten die Frauen nicht einmal genug, um sich vernünftiges Schuhwerk zu leisten.[317]

Natürlich findet sich in dem Archiv von Carmagnole und Liberté auch das Dossier von Dina Lipka, später verheiratete Krischer, die das Archiv zusammen mit Henri Krischer aufbaute und, bis sie 1993 starb, betreute. Dina Lipka, 1925 in Sedan geboren, schloß sich mit 17 Jahren Carmagnole an. Sie ist mit ihren Eltern aus dem Norden in die unbesetzte Zone geflüchtet und träumt davon, in den Widerstand zu gehen. Als gutbürgerliches unpolitisches, das heißt: nirgends organisiertes Mädchen hat sie kaum eine Chance, diesen Traum zu realisieren. Durch Zufall und dank ihrer Entschlossenheit gelingt es ihr trotzdem, und sie erklärt ihren neuen Kameraden sofort, daß sie kämpfen will »wie ein Mann«. Von da an bis zur Befreiung stürzt sie sich von einer Aktion in die nächste.[318] Dina Lipka gehört zu den jungen Frauen und Männern, die in den Reihen der FTP-MOI kämpfen, obwohl sie selbst keine Kommunisten sind. »Ich habe gesehen, das ist eine Bewegung, die wirklich kämpft, die es ernst meint«, erinnerte sich Dina Lipka an ihre Gründe, Carmagnole beizutreten.[319]

Mira Kugler ist in Lyon die Verantwortliche des Depots von Carmagnole. Regelmäßig fährt sie in das Bergbaugebiet von St.-Pierre-la-Palud. Hier arbeiten polnische Mitglieder der MOI und versorgen die Gruppe in der Stadt mit Sprengstoff – die Zeiten der Konservenbüchsen sind vorbei. Als Zuständige für das Depot bringt Mira Kugler auch die Bombe oder die Handfeuerwaffen an den Ort des Anschlags und übergibt sie dort denen, die den Angriff ausführen werden. Zumindest in der ersten Zeit war das so, erinnert sich Mira Kugler. Später, meint sie, behielten die Leute ihre eigenen Waffen, um sich im Falle einer Verhaftung wehren zu können.[320] Dennoch transportiert sie weiterhin Waffen von einem Ende der Stadt zum nächsten. Einmal, erinnert sie sich, läuft sie stundenlang mit einem Maschinengewehr durch die Gegend, das größer ist als sie selbst. Sie hat es in einem Sack über der Schulter hängen und kann sich nicht vorstellen, daß das gutgeht. Sie kann sich aber auch nicht vorstellen, es nicht zu tun. Kleinere Waffen, Revolver oder Munition, transportiert sie im Einkaufskorb, sie legt Obst darüber und hofft, daß sie in keine Kontrolle gerät: »Aber ich hatte immer ein Gespür dafür, wann es Zeit ist abzuhauen.«[321] Als am 12. Dezember 1943 Mitglieder von Carmagnole den Staatsanwalt Faure-Pinguely erschießen, der Simon Fryd, einen der ersten Aktivisten von Carmagnole, zum Tode verurteilen ließ, bringt Mira Kugler die deutschen Uniformen, mit denen die Akteure sich verkleiden. Sie mußte sie, erinnert sie sich, bei einer Familie abholen, die außerhalb wohnte, und dann in einem großen Rucksack in die Stadt tragen.

Dann wird sie Verbindungsfrau von Ljubomir Ilic, Mitglied der nationalen Leitung der FTP-MOI. Nun transportiert sie keine Waffen mehr, auch keine Dokumente. Sie arbeitet auf der höchsten Ebene, überbringt Anweisungen, Berichte, Kritik, erneute Anweisungen. Was sie da zu übermitteln hat, gefällt ihr nicht immer, doch sie ist eine disziplinierte Genossin. Nur einmal, als ihr ein Befehl völlig gegen den Strich geht, gibt sie ihn nicht weiter. In den letzten Tagen vor der Befreiung hält sie die Verbindung zur militärischen Leitung des Aufstands von Villeurbanne.

Mira Kugler ist ein erfahrener Kader. Sie hält sich eisern an die Sicherheitsregeln, nie geht sie ins Kino oder ins Café, nie trifft sie sich mit einer Freundin. Sie sieht aus wie 17, 18 und bemüht sich, diesen harmlosen Eindruck zu verstärken, indem sie »weiße Söckchen, kurze Röckchen und brave Blüschen« trägt. Doch manchmal helfen alle Regeln nicht. Einmal, erzählt sie, benahm sie sich trotz all ihrer Erfahrung völlig falsch: »Ich fuhr im Zug, die Strecke wurde bombardiert, und eine Frau in meinem Abteil schrie laut vor Angst. Ich habe sie angezischt: ›Beruhigen Sie sich!‹ Daraufhin wurde die Frau still und hat mich ganz komisch angesehen. Sie hat kein Wort mehr gesagt und immer heimlich zu mir hergesehen. Da habe ich begriffen, daß ich gerade einen großen Fehler begangen habe, denn warum sollte die Frau denn nicht schreien? Eine normale Frau, wenn die in einen Bombenangriff gerät, dann schreit die.«[322]

Toulouse

Toulouse war ein Hexenkessel, sagen Überlebende, die auf der Flucht vor den Deutschen in der Stadt im Südwesten Frankreichs gelandet sind.[323] Sie kamen in ein Gebiet, das traditionell und noch bis in die letzten Jahrzehnte bereitwillig Immigranten aufnahm. In der Stadt und der Region Toulouse lebten zahlreiche Spanier und Italiener, die in der Zwischenkriegszeit von der französischen Regierung als Landarbeiter angeworben worden waren. Doch Ende der 30er Jahre änderte sich die Lage: Aus der Einwanderungsregion wurde eine Region der Internierungslager. Seit 1938/39 kamen spanische Familien, die vor den Faschisten nach Frankreich geflüchtet waren, und Angehörige der Internationalen Brigaden, die nicht mehr in ihre Herkunftsländer zurückkonnten oder wollten. Für sie waren ursprünglich die Internierungslager im Süden errichtet worden. Sie füllten sich nach Kriegsbeginn mit »feindlichen Ausländern«, sprich: jüdischen Flüchtlingen aus Deutschland und Österreich. Wer aus diesen Lagern fliehen konnte, wandte sich häufig nach Toulouse: Hier lebten viele andere, die sich in einer ähnlichen Lage befanden, und hier gab es Widerstand. Nicht nur die Kommunisten, auch die Armée Juive und die jüdischen Pfadfinder hatten Maquis in den Bergen um Toulouse errichtet, die Armée Juive hatte die Stadt selbst zu ihrem Hauptquartier bestimmt.[324]

Seit Beginn der 30er Jahre scharte sich eine Gruppe jüdischer Studenten aus Rumänien um den polnischen jüdischen Arbeiter Mendel »Marcel« Langer. Sie bildete den Kern der späteren 35. Brigade. Rolande Trempé verweist in ihrem Aufsatz über die 35. Brigade der FTP-MOI in Toulouse und der Region Toulouse auf eine Besonderheit dieser Brigade, die sie von den FTP-MOI in den anderen Städten unter-

scheidet: Im Gegensatz zu diesen reinen Stadtguerillaeinheiten gehörten zur 35. Brigade eine Reihe von Maquis in den umliegenden
Bergen. In diesen Maquis dominierten vor allem die Spanier und die
polnischen Minenarbeiter, die Juden bildeten im Vergleich eine Minderheit. In der Stadt dagegen waren die jüdischen Mitglieder zahl-
reich, und jüdische Kader nahmen auch wichtige Positionen in der
interregionalen Leitung ein.[325]

Die Frauen stellten auch in der 35. Brigade einen hohen Anteil. Catherine Varlin erinnert sich, sie seien in der Stadt nie viel mehr als
18 Aktivisten auf einmal, und von denen seien drei oder vier Frauen
gewesen. Gegen Ende, nachdem viele Männer gefallen waren, seien
sie mehr Frauen, so um die sechs bis acht gewesen.[326] Eine 1947 für ein
Dossier zur Anerkennung der 35. Brigade als Truppenformation der
FFI verfaßte Liste der »Toten, Verschwundenen und Deportierten«
der Brigade zählt unter 30 Namen neun Frauen auf.[327] Eine Broschüre
der Amicale der 35. Brigade aus dem Jahr 1994 stellt 87 ehemalige
Kombattanten mit Foto, Namen und einem kurzen Hinweis auf ihre
Verhaftung, Deportation, ihren Tod oder ihr Überleben vor. Unter ih-
nen befinden sich 21 Frauen, das macht ein knappes Viertel.[328] Diese
Liste ist wahrscheinlich unvollständig. Es ist anzunehmen, daß Mitglieder der Maquis, die sofort nach der Befreiung Frankreichs in ihre
Heimatländer zurückkehrten, ebenso fehlen wie andere Ehemalige,
die sich der Amicale entfremdet oder nie zugehörig gefühlt haben.[329]
Rolande Trempé betont die große Bedeutung der Frauen für die
Struktur und die Aktivität der Brigade, sie weist allerdings auch darauf hin, daß eben diese Bedeutung bislang nicht adäquat untersucht
und gewürdigt wurde.[330]

Catherine Varlin ist eine der wenigen Frauen, die in eine führende
Position innerhalb der Brigade und später innerhalb der überregionalen Führung der FTP-MOI aufsteigen. Nach ihrem Eintritt in die
35. Brigade wird sie erst einmal zur Chefin des Kundschafterdienstes
ernannt: »Ein sehr pompöser Name für einen ›Dienst‹, der ausschließlich aus Amateuren bestand«, erinnert sie sich. Später wird sie als politische Verantwortliche Mitglied der Leitung, die, wie in allen Gruppierungen der KPF, aus drei Personen besteht: dem technisch, dem
militärisch und dem politisch Verantwortlichen. Letzterer, in diesem
Fall Catherine, ist zuständig für die Mitglieder der Einheit, für ihre
Rekrutierung, für ihre Disziplin und Moral, ihre politische Einstellung,
ihr Verhalten. Catherine Varlin erinnert sich nicht daran, persönlich
Vorurteile oder Benachteiligungen von seiten ihrer männlichen Ka-

meraden erlebt zu haben: »Sie haben uns höchstens den Hof gemacht. Männer, die in eine Frau verliebt waren, wollten sie natürlich beschützen oder ihre Überlegenheit beweisen. Und natürlich gab es Machismo, die ganze Zeit. Ich habe aber trotzdem den Eindruck, daß sie uns tendenziell als Waffengefährten akzeptierten. Das hat auch viel mit der jeweiligen Person zu tun. Und die Mädchen in der Résistance waren alle phantastisch. Nicht nur die, die in einer Leitungsposition waren. In der Führung waren wir sehr wenige, aber die Frauen, die da waren, waren wunderbar.«[331] Gert Levy, der in sehr jungem Alter zur 35. Brigade kam, erinnert sich, die jungen Männer hätten die Frauen in der Einheit bewundert – und benötigt: »Sie haben uns getröstet. Es gab da eine Frau, bei der konnte ich zur Not auch einmal weinen. Es war alles so schrecklich, man konnte das kaum bewältigen, den Hunger, das Gejagtwerden, das Töten. Bei den Frauen durfte man sich auch einmal schwach zeigen, ohne daß sie einen deswegen verachtet haben.«[332]

820 Guerillaaktionen schreibt die 35. Brigade sich für den Zeitraum vom November 1942 bis zum August 1944 zu.[333] Es sind die klassischen Aktionen des bewaffneten Widerstands: Die Brigade tötet Angehörige der Wehrmacht und des deutschen Sicherheitsdienstes, Kollaborateure, Angehörige der Vichy-Miliz; sie zerstört Einrichtungen der Wehrmacht und Betriebe, die für die Deutschen arbeiten; sie sabotiert die Schienenwege und die Schleusen des Canal du Midi; sie sprengt Truppenzüge und Lastwagen der Wehrmacht und greift Kinos, Kasinos und Restaurants an, die von Deutschen und Kollaborateuren frequentiert werden. Die 35. Brigade gehört zu den aktivsten und erfolgreichsten militärischen Formationen der gesamten Résistance. Als ihr Gründer und erster Kommandant Mendel »Marcel« Langer nach seiner Verhaftung am 23. Juli 1943 hingerichtet wird, senden sowohl Radio Moskau als auch Radio London einen Nachruf.[334]

Nach Langers Hinrichtung beschließt die 35. Brigade, den Generalstaatsanwalt Pierre Lespinasse, der das Todesurteil gefordert und durchgesetzt hat, zu töten. Und zwar so bald wie möglich, denn es sitzen noch andere Genossen im Gefängnis, gegen die Lespinasse Anklage erhoben hat. Catherine Varlin und Ida Rubinstein sollen Lespinasse auskundschaften und herausfinden, wann und wo die Aktion am besten stattfinden könnte. Ihr einziger Ausgangspunkt ist die Adresse, die ihnen die Genossen geben. Catherine Varlin erinnert sich: »Ich ging zu dem Haus, sah auf den Briefkasten, und da stand

P. Lespinasse. Ich stellte mich dort auf, ich ging auf und ab, was man so tut. Jedenfalls konnte ich beobachten, wie ein Herr zu ziemlich regelmäßigen Zeiten herauskam. Das war interessant, denn es waren ungefähr die Zeiten, zu denen die Gerichtsverhandlungen begannen. Das schien mir ja auch ganz logisch. Dann kam er mittags zurück und ging nach einer Stunde wieder. Er ging zu Fuß und nahm die Straßenbahn. Ich beobachtete das eine Woche lang, dann machte ich einen vollständigen Bericht darüber, wie man die Aktion durchführen könnte. Man sagte mir, gut, wunderbar, wir werden sie nächsten Mittwoch machen. Damit war meine Rolle beendet.«[335]

Am Morgen des Tages, an dem die Aktion stattfinden soll, erwacht Catherine mit »einem komischen Gefühl«. Sie kann es sich bis heute nicht erklären, doch damals folgt sie diesem Gefühl und fährt zum Gericht, »nur um zu sehen, ob er zur Arbeit gegangen ist und alles nach Plan laufen kann«. Im Hof des Gerichtsgebäudes kommen ihr zwei Männer in Roben entgegen: »Ein dritter Mann trat gerade durch das Gittertor. Da stellte der eine von den beiden dem anderen diesen dritten vor und sagte: ›Kennen Sie schon den Generalstaatsanwalt Lespinasse?‹ Er sprach von einem Mann, den ich noch nie zuvor gesehen habe. Es war jedenfalls nicht der, den ich die ganze Zeit über observiert hatte.« Sie fährt mit dem Fahrrad so schnell sie kann zu dem Ort, an dem die Aktion stattfinden soll, und bittet die Genossen, die sie durchführen sollen, sofort zu verschwinden. Schließlich glauben sie ihr und gehen. Am nächsten Tag nimmt Catherine Varlin im Gerichtsgebäude die Fährte des richtigen Lespinasse auf. Der ist allerdings schwieriger zu beschatten als sein Namensvetter: »Ein Mann wie er hatte natürlich nicht seinen Namen an der Tür stehen, und er ging nicht zu Fuß und nahm nicht die Straßenbahn. Er wandte alle Vorsichtsmaßnahmen an. Er hatte ein Auto mit Chauffeur, er wechselte jeden Tag die Route, und er wohnte in einem sehr noblen Viertel.«[336] Ein ganzer Trupp beschattet ihn abwechselnd, bis erneut Zeit und Ort feststehen: Am 10. Oktober 1943 wird Generalstaatsanwalt Pierre Lespinasse von einem Mitglied der 35. Brigade erschossen.[337]

Ida Rubinstein war als junges Mädchen Mitglied im jüdischen Arbeitersportklub YASK in Antwerpen. Auf der Flucht vor den einmarschierenden deutschen Truppen verschlägt es die Tochter polnischer Immigranten nach Südfrankreich. Im YASK hat Ida Genossen aus der Freien Deutschen Jugend kennengelernt und von ihnen erfahren, wozu die Nationalsozialisten imstande sind. Sie versucht, in die Schweiz zu entkommen, wird jedoch aus dem Zug heraus verhaftet.

126

Drei Wochen sitzt sie im Gefängnis, dann wird sie entlassen und muß in das Dorf in Südfrankreich zurückkehren, das ihr als Ausländerin als Aufenthaltsort zugewiesen worden war. In diesem Dorf bekommt sie Kontakt zu einer spanischen Arbeitsbrigade. Ida hat vor dem Krieg Solidaritätsarbeit für Spanien gemacht, man kommt ins Gespräch, die Spanier sind in der Résistance, in Toulouse. Ida hat den Weg in den Widerstand, nach dem sie bereits gesucht hat, gefunden. Sie fährt nach Toulouse, dort wird sie jemand am Bahnhof erwarten: »Es kam auch eine Frau und brachte mich in ein Zimmer und sagte, ›du mußt hier warten, bis du Papiere bekommst‹. Schließlich kam meine Verantwortliche und brachte mich in mein richtiges Zimmer. Man gab mir Anweisungen, wie ich mich verhalten sollte, daß ich aufpassen sollte, ob mir jemand folgt; daß ich, wenn ich ein Rendezvous habe, drei-, viermal die Runde gehen soll, um zu sehen, ob da nicht ein Typ herumsteht, der da nicht herumstehen soll. Daß ich mich unauffällig kleiden und verhalten soll. Das war die erste Regel. Und daß ich nur drei Mitglieder kennen durfte.«[338] Ida kennt »natürlich« mehr. Ihre Arbeit nimmt sie sofort auf: Verbindungsdienst, Kundschafterdienst und Waffentransport. Sie gehört zu der Gruppe, die den Staatsanwalt Lespinasse observiert. Und sie hält die Verbindung zu den Spaniern in den umliegenden Maquis. Sie bringt Waffen aus der Stadt in den Maquis und Sprengstoff vom Maquis in die Stadt.[339] Sieben Monate nachdem Ida Rubinstein in die 35. Brigade eintritt, wird Kommissar Charles Gillard, der Leiter der Ermittlungen gegen die »ausländischen Terroristen« in Toulouse und Umgebung, seinen 70 Seiten starken Bericht »zum Fall Rubinstein Freida (sic) und andere« dem Chef der Sicherheitspolizei in Vichy vorlegen.[340]

Die Partei oder ein Teil der Partei ist schon länger unzufrieden mit der Art der Aktivitäten und der mangelnden Unterordnung der 35. Brigade. Man erteilt Mahnungen. Die nicht befolgt werden.[341] Catherine Varlin erinnert sich: »Man muß wissen, daß alle politischen Entscheidungen bei uns nur sehr ungenau ankamen. Die Partei hatte keine Mittel, ihren Befehlen Gehorsam zu verschaffen. Wenn man einen Befehl respektierte, hat man ihn ausgeführt, wenn nicht, dann nicht. Das waren unsere eigenen Entscheidungen. Das war keine monolithische Organisation, wo aus Moskau ein Befehl kam. Wenn die Partei beziehungsweise der Nächsthöhere uns sagte, ›mach diese Aktion‹, und wir fanden, das geht nicht, das ist nicht ausführbar, dann haben wir die Aktion nicht gemacht. Der Grad der Autonomie war enorm. Die Politischen waren ja am wenigsten mit der Gefahr konfrontiert, die konnten uns ja nicht reinreden. Es ist ganz schön, Flugblätter zu verfassen, kluge taktische Überlegungen anzustellen und Anweisungen zu geben, aber auf die Straße gehen und eine Bombe zünden oder jemanden töten, das ist etwas anderes. Das war für die überhaupt nicht kontrollierbar, was wir machten.«[342]

Diese Haltung führt im Verein mit der »unfranzösischen« Herkunft der Militanten, der mangelnden Bereitschaft der Spanier und Italiener, sich der französischen Partei unterzuordnen, und den häufigen Angriffen der 35. Brigade auf Franzosen (Milizangehörige und andere Kollaborateure) letztlich dazu, daß die Führung der FTPF, der bewaffneten Formationen der Kommunistischen Partei Frankreichs, die 35. Brigade fallenläßt. Als offizieller Anlaß dient der Anschlag auf das Toulouser Kino »Les Varietés«.[343] Zwei Versuche, in diesem Kino, das einem französischen Faschisten gehört und in dem Propagandaveranstaltungen stattfinden, eine Bombe zu plazieren, sind bereits gescheitert. Am 1. März besuchen Rosine Bet, David Frayman und Enzo Godeas die Vorstellung von »Jud Süß«. David Frayman schiebt die Bombe unter seinen Sitz. Rosine Bet sitzt neben ihm, Enzo Godeas in der Reihe vor ihnen. Kurz vor dem Ende der Vorstellung macht David Frayman die Bombe scharf. Sie soll explodieren, wenn die Besucher das Kino verlassen haben. Ziel dieser Aktion ist es nicht, jemanden zu töten, sondern das Kino zu zerstören. Doch die Bombe geht sofort hoch, David Frayman und ein Besucher sterben auf der Stelle, Rosine Bet und Enzo Godeas werden schwer verletzt ins Krankenhaus gebracht und dort pausenlos verhört. Die italienische Widerstandskämpferin Rosine Bet stirbt unter der Folter. Enzo Godeas wird, nachdem man ihm ein Bein amputiert hat, am 2. Juni 1944 hingerichtet.[344]

Jan Gerhard, der als militärischer Kommandant der Brigade die Verantwortung für die Aktion trägt, wird aufgefordert, einem Mitglied der Leitung der FTPF Bericht zu erstatten. Auch Catherine Varlin, als politisch Verantwortliche der Brigade, trifft sich mit dem Mann. Er teilt ihr mit, die Partei habe beschlossen, den Kontakt zu ihnen abzubrechen. Als Begründung führt er an: »Ihr seid Provokateure. Auf euch ist kein Verlaß, ihr tötet Franzosen. Ihr diskreditiert uns bei der Bevölkerung. Wir lassen uns durch euch nicht gefährden.«[345] Catherine Varlin versucht zu erklären, daß die Bombe erst nach der Vorstellung hochgehen sollte, daß der Mann, der sie gebaut hat, ein erprobter Experte ist, daß es sich also um einen Unglücksfall handelt und daß die Getöteten bis auf einen alles Mitglieder der Brigade sind. Sie müht sich vergebens. Auch Jan Gerhard erreicht nichts. Die Partei läßt die

35. Brigade der FTP-MOI fallen.[346] Ende Februar 1944 entdeckt die Polizei in Limoges die Spuren einer »jüdisch-kommunistischen Organisation«. Es gibt Hinweise auf eine Verbindung nach Toulouse. Das Bindeglied für die Polizei ist Ida Rubinstein. Die Toulouser Sicherheitspolizei unter dem Kommando von Kommissar Charles Gillard startet eine umfassende Observation, im April ist Gillard soweit, daß er eine große Verhaftungsaktion planen kann. Polizisten, die für die Résistance arbeiten, erfahren davon und warnen ihre Verbindungsleute. Bald wissen die Widerstandsgruppen und -organisationen in der Stadt, daß Verhaftungen bevorstehen. Nur die 35. Brigade erfährt nichts davon. Niemand informiert sie. Am 4. April um sechs Uhr morgens stürmen die Polizisten die Wohnung, in der Ida Rubinstein zusammen mit einer polnischen Genossin lebt. Am Ende des Tages sind 13 Mitglieder der 35. Brigade verhaftet.[347]

Ida Rubinstein bemerkt, daß sie verfolgt wird: »Es war immer derselbe Mann hinter mir her.«[348] Doch sie ist nicht in der Lage, daraus Konsequenzen zu ziehen. Vom 14. März bis zum 1. April folgen die Toulouser Sicherheitspolizisten ihr und allen Personen, mit denen sie Kontakt aufnimmt.[349] Am Abend des 3. April 1944 bemerken Ida Rubinstein und ihre Mitbewohnerin, daß sich mehrere Männer vor dem Eingang ihres Hauses am Boulevard Lazare Carnet herumtreiben. Sie sehen am Hinterausgang nach und müssen entdecken, daß ihnen auch dort der Fluchtweg versperrt ist: »Also begannen wir, alles Material, das wir in der Wohnung hatten, zu verbrennen. Dann warteten wir die ganze Nacht darauf, daß sie kommen. Wir haben uns eine Suppe gemacht, aber wir haben sie nicht hinuntergebracht. Wir sind immer wieder ans Fenster gegangen, um zu sehen, ob sie immer noch da sind. Es waren schreckliche Stunden, und sie dauerten ewig. Dann sind die 14 Mann hochgekommen – um zwei Frauen zu verhaften! Sie haben alles durchsucht. Es gab da einen Wäscheschrank, den haben sie auch ausgeräumt – und plötzlich zogen sie aus einer Schublade ganz unten ein Paket. Wir haben uns angesehen – wir haben doch alles beseitigt? Die Polizisten haben uns verhört, was in dem Paket ist, aber wir wußten es ja wirklich nicht. Sie haben es schließlich aufgemacht, alle in Alarmbereitschaft, sie dachten wohl, es sei eine Bombe und die könnte gleich hochgehen. In dem Teil der Wohnung, in dem wir zur Untermiete lebten, gab es ein Bad, aber keine Toilette. Und jemand, der vor uns da gewohnt hat, hat in diesem Paket seinen Kot gesammelt. Es war Kot in dem Paket. Als sie sahen, was es war, haben sie uns beide geschlagen. Sie waren so wütend!«[350]

Im Bericht des Kommissars Gillard liest sich die Verhaftung der beiden Frauen so: »76, Boulevard Lazare Carnet: Zwei junge Mädchen im Besitz von Identitätskarten auf die Namen Verdier Anne-Marie, geboren am 17. September 1922 in Lille (Norde), Tochter des Emile und der Verloc Ilda, ohne Beruf, und Gasquet Ginette, geboren am 25. April 1922 in Alès, wurden in der Wohnung, die als diejenige der Freida Rubinstein bekannt war, angetroffen. Diese letztere wurde sofort in dem jungen Mädchen wiedererkannt, das vorgab, Verdier Anne-Marie zu sein. (…) Eine minutiöse Durchsuchung hat die Entdeckung einer Summe von 4198 ergeben, zusammengesetzt aus verschiedenen Abschnitten (von Lebensmittelkarten, Anm. d. Verf.), und von 148 Zehn-Francs-Scheinen, von einigen Papieren, die von keinem großen Interesse sind, und die Entdeckung des Umschlages eines Schmierheftes, auf dem die Nummer I867 F. S. 6 (die sich als die Nummer eines Wagens der 6. Brigade der Sicherheitspolizei herausstellte) eingetragen ist. Mit dem Ziel, den Freund der Rubinstein Freida dingfest zu machen, wurden mehrere Inspektoren zur Überwachung der Wohnung zurückgelassen.«[351]

Die Durchführung der Verhaftungen und Hausdurchsuchungen handelt Kommissar Gillard im ersten Teil seines Berichtes ab. Dann wendet er sich der Ausbeute der Hausdurchsuchungen zu, um schließlich auf der Grundlage der erbeuteten Unterlagen eine – nach Meinung ehemaliger Brigademitglieder[352] – erstaunlich zutreffende Beschreibung der Strukturen der 35. Brigade zu liefern. Darin heißt es unter anderem: »Die 35. Brigade weist eine sehr kosmopolitische Rekrutierung auf. In ihren Reihen finden sich Franzosen, Italiener, Deutsche, viele Spanier, Rumänen, Polen und Ungarn. Viele dem Generalstab zugehörige Dienste (Verbindung, Gesundheitsdienst, Abteilung für Kader und Rekrutierung) werden von den Frauen gewährleistet.« Ida Rubinstein wird der »1. Abteilung: Informationen« zugeordnet, dem Kundschafterdienst also.[353]

Auf dem Kommissariat versucht Ida Rubinstein erst einmal, sich dumm zu stellen. Sie merkt rasch, daß das nichts nützt, und von da an sagt sie nichts mehr: »Ich wurde nicht gefoltert. Aber sie haben eine Blendlampe auf mich gerichtet. Manchmal habe ich gedacht, mir wäre lieber, sie würden mir jetzt eine Ohrfeige geben. Diese Lampe macht einen richtig krank. Nach einer Weile trocknen einem die Augen aus, man bekommt schreckliche Kopfschmerzen, es ist eine Art Folter. Und man kann die Augen nicht schließen. Sie machten das jedesmal, wenn sie mich zum Verhör holten. Insgesamt blieb ich vier

Tage bei den Brigades Speciales. Dann kamen wir ins Gefängnis, sieben Frauen von der 35. Brigade.«[354] Ida Rubinstein hat sich nie als Jüdin registrieren lassen, sie hat nicht einmal ihren Genossinnen und Genossen gesagt, daß sie Jüdin ist. Auch die Polizei findet diese Tatsache nicht heraus, und so wird sie trotz ihres »verdächtigen« Namens als »Politische« nach Ravensbrück deportiert.[355]

Jan Gerhard und Catherine Varlin werden im März 1944, wenige Wochen vor den Verhaftungen, von ihren Vorgesetzten nach Paris zitiert. Jan Gerhard, bisher Kommandant der 35. Brigade, wird wenig später zum Verantwortlichen der Interregion 25 ernannt und mit der Organisierung der Ausländer in den Départements Nordfrankreichs beauftragt. Catherine Varlin wird zuerst zur Verbindungsagentin »degradiert«. Zusammen mit Hélène Schwartzenberg soll sie den Kontakt zwischen Paris und dem Norden herstellen und halten. Im Mai 1944 wird sie damit beauftragt, in der Region Meuse einen Maquis der MOI aufzubauen und zu kommandieren. Diese Region ist wie alle Départements im Norden für die MOI terra incognita. Es gibt hier keine Strukturen oder Verbindungen, aber eine Menge polnischer und russischer Zwangsarbeiter. Mit ihnen baut Catherine Varlin aus dem Nichts eine Truppe von Widerstandskämpfern auf. Im August 1944 organisiert sie eine Massenflucht von sowjetischen Kriegsgefangenen aus einem Lager bei Errouville. Von den 100 Gefangenen, die von der Verantwortlichen des Gefangenenrates zur Flucht ausgewählt wurden, sind 35 Frauen.[356] Auf die Frage, ob die Tatsache, daß so ungewöhnlich viele Frauen dabei waren, damit zu tun hat, daß diese Flucht von zwei Frauen vorbereitet und durchgeführt wurde, antwortet Catherine Varlin: »Möglicherweise ja. Und wir wußten: Die Männer waren einfach Soldaten, als Männer mußten sie zur Armee, ob sie wollten oder nicht. Aber die Frauen waren politische Gefangene, Partisaninnen, die eine bewußte Entscheidung getroffen hatten. Wir dachten wohl, auf die könnten wir uns eher verlassen.«[357]

Marseille

Wie in Toulouse drängten sich auch in Marseille die jüdischen Flüchtlinge. Und wie in allen Städten der unbesetzten Südzone saßen sie in der Falle, als im November 1942 die Deutschen einmarschierten. Die Aktivistinnen und Aktivisten der MOI trifft der Schlag nicht unvorbereitet. Die Immigrantenorganisation der Kommunistischen Partei in

Marseille setzt sich vor allem aus Armeniern, Italienern, Spaniern und Juden zusammen. Dazu kommen noch einige polnische Minenarbeiter und deutsche Antifaschisten.[358] Jacques Ravine nennt für die Zeit vor dem Einmarsch der Deutschen namentlich sieben Leitungsmitglieder der jüdischen Sektion der MOI, unter ihnen eine Frau, Bela Levine. Alle drei Verantwortlichen für den technischen Apparat sind Frauen: Dora Skeité, Szura Chacham und Yochewed Hofman; die illegale Druckerei der Marseiller MOI, die sich in Avignon befindet, wird von Hela und Hirsz Oks geführt. Unter 15 Militanten, die Ravine für die Zeit vor der deutschen Besatzung namentlich aufzählt (und von denen mehrere später in der bewaffneten Einheit kämpfen), befinden sich sechs Frauen.[359] Seit dem Frühjahr 1942 bereitet sich die MOI in Marseille auf den »Ernstfall« vor. Sie richtet eine Kundschafterzelle ein, bereitet Verstecke und Kleider-, Lebensmittel- und Waffendepots vor und richtet ein Labor zur Herstellung von falschen Papieren ein. Im April oder Mai gründet sie die Compagnie Marat der FTP-MOI. Diese erste bewaffnete Einheit in Marseille besteht aus vier Mitgliedern, drei Männern und einer Frau: Hélène (geborene Nat) Taich.[360] Bald kommen noch andere dazu, und auch in der bewaffneten Einheit bilden drei Frauen den technischen Dienst: Rachel und Marie, deren Nachnamen nicht mehr bekannt sind, und Rose Korzec.[361]

Hélène Taich zählt 39 »im Kampf Gefallene« des Détachement Maurice Korzec der FTP-MOI in Marseille. Zwei von ihnen sind Frauen: Jaelle Sima Parahakova (»Anna«), Mitglied des Kundschafterdienstes, wird entdeckt und stirbt unter der Folter. Mindla Diamant organisiert in Verbindung mit der Leitung der MOI in Paris die ersten Widerstandsgruppen in Marseille.[362] Sie wird an der Demarkationslinie im Besitz eines wichtigen Briefes der MOI-Führung an deutsche Antifaschisten verhaftet. Aus dem Gefängnis in Dijon wird sie über Paris nach Breslau überstellt, dort von einem Sondergericht zum Tode verurteilt und am 24. August 1944 hingerichtet.[363]

Hélène Taich, die damals Nat hieß, kam im Auftrag der Partei aus Paris nach Marseille. Sie soll Genossen aus dem Lager Les Milles holen, ganz legal, die sowjetische Delegation in Paris hat eine Liste zusammengestellt, die Freigelassenen können in die Sowjetunion ausreisen. So etwas kommt während des Hitler-Stalin-Paktes gelegentlich vor. Hélène bleibt in Marseille, als ihre ursprüngliche Mission beendet ist. Sie organisiert Frauengruppen in der jüdischen Sektion der MOI, sie arbeitet in der Flüchtlingshilfe, sie versorgt die Leute in Les Milles, die nicht befreit werden konnten. Sie schreibt und verteilt

132

Flugblätter, sie agitiert unter den jüdischen Immigranten und fordert sie auf, ihre Kinder zu verstecken und sich dem Widerstand anzuschließen.[364] Nachdem sie die »Compagnie Marat« der FTP-MOI in Marseille mitbegründet hat, schleppt Hélène Taich die ersten Kilogramm Dynamit aus den Bergwerken von Saint-Martin-de-Vésubie in die Stadt.[365]

Hélène Taich ist mit ihren 22 Jahren schon eine »alte« Politikerin. Sie kommt aus Bessarabien (von 1918 bis 1944 zu Rumänien gehörig), besuchte dort das Gymnasium und schloß sich mit 14 der kommunistischen Jugend an. Sie organisierte unter den jüdischen Schülerinnen und Schülern Solidaritätsveranstaltungen für die Juden im nationalsozialistischen Deutschland, sie schrieb Artikel für eine linke Zeitung, verteilte Flugblätter. Bis sie verhaftet wurde. Neun Monate saß sie in Untersuchungshaft, dann wurde sie gegen Auflagen entlassen. Das war 1937, und Hélène wollte nach Spanien, sie wollte gegen den Faschismus kämpfen, mit all der Begeisterungsfähigkeit einer 17jährigen. Mit Hilfe falscher Papiere plus einer guten Summe Bakschisch gelangte sie mit ein paar Freundinnen und Freunden über die Grenze. Als sie endlich in Paris ankamen, lehnte die Rekrutierungskommission der Internationalen Brigaden Hélène ab: Sie war weder Ärztin noch Krankenschwester, und als Kämpferinnen wurden Frauen nicht genommen. Also stürzte sie sich in die Solidaritätsarbeit, und so landete sie schließlich in Marseille.[366]

Die FTP-MOI in Marseille führen wie die in Paris, Lyon, Grenoble, Nizza und Toulouse die klassischen Angriffe des bewaffneten Widerstands in den Städten durch. Einer der effektivsten Anschläge ist der gegen das Hotel Splendid. Im Festsaal dieses Nobelhotels findet am 3. Januar 1944 eine Konferenz der deutsch-italienischen Kommission statt, an der höhere Offiziere und Diplomaten des Reiches und Italiens teilnehmen. Den Abschluß der Konferenz soll ein großes Bankett am Abend bilden. Hélène Taich, Fernand Rotenberg und Léon Tcherny führen den Anschlag, kommandiert von Boris Stcherbak, aus.[367] Hélène Taich erinnert sich: »Der Festsaal des Hotels hatte große hohe Fenster, die auf eine kleine Seitenstraße gingen. Es war Winter, und da war es um sieben Uhr abends schon dunkel. Boris sollte die erste Granate werfen, und für den Fall, daß die nicht funktionierte, hatte ich eine zweite. Boris warf, und der Effekt war überwältigend, wir zogen uns sofort zurück, nutzten den Überraschungsmoment, um uns zurückzuziehen. Wir sollten dann die Waffen in ein Versteck bringen, diese Verstecke waren nie allzuweit vom Anschlagsort, damit wir

133

nicht zu lange bewaffnet durch die Stadt laufen mußten. Ich hatte aber Angst, daß ich an dieser Granate etwas gemacht hatte, ich sagte zu Boris, ›ich habe Angst, die geht hoch‹. Die Frau, zu der wir die Waffen brachten, hatte zwei Kinder, es wäre schrecklich gewesen, wenn da etwas passiert wäre. ›Dann laß sie uns benutzen‹, sagte Boris, ›wir müssen schnell ein Anschlagsziel finden.‹«[368] Sie gehen zu einer Brücke, die über eine Hauptverkehrsstraße von Marseille führt, und warten, daß unter ihnen ein deutscher Wagen durchfährt. Als schließlich ein Lastwagen voller deutscher Soldaten ankommt, werfen sie die Handgranate.[369] Gleichzeitig mit dem Anschlag auf das Hotel Splendid fand an diesem Abend eine weitere – geplante – Aktion in Marseille statt. Insgesamt wurden an diesem 3. Januar 1944 durch die drei Aktionen der FTP-MOI laut einem Bericht der Untergrundzeitschrift »Marseillaise« 77 Deutsche getötet oder verletzt. Der Präfekt von Marseille und der Kommandant der deutschen Garnison wurden ihrer Posten enthoben.[370] Die Kollaborationspresse schrieb, die Angriffe seien von einem Kommando ausgeführt worden, das mit einem U-Boot der Engländer gelandet sei.[371]

Nicht alle Aktionen des bewaffneten Widerstands verlaufen so spektakulär. Und nach Hélène Taichs Auskunft gab es in Marseille keine Spezialisierung der Aktivisten, zumindest nicht bei den Frauen: »Ich habe gemacht, was anfiel. Mußte man etwas transportieren, einen Kontakt machen, habe ich es gemacht. Ging es darum, an einer bewaffneten Aktion teilzunehmen, habe ich das gemacht. Wenn es darum ging, Flugblätter zu drucken und zu transportieren, habe ich auch das gemacht. Wir waren ja nie mehr als maximal 40 Leute. Eine Spezialisierung konnten wir uns gar nicht leisten. Man hat versucht herauszufinden, wie Sachen am besten liefen, und so hat man sie dann weitergemacht. Die Verbindungsarbeit war sehr wichtig. Mit Rosine Grynvogel in Nizza stand ich kontinuierlich in Kontakt. Die eine Woche hat sie mir etwas gebracht, die andere Woche ich ihr. Ich bin viel gereist. Die Erfordernisse der Illegalität haben einem die Arbeit diktiert.«[372]

Wenn es nötig ist, arbeiten sie alle zusammen an der Vorbereitung und Durchführung einer Aktion. Wie etwa bei der gegen den industriellen Komplex von Marseille: »Wir hatten Arbeiter, die intern alles für uns ausgekundschaftet hatten und die damit ihr Leben riskierten. Aber angreifen mußte man von außen. Über die Stromleitungen. Denn ohne Strom konnte die Fabrik nicht arbeiten. Wir haben also die Transformatoren angegriffen. Wir haben ein Areal herausgegriffen, das auf die Metallverarbeitung spezialisiert war. Dann einen großen Chemiebetrieb, und das dritte war die Schiffswerft. Wir mußten spezielle Schlüssel vorbereiten, um die Transformatoren zu öffnen, die sich in kleinen Häuschen hinter der Fabrik befanden. Wir hatten keine großen Mittel für so etwas. Also haben wir Plastilin verwendet, um die Abdrücke zu nehmen, und unsere Metallarbeiter haben uns die Schlüssel gemacht. Damit so ein Schlüssel endlich wirklich ins Schloß paßt, muß man schrecklich viel feilen. Dafür haben wir Gruppen von ›Liebespaaren‹ organisiert. Die haben sich vor den Häuschen aufgestellt und dahinter haben andere gefeilt, gefeilt, gefeilt. Wir haben dafür vier, fünf Gruppen gebraucht. Jungen zu finden, war nicht schwierig, aber Mädchen, die waren ja oft als Kurierin unterwegs, also mangelte es uns manchmal an Mädchen. Ich erinnere mich, eines Tages mußte Maurice Korzec sich als Mädchen verkleiden, er trug ein Kleid und so eine Art Turban, ich hab ihm die Sachen gebracht.«[373]

Die Aktionen der Compagnie Marat fügen nicht nur der Besatzungsmacht Schaden zu. Mehrere junge Männer, unter ihnen der 19jährige Maurice Korzec, werden dabei erschossen oder fallen den Deutschen in die Hände. Und neben dem bewaffneten Kampf wird auch die politische und Propagandaarbeit fortgesetzt. Die politischen Organisationen der MOI appellieren an die französische Bevölkerung, den gejagten Juden zu helfen und jüdische Kinder bei sich zu verstecken. Die jüdische Jugend fordern sie auf, sich zu wehren, sich dem Widerstand anzuschließen.[374] In einem Aufruf der UJJ, des Jüdischen Jugendverbandes, heißt es:»Junge Juden, die Stadt bedeutet für euch ein Leben als gejagtes Wild. Der Maquis bedeutet Ehre und Sicherheit. Schließt euch massenhaft dem Maquis an!«[375]

Die Aktivistinnen und Aktivisten der Jüdischen Sektion der MOI sind sich der jüdischen Jugend gewisser als der nichtjüdischen französischen Bevölkerung. In dem Flugblatt des MNCR (Nationale Bewegung gegen den Rassimus),»Marseillais!«, wird zuerst um Unterstützung für die Refractaires geworben, die französischen jungen Männer, die sich der Zwangsarbeit im Deutschen Reich entzogen. Dann erst wird dazu aufgefordert, die jüdischen Kinder, Frauen und Alten zu verstecken, die»unschuldigen Opfer eines barbarischen Hasses, den die Franzosen niemals zu dem ihren machen werden«. In der affirmativen Formulierung steckt die Angst, das Gegenteil könnte der Fall sein. Und um den»echten« Franzosen die Sache mit den Immigranten und Juden schmackhaft zu machen, werden sie ostentativ eingemeindet:»Franzosen, unsere Anstrengungen können das Leben von Tausenden der Unseren retten. Retten wir sie!«[376] Zwei Wochen vor der Befreiung appelliert UJRE an die Juden in Marseille, sich nun endgültig dem Kampf um die Befreiung anzuschließen. Es geht hier nicht mehr um »Ehre und Sicherheit«. Die jüdische Bevölkerung soll sich nun mit dem Kampf um ein freies Frankreich die Bürgerrechte erhalten und verdienen.[377] Die Bürgerrechte, die bereits Napoleon den französischen Juden verliehen hatte und auf die einige derer, die als ausländische Juden für »ein freies Frankreich« gekämpft hatten, bis in die 60er Jahre würden warten müssen. Von den Frauen ist in diesen Aufrufen und Flugblättern anläßlich der Befreiungskämpfe keine Rede mehr. Angesprochen werden hier nur noch »die Juden« in der männlichen Form, wenn nicht dezidiert die »jüdischen Brüder«.[378] Die Fotos von der Befreiung Marseilles geben die Realität angemessener wieder: Im Defilee der Alliierten und der französischen Résistance durch die Hauptstraßen der Stadt sieht man die Frauen in den ersten Reihen der Kampfgruppe der MOI.[379] An dem Platz also, auf dem sie im Widerstand gestanden haben.

Belgien

I

Als die deutschen Truppen am 10. Mai 1940 in Belgien einmarschieren, ist Yvonne Jospas Sohn Paul krank. Ghert Jospa, Yvonnes Mann, ist als Soldat in Frankreich, Yvonne schließt sich mit dem kranken Kind dem Exodus eines großen Teils der belgischen Bevölkerung nach Frankreich an. Zwei Monate später kommen alle drei, Ghert Jospa ist inzwischen demobilisiert, wieder nach Brüssel zurück: »Wir haben damals in den intellektuellen Zirkeln an der Universität diskutiert, was man nun tun solle, ob man sich verstecken müsse. Wir wußten damals noch nicht, wie wir uns verhalten sollten.«[1] Auch Sarah Goldberg flieht vor den eindringenden Deutschen nach Frankreich. Sarah, deren Mutter starb, als sie neun Monate alt war, wuchs bei ihrer älteren Schwester und ihrem Schwager auf, die beide Sozialisten waren und Sarah entsprechend erzogen. Sarah engagierte sich schon im Alter von 15 Jahren in der Spaniensolidarität, sie verkaufte an der Schule Abzeichen für die spanische Republik und riskierte damit ihre Relegierung. In Südfrankreich hört sie, daß der Polizeikommissar einer kleinen Stadt eine Bürokraft sucht. Sie meldet sich und bekommt die Stelle: »Ich fand heraus, daß der Kommissar Listen erhielt von Leuten, die man suchte. Von Leuten, die aus den Lagern, wie Gurs, Le Vernet etc. geflohen waren. Ich schrieb mir die Namen heraus und gab sie weiter an Parteileute, die ich dort kannte. Irgendwann bemerkte der Kommissar, daß diese Leute immer verschwunden waren, und von da an ließ er mich nicht mehr allein. Vorher habe ich mit ihm in dem Büro gesessen, und wenn er ging, schloß er die Tür. Die Polizisten im anderen Zimmer bekamen also nicht mit, was ich tat. Danach aber ließ er die Tür offen, und die Polizisten konnten mich im Auge behalten.«[2]

Régine Orfinger ist seit 1934 Anwältin, nicht die einzige, aber eine der sehr wenigen Frauen in diesem Beruf im Belgien der 30er Jahre. Nachdem der Militärbefehlshaber in Belgien und Nordfrankreich im Oktober 1940 die ersten »Judenverordnungen« erläßt, verliert Régine Orfinger ihre Zulassung als Anwältin. Sie weigert sich unter allen jüdischen Anwälten als einzige, zu akzeptieren, daß die Anwaltskammer von Antwerpen sie aus ihrer Mitgliederliste streicht. Und sie übt weiterhin ihren Beruf aus, nunmehr im Rahmen einer noch zugelassenen jüdischen Anwaltsvereinigung. Régine Orfinger, selbst die Tochter russisch-jüdischer Einwanderer, arbeitet nun für Ezra (hebräisch für Hilfe), eine Gesellschaft zum Schutz von Emigranten in Antwerpen.[3] Wenig später schließt sie sich, gemeinsam mit ihrem Mann, dem Widerstand an: »Das war nur logisch nach all den Diskussionen, die wir in unserem Kreis geführt hatten.«[4]

Régine Orfinger, die in Antwerpen zur Welt kam, ist eine Ausnahme unter den jüdischen Frauen, die sich in Belgien aktiv am Widerstand beteiligten: Fast alle anderen wurden in Polen, Rumänien, Rußland, Ungarn geboren. Einige von ihnen wurden als Kinder oder Jugendliche von ihren Eltern nach Belgien gebracht, andere kamen als junge Frauen auf eigene Faust. 90 Prozent der Juden, die vor 1940 in Belgien lebten, waren Ausländer: Immigrantinnen und Immigranten aus Osteuropa und ein paar tausend Flüchtlinge aus dem nationalsozialistischen Deutschland und dem »angeschlossenen« Österreich. Die etwa 65 000 jüdischen Bewohnerinnen und Bewohner machten unter den circa 7,7 Millionen Einwohnern Belgiens eine verschwindende Minderheit aus. Die meisten von ihnen, an die zwei Drittel, lebten in Antwerpen, ein knappes Drittel lebte in der Hauptstadt Brüssel und der Rest in Lüttich, Charleroi und ein paar kleineren Städten.[5] Viele flohen vor den Deutschen nach Frankreich – und kehrten schließlich wieder zurück: Die Nachrichten aus Belgien klangen nicht allzu schrecklich, und in Frankreich wurde man gezwungen, in Lagern oder in kleinen Dörfern in den Pyrenäen zu leben. Die meisten Flüchtlinge konnten es sich auch gar nicht leisten, ihre Arbeitsstelle, ihre Werkstatt oder ihr kleines Geschäft aufzugeben. Trotzdem trauten nicht alle dem Frieden. Einige tausend zogen es vor, im unbesetzten Südfrankreich zu bleiben oder der Regierung nach London zu folgen. 1941 lebten nur noch 56 186 Juden in Belgien. Fast jeder zweite von ihnen wurde in einem Vernichtungslager ermordet. 53,1 Prozent konnten sich retten.[6]

1989 stellt Rudi Van Doorslaer vom Centre de Recherches et d'Études Historique de la Seconde Guerre Mondiale (Dokumentations- und Forschungszentrum zur Geschichte des Zweiten Weltkriegs) in der Einleitung zu einem Band, der die Ergebnisse eines Kolloquiums an der Tel Aviver Bar-Ilan-Universität über Juden im besetzten Belgien zusammenfaßt, fest: »Die Erforschung des modernen Judentums (...) in Belgien steckt noch in den Kinderschuhen.«[7] Dasselbe gilt noch deutlicher für die Erforschung des Widerstands von Juden in Belgien und des sozialen Umfelds, aus dem dieser Widerstand erwuchs. 1986 erschien Maxime Steinbergs zweibändige Studie »L'Étoile et le Fusil. La Traque des Juifs« (Der Stern und das Gewehr. Die Jagd auf die Juden)[8], die von mehreren ehemaligen jüdischen Partisaninnen und Partisanen heftig kritisiert wurde.[9] 1991 legten »Die Kinder der jüdischen Partisanen von Belgien« eine Sammlung von 38 Zeitzeugenberichten vor, in denen die Geschichte des bewaffneten Widerstands der Jüdinnen und Juden in Belgien aus der Sicht derer berichtet wird, die diesen Widerstand geleistet haben.[10] Einzelne Zeitschriften haben Sondernummern zum jüdischen Widerstand in Belgien veröffentlicht[11], das Dokumentations- und Forschungszentrum zur Geschichte des Zweiten Weltkriegs, vor allem dessen Direktor José Gotovitch und Archivmitarbeiter Rudi Van Doorslaer publizieren mehr oder weniger regelmäßig Aufsätze zum Thema.[12] Über die Rettung der jüdischen Kinder erschien in den 90er Jahren eine Handvoll Studien und Erinnerungsberichte.[13] In dem Band über das Tel Aviver Kolloquium finden sich Aufsätze über die Aktivitäten der zionistischen Jugendbewegungen in Belgien. Die vorhandene Literatur ist also so überschaubar wie unzureichend.

Zu einer Erforschung oder Dokumentation der Rolle der Frauen im Widerstand oder in der jüdischen Gemeinschaft der Vorkriegszeit in Belgien habe ich keine Hinweise gefunden.[14] In Maxime Steinbergs Studie tauchen die Frauen lediglich als Funktionsträgerinnen auf. Über ihre Herkunft, ihren früheren Lebensweg, ihre Erfahrungen erfährt man in den meisten Fällen so gut wie nichts.[15] Rudi Van Doorslaer vermerkt in seinem Aufsatz über die kommunistischen jüdischen Immigranten die Tatsache, daß von den 196 aus Belgien kommenden jüdisch-kommunistischen Spanienkämpfern 27 Frauen waren.[16] Ansonsten werden Frauen in seinem Beitrag nicht mehr erwähnt, und auch in den anderen Beiträgen zu dem Tel Aviver Kolloquium taucht das weibliche Geschlecht nicht auf. In der Sammlung von Zeitzeugenberichten »Partisans armés juifs« dagegen stammen von den 38 Beiträgen 18 von Frauen.[17] Auch Vivian Teitelbaum-Hirsch benennt in ihrem Buch über die Rettung der jüdischen Kinder »Les Larmes sous le masque« (Die Tränen unter der Maske) die bedeutende Rolle, die Frauen in dieser Form des Widerstands spielten.[18]

Steinberg bedauert in seiner Studie über den jüdischen Widerstand, »La Traque des juifs« (Die Jagd auf die Juden), daß über den bewaffneten Widerstand von Juden in Belgien kaum bis gar keine schriftlichen Quellen aus der Epoche vorliegen.[19] Dieses Manko besteht bekanntlich nicht nur für Belgien. Die beinahe einzigen Quellen, auf die sich eine Erforschung der jüdischen Partisaninnen und Partisanen stützen kann, sind die schriftlichen und mündlichen Berichte der ehemaligen Beteiligten. Besser sieht die Quellenlage in bezug auf das CDJ, Comité de Défense des Juifs, das jüdische Verteidigungskomitee aus. Hier gibt es vergleichsweise reichhaltige schriftliche Dokumente aus der Epoche, von den codierten Listen der versteckten Kinder bis zu Rechenschaftsberichten einzelner Mitarbeiter und Mitarbeiterinnen des Komitees.[20] All diese unterschiedlichen und raren Quellen beziehen sich auf den Widerstand von Jüdinnen und Juden im weiteren und engeren Zusammenhang der Kommunistischen Partei Belgiens beziehungsweise der von den Kommunisten dominierten Front de l'Indépendance, FI (Unabhängigkeitsfront). Die jüdischen Mitglieder des nationalen Widerstands (der Armée Secrète etc.) haben sich anscheinend ausschließlich als belgische Patrioten begriffen und auch nach dem Krieg nicht als Juden definiert oder ihre Rolle als Juden im Widerstand untersucht oder dokumentiert. Eine Diskussion, wie sie in Frankreich seit Ende der 80er Jahre über die (französisch-nationalistische, kommunistische, jüdische) Identität jüdischer Widerstandskämpfer geführt wird, findet bisher in Belgien offenbar ebensowenig statt wie eine Debatte über die unterschiedliche Bewertung von »passivem« und »aktivem« Widerstand und die eng damit verbundene Einschätzung der Beteiligung der Frauen an der Résistance.

José Gotovitch weist darauf hin, daß es dem belgischen Widerstand im Gegensatz zur französischen Résistance nicht gelang, »seine Organisationen vom Beginn bis zum Ende der Besatzung mit stabilen Strukturen auszustatten. Die belgischen Gruppen änderten sich Tausende Male, indem sie sich unter den Schlägen der Reaktion ständig auflösten und ähnlich oder anders wieder neu zusammensetzten.«[21] Mehrere Gruppen scharten sich um eine der Untergrundzeitschriften und kümmerten sich lediglich um deren Produktion und Verteilung.[22] Drei größere Widerstandsbewegungen agierten im besetzten Belgien: die Armée Secrète, die (wie ihr Pendant in Frankreich), von der Exilregierung in London kommandiert, eine Politik des »attentisme« betrieb – sie wartete mit bewaffneten Auseinandersetzungen auf den Tag der Landung der Alliierten, um mit ihnen gemeinsam den Kampf um die Befreiung Belgiens zu führen –, die rechts-konservative Belgische Nationalbewegung, Mouvement National Belge, MNB, die über eine große Untergrundzeitung, La Voix des Belges (Die Stimme der

Belgier) verfügte, und die kommunistisch dominierte Unabhängigkeitsfront FI, Front de l'Indépendance. Daneben gab es katholische Gruppen und Teile des Klerus, die Widerstand leisteten, indem sie zum Beispiel Refractaires, junge Männer, die sich dem Zwangsarbeitsdienst im Deutschen Reich entzogen, und/oder jüdische Kinder versteckten.[23] Gotovitch betont, daß von all den verschiedenen Gruppen und Organisationen des belgischen Widerstands nur die FI sich des Schicksals der jüdischen Bevölkerung annahm. Unter ihrem Dach arbeitete das CDJ, das jüdische Verteidigungskomitee, und die Untergrundpresse der FI rief wiederholt einerseits die belgische Bevölkerung dazu auf, Juden zu helfen, und andererseits die jüdische Bevölkerung, sich zu verstecken. Gleichzeitig bot die FI den jüdischen Frauen und Männern, die bewaffnet gegen die Besatzer kämpfen wollten, die Möglichkeit, dies in den Reihen ihrer Partisans Armés (Bewaffnete Partisanen), PA, zu tun. Tatsächlich stellen die Juden unter den PA einen hohen Anteil.[24]

Weder die Armée Secrète noch die kleineren Gruppen und Organisationen des nationalen belgischen Widerstands verhielten sich, von Ausnahmen abgesehen, in aktiver Weise zu den antijüdischen Maßnahmen, und dies, obwohl sie über zahlreiche jüdische Mitglieder verfügten. Gotovitch führt diese Haltung auf die Tatsache zurück, daß die von der Verfolgung betroffenen Juden zu 90 Prozent Immigranten waren, während es sich bei den jüdischen Mitgliedern der Armée Secrète und der MNB zumeist um belgische Juden aus alteingesessenen assimilierten Familien handelte.[25] Auch die Untergrundpresse der Sozialisten behandelte laut Gotovitch die sich verschärfende Situation der jüdischen Bevölkerung nur am Rande. Eine der wenigen Ausnahmen im Spektrum des belgischen Widerstands bildeten die Liberalen, die jedoch kaum illegale Strukturen entwickelten. Ihre Untergrundzeitschrift »Le coq victorieux« allerdings veröffentlichte Jos Hakkers Bericht über »La mysterieuse Caserne Dossin« (Die geheimnisvolle Kaserne Dossin), das heißt über das Sammellager in der Kaserne Dossin in Malines/Mechelen[26], von dem die Transporte nach Auschwitz abgingen.[27] Eine Untersuchung der belgischen Untergrundpresse ergab, daß sich zwischen August und September 1942, in dem Zeitraum also, in dem die großen Razzien stattfanden, nur 15 Prozent der untersuchten Zeitschriften zur Situation der Juden in Belgien äußerten.[28]

Unter den zionistischen Parteien und Bewegungen spielte die linke Poale Zion[29] eine wichtige Rolle im Widerstand. Sie war neben den Kommunisten die einzige Partei, die in der Hauptstadt einen gewissen

Einfluß auf die jüdischen Arbeiterinnen und Arbeiter ausübte.[30] Sie gab die jiddische Untergrundzeitschrift »Unzer Wort« heraus und beteiligte sich an der Gründung, Organisierung und der praktischen Arbeit des jüdischen Verteidigungskomitees CDJ.[31]

Dan Michman beklagte auf dem Tel Aviver Kolloquium die mangelnde Erforschung und selbst Erwähnung der zionistischen Jugendbewegung in der Literatur über den Widerstand im besetzten Westeuropa, einschließlich Belgiens.[32] Wie die Mitglieder der linken Poale Zion und die jüdischen Mitglieder der Kommunistischen Partei waren auch die Aktivistinnen und Aktivisten der zionistischen Jugendbewegungen mehrheitlich Immigranten oder die Kinder von Immigranten. Ihr Bezugspunkt sind die Bewegungen in Polen, vom linken Haschomer Hazair bis zur revisionistischen Betar, an ihnen orientierten sie sich politisch und kulturell.[33] Während des Einmarsches der Deutschen flohen viele von ihnen nach Südfrankreich, um anschließend wieder nach Belgien zurückzukehren. Einige flohen nach Großbritannien und schlossen sich dort den alliierten Truppen an oder gingen weiter nach Palästina.[34] Die Zurückgekehrten wandten sich aus Verantwortungsgefühl gegenüber der jüdischen Gemeinschaft der Sozialarbeit zu, sie betrieben Suppenküchen und halfen Armen etc. Die Mehrheit von ihnen sah im bewaffneten Kampf gegen die Deutschen in Belgien kein Ziel für ihre eigenen Organisationen. Als Abusz Werber von der linken Poale Zion 1942 versuchte, den Haschomer Hazair von Antwerpen zur Mitarbeit im jüdischen Verteidigungskomitee CDJ zu gewinnen, lehnten die Verantwortlichen ab: Sie wollten sich nicht in der Diaspora engagieren, sondern lieber in und für Eretz Israel. Ihr Ziel bestand darin, über die Schweiz nach Palästina zu gelangen.[35] Allerdings hatte ein Mitglied des Haschomer Hazair Antwerpen im Namen des Haschomer Hazair und anderer zionistischer Jugendbewegungen schon zu Beginn des Jahres 1942 mit »den Kommunisten« (der zeitgenössische Bericht darüber äußert sich nicht genauer), also vermutlich mit der FI, über eine Zusammenarbeit verhandelt. Der Verhandlungspartner wollte jedoch eine Mitarbeit nur individuell zulassen und nicht für die Bewegungen als solche. Haschomer Hazair brach daraufhin die Verhandlungen ab.[36]

Frauen spielten auch im belgischen Widerstand eine wichtige Rolle. Diese quantitativ zu evaluieren gestaltet sich jedoch, wie in den meisten anderen Ländern, als schwierig. Ein Sonderheft der Zeitschrift »Le Soir«, das anläßlich des 50. Jahrestages der Befreiung erschien, schreibt, die offizielle Zahl der Verluste der »Soldats de l'intérieur«

(Soldaten des Landesinneren), womit vermutlich der belgische Widerstand gemeint ist, betrage »4034 Gefallene: 1068 Widerstandskämpfer, davon neun Frauen, die in der Aktion fielen; 657, davon acht Frauen, die hingerichtet wurden; und 2195, davon 52 Frauen, die in den Lagern der Nazis umkamen«.[37] Ein Monument im Brüsseler Stadtteil Anderlecht ehrt 242 »jüdische Helden Belgiens, die im Widerstand gegen den Nazi-Okkupanten fielen«. Zehn Prozent von ihnen sind Frauen. Von den 38 in dem Band über die jüdischen Partisanen veröffentlichten Zeitzeugenberichten stammen 18 von Frauen. Fanny Rozencwajg, ehemaliges Mitglied der jüdischen PA (Bewaffnete Partisanen), schätzt, daß ihre Gruppe insgesamt aus circa 100 Leuten bestand und daß etwa 20 davon Frauen waren.[38] Dies würde einem Fünftel entsprechen und damit etwas unter der Anzahl der Frauen in den bewaffneten Gruppen der MOI in Frankreich liegen. Wesentlich mehr Frauen waren im CDJ, dem jüdischen Verteidigungskomitee, aktiv, das heißt im Rahmen des humanitären Widerstands. Zwar waren alle Gründer des CDJ Männer, doch die organisatorische und alltägliche praktische Arbeit vor allem der Sektion Kinder, die sich um die Rettung der jüdischen Kinder kümmerte, lag in den Händen von Frauen. Viviane Teitelbaum-Hirsch veröffentlicht im Anhang ihres Buches »Les Larmes sous le masque« auf der Grundlage der Akten des CDJ eine Liste von 32 festen Mitarbeiterinnen der Sektion Kinder des CDJ.[39]

Die belgische Bevölkerung der späten 30er Jahre ist, trotz einer gewissen Säkularisierung im vorangegangenen Jahrzehnt, noch immer stark katholisch geprägt. Belgien ist das einzige Land Europas, in dem 50 Prozent der Kinder eine katholische Schule besuchen. Ein Netz von sozialen und religiösen Einrichtungen durchzieht die Gesellschaft und bestimmt das Alltagsleben der Bevölkerung mit.[40] Der belgische Katholizismus ist traditionell missionarisch geprägt, die »Judenmission« spielt darin eine nicht unbedeutende Rolle. Diese Tendenz wird noch verstärkt seit dem Amtsantritt des »Missionspapstes« Pius XI. (1922–1939). Juden sind für die Mehrheit der belgischen Katholiken »Gottesmörder«, nur die Konversion vermag sie aus ihrem »Verbrechen« zu lösen.[41] Dennoch trugen unter der deutschen Besatzung katholische Geistliche und Institutionen entscheidend zur Rettung jüdischer Kinder vor der Deportation bei. Generell verdankt sich die Effektivität der Maßnahmen zur Rettung der Juden zu einem wichtigen Teil der Hilfsbereitschaft der – katholischen – nichtjüdischen Bevölkerung. Und obgleich die Exilregierung in London und die belgische

Bürokratie offiziell nichts zugunsten der verfolgten (ausländischen) Juden unternahmen[42], unterstützte auch ein Teil der Behörden, von Magistratsbeamten bis zu Polizeikommissaren, den jüdischen Widerstand oder weigerte sich zumindest, die antijüdischen Maßnahmen durchzuführen.[43] Dieses Paradox ist schwer zu erklären. Man kann jedoch annehmen, daß bei vielen Belgiern die Realität der Verfolgung und die Wut auf die Besatzer letztlich stärker wogen als vorhandene Vorurteile. Als die deutschen Besatzungsbehörden die ersten antijüdischen Maßnahmen erließen, lautete die in der katholischen Untergrundpresse vorherrschende Meinung: »Wir mögen die Juden zwar nicht, aber *das* haben sie nicht verdient.«[44] Wie auch in Frankreich bewirkten schließlich die Einführung des gelben Sterns und die großen Razzien gegen die jüdische Bevölkerung im Sommer und Herbst 1942 einen eklatanten Meinungsumschwung.[45]

Die ersten beiden »Judenverordnungen« wurden Ende Oktober 1940 erlassen. In der ersten Verordnung wurde bestimmt, wer nach den deutschen Rassengesetzen nunmehr auch in Belgien als Jude zu gelten hatte, und eine Meldepflicht eingeführt, nach der Juden, »jüdisches Kapital« und »jüdische Geschäfte« registriert werden mußten. Die zweite Verordnung verbot Juden, öffentliche Ämter zu bekleiden, als Lehrer, Rechtsanwälte und an Hochschulen zu arbeiten, Zeitungen herauszugeben oder redaktionell zu leiten.[46] Die überwiegende Mehrheit der jüdischen Bevölkerung folgte der Anweisung, sich registrieren zu lassen. Abraham Nejszaten, zu der Zeit junger Aktivist der Kommunistischen Partei in Antwerpen, erinnert sich, daß die Partei ihm und seinen Genossen riet, sich anzumelden und sich das »J« in den Personalausweis stempeln zu lassen.[47] Auch Régine Orfinger ließ sich registrieren: »Ich konnte ja gar nicht anders. Ich war Anwältin und als solche registriert, und außerdem kannten mich in Antwerpen alle.«[48] Guta Rozencwajg erinnert sich, daß sie und ihre Genossinnen »die Leute« aufforderten, sich nicht registrieren zu lassen. Sie ist sich allerdings auch im klaren darüber, daß sie damit nicht viel Erfolg haben konnten: »Meine Schwiegereltern gingen sich registrieren lassen. Mein Schwiegervater hatte einen Herzfehler, er präsentierte sich mit all seinen Medikamenten, weil er dachte, einen so kranken Mann verschicken sie nicht. Er erreichte nicht einmal Auschwitz, er ist im Zug gestorben.«[49] Im Tätigkeitsbericht Nr. 13 für den Monat Januar 1941 gab die Militärverwaltung die Ergebnisse der Zählung bekannt[50] und warnte im Anschluß daran die Behörde in Berlin: »Da der Belgier, teils weil er den Juden nicht kennt, für die Berechtigung der

144

Judenmaßnahmen kein Verständnis aufbringt und darüber hinaus durch die jahrelange Hetze gegen das Dritte Reich in diesem Punkt besonders empfindlich ist, würden großaufgezogene Judenaktionen verfehlt sein.«[51]

Im Mai 1941 folgten erste »Arisierungs«-Maßnahmen, im August die Verhängung einer Ausgangssperre für Juden zwischen acht Uhr abends und sieben Uhr morgens. Im Dezember 1941 wurden die jüdischen Kinder aus den öffentlichen Schulen verbannt. Im Mai 1942 wurde die Einführung des gelben Sterns verkündet. Auf Anregung des Bürgermeisters von Uccle (einem Stadtteil Brüssels) beschloß die Konferenz der Brüsseler Bürgermeister, die Ausgabe des Sterns an die jüdische Bevölkerung durch städtische Behörden zu verweigern. Am 5. Juni schrieben die Bürgermeister von Brüssel an Dr. Gentzke von der deutschen Militärverwaltung, sie könnten zwar nicht mit ihm über den Sinn dieser Maßnahme diskutieren, aber »es ist unsere Pflicht, Sie wissen zu lassen, daß Sie uns nicht dazu zwingen können, an ihrer Durchführung mitzuwirken«.[52] Die Besatzungsbehörden beschlossen daraufhin, Aktionen gegen Juden nicht durch die belgische Exekutive durchführen zu lassen, sondern selbst in die Hand zu nehmen.[53] Einen Monat später forderte die Lütticher Ausgabe der großen Untergrundzeitschrift »La libre Belgique« ihre Leserinnen und Leser auf, die Menschen, die den Stern trugen, zu grüßen: »Bürger, aus Haß auf den Nazismus, aus Treue gegen euch selbst, tut, was ihr bisher nicht getan habt: Schon beim bloßen Anblick des gelben Sterns (...): Grüßt die Juden!«[54]

Dennoch, bis zu den Razzien nahm niemand die Lage wirklich ernst, auch viele Juden gaben sich der Illusion hin, man könne sich mit dem Übel irgendwie arrangieren.[55] Am 13. Juni 1942 begannen die Verschickungen zur Zwangsarbeit am Atlantikwall in Nordfrankreich. Die Betroffenen, vor allem junge jüdische Männer, die durch die Arisierungsmaßnahmen arbeitslos geworden waren, wurden in Lagern der Organisation Todt untergebracht und später nach Auschwitz deportiert.[56]

Als nächstes verteilte die Association des Juifs de Belgique, AJB (die Zwangsvertretung der Juden in Belgien), im Auftrag des Judenreferats der Gestapo »Arbeitseinsatzbefehle«, Aufforderungen, sich zum Arbeitsdienst zu melden und in der Kaserne Dossin in Malines / Mechelen einzufinden. Die AJB mußte dafür eine eigene Kartei erstellen – die am Tag, ehe sie der Gestapo übergeben werden sollte, von jüdischen Partisanen bei einem Überfall auf das Büro der AJB teilweise verbrannt wurde.[57] Im Gegensatz zu den ersten Aufforderungen meldeten sich nun schon weniger Menschen freiwillig. Am 4. August 1942 hatte der erste Transport »in den Osten« das Sammellager in Malines/Mechelen verlassen, Gerüchte darüber, daß auch Alte und Kinder abtransportiert wurden, hatten sich rasch verbreitet und die Menschen mißtrauisch gemacht.[58] Die Kommunisten forderten diesmal die jungen Männer dazu auf, sich gegen die Zwangsarbeit zu wehren, doch nicht alle hörten auf sie oder auf die beunruhigenden Gerüchte. Guta Rozencwajg erinnert sich: »Die Deutschen machten den Menschen weis, daß bei den Familien, in denen einer nach Deutschland arbeiten ging, die Eltern in ihren Wohnungen bleiben könnten. Und diesen Lügen wurde geglaubt. Das war die Methode der Deutschen, die Leute zu desorientieren, zu demoralisieren. Die Jungen taten, was ihnen befohlen wurde, um – scheinbar – die Eltern zu retten. Sie bekamen zu hören: ›Melde dich, und deiner Familie passiert nichts.‹ Das funktionierte. Am Anfang glaubten die Menschen noch alles, was die Deutschen ihnen sagten. Sie dachten, sie fahren in Arbeitslager.«[59]

In der Nacht des 15. August 1942 dringen SS und deutsche Militärpolizei in Tausende Wohnungen in den jüdischen Vierteln von Antwerpen ein und nehmen Frauen, Männer, Kinder jeden Alters fest. Dasselbe wiederholt sich am 3. September in den Brüsseler Vierteln Anderlecht und St. Gilles. Hélène Waksman ist zu diesem Zeitpunkt bereits seit fast zwei Jahren im Widerstand aktiv. Weil sie noch sehr jung ist, wird sie erst der illegalen Presse zugeteilt, sie kauft das nötige Papier, tippt die Matrizen und zieht sie ab. Den Kontakt zum Widerstand hat ihr Vater, ein »alter« Kommunist, hergestellt. Der Vater nimmt nun auch während der Razzia die Dinge in die Hand: »Er sagte zu uns: ›Hört zu, jetzt geht es darum, diesen Krieg zu überleben. Wenn wir zusammenbleiben, gelingt uns das vermutlich nicht.‹ Er gab jedem von uns einen Rucksack und 500 Francs. Mein Bruder fuhr sofort aufs Land. Meine Eltern suchten sich zusammen ein Versteck. Und ich versteckte mich mit einer Genossin zusammen einmal hier und einmal dort, wo wir gerade unterkamen.«[60] Die Familie Waksman ist nicht die einzige, die aus den Razzien in Antwerpen und Brüssel die Konsequenzen zieht. Nach der Razzia von Brüssel notiert der Vorsitzende der AJB, Vanden Berg, in sein »Kriegstagebuch«: »Bei den ausländischen Juden herrscht Durcheinander (...) sie versuchen alle, umzuziehen oder die Nacht nicht zu Hause zu verbringen.«[61] Die Menschen haben schnell begriffen, daß es sich hier um Schlimmeres handeln muß als die Verschickung zum Arbeitsdienst. Was, fragen sie sich, sollen Säuglinge, Kleinkinder, Alte und die Patienten von Kranken-häusern in einem Arbeitslager?

Insgesamt verhaften die Besatzer zwischen dem 4. August und dem 31. Oktober 1942 16000 Menschen und deportieren sie über Malines/Mechelen nach Auschwitz.[62] Das heißt, zwei Drittel aller aus Belgien deportierten Juden wurden innerhalb von drei Monaten festgenommen und abtransportiert. Das restliche Drittel, also etwa 8000 Personen, wurde im Verlauf der folgenden zwei Jahre verhaftet, einzeln und als Familien, in ihren Verstecken oder bei Razzien auf den Straßen. Nur 15 Prozent von ihnen wurden in ihrer legalen Wohnung festgenommen.[63] Gut die Hälfte der vor den Razzien in Belgien lebenden jüdischen Bevölkerung entging ihren Jägern. Das an die eigenen Kader gerichtete Bulletin der Front de l'Indépendance, FI, gab im Oktober 1942 Anweisungen über »Praktische Maßnahmen, um der jüdischen Bevölkerung zu helfen«. Punkt 3 lautet: »Helft den Juden, sich zu verstecken. Hier ist die Hilfe der Provinzkomitees besonders kostbar. Man muß die Juden unter die nichtjüdische Bevölkerung verteilen, um sie den Nachforschungen der Gestapo zu entziehen (...).« Es folgen sehr konkrete und handfeste Hinweise, um Kinder und Erwachsene zu verstecken, und das Bulletin schließt mit einem Aufruf »zu den Waffen gegen die Gestapo«. Die Belgier werden zudem aufgefordert, ihre Solidarität mit den Juden auch offen zu zeigen, indem sie zum Beispiel während Razzien aus ihren Wohnungen kommen und den »feindlichen Flics (ihre) Verachtung ins Gesicht schleudern«.[64] Doch nicht nur Kommunisten und ihre Sympathisanten halfen. Am 24. September 1942 berichtet die Dienststelle des Auswärtigen Amtes in Brüssel an das Auswärtige Amt in Berlin: »Die bis zum 15. September vorgesehene Abschiebung von 10000 hier ansässigen staatenlosen Juden ist durchgeführt. Nachdem zu Anfang der Aktion die Juden sich auf den Arbeitseinsatzbefehl hin meist gestellt hatten, mußte im weiteren Verlauf derselben zu Razzien und Einzelfestnahmen geschritten werden, da den Gestellungsbefehlen in zahlreichen Fällen nicht mehr Folge geleistet wurde. Viele der in Frage kommenden Juden haben ihre Wohnungen verlassen und versuchen, bei arischen Belgiern ein Unterkommen zu finden. Diese Bemühungen werden von einem beträchtlichen Teil der belgischen Bevölkerung unterstützt. Weitere Schwierigkeiten ergeben sich aus der Tatsache, daß sehr viele Juden im Besitze falscher belgischer Identitätskarten sind.«[65] Ein paar Wochen später, am 11. November 1942, informiert die Brüsseler Dienststelle das Auswärtige Amt in Berlin in einem Telegramm darüber, daß den »Arbeitseinsatzbefehlen« keine Folge mehr geleistet würde, weil »Gerüchte über Abschlachten der Juden usw.« umliefen.[66]

Am 3. August 1944 führen die Deutschen in Antwerpen und Brüssel Razzien gegen die bis dahin verschont gebliebenen belgischen Juden durch und nehmen 1000 Menschen fest. Danach leben bis auf wenige Ausnahmen nur noch die Notabeln und Mitarbeiter der AJB in der Legalität und somit dem Zugriff der Besatzer ausgesetzt. Ihre Festnahme ist für den 28. August 1944 vorgesehen, wird jedoch durch den raschen Vormarsch der Alliierten verhindert.[67] Im Gegensatz zu den – wenigen – belgischen Juden haben die jüdischen Immigranten nach den Razzien vom Sommer 1942 eine erstaunliche Hellsichtigkeit und Flexibilität bewiesen. Sie wußten noch nichts von Auschwitz, viele hatten kaum finanzielle Ressourcen, und dennoch wählten sie quasi von einem Tag auf den anderen die Illegalität und damit auch Unsicherheit und Abhängigkeit. Und nicht wenige von ihnen trennten sich von ihren Kindern, um wenigstens deren Sicherheit zu erhöhen. Es waren häufig die Mütter, die diese schwerwiegende und schmerzliche Entscheidung trafen, denn die Väter waren oft schon abgetaucht oder deportiert worden.

Die jüdischen Immigrantinnen und Immigranten waren vor allem in den 20er Jahren nach Belgien gekommen, nachdem mehrere Staaten in Nord- wie Südamerika Neuzuwanderern ihre Grenzen verschlossen hatten. Sie brachten die Kultur des Schtetl mit und schufen in Antwerpen und Brüssel ein Jiddischland, das sich nicht sehr von dem ihrer Landsleute in Paris unterschied. Auch in Brüssel lagen die jüdischen Viertel nahe den großen Bahnhöfen, auch in Belgien sprachen viele Familien zu Hause Jiddisch, auch hier, wie in Frankreich, bot unter den politischen Organisationen des Landes an erster Stelle die Kommunistische Partei mit ihrer Immigrantenorganisation MOI und deren Massenorganisationen den mehr oder weniger rechtlosen Ausländerinnen und Ausländern eine Möglichkeit, sich gewerkschaftlich und politisch zu engagieren. Auch das Berufsprofil der jüdischen Bevölkerung in Belgien ähnelt dem der jüdischen Immigrantinnen und Immigranten in Frankreich: Der Kleinhandel und die Textilproduktion sind überrepräsentiert, dazu kommen die Kürschnerei und die lederverarbeitenden Kleinbetriebe und, als Spezifikum in Belgien, die diamantenverarbeitende Industrie und der Diamantenhandel, die vor allem in Antwerpen ansässig sind und viele jüdische Immigranten beschäftigen.[68]

148

Diese Frauen und Männer und ihre Kinder sind in ein Land gekommen, dessen Sprachen sie meist nicht sprechen. Das Flämische klingt den Jiddischsprechenden vertrauter, doch Französisch müssen diejenigen, die in Polen oder Rußland nicht das Gymnasium besucht haben, die meisten also, erst mühsam erlernen. Häufig sind es auch hier, wie in Frankreich, die Kinder, die ihre Familien nach »außen« vertreten. Hélène Waksmans Vater kam 1928 mit einem legalen Arbeitsvertrag aus Lodz nach Brüssel. Er arbeitete im angesehenen Modehaus Hirsch, und sein Chef stellte ihm die nötigen Papiere aus, damit er seine Frau und die zwei Kinder, die sechs Jahre alte Tochter und den einjährigen Sohn, nachkommen lassen konnte. Hélène Waksman erinnert sich:

»Wir kamen, das werde ich nie vergessen, nachdem wir zwei Nächte und zwei oder drei Tage gefahren waren, an einem Abend im Jahr 1929 am Nordbahnhof an. Da stand nun meine Mutter auf dem Bahnsteig, den schlafenden Kleinen auf dem Arm, vor sich zwei Koffer und mich. Der Zug fuhr weiter, der Bahnsteig leerte sich, schließlich waren wir die einzigen, die noch da waren. Was war geschehen? Vater erwartete uns auf einem anderen Bahnsteig. Wir warteten noch eine gute Weile, dann sprach meine Mutter einen Taxifahrer an. Der war Flame, und da meine Mutter Deutsch sprach, konnten sie sich verständigen. Und sie war eine schöne junge Frau, meine Mutter war damals 29. Mein Vater hatte eine Wohnung in der Rue des Plantes gemietet, das wußte meine Mutter, und der Taxifahrer brachte uns dorthin. In Polen geht man in ein Haus einfach hinein, aber hier in Brüssel mußte man klingeln. Also drückte sie auf die Klingel, und eine Frau aus dem zweiten Stock sah aus dem Fenster. Meine Mutter fragte nach Waksman, und sie sagte, ›jaja, hier wohnt ein Herr Waksmann, aber der hat keine Frau und Kinder‹. Sie ließ uns nicht hinein. Meine Mutter hatte noch eine andere Adresse, von Freunden meines Vaters. Da fuhr das Taxi uns nun hin. Da war mein Vater dann auch und wartete auf uns, und wir verbrachten unsere erste Nacht in Belgien bei diesen Freunden. Aber ich werde nie dieses Bild vergessen, wie meine Mutter mit zwei kleinen Kindern und zwei großen Koffern nachts alleine auf dem Bahnsteig in einer fremden Stadt steht.«[69]

Die Ehefrauen und Mütter vieler Immigranten arbeiten zu Hause, für Subunternehmer oder für ihre Ehemänner. Sie sitzen isoliert in der Wohnung und erlernen die Landessprache noch langsamer als ihre Männer. Hélène Waksmans Mutter fühlt sich in Brüssel so unglücklich, daß selbst die kleine Tochter es bemerkt:

»Meine Mutter hatte eine sehr schwere Zeit die ersten Jahre in Belgien. In Polen hatte sie eine Schneiderei mit sechs Angestellten. Wir lebten bei den Großeltern, und so hatte sie mit dem Haushalt nichts zu tun, meine Großmutter kochte, und es gab ein Mädchen für die grobe Arbeit. Meine Mutter konnte sich auf ihren Beruf konzentrieren. Als sie nun in Belgien einen eigenen Haushalt führen mußte, konnte sie nichts. Sie sprach auch die Sprache nicht, die Hausarbeit überforderte sie, und sie hatte noch zwei kleine Kinder zu versorgen. Und sie kannte keinen Menschen, sie hatte hier nur eine Cousine, und die wohnte weit weg, in einem anderen Stadtteil. Also sagte meine Mutter zu Vater, ›hör zu, wenn du in Belgien bleiben möchtest, dann mußt du zu Hause arbeiten, weil alleine schaffe ich das alles nicht‹. Vater richtete sich zu Hause eine Werkstatt ein. Und wir zogen um, denn in dem Haus, in dem die Cousine meiner Mutter wohnte, war eine Wohnung frei geworden. Meine Mutter lernte nun Französisch, sie ging in Abendkurse, was sie ja nun konnte, weil mein Vater zu Hause war. Von da an ging es ihr besser.«[70]

Die unverheirateten jungen Frauen, die allein oder mit ihren Eltern nach Belgien kamen, führten häufig ein anderes Leben als Hélènes Mutter. Yvonne Jospa geht mit 18 Jahren aus Kischinew nach Belgien, um an der Universität Lüttich zu studieren. Sie hat auf Grund des Numerus clausus für Juden zu Hause keinen Studienplatz bekommen. Sie studiert Soziologie und absolviert die Sozialarbeiterschule. Sie ist ununterbrochen politisch aktiv, auch nach ihrer Verheiratung und der Geburt ihres Kindes, und sie arbeitet auch weiterhin in ihrem Beruf, bis sie in die Illegalität geht.[71] Guta Rozencwajg, die in einer armen jüdischen Familie in Polen aufwächst, muß schon mit 14 Jahren zum häuslichen Einkommen beitragen. Sie arbeitet zwölf Stunden pro Tag in einer Strumpffabrik. Als ihre Familie 1933 nach Belgien auswandert, arbeitet sie in Brüssel hier und dort, ohne einen Beruf richtig zu erlernen. Ihre Abende aber verbringt sie in der sozialistischen Jugendorganisation: »Da gab es Diskussionen, Debatten mit den jungen Zionisten etc. Wir waren auch viel im Sportklub, ich war sehr sportlich. Ich habe schon an den Zeitungen mitgearbeitet, am Layout, zeichnerisch, aber auch an Artikeln. Und wir sind mit den Fahrrädern durch ganz Belgien gefahren, haben Camping gemacht. Wir hatten eine glückliche Jugend bis 1940.«[72]

Die Sportklubs spielen eine wichtige Rolle für diese jungen Frauen und Männer, die sich später dem Widerstand anschließen werden. Auch Sarah Goldberg schwärmt von ihrer Zeit in l'Unité, dem Brüsseler Pendant zum Antwerpener jüdischen Arbeitersportklub YASK: »Wir haben dort natürlich auch Sport getrieben, Gymnastik und all das. Aber wir wurden dort vor allem im Geiste des Widerstands erzogen. Fast alle meine Freundinnen und Freunde aus der Résistance habe ich hier kennengelernt.«[73] Hier oder im Viertel oder bei kulturellen Veranstaltungen, die sich wiederum im Viertel abspielen. Albert Rozencwajg, Guta Rozencwajgs Bruder, erinnert sich: »Ich bin mit Sarah Goldberg zusammen aufgewachsen. Wir wohnten im selben Viertel, wir steckten ständig zusammen. Wir waren nicht alle politisiert. Ich schon, die anderen nicht unbedingt alle. Aber auch für mich war anfangs nicht die Partei das einzige. Mir war die Musik das Wichtigste. Ich habe kleine Jugendorchester zusammengestellt. Und ich ging auch zu den Zionisten und habe mich dort unterhalten.«[74]

II

Der bewaffnete Widerstand

Als diese jungen Frauen und Männer sich dem Widerstand anschließen, widerspricht ihre bisherige Lebensrealität häufig den Regeln der Konspiration. Offiziell darf jedes Mitglied einer Untergrundgruppe nur zwei andere Mitglieder kennen – de facto aber kennen sie sich nicht nur alle, sondern wissen auch, ohne daß man darüber spricht, wer »dabei« ist.[75] Oft gehen mehrere Geschwister gemeinsam in den Untergrund, in manchen Fällen schließen sich ganze Familien, einschließlich der Eltern, dem Widerstand an.[76] Die paradoxe Situation, daß Leute, die sich gut kennen, sich konspirativ gegeneinander verhalten müssen, führt manchmal zu durchaus komischen Situationen. Albert Rozencwajg, dessen Brüder und Schwestern bereits im bewaffneten Widerstand aktiv sind, möchte nicht, daß seine Frau Fanny sich auch noch den PA (Bewaffneten Partisanen) anschließt: »Ich wollte, daß wenigstens eine Person in der Familie sich nicht in diese Gefahr begab. Sie war so jung und unerfahren.« Fanny Rozencwajg ist anderer Ansicht. Albert Rozencwajg erinnert sich: »Eines Tages sagte Mikado, der mein Chef war, zu mir: ›Du mußt dir eine neue Kurierin ansehen, die keine Jüdin ist.‹ Also ging ich los, um sie mir anzuschauen. Als ich sah, wer das war, habe ich anschließend einen großen Skandal gemacht, aber da war es schon zu spät.« Es ist seine Frau Fanny, die sich als nichtjüdische Belgierin ausgegeben hat.[77]

Sarah Goldberg leitet eine illegale kommunistische Jugendgruppe, als sie gefragt wird, ob sie sich der »Roten Kapelle«[78] anschließen will. Sie erfährt nicht, welche Organisation das ist, nur daß
es sich um einen Geheimdienst handelt, der für die Sowjetunion arbeitet. Und daß diese Art von Widerstand lebensgefährlich ist und
daher das höchste Maß an Geheimhaltung erfordert. Als sie zu-
stimmt, muß sie die Arbeit mit den Jugendlichen aufgeben. Sie muß
ihnen erklären, ihr sei das alles zu gefährlich, sie wolle nicht länger
illegal arbeiten. Diese Lüge fällt ihr schwer, aber sie tut ihr Bestes,
um überzeugend zu wirken. Und auch die Jugendlichen bemühen
sich sehr ernsthaft, so zu tun, als würden sie ihr glauben. Als würden
sie »ihre« Sarah nicht besser kennen...[79]

Der Überfall der Wehrmacht auf die Sowjetunion bewirkt auch
innerhalb der belgischen Kommunistischen Partei eine gewisse Erleichterung über das Ende des Paktes und der durch den Nichtangriffspakt zwischen Deutschland und der Sowjetunion diktierten
Politik. José Gotovitch erläutert in seiner Studie über den Widerstand der KPB die Schwierigkeiten, ein Datum für die Entstehung
oder »Gründung« der Front de l'Indépendance, FI, oder gar der PA,
der bewaffneten Partisaneneinheiten, festzulegen.[80] »Le Drapeau
Rouge« (Die Rote Fahne), das Zentralorgan der KP Belgiens, über-
schreibt im Juli 1941 einen Artikel mit dem Titel »Es lebe die Unabhängigkeitsfront!«[81] Dieser ersten öffentlichen Erwähnung folgen
Verhandlungen mit verschiedenen Gruppen und Organisationen,
denn die Front de l'Indépendance definiert sich als Sammlungsbe-
wegung, unter deren Dach alle möglichen politischen Tendenzen
und Richtungen sich vereinen können beziehungsweise sollen, um
gemeinsam gegen die Besatzer zu kämpfen. De facto sind nicht nur
ein großer Teil der Gründer, sondern auch der künftigen führenden
Funktionäre und Kommandanten Kommunisten.[82] Der Begriff »unsere Partisanen« taucht erstmals im Januar 1942 in »Le Drapeau
Rouge« auf.[83] In einer Veröffentlichung aus dem Jahr 1943 datiert die
Partei die Gründung »eines organisierten Corps« der »belgischen
Partisanen« offiziell auf den November 1941.[84] Von Beginn an waren
Jüdinnen und Juden am bewaffneten Widerstand in Belgien nicht nur
beteiligt, sie stellten auch einen sehr hohen Anteil daran. Jean Roch,
Kommandant der PA in Brüssel und Wallonien, erinnert sich anläßlich
eines kurzen Aufenthaltes in Brüssel nur an »die Gruppe der ausländi-
schen Genossen«,[85] die vor allem aus jüdischen Mitgliedern bestand.
Jacob Gutfrajnd, Kommandant der jüdischen Partisanen in Brüssel,

schreibt in seinen Erinnerungen, die erste Gruppe der jüdischen Partisanen in der Hauptstadt habe sich Ende 1941 formiert.[86] Nicht alle jüdischen Partisaninnen und Partisanen der Hauptstadt organisieren sich im jüdischen Corps mobile. Auch das gemischte Corps de Bruxelles zählt zahlreiche jüdische Kombattantinnen und Kombattanten. Insgesamt sind es an die 150 jüdische Frauen und Männer, die als bewaffnete Partisanen Widerstand leisten. Die meisten von ihnen sind jung, Anfang 20 und zum Teil auch noch jünger. Die »Alten«, oft ehemalige Spanienkämpferinnen und Spanienkämpfer, sind nicht viel älter als Anfang 30.[87] Ihre ersten Angriffe führen die jüdischen PA gegen »Verräter aus den eigenen Reihen«: Gegen Betriebe, die für die Wehrmacht produzieren, und gegen die AJB, die Zwangsvertretung der Juden in Belgien, in den Augen der Kommunisten und der Linkszionisten Handlanger der Gestapo. Am 25. Juli 1942 überfällt eine Gruppe jüdischer Partisanen das Büro der AJB in Brüssel und verbrennt einen Teil der Karteikarten, die für den »Arbeitseinsatz« erstellt worden waren. Am 31. Juli dringen sie erneut in das Büro der AJB ein und verbrennen weitere Akten und Papiere. Wenig später erfolgt das Attentat auf Holzinger, den Verantwortlichen in der AJB für die Verschickung der »Arbeitseinsatzbefehle«.[88]

Im Verlauf der kommenden Jahre führen die PA zahlreiche Aktionen gegen Kollaborateure, belgische Faschisten, Verräter, gegen Einrichtungen und Personal der Besatzungsmacht, Transportwege und Infrastruktur durch. Die kleinste Formation der PA ist das Détachement, drei Détachements bilden eine Compagnie, drei Compagnien ein Corps oder Bataillon. Jeder Kommandant hat (je nach Rang) mindestens eine Kurierin.[89] Guta Rozencwajg, die selbst als Kurierin arbeitete, beschreibt ihre vielfältigen Aufgaben: »Die Kurierin hielt die Verbindung aufrecht zwischen den Chefs der verschiedenen Abteilungen, zwischen dem Chef ihrer Gruppe und dem nächsthöheren Chef. Sie war aber auch verantwortlich für alles, was die Mitglieder ihrer Gruppe betraf, für ihre Schuhe, für ihre Ernährung, für ihre Unterbringung. Sie erhielt vom Verantwortlichen die Lebensmittelkarten, das Geld und die sonstigen Sachen für ihre Männer und eventuell auch für deren Familien. Und sie machte den Kundschafterdienst.«[90]

Neben dem Verbindungsdienst wird auch der Kundschafterdienst vor allem von Frauen betrieben. Frauen bringen zudem die Waffen oder den Sprengstoff zum Ort des Anschlags und holen sie wieder ab, Frauen transportieren Waffen innerhalb der Städte und über Land.

Frauen, die selbst mit der Waffe kämpfen, gibt es allerdings nur sehr wenige.[91] Ida Szulzinger-Ganz gehört zu diesen Ausnahmen[92] und auch Régine Orfinger, die in den letzten Monaten der Besatzung sogar eine Gruppe von 25 bis 30 Männern kommandiert.

Régine Orfingers »Karriere« im Widerstand beginnt damit, daß sie das Material besorgt, das ihr Mann zur Herstellung von Sprengstoff benötigt: »Mein Mann fabrizierte den Sprengstoff im Bidet im Badezimmer. Meine Mutter unterstellte mir, das Bidet sei deshalb beschädigt, weil ich heimlich im Badezimmer rauchte. Aber es war natürlich nicht die Asche meiner vermeintlichen Zigaretten, sondern der Abfall der Stoffe, die wir zur Herstellung des Sprengstoffs brauchten. Und die habe ich gekauft. Ich habe immer alles aufgekauft, was zu bekommen war. Das war eine ziemliche Schlepperei.«[93] Später wird sie zur Kurierin des nationalen Kommandanten ernannt. Ihre Arbeit wird nun komplizierter: »Als Kurierin des Kommandanten habe ich Anweisungen, Mitteilungen und Neuigkeiten übermittelt. Als ich schwanger war, versteckte ich die Sachen oft an meinem Bauch, das war eine ziemlich sichere Angelegenheit. Deshalb blieb ich nach der Geburt meines Sohnes sozusagen noch eine Weile schwanger. Ich versuchte, so unschuldig wie möglich auszusehen. Am besten war es, wie eine Hausfrau auszusehen, die auf der Jagd nach Kaffee ist oder nach anderen Lebensmitteln, die es nicht mehr gab. Ich hatte feste Rendezvous. Wenn ein Rendezvous an dem einen Tag nicht klappte, versuchte ich es am nächsten Tag noch einmal. Wenn auch beim zweiten Termin niemand auftauchte, konnte ich davon ausgehen, daß der andere verhaftet worden ist.«[94] Am 19. Mai 1943 kommt ihr eigener Mann Lucien nicht zur vereinbarten Zeit nach Hause: »Er hatte ein Rendezvous. Als er eine Stunde danach noch immer nicht da war, wußte ich, daß etwas passiert war. Ich nahm meinen Jungen bei der Hand und ging auf mein eigenes nächstes Rendezvous. Das war um drei Uhr nachmittags. Ich traf eine Kameradin, und ich sagte ihr, sie muß mir für diese Nacht eine Wohnung finden. Ich wußte, in unsere Wohnung konnte ich nicht mehr, denn Lucien könnte gezwungen werden, eine Adresse anzugeben. Sie sagte, das wird nicht einfach werden mit dem Kind. Darauf sagte ich ihr, vielleicht wird es dir leichterfallen, wenn ich dir sage, daß ich auch noch schwanger bin. Von da an habe ich mal hier, mal dort gewohnt, wo es eben einen Platz gab.«[95]

Sie weiß lange nicht, was mit ihrem Mann geschehen ist. Als sie erfährt, daß er sich in der Festung Breendonk, dem Foltergefängnis der Gestapo für die belgischen Widerstandskämpfer, befindet, ist sie fast erleichtert. Wenigstens weiß sie nun, wie sie ihn erreichen kann. Als am 6. November 1943 ihr Sohn Pierre zur Welt kommt, schmuggelt ein Anwalt die Nachricht nach Breendonk. Lucien Orfinger antwortet Régine: »Es ist nicht nur für den Vater, sondern für alle Männer hier eine große Freude, wenn ein Kind geboren wird. Denn das bedeutet: Das Leben geht weiter.« Vier Monate später liest sie in der Zeitung, daß ihr Mann am 28. Februar 1944 hingerichtet wurde. Im März übernimmt sie die Verantwortung für den Verbindungsdienst des Partisanencorps von Namurs, im Juli, nach dem Tod ihres Kommandanten, tritt sie an dessen Stelle.[96]

Hélène Waksman wechselt von der Arbeit in der Untergrundpresse zum Kurierdienst. Sie transportiert nun Nachrichten und Waffen und überbringt Befehle. Sie fährt mit dem Fahrrad, um nicht in Razzien zu geraten. Wenn sie die Straßenbahn benutzt, stellt sie sich ganz vorne hin, direkt hinter den Fahrer, damit sie rechtzeitig sieht, was auf sie zukommt. Häufig bringt Hélène Waksman den Genossinnen und Genossen die nötigen Dinge des Alltags. Nahe der Place Meiser befindet sich das Depot mit Kleidung, Schuhen, Lebensmitteln. Der Kommandant einer Gruppe läßt über seine Kurierin bestellen, was seine Leute benötigen. Hélène bringt die Sachen dann der Kurierin, die sie wiederum an den Kommandanten weitergibt. Nach einem Überfall der PA auf die Gas- und Elektrizitätswerke transportiert Hélène Waksman das erbeutete Geld quer durch die Stadt ins Depot. Sie erhält es in Zeitungspapier eingeschlagen, »ein Riesenpaket«. Da sie keine andere Wahl hat, nimmt sie die Straßenbahn und hofft, daß alles gutgeht. Die Sicherheitsregeln, sagt sie, waren ihnen allen durchaus geläufig, man konnte sie nur in der Praxis nicht immer einhalten: »Nach den ersten Verhaftungen haben wir das System geändert, man hat versucht, anders, vorsichtiger zu agieren. Aber es gab einfach nicht so viele Möglichkeiten, die Waffen zu verstecken, die man transportieren mußte.«[97]

Guta Rozencwajg organisiert schon vor dem Einmarsch der Deutschen eine Frauengruppe, die sie dann weiter führt. Gleichzeitig gehört sie zu der kleinen Gruppe von Frauen, die regelmäßig Radio Moskau hören, die Nachrichten mitschreiben, abtippen und verteilen. Kurze Zeit kümmert sie sich auch darum, Kinder zu verstecken. Doch sie findet, das sei eine Arbeit »für die Frauen, die schon etwas älter sind«. Sie selbst zieht es zu den Partisanen, zu denen auch ihre Brüder gehören. Sie wird Kurierin, kundschaftet Anschlagsobjekte aus, transportiert Waffen. Sie lebt in einer illegalen Wohnung, ihr Mann,

Abraham Goldgewicht, einer der Regionalkommandanten der PA, ist ständig unterwegs, in Lüttich, Charleroi, sie weiß, er hat einen wichtigen Posten, aber was er genau tut, darüber sprechen sie nicht. Auch unter Ehepaaren gilt nun: Je weniger einer weiß, desto weniger kann er unter der Folter sagen. Sie wohnen in einem der ärmeren Viertel von Brüssel und erleben die Solidarität ihrer Nachbarn. Als die Gestapo eines Tages im Nebenhaus auftaucht, warnt ein Nachbar Guta Rozenczwajg: »Madame, die Fritzen sind da!« Guta Rozencwajg verwendet im Laufe der Jahre mehrere verschiedene Identitätskarten, anfangs sind es gefälschte Papiere, die keiner genaueren Kontrolle standgehalten hätten. Gegen Ende bekommt sie »echte« falsche Papiere, die ins Melderegister des Gemeindeamtes eingetragen sind. In erster Linie aber verläßt sich Guta Rozencwajg auf ihr Auftreten: »Ich war sehr selbstsicher. Ich hatte ein Lächeln, das wirkte, und ich sah den Leuten direkt in die Augen. Ich hatte eine Ausstrahlung, die mich schützte. Und ich sah nicht sehr jüdisch aus. Sprach man mich auf deutsch an, tat ich so, als verstünde ich nicht, obwohl ich natürlich sehr gut verstand. Sagte einer: ›Ihre Papiere!‹, dann wartete ich darauf, daß er noch etwas sagte. Erst dann habe ich meine Identitätskarte hervorgeholt.«[98]

Ihre Selbstsicherheit ist so groß, daß sie sich, als ihr jüngster Bruder Moszke, »Maurice« Rozencwajg, verhaftet wird, im Gefängnis unter ihrem falschen Namen meldet, um ihm Pakete bringen zu können. Sie nennt sich zu dieser Zeit Gilberte Renard. Als sie Anfang September 1943 wieder einmal in das Gefängnis Saint Gilles geht, um ein Päckchen abzugeben, erhält sie ein Paket mit den Sachen ihres Bruders ausgehändigt. Sie geht in das Gemüsegeschäft, das ihnen als »toter Briefkasten« dient, und hier liegt ein Brief für sie.[99] »Meine liebe Gilberte«, schreibt ihr Maurice Rozencwajg, »wenn Du diesen Brief erhältst, werde ich nicht mehr sein. (...) Ich weiß, daß Du an dem Tag, an dem Du diesen Brief liest, schrecklich leiden wirst, aber ich möchte Dir trotzdem meine letzten Gedanken mitteilen, die nur Euch gelten. Es zerreißt mir das Herz, wenn ich daran denke, wie sehr die Eltern meinetwegen schon gelitten haben, und wie sehr sie noch leiden werden, wenn sie diesen Brief lesen. Aber sie finden darin den letzten Ausdruck der Liebe, die ich für sie empfinde und für meine ganze Familie. (...) Mein letzter Wille ist, daß meine Eltern diesen Alptraum überleben und daß sie einmal wieder ein ruhiges und angenehmes Leben führen können, so wie sie es verdienen.«[100]

Guta Rozencwajg verläßt das Geschäft, nimmt die Straßenbahn und fährt in ihre illegale Wohnung. Erst hier erlaubt sie sich zu weinen. Sie liest den Brief wieder und wieder, bis sie ihn auswendig kann: »Ich war immer alleine mit all diesen Gefühlen. Mit allem, was passiert ist, mußte ich alleine fertig werden. Meine Eltern wußten die ganze Zeit über nichts, nicht, wer verhaftet wurde, nichts. Sie wußten, daß wir irgend etwas mit dem Widerstand zu tun hatten. Aber nicht mehr.«[101] Guta Rozencwajg kümmert sich die ganze Zeit über neben ihrer Widerstandsarbeit um die Eltern, die sie, bevor sie sich den Partisanen anschloß, bei einer Familie auf dem Land untergebracht hatte: »Meine Brüder wurden verhaftet, dann auch mein Mann, meine Schwester, aber das wußten sie nicht. Ich konnte ihnen doch nicht die Wahrheit sagen. Eines Tages war in der Zeitung eine Liste abgedruckt mit den Namen von Geiseln, die erschossen wurden. Unter diesen zehn Geiseln war auch mein Bruder, Maurice Rozencwajg. An diesem Tag habe ich mich am frühen Morgen im Garten versteckt, und als die Zeitung kam, habe ich sie an mich genommen, damit mein Vater sie nicht lesen konnte. Ich mußte dann aber doch noch zu ihnen gehen, um ihnen ihre Lebensmittel zu bringen, wie immer. Ich habe mich natürlich beherrscht, so gut es ging, um mir nichts anmerken zu lassen. Aber sie sahen, daß ich blaß war. Ich habe immer Geschichten erfunden, um ihnen Mut zu machen. Ich war ja die einzige, die noch da war. Das hat mir auch angst gemacht. Wenn ich nun auch noch verhaftet würde – was würde aus meinen Eltern werden?«[102]

Sarah Goldberg arbeitet seit ihrer Rekrutierung als Funkerin für die »Rote Kapelle«. Als das deutsche Spezialkommando, das auf den Geheimdienst angesetzt wurde, dessen Brüsseler Zentrale entdeckt, entgeht Sarah Goldberg teils durch Glück, teils aber auch dank der Vorsichtsmaßnahmen ihres Verantwortlichen Hermann Isbutzki der Verhaftung. Da die Organisation in Brüssel zerschlagen und fast alle ihre Mitglieder festgenommen sind, wendet sich Sarah Goldberg an ihre alten Freundinnen und Freunde aus dem Viertel: »Ich wußte, daß die ganze Bande bei den Partisanen war. Wir waren so eng befreundet, daß man so etwas einfach wußte. Man wußte, was wer machte. Nicht, welche Aktionen genau, aber im allgemeinen. Ich sagte also zu Laib (Rabinowicz, Anm. d. Verf.), ›hör zu, könntest du mich deinem Verantwortlichen vorstellen?‹, und er brachte mich mit Jakob (Gutfrajnd, Anm. d. Verf.) zusammen. Jakob wußte, daß ich eine andere Art Arbeit in der Résistance gemacht hatte, er wußte aber nicht, was. Es war aber sehr gefährlich, bei den Partisanen zu sein, und Jakob wollte erst

157

einmal sehen, ob ich dafür geeignet war, ob ich Angst hatte.«[103] Er findet rasch heraus, daß diese neue Kandidatin bestens geeignet ist. Von nun an nimmt Sarah Goldberg an zahlreichen Aktionen der PA in Brüssel teil:»Ich kann mich noch genau an meine erste Aufgabe erinnern. Jakob sagte, ›es gibt einen Kollaborateur, einen Belgier, der für die Deutschen arbeitet. Man muß ihn auskundschaften, damit wir ihn liquidieren können‹. Das habe ich gemacht und dann auch an der Aktion selbst teilgenommen. Ich ging in das Geschäft dieses Mannes und fragte nach etwas, ein Kamerad kam hinter mir herein, ein anderer wartete draußen. Der Genosse, der hinter mir hereingekommen war, schoß. Am nächsten Tag stand in der Zeitung, eine junge Frau mit einem gelben Turban habe ihn erschossen, ich wurde genau beschrieben. Es gab aber auch Aktionen, die sind uns nicht gelungen. Einmal kam so ein Kollaborateur mit seiner Frau aus dem Haus, also konnten wir nicht schießen, wir haben das nicht gemacht, wenn Angehörige dabei waren.«[104]

Durch Zufall lernt Sarah Goldberg auf dem Kommissariat, das für ihr Wohnviertel Forest zuständig ist, einen Polizeikommissar kennen, der mit der Résistance sympathisiert. Er besorgt ihr eine »echte« falsche Identitätskarte, und sie weiß nun, sie kann sich, wenn es nötig ist, an ihn wenden. Einmal wendet er sich an sie:»Er sagte mir, ›wir haben in unserem Polizeicorps einen, der alle Kollegen denunziert, die für die Résistance arbeiten‹. Ich sagte, ›geben Sie mir doch seine Adresse‹. Ich gab sie an meinen Verantwortlichen weiter, und es gab eine Aktion gegen diesen Mann. Als ich das nächste Mal zu ›meinem‹ Kommissar ging, sagte er mir, ›stellen Sie sich vor, der Denunziant wurde getötet‹. Ich sagte, ganz unschuldig, ›nein so etwas!‹ Wir haben beide Theater gespielt.«

Theater spielen gehört zum Alltag der Widerstandskämpferinnen. Sarah Goldberg nennt sich Denise und trägt ein goldenes Kettchen mit einem kleinen Kreuz um den Hals. Als ihre Gruppe plant, eine große Fabrik zu überfallen, die Uniformen für die Wehrmacht herstellt, läßt sie sich als Arbeiterin einstellen:»In dieser Fabrik, in der ich nun arbeitete, kam am Freitag das Geld, mit dem am Samstag die Arbeiter bezahlt wurden. Wir hatten zwei Ziele: die Fabrik anzünden und die Kasse mitnehmen. Meine Aufgabe bestand darin, zu beobachten, was sich tat, wo genau sich die Kasse befand, einen Plan zu zeichnen. Das Büro befand sich außerhalb des Fabrikgebäudes, auf dem Hof. Ich mußte sehen, wo das Büro war, wann die Leute dort ankamen etc. Es war sehr wichtig, dieses viele Geld zu bekommen, wir brauchten es für uns, aber auch für die versteckten Kinder und für die versteckten Erwachsenen. Für all das brauchte man Geld, und das haben zum Teil die Partisanen organisiert. Ich arbeitete dort also und lief auf dem Gelände herum, trat durch eine Tür – ›Oh, Verzeihung, Monsieur, ich habe mich in der Tür geirrt‹ – und so weiter. Freitag abend sollte die Aktion stattfinden. Ich setzte ein Hütchen mit einem kleinen Schleier auf und zog mich gut an. Ich sollte am Fabriktor läuten und dem Concierge sagen, ›mein Verlobter ist nicht aus der Fabrik nach Hause gekommen, ich mache mir Sorgen‹. Dann sollte ein Kamerad den Concierge mit dem Revolver in Schach halten, damit wir in die Fabrik konnten.«[105]

In diesem Fall jedoch kommt alles anders als geplant, sie müssen die Aktion abbrechen: Der Concierge ruft laut um Hilfe und alarmiert damit die ganze Straße. Doch die »Masche« mit der netten jungen Frau, die Einlaß begehrt und hinter der dann die bewaffneten Partisanen eindringen, setzen Sarah Goldberg und ihre Kolleginnen häufig mit Erfolg ein. Als eine Gruppe jüdischer Partisanen Jakob Gutfrajnd, der bei einer Aktion schwer verletzt wurde, Ende April 1943 aus dem Krankenhaus Etterbek befreit, läutet Sarah Goldberg an der Pforte und ruft: »Schnell, schnell, wir haben einen Kranken!« Der Pförtner öffnet, und während er sich noch nach dem Kranken umsieht, ist das Kommando schon im Gebäude.[106] Abraham Nejszaten, der an dieser Befreiungsaktion teilnahm, beschreibt sie als ein besonders eklatantes Beispiel für die Sympathien, die große Teile der belgischen Bevölkerung den Partisanen entgegenbrachten. Niemand stellte sich ihnen in den Weg, als sie durch das Krankenhaus stürmten, den Polizisten, der Gutfrajnd bewachte, »außer Gefecht setzten« und schließlich mit dem Kranken zusammen wieder verschwanden: »Am Ausgang des Krankenhauses beglückwünschten uns die Schwestern, Pfleger, Ärzte, das gesamte Personal, sie riefen: ›Bravo die Résistance!‹«[107]

Eine Mission mißlingt den jüdischen PA trotz mehrerer Anläufe immer wieder, eine Mission, die ihnen besonders am Herzen liegt und deren Scheitern sie heute noch bedauern: die Liquidierung von »Jacques«, dem Denunzianten. Icek Glogowski, genannt »Jacques«, war selbst Jude und brüstete sich damit, jeden Juden erkennen zu können. Zusammen mit einem Gestapoagenten fuhr er im Auto durch Brüssel, sah sich die Passanten auf der Straße, die Gäste auf den Kaffeehausterrassen, die Wartenden in den Schlangen vor dem Arbeitsamt an und suchte sich diejenigen heraus, die er als Juden identifizierte. »Jacques« war nicht der einzige seiner Art, aber wahrscheinlich der erfolgreichste. Er wurde in Brüssel zu einer Art negativer Legende, und allein Sarah Goldberg kundschaftete mehrere Male seine Wege und Gewohnheiten aus, doch alle Versuche, ihn zu erschießen, schlugen fehl. Schließlich fiel vermutlich Sarah Goldberg selbst, nachdem sie ihm bereits zweimal erfolgreich entwischt war, »Jacques« zum Opfer.[108] Am 4. Juni 1943 wurde sie, zusammen mit Lola Rabinowicz und Henri Wajnberg, in ihrer konspirativen Wohnung in der Rue du Charme im Brüsseler Stadtteil Forest verhaftet: »Die Gestapo kam um drei Uhr morgens. Wir hatten illegale Zeitungen, eine Schreibmaschine – es war Juden verboten, eine Schreibmaschine zu besitzen – und einen Revolver in der Wohnung. Henri konnte den Revolver verstecken, allerdings nicht gut, denn dafür war keine Zeit. Als sie reinkamen, sagten wir, wir wären Juden. Wir hatten die Hoffnung, daß wir uns, wenn wir als Juden verhaftet wurden, noch eher irgendwie retten könnten, als wenn wir als Partisanen mit einem Revolver erwischt wurden. ›Und die Papiere?‹ – ›Die sind falsch.‹ Sie trieben uns mit ein paar Ohrfeigen zum Auto: ›Schnell, schnell! Einsteigen!‹ Wir wurden auf die Gestapo gebracht. Der Polizeikommissar, der mir immer geholfen hat, erfuhr davon und ging in die Wohnung, um zu sehen, was zu tun war. Er beseitigte alles, was illegal war. Als die Gestapo in die Wohnung zurückging, um sie zu durchsuchen, fand sie dort nichts. Daher glaubten sie uns und brachten uns nicht in das Gefängnis, sondern direkt nach Malines.«[109]

Von Malines werden sie nach Auschwitz transportiert, eine Gruppe von Freundinnen und Genossinnen, die sich in Malines zusammenschließt und die das Glück hat, in Auschwitz, auf dem Todesmarsch, in Ravensbrück und Malchow zusammenbleiben zu können. Daß sie überlebt hat, sagt Sarah Goldberg, verdankt sie in erster Linie der Solidarität ihrer Genossinnen.[110]

Guta Rozencwajg wird als einzige aus ihrer Gruppe nicht verhaftet. Nach einer erneuten Verhaftungswelle im Frühjahr 1944, in deren Verlauf mehrere Kommandanten und vier ihrer Kurierinnen festgenommen werden, widersetzen sich einige der übriggebliebenen Partisaninnen und Partisanen den weiteren Anweisungen der Parteiführung, der sie inzwischen mißtrauen. Im Juli 1944 werden sie im Zentralorgan der PA, »Le Partisan«, vom »Nationalen Kommandanten der Partisanen« aufgefordert, sich sofort wieder der Organisation anzuschließen, mit Ausnahme dreier Männer, die bereits ausgeschlossen seien. Als sie sich weigern, werden die »Dissidenten«, unter ihnen Guta Rozencwajg und Régine Orfinger, als Provokateure diffamiert und damit vollkommen von allen Strukturen des Widerstands isoliert.[111]

Als die Alliierten und die belgischen Befreiungstruppen in Belgien einmarschieren, schlägt Charles Pasternak, der selbst seine gesamte Familie verloren hat, Guta Rozencwajg vor, ihre Eltern aus ihrem Versteck auf dem Lande zu holen. Er organisiert ein Auto, und sie fahren nach Linkebeek: »Wir holten die Eltern aus ihrem Zimmer, sie waren ein wenig wackelig, weil sie über zwei Jahre darin verbracht hatten. Wir setzten sie ins Auto, und auf dem Weg nach Brüssel gerieten wir mitten in die Militärkolonne. Die Leute am Straßenrand dachten, wir wären Teil der Befreiungsarmee, und jubelten uns zu, für die Eltern war das wunderbar, die Befreiung so zu erleben. Die Leute jubelten, die Fahnen flatterten, alle waren verrückt vor Freude, und wir mitten in diesem Konvoi. Aber das hat nicht lange gehalten. Sie haben schnell erfahren, daß sie ihre beiden Söhne verloren haben. Mein Vater ging jeden Tag zum Nordbahnhof, um auf die Rückkehrer aus den Lagern zu warten. Aber es kam niemand von uns. Das mit Maurice haben sie geahnt. Sie haben erfahren, daß einer, der mit ihm zusammen war, erschossen worden ist. Eines Tages weinte meine Mutter und sagte zu mir: ›Moszke auch?‹ Ich brach in Tränen aus und sagte ihr die Wahrheit. Ich hab sofort angefangen, ihr zu sagen, er war ein Held, er nimmt einen Platz in der Geschichte ein, so mußten wir reden. Aber ich wußte nicht, was mit den anderen war. Dann kamen meine Schwester, die in Auschwitz war, und mein Schwager Albert zurück. Mein Mann kam zwar zurück, aber als Skelett, von Tuberkulose zerfressen, ich habe ihn nur an den Augen wiedererkannt, seinen riesigen dunklen todtraurigen Augen. Im November 1945 ist er gestorben. Meine Mutter und mein Vater sind auch bald gestorben, aus Kummer.«[112]

Die Rettung der Kinder

»Ist es wahr«, fragt im Herbst 1942 »L'ami du peuple« (Der Volksfreund), eine große Kollaborationszeitung im besetzten Belgien, »daß in bestimmten Sanatorien der belgischen Nationalen Liga gegen Tuberkulose jüdische Kinder versteckt (…) sind?«[113] Die antisemitischen »Volksfreunde« vermuten richtig. Yvonne Jospa, die während ihres Studiums mehrere Praktika in den Anstalten der Liga gegen die Tuberkulose gemacht hat, nutzte ihre Kontakte zu deren Ärztinnen und Ärzten für ihre Arbeit im CDJ, Comité de Défense des Juifs, dem jüdischen Verteidigungskomitee.[114] Im Sommer hatte ihr Mann, Ghert Jospa, mit den Vertretern mehrerer jüdischer Organisationen über die Gründung einer Selbstschutzorganisation verhandelt. Eine solche Organisation sollte seiner Vorstellung nach in die FI, die Front de l'Indépendance, integriert sein und zugleich möglichst alle Tendenzen innerhalb des jüdischen Spektrums einbeziehen. Es gelingt ihm nach einigen Schwierigkeiten. Yvonne Jospa erinnert sich: »In der FI hat mein Mann beantragt, daß man eine eigene Regelung für die Juden trifft und ein eigenes Komitee dafür einrichtet. Es hat vier Monate gedauert, bis er die Erlaubnis dafür hatte. Nicht, um das Komitee zu gründen, sondern um es im Rahmen der FI zu gründen. Und zwar aus zwei Gründen. Die FI war ein Zusammenschluß verschiedener Organisationen und Gruppen der Résistance. Wollte man etwas im Namen der FI tun, mußte man erst einen Antrag stellen, der dann diskutiert wurde. Für die Juden war das unmöglich, denn die Dinge entwickelten sich so rasch, daß man schnell und oft auch spontan handeln mußte. Dafür bräuchte das Komitee eine große Unabhängigkeit und Autonomie.«[115]

Bei der Gründungsversammlung des jüdischen Verteidigungskomitees sind, bis auf den Bund und Misrahi, fast alle jüdischen Organisationen und einige prominente Privatpersonen vertreten.[116] Das CDJ arbeitet von Beginn an zweigleisig: Einerseits sind seine führenden Aktivistinnen und Aktivisten, die vor allem aus den Reihen der kommunistischen Solidarité Juive und der linkszionistischen Secours Mutuel (Gegenseitige Hilfe) kommen, entschiedene Gegner der AJB und ihrer Politik. Sie verdammen »den belgischen Judenrat« als »Agenten der Gestapo« und warnen in ihren Untergrundzeitschriften die Bevölkerung, der AJB nicht zu trauen und sich von ihren Büros und Einrichtungen fernzuhalten. Andererseits arbeiten leitende Aktivisten des CDJ in der AJB mit, um die legale Organisation für die Bedürfnisse der illegalen zu nutzen. Diese Zweigleisigkeit erweist sich zugleich als vorteilhaft und gefährlich: Die Finanzierung der Aktivitäten des CDJ läuft zum Teil über die AJB und wird von den CDJ-Leuten in die Hände der Selbstschutzorganisation umgeleitet. Aber die Angestellten der AJB und ihre Ehefrauen leben legal und werden von der Gestapo überwacht. Treffen zwischen ihnen und den Illegalen des CDJ können für letztere zur Falle werden. So wird etwa Ida Sterno, eine der leitenden Aktivistinnen des CDJ, verhaftet, als sie ein Rendezvous mit Fela Perelman hat, die zusammen mit ihrem Mann, dem AJB-Angestellten Chaim Perelman, im CDJ mitarbeitet.[117]

Dieser Unglücksfall verstärkt die bereits massiven Differenzen zwischen den Kommunisten und den Zionisten im CDJ. Der Streit, in dem es nicht nur um politische Prinzipien, sondern auch um die praktische Arbeit und die unterschiedlichen Auffassungen von Sicherheit geht, wird vor allem zwischen Yvonne Jospa auf der einen und Fela Perelman auf der anderen Seite ausgetragen. In ihrer »Geschichte des CDJ«, die sie zwei Monate vor der Befreiung verfaßt, beklagt sich Yvonne Jospa bitter darüber, daß die inneren Spannungen die Arbeit, die ohnehin schon physisch wie psychisch belastend sei, noch mehr erschwerten.[118] Doch ungeachtet aller Differenzen leistet das CDJ eine erstaunliche Arbeit: In den zwei Jahren zwischen seiner Gründung im Spätsommer 1942 und der Befreiung Belgiens im September 1944 bringt das jüdische Verteidigungskomitee an die 2500 Kinder in 138 Institutionen (Klöstern, Internaten, Waisenhäusern, Heimen, Kliniken, Sanatorien) und circa 700 privaten Haushalten unter und versorgt sie und zusätzlich noch mindestens 3000 bis 4000 Erwachsene in ihren Verstecken mit allem, was sie zum Überleben benötigen.[119] Das CDJ gibt zwei Untergrundzeitschriften heraus, den französischen »Le Flambeau« und sein flämisches Pendant »De Vrije Gedachte«, die der jüdischen Bevölkerung aktuelle Informationen und Analysen der jeweiligen Situation liefern und sie vor Maßnahmen der Deutschen wie vor unvorsichtigem Verhalten warnen.[120] Die »Zweigstelle« des CDJ in Charleroi spezialisiert sich auf die Herstellung falscher Papiere. Den Transport der Papiere und ihre Verteilung im ganzen Land übernehmen Kurierinnen des CDJ, meist sehr junge Frauen, wie die 18jährige Mindla Broder, die Tochter von Pierre Broder, einem der Gründer und Leiter des CDJ Charleroi. Yvonne Jospa schätzte nach dem Krieg, daß sie allein für die versteckten Kinder an die 1600 »echte« falsche Dokumente, von der Geburtsurkunde bis zur Lebensmittelkarte, aus Charleroi erhielten.[121]

Die in den Augen der meisten Beteiligten wichtigste der Sektionen des CDJ (Finanzen, Papiere, Presse, Kinderhilfe, Erwachsenenhilfe, Partisanenhilfe) ist die Sektion Kinder, in der sich Yvonne Jospa von Anfang an engagiert: »Dort war ich am nützlichsten, denn ich kannte Belgien, ich habe ja für das Institut für Soziologie viele Studien gemacht, ich bin viel herumgekommen und hatte Kontakte zu vielen verschiedenen Menschen und Institutionen. Ich hatte sozusagen den Schlüssel, um Türen rasch zu öffnen.«[122]

Ein »Schlüssel«, der viele Türen für das CDJ öffnet, ist Yvonne Nevejean, die Direktorin von ONE, des Nationalen Kinderhilfswerks,

Œuvre National de l'Enfance. Yvonne Jospa kennt sie aus der Zeit, in der sie als Sozialarbeiterin gearbeitet hat. Nach der Gründung des CDJ geht sie in die Zentrale von ONE und fragt die Direktorin: »Erinnern Sie sich an mich?« Yvonne Nevejean erinnert sich sehr wohl. Auch daran, daß Yvonne Jospa Jüdin ist. Als die sie nun ziemlich unverblümt fragt, ob sie bei der Rettung jüdischer Kinder mithelfen wolle, ist sie sofort einverstanden. Sie stellt dem CDJ ihre Infrastruktur, ihre Kontakte und sogar ihre persönliche Sekretärin, Jeanne Volont, zur Verfügung.[123] Ein zweites Netz knüpfen Mitarbeiterinnen des CDJ mit Hilfe von Kontakten zu katholischen Kreisen. Vor allem die Katholikin Suzanne Moons-Lepetit, »Brigitte«, spielt hier eine wichtige Rolle. Sie wurde Ghert Jospa von einem Mitglied der Belgischen Liga gegen Rassismus und Antisemitismus empfohlen, und sie kümmert sich nun gemeinsam mit Yvonne Jospa darum, Versteckplätze für die Kinder zu finden.[124] Langsam, aber beständig erweitert die Sektion Kinder des jüdischen Verteidigungskomitees ihren Aktionsradius. Ende 1943 stellt Yvonne Jospa fest: »Unsere Möglichkeiten sind größer, als wir zu hoffen wagten.«[125]

Die Sektion Kinder ist inzwischen ein durchstrukturierter Organismus mit mehreren Mitarbeiterinnen. Die Gründungsequipe, die aus Yvonne Jospa und Brigitte Moons als Verantwortliche für die Suche nach Kindern und Versteckplätzen und Estera Heiber als Verantwortlicher für die Verwaltung und die Führung der codierten Listen besteht, wurde im Dezember 1942 durch die Gruppe »Plazierung« ergänzt. Unter der Leitung von Ida Sterno arbeiten in dieser Equipe junge Frauen, Jüdinnen und Nichtjüdinnen, als »Convoyeuses« und »Payeuses«: Die »Convoyeuses«, »Begleiterinnen«, holen die Kinder bei ihren Eltern oder den Leuten, bei denen sie bislang untergebracht waren, ab und bringen sie in ihr (neues) Versteck. Die »Payeuses«, »Zahlerinnen«, besuchen die Kinder regelmäßig in ihren Versteckplätzen, bringen alles, was das Kind benötigt, und achten darauf, daß das Kind auch wirklich gut untergebracht ist. Die Dekorateurin Judith van Monfort ist eine dieser »Payeuses«. Sie ist, Tochter einer jüdischen Mutter und eines flämischen Vaters, in Brüssel geboren, aber in Paris aufgewachsen, da ihr Vater, der Maler ist, sich in der Kunstmetropole niedergelassen hat. Als »Halbjüdin« ist sie bis zu einem bestimmten Zeitpunkt nicht ganz so gefährdet wie – von der NS-Rassenideologie so genannte – »Volljuden«. Sie könnte überleben. Doch Judith van Montfort kann nicht zusehen, wie andere deportiert werden, und so landet sie schließlich in den Reihen des CDJ: »Ich habe das Geld bekommen«, berichtet sie über ihre Arbeit als »Payeuse«, »und ich hatte eine Liste mit den Adressen. Ich ging regelmäßig zu den Leuten, bei denen die Kinder versteckt waren, und habe ihnen die Summe gebracht, die sie pro Monat für die Unterbringung des Kindes benötigt haben. Zu bestimmten Anlässen habe ich aber auch kleine Pakete gebracht, mit Kleidung, Essen, vielleicht auch Spielsachen. Und wenn die Résistance in Erfahrung brachte, daß Razzien bevorstanden, bin ich hingegangen, um das Kind in Sicherheit zu bringen. Ich wußte allerdings nie, komme ich vor der Gestapo, komme ich, während sie da ist, oder danach, wenn es schon passiert ist.«[126]

Estera Heiber entwickelt ein System von chiffrierten Listen, die in fünf verschiedenen Heften festgehalten werden. In einem ersten Heft werden in alphabetischer Reihenfolge die echten Namen der Kinder zusammen mit einer Codenummer eingetragen. Im zweiten Heft stehen in der numerischen Reihenfolge der Codenummern die Adressen. Im dritten Heft finden sich die falschen Namen der Kinder zusammen mit ihrer Codenummer und ihrem Geburtsdatum. Im vierten Heft sind die Institutionen vermerkt, in denen die Kinder untergebracht sind, und im fünften Heft die Privathaushalte, jeweils mit den entsprechenden Codenummern der Kinder.[127] Doch auch das raffinierteste System ist gefährlich. Es ist zwar relativ unwahrscheinlich, daß die Gestapo genügend Hefte findet, um die Listen decodieren zu können, doch man kann es nicht ausschließen. Ida Sterno erklärte nach dem Krieg, warum die Listen dennoch unabdingbar waren: »Wir hätten es zweifellos vorgezogen, nichts Schriftliches über die Kinder und ihre Unterkünfte zu besitzen. Ein Verrat, etwas Unerwartetes konnte immer passieren (...) Es war aber unmöglich, sich all die Informationen auswendig zu merken: die falschen Namen der Kinder, die Plätze, an denen sie versteckt waren, die Höhe der Beträge für ihre Pensionen, die Buchhaltung für diese Summen, die immer umfangreicher wurden. Und es wäre auch unvorsichtig gewesen, denn im Falle der Auflösung, der Verhaftung, wie hätten wir die Kinder nach dem Krieg wiedergefunden?«[128]

Einer der schwierigsten Aspekte ihrer Arbeit, erinnert sich Yvonne Jospa, war, die Eltern davon zu überzeugen, daß es das beste wäre, sich von ihrem Kind oder ihren Kindern zu trennen. Sie wußte, was die Mütter empfanden, denn sie hatte sich von ihrem eigenen Sohn, dem fünfjährigen Paul, getrennt, um ihn in ein Versteck zu geben. Selbst wenn die Vernunft zur richtigen Entscheidung riet, rebellierten die Gefühle: Muß nicht gerade in so schweren Zeiten die Familie zusammenbleiben? Wenn wir das Kind jetzt weggeben, werden wir es je wiedersehen? Was wird die Kleine, der Kleine denken, wenn wir plötzlich »verschwinden« und sie, ihn bei fremden Leuten lassen? »Da haben sich Tragödien abgespielt«, sagt Yvonne Jospa, die nicht zum Pathos neigt, »richtige Tragödien.« Selbst Mütter, die ihre Kinder bereits auf alles vorbereitet hatten, schreckten im letzten Moment vor ihrer eigenen Courage zurück: »Es kam vor, daß unsere Mitarbeiterin in eine Wohnung kam, das Kind stand da, im Mantel, mit gepacktem Köfferchen, die Mutter nimmt es zum Abschied in den Arm, und plötzlich will sie es nicht mehr gehenlassen.« [129]

»Die Kinder waren oft scheinbar gelassener als ihre Eltern«, erzählt Andrée Geulen, ehemalige Mitarbeiterin des CDJ, sie selbst habe sich oft gewundert über den Mut und die Beherrschtheit ihrer Schützlinge. Die »Payeuses« überbringen bei ihren monatlichen Besuchen auch Post der Eltern – solange die Eltern noch da sind. Wurden sie deportiert, kommen keine Briefe mehr, begreifen die älteren Kinder, daß den Eltern etwas geschehen ist. Die Kleineren denken, ihre Mutter, ihr Vater haben sie vergessen. Die jungen Frauen, die für das CDJ arbeiten, stehen ständig unter dieser doppelten Belastung: derjenigen der illegalen Arbeit, die sie in ständiger Alarmbereitschaft hält, und derjenigen der psychischen Belastung durch die Verzweiflung, die Trauer, das Unglück der Kinder, die sie nicht mildern können. Sie können es sich nicht leisten, sich auf dieses Leid einzulassen, denn sie müssen funktionieren. Sie sind aber auch keine Maschinen, die den Kindern gleichgültig gegenüberstehen können.[130] Sie trösten sich mit den Erfolgen ihrer Arbeit. Yvonne Jospa erinnert sich: »Es gab nicht nur Schlimmes. Das Glück, die Freude, wenn es einem gelungen ist, einen Platz für ein Kind zu finden, das war ein großer Reichtum für mich. Der Wille, zu leben. Für mich spielte das Positive eine größere Rolle als das Negative.«[131]

Die Organisatorinnen kommen kaum dazu, über etwas anderes nachzudenken, als darüber, was als nächstes getan werden muß oder getan werden könnte. Auf die Frage nach einem »typischen Arbeitstag« erzählt Yvonne Jospa: »Normalerweise ging ich jeden Morgen zu Yvonne Nevejean. Wir besprachen, wie die Dinge liefen, was getan werden mußte, wer Kleidung brauchte, wo man ein Päckchen hinbringen mußte, wo es Plätze gab. Dann ging ich möglicherweise in unser illegales Büro in der Rue de la Brasserie. Ich hatte natürlich Rendezvous, traf mich mit jemandem von einem Hilfskomitee, mit jemandem, der Kinder untergebracht hatte, es gab immer Probleme, die man lösen mußte. Wir versuchten ständig, das Netz zu erweitern, zu vergrößern.

Wir hielten auch kleine Konferenzen unter den Mitarbeiterinnen ab. Einmal zum Beispiel hatten wir elf Babys und wußten nicht, wohin damit. Tagsüber gab es eventuell einen Hort, aber nicht nachts. So habe ich Madame Spaak kennengelernt. Madame Nevejean hatte mir gesagt, ich soll es bei ihr versuchen. Sie war die Präsidentin des Damenkomitees der Kinderkrippe von Saint Gilles. Ich ging zu ihr, um ihr die Situation zu erklären, ich sagte, wenn sie bereit wäre, die Krippe von einer Tagesstätte in eine Nachtunterkunft umzuwandeln, dann könnten wir diese Kinder unterbringen. Später habe ich erfahren, daß sie ursprünglich nicht wollten. Aber nachdem ich die Situation geschildert und ein bißchen erzählt hatte, waren sie einverstanden. So kamen wir in Verbindung mit diesem Damenkomitee. Und wir konnten die elf Babys plazieren. So konnten wir wieder einmal unser Aktionsfeld erweitern.«[132]

Die JOC, Jeunesse Ouvrière Chrétienne, die christliche Arbeiterjugend, stellte dem CDJ ihr Haus am Gare du Midi, dem Südbahnhof, zur Verfügung. Die Kinder, die nach Brüssel kamen oder aus Brüssel abreisten, konnten hier übernachten, ehe sie von ihrer »Convoyeuse« an ihren Bestimmungsort gebracht wurden. »Die Kirche«, sagt Yvonne Jospa, »hat eine wunderbare großartige Rolle gespielt. Nicht die Spitze, die Basis. Da hat auf einmal die Hierarchie nicht mehr gezählt, und das will etwas heißen bei einer so hierarchischen Einrichtung wie der katholischen Kirche.«[133]

Doch all die Hilfe von seiten der Kirche, der Bevölkerung und selbst von großen Institutionen wie ONE würde nicht ausreichen, um Tausende Menschen über Jahre hinweg zu versorgen. Die Privathaushalte, die ein Kind, einen Erwachsenen oder eine ganze jüdische Familie bei sich aufnehmen, benötigen die monatliche Pension, die das CDJ ihnen zahlt, meist dringend, denn es sind in der Mehrzahl der Fälle keine reichen Menschen, die diese Art von Hilfe leisten. Und auch Klöster und Institutionen haben im Krieg Schwierigkeiten, genügend Lebensmittel aufzutreiben, Kleider und Seife sind ebenso rar wie Kohle, und die Lage verschlimmert sich mit jedem Kriegsmonat. Insgesamt hat das CDJ bis zur Befreiung an die 6000 Menschen finanziell zu versorgen. Allein für Brüssel belaufen sich die Kosten im Dezember 1943 auf 1 200 758 Francs, von denen 815 109 für die Versorgung der Kinder benötigt werden. Diese enormen Summen sind nicht allein durch Spenden solidarischer Menschen (von denen es eine

Menge gibt) oder durch Überfälle der Partisanen zu bestreiten. Einen wichtigen Teil trägt, wie in Frankreich, auch hier der Joint bei (American Joint Distribution Committee). Der Industrielle Benjamin Nykerk, Gründungsmitglied des CDJ, hat auf seiner ersten Reise in die Schweiz mit Sally Meyer, dem Vertreter des Joint, diese Hilfeleistung und ihre Ausführung vereinbart. Ein weiterer Teil kommt – über Vermittlung des Bankiers Roger van Praag, auch er ein Gründungsmitglied des jüdischen Selbstschutzkomitees – von belgischen Banken, die sich bereiterklären, dem Joint für Schuldscheine (deren Einlösung zu diesem Zeitpunkt niemand garantieren konnte) Summen in Millionenhöhe zu übergeben. Allerdings stellen die Banken ihr Geld nicht dem CDJ zur Verfügung, das als Unterorganisation der FI des Kommunismus verdächtig ist, sondern der Sozialabteilung der AJB. Die hier arbeitenden CDJ-Aktivisten leiten die Summen dann an die illegale Organisation um. Weitere finanzielle Unterstützung, wenn auch von wesentlich geringerem Ausmaß, stellt die belgische Exilregierung in London zur Verfügung, nachdem Yvonne Nevejean als Direktorin des Nationalen Kinderhilfswerks sich an sie gewandt hat.[134]

War ein Kind in einem Kloster, einem Internat oder bei einer Familie untergebracht, hieß das noch nicht, daß es auch bleiben konnte. »In den Heimen und Internaten war es einfacher«, erinnert sich Yvonne Jospa, »aber in den Familien war es komplizierter, denn die Leute sagten, ›gut, ich nehme ein Kind, aber was soll ich meiner Tante sagen, wenn sie zu Besuch kommt, oder meiner Schwester, wer dieses Kind ist?‹ Und manche Familien haben spontan ja gesagt, weil sie quasi mobilisiert waren gegen die Besatzer, aber dann haben sie gesehen, was das in der Praxis bedeutet, so ein Kind zu haben, das war sehr kompliziert. Und nicht alle waren bereit, das längere Zeit auf sich zu nehmen.«[135]

Einige Kinder müssen vier- bis fünfmal den Versteckplatz wechseln. Und manchmal unter traumatischen Bedingungen, wie die 13 Mädchen im Kloster Très Saint Sauveur in Brüssel-Anderlecht. Die jüngste von ihnen ist gerade 20 Monate alt, die älteste zwölf Jahre. Am 20. Mai 1943 kommt die Gestapo in das Kloster und teilt der Oberin, Schwester Marie-Aurélie, mit, man wisse, daß sich hier jüdische Kinder befänden. Schwester Marie-Aurélie gelingt es, den Abtransport der Mädchen um 24 Stunden zu verschieben. Am nächsten Morgen, verspricht sie, würden sie reisefertig sein. Als die Gestapo aus dem Haus ist, ruft die Oberin »Jeanne« (Ida Sterno) vom CDJ an und erzählt ihr, was vorgefallen ist. Ida Sterno alarmiert Maurice Heiber, leitendes Mitglied des CDJ und zugleich Mitarbeiter der AJB, der einen Tag lang versucht, die Mädchen auf legalem Weg zu retten. Als auch eine Intervention bei Königin Elisabeth von Belgien nichts nützt, wendet er sich an Ghert Jospa, der Kontakt zu einigen jüdischen Partisanen aufnimmt. Um zehn Uhr abends überfallen bewaffnete Männer das Kloster, fesseln die Nonnen, sperren sie in einen Raum und rauben die 13 Mädchen. Um zwei Uhr nachts, die Mädchen sind inzwischen in Sicherheit, beginnen die Schwestern laut um Hilfe zu rufen. Um fünf Uhr kommt die Gestapo und befreit die Nonnen, gegen die sie, selbst wenn sie nicht an den Überfall glauben sollte, nichts in der Hand hat.[136]

Die Deutschen wissen relativ gut Bescheid. Im Mai 1943 teilt Fritz Erdmann von der Gestapo Brüssel dem Vertreter der AJB Louis Rosenfeld mit, es sei ihm bekannt, daß an die 800 jüdische Kinder versteckt seien, und er werde das nicht dulden. Diese Zahl liegt etwas unterhalb der Realität: Auf der Liste des CDJ sind inzwischen 983 Kinder eingetragen.[137] Und nicht alle versteckten Kinder werden vom CDJ betreut.

Einige der älteren Kinder halten es nicht aus, ruhig in ihrem Versteck abzuwarten. Sie wollen handeln, wie die »Großen«. Auch mit solchen Fällen müssen die Aktivistinnen des CDJ zurechtkommen. Yvonne Jospa erinnert sich an zwei Jungen, die 14 und 15 Jahre alt waren: »Eines Tages kam keine Post mehr von ihren Eltern. Da haben sie begriffen, daß man die Eltern abgeholt hat. Sie haben zu Andrée gesagt: ›Laßt uns bitte kämpfen, wir wollen kämpfen, wir wollen nicht hier sitzen und abwarten, während die anderen ihr Leben hingeben.‹ Andrée kam zu mir und sagte, ›große Katastrophe!‹. Ich bin hingefahren und habe mit den Jungen geredet. Wir haben zu Abend gegessen und über alles mögliche gesprochen, nur nicht über die Eltern. Über die Résistance, über den Krieg, über das, was auf der Welt passiert. Und dann sagte ich: ›Die Leute haben keine Ahnung, was das bedeutet, die Résistance. Ein Kind zum Beispiel, das sich versteckt und tapfer ausharrt, das ist auch ein Widerstandskämpfer.‹ Dann ging ich. Ich habe mir das vorher nicht ausgedacht, es ist mir in dem Moment ganz von selbst eingefallen. Ein paar Tage später ging Andrée wieder hin und berichtete mir: ›Sie haben gesagt, sie wollen doch bleiben, denn sie sind Widerstandskämpfer.‹«[138]

1944 eskalieren die internen Auseinandersetzungen zwischen Kommunistinnen und Zionistinnen. Die zionistischen Mitarbeiterinnen und Mitarbeiter des CDJ beschweren sich darüber, daß der Einfluß der Kommunisten in der Sektion Kinder des CDJ quasi exklusiv sei. Sie fürchten auch um die jüdische Identität der Kinder. Tatsächlich sind nicht wenige der versteckten Kinder, vor allem diejenigen, die in Klöstern untergebracht sind, dem missionarischen Eifer ihrer Retterinnen und Retter ausgesetzt. Es kommt zu Konversionen. Einige erfolgen aus Sicherheitsgründen, denn die Kinder fallen auf, wenn sie nicht zur Messe und zur heiligen Kommunion gehen. Einige Kinder sind so fasziniert vom katholischen Ritual, daß sie von sich aus um die Taufe bitten. Andere konvertieren, weil sie einfach so sein wollen wie die anderen Kinder. Sie haben gelernt, daß es lebensgefährlich und mit großem Leid verbunden ist, anders zu sein. Wieder andere Kinder werden regelrecht missioniert. Yvonne Jospa ist der Auffassung, es gehe hier in erster Linie um das Leben der Kinder. Um alles andere könne man sich kümmern, wenn der Krieg vorbei sei. Die Zionistinnen und Zionisten im CDJ fürchten, die Kinder würden ihrem Judentum entfremdet, und wollen, daß das verhindert wird. Um sie der weiteren Assimilierung oder gar Konversionen zu entziehen, schlagen sie im März 1944 vor, die Kinder in zionistischen Heimen unterzubringen.[139] Im April schreiben die Vertreter mehrerer zionistischer Parteien an die Direktion des CDJ: »Unser Begehren ist es, dazu beizutragen, daß nicht nur menschliche Wesen gerettet werden, sondern jüdische Kinder, daß sie im nationalen, religiösen oder säkularen Geiste erzogen werden, im Geiste ihrer Eltern, die vielleicht für immer verschwunden sind.«[140] Zu diesem Zeitpunkt befinden sich etwa 600 Kinder in Heimen der AJB, offiziell registriert und dem Zugriff der Gestapo jederzeit ausgesetzt. Da die belgische Bevölkerung auf die Deportation der Kinder »sensibel« reagierte, brachte die Gestapo seit dem Frühjahr 1943 alleinstehende Kinder aus dem Sammellager in Malines/Mechelen in Heime der AJB. Sie sollten zu einem späteren Zeitpunkt deportiert werden, doch erst einmal diente die Einrichtung dieser Heime, ebenso wie die Unterbringung von etwa 800 Alten und 200 Kranken, zur Beruhigung sowohl der nichtjüdischen Bevölkerung als auch der Vertreter der jüdischen Gemeinde. Mitte August 1944 jedoch verlangt die Gestapo von der AJB die Listen, auf denen die Kinder erfaßt sind. Die Verantwortlichen des CDJ begreifen, daß nun die Deportation der Kinder in den AJB-Heimen unmittelbar bevorsteht. Von einem Tag auf den anderen »evakuieren« sie die meisten Heime und bringen die Kinder in Verstecken unter. Wenige Stunden später kommt die Gestapo in die Heime, in der Absicht, die Kinder abzuholen.[141]

Die Verhaftung von Ida Sterno während eines Treffens mit der als

Angehörige der AJB legal lebenden Fela Perelman und die wenige Monate später geplante Deportation der Heimkinder beweisen, daß die Sicherheitsmaßnahmen und die Einschätzung der Situation durch die Kommunisten, das heißt hier vor allem von Yvonne Jospa, richtig waren. Bis zur Befreiung setzen sie ihre Linie nun durch. Erst nach dem Kriegsende brechen die Konflikte wieder auf, nun in der Frage, ob die geretteten Kinder, deren Eltern nicht zurückkamen, in Belgien bleiben oder nach Palästina geschickt werden sollen.[142]

»Die schlimmsten Tragödien«, erinnert sich Yvonne Jospa, »haben sich nach der Befreiung abgespielt.« Bis dahin hatten die Kinder in der Hoffnung durchgehalten, eines Tages würden die Eltern wiederkommen und sie zu sich holen. Doch von den über 25000 aus Belgien deportierten Juden kamen nur zweieinhalb Prozent zurück. Und selbst wenn eine Mutter, ein Vater aus Auschwitz wiederkehrten, war das nicht mehr der Mensch, der in der Erinnerung des Kindes überlebt hatte.[143] Yvonne Jospa selbst wußte am Tag der Befreiung zwar, daß es ihrem Sohn Paul in seinem Versteck, soweit das möglich war, gutging. Sie wußte aber nicht, ob ihr Mann noch lebte, der nach seiner Verhaftung im Juni 1943 über das Foltergefängnis Breendonk nach Buchenwald deportiert worden war. Nun, als sie nach all der Arbeit, Disziplin und Anspannung zum ersten Mal an sich selbst denken und ihre Gefühle wahrnehmen kann, bricht sie zusammen: »Ich war allein, ganz allein. Ich habe mich so einsam gefühlt. Ich war so verzweifelt, daß Estera (Heiber, Anm. d. Verf.) mich nicht einmal allein auf die Toilette gehen ließ.«[144] Doch sie fängt sich rasch wieder, sich selbst hat sie noch nie sonderlich wichtig genommen. Das CDJ reorganisiert sich und nennt sich nun AIVG, Aide aux Israélites victimes de la guerre (israelitische Kriegsopferhilfe). Mehrere ehemalige Mitarbeiterinnen des CDJ, unter ihnen Ida Sterno, Fela Herrman, Fela Perelman und Andrée Geulen, kümmern sich nun darum, die versteckten Kinder wiederzufinden. Was ihnen, dank der Listen von Estera Heiber, auch gelingt.

Niederlande

I

Am 14. Mai 1940 bombardiert die deutsche Luftwaffe Rotterdam, über 900 Menschen sterben in den Trümmern der zerstörten Häuser. Die 24 Jahre alte Virginia Cohen, die als Lernschwester im jüdischen Krankenhaus arbeitet, hat alle Hände voll zu tun. Es werden so viele Verletzte eingeliefert, daß sie nicht dazu kommt, um sich selbst Angst zu haben.[1] Die Fotografin Eva Besnyö, die aus Ungarn über Deutschland nach Holland gekommen ist, reagiert, als die Deutschen in das Königreich Niederlande einmarschieren, spontan mit Flucht: »Ich habe in der Leidsestraat gewohnt, in der obersten Etage. Am 15. Mai sagten sie im Radio, die Königin hat das Land verlassen. Da dachte ich, nun, dann verlasse ich besser die Wohnung. Ich hatte in der Vondelstraat einen Freund, der wollte eine Etage vermieten, zu dem sind wir gezogen, mein Freund, der kein Jude war, und ich. An einem einzigen Tag haben wir auf einem Handkarren unseren Hausrat übersiedelt, wir sind ständig hin- und hergelaufen. Ich habe in Amsterdam in sehr linken Kreisen verkehrt, ich habe viel getan in der Roten Hilfe zum Beispiel, und ich war auch Mitglied in einer antifaschistischen Künstlervereinigung. Ich wußte also, daß ich doppelt in Gefahr war. Als Jüdin und als Linke.«[2]

Uschi Rubinstein ist eine unter den circa 15000 deutschen Juden, die aus dem nationalsozialistischen Deutschland nach Holland geflüchtet sind und nun in der Falle sitzen.[3] Sie war, wie 1500 andere[4], nach der Pogromnacht im November 1938 illegal über die Grenze in die Niederlande gegangen, zusammen mit ihrer Mutter und ihren Schwestern. Die Rubinsteins hatten einen zusätzlichen triftigen Grund, aus Deutschland zu fliehen, sie waren polnische Staatsbürgerinnen und als solche von der Ausweisung bedroht. In Amsterdam vernichten sie als erstes ihre polnischen Pässe und geben sich als Staatenlose aus. Als die Deutschen einmarschieren, ist Uschi in einer Gruppe politischer Flüchtlinge aktiv, die andere illegale Flüchtlinge unterstützt. Diese Arbeit, erinnert sie sich, »wurde unter der deutschen Besatzung zwar gefährlicher, aber nicht überflüssig, ganz im Gegenteil«. Also macht sie weiter.[5]

Der Einmarsch löst unter den in Holland lebenden Juden, vor allem aber unter den jüdischen Flüchtlingen, zuerst Panik aus. Als das Gerücht aufkommt, die holländische Regierung habe ein großes Schiff geschickt, um sie nach England zu bringen, strömen Tausende Juden in den Hafen von Ijmuiden. Das Gerücht stellt sich als falsch heraus, es gelingt aber immerhin mehreren hundert Menschen, sich einzuschiffen und tatsächlich nach England zu entkommen. Ein anderes Gerücht will wissen, daß ein großes Pogrom bevorsteht.[6] Die Folge der Ängste und Gerüchte der ersten Tage ist eine Serie von Selbstmorden. Jacob Presser schreibt in seinem Standardwerk über die Verfolgung und Vernichtung der Juden in Holland,»Ondergang«, die genaue Zahl der Selbstmorde lasse sich nicht feststellen. De Monchy, der Bürgermeister von Den Haag, spricht von knapp 30 vollzogenen Selbstmorden allein in Den Haag. Es gibt Familienselbstmorde und sogar Abmachungen unter den Bewohnern ganzer Häuser, sich umzubringen.[7] Ben Braber gibt in seinem Buch über den jüdischen Widerstand in den Niederlanden an, in Amsterdam hätten sich nach dem deutschen Einmarsch 248 Juden das Leben genommen.[8] Die Deutschen jedoch scheinen alle Befürchtungen Lügen zu strafen. Sie verhalten sich vorläufig ruhig und höflich und versichern, sie wollten weder die Holländer noch die holländischen Juden belästigen. Das Leben nimmt wieder seinen Lauf, die deutschen Uniformen im Straßenbild gehören bald zum Alltag.[9]

1940 zählten die Niederlande circa 140 000 jüdische Einwohner, 24 000 von ihnen waren Flüchtlinge, vor allem aus Deutschland und dem »angeschlossenen« Österreich. Die ersten Juden waren im 16. Jahrhundert aus Portugal und Spanien nach Holland eingewandert. Hier wurden sie nicht verfolgt und deutlich weniger diskriminiert als in anderen europäischen Ländern. 1796, unter der französischen Besatzung, erhielt die jüdische Bevölkerung die bürgerliche Gleichstellung. Ende der 30er Jahre dieses Jahrhunderts machte die jüdische Bevölkerung 1,41 Prozent der holländischen Gesamtbevölkerung aus. Die Religion galt als Privatangelegenheit, und nur 1600 Kinder waren 1938 in Amsterdam zum Religionsunterricht angemeldet.[10] Die überwiegende Mehrheit der jüdischen Bevölkerung lebte in den großen Städten, knapp 60 Prozent in Amsterdam. Die meisten Amsterdamer Juden wohnten in den ärmeren Arbeiterbezirken, im alten jüdischen Viertel in der Innenstadt, das von den Deutschen später zum »jüdischen Wohnbezirk« erklärt wurde, oder in der Gegend zwischen Nieuwmarkt und der Wesperpoortstation. Die Bessergestellten, etwa ein Viertel der städtischen jüdischen Bevölkerung, lebten im Süden der Stadt. Die Mehrheit der Amsterdamer Juden arbeitete in der Bekleidungsindustrie, der Diamantenverarbeitung und der Nahrungs- und Genußmittelindustrie. Die Hälfte aller jüdischen Männer in der Hauptstadt lebte 1930 vom Handel, das heißt konkret vor allem vom Klein- und Altwarenhandel. 1930 hatten 2,6 Prozent der jüdischen Bevölkerung ein Hochschulstudium abgeschlossen, im Vergleich zu 1,7 Prozent der Gesamtbevölkerung. Im jüdischen Mittelstand nahmen die freien Berufe einen wichtigen Anteil ein.

Der Grad der Integration war sehr hoch, jüdische Parteien wie die Poale Zion oder der Bund spielten politisch oder gesellschaftlich kaum eine Rolle. Die Mehrheit der jüdischen Bevölkerung der Niederlande wählte die SDAP, die Sozialdemokratische Arbeiterpartei, circa 14 Prozent der Amsterdamer Juden gaben den Kommunisten ihre Stimme. Auch der Zionismus spielte kaum eine Rolle. Dem Nederlandse Zionistenbond gehörten 1939 lediglich 4246 Mitglieder an.[11] 1920 entstand – auf Veranlassung der erwachsenen Führer des Zionistenbundes – die Joodse Jeugdfederatie, die jüdische Jugendföderation, die 1927 etwa 900 Mitglieder zählte, die in 17 Bewegungen in 14 Städten organisiert waren. Ein gutes Drittel aller Mitglieder gehörte der religiösen Misrahi an. Die größte Jugendgruppe in Amsterdam bildete Zikhron Ya'akov.[12] Ida Zilberberg wird Mitglied von Zikhron Ya'akov, als sie 13 Jahre alt ist. Sie ist religiös erzogen, ihre Schulfreundinnen sind in der Bewegung, »da war es nur natürlich«, erinnert sie sich, »daß ich da auch hinwollte«. Nach dem Beginn der Deportationen diskutieren sie und ihre Kameradinnen und Kameraden darüber, daß »man besser weggehen soll«, daß »man sich nicht abführen lassen kann wie die Schafe«. Kontakt zum Widerstand jedoch bekommt sie schließlich über andere Kanäle.[13] Trudel van Reemst-de Vries ist, seit sie elf Jahre alt ist, Mitglied von Misrahi. Sie ist fromm, und als sie eine Apothekerlehre macht, weigert sie sich, am Samstag zu arbeiten. Ihr Ausbilder akzeptiert das, doch als sie die Ausbildung abgeschlossen hat, bekommt sie unter diesen Bedingungen keine Stelle. Als sie erfährt, daß das jüdische Krankenhaus in Rotterdam Lernschwestern sucht, bewirbt sie sich und lernt nun Krankenschwester. Hier kommt sie in Kontakt mit kommunistischen Kolleginnen, und so wandelt sich schließlich die fromme Zionistin zur überzeugten Kommunistin.[14]

Sieny Kattenburg (Cohen) ist gleichfalls Mitglied einer Jugendorganisation, des Mogen David, der orthodox ist und stärker religiös orientiert als zionistisch. Sie erinnert sich: »Jüdische Kinder gingen in

174

jüdische Jugendgruppen, das war ganz normal, man spielte dort, war unter anderen Kindern, lernte gemeinsam jüdische Kultur und Geschichte. Wir lasen Bücher und diskutierten darüber. Ich mochte das alles sehr.«[15] Man lebte zu einem gut Teil unter sich, begriff sich zugleich jedoch als Teil der niederländischen Gesellschaft. Sieny Kattenburgs (Cohens) Vater will nach dem Einmarsch der Deutschen nach England fliehen, ihre Mutter aber hält ihn davon ab:»Sie sagte, wir sind Holländer, uns wird nichts geschehen. So dachten die meisten Leute. Es gab mehrere Juden in Holland, die jüdische Freunde aus Deutschland hatten, die nach 1933 nach Holland geflüchtet waren, und die waren mit schrecklichen Geschichten angekommen. Aber alle dachten, was in Deutschland passiert, kann hier niemals geschehen. Warum sollte es auch? Die Leute fühlten sich so sicher in diesem Land, in dem sie so lange Zeit tatsächlich sicher gewesen waren.«[16]

Die Deutschen, sagt Sieny Cohen, »haben alles so raffiniert gemacht. Kurz nach dem Beginn der Besatzung schlugen sie in den jüdischen Vierteln Plakate an, auf denen stand so ungefähr: Die jüdische Bevölkerung hat keinen Anlaß zur Sorge, wir sind nur hier, weil wir müssen. Aber das Leben geht weiter wie bisher. – Und erst einmal ging das Leben tatsächlich weiter wie bisher. Aber dann kamen langsam die Verordnungen. Dann hieß es, Juden müssen in Arbeitslager gehen. Ich höre meinen Vater immer noch sagen, ›sie können euch nicht zerstören, wenn ihr geistig wachsam bleibt. Egal, welche Arbeit ihr machen müßt, wie schwer diese Arbeit sein wird, ihr werdet das überstehen‹. Wer hat denn damals je etwas von Gaskammern gehört?«[17]

Neben anderen beschreiben vor allem Jacob Presser in »Ondergang« und A. J. Herzberg in seiner »Kroniek der Jodenvervolging« ausführlich und detailreich die Verfolgung und Vernichtung der holländischen Juden.[18] Die Literatur zum Widerstand der Juden in den besetzten Niederlanden dagegen beschränkt sich bisher auf ein paar wenige Untersuchungen und Zeitzeugenberichte.[19] Ben Braber bedauert in seinem Band über »Joden in Verzet en Illegaliteit« (Juden in Widerstand und Illegalität) die schlechte Quellenlage und verweist darauf, daß auch die Prozeßakten, mit den ergiebigsten Quellen zum Thema, nur beschränkt Auskunft geben, da viele jüdische Widerstandskämpferinnen und Widerstandskämpfer gar nicht erst vor Gericht gestellt, sondern direkt deportiert wurden.[20] Die Prozeßakten liegen, zusammen mit zahlreichen Personendossiers, im Rijksinstitut

voor Oorlogsdocumentatie (dem Reichsinstitut für Kriegsdokumenta-
tion). Hier befinden sich auch Dossiers zu mehreren jüdischen Widerstandskämpferinnen.

Der Widerstand in den besetzten Niederlanden entwickelt sich
nach den brutalen Sanktionen der Besatzer auf den Februarstreik,
den Generalstreik, der aus Protest gegen die erste Razzia gegen Amsterdamer Juden erfolgte, nur langsam. Die Untergrundpresse spielt
eine wichtige Rolle, einzelne Blätter, wie die von Sozialdemokraten
gegründete »Het Parool« und die kommunistische »De Waahrheid«,
erreichen hohe Auflagen. Zu einer massiven und effektiven Bewegung jedoch wird der holländische Widerstand erst, als der größte Teil
der jüdischen Bevölkerung bereits deportiert ist. Von den – je nach
Schätzung – zwischen 20 000 und 10 000 Jüdinnen und Juden, die als
»Onderduikers«, als Untergetauchte, 1943 noch im Land leben[21], beteiligen sich viele am Widerstand. Jüdinnen und Juden sind in den
verschiedensten Organisationen aktiv, von den linken, im Raad van
Verzet zusammengeschlossenen Widerstandsgruppen, die bewaffnete Attentate durchführen, über die vor allem von Künstlerinnen und
Künstlern betriebene »Personsbewijzencentrale«, die falsche Papiere
herstellt, bis zum rechtskonservativen Orde Dienst. Viele jüdische
Illegale arbeiten auch in der im Herbst 1942 gegründeten Landelijke
Organisatie, LO, mit, der quantitativ größten holländischen Wider-
standsbewegung, die vor allem die jungen Holländer unterstützt, die
sich dem Arbeitsdienst im Deutschen Reich entziehen, und die, wie die
Juden, als Onderduikers leben. Juden bilden mit den »Knokploegen«
(Kampfgruppen) in den jüdischen Vierteln die ersten Widerstandsgruppen überhaupt in Holland, Jüdinnen und Juden organisieren den
Februarstreik mit, sie sind beteiligt am Verfassen, Vervielfältigen und
Verteilen der illegalen Presse, sie fälschen Personalausweise und andere zum Überleben wichtige Dokumente, sie helfen Onderduikers,
sie befreien Kinder und Erwachsene aus den Sammellagern in der Amsterdamer Schouwburg und in Westerbork. Und sie schmuggeln Jugendliche über Frankreich und Spanien zu den Alliierten und nach
Palästina.[22] Presser weist darauf hin, daß die Beteiligung der Juden
am holländischen Widerstand zwar von den Deutschen weit übertrieben, von den Holländern aber ernstlich unterschätzt wurde: »Es kann
keinen Zweifel daran geben, daß der Anteil der jüdischen Bevölkerung am Widerstand proportional höher war als derjenige der anderen
Holländer.«[23]

Jüdische Frauen spielten in allen Bereichen des Widerstands eine wichtige Rolle. Auf der von Jacob Presser erstellten »Ehrenliste der (im Widerstand und als Soldaten, Anm. d. Verf.) gefallenen Juden« tauchen unter insgesamt 165 nur sechs Namen von Frauen auf. Doch diese Liste ist zum einen nicht vollständig, zum anderen muß angenommen werden, daß in den Niederlanden ebenso wie in den anderen deutsch besetzten Ländern viele Frauen nicht als Widerstandskämpferinnen, sondern »nur« als untergetauchte Jüdinnen entdeckt und als solche ohne jedes Verfahren direkt nach Auschwitz deportiert wurden. Die Namen dieser Frauen tauchen lediglich auf den Deportationslisten auf, ohne jeden Hinweis auf ihre illegalen Aktivitäten. Braber schätzt, daß von den circa 1000 jüdischen Teilnehmern am Widerstand 155 Frauen waren. Er erklärt nicht, wie er zu dieser Zahl gelangt. Wo er allerdings auf der Grundlage der Akten im Rijksinstitut voor Oorlogsdocumentatie (RvO) die Mitglieder von Widerstandsgruppen namentlich nennt, liegt der Anteil der Frauen stets höher. So zum Beispiel bei der sogenannten Groep-Van-Dien, einer aus der Flüchtlingshilfe entstandenen Organisation, der Braber, unter Berufung auf die Bestände Doc-I und Doc-II des RvO, 36 namentlich genannte Mitglieder zurechnet, wovon 15 Frauen sind.[24] Im Anhang seines Buches veröffentlicht er eine von N. Natkiel erstellte Liste der jüdischen Personen, die mit dem Widerstandsgedenkkreuz ausgezeichnet wurden. Hier finden sich unter 168 Personen insgesamt 35 Frauen.[25] Das entspricht einem Anteil von etwa 20 Prozent, der wahrscheinlicher erscheint als die von Braber geschätzten 15 Prozent. Allerdings tauchen auf dieser Liste weder die – männlichen wie weiblichen – Mitglieder der Groep-van-Dien auf noch die jungen Frauen, die jüdische Kinder aus dem Kinderhort der Hollandse Schwouwburg schmuggelten, noch die Palästina-Pioniere, und auch die Aktivistinnen und Aktivisten anderer Widerstandsorganisationen, wie zum Beispiel der Personsbewijzencentrale, erscheinen hier nicht.

Der trügerischen Ruhe zu Beginn der deutschen Besatzung folgen die ersten antijüdischen Maßnahmen. Im August 1940 müssen sich die deutschen Juden auf dem Ausländeramt melden.[26] Ab Februar 1941 müssen sich alle Juden registrieren lassen. Wer gegen diese Anordnung verstößt, wird mit fünf Jahren Gefängnis und/oder der Beschlagnahme seines Eigentums bedroht. Nur wenige lassen sich nicht registrieren. Presser verweist darauf, daß es viele Gründe gab, der Anordnung Folge zu leisten: Zum einen war das Ausmaß der Bedrohung nicht bekannt. Dann gab es welche, die ihr Judentum nicht verleugnen wollten, Juden, die bisher nicht Mitglied der Gemeinde gewesen waren, ließen sich nun eintragen. Auch die Angst war ein wichtiger Faktor, und zudem lebten die holländischen Juden in einer perfekt erfaßten Gesellschaft, die persönlichen Daten der einzelnen Einwohner standen in allen möglichen Karteien und Registern. Und diese Register konnten die Deutschen jederzeit einsehen – und damit diejenigen überführen, die sich nicht registrieren ließen.[27] Auch Sieny Cohen weist ausdrücklich darauf hin: »Die Administration in Holland war so perfekt, daß jeder Mensch ordentlich registriert war, alles war schriftlich festgehalten, wo man zur Schule ging, wo zur Synagoge, wo zur Kirche, wo man jetzt wohnte und wo man früher gewohnt hatte, alles. Das gehörte hier zur allgemeinen Kultur, alles mußte schriftlich festgehalten werden. Das war für die Juden tödlich. Wären sie nicht so perfekt registriert gewesen, hätten sie vielleicht entkommen können.«[28] Sogar Eva Besnyö, die direkt nach dem Einmarsch ihre Wohnung verlassen hatte, weil sie sich als Jüdin wie als Linke bedroht fühlte, ließ sich schließlich, wenn auch widerwillig, registrieren. »Erst dachte ich, ich bin doch nicht verrückt! Aber dann fiel mir ein, daß meine Geburtsurkunde in Bergen in Nordholland aufbewahrt wurde, denn dort habe ich meinen ersten Mann geheiratet. Und der Bürgermeister von Bergen war ein NSBler, ein holländischer Nazi. Mir war klar, daß der über mich Bescheid wußte, und deshalb habe ich mich angemeldet.«[29]

Am 12. Februar 1941 fordern die Besatzungsbehörden prominente Vertreter der jüdischen Gemeinschaft auf, einen Jüdischen Rat zu bilden, der künftig alle Juden in den Niederlanden vertreten soll. Unter den Präsidenten Abraham Ascher und Prof. David Cohen wird der »Joodse Raad« zunehmend zu einem Instrument der Deutschen, die ihn benutzen, um ihre Verfolgungsmaßnahmen in »Ruhe und Ordnung« durchzuführen.[30] Die antijüdischen Maßnahmen erfolgen nun Schlag auf Schlag: Ab Mitte September 1941 ist es Juden verboten, Parks und zoologische Gärten, Cafés, Restaurants (einschließlich Bahnhofsrestaurants), Hotels und Pensionen, Schlafwagen und Speisewagen, Theater, Kabaretts und Kinos, Sportplätze, Badestrände, Hallen- und Freiluftbäder, Ausstellungen und Konzerte, öffentliche Büchereien, Lesesäle und Museen zu betreten beziehungsweise zu benutzen.[31] Am 22. Oktober 1941 tritt ein Erlaß in Kraft, nach dem Juden jederzeit gekündigt werden können. Alle Arbeitsverträge laufen am 1. Januar 1942 automatisch aus; die Beschäftigung von Juden ist nur noch mit spezieller Erlaubnis möglich.[32] Am 5. Dezember müssen sich alle nichtholländischen Juden zur »freiwilligen Auswanderung« bei der Zentralstelle für jüdische Auswanderung melden. Diese Maßnahme hat eine neue Serie von Selbstmorden zur Folge.[33] Jacob Presser schreibt in seiner Studie »Ondergang«: »Am Silvesterabend 1941 konnte kein holländischer Jude mehr die Tatsache leugnen, daß die Lage sich (...) im Laufe des Jahres immens verschlechtert hatte. Die Deutschen hatten große ökonomische Härten verursacht, die Bewegungsfreiheit war drastisch eingeschränkt worden, und eine Reihe repressiver Maßnahmen verfolgten ihn auf Schritt und Tritt. Dennoch fällt es dem Historiker schwer, die Stimmung der Juden insgesamt in dieser Zeit heraufzubeschwören. Viele klammerten sich an die Hoffnung, die Deutschen würden vielleicht den Krieg verlieren, und trösteten sich mit der Gewißheit, daß, wie schlimm die Lage auch sei, sie noch schlimmer sein könnte. Darüber hinaus glaubten viele Juden, die Deutschen würden ihre Politik nicht bis zum Äußersten treiben. Es war schon richtig, daß es Razzien gegeben hatte und viele Hunderte gestorben waren, aber, Gott sei Dank, viele holländische Juden durften immer noch in ihrem gewohnten Zuhause verweilen. Es war auch richtig, daß die Deutschen das böse Wort ›Emigration‹ erklingen ließen, aber hatten sie dem nicht das tröstende Beiwort ›freiwillige‹ vorangestellt und richtete sich diese Maßnahme nicht viel eher gegen ausländische als gegen holländische Juden?«[34]

Im Januar 1942 beginnt die Deportation in Arbeitslager. Alle arbeitslosen Juden müssen sich melden, und arbeitslos sind auf Grund der antijüdischen Politik der Besatzer viele. Die Gesetzestreue der holländischen Juden hat sich im Laufe dieses letzten Jahres bereits etwas vermindert. Anstatt sich »freiwillig« zu melden, versuchen viele, dieser Anordnung zu entgehen, und die jüdischen Ärzte, die in den Büros des Jüdischen Rates die Eingezogenen begutachten müssen, helfen, indem sie ihnen »Arbeitsunfähigkeit« attestieren.[35] Seit der ersten Hälfte des Jahres 1942 werden die Juden aus der Provinz und den anderen Städten gezwungen, nach Amsterdam zu ziehen. So entsteht ein regelrechtes Ghetto, denn die Neuankömmlinge müssen sich im »Jüdischen Wohnbezirk«, dem alten jüdischen Viertel, niederlassen.[36] Im Mai 1942 folgt die Einführung des Gelben Sterns. Die nichtjüdische Bevölkerung reagiert darauf zum Teil mit ostentativen Aktionen, Passanten grüßen Menschen, die den Stern tragen, oder gratulieren ihnen dazu, daß sie öffentlich Orange tragen dürfen: Ein Zeichen in dieser Farbe zu tragen, die den Namen des holländischen Königshauses, Oranje, symbolisiert, gilt als Akt des Widerstands. Die jüdische Bevölkerung reagiert zum Teil mit Galgenhumor: Das jüdische Viertel wird in »Hollywood« umbenannt, der Waterlooplein in Place de l'Étoile, die Jodenbreestraat in Milchstraße und der Stern selbst in Orden »Pour le Sémite« (in Anspielung auf den französischen Verdienstorden »Pour le Mérite«, Anm. d. Verf.).[37]

Ab dem Sommer 1942 dürfen Juden die öffentlichen Verkehrsmittel nicht mehr benutzen, ihre Wohnungen zwischen 20 Uhr abends und sechs Uhr früh nicht mehr verlassen und in den Geschäften von Nicht-juden (andere gibt es seit der »Arisierung« kaum noch) nur zwischen 15 und 17 Uhr nachmittags einkaufen. Presser berichtet, daß mehrere Kaufleute Ware für ihre jüdischen Kundinnen und Kunden zurückbe-hielten.[38] Auch Uschi Rubinstein erinnert sich, daß die Leute sie beim Einkaufen vorließen.[39] Im Juli 1942 beginnen die Deportationen, bis zum September 1943 werden circa 110 000 holländische Juden in die Vernichtungslager verschleppt. Im September 1943 gilt Amsterdam als »judenrein«.[40]

Angesichts der Tatsache, daß 80 Prozent der in Holland lebenden Juden deportiert werden konnten, erhob sich nach dem Krieg die Frage, wie das möglich war und warum der Prozentsatz der Ermorde-ten für die Niederlande so eklatant höher liegt als etwa für Belgien (knapp 50 Prozent) oder Frankreich (etwa 25 Prozent). Historiker wie Jacob Presser weigern sich, einfache Antworten auf diese schwierige Frage zu geben, und verweisen statt dessen auf die komplizierte Rea-lität. Seit August 1942 begann sich ein Teil der Menschen zu fragen, ob die Arbeitslager in Deutschland wirklich das geringere Übel seien. Mißtrauen kam unter anderem deshalb auf, weil aus den »deutschen« Lagern keine Briefe kamen und weil der deutsche Generalkommissar Schmidt sich einer immer rüderen Sprache bediente. Am 2. August 1942 hatte er in einer Rede vor holländischen Nazis in Limburg erklärt, die Juden würden aus dem Westen vertrieben und müßten im Osten den Schaden wiedergutmachen, den sie als der schlimmste Feind des deutschen Volkes angerichtet hatten. Nach dieser Rede begriffen viele Juden, daß das ganze Gerede über Arbeitslager in Deutschland Lüge war. Die offensichtliche Folge davon war, daß immer weniger sich freiwillig zu den öffentlichen Transporten meldeten und immer mehr einen Versteckplatz suchten. Die Besatzer holten sich die Leute, die nicht freiwillig kamen, indem sie wieder Razzien durchführ-ten, Angst und Schrecken verbreiteten und gleichzeitig Hoffnun-gen schürten.[41] Grete Weil beschreibt in ihrem autobiographischen Roman »Meine Schwester Antigone« die Situation: »Wir waren annähernd hundertdreißigtausend Juden, hundertdreißigtausend verschreckte Individuen, keine Gruppe, allenfalls Grüppchen, viele assimiliert, manche getauft, manche orthodox, Kapitalisten und Proletarier, Holländer, Deutsche, Polen, die Nazis spalteten uns noch weiter, gaben uns Rückstellungsstempel für Metallarbeiter, Diamantschleifer, Frontkämpfer aus dem Ersten Weltkrieg, Mitarbeiter des jüdischen Rates, für Wirtschaftsbosse, Wissenschaftler, Künstler, ließen die Stempel wieder platzen, holten uns straßenweise ab oder nach den Anfangsbuchstaben der Namen oder nach Berufen. Ob das Taktik war, weiß ich nicht, eher wohl Intuition, so muß es gemacht werden, damit kein Widerstand entsteht.«[42]

Wer der Aufforderung zur Deportation nicht nachkam, mußte eine Untertauchadresse haben, möglichst auch falsche Papiere und in jedem Fall Geld oder sehr gute nichtjüdische Freunde, die bereit waren, sie oder ihn über lange Zeit hinweg zu verstecken. Presser zitiert die nachträglichen Selbstvorwürfe eines Zeitzeugen: »Ich habe mich oft gefragt, was ich hätte tun können. Da ich mich selbst nicht nach Polen schicken lassen wollte, mußte ich auch anderen davon abraten. Aber was nützte ein solcher Rat schon, wenn ich ihnen doch kein Versteck oder die Flucht in die Schweiz als Alternative anbieten konnte? Versuchen, die Politik des Judenrates zu ändern? Das war reine Zeitverschwendung. Die meisten Mitglieder dachten, sie täten ihre Pflicht und handelten im Interesse der Juden. (...) Wir konnten nichts anderes tun, als in kleinen Gruppen zu arbeiten, uns und unseren Freunden falsche Papiere zu beschaffen und hier und dort eine sichere Adresse zu finden. Das war auch schon alles.«[43]

Eine Adresse konnte jedoch nur von seiten der nichtjüdischen Bevölkerung zur Verfügung gestellt werden. Die Ansichten der Überlebenden über die Solidarität der Holländer sind geteilt. Presser kritisiert scharf, daß die Exilregierung in London nichts für die Juden unternahm. In bezug auf den inländischen Widerstand schreibt er: »Die Deutschen haßten die Juden, und der Widerstand haßte die Deutschen. Würde also Logik irgendeine Rolle im menschlichen Verhalten spielen, hätte es eine gemeinsame Front geben müssen. Und tatsächlich war das auch, trotz aller Gefahren, häufig der Fall, und die Geschichte dieses gemeinsamen Kampfes sollte mit goldenen Lettern in alle holländischen Geschichtsbücher eingetragen werden. (...) (Aber:) Es gab tatsächlich, selbst dort, wo offene Opposition gegen die Deutschen herrschte, nicht immer Sympathie für die Juden – einige Widerstandskämpfer waren berüchtigte Judenhasser. (...) Einige Juden wurden durch Untergrundleute an die Deutschen verraten.«[44]

»Het Parool«, eine der größten Untergrundzeitschriften, mit einer Auflage von circa 40 000 Stück, schrieb am 10. Mai 1942: »Selbst jetzt noch sind viele unserer Leute nicht beunruhigt. Sie hören nichts, wissen nichts und würden es vorziehen, nichts zu sehen. Sie verschließen die Augen vor den kriminellen Akten, durch die unsere jüdischen Landsleute verfolgt werden, durch die ein Teil der holländischen Bevölkerung in unserem eigenen, bislang sicheren, Land gezwungen wird, zunehmend wie gejagte Tiere zu leben, ohne jeden rechtlichen Schutz, in Angst um ihr Leben, ohne zu wissen, was der Morgen ihnen bringen wird und welche neuen Schikanen der sadistische Hunne sich ausdenken wird.«[45] Am 11. Juli 1942 schickten zehn christliche Kirchen ein gemeinsames Telegramm an die deutschen Autoritäten, in dem sie heftig gegen die Deportationen protestierten.[46] Holländische Widerstandsgruppen, wie die NV-Gruppe, die Amsterdamse Studenten Groep, Het Utrechtse Kindercomité und De Trowgroep, organisierten Untertauchadressen für jüdische Kinder, holten die Kinder ab und brachten sie zu ihren »Pflegefamilien«. Einige dieser Gruppen unterstützten auch erwachsene jüdische Onderduikers. Auch Angehörige der bewaffneten Gruppen im kommunistisch dominierten Raad van Verzet übernahmen gelegentlich Aktionen zur Rettung jüdischer Kinder. Eine Organisation, die sich um die Zeitschrift »De Vrije Kunstenaar« (Der freie Künstler) bildete, spezialisierte sich auf die Herstellung falscher Papiere und versorgte viele jüdische Illegale mit den nötigen Dokumenten. Mitglieder der Gruppe, zu der auch mehrere Juden gehörten, überfielen das Amsterdamer Bevölkerungsregister und verbrannten einen Teil der Akten. Als die Besatzer im August 1942 die holländische Polizei zur Bewachung und zum Abtransport der Juden einsetzten, appellierte die kommunistische Untergrundzeitung »De Waarheid« an die Polizisten: »Denke an deine menschliche und berufliche Pflicht – verhafte keine Juden und führe die Befehle, die gegen sie gerichtet sind, nur zum Schein aus. Laß sie entkommen und sich verstecken.«[47] Natürlich kann der unmittelbare Erfolg solcher Aufrufe nicht gemessen werden. Und man kann vermutlich davon ausgehen, daß nicht alle holländischen Polizisten die kommunistische Untergrundpresse lasen. Fest steht allerdings, daß die deutschen Behörden mit dem Verhalten der holländischen Polizei so unzufrieden waren, daß sie Anfang 1943 die Verantwortung für die Festnahme von Juden an eine aus Freiwilligen zusammengesetzte Hilfspolizei übertrugen.[48]

Insgesamt jedoch waren es vor allem studentische Gruppen und Organisationen, in denen Jüdinnen und Juden zu den Aktivisten gehörten, die sich für verfolgte Juden einsetzten.[49] Die Zahlenangaben über die Juden, die in Holland in Verstecken überlebten, variieren. Presser schätzt, daß etwa 20 000 sich versteckten und lediglich die Hälfte von ihnen überlebte.[50] Das ist eine im Vergleich zu den anderen besetzten Ländern Westeuropas extrem geringe Zahl. J. Meulenbelt stellt zehn Jahre nach Kriegsende fest: »Während die Juden mehr als sonst jemand auf die Hilfe der illegalen Organisationen und die Gastfreundschaft der holländischen Familien angewiesen waren, muß leider festgestellt werden, daß ihnen, im großen und ganzen, weit weniger Hilfe zuteil wurde als anderen. Die Fakten, die in ›Onderdrukking en Verzet‹ publiziert sind, zeigen, daß die Chancen eines ›Ariers‹, einen Unterschlupf zu finden, fünfeinhalbmal größer waren als die eines Juden, während Nichtjuden nur ein Sechzehntel des Risikos trugen, zum Tode verurteilt zu werden. Das ergibt eine Relation von 1:88. Mangel an Einsicht, menschliches Ungenügen – alles summierte sich zu einem bedauerlichen Mangel an Unterstützung. Den kleinen Gruppen von vorzugsweise Künstlern und Studenten, die seit dem Sommer 1942 versuchten, so viele Juden wie möglich in den Niederlanden zu verstecken und sie so zumindest am Leben zu erhalten, fehlte es ständig an verläßlichen Helfern und an Plätzen, an denen sie die großen und kleinen Flüchtlinge in Sicherheit bringen konnten. (...) Die ganze Angelegenheit war unsäglich trist und erbärmlich.«[51]

Presser weist allerdings bei aller Kritik an der nicht ausreichenden Hilfsbereitschaft der Bevölkerung darauf hin, daß die Gefahren für diejenigen, die Juden versteckten, enorm hoch und die Strafen hart waren. Und aus seiner eigenen Erfahrung als Onderduiker berichtet er: »Kaum eine Gastfamilie rechnete anfangs damit, ihre ›Gäste‹ so lange Zeit beherbergen zu müssen. Sie mußte ihr ganzes Leben danach ausrichten, sich völlig umstellen und auf jede familiäre Intimität verzichten. Der Lebensmittelmangel wurde immer größer, und nicht immer kamen die Marken und das Geld für die Onderduikers rechtzeitig oder überhaupt. Man saß sich ständig gegenseitig auf dem Schoß, und allein das konnte zu explosiven Situationen führen.«[52] Uschi Rubinstein, die mit ihren nichtjüdischen Nachbarn fast ausschließlich positive Erfahrungen machte, weist darauf hin, daß diejenigen, die überhaupt bereit waren, Menschen zu verstecken, meist ärmere Leute waren, die schon ohne Onderduikers beengt lebten. Man konnte zudem jedes Geräusch von den Nachbarn hören, Geheimnisse waren schwer zu hüten. Sie selbst und ihr Mann Max lebten in mehreren Verstecken, von denen einige so eng waren, daß sie heute noch unter Klaustrophobie leidet.[53]

Virginia Cohen arbeitete bis zur Schließung der Hollandse Schouwburg, dem Amsterdamer Sammellager, in der Crèche (Kinderkrippe), die als »Außenstelle« der Schouwburg für die Kinder diente. Über die Vermittlung eines Studenten aus der Amsterdamer Gruppe, die Kinder, die Virginia Cohen und ihre Kolleginnen aus der Crèche schmuggelten, in Verstecken unterbrachte, findet sie nun selbst eine Möglichkeit, unterzutauchen. In Tienray in Limburg kommt sie bei Hanna van den Voort unter, die bisher zusammen mit ihrem Freund, Nico Dohmen, für die Amsterdamse Studenten Groep Versteckplätze organisiert hat und sich nun weiterhin um die versteckten Kinder kümmert. Hanna ist Hebamme, sie kennt die Bewohner der umliegenden Dörfer gut, und sie hat auf Grund ihres Berufes stets eine »Ausrede«, auch zu ungewöhnlichen Zeiten durch die Gegend zu radeln. Virginia Cohen wurde noch in Amsterdam mit falschen Papieren versorgt, einschließlich eines Krankenschwesterndiploms auf ihren »arischen« Namen. Sie kann dadurch in ihrem Beruf arbeiten und, was ihr das Wichtigste ist, selbst auch den Onderduikers helfen: »Hanna und Nico hatten 23 jüdische Kinder versteckt, die brauchten Kleider, die brauchten Lebensmittel, die brauchten alles mögliche. Und ich ging mit Hanna zu den Familien, um den Kindern das Nötige zu bringen. Da waren auch Kinder aus der Crèche, die mich natürlich kannten, aber sie taten so, als hätten sie mich nie gesehen.«[54] Hanna van den Voort und Nico Dohmen arbeiten mit dem allgemeinen Widerstand zusammen und bringen amerikanische Piloten, die mit dem Fallschirm in der Nähe abgesprungen sind, bei Bauern in der Umgebung unter. Virginia Cohen hilft auch bei der Rettung der Piloten mit, ihre Hauptsorge aber gilt, wie die Hannas, den jüdischen Kindern: »Einmal bekam eines der Kinder Diphtherie und steckte alle anderen an. Hanna hörte, daß die Deutschen ein Mittel gegen Diphtherie hatten. Da gingen wir zusammen, ich in meiner blauen Schwesternbluse, sie trug ihre braune Hebammentracht, in das Schloß, in dem die Deutschen residierten, und sagten, wir brauchen das Serum für kranke Kinder. Die Deutschen hatten ja schreckliche Angst vor ansteckenden Krankheiten. Sie gaben uns umstandslos das Serum und noch einen Haufen Süßigkeiten dazu.«[55]

Ida Zilberberg, die bis zum Frühjahr 1943 legal mit ihren Eltern in deren Haus lebt, wird von ihrer Cousine Zilli angesprochen, ob sie ihr helfen will, Versteckplätze für jüdische Kinder zu suchen. Für welche

Widerstandsorganisation diese Cousine arbeitete und ob das überhaupt schon eine richtige Organisation war, weiß Ida Zilberberg nicht. Es hat sie damals nicht gekümmert. Sie fand es richtig, die Kinder in Sicherheit zu bringen, mehr wollte sie nicht wissen. »Wir brachten die Kinder bei Bauern unter«, erinnert sie sich. »Wir fragten Leute, die schon ein Kind genommen hatten, ob sie vielleicht noch eines aufnehmen würden. Sie sagten dann ›ja‹ oder ›nein‹, oder ›probieren Sie es doch einmal bei dem und dem‹. Es war wie ein Schneeballsystem.«[56] Ida Zilberberg kann auch für ihre Mutter und für ihren Vater, der, nachdem er von der Gestapo gefoltert wurde, schwer krank ist, Untertauchadressen organisieren. Doch beide werden verraten und sterben in Auschwitz. Ida Zilberberg selbst muß bis zur Befreiung elfmal die Untertauchadresse ändern. Sie schlägt sich durch, indem sie als Dienstmädchen und Haushaltshilfe arbeitet.[57]

Die jüdischen Frauen und Männer, die sich um Adressen für Onderduikers kümmern und/oder Onderduikers betreuen, sind ausschließlich auf den holländischen Widerstand und die holländische Bevölkerung angewiesen. Es gibt in den besetzten Niederlanden keine jüdische Selbsthilfeorganisation wie in Frankreich und Belgien, die es sich zur Aufgabe macht, jüdische Kinder und Erwachsene vor der Deportation zu retten, und die als autonome jüdische Organisation mit nichtjüdischen Personen und Institutionen zusammenarbeitet. Wie Virginia Cohen in der Arbeit mit Hanna van den Voort und Ida Zilberberg im Gefolge ihrer Cousine wendet sich auch die Kommunistin Trudel van Reemst-de Vries in ihrer Arbeit direkt an Holländerinnen und Holländer, von denen sie annimmt, sie wären bereit, Onderduikers zu helfen. Als sie aus dem Spanischen Bürgerkrieg zurückkommt, läßt sie sich mit ihrem (nichtjüdischen) Mann, der Arzt ist, in Vlaardingen nieder, weil in dieser Kleinstadt eine Praxis günstig zu haben ist. Beide, Trudel wie ihr Mann, sind im Widerstand aktiv, er in einer bewaffneten Formation, sie in einer Gruppe, die Illegale und deutsche Flüchtlinge in ihren Verstecken betreut. Sie bringt Leute im Umland von Vlaardingen unter und gewinnt schließlich einige ihrer Bekannten zur Mithilfe: »Zuerst war es dort schwierig, Kontakt zu bekommen. Wir waren für die ja komische Leute. Aber dann kam der Krieg, und da merkten die, daß wir in Ordnung waren. So entstand eine Vertrauensbasis. Ich habe dann von den Bürgern in Vlaardingen Lebensmittelkarten und auch Nahrungsmittel für die Onderduikers bekommen.«[58] Im November 1942 werden Trudel van Reemst und ihr Mann verhaftet. Da Hermann van Reemst »Arier« ist, gelingt es Trudel im Sommer 1943, aus Westerbork freizukommen. Sie lebt eine Zeitlang mit ihrem Kind, das sie Ende 1941 geboren hat, legal in Amsterdam, bis die Partner aus »Mischehen« nicht mehr als »privilegiert« gelten, wenn der »arische« Partner gestorben ist oder sich nicht auf deutschem Gebiet befindet. Letzteres trifft auf Hermann van Reemst zu, der in ein KZ deportiert worden ist. Trudel van Reemst bringt ihr Kind wieder zu den Pflegeeltern, die es nach ihrer Verhaftung betreut hatten, und versucht selbst unterzukommen: »Das war die schlimmste Zeit. Ich hatte keine feste Bleibe, mußte mal hier, mal dort schlafen, mal hatte ich den Stern auf dem Mantel, dann wieder nicht.«[59] So teilt die Widerstandskämpferin das Los der Mehrheit der jüdischen Bevölkerung. Obwohl sie als Mitglied einer Untergrundorganisation über bessere Kontakte verfügt als eine nichtorganisierte Amsterdamer Jüdin, braucht selbst sie einige Zeit, bis sie endlich eine feste Unterkunft findet und gute Papiere erhält.[60]

II

Im alten jüdischen Viertel formiert sich bereits Ende 1940 der Widerstand. Hier, zwischen dem Rembrandsplein und dem Waterlooplein, wo die armen Juden leben, inszeniert die holländische Nationalsozialistische Bewegung NSB ihre Terroraktionen. Die WA (Wehrabteilungen) der NSB überfallen Geschäfte und Cafés und verprügeln Passanten. Joop Cosman, der Leiter des Boxclubs »Olympia«, sammelt daraufhin etwa 40 junge Männer um sich, alles Boxer aus seinem »Olympia«, die zum Teil 1934 an der Makkabiade in Palästina teilgenommen haben. Sie bilden jüdische »Knokploegen«, Kampfgruppen, und verteidigen ihr und andere jüdische Viertel gegen die NSBler. Ihr – erfolgreicher – Widerstand dient den Besatzern als Ausrede für die Razzia vom 22. und 23. Februar 1941, in deren Verlauf sie 400 junge jüdische Männer als »Geiseln« festnehmen und nach Mauthausen deportieren.[61] Diese Festnahmen werden mit gezielter Brutalität durchgeführt, die Deutschen setzen auch Hunde ein, sie wollen bewußt Terror verbreiten. Die Februarrazzien dienen als Repressalie gegen »den rebellischen Geist der jüdischen Viertel in Amsterdam«.[62]

Als Reaktion auf diese Razzien rufen die Arbeiter der Amsterdamer Verkehrsbetriebe und der Stadtreinigung am 25. Februar morgens zum Streik auf. Sieben Stunden später befindet sich die Stadt im Generalstreik, weite Teile des Landes schließen sich an. Die kommunistischen Aktivistinnen und Aktivisten des Streiks, unter ihnen zahlreiche Jüdinnen und Juden, wie Eva Korper und Corry Paris, verteilen das inzwischen legendäre Flugblatt »Staakt!!! Staakt!!! Staakt!!!« (Streikt! Streikt! Streikt!), in dem sie zur Solidarität mit den verfolgten Juden aufrufen.[63] Roos Sijbrands, die im Amsterdamer Kaufhaus Bijenkorf arbeitet, organisiert mit den Genossinnen aus ihrer Betriebszelle die Beteiligung der Verkäuferinnen am Streik: »Und in der Nacht haben wir das Streikflugblatt verteilt. Ich war im siebten Monat schwanger, und wir haben ausgemacht, falls die Deutschen kommen, soll ich so tun, als käme ich in die Wehen, um sie abzulenken. Ich weiß noch, daß wir uns sehr gefreut haben über den Streik. Und daß ich damals sehr optimistisch war, denn das war das erste Mal, daß wir etwas gegen die Deutschen unternahmen. Ich glaube, den Leuten war auch nicht bewußt, was sie riskierten. Erst nach den schrecklichen Maßnahmen, die die Deutschen nach dem Streik ergriffen, haben sie begriffen.«[64] In den Augen der Besatzer ist der Streik das Werk der Juden. Sie drohen dem Jüdischen Rat mit Massenverhaftungen, falls der Streik nicht sofort abgebrochen würde[65] – eine absurde Erpressung, denn der Jüdische Rat hat mit dem Streik nicht nur nichts zu tun, er kann auch keinen Einfluß auf dessen Verlauf nehmen.

Einen spezifischen und als solchen definierten jüdischen Widerstand gab es in den Niederlanden nicht. Presser schreibt über die Ausgangsbedingungen der jüdischen Widerstandskämpferinnen und Widerstandskämpfer: »Holland erlebte keinen Ghettoaufstand nach Warschauer Vorbild, keine letzte Erhebung einer Gruppe verzweifelter Menschen, abgeschnitten vom Rest der Bevölkerung. In unserem Land war der jüdische Widerstand im großen und ganzen Teil des allgemeinen Kampfes gegen den Feind. (...) Die holländischen Juden verfügten über kein gemeinsames Zentrum, um das sie sich hätten sammeln können. Viele identifizierten sich vollständig mit dem allgemeinen holländischen Widerstand und fühlten sich durch diesen Akt der nationalen Solidarität getröstet. Wer unterstützte ihre Bemühungen? Die jüdische Gemeinde? Keine Gruppe hätte heterogener sein können, im ethnischen, ökonomischen, sozialen, politischen, kulturellen und religiösen Sinne. Die holländische Synagoge, von der sich viele Juden ohnehin entfremdet hatten, hatte sich zu einer achtbaren konservativen Institution in einem achtbaren bürgerlichen Land entwickelt und war somit denkbar ungeeignet für jede Art von gewaltsamem beziehungsweise revolutionärem Kampf. Es gab keine Einrichtung, die das holländische Judentum als Ganzes umfaßt hätte, keine, die in dieser Stunde der Not seine Führer hätte unterstützen können. So waren die jüdischen Widerstandskämpfer, die sich nicht der allgemeinen holländischen Widerstandsbewegung anschlossen, völlig auf sich selbst gestellt.«[66]

Zu ihnen gehören neben den jungen Männern, die im Winter 1940/1941 die jüdischen Viertel von Amsterdam gegen die holländischen Nationalsozialisten und deren deutsche Helfer verteidigten, auch die sogenannten Palästina-Pioniere, die an die 150 Jugendliche außer Landes brachten. 80 der von ihnen Geretteten gelangten nach Spanien, 70 davon kamen im November 1944 in Palästina an.[67] Die anderen blieben in Frankreich und schlossen sich hier dem Maquis der Éclaireures Israélites, der jüdischen Pfadfinder, und der Armée Juive an, die auch die Fluchtroute über Spanien nach Palästina organisierten. Einzelne Mitglieder der »Holländer«, wie Paula Kauffmann, engagierten sich in der Widerstandsgruppe der Armée Juive in Paris und wurden bei deren Entdeckung mit verhaftet.[68] Die Palästina-Pioniere bestanden zu einem gut Teil aus deutschen und österreichischen Flüchtlingen. Sie hatten in ihren Herkunftsländern einer zionistischen Jugendbewegung angehört und gingen in Holland in die Hachschara-Zentren auf dem Lande, um sich auf ihre Alija, ihre Auswanderung nach Palästina, vorzubereiten und auf das Leben als Pioniere, das sie dort führen wollten. Dan Michman weist darauf hin, daß es große Differenzen zwischen den jungen, häufig ausländischen Zionisten in den Hachscharot und den holländischen zionistischen Jugendlichen in den Städten gab. Die Jugendlichen, die eine Hachschara machten, standen nach Michman den zionistischen Jugendbewegungen osteuropäischer Prägung näher als die Holländer. Sie definierten sich eher nach dem Ideal der Chaluzim, der Pioniere. Und sie waren sich, auf Grund ihres hohen Anteils an Flüchtlingen, der drohenden Gefahr stärker und früher bewußt. Während, wie Michman schreibt, »die holländischen zionistischen Jugendbewegungen keinen bemerkenswerten Eindruck in der jüdischen Geschichte Hollands zur Zeit der Shoa hinterlassen haben«, gelang es den Pionierinnen und Pionieren, 44 Prozent aller Jugendlichen aus den Hachschara-Zentren zu retten.[69]

Im Sommer 1942 erhalten die ersten jungen Männer, Flüchtlinge aus Deutschland, auf dem Hachschara-Hof in Loosdrecht ihre Einberufung zum »Arbeitseinsatz«. Die beiden Leiter der Loosdrechter Hachschara, Joachim Simon, »Schuschu«, und Menachem Pinkhof, und der holländische Lehrer Joop Westerweel arbeiten daraufhin einen Plan aus, um die Bedrohten zu verstecken und schließlich außer Landes zu schaffen. Im August warnt Erica Blüth, die in Amsterdam im Jüdischen Rat arbeitet, die Loosdrechter, daß die »Evakuierung« ihres Zentrums bevorsteht. Die holländischen Mitarbeiterinnen und Mitarbeiter von Joop Westerweel verstecken nun alle Jugendlichen und versorgen sie mit falschen Papieren. Joachim Simon reist mit seiner Frau Adina van Coeverden illegal nach Frankreich, um einen Fluchtweg in die Schweiz zu suchen. Doch ehe sie diese Route aktivieren können, wird die französische Südzone von den Deutschen besetzt. »Schuschu« reist erneut nach Frankreich und findet mit Hilfe des jüdischen Widerstands eine Möglichkeit, über Spanien nach Palästina zu gelangen. Deutsche jüdische Emigranten verhelfen den Pionieren zu Papieren, die sie als Mitarbeiter der Organisation Todt ausgeben. Im Januar 1943 wird Joachim Simon an der belgischen Grenze verhaftet, er stirbt unter ungeklärten Umständen im Gefängnis von Breda.[70] Zu den Organisatoren und Aktivisten der Palästina-Pioniere gehören auch zahlreiche Frauen, wie Adina van Coeverden und Mirjam Waterman. Ben Braber nennt namentlich unter 34 Aktivisten der Palästina-Pioniere 15 Frauen.[71]

Virginia Cohen kann den Zeitpunkt, an dem sie begann, Widerstand zu leisten, nicht benennen. Es gab kein Vorher – Nachher, und sie sagt noch heute, was sie in Amsterdam getan hat, sei kein Widerstand gewesen. Virginia wächst in einem gutbürgerlichen zionistischen Haushalt auf, der Vater ist Professor für Alte Geschichte und Philosophie, er übersetzt für die Kinder die *Ilias* und die *Odyssee* ins Holländische. Virginia ist »ein schlimmes Kind«, und sie besteht schon früh auf einer nicht eben mädchenhaften Unabhängigkeit. Da sie schon immer »etwas mit Kindern machen« wollte, läßt sie sich in der Crèche, dem Kinderhort in der Plantage Middelaan, zur Kindergärtnerin ausbilden. Zwei Jahre lang arbeitet sie tagsüber mit den Kindern und erhält am Abend Unterricht. Theorie wie Praxis sind in dieser Einrichtung ungewöhnlich und fortschrittlich. Die Leiterin der Crèche, Henriette Rodriguez Pimentel, lehrt ihre Schülerinnen und Mitarbeiterinnen, »Kind unter Kindern zu sein«.[72] Sieny Kattenburg (Cohen) lernt gleichfalls Kindergärtnerin in der Crèche. Auch sie ist nachhaltig beeindruckt von dem pädagogischen Konzept und der Persönlichkeit der »Directrice Pimentel«. Die Crèche wurde 1926 von einer privaten jüdischen Wohlfahrtsorganisation gegründet. Zuvor war in dem Haus eine Jeschiwa untergebracht, für die Kindertagesstätte wurden alle Räume umgebaut, mit kleinen, kindgerechten Badezimmern und Toiletten – ein zu der Zeit unbekannter »Luxus«. Sieny Cohen erinnert sich: »Die Crèche war sehr ungewöhnlich und fortschrittlich, es kamen ständig Besucher, um sich anzusehen, wie das funktionierte. Und gleichzeitig war die Crèche auch ein Ausbildungsinstitut für Kinderpflege. Sie war für alle Kinder zugänglich, aber ich würde schätzen, an die 80 Prozent waren jüdische Kinder, denn sie lag in einem jüdischen Viertel. Die Kinder kamen von morgens acht Uhr bis circa fünf, halb sechs Uhr abends. Der Hort war vor allem gedacht für berufstätige Mütter, auch das war damals unbekannt. Die Kinder waren zwischen sechs Wochen und sechs Jahren alt, sie kamen aus sehr armen Elternhäusern, in ihren Wohnungen gab es kaum Waschgelegenheiten, sie waren oft schmutzig und hatten Läuse. Wenn sie morgens kamen, wurden sie ausgezogen und bekamen eine Uniform von der Crèche, und man kämmte ihnen das Haar mit dem Lauskamm. Dann bekamen sie Frühstück. Um 11 Uhr bekamen sie Orangensaft oder so etwas – auch das war damals ganz unerhört. Mittags bekamen sie dann eine warme Mahlzeit.«[73]

Mit dem Beginn der Deportationen, 1942, richtet die Gestapo in einem ehemaligen Theater, der Hollandse Schouwburg, ein Auffanglager ein. Hier müssen die festgenommenen Juden – oft wochenlang – auf ihren weiteren Transport nach Westerbork warten, von wo die Deportationen nach Auschwitz abgehen. Die Schouwburg ist häufig überfüllt, an manchen Tagen drängen sich weit über 1000 Menschen darin. Die hygienischen Bedingungen sind katastrophal.[74] Grete Weil beschreibt die Schouwburg in ihrem autobiographischen Roman »Meine Schwester Antigone«: »Altes, abgetakeltes Theater, Mief, Schweiß, Desinfektionsmittel. Leerer Zuschauerraum, leere Bühne, nur auf den Rängen stehen noch die Stuhlreihen. Im Foyer liegen Matratzen, auf den Matratzen schlafen Gefangene.«[75]

Die Crèche (Kinderkrippe) in der Plantage Middelaan liegt der Schouwburg gegenüber und dient immer noch als Kinderhort. Bis die Gestapo sie für ihre Zwecke nutzt. Sieny Cohen erinnert sich: »Anfangs brachten sie die ganzen Familien in die Schouwburg, mit den Kindern. Aber die Deutschen selbst konnten das Weinen und Schreien der Kinder nicht ertragen, deshalb kamen sie auf die Idee, die Crèche zu einer Dependance der Schouwburg zu machen. Wir bekamen Betten, Decken, alles, was nötig war. Die Mütter durften über die Straße gehen, um die Kinder zu besuchen. Irgendwann wollten die Deutschen nicht mehr, daß die Eltern, beziehungsweise die Mütter, ständig zwischen uns und der Schouwburg hin- und herpendelten. Die Eltern durften die Schouwburg dann nicht mehr verlassen, und wir mußten die Kinder bringen. Drei von uns wurden dafür bestimmt. Man gab uns eine spezielle Armbinde.«[76]

In der Schouwburg gibt es Gruppen und Einzelpersonen, die sich darum bemühen, Menschen zur Flucht zu verhelfen. Sie alle sind Angestellte des Jüdischen Rates, die offiziell in dessen Auftrag in der Schouwburg arbeiten. Walter Süskind, ein 39 Jahre alter deutscher Flüchtling, der für eine Abteilung der Schouwburg verantwortlich ist, sein Mitarbeiter Felix Halverstadt und die Direktorin der Crèche, Henriette Pimentel, nehmen Kontakt zu Vertretern des holländischen Widerstands auf und arbeiten mit ihnen Pläne aus, um sowohl Erwachsene aus der Schouwburg als auch Kinder aus der Crèche »verschwinden« zu lassen. Süskind und seine Vertrauten arbeiten unterschiedlich. Sie machen die SS-Männer betrunken und stehlen dann aus der Registratur die Karteikarten der Personen, die »verschwinden« sollen. Oder sie fragen die Eltern bei der Anmeldung, ob sie damit einverstanden wären, eines der Kinder nicht registrieren und später bei sicheren Leuten unterbringen zu lassen. Häufig, erinnert sich Sieny Cohen, lehnten die Eltern das Angebot ab, sie wollten die Familie nicht auseinanderreißen. Manche waren einverstanden, weil sie dachten, das Kind hätte es bei einer Pflegefamilie hier in Holland sicher besser als in einem Arbeitslager irgendwo im Osten. In diesem Fall wurde der Crèche zusammen mit den anderen Kindern eines übergeben, das nicht registriert war. Eine der eingeweihten Mitarbeiterinnen der Crèche brachte es in einem Raum auf dem Dachboden unter, in dem die illegalen Kinder lebten, bis sie den nichtjüdischen Unterstützern übergeben wurden.[77] Grete Weil erinnert sich in ihrem autobiographischen Roman über die Besatzungszeit in Amsterdam: »In der Nacht, wenn niemand mehr gebraucht wird, hocken wir vom Jüdischen Rat zusammen in Süskinds Zimmer und besprechen, wen man herausschmuggeln könnte. Jeder von uns hat Wünsche: Familie, Freunde, Bekannte, Schützlinge, die man gerade erst kennengelernt hat; ja, das ist möglich, nein, das geht nicht, zu alt, zu unzuverlässig, zu prominent, schon zu sehr aufgefallen, zu ungeschickt, nach drei Tagen ist der doch wieder da, das hat keinen Sinn. Süskind, klein, vierschrötig, mit blondem Stoppelhaar und großen blauen Augen, verschlagen wie Odysseus, kampfbereit wie Achill, Süskind, der Held, der Retter, der Spieler, sagt ja, sagt nein, selektiert, trifft Entscheidungen über Leben und Tod. Er trägt die Verantwortung, macht die Deutschen besoffen, fälscht Listen, kennt alle Tricks, erfindet neue, weiß, in welchen Nächten etwas geht, kommt immer durch und wird am Ende doch mit Frau und Kind in Auschwitz ermordet.«[78]

Anfangs, erinnert sich Sieny Cohen, kamen die Studentinnen und Studenten aus der Widerstandsgruppe, die sich um die Kinder kümmerte, direkt in die Crèche und holten die Kinder dort ab. Doch das wurde bald zu gefährlich, die Straße, in der sich Schouwburg und Crèche befanden, war abgesperrt und von beiden Seiten bewacht. »Also«, berichtet Sieny Cohen, »begannen wir damit, die Kinder spazierenzuführen. Und in der Gruppe, die wir ausführten, waren auch illegale Kinder. Die wußten, daß jemand sie mitnehmen würde. Wir bogen um die Ecke, und dort wartete jemand und nahm sie mit. Normalerweise zählten die Deutschen die Kinder, die das Haus verließen, nicht. Denn die Deutschen befanden sich vor der Schouwburg, nicht vor der Crèche. Falls sie doch einmal zählten, dann brachte sofort eine von uns ein Kind von oben dazu. Dazu mußte man gar nichts sagen oder erklären, das funktionierte über Blickkontakt. Vorbereitet wurden die Kinder von ihren Eltern, die konnten ja mit ihnen sprechen. Die Eltern haben ihnen vermutlich gesagt, da wird ein Onkel oder eine Tante auf dich warten, mit dem oder der gehst du mit. Die Kinder sprachen nicht darüber, sie hatten gelernt, den Mund zu halten.«[79] Wenn Sieny oder ihre Kolleginnen die Kinder in die Schouwburg bringen müssen, weil die Familie deportiert wird, versuchen sie oft noch in letzter Minute, ein Kind zu retten: »Manchmal, wenn wir das Einverständnis der Eltern hatten, brachten wir eine Puppe oder ein Kissen in eine Decke gewickelt. Wir hatten den Eltern eingeprägt, daß sie mit niemandem darüber reden durften. Wenn die Leute in ihrer nächsten Umgebung das Kind sehen wollten, sollten sie sagen, es schläft.«[80]

Als im Frühjahr 1943 die Patienten und das Personal des jüdischen Krankenhauses in Rotterdam abtransportiert werden, kann Virginia Cohen entkommen. Sie geht zurück nach Amsterdam und arbeitet wieder in der Crèche. Sie erinnert sich: »Ich bin nie in die Schouwburg gegangen, wie Sieny. Aber ich nahm zum Beispiel ein Baby und ging zu einer Straße am Ende der Plantage Middelaan, dort warteten die Studenten oder die anderen Leute, die die Kinder in Empfang nahmen. Ich weiß noch, dieses eine Baby war in einer Schachtel mit Luftlöchern. Ich bete nie, aber da… Ich ging mit dem Baby in der Schachtel die Straße entlang, da waren lauter Deutsche, vom Sicherheitsdienst, die kannten uns ja alle, und ich sagte stumm vor mich hin: ›Schrei nicht, bitte, schrei nicht.‹ Und das Baby blieb die ganze Zeit über still.«[81] Virginia Cohen weiß nicht mehr, wie genau sie und ihre

Kolleginnen die anderen Kinder herausgeschmuggelt haben. Ihre Erinnerung an das Positive ist überlagert von den Schrecken: »Ich sehe immer die Kinder vor mir, denen wir nicht helfen konnten. Es wurden circa 600 Kinder aus der Crèche gerettet, aber angesichts der Geschichte ist das doch gar nichts.«[82]

Auch Sieny Cohen wird von ihren Erinnerungen gequält: »Die Transporte gingen immer nachts ab, dreimal wöchentlich, und wenn wir dann die Kinder wecken mußten, dann waren sie so still. Sie haben nicht geweint, sie sagten kein Wort, sie waren nur totenblaß.«[83] Damals, sagen sowohl Sieny Cohen als auch Virginia Cohen, wußten sie nicht, daß diese Kinder ermordet werden sollten. Sie dachten, sie kämen in Arbeitslager und müßten dort unter schrecklichen und vielleicht sogar lebensgefährlichen Bedingungen leben. Deshalb sei es viel besser, sie hier in Holland unterzubringen, bis der Krieg vorbei war und ihre Eltern zurückkamen. Von den Lagern in Polen, erinnert sich Sieny Cohen, erfuhr sie erst Ende 1943, als sie selbst schon untergetaucht war.[84]

Sieny Cohen heiratet Ende Juni 1943. Ihr Mann arbeitet für den Jüdischen Rat als Bote. Im Juli wird die Crèche bis auf ein paar wenige Kinder geleert. Sieny Cohen erinnert sich: »Nicht alle wurden weggebracht, und die illegalen Kinder waren noch auf dem Dachboden, zusammen mit meinem Mann. Ich kam mit den Kindern, die ich betreute, in die Halle, aber mein Name war nicht auf der Liste. Margot Herzl stand auf der Liste, aber sie traute der Sache nicht, vielleicht war sie weniger naiv als ich. Sie ging weg, die Treppen hinauf, auf das Dach, und von dort tauchte sie ab. Als sie feststellten, daß auf der Liste jemand fehlte, nahmen sie mich dazu. Wir mußten bis nachts auf die Züge warten, die uns abtransportieren sollten. Die Kinder hatten wir, bis auf ein paar wenige, den Eltern übergeben. Plötzlich rief einer: ›Wo ist das freche Weib?‹, das war der ›Spitzname‹, den mir die Deutschen gegeben hatten. Sie holten mich heraus. Sie brachten ein paar wenige von uns zurück in die Crèche, und wir beschlossen weiterzumachen, so gut es ging.«[85] Unter denen, die noch bleiben können, ist auch Virginia Cohen. Da sie die Älteste ist und ausgebildete Krankenschwester, ernennt Walter Süskind sie zur Leiterin der Crèche. Sie fühlt sich überfordert von der Vorstellung, den Platz der von ihr so verehrten Henriette Pimentel einnehmen zu müssen, doch sie tut ihre Pflicht. Als Ehrbezeugung gegenüber ihrer ehemaligen Lehrerin und Chefin kleidet sie sich, wie sie es immer getan hat, ganz in Weiß.[86]

»Am 29. September 1943«, erinnert sich Virginia Cohens Kollegin

Sieny Cohen, »war die Crèche fast leer, nur noch wenige Kinder waren da. Mein Mann war am Morgen in der Schouwburg, und er hatte das Gefühl, daß etwas Ungewöhnliches geschah und daß wir weg mußten. Wir hatten damals schon von Süskinds Sekretär falsche Papiere erhalten. Mein Mann hatte sie zufällig wenige Tage zuvor bekommen und hatte sie in der Tasche. Er sagte zu mir, ›Sieny, wir bleiben nicht hier, wir gehen‹. Ich wollte nicht gehen, ich wollte bei den Kindern bleiben. Er sagte mir, ›du kannst mehr für sie tun, wenn du gehst, als wenn du hierbleibst‹. So hat er mich überredet. Wir gingen los. Bei der Schouwburg fragte uns ein Holländer nach unseren Papieren. Mein Mann zog sie heraus, und ich dachte, er zeigt jetzt die falschen, und da bin ich fast gestorben. Das war das erste Mal, daß ich wirklich fast zusammengebrochen bin. Aber er zeigte die richtigen, und der Holländer ließ uns gehen. Wir liefen einen langen Weg, und wir zitterten am ganzen Leib. Als wir zu dem Haus kamen, in dem wir uns verstecken sollten, nahmen wir den Stern ab – und von da an waren wir untergetaucht.«[87]

Auch Virginia Cohen beschließt nun zu »verschwinden«: »An Rosch Haschana war schon alles vorbei. Die Crèche war geschlossen, es gab keine Juden mehr in Amsterdam. Am Tag vorher gingen Sieny und ihr Freund. Ich weiß noch, ich stand vor der Tür, und Piet, das war einer ›unserer‹ Studenten, die sich um Verstecke für die Kinder kümmerten, kam vorbei und fragte mich, was ich nun tun wolle. Ich sagte, ›ich gehe jetzt auf Transport. Meine Eltern sind weg, mein Bruder ist weg, jetzt gehe ich auch‹. Aber er sagte, ›das geht nicht, wir brauchen dich, um nach dem Krieg die Kinder wiederzufinden‹. Ich schlief schon in der Schouwburg, denn die Crèche war bereits geschlossen, aber ich holte dort noch Windeln und Sachen für die Babys. Piet sagte, ›es wird nicht auffallen, wenn du die Schouwburg verläßt, denn du gehst ohnehin ständig hin und her‹. Ich ging also, und er brachte mich in ein provisorisches Versteck.«[88]

Neun verschiedene Untertauchadressen später landet Virginia Cohen schließlich bei Hanna van den Voort, mit der zusammen sie sich nun um die in Limburg versteckten jüdischen Kinder kümmert. Jetzt erst hat Virginia Cohen das Gefühl, sie leiste Widerstand, sie tue »etwas Richtiges«. Daß sie in der Crèche versuchten, so viele Kinder wie möglich vor der Deportation zu retten, das sei »doch selbstverständlich« gewesen.[89] Auch Sieny Cohen betont immer wieder, was sie getan habe, sei doch »nichts Besonderes« gewesen, es habe sich quasi von selbst ergeben: »Keine von uns hat je in den Kategorien von

›Illegalität‹ oder ›Widerstand‹ gedacht. Die Kinder herauszuschmuggeln, das war einfach Teil unserer Arbeit. Es war nicht erlaubt, ja, man
mußte vorsichtig sein, das ja – aber das war die Normalität im Krieg,
das war nichts Ungewöhnliches. Man hatte nicht das Gefühl, illegal zu
arbeiten. Man hatte Angst. Aber man wollte helfen, man wollte etwas
tun.«[90]

Neben Walter Süskind und seiner Equipe arbeitet auch eine kommunistische Fluchthelfergruppe in der Hollandse Schouwburg. Max
Rubinstein, der Mann von Uschi Rubinstein, gehört dazu, und seine
offizielle Stellung als Mitarbeiter des Jüdischen Rates bringt das Paar
in eine komplizierte Situation. Einerseits leben sie als Illegale mit
falschen Papieren, was auch heißt, als »Arier«, die natürlich keinen
Stern tragen. Andererseits sind sie als Juden und Angehörige des Jüdischen Rates registriert, verfügen über den entsprechenden Ausweis
– der sie vorläufig vor der Deportation bewahrt – und tragen selbstverständlich den Stern. Dieses Doppelleben, erinnert sich Uschi Rubinstein, war einer der schwierigsten Aspekte ihres Lebens als Widerstandskämpferin: »Das war für mich das Anstrengendste, einmal mit
dem Stern zu gehen und einmal ohne. Man wußte nie, wer einen
schon einmal mit dem Ding gesehen hatte und nun vielleicht ohne
wiedersah oder umgekehrt.«[91]

Begonnen hatte für sie alles, als die Deutschen noch gar nicht in
Holland einmarschiert waren. Schon als Kind in Berlin war Uschi Rubinstein durch Zufall in Kontakt mit einer kommunistischen Jugendgruppe gekommen, deren Mitglieder den Kern der späteren Widerstandsgruppe um Herbert und Marianne Baum bildeten. Nachdem
Uschi Rubinstein 1938 mit ihrer Mutter und ihren Schwestern nach
Amsterdam geflüchtet ist, sieht sie sich sofort nach Leuten um, mit
denen sie politisch arbeiten könnte. Im sogenannten Teehaus, einem
Zentrum für deutsche Flüchtlinge im Amsterdamer Stadtteil Oosteinde, lernt sie diese Leute kennen – unter ihnen auch ihren späteren Mann Max.[92] Gegründet wurde das Zentrum vom Comité voor
Bijzondere Joodsche Belangen, einer sozialen Einrichtung für jüdische Flüchtlinge. Ihnen wurde im Oosteinder »Teehaus« die Möglichkeit geboten, sich zu treffen, zu lesen, zu lernen, Lesungen und
Konzerte zu veranstalten. Unter der Leitung von Alice »Ali« Hey-
mann-David, Ernst Levy und Nathan Notowicz bildete sich hier eine
kommunistische Gruppe, die sich unter anderem um die illegal in
Holland lebenden politischen Flüchtlinge kümmerte. Als Groep-Van-
Dien geht diese Gruppe später in die Geschichte des holländischen

Widerstands ein. Uschi Rubinstein erinnert sich: »Wir haben im Zentrum Sprachen gelernt, es gab viel Kultur, viele bekannte Leute sind dort aufgetreten. Und du konntest dort alles lernen, was du wolltest. Einer zum Beispiel hat uns den ganzen Goethe vorgelesen. Ali hat dort alles gemacht, sie hat den ganzen Laden geschmissen. Und sie hat einige von uns in die Illegalität geführt. Sie hat dort eine kleine Gruppe aufgebaut. Hier waren damals viele politische Flüchtlinge aus Deutschland. Die wohnten bei den holländischen Arbeitern, denen es auch sehr schlecht ging. Da hat, das fing so 1939 an, jeder von uns eine Adresse bekommen von einem politischen Flüchtling, und wir mußten dafür sorgen, daß der Essen bekam. Geholt haben wir das Essen bei verschiedenen Adressen, aber die Leute wußten nicht, für wen es bestimmt war. Wir durften die Adresse, um die wir uns kümmerten, nicht weitersagen. Das war eigentlich die erste illegale Arbeit, die ich hier gemacht habe.«[93]

Illegalität ist für Uschi Rubinstein, die schon mit 14 in Berlin antifaschistische Flugblätter verteilt hat, kein Fremdwort. Auch im alltäglichen Leben kann sie sich nicht immer an die Gesetze halten. Als sie keine Arbeitsgenehmigung bekommt, arbeitet sie illegal. Sie ist gelernte Hutmacherin und findet Arbeit in einem kleinen Atelier. Das Geld, das sie verdient, gibt sie zu Hause für Haushalt und Miete ab: »Wir haben alle zusammen in einer Wohnung gewohnt, und meine Mutter hat den Haushalt geführt. Was heißt Wohnung, erst war das ein Zimmer, dann anderthalb, dann eine kleine Wohnung unter dem Dach, wie eben Flüchtlinge so wohnen. Wir waren arm, aber das waren damals viele. Ich habe nicht viele Kleider gehabt, und ich bin viel zu Fuß gelaufen. Bücher habe ich aus der Bibliothek bekommen.«[94]

Nach dem Einmarsch der Deutschen setzen die Oosteinder Aktivistinnen und Aktivisten ihre Arbeit fort, nun verstärkt durch mehrere junge holländische Juden, die sich ihnen anschließen. Als die Deportationen beginnen, intensiviert und erweitert die Gruppe ihre Arbeit. Sie sucht Untertauchadressen, sie schickt einige Mitglieder, wie Max Rubinstein, als Mitarbeiter des Jüdischen Rates in die Hollandse Schouwburg, und sie fälscht Personalausweise und andere Dokumente, die von den jüdischen und später auch nichtjüdischen holländischen Onderduikers und Widerständlern benötigt werden. Das Oosteinder Zentrum wird vom Jüdischen Rat übernommen und in mehrere Werkstätten umgewandelt. Hier und in der Galerie hinter dem Gebäude richten die Mitarbeiterinnen und Mitarbeiter der Gruppe doppelte Wände und Böden ein, in denen sie ihr Fälscherwerkzeug, Blankoausweise und -formulare, illegale Zeitungen und manchmal auch Menschen verstecken. So bringt die Gruppe zum Beispiel die Menschen hier fürs erste unter, die Max Rubinstein und seine Kollegen aus der Schouwburg befreit haben.[95]

Uschi Rubinstein ist die Kurierin der Gruppe. Sie transportiert illegale Zeitungen, Dokumente, vor allem aber die falschen Papiere, die ihr Mann produziert:»Wenn Max die Papiere fertig hatte, habe ich sie weggebracht. Ich habe mich mit jemand anderem von der Gruppe getroffen, auf der Straße oder auf einer Zwischenadresse. Dort gab ich die fertigen Papiere ab und bekam wieder andere Papiere, die Max fälschen sollte. Später bekam ich auch noch den Auftrag, bei Illegalen vorbeizuschauen, da waren auch Nichtjuden darunter, und für den Personalausweis ihren Fingerabdruck zu nehmen. Das war dann meine Spezialität. Ich war immer mit einer ledernen Handtasche unterwegs, die hatte einen doppelten Boden, da habe ich alles bei mir gehabt. Ich bin mit dem fertigen Ausweis und einer Glasplatte und dem schwarzen Pulver zu der entsprechenden Person gegangen und habe ihren Fingerabdruck auf den Ausweis gedrückt. Dann ließ ich sie noch unterschreiben, und der Ausweis war perfekt.«[96] Doch Uschi Rubinstein tut nicht nur ihre »reguläre« Arbeit im Widerstand, sie greift auch zu, wenn sich eine unerwartete Gelegenheit ergibt:»Einmal war ich auf einer Polizeistation, und der Beamte ging aus dem Raum, etwas suchen. Auf seinem Schreibtisch lagen zwei Stempel, die habe ich eingesteckt, ganz spontan. Als er zurückkam, bemerkte er, daß die Stempel fehlten, aber er kam gar nicht auf die Idee, daß ich die gestohlen haben könnte.« Ihr Auftreten, erinnert sich Uschi Rubinstein, war immer eine Mischung aus unbedarftem hübschen jungen Mädchen und Frechheit:»Frechheit war immer gut. Wenn du richtig frech warst, sind sie gar nicht auf die Idee gekommen, du könntest Jüdin sein.« Als einmal ihr Fahrrad kaputt ist, geht sie zu einer Werkstatt der Wehrmacht und fragt in breitestem Berlinerisch:»Könnt ihr mir das reparieren?« Natürlich können sie, nichts lieber als das.[97]

Die vermutlich produktivste Fälschergruppe in den besetzten Niederlanden ist die von Gerrit van der Veen gegründete Persoonsbewijzencentrale (Personalausweiszentrale), in der viele Jüdinnen und Juden arbeiten. Die Gruppe nimmt ihre Arbeit im Sommer 1942 – mit Beginn der Deportationen – auf und stellt, unter anderem, den größten Teil der falschen Papiere her, die an jüdische Onderduikers verteilt werden. Insgesamt fälschen die Mitarbeiterinnen und Mitarbeiter der Persoonsbewijzencentrale zwischen 65 000 und 75 000 Personalausweise und Tausende andere Dokumente.[98] Die ungarische jüdische Fotografin Eva Besnyö, die über Berlin nach Amsterdam gekommen ist und hier ein Fotostudio betreibt, gerät durch Zufall an die Gruppe und damit in den Widerstand: »1942 wollte ich untertauchen, aber dazu brauchte ich natürlich falsche Papiere. Und die hat ein Freund von uns besorgt. Ich dachte, damit bin ich nun gerettet. Aber warum tun wir selbst nicht so etwas? Wir haben den Mann, der uns die Papiere gebracht hat, gefragt: ›Können wir nichts tun?‹ Und er sagte, ›doch, sicher‹. Es gab eine Organisation, die Persoonsbewijzencentrale, und da mein Freund Grafiker war und ich Fotografin, konnten sie uns da sehr gut gebrauchen.«[99]

Wie groß die Organisation ist, für die sie nun arbeitet, erfährt Eva Besnyö erst nach der Befreiung. Nach einer Reihe von Verhaftungen haben die Widerstandsgruppen ihre Sicherheitsregeln verschärft, Konspiration ist nun das höchste Gebot. Eva und ihr Freund kennen nur noch einen dritten Mitarbeiter, der ein alter Kollege ihres Freundes ist, und ihren Kurier, dem sie die Papiere geben, die sie gemacht haben, und der ihnen neues Material bringt. Sie arbeiten »wie am Fließband«: »Es kamen zum Beispiel staatliche Schatzbriefe heraus. Die wurden gekauft und kamen zu uns. Mein Freund hat sie fotografiert, und ich brachte die Fotos zu dem Grafiker, der das alles genau nachgezeichnet hat. Dann habe ich das Material wieder abgeholt, und wir haben es weiter bearbeitet. Wir haben auch Personalausweise gefälscht, Genehmigungen zum Überschreiten der Ausgangssperre, so etwas. Die Stempel haben wir gezeichnet. Das Verfahren war immer dasselbe: Mein Mann hat den Stempel fotografiert und vergrößert, dann hat der deutsche Grafiker ihn genau nachgezeichnet, dann haben wir das ausgeblichen, so daß allein die Schrift übrigblieb. Damit konnte man zum Drucker gehen, und der hat das gedruckt.«[100]

Neben dieser technischen Arbeit übernimmt es Eva Besnyö auch, die Menschen, die einen Ausweis erhalten sollen, zu fotografieren: »Die Leute kamen dafür zu mir nach Hause. Es waren meist natürlich keine fremden Menschen, sondern Bekannte. Die Persoonsbewijzencentrale sagte uns, ›ihr könnt nicht zu Hause arbeiten, wir nehmen ein Büro für euch‹. Sie wollten eines mieten in einem Gebäude, in dem lauter Naziinstitutionen waren. Sie sagten, ›da kommt keiner drauf, daß ihr so etwas macht‹. Aber wir haben das nicht gewollt. Wir sagten, ›wir bleiben lieber hier, das ist besser‹. Und wenn jemand von der Centrale verhaftet wurde, hat man uns informiert, und dann sind wir für eine Woche von hier weggegangen. Ich hatte eine Freundin, die wohnte ganz in der Nähe, und immer wenn Gefahr drohte, gingen wir zu ihr. Aber wir sagten ihr nicht, warum. Nur, daß wir drüben weg müssen. Das war das erste Gesetz: Nichts sagen.«[101]

Ein Gesetz, das von vielen oft erst mühsam und nach bitteren Verlusten erlernt werden muß. Die Holländer hatten keine Erfahrung mit den Nationalsozialisten und ihren Methoden. Mirjam Ohringer, die schon im Alter von 14 Jahren mit der illegalen Arbeit anfing, erinnert sich: »Was man in der Illegalität alles tun und beachten mußte, das haben wir von den deutschen Genossen, die hier waren, gelernt.« Im Jiddischen Kulturverein Anski hat Mirjam, deren Eltern aus Polen über Deutschland nach Holland emigriert sind, eine Gruppe junger Kommunistinnen und Kommunisten kennengelernt, denen sie sich anschließt. Wie Uschi Rubinstein kümmert sie sich in den späten 30er Jahren um die illegalen Flüchtlinge aus Deutschland, sie und ihre Genossinnen und Genossen aus der Jugendgruppe des Anski-Vereins übernehmen »Patenschaften«: »Eine Patenschaft, das war ein Gulden pro Woche für eine Person. Und da ich viele Leute kannte, habe ich die alle angepumpt. Ich habe ihnen auch gesagt, worum es ging, das war in Ordnung. Ich wußte schon, zu wem ich gehen konnte und zu wem nicht.«[102] Nach dem deutschen Einmarsch kommt sie in Kontakt zu den Leuten, die »De Waarheid«, die kommunistische Untergrundzeitung, herstellen und verteilen. Eine Zeitlang steht die Abziehmaschine für die Zeitung in der Wohnung, in der Mirjam mit ihrem Vater lebt, der auch im Widerstand aktiv ist.

Mirjam geht noch zur Schule, die illegale Arbeit integriert sie in ihren Alltag: »Anfangs hatten wir nur wenig Material. Ich weiß noch, daß man mir eines Tages gesagt hat, ›wenn du dort und dort vorbeigehst auf deinem Schulweg, da ist so ein Geschäft für Bürosachen, kauf einen Packen Papier‹.« Neben der Materialbeschaffung wird Mirjam Ohringer im Rahmen ihrer Möglichkeiten auch zum Verteilen der Zeitung eingesetzt: »Wenn die Zeitung dann fertig war, habe ich ein Exemplar bekommen, und damit habe ich gewuchert. Ich habe es irgendwie unter den Kleidern versteckt und bin bei einem vorbeigegangen, den ich kannte und von dem ich wußte, der kennt auch wieder Leute, die Interesse haben. Man mußte sich bei dem Menschen ganz sicher sein, man mußte genau wissen, zu wem man hingehen konnte. Ich sagte zu ihm also, ›du kannst das jetzt lesen, und wenn ich von der Schule zurückkomme, komme ich das wieder abholen. Aber du mußt mir etwas dafür geben, damit wir wieder Papier kaufen können.‹ Und das habe ich bei mehreren Leuten so gemacht, immer mit demselben Exemplar.«[103] Als Eva und Simon Korper, zwei bekannte jüdische Kommunisten, nach dem Februarstreik abtauchen müssen, stellt Mirjam, die Eva Korper schon lange kennt, anfangs die Verbindung zwischen den beiden her: »Und dann organisierte ich die kleinen Dinge, die sie wollten. Wenn man untergetaucht ist, dann war man doch mit allem, was man brauchte, von anderen abhängig. Wenn einem zum Beispiel ein Knopf in der Wäsche ausfiel, oder man brauchte Zwirn oder Zahnpasta, was auch immer. Und man wollte damit nicht immer die Leute belästigen, die die richtige, die ›große‹ Verbindungsarbeit gemacht haben.«[104] Als die Deportationen beginnen, tauchen Mirjam Ohringer und ihr Vater selbst unter. Mirjam arbeitet noch eine Zeitlang in einer der Werkstätten des »Teehauses« im ehemaligen Kulturzentrum in Oosteinde und in der dortigen Widerstandsgruppe. Doch ihr Vater besteht darauf, daß sie sich in Sicherheit bringt, und »verbannt« sie in ein Versteck auf dem Lande.[105]

Roos Sijbrands ist 1939, während des »Hitler-Stalin-Paktes«, in die Kommunistische Partei eingetreten, zu einem Zeitpunkt also, »als viele andere ausgetreten sind«. Da Roos und ihr Mann als relativ neue Mitglieder noch nicht polizeilich bekannt sind, dient ihr Haus in den ersten Besatzungsjahren als Materialadresse für die illegale Druckerei, aber auch als Zufluchtsort für führende Kader, die kurzfristig »verschwinden« müssen. Roos' Mann wird bereits 1941 als Kommunist verhaftet und, als die Gestapo herausfindet, daß er Jude ist, über Westerbork nach Auschwitz deportiert, wo er nach einigen Monaten umkommt. Im selben Jahr bringt Roos Sijbrands ihre Tochter zur Welt, die sie nach ein paar Monaten in ein Versteck gibt. Roos' Vater ist bereits 1936 gestorben. Als die Deportationen beginnen, versucht Roos, ihre Mutter zu retten, sie könnte ihr falsche Papiere und eine Untertauchadresse verschaffen. Aber die Mutter weigert sich. Sie kann sich nicht vorstellen, daß ihr, als Holländerin, etwas geschehen könnte. Sie stirbt in Auschwitz. Roos Sijbrands arbeitet eine Zeitlang als Kurierin, sie hört auch Radio London und notiert die Meldungen, um sie einer Kontaktperson zu übergeben, die sie dann wiederum an die Verfasserinnen und Verfasser der Untergrundzeitung der Kommunistischen Partei, »De Waarheid«, weitergibt.

Roos Sijbrands Hauptaufgabe aber besteht darin, die Texte für die »Waarheid« auf Matrizen zu tippen und die Zeitung zu den Verteilerstellen zu bringen: »Anfangs hatte ich viele Adressen, bei denen ich die Matrizen tippte. Da habe ich sie auch nur getippt und dann jemandem übergeben. Was damit geschah, wußte ich nicht. Es ist jemand zu mir gekommen und hat mir die Papiere gebracht, die ich abtippen sollte. Dann kam dieselbe Person und hat die Matrizen mitgenommen. Aber im letzten Jahr, daran erinnere ich mich genau, da hatten wir hier eine Adresse, in der Waalstraat, da war die Maschine. Und ich wußte, wenn ich die Matrizen getippt hatte, dann mußte ich sie dahin bringen. Zu einer anderen Adresse habe ich die Zeitungen transportiert, das waren jeden Tag so an die tausend Stück. Ich habe dafür den Kinderwagen genommen. Einmal war die Abziehmaschine kaputt, da habe ich die auch im Kinderwagen transportiert.«[106] Das Kind hat Roos Sijbrands zuerst bei ihrer Schwägerin untergebracht, die mit einem »Arier« verheiratet ist. Als auch die Partner aus »Mischehen« verfolgt werden, geben sie das Mädchen zu anderen Leuten, und hier wird es entdeckt. Ein Genosse, der davon erfährt, informiert Roos Sijbrands: »Sie wurde nach Westerbork gebracht, und dort hatten wir von der Partei Kontakte, die ich kannte. Die konnten manchmal Menschen retten, aber Erwachsene, nicht ein dreijähriges Kind. Ich fuhr mit meinen falschen Papieren in eine Stadt in der Nähe von Westerbork, da hatte ich auch Freunde, und ich hoffte, die könnten etwas unternehmen. Aber sie sagten mir, von außerhalb des Lagers könne man nichts machen. Und an dem Tag wurden die ganzen Kinder nach Bergen-Belsen deportiert.«[107]

Nach der Befreiung erfährt sie, daß die Kinder von Bergen-Belsen weiter nach Theresienstadt deportiert worden waren und dort überlebt hatten. Als Roos Sijbrands in der Illegalität erneut schwanger wird, läßt sie eine Abtreibung vornehmen, an der sie beinahe stirbt: »Die Abtreibung hat eine schreckliche Frau gemacht. Ich hatte hohes Fieber und ständig Blutungen. Nach ein paar Wochen hatte ich eine sehr schwere Blutung, und da stellte sich heraus, daß die Nachgeburt nicht abgegangen war. Ich ging mit meinen richtigen Papieren in das jüdische Krankenhaus von Haarlem. Die brachten mich zur Operation in das städtische Krankenhaus und von dort wurde ich wieder in das jüdische Krankenhaus zurückgebracht. Es gab damals kein Penicillin, ich weiß noch, daß man mir nach der Curettage gegen eine Infektion Eis auf den Bauch gelegt hat.«[108]

Wie viele jüdische Onderduikers arbeitet auch Roos Sijbrands als Dienstmädchen: So hat sie sowohl eine Unterkunft als auch ein Einkommen. Ihre Arbeitgeber wissen meist, daß sie Jüdin ist, nicht aber, daß sie im Widerstand aktiv ist.[109] Ein Teil der Onderduikers wird von der »Gruppe J« des »Nationalen Hilfsfonds« des niederländischen Widerstands unterstützt. Andere leben davon, daß sie ihren Schmuck und ihre letzten Wertsachen veräußern. Jacob Presser, der selbst als Onderduiker überlebte, erinnert sich, daß er auf die Frage, wie er und seinesgleichen denn überlebt hätten, ironisch zu antworten pflegte: »Wir lebten von Manna.«[110] Eva Besnyö und ihr Freund erhalten als »hauptberufliche« Widerstandskämpfer monatlich eine kleine Summe, die ihnen eine Kurierin bringt. Manchmal bringt sie auch Lebensmittel mit. Doch im »Hungerwinter« gibt es selbst für diejenigen nichts mehr, die Tag und Nacht für den Widerstand arbeiten.[111] Nach dem Eisenbahnerstreik im September 1944 verbieten die deutschen Besatzer alle Lebensmittellieferungen in die großen Städte. Schließlich werden Nahrungsmittel und Brennmaterial beschlagnahmt. Die Menschen im besetzten Norden Hollands – der Süden ist seit dem 5. September 1944 befreit – ernähren sich zum Teil von Tulpenzwiebeln, 22000 Menschen sterben in diesem Winter am Hunger. Die Besatzer verschleppen alles, was ihnen dienlich ist, von Lebensmitteln bis zu Fahrrädern und Maschinen in das »Deutsche Reich«.[112] In diesem Winter 1944/45 muß Eva Besnyö ihre Verpflegung selbst in die Hand nehmen: »Wir hatten wirklich nichts zu essen, gar nichts. Und ich war noch dazu schwanger. Ich hatte ein Fahrrad mit Holzrädern, darauf bin ich im Februar 1945 viele Kilometer weit gefahren, um Rüben und Kohl und ein bißchen Getreide zu bekommen.«[113] Uschi Rubinstein ist bei der Befreiung so schwach vor Hunger, daß sie beinahe ohnmächtig wird, als sie mit den jubelnden Menschen auf der Straße den Alliierten zuwinkt: »Und dann bekamen wir Sardinendosen und Weißbrot von den Engländern. Wir haben es wie die Verrückten in uns hineingeschlungen, und die Folgen waren schrecklich. Am Tag der Befreiung war mir, wegen der fetten Sardinen und dem weißen Brot, entsetzlich schlecht.«[114]

Virginia Cohen erlebt die Befreiung in ihrem Versteck im südholländischen Limburg bereits im September 1944. Sie nimmt an einem Kurs der britischen Armee für Ärzte und Krankenschwestern teil, in dem sie lernt, Patienten mit Hungerödemen zu behandeln: »Und dann folgten wir der britischen Armee von einem befreiten Ort zum nächsten und halfen dort der hungernden Bevölkerung.« Schließlich kehrt sie nach Amsterdam zurück und arbeitet in einem Krankenhaus, in dem die Menschen gepflegt werden, die aus den Lagern zurückgekommen sind. 1949 wird die Crèche in der Plantage Middelaan wieder aufgebaut: »Man bot mir an, die Leitung zu übernehmen. Ich wäre

lieber Krankenschwester geblieben, ich war sehr gerne Krankenschwester. Aber man sagte mir, mach es, wir haben niemanden sonst,
der es machen könnte, und wir wollen die Crèche nach Henriette Pimentel nennen. Im Februar 1950, an meinem Geburtstag, eröffneten
wir die alte neue Crèche.«[115]

Ungarn

I

Chava Ben Porat hat ebensowenig mit einem Einmarsch der Deutschen gerechnet wie alle anderen in der nordungarischen Kleinstadt, in der sie seit Februar 1944 lebt. Haschomer Hazair, die zionistische Jugendbewegung, der sie seit ihrem 16. Lebensjahr angehört, hat sie in die Provinz geschickt, um dort die Kameradinnen und Kameraden neu zu organisieren. Chava ist in den Ort gefahren, in dem ihre Großeltern mütterlicherseits leben, denn dort kennt sie sich aus, und dort kennen sie die Leute. Sie hat ein Treffen für Sonntag, 19. März 1944, angesetzt. Doch aus dem Treffen wird nichts, denn an diesem Tag dringt die Wehrmacht in Ungarn ein.[1] Als Tamara Benshalom hört, daß die Deutschen einmarschieren, fährt sie aus der Kleinstadt, in der sie bei ihrem Vater lebt, nach Budapest. Im Dezember 1943 hat sie an einem Winterlager der zionistischen Jugendbewegung, des Hechaluz, teilgenommen, und dort haben ihr »die Leute von der Leitung« gesagt: »Du siehst gut aus, du sprichst Deutsch, bereite dich vor. Wenn die Deutschen kommen, fährst du sofort nach Budapest und stellst dich dort zur Verfügung.« »Gut aussehen« hieß in diesem Zusammenhang immer, so aussehen, wie man sich eine »Arierin« vorstellte. Tamara fährt also, als der Tag gekommen ist, nach Budapest, und dort weist man sie in ihre neue Aufgabe ein. Sie soll an die jugoslawische Grenze fahren und dort polnische jüdische Flüchtlinge mit Geld und Waffen versorgen. Tamara und ihre Kameradinnen und Kameraden vom Haschomer Hazair haben über solche Situationen zwar schon diskutiert, sie sich vorgestellt, aber wie man so etwas wirklich macht, davon haben sie keine Ahnung. Dennoch fährt die junge Frau los und führt ihre Mission erfolgreich durch. »Wir haben alles immer gelernt, indem wir ins kalte Wasser gesprungen sind«, sagt Tamara Benshalom rückblickend.[2]

Als die deutsche Wehrmacht das verbündete Ungarn besetzt, leben die circa 725000 Juden im Land seit sechs Jahren unter einer antisemitischen Gesetzgebung, über 80000 junge Männer leisten einen Zwangsarbeitsdienst an der Ostfront, und viele von ihnen sind an den unmenschlichen Bedingungen bereits gestorben. 14000 vorgeblich staatenlose Juden, die Ungarns Regierung im August 1941 an die

Deutschen ausgeliefert hatte, waren in Kamenets-Podolsk in Ostgalizien ermordet worden. Die Mehrheit der jüdischen Bevölkerung jedoch lebt ein – soweit das unter den antisemitischen Gesetzen möglich ist – »normales« Leben und kann sich nicht vorstellen, daß das, was rundum in Europa geschieht, in Ungarn passieren könnte.[3] Die ungarische Regierung hatte sich mit dem nationalsozialistischen Deutschland in der Hoffnung verbündet, dadurch die territorialen Verluste, die Ungarn durch den Friedensvertrag von Trianon 1920 erlitten hatte, rückgängig machen zu können. Tatsächlich gewann Ungarn Teile der ehemaligen Tschechoslowakei, Jugoslawiens und Rumäniens zurück. Im Juni 1941 erklärte Ungarn der Sowjetunion den Krieg, Ende des Jahres befand das Land sich auch im Kriegszustand mit Großbritannien und den USA. Seit dem Feldzug gegen die Sowjetunion verschärfte sich die antijüdische Politik des Regimes. Sie betraf nun eine Bevölkerung, die sich durch die neu »eingegliederten« Gebiete fast verdoppelt hatte. Es werden jedoch aus Ungarn keine Juden deportiert, in diesem Punkt widersetzt sich Reichsverweser Admiral Miklos Horthy den Forderungen seines deutschen Verbündeten. Nach der Landung der Alliierten in Nordafrika, der Niederlage der Wehrmacht in Stalingrad und der Schlacht von Woronesch geht die ungarische Regierung unter Ministerpräsident Kállay 1943 auf vorsichtige Distanz zu Deutschland. Hitler fordert daraufhin von Horthy eine »deutschfreundliche« Regierung. Die jüdische Bevölkerung schöpft unter Kállays Amtszeit neue Hoffnung. Die Rote Armee rückt täglich näher, das Ende der Bedrohung ist scheinbar in Sichtweite.

Als die Rote Armee die Flüsse Dnjestr und Pruth erreicht, nimmt Ungarn eine Schlüsselposition für die deutsche Kriegsstrategie ein. Seit September 1943 liegen in Berlin die Invasionspläne des OKW (Oberkommando der Wehrmacht) unter dem Decknamen »Operation Margarete« vor, am 19. März 1944 marschiert die Wehrmacht in Ungarn ein. Offiziell bleibt Ungarn ein selbständiger Staat. Die Besatzer richten keine Militärverwaltung ein, Edmund Veesenmayer wird zum Bevollmächtigten des Großdeutschen Reiches in Ungarn ernannt. Reichsverweser Miklos Horthy bleibt in Amt und Würden, Teile der Regierung werden ausgetauscht, der von Horthy im August eingesetzte Premierminister General Géza Lakatos wird wieder durch seinen Vorgänger, den prodeutschen Döme Sztójay, ersetzt. Die ungarische Administration und Exekutive funktionieren weiter und übernehmen den größten Teil der praktischen Durchführung der Deportationen.[4] Am 16. April 1944 beginnt die Ghettoisierung der jüdischen Bevölkerung außerhalb der Hauptstadt. Die Bewohnerinnen und Bewohner der Kleinstädte und Dörfer werden in Ghettos in den jüdischen Vierteln getrieben oder in Ziegeleien und stillgelegte Fabriken gesperrt. Sie erhalten kaum Nahrung, die sanitären Verhältnisse sind katastrophal, und diejenigen, die für wohlhabend gehalten werden, sind Folterungen durch Polizisten und Gendarmen ausgesetzt, die in den Besitz ihrer »versteckten Reichtümer« gelangen wollen. Am 27. April beginnen in Transkarpatien und Nordostungarn die Deportationen. Vom 15. Mai bis zum 9. Juli werden in 147 Transporten über 400000 Menschen nach Auschwitz transportiert. Etwa 60 bis 70 Menschen sterben in jedem der überfüllten Züge schon auf dem Weg.[5] Nach dem Krieg berichtete der ehemalige SS-Unterscharführer Pery Broad dem britischen Intelligence Service über die Situation in Auschwitz-Birkenau im Juli 1945: »Alle ungarischen Juden sollten schlagartig vernichtet werden. (...) Eine bis zu den neuen Krematorien führende dreigleisige Eisenbahnanlage ermöglichte es, daß ein Zug entladen wurde und der nächste schon einfuhr. Im Durchschnitt trafen täglich 10000 Menschen in Birkenau ein. (...) Alle vier Krematorien arbeiteten unter Hochdruck. Doch bald waren von der pausenlosen Höchstbeanspruchung wieder die Öfen durchgebrannt, und nur das Krematorium drei rauchte noch. Es half nichts, die Scheiterhaufen mußten wieder errichtet werden, um die sich hinter dem Krematorium zu Tausenden türmenden Leichen verbrennen zu können. Die Gaskammern wurden zur Entlüftung wieder aufgerissen, wenn kaum das letzte Stöhnen verstummt war. (...) die Sonderkommandos waren verstärkt worden und arbeiteten fieberhaft daran, die Gaskammern immer wieder zu entleeren. (...) Es ging pausenlos. Man hatte kaum die letzte Leiche aus den Kammern gezogen und über den mit Kadavern übersäten Platz hinter dem Krematorium zur Brandgrube geschleift, als schon in der Halle die nächsten zur Vergasung ausgezogen wurden.«[6]

Die Vernichtung von über 400000 ungarischen Juden innerhalb weniger Wochen hat zu erbitterten Debatten über die Haltung und das Verhalten der Opfer geführt. Naivität, Ignoranz und Passivität wurden ihnen vorgeworfen: Wie konnte man im Frühjahr 1944 nichts über die Vernichtung der europäischen Juden wissen? Und wenn man davon wußte, wie konnte man annehmen, daß man selbst davon verschont bleiben würde? Hatten nicht auch die jüdischen Flüchtlinge aus der Slowakei und aus Polen genau berichtet, was in ihren Ländern geschah? Asher Cohen schreibt in seinem Standardwerk über den Widerstand der zionistischen Jugendbewegung in Ungarn dazu: »All die Flüchtlinge bestanden darauf, daß die ungarischen Juden sich auf Ghettoisierung, Deportation und Tod einstellen sollten. Als dieser Prozeß nach dem 19. März 1944 tatsächlich genau so einsetzte, wie sie ihn vorhergesagt hatten, beschuldigten sie die ungarischen Juden der Blindheit. Daß aber ihre schlimmsten Prophezeiungen wahr wurden, beweist nicht im geringsten, daß ihre Vorhersagen logisch waren (...) Ihre tiefe Überzeugung, daß das, was in Polen und der Slowakei geschehen war, auch in Ungarn passieren würde, entsprang eher Intuition als objektiven Schlußfolgerungen. Am Vorabend der Invasion gab es keinen vernünftigen Grund zu der Annahme, die Lage in Ungarn könne sich verschlechtern. Die deutsche Besatzung kam völlig unerwartet, und die Tatsache, daß so viele Ungarn in so kurzer Zeit für die Durchführung der Deportationen mobilisiert werden konnten, war sogar noch weniger vorhersehbar. Außerdem (...) sollte man nicht vergessen, daß in Rumänien und Bulgarien, zwei Staaten, die gleichfalls mit Deutschland verbündet waren, aus verschiedenen (...) Gründen alle Juden, die dort Anfang 1943 lebten, vor der Deportation bewahrt blieben.«[7] Angesichts der militärischen Lage konnte zudem jeder »vernünftige« Mensch annehmen, daß das Ende des Deutschen Reiches bald besiegelt sein würde. Selbst die ungarischen Aktivistinnen und Aktivisten der zionistischen Jugendbewegung, die den von ihnen betreuten Flüchtlingen durchaus glaubten, was sie berichteten, und die sich zumindest theoretisch auf das Schlimmste einstellten und über mögliche Formen des Widerstands gegen dieses Schlimmste diskutierten, waren sich der wirklichen Gefahren nicht immer bewußt. Asher Cohen zitiert Efra Agmon, einen der späteren Anführer des jüdischen Widerstands in Budapest: »Ich war in der Bewegung aktiv und seit 1943 im Widerstand, und ich kann Ihnen versichern, wir hatten kein Gefühl für den Holocaust. (...) Ich hatte einen Onkel, der aus Kamenets-Podolsk zurückgekehrt war und uns berichtete, was dort geschehen war, aber wir betrachteten das als Ausnahmefall und nicht als richtungweisend für unsere eigene Zukunft (...)«[8] Auch Wissen heißt nicht immer Begreifen. Tamara Benshalom erinnert sich: »Man weiß es, aber solange man es nicht am eigenen Leib spürt, fürchtet man sich nicht. Als die Deutschen einmarschiert sind, da wußten wir, daß es in der Slowakei die Deportationen gab, wir wußten auch von den polnischen Kameraden, was passierte. Wir wußten eigentlich alles. Aber wir haben es nicht selbst erlebt, und deshalb konnten wir es uns nicht wirklich vorstellen.«[9]

Am 9. Juli 1944 verhängt Horthy, auf den inzwischen die Alliierten Druck machen, die Einstellung der Deportationen. Die 150 000 jüdischen Bewohnerinnen und Bewohner der Hauptstadt, die bisher noch nicht deportiert worden waren, atmen auf, selbst der jüdische Widerstand gönnt sich eine Atempause. Allerdings werden die jüdischen Bewohnerinnen und Bewohner der Hauptstadt gezwungen, in bestimmte Häuser zu ziehen, die durch einen großen gelben Stern auf der Fassade gekennzeichnet sind. Seit August 1944 versuchen Horthy und Teile der Regierung, Ungarn aus dem Krieg und dem Bündnis mit Deutschland herauszuführen. Am 15. Oktober erklärt der Reichsverweser einen Waffenstillstand, am nächsten Tag ergreift, mit der Billigung der deutschen Besatzer, die faschistische Pfeilkreuzlerpartei unter Ferenc Szálasi die Macht. Für die Budapester Juden beginnt nun die Zeit des Terrors. Ab Anfang November werden gut 30 000 Menschen, vorwiegend Frauen, von den Pfeilkreuzlern, der Polizei und der ungarischen Gendarmerie in Fußmärschen zur ehemals österreichischen Grenze getrieben. Im Grenzort Hegyeshalom werden sie der deutschen SS übergeben, die sie als Arbeitssklaven an die Industrie verteilt, vor allem aber zum Aufbau der Schanzenanlagen zur Verteidigung Wiens einsetzt. Die circa 200 Kilometer lange Strecke ist von den Tausenden Leichen derer gesäumt, die von ihren Bewachern auf dem Weg erschossen und erschlagen wurden oder die vor Erschöpfung tot zusammengebrochen sind. Die SS verweigert an der Grenze teilweise die »Annahme« der Deportierten, da diese sich in einem nicht mehr arbeitsfähigen Zustand befänden.[10]

Die in Budapest verbliebenen Juden werden Anfang Dezember, als die Rote Armee mit der Belagerung der Stadt beginnt, gezwungen, in das Ghetto zu ziehen, ein Areal aus ein paar umzäunten Häuserblocks. Sie dürfen die Häuser nicht verlassen und haben nichts zu essen, viele verhungern oder erfrieren. Zwischen 10 000 und 15 000 jüdische Frauen, Männer und Kinder werden von Pfeilkreuzlern aus den Häusern gezerrt, an das Donauufer verschleppt, dort ermordet und in den Fluß geworfen.[11] Vom Dezember 1944 bis zur Befreiung im Januar 1945 herrschen in Budapest Terror und Chaos. Die Deutschen haben die Evakuierung der Bevölkerung angeordnet, und viele Bewohner sind dieser Anweisung gefolgt, nicht zuletzt aus Furcht, von der Roten Armee zur Rechenschaft gezogen zu werden. Die Übriggebliebenen leben wegen der dauernden Luftangriffe in Kellern, die Stromversorgung ist zusammengebrochen. Weihnachten ist die Stadt von der Roten Armee umstellt und steht unter ununterbrochenem Beschuß durch die sowjetischen Batterien. Die Regierung und die Führung der Pfeil-kreuzlerpartei sind Richtung Westen geflüchtet, in Budapest regieren die Banden der meist jugendlichen Parteimitglieder.[12] Als die Rote Armee schon in den Vororten kämpft, ermorden Pfeilkreuzler am 11. Januar die Ärzte, Schwestern und Patienten des jüdischen Kran-kenhauses in Buda und drei Tage später die Insassen des Hospitals der orthodoxen Gemeinde in der Városmajor-Straße. Als die Sowjets am 18. Januar 1945 das Ghetto auf der Pest-Seite der Stadt befreien, leben dort noch circa 70000 Menschen. Am 13. Februar erobert die sowjetische Armee die Buda-Seite der Hauptstadt, am 4. April ist das ganze Land befreit. Die Angaben über die Zahl der ermordeten Juden aus Ungarn variieren zwischen 476000[13] und 618000.[14]

Außer der zionistischen Jugendbewegung und den Kommunisten hatte kaum eine Partei oder Organisation der antijüdischen Politik und den Deportationen nennenswerten Widerstand entgegengesetzt. Bis zur deutschen Besatzung waren die Kommunisten, die in zwei Par-teien gespalten waren, die einzige illegale Opposition, sie waren seit der Zerschlagung der Räterepublik verboten und wurden so konse-quent verfolgt, daß es ihnen kaum gelang, dauerhafte Strukturen aufzubauen. Sowohl in der kommunistischen Illegalität unter dem Horthy-Regime als auch im kommunistischen Widerstand gegen die deutsche Besatzung waren viele Jüdinnen und Juden aktiv.[15] Der kommunistisch inspirierte illegale Sender Radio Kossuth rief sofort nach dem deutschen Einmarsch zum bewaffneten Widerstand auf. Als am 5. April 1944 der gelbe Stern eingeführt wurde, erklärte Radio Kos-suth, antijüdische Maßnahmen stünden im Widerspruch zur ungari-schen humanistischen Tradition und gingen alle Ungarn an. Am 18. April verdammte der illegale Radiosender die Verfolgung der Ju-den als unchristlich und unungarisch. Seither protestierte der Sender immer wieder gegen die Deportationen und griff die dafür Verant-wortlichen an.[16] Kommunistische Untergrundgruppen verübten seit August 1944 mehrere Anschläge gegen deutsche Ziele. Die drei be-kanntesten und effektivsten dieser Gruppen, Szir, Marot und Laci, wurden von Juden angeführt und hatten mehrere jüdische Mitglie-der. Sie führten Angriffe gegen SS-Wohnheime, gegen Büros der Pfeilkreuzler, gegen Hotels und Kinos, in denen Deutsche und Pfeil-kreuzler verkehrten, gegen Bahnlinien und Brücken durch. Auch die kommunistische Jugend und die Sozialdemokraten beteiligten sich am bewaffneten Widerstand, und auch hier waren es vor allem Juden, die Anschläge organisierten und durchführten.[17]

Die nichtkommunistische ungarische Opposition gegen das Horthy-Regime bildete mehrere Koalitionen, die sich wieder auflösten
und neu zusammensetzten, einmal mit den Kommunisten, einmal
ohne sie. Noch im Oktober 1943 stellte das amerikanische Office for
Strategic Services (OSS) fest, daß »gemäß allen Informationen, die in
Washington erhältlich sind, in Ungarn keine Untergrundbewegung
von irgendwelcher Relevanz existiert (…) (es gibt) vage Berichte über
(Untergrundbewegungen von) Kommunisten und Bauern«.[18] Und
noch im Dezember 1944 beklagen jugoslawische Partisanen, daß in
Ungarn jede Gruppe nur auf ihren eigenen Vorteil und die Ausschal-
tung der Konkurrenz bedacht sei.[19] Ende Mai 1944 hatte sich die Ma-
gyarische Front gebildet, ein Zusammenschluß aus Sozialdemokraten, Radikaler Bauernpartei, Friedenspartei (die Moskau-orientierte
der beiden KPs) und mehreren Monarchisten. Die Front hoffte jedoch
auf einen Umschwung innerhalb des Regimes und unternahm daher
nichts, das ihre Beziehungen zu einzelnen Vertretern des Horthy-Re-
gimes hätte gefährden können. Das im Oktober 1944 von den Sozialdemokraten und der KMP, der anderen der beiden kommunistischen
Parteien, gegründete Befreiungskomitee brach im November nach
der Verhaftung seiner Führer wieder zusammen. So blieb der ungarische Widerstand bis auf einzelne kleine kommunistische und oft von
Juden geführte und/oder geprägte Gruppen schwach und inkonse-
quent.[20]

Den effektivsten Widerstand im besetzten Ungarn leisteten die verschiedenen zionistischen Jugendbewegungen, und unter ihnen vor
allem Haschomer Hazair, Dror-Habonim und Hanoar Hazioni (aber
auch Bnai Akiva, Misrahi und Betar).[21] Asher Cohen beklagt in seiner
Studie über den Widerstand der Chaluzim (Pioniere, Mitglieder der
zionistischen Jugendbewegung) in Ungarn noch Mitte der 80er Jahre
die äußerst dürftige Forschungslage zum Thema. Als ein wichtiges
Hindernis in der Erforschung des jüdischen Widerstands in Ungarn
nennt Cohen die ungarische Historiographie, die weitgehend aus der
Sicht der nach 1945 regierenden Kommunistischen Partei geschrieben
wurde[22] – und die damit seit spätestens 1948 dezidiert antizionistisch
war. Doch auch die nichtkommunistische Forschung ignoriert den Widerstand der zionistischen Jugendbewegung in Ungarn weitgehend.
Cohen zitiert Jenö Lévai, dessen 1946 erschienenes Buch über die ungarischen Juden in der Shoa, »Szürke Könyv« (Graubuch), lange Zeit
die ausführlichste Quelle für die Geschichte der Vernichtung der Juden in Ungarn darstellte. Lévai schreibt, die jüdische Jugend, vor al-

lem die zionistischen Jungen und Mädchen, aber auch die vielen, die sich vorher nie mit einem gemeinsamen jüdischen Schicksal identifiziert haben, verdienten es, für ihre erfolgreiche Rettungsarbeit gewürdigt zu werden. Cohen verweist darauf, daß Lévai nach dieser Ankündigung kein Wort mehr darüber verliert.[23] Auch Randolph L. Braham erwähnt in seinem Standardwerk über den Holocaust in Ungarn lobend den Widerstand der Chaluzim, geht dann aber nur noch am Rande darauf ein.[24] Wichtige schriftliche Quellen zur Erforschung des jüdischen Widerstands in Ungarn sind zum einen das Tagebuch des führenden zionistischen Funktionärs Ottó Komoly, zum anderen die Korrespondenz, die Mitglieder des jüdischen Untergrunds in Ungarn mit dem Palästina-Amt in Istanbul und den Vertretern ihrer jeweiligen Bewegungen in der Schweiz führten.[25] Cohen konstatiert einen auffallenden Mangel an Zeitzeugenberichten aus der Periode nach der Befreiung. Ihm lagen nur zwei schriftliche Berichte über den Widerstand der Chaluzim vor, der von Rafi Benshalom (Haschomer Hazair) und der von Zvi Goldfarb (Dror).[26] 1988, nach dem Erscheinen von Cohens Standardwerk, veröffentlicht Tusia Herzberg (Hanoar Hazioni) in Form von kurzen Erzählungen ihre Erinnerungen an den Widerstand ihrer Gruppe in Ungarn.[27] In einem 1996 vom israelischen Fernsehen ausgestrahlten Film über den jüdischen Widerstand in Ungarn erzählt neben anderen ehemaligen Mitgliedern des zionistischen Untergrunds auch Neschka Goldfarb (Dror) von ihren Aktivitäten und ihrer Verhaftung.[28] Einen Grund für den Mangel an schriftlichen Zeitzeugenberichten aus den Jahren kurz nach der Befreiung sieht Cohen in der Kritik, der Mitglieder des ungarischen jüdischen Untergrunds ausgesetzt wurden, als sie nach Palästina beziehungsweise später Israel kamen: »Diese jungen Leute hatten plötzlich das Gefühl, sie hätten die Erwartungen des Jischuw (die jüdische Gemeinschaft in Palästina, Anm. d. Verf.) enttäuscht. Der Widerstand in Ungarn hatte sich keine erbitterten Schlachten mit den Deutschen geliefert und keine Eisenbahnschienen in die Luft gejagt, was hatten sie also zu sagen? Daß sie das Leben von ein paar tausend Juden gerettet hatten?«[29]

Weder in Brahams umfassender Studie noch in Patais ausführlicher Geschichte der ungarischen Juden tauchen die Frauen als gesellschaftliche Gruppe auf. Patai widmet in seinem 700 Seiten umfassenden Werk den »jüdischen Frauen im sechzehnten bis zum achtzehnten Jahrhundert« ganze drei Seiten, vor dem 16. und nach dem 18. Jahrhundert kommt das weibliche Geschlecht überhaupt nicht vor.[30]

Doch auch in Asher Cohens detaillierter Studie über den Widerstand der zionistischen Jugendbewegung und in Rozetts Aufsatz über den bewaffneten Widerstand von Juden in Ungarn wird eine fast ausschließlich aus Männern bestehende Welt dargestellt. Hannah Ganz, Neschka Goldfarb, Hansi Brand und Tusia Herzberg sind die einzigen Frauen, die bei Cohen mehr als einmal oder mehrmals nur in Nebensätzen erwähnt werden. Doch auch sie spielen hier keine wesentliche Rolle für das Geschehen. Unter den 213 Personen, die Cohen in seinem Werk in direktem Bezug auf Ungarn erwähnt (nicht mitgezählt sind Personen der allgemeinen Zeitgeschichte wie Papst Pius XII., Roosevelt, Hitler etc.), sind nur 16 Frauen. Cohen wie auch der ehemalige Widerstandskämpfer Zvi Goldfarb erwähnen häufig, daß junge Männer im besetzten Ungarn sich kaum auf der Straße blicken lassen konnten, da sie sofort zur Armee oder zum Arbeitsdienst eingezogen worden wären. In ihren Darstellungen entsteht der Eindruck, Kurierdienste und dergleichen seien folglich von männlichen Aktivisten geleistet worden, die sich, mit entsprechenden Uniformen und Papieren ausgestattet, als ungarische Faschisten ausgaben. Auch in bezug auf das Fälschen von Tausenden Personalpapieren und sogenannten Schutzpässen durch den jüdischen Untergrund werden stets nur männliche Namen genannt.[31] Aus Tusia Herzbergs Erinnerungen und aus Interviews mit ehemaligen jüdischen Widerstandskämpferinnen in Ungarn entsteht jedoch ein anderes Bild: Sowohl der Kurierdienst als auch das Fälschen waren auch Aufgabe der Frauen, der Kurierdienst aus naheliegenden Gründen möglicherweise sogar primär eine Domäne der weiblichen Mitglieder des Untergrunds.[32] Die von mir befragten Frauen und auch Rafi Benshalom sagten aus, es habe in ihren Bewegungen in bezug auf die politische Arbeit keine Unterschiede zwischen Frauen und Männern gegeben, weder in der Bewertung noch in der Zuweisung von Aufgaben. Rafi Benshalom betont, daß es auch in der Landesleitung von Haschomer Hazair Frauen gegeben habe.[33]

Die ungarischen Juden hatten 1867 die bürgerliche Gleichberechtigung erhalten, 1895 wurde das Judentum als gleichwertige Religion neben den christlichen Konfessionen anerkannt. In den letzten Jahrzehnten der Donaumonarchie gelang den ungarischen Juden ein sozialer und kultureller Aufstieg, der nachträglich als »das goldene Zeitalter des ungarischen Judentums« erinnert wurde. 1910 lebten etwa eine Million Juden in Ungarn, die meisten von ihnen waren im Handel und in den freien Berufen tätig. Die religiöse Gelehrsamkeit erlebte

eine Blütezeit und wirkte weit über Ungarn hinaus, jüdische Künstlerinnen und Künstler, Theaterleute und Schriftsteller/innen spielten
eine Rolle in der Entwicklung der Moderne. Und auch in den revolutionären Zirkeln und liberalen und fortschrittlichen Kreisen waren
zahlreiche Jüdinnen und Juden zu finden. Diese »Idylle« nahm ein
blutiges Ende mit der Niederschlagung der ungarischen Räterepublik
1919. Mit Miklos Horthy kamen die reaktionären und antisemitischen
Kräfte des Landes an die Macht, und die Tatsache, daß an der revolutionären Regierung von Bela Kun mehrere Juden beteiligt waren,
diente als Ausrede für einen verschärften staatlichen Antisemitismus.
Dennoch blieb ein Großteil der ungarischen Juden patriotisch und begriff sich selbst – im Gegensatz zu weiten Teilen der nichtjüdischen
Bevölkerung – als »richtige« Ungarn.[34]

1920 lebten in Ungarn, das durch den Friedensvertrag von Trianon
im Norden, Osten und Süden des Landes Gebiete mit einer relativ
großen jüdischen Bevölkerung verloren hatte, nur noch circa 470000
Juden. Gut über die Hälfte von ihnen wohnte in Budapest. Die jüdische Bevölkerung verfügte über einen eklatant höheren Bildungs-
stand als die nichtjüdische Gesamtbevölkerung, sie konzentrierte sich
beruflich im Handelssektor, in den akademischen und freien Berufen,
und sie tendierte stärker als die nichtjüdische Bevölkerung zu neuen
Ideen und den Parteien der Linken, wie den Sozialdemokraten, den
Sozialisten und den Kommunisten.[35] Die größte und bedeutendste
Gemeinde war der Neolog, die Reformgemeinde, der 1930 65,5 Prozent der ungarischen Juden angehörten. Die orthodoxe Gemeinde
war ein Zusammenschluß mehrerer kleinerer Gemeinden, die vor allem im Nordosten des Landes eine wichtige Rolle spielten. Im Jahr
1930 gehörten 29,2 Prozent der Juden in Ungarn der orthodoxen Gemeinde an. Der Zionismus spielte im Vorkriegsungarn kaum eine
Rolle. Ende der 30er Jahre gehörten circa 5000 ungarische Jüdinnen
und Juden zionistischen Organisationen an, einschließlich der 1200
Frauen der internationalen zionistischen Frauenorganisation WIZO
(Women's International Zionist Organization) und der 1500 bis 2000 in
den Jugendbewegungen engagierten Jugendlichen.[36]

Ende 1941 stieg die Zahl der jüdischen Einwohner Ungarns durch
die Eingliederung der durch das Bündnis mit Deutschland (zurück-)
gewonnenen Gebiete in der ehemaligen Tschechoslowakei, Jugoslawien und Rumänien auf circa 725000 an. Seit 1938 lebten auch an die
5000 jüdische Flüchtlinge aus Österreich, der Tschechoslowakei und
Polen in Ungarn. Um sie und die »Eingemeindeten« kümmerten sich

zum einen die Hilfsorganisationen der beiden Gemeinden, zum anderen die verschiedenen zionistischen Jugendbewegungen.[37] Die Flüchtlinge aus Polen und der Slowakei, beziehungsweise die zionistischen Aktivistinnen und Aktivisten unter ihnen, gaben den Anstoß zum Widerstand der zionistischen Jugend in Ungarn.

II

Seit 1941 waren Angehörige der zionistischen Jugendbewegung aus Polen in die Slowakei geflüchtet. Als hier die Deportationen begannen, flohen sie und mehrere ihrer slowakischen Kameradinnen und Kameraden weiter nach Ungarn. So wie die Flüchtlinge aus Polen durch ihre Berichte und ihre politische Haltung die Bewegungen in der Slowakei beeinflußt hatten, so wirkten nun die polnischen und slowakischen Flüchtlinge auf den Hechaluz (die zionistische Jugendbewegung) in Ungarn ein und initiierten schließlich die Bildung eines jüdischen Untergrundes in einem Land, dessen jüdische Bevölkerung sich sicher fühlte und nicht den geringsten Anlaß für irgendwelche illegalen Aktivitäten sah.[38]

Eine Gruppe, die in den Ghettos von Bedzin, Sosnowice und Kattowice einen bewaffneten Untergrund organisiert hatte, floh teils über die Slowakei, teils über Österreich[39] nach Ungarn. Tusia Herzberg, Schimon Diamant, Pinchas T., Gila Milchman und Jakob Liebermensch von Hanoar Hazioni hatten den Weg über die Slowakei eingeschlagen. Am Jom Kippur 1943 kamen sie in Budapest an: »Wir waren geschockt von all dem, was uns geschehen war, und verstanden nicht, daß wir noch immer lebten. Im Gegensatz zu der Welt, die wir verlassen hatten, bot sich uns in Budapest ein Bild von Frieden und Schönheit. Wir sahen die Stadt, (…) beobachteten sie mit Mißtrauen und Fragen. Die einzige Adresse, die man uns in der Slowakei gegeben hatte, war Joel Brands. Um ihn zu Jom Kippur zu finden, mußten wir den langen, mühsamen Weg von einer Synagoge zur anderen gehen, nur um herauszufinden, daß der Krieg hier weit weg schien und niemand davon hören wollte.«[40] Die Flüchtlinge können nicht vergessen, daß Krieg herrscht, und um was für einen Krieg es sich handelt: »Was wir in Polen ungetan zurückgelassen hatten, versuchten wir nun, in Ungarn zu verwirklichen. Wir dachten nicht an uns selbst, wir wollten die Toten rächen und die Lebenden retten.«[41] Diese Geisteshaltung muß angesichts der Lage in Budapest den dortigen Gemeindemitgliedern als übertriebenes und schädliches Pathos erscheinen, mehr noch, als Gefahr für ihre eigene Ruhe und Sicherheit. Fredka Mazia aus Bedzin, die einige Zeit nach der ersten Gruppe in Budapest angekommen ist, erinnert sich: »Wie viele Kilometer liegen Auschwitz und Budapest voneinander entfernt? Eine ganze Welt trennt sie. Freie Juden, die auf den Straßen herumgehen. Sie konnten unsere Geschichten nicht glauben, sie drangen nicht einmal in ihr Bewußtsein.«[42] Die einzigen, die den Flüchtlingen zuhören, sind ihre Kameradinnen und Kameraden aus der ungarischen zionistischen Jugendbewegung.[43] Chava Ben Porat erinnert sich: »Die Slowaken kamen 1943. Wir haben uns im Hause meiner Eltern getroffen. Sie haben nicht nur genau erzählt, was geschehen ist, sondern sie haben auch gesagt, das alles wird auch nach Ungarn kommen. Wir haben geglaubt, was sie erzählten, denn wir wußten, mit wem wir es zu tun hatten.«[44]

Die Existenz der Flüchtlinge führt die ungarischen Chaluzim quasi notgedrungen zur illegalen Arbeit: Sie müssen den Kameradinnen und Kameraden aus Polen und der Slowakei Papiere und Unterkünfte besorgen. Die ungarischen Meldegesetze sind streng, und in den meisten Mietshäusern achtet ein Hauswart darauf, wer aus und ein geht. Die Meldeformulare kann man in Tabakläden kaufen, sie müssen ausgefüllt und von der Polizei abgestempelt werden. Erst besorgen sich die Chaluzim vorgestempelte Formulare in der Budapester Unterwelt, dieses Verfahren erweist sich jedoch rasch sowohl als zu teuer als auch zu gefährlich. Daraufhin beginnen sie, Meldeformulare und andere notwendige Dokumente selbst zu produzieren.[45] Chava Ben Porat erinnert sich: »Wir sind auf ein Meldeamt gegangen und haben uns dort aus dem Register Namen und Geburtsdaten von Leuten abgeschrieben. Am nächsten Tag sind andere von uns wieder dorthin und baten um eine Geburtsurkunde. Sie sagten zum Beispiel, ich habe ein Erbe zu erwarten, deshalb brauche ich eine Geburtsurkunde. Das war damals möglich, man mußte nur die entsprechenden Daten angeben. Die Geburtsurkunden haben wir wieder anderen Chaverim gebracht, die dann alles weitere erledigten.«[46] Für eine normale Kontrolle braucht man keinen Ausweis, es genügt, wenn man den Meldeschein und ein paar Dokumente, wie zum Beispiel eine Arbeitsbestätigung, einen Ausweis für die Straßenbahn oder das Schwimmbad vorweisen kann. Auch diese Art von Papieren produzieren die Chaluzim. Doch die besten Papiere nützen nichts, wenn ihre Besitzerin, ihr Besitzer nicht über das nötige Auftreten verfügt. Asher Cohen resümiert: »Die Regel war, daß die besten Papiere die waren, die man gar nicht erst vorzeigen mußte. Die Chancen eines Flüchtlings, (...) durchzukommen, hingen mehr von seiner Persönlichkeit und seiner Frechheit ab als von der Qualität seiner Papiere.«[47] Mosche Alpan, einer der Chefs des Untergrunds von Haschomer Hazair in Budapest und selbst ein Flüchtling aus der Slowakei, erzählt aus eigener Erfahrung:»Itzhak Herbst lehrte uns etwas sehr Wichtiges: Die Hände durften auf keinen Fall zittern, wenn man die Papiere vorwies.«[48]

Eine Gruppe führender Zionisten, unter ihnen Israel Kasztner und Joel Brand von Ihud-Mapai (Poale Zion), gründet parallel zur Flüchtlingsarbeit der Jugendbewegung das Komitee für Hilfe und Rettung. Die Jugendbewegung arbeitet unabhängig, jedoch in enger Zusammenarbeit mit dem Komitee, das sie auch finanziell unterstützt, wobei das Geld weitgehend aus Istanbul kommt. Hier richtete eine Delegation des Jischuw, zu der auch Vertreter der Kibbuz-Bewegung und damit des Hechaluz gehören, das Palästina-Amt ein, das nun sowohl Weisungen als auch Geld und Informationen an die Zionisten in Ungarn schickt und von ihnen Rechenschaftsberichte und Anträge auf Hilfsmittel erhält. Sowohl das Komitee für Hilfe und Rettung als auch die Jugendbewegung stehen in Kontakt mit Istanbul. Die Chaluzim halten außerdem engen Kontakt zu ihren Vertretern in Genf, die ihnen gleichfalls Geld, aber auch falsche Papiere und für Fälschungen nötige Formulare und Dokumente schicken.[49] Im Frühjahr 1943 beginnen die Chaluzim in der Slowakei und in Ungarn mit der Organisierung dessen, was sie Tiul nennen: Tiul ist das hebräische Wort für Ausflug. Gemeint ist damit der illegale Grenzübertritt von der Slowakei nach Ungarn.[50] Die Fähigkeiten, die sie sich in den relativ ruhigen Jahren 1942 und 1943 aneignen, als sie lernen, Papiere zu fälschen und illegale Fluchtrouten zu organisieren, kommen den ungarischen Chaluzim während der deutschen Besatzung zugute. Wenn sie auch von den Ereignissen überrascht werden, sind sie doch in der Lage, schnell und effektiv darauf zu reagieren.

Tusia Herzbergs Gruppe ist von Budapest weiter nach Mohács gereist, einer Stadt an der serbischen Grenze. Die polnisch-jüdischen Widerstandskämpferinnen und Widerstandskämpfer wollen nicht als Flüchtlinge in Ungarn überleben, sie wollen kämpfen. Da ihnen das in Ungarn nicht möglich ist, planen sie nun, sich den jugoslawischen Partisanen anzuschließen. Tusia Herzberg trifft sich Anfang 1944 als Sprecherin ihrer Gruppe mit einer Verbindungsfrau der jugoslawischen Partisanen. Sie klären alle Details, die Angelegenheit scheint besiegelt, um sechs Uhr soll ein Boot auf die »polnische« Gruppe warten, um sie ans andere, das serbische Ufer der Drava zu bringen. Doch dann, so Tusia Herzberg, sagt die jugoslawische Kameradin ihr noch: »Wenn es einen Juden unter euch gibt, schick ihn nicht.« Damit ist für die Gruppe in Mohács und insgesamt für Hanoar Hazioni die jugoslawische Option gescheitert.[51] Als die Deutschen Ungarn besetzen, beschließt die Gruppe, nach Budapest zurückzugehen.

Tamara Benshalom wird nach dem Einmarsch der Deutschen von ihrer Bewegung, dem Haschomer Hazair, in den Süden geschickt, um den Flüchtlingen dort Geld und Waffen zu bringen. Es ist ihre erste Aufgabe im Widerstand, niemand hat sie praktisch darauf vorbereitet. Im Rückblick sagt sie: »Ich hatte mehr Glück als Verstand.«[52] Sie fährt auf einem Schleppdampfer die Donau hinunter, denn auf dem Schiff wird man weniger kontrolliert als in den Zügen. In der Handtasche hat sie fünf, sechs Revolver mit Munition und das Geld. Sie hat sich eigens gut angezogen und fällt nun unter den normalen Passagieren, Arbeitern und Bauern, auf. Aber, sagt sie, »ich hatte ein gutes Auftreten, das hat mir sehr geholfen. Ein schönes Lächeln, ein freundliches Gesicht und ein freundliches Wort, damit kommt man immer durch.«[53] Die Flüchtlinge glauben ihr erst nicht, daß sie von der Bewegung kommt. Doch endlich gelingt es ihr, sie zu überzeugen. Sie fährt sofort nach Budapest zurück. »Mimisch« (Itzhak Herbst), dem sie Bericht erstatten soll, erscheint nicht zum Rendezvous, und so landet sie schließlich bei Rafi Benshalom. Sie berichtet ihm von der Reise, anschließend reden sie noch weiter, über Privates, ihren Beruf, sie sind beide Fotografen, über ihre Interessen außerhalb der Bewegung. Am Abend fährt Tamara, die zu der Zeit noch bei ihrem Vater in Nordungarn wohnt, nach Hause. Rafi begleitet sie auf den Bahnhof, er hat neue Papiere bekommen, die er testen will, und Tamara, die so »gut« aussieht, ist dafür eine ideale Begleiterin. Ein paar Wochen später ziehen die beiden zusammen.[54]

Als die Ghettoisierung in der Provinz beginnt, schicken die verschiedenen Jugendbewegungen Kurierinnen und Kuriere mit Geld und falschen Papieren in die Städte und Dörfer, um ihre Mitglieder und möglichst viele andere Leute in das noch sichere Budapest zu holen.[55] Tamara Benshalom wird nach Kaschau geschickt. Die meisten ihrer dortigen Kameradinnen und Kameraden nehmen die Papiere an und fahren damit in die Hauptstadt. Einer will auf keinen Fall seine Mutter verlassen, er bittet sie um Geld, und sie gibt es ihm.[56] Die paar Dutzend Chaluzim, die in die Provinzstädte fahren, um den Jugendlichen dort Papiere zu bringen, sind vor allem junge Frauen.[57] Sie versuchen auch, die Erwachsenen zu warnen, und bieten ihnen Geld und Papiere an. Doch noch immer glaubt man ihnen nicht. Hannah Ganz berichtet, daß ihr auf einer ihrer Reisen beschieden wurde, sie solle endlich aufhören, Horrormärchen zu erzählen. Dennoch gelingt es den Kurierinnen, ein paar hundert Leute, vor allem Mitglieder der eigenen Bewegungen, nach Budapest zu holen und damit vor der Deportation zu retten.[58]

Chava Ben Porat wurde vor dem Einmarsch der Deutschen in die Provinz geschickt, um in dem Ort, in dem ihre Großeltern mütterlicherseits leben, die Chaluzim zu organisieren. Nun kommt ein Kurier, um sie und die anderen nach Budapest abzuordern: »Mein Kurier sagte mir, du darfst nicht bis morgen warten, du mußt heute nacht schon weg. Und man hat in derselben Nacht meine ganze dortige Familie geholt. Ein Onkel von mir sagte, ich habe einen Freund, der ist ein Goi (ein Nichtjude, Anm. d. Verf.). Er wird dich aufnehmen und morgen zur Bahn bringen. Ich hatte schreckliche Angst. Ich ging zu einem Polizisten, tat so, als ob ich keine Jüdin wäre, und fragte ihn, wo die Fiaker stehen. Es war das erste Mal, daß ich gelogen habe. Ich war sehr gut erzogen, das ist mir schwergefallen. Die Fahrt nach Budapest dauerte viele Stunden, ich saß da mit den falschen Papieren und fühlte mich sehr unwohl. Ich tat so, als würde ich schlafen, und wurde auch nicht kontrolliert. Es war schwer, das erste Mal diese illegalen Sachen zu machen.«[59]

Chava nennt sich nun Rosalia Horvath, sie schminkt sich und kleidet sich elegant. Ihre Eltern, die in Budapest leben, wissen über ihre Aktivitäten Bescheid und sind damit einverstanden. Sie sind selbst Zionisten und stolz auf die Tochter. Doch Chava Ben Porat bleibt nicht lange in der Hauptstadt, sie wird nach Nagyvárad geschickt, einem kleinen Ort an der rumänischen Grenze. Hier organisiert Haschomer Hazair zusammen mit anderen Jugendbewegungen den neuen Tiul, diesmal aus Ungarn heraus. Der Weg in die Slowakei ist weitgehend blockiert durch den Aufstand in Banska Bistrica. Nach Jugoslawien wollen viele nach den Erfahrungen, die Tusia Herzberg mit der serbischen Partisanin gemacht hat, nicht mehr, außerdem ist die Grenze zu Jugoslawien besonders gut bewacht. Der beinahe einzige Weg, der noch bleibt, führt nach Rumänien. Von dort kann man weiter an das Schwarze Meer fahren und nach Palästina. Die ersten Tiulim, »Ausflüge«, werden vor allem von Haschomer Hazair und Dror-Habonim organisiert. Chava Ben Porat erinnert sich: »Es gab ein Bewußtsein darüber, daß es zu Ende ging. Alles, was nicht in Budapest war, wurde deportiert, und wir wußten auch, daß man nicht mehr viel machen kann. Der Beschluß, so viele wie möglich nach Rumänien zu bringen, war daher für uns alle völlig klar, da hatte niemand Einwände. Daran gab es keine Zweifel. Ich war in Nagyvárad zusammen mit Pil (Mosche Alpan), der die Sache geleitet hat, und Dan Zimmerman. Ich wohnte alleine, und die zwei Männer zusammen. Wir taten natürlich so, als ob wir uns nicht kennen. Die Bauern in der Umgebung arbeiteten als Schmuggler, sie brachten für viel Geld die Leute über die Grenze. Alpan war der finanziell Verantwortliche. Wenn die Leute ankamen, holten wir sie an der Bahn ab, brachten sie zu den Bauern, und die brachten sie nachts über die Grenze. Ich war mit der Organisation beauftragt: Wer diese Nacht rübergeht, wie viele etc. Es gab einen Kurier, der von uns nach Budapest reiste und wieder zurück, um die Informationen zu überbringen – wie viele kommen können, all das.«[60] Das Hauptkriterium für die Auswahl der Grenzgänger, sagt Chava Ben Porat, war die Dringlichkeit ihrer Rettung: »Als erste brachten wir die Slowaken hinüber, dann die, die zum Arbeitsdienst sollten. Immer diejenigen, die am meisten gefährdet waren.«[61]

Schon nach wenigen Wochen wird Chava Ben Porat verhaftet. Während der Verhöre durch die ungarische Polizei behauptet sie konstant, sie habe sich ihre falschen Papiere gekauft, sie wolle aus Ungarn weg, denn hier könne man ja nicht mehr leben. Von einer Bewegung habe sie noch nie etwas gehört, geschweige denn mit einer zu tun. Die Ungarn übergeben sie der Gestapo, die sie mit brennenden Zigaretten und Schlägen foltert. Doch sie bleibt bei ihrer Geschichte. Ihre beiden Kameraden versuchen, sie durch Bestechung freizubekommen, so etwas hat schon das eine oder andere Mal funktioniert. Doch diesmal erweisen sich die Bewacher als unbestechlich, Chava Ben Porat wird zuerst in das Ghetto und dann mit den anderen Juden von Nagyvárad nach Auschwitz deportiert.[62]

Tamara Benshalom reist wenig später nach Nagyvárad. Sie gibt vor, Arbeit bei einem Fotografen zu suchen. In Wahrheit nimmt sie Leute, die über die Grenze geschmuggelt werden sollen, in Empfang. Sie bringt sie in einen Park zu einer Gruppe von Weiden, deren Zweige so tief und dicht bis zum Boden hängen, daß sie ein gutes Versteck abgeben. Am Abend holt sie die Flüchtlinge wieder ab und führt sie zu dem Schmuggler, der sie über die Grenze bringt. Eines Tages ist die Gruppe, die sie unter den Weiden im Park versteckt hat, bei ihrer Rückkehr nicht mehr da. Sie weiß, daß nun auch sie selbst in Gefahr ist. Kaum ist sie in die Wohnung des Fotografen, bei dem sie untergekommen ist, zurückgekehrt, kommt ein ungarischer Polizist: »Er hat meine Papiere verlangt und mich ausgefragt, was ich hier mache. Ich habe gesagt, ich wollte Arbeit finden, und da sind meine Papiere, und da ist meine Fahrkarte, ich fahr heute nacht zurück nach Budapest. Ich habe ihn schön angelächelt, und er hat mich laufenlassen. Glück muß man haben.«[63]

Als Rumänien Ende August die Achse verläßt, ist der Fluchtweg versperrt, die Grenze wird zum Kampfgebiet. Innerhalb von drei Monaten haben die Chaluzim über 2000 Menschen aus Ungarn nach Rumänien geschmuggelt. Weitere Tausende passierten diesen Weg, nachdem sie davon erfahren hatten, ohne die Hilfe des organisierten Widerstands.[64] Während der jüdische Untergrund den Tiul organisierte, verhandelte Israel Kasztner vom Komitee für Hilfe und Rettung mit Eichmann über einen Transport mehrerer tausend Juden, die Ungarn verlassen und in ein sicheres Aufnahmeland gebracht werden sollten. Hohe Summen an Bestechungsgeldern wurden an SS-Männer bezahlt, um den Transport zustande zu bringen, für dessen Ziel es keine Garantie gab. Dieser »Kasztner-Transport« ist bis heute heftig umstritten und ebenso die Beteiligung der Jugendbewegung an seinem Zustandekommen. Cohen betont, daß der Transport für die Chaluzim nur eine Aktion unter vielen war. Einige von ihnen, so zum Beispiel die polnischen Mitglieder von Hanoar Hazioni, weigerten sich, die ihnen zustehenden Plätze einzunehmen, und forderten ihre Kameradinnen und Kameraden auf, sich nicht an einem Unternehmen zu beteiligen, das von den Nationalsozialisten gebilligt und durchgeführt wurde. Andere waren für den Transport: An den Grenzübergängen nach Rumänien hatte es zu der Zeit mehrere Pannen und Verhaftungen gegeben, und mehrere Mitglieder der Jugendbewegung waren nicht in der Lage, sich in der Illegalität zu bewegen. Für sie und andere, die akut gefährdet waren, schien der Transport eine gute Möglichkeit, das Land zu verlassen. Die Mehrheit der Chaluzim, so Cohen, billigte den Transport ohne große Begeisterung und verließ sich lieber auf die eigenen Rettungsaktionen, den Tiul und das Verteilen falscher Papiere. Die 250 Mitglieder des Hechaluz, die an dem Transport teilnahmen, besetzten die ersten Waggons, mit dem Plan, den Zug abzukoppeln, falls er in Richtung Polen fahren sollte.[65] Als »Milan«, ein Jugoslawe, der (vermutlich als »U-Boot«, möglicherweise aber auch als Doppelagent) bei der Gestapo arbeitete, anbot, nach Wien zu fahren, um sich dort nach dem Verbleib des Transportes zu erkundigen, schickte Haschomer Hazair Tamara Benshalom als

»Dolmetscherin« mit. Tamara gelang es, Kontakt zu den Insassen des Lagers Straßhof bei Wien aufzunehmen und nach Namen aus dem »Kasztner-Transport« zu fragen. Mit beruhigenden Nachrichten kehrte sie drei Tage später nach Budapest zurück.[66] (Der Transport wurde vorläufig in das Geisellager im KZ Bergen-Belsen gebracht, alle 1684 Teilnehmer überlebten.[67])

Horthys politischer Schwenk im Sommer 1944 läßt die Ängste, die mit der Zwangseinweisung in die »Gelber-Stern-Häuser« in Budapest aufgekommen sind, wieder abklingen und Hoffnung aufkeimen: Vielleicht gäbe es wirklich keine Deportationen mehr. Und die Rote Armee steht beinahe an den Grenzen Ungarns. Es ist abzusehen, daß der Krieg nicht mehr lange dauern kann. Die Chaluzim konzentrieren sich darauf, ihre Produktion von falschen Papieren zu vervollkommnen. Außerdem bemühen sie sich die ganze Zeit über, ihre gefangenen Kameradinnen und Kameraden aus den Gefängnissen zu befreien. Zum Teil gelingt ihnen das über Bestechung und Beziehungen, zum Teil durch »Verbündete« wie »Milan«, der zum Beispiel die nach schweren Folterungen kranke Juci Herbst aus dem Gefängnis holen kann.[68] Hanoar Hazioni gelingt es, eine Gruppe polnischer Mitglieder aus dem Gefängnis in der Rombachstraße mittels aneinandergeknoteter Bettlaken zu befreien.[69] Tusia Herzberg zählt in ihren Erinnerungen elf Gefangenenbefreiungsaktionen auf. Dabei fällt auf, daß sich unter den Befreiten viele Frauen befinden. Sie selbst nimmt an einer Aktion zur Rettung dreier Mitglieder von Hanoar Hazioni teil, wovon eines ihr Bruder Alex ist. Als Rotkreuzschwester getarnt, besucht sie in Pécs, einer Stadt im südlichen Ungarn, das dortige Gefängnis und erkundigt sich nach den Haftbedingungen der drei Gefangenen Dinah Gilboa, Emil Brig und Alexander Gutman: »Ich befestigte das Zeichen des Roten Kreuzes am Aufschlag meiner Jacke, schaute noch einmal auf meine Beglaubigung mit dem falschen Namen, setzte mein ›offizielles‹ Lächeln auf und betrat das Gefängnisbüro. Da sie keinen verläßlichen Polen finden konnten, um meine Gespräche zu überwachen, bestimmten sie einen Serben, der meinen Besuch beobachten sollte. Danka (Dinah Gilboa) war die erste, die gebracht wurde. (…) Als Danka mich ansah, dachte sie, daß ich eine Gefangene sei. ›Haben sie dich gefoltert? Hast du viel gelitten?‹ Sie fragte mich mit einer besorgten Stimme. Der Ausdruck im Gesicht des Serben änderte sich. (…) ›Mein Name ist Jadwiga. Ich wurde vom Roten Kreuz gesandt, um Ihnen zu helfen.‹ Danka schlug ihre Augen nieder und hörte mir zu. ›Brauchen Sie Essen oder sonst etwas? Wir dürfen Sie mit etwas zusätzlichem Essen versorgen.‹ ›Für mich ist es genug‹, antwortete die Gefangene, ›aber sicher nicht für die Burschen.‹ Ich gab ihr eine kleine Tüte voller Süßigkeiten und sagte: ›Behalten Sie sie.‹ In der Tüte, unter den Süßigkeiten, waren Geld und ein Fluchtplan.«[70] Das Spiel wiederholt sich mit den beiden gefangenen Männern. Tusia Herzberg wird alle Tüten los, doch die Flucht der drei Chaluzim wird im letzten Moment verraten. Sie werden zum Tode verurteilt. Am 29. November 1944, dem Abend vor ihrer Hinrichtung, befreit die Rote Armee Pécs und die Insassen des Gefängnisses.[71]

Die Chaluzim in Ungarn haben sich auf die Rettung von Menschen spezialisiert, das ist ihre Form des Widerstands. Obwohl sich die Aktivistinnen und Aktivisten des Widerstands im Prinzip über diese Prioritätensetzung einig sind, kommt es dennoch immer wieder zu Diskussionen darüber, ob man nicht doch auch bewaffnet gegen die Deutschen und die ungarischen Faschisten kämpfen solle. Vor allem die polnischen Flüchtlinge, die von den Erfahrungen des Ghettos geprägt sind, plädieren für den bewaffneten Kampf. Die Bewegungen, in denen sie stark vertreten sind, richten häufiger als die anderen Jugendbewegungen Bunker ein und sammeln Waffen, was sich allerdings in Ungarn als noch schwieriger erweist als in Polen. Tusia Herzberg von Hanoar Hazioni nennt in ihren Erinnerungen die Vorbereitung auf den bewaffneten Kampf an zweiter Stelle in der Aufzählung ihrer Aktivitäten.[72] Doch die wenigen erworbenen Waffen kommen kaum zum Einsatz, die Bunker dienen vor allem als Verstecke für die Gruppenmitglieder, die sich aus verschiedenen Gründen auf der Straße nicht (mehr) blicken lassen können. Und auch die Vertreter des Jischuw in Istanbul ändern ihre Haltung und plädieren nun gegen die bewaffnete Aktion und für die Rettungsarbeit.[73] Den ungarischen Juden ist der Gedanke an Widerstand fremd, und die paar hundert Chaluzim und die einzelnen bewaffneten Gruppen der Kommunisten reichen nicht aus, um an einen Aufstand auch nur zu denken. Außer ihnen existiert kein nennenswerter Widerstand im Land. In Ungarn spielen sich die Ereignisse, die sich in den anderen besetzten Ländern über zwei bis drei Jahre entwickelt haben, innerhalb weniger Monate ab, und jedesmal treffen sie die Masse der Bevölkerung unvorbereitet. Als im Oktober die Pfeilkreuzler die Macht ergreifen, sind die meisten Menschen viel zu überrascht und schockiert, um dem etwas anderes als Fluchtversuche entgegenzusetzen. Die Chaluzim werden von dieser Wende ebenso überrascht wie alle anderen, doch sie sind nicht mehr wehrlos. In einem Brief, der zugleich als Rechenschaftsbericht dient, schreibt Rafi Benshalom am 27. November 1944 an Nathan Schwalb und Heini Bornstein, die Vertreter des Hechaluz in Genf: »Als am 15. Oktober die Friedensproklamation aus dem Radio erklang, waren wir überglücklich. (...) einige Stunden später kam es dann zum Wechsel, und damit begann für uns von neuem eine Zeit anstrengendster Arbeit. Es wiederholte sich (...) im wesentlichen die gleiche Arbeit wie nach dem 19. März (dem Einmarsch der Deutschen, Anm. d. Verf.). (...) In einer einzigen Sache hatten wir es diesmal leichter, wir hatten schon Erfahrung und einen erprobten Apparat, der trotz einer notwendigen Umstellung nach 48 Stunden wieder reibungslos funktionierte.«[74]

Seit Juni 1944 berichtete die Presse in der Schweiz und in den alliierten Staaten über die Vernichtung der ungarischen Juden. Sowohl die USA und Großbritannien als auch Schweden, das Rote Kreuz und der Vatikan begannen nun, Druck auf Horthy auszuüben. Die Landung der Alliierten in der Normandie, die weiteren Vorstöße der Roten Armee und die einsetzenden Luftangriffe auf Budapest trugen ein übriges bei zum Zustandekommen des später so genannten Horthy-Angebots. Zuerst genehmigte die ungarische Regierung in Absprache mit der deutschen Besatzungsmacht die Ausreise von 7800 Juden nach Palästina. Bis zu ihrer Emigration sollten sie von der Vertretung der ausländischen Interessen in der Schweizerischen Gesandtschaft, die auch Großbritannien und damit das Mandatsgebiet Palästina vertrat, Schutzpässe erhalten, die sie vor der Deportation bewahrten. Als Schweden und andere neutrale Staaten sich bereiterklärten, weitere Juden unter ihren Schutz zu stellen und ihnen eine Emigration zu ermöglichen, wurden auch sie berechtigt, eine bestimmte Zahl von Schutzpässen zu vergeben. Um dieselbe Zeit richtete Friedrich Born vom Internationalen Roten Kreuz, IRK, die Abteilung A des IKRK (Internationalen Komitees des Roten Kreuzes) ein, die sich um die jüdischen Kinder kümmern sollte: Horthy hatte auch die Ausreise von Kindern unter zehn Jahren gestattet. Born ernannte den führenden Zionisten Ottó Komoly zum Leiter dieser Abteilung. Das Internationale Rote Kreuz richtete mehrere Kinderhäuser ein, in denen bis zur Befreiung zwischen 5000 und 6000 jüdische Kinder untergebracht und vor der Deportation geschützt wurden. Die Wirtschaftssektion der Abteilung A des IKRK spielte in den letzten Monaten der Besatzung eine wichtige Rolle für die Versorgung der Budapester Juden mit Nahrungsmitteln und Heizmaterial. Ihr Leiter Efra Agmon, einer der Chefs des Untergrunds der zionistischen Jugendbewegung, nutzte die Sektion und ihre Möglichkeiten, um so vielen Menschen wie möglich das Nötigste zukommen zu lassen.[75]

Konsul Carl Lutz, der in der Schweizerischen Gesandtschaft für die Vertretung der ausländischen Interessen zuständig war, arbeitete, da auch die Abwicklung der Palästina-Zertifikate in seinen Bereich fiel, schon länger mit Mosche Krausz zusammen, dem Leiter des ungarischen Palästina-Amtes. Ihn betraut er nun mit der Ausstellung und Vergabe der Schutzpässe. Rafi Benshalom vom jüdischen Widerstand arbeitet als Leiter der Jugendabteilung gleichfalls offiziell in der Vertretung. Zum Teil gegen den Willen Krausz', der auf Legalität pocht und die Interessen der Inhaber der »echten« Schutzpässe verteidigt, funktioniert der jüdische Widerstand die Vertretung der ausländischen Interessen in der Schweizerischen Gesandtschaft zum Zentrum einer großangelegten Rettungsaktion um. Die Gesandtschaft hat für das »Auswanderungsbüro« ein eigenes Gebäude gemietet, das auf Grund seiner architektonischen Besonderheiten sogenannte Glashaus in der Vadászstraße 29. Offiziell befinden sich hier lediglich die Büros, doch bald suchen immer mehr Menschen in dem Gebäude Zuflucht. Anfangs sind es nur Mitglieder des Untergrunds und deren Angehörige, dann kommen Freunde und Bekannte dazu, so daß schließlich im November an die 2000 Menschen illegal in dem Haus leben.[76] Die meisten Chaluzim, die im Glashaus wohnen, sind nicht im Widerstand aktiv, das Haus dient ihnen als sicherer Unterschlupf. Auch die Angehörigen der Jugendbewegung, die in den Bunkern und in den Kinderhäusern leben, sind nicht immer oder nicht ständig in der illegalen Arbeit aktiv. Die Mehrheit der Aktivistinnen und Aktivisten des Widerstands lebt unter »arischer« Identität in konspirativen Wohnungen. Viele von ihnen arbeiten zur Tarnung und um sich ihren Lebensunterhalt zu verdienen. Alle aber, sowohl die Aktiven als auch die Untergetauchten, stehen miteinander in Kontakt und arbeiten, wo es nötig oder möglich ist, zusammen.[77]

In den Wochen nach der Ankündigung des »Horthy-Angebots« beginnt der jüdische Widerstand in Budapest seine großangelegte Rettungsaktion: Die Chaluzim fangen damit an, daß sie Konsul Carl Lutz immer wieder einmal mehr Schutzpässe zur Unterschrift vorlegen, als in der jeweils aktuellen Liste registriert sind. Doch dieser Weg ist zu aufwendig und dauert zu lange, auch wenn Lutz ohne zu fragen alles unterschreibt. Als nächstes, erinnert sich Rafi Benshalom, »haben wir die Zahl 7800 so interpretiert, daß sich das auf Familien bezieht. Dann haben wir angefangen, die Formulare selbst zu drucken, und so konnten wir Zehntausende und mehr ausstellen.«[78] Neschka Goldfarb erinnert sich an die Massen von Menschen, die sich vor dem Glashaus versammelten und riefen »Rettet uns!«[79] Die Massenproduktion von Schutzpässen durch den jüdischen Widerstand bleibt nicht unwidersprochen, die Besitzer der echten Schutzpässe und auch Mosche Krausz als ihr Interessenvertreter fürchten, die regulären Papiere verlieren ihren Wert, wenn so viele irreguläre im Umlauf sind. Die offizielle Quote ist bereits im Oktober erreicht, doch die Chaluzim fertigen weiterhin Tausende von Schutzpässen an, die nun um so wichtiger sind, als unter der Pfeilkreuzlerdiktatur die Deportationen wieder einsetzen. Sie fordern Schutzpässe für alle und bemühen sich, ihrer eigenen Forderung so weit wie möglich nachzukommen. Es sei nicht die Aufgabe der Juden, argumentieren sie, darüber zu bestimmen, wer gerettet werden soll und wer nicht.[80] Die Aktivistinnen und Aktivisten des jüdischen Widerstands haben inzwischen auch begriffen, daß das Funktionieren der Vernichtungsmaschinerie zu einem gut Teil davon abhängt, daß Ruhe und Ordnung gewahrt werden. Rafi Benshalom beschreibt diese Erkenntnis: »Je größer die Unordnung ist, je größer das Durcheinander, desto größer die Aussicht, am Leben zu bleiben. Wenn man sich meldet, sich aufschreiben läßt und wenn die Einberufung kommt, zum Bahnhof geht, dann wird man auch abtransportiert. Wenn man aber herumläuft, sich nirgends meldet und nie das tut, was verlangt wird, dann hat man vielleicht eine Chance. Jeder Tag, den man gewinnt, ist wichtig. Wir wußten, wir können nicht die ganze Budapester Judenheit retten, aber vielleicht einen großen Teil.«[81] In seinem Brief vom 27. November 1944 schreibt Rafi Benshalom an Nathan Schwalb und Heini Bornstein in Genf über die Vergabe der gefälschten Schutzpässe: »Diese ganze Aktion war ungeheuer erfolgreich, es war übrigens die erste Aktion, durch die wir wirklich Massen das Leben retten konnten. (…) Leider konnten wir das Wettrennen mit der Zeit nicht gewinnen. (…) Teilweise führte man die Menschen doch weg und führt sie noch tagtäglich…«[82]

Die Druckereien und Fälscherwerkstätten des jüdischen Untergrunds arbeiten im Akkord. Sie fälschen nicht nur Schutzpässe, sondern auch weiterhin Geburtsurkunden, Ariernachweise, Meldescheine, Arbeitsbescheinigungen und vor allem auch Taufscheine. Ein weiteres »Horthy-Angebot« besagt nämlich, daß auch ungarische Juden, die vor dem 1. August 1941 zum christlichen Glauben übergetreten sind, nicht deportiert würden.[83] Tusia Herzberg beschreibt in ihren Erinnerungen die Fälscherwerkstatt von Hanoar Hazioni: »Die

Vilmos-Csásár-Straße ist ruhig und angenehm. Die herrliche Basilika verleiht der ganzen Gegend eine Atmosphäre von Frieden und Sicherheit. Nahe der Basilika – zwei junge Männer. Jeder von ihnen an einer anderen Ecke. Einer liest Zeitung, der andere spaziert lässig auf und ab. Von Zeit zu Zeit kommt jemand vorbei, gibt ihnen etwas oder empfängt etwas von ihnen. Der Mann mit der Zeitung (...) geht (...) (hinter der Kirche) ein enges Treppenhaus hinauf und klopft, einen Code verwendend, an einer Tür. (...) Drinnen, im winzigen Zimmer, leert er die Taschen aus. Papierfetzen und Notizen fallen heraus (...). Es sind Anfragen nach falschen Papieren (...) Hanka (Hanka Domb-Schalit) und Antek (Antek-Fryderyck Insler) sind Meister in dieser Fertigkeit. Beide sind Künstler. Zu Hause pflegte Antek Portraits zu malen, und Hanka erstaunte ihre Lehrer mit ihrem Talent. (...) die Dachstube über der Basilika war für Hanka eine ›Schule‹. ›Angewandte Kunst‹ – pflegten wir zu scherzen. Hanka und Antek arbeiteten viele Stunden ohne Unterbrechung, ohne Pause. Sie wußten, daß jede Notiz ein verzweifelter Hilferuf war. Jede Verspätung brachte alle, die die feindlichen Straßen ohne entsprechende Papiere betraten, all jene, die in Verstecken warteten, in Lebensgefahr.«[84]

Die Chaluzim von Hanoar Hazioni, Dror, Haschomer Hazair und anderen Jugendbewegungen drucken Formulare, fälschen Stempel, lernen, die Unterschriften der Gesandtschaftsvertreter und der ungarischen Behördenvertreter nachzumachen. Manchmal kommt ihnen der Zufall zu Hilfe, wie Tusia Herzberg berichtet. Zusammen mit zwei ihrer Kameradinnen, Gila Milchman und Janka Nir, wird sie verhaftet. Gila Milchman ist dafür zuständig, die gefälschten Dokumente an ihre künftigen Besitzer zu verteilen. Auch Janka Nir arbeitet als Kurierin. Als Tusia Herzberg mit ihrer Tasche voller Papiere zu dem vereinbarten Treffen kommt, signalisiert Gila Milchman ihr mit den Augen, sich nicht zu nähern. Es ist aber bereits zu spät, alle drei werden von einem ungarischen Geheimpolizisten festgenommen, auf die Polizeiwache im Gefängnis in der Rombachstraße gebracht und dort dem Polizeikommandanten Farkas, genannt »Farkas der Schreckliche«, übergeben: »Keiner von uns hatte ihn je gesehen, aber wir hatten alle Dokumente, die seine Unterschrift trugen, eine gefälschte Unterschrift, nachgemacht von Hanka und Antek.« Farkas läßt Gila Milchman und Janka Nir in Haft nehmen, Tusia Herzberg kann sich erfolgreich herausreden. Er akzeptiert ihre Papiere und setzt »erneut« seine Unterschrift darunter: »Die zwei Unterschriften schauen sich an: Die falsche sieht den Unterschied zwischen sich und ihrem Zwilling genauso wie ich; einen erschreckenden Unterschied.« Doch Farkas bemerkt nichts, und so hat Tusia Herzberg den Fälschern Hanka und Antek unverhofft eine echte Vorlage für seine Unterschrift verschafft. Die beiden stellen ihr sofort christliche Geburtsurkunden für Gila Milchman und Janka Nir aus, und Tusia Herzberg geht zurück in die Rombachstraße, um die Dokumente abzugeben. Zwei Monate später werden Gila Milchman und Janka Nir, befreit vom »Verdacht«, Jüdinnen zu sein, entlassen.[85]

Anfang November ordnet die Regierung, die mutmaßt, daß die Anzahl der vorhandenen Schutzpässe die genehmigte Quote bereits bei weitem übersteigt, an, daß alle Inhaber eines Schutzpasses in bestimmte Häuser ziehen müssen, die unter dem Schutz der jeweiligen Gesandtschaft stehen. Anzahl und Größe der Häuser sind nach den offiziellen Genehmigungen berechnet. In diesen »Schutzhäusern« drängen sich neben den legalen Bewohnerinnen und Bewohnern vom ersten Tag an Tausende Menschen mit gefälschten Schutzpässen und weitere Tausende, denen es gelungen ist, ohne alle Papiere in eines der Häuser zu gelangen. Die Enge und die hygienischen Bedingungen sind unerträglich. Und trotz ihres offiziell geschützten Status sind auch die Bewohner dieser Häuser nicht vor Übergriffen der Pfeilkreuzler sicher. Im Dezember werden die meisten von ihnen gezwungen, in das Ghetto zu ziehen.[86]

Ein großes Problem stellt die Versorgung der Menschen sowohl in den »Gelber-Stern-Häusern« und den »Schutzhäusern« als auch später im Ghetto dar. Mit Hilfe ehemaliger jüdischer Lebensmittelgroßhändler organisiert der Widerstand über den Schwarzmarkt Tonnen von Lebensmitteln, die von den Chaluzim verteilt werden. Viele Menschen können sie dadurch retten, viele sterben dennoch an Hunger und Kälte. Die besondere Sorge des jüdischen Widerstands gilt den Kindern. Die meisten Kinderhäuser werden im November eingerichtet, und die Chaluzim schicken Mitglieder ihrer Bewegungen aus dem Glashaus in die Kinderhäuser, um sie vor den Übergriffen der Pfeilkreuzler zu schützen und um die Kinder im Sinne der zionistischen Jugendbewegung zu erziehen. Cohen betont, daß diese Prioritätensetzung ideologische Ursachen hatte: Die Kinder bedeuteten die Zukunft des Zionismus und der Nation, die Zukunft Eretz Israels. Er zitiert zur Bestätigung unter anderem Mosche Alpan: »Wir waren uns stets bewußt, daß wir in erster Linie den Schutz der Kinder organisieren mußten, denn wir sahen in ihnen ein nationales Gut, und wir wollten uns eine Grundlage für die Bewegung nach der Befreiung bewahren.«[87] Neben den ideologischen spielen aber sicher auch rein menschliche Gründe eine Rolle. Einer der ehemaligen Verantwortlichen für ein Kinderhaus erinnert sich, daß die Betreuerinnen und Betreuer beschlossen, hier nur über Schönes und Angenehmes zu sprechen. Sie erzählten den Kindern von Palästina, von der Sonne, die dort schien. Das Grauen, das sich draußen, im Budapest des Dezember 1944 abspielte, sollte nicht einmal in Worten in das Innere der Häuser dringen: »Sie sollten eine Insel des Guten, des Positiven sein.«[88] Tamara Benshalom erinnert sich: »Das Leben in diesem Winter war sehr schwer, es gab schon nichts mehr zu essen, und es sind fast täglich Kinder gestorben, an Krankheiten, an Hunger, an Kälte. Das war das Schrecklichste für mich, das Schrecklichste in dieser Zeit. Daß man diese Kinder retten wollte, und trotzdem sind Kinder gestorben.«[89]

Tamara Benshalom, die inzwischen schwanger ist, arbeitet zu diesem Zeitpunkt nicht mehr aktiv im Widerstand. Ihr Mann, Rafi, hat sie gebeten, damit aufzuhören, da er fürchtet, selbst die Anspannung nicht mehr zu ertragen, wenn er auch noch um sie fürchten muß.[90] Es scheint, daß in den letzten Wochen unter der Terrorherrschaft der Pfeilkreuzlerbanden zumindest außerhalb der Häuser und der Fälscherwerkstätten vor allem die jungen Männer des jüdischen Widerstands aktiv waren. Nur sie konnten sich als Pfeilkreuzler verkleiden, was viele von ihnen taten – die grünen Uniformhemden der Faschisten konnte man auf dem Flohmarkt kaufen, und die Mitgliedsausweise stellten sich die Chaluzim selber her. Und auch nur Männer konnten sich in die KISKA einschmuggeln, eine Hilfspolizei, die Ende Oktober vom Regime gegründet wurde, als eine Art Eingreiftruppe gegen den inneren Feind. Der aber nutzte die KISKA für sich selbst, sowohl Kommunisten als auch Chaluzim agierten in KISKA-Uniformen. Der jüdische Untergrund konnte auf diese Art nicht nur die Kinderhäuser schützen, sondern auch immer wieder den Pfeilkreuzlern Juden »abnehmen«, die sie an das Donauufer schleppten, um sie dort zu erschießen.[91] Es kam dabei manchmal zu regelrecht komischen Situationen. Neschka und Zvi Goldfarb beobachteten eines Tages von der Straßenbahn aus, wie zwei Anführer von Haschomer Hazair von zwei Uniformierten abgeführt wurden. Als sie genauer hinsahen, erkannten sie, daß es sich bei den beiden Uniformierten um Mitglieder ihrer eigenen Bewegung, Dror, handelte.[92] Einige ihrer letzten Rettungsaktionen widmen die Mitglieder des jüdischen Widerstands den Opfern der Todesmärsche. Als Vertreter der Schweizerischen Gesandtschaft oder des Roten Kreuzes gehen sie zu den Sammelstellen, verteilen Lebensmittel und versuchen dabei, ein paar Leute in ihrem Auto herauszuschmuggeln. Oder sie fahren die Route der Todesmärsche ab und nehmen alle mit, denen es gelingt, die Marschkolonne zu verlassen.[93]

Anfang Dezember werden mehrere Mitglieder von Dror verhaftet. Am Tag darauf gehen Neschka und Zvi Goldfarb und Willy Eisikovits der Polizei in die Falle. In dem Dokumentarfilm über den jüdischen Widerstand in Ungarn beschreibt Neschka Goldfarb ihre Folter. Sie wird mit Schlägen und Elektroschocks traktiert, sie wird, an den Füßen gefesselt, an einem Besen zwischen den Beinen aufgehängt. Dabei bemerkt sie plötzlich, daß ihr Rock heraufgerutscht und ihr Unterleib entblößt ist: »Daß ich so nackt und erniedrigt vor ihnen war, das war für mich das Schlimmste, das war schlimmer als alle Schläge.« Da auch ihr Mann, Zvi Goldfarb, nichts aussagt, drohen seine Folterer ihm, sie würden ihm zeigen, was sie mit seiner Frau anstellen. Schließlich machen sie ihre Drohung wahr und foltern Neschka vor Zvis Augen.[94]

Als Neschka und Zvi Goldfarb und Willy Eisikovits nach ihrer Verlegung in ein anderes Gefängnis wieder nach Budapest gebracht werden, gelingt es Rafi Benshalom, sie und eine große Gruppe weiterer Gefangener in letzter Minute aus dem Gefängnis zu befreien.[95] Im Januar 1945 muß der jüdische Widerstand seine Büros in der Schweizerischen Gesandtschaft und beim Internationalen Roten Kreuz schließen, es gibt inzwischen keinen legalen Schutz mehr. Die Mitglieder des Widerstands tauchen nun selbst ab und warten mit allen anderen zusammen darauf, daß die Rote Armee die Stadt befreit. Wie viele Menschen durch den Widerstand der zionistischen Jugendbewegung gerettet wurden, ist schwer zu schätzen. Asher Cohen bemerkt, daß laut Aussagen der Beteiligten circa 100 000 Schutzpässe von den Chaluzim gefälscht wurden. Nicht alle dieser Dokumente wurden erfolgreich eingesetzt, die Pfeilkreuzler deportierten und ermordeten auch Inhaber von Schutzpässen. Noch schwerer festzustellen ist, wie vielen Menschen die Lebensmittellieferungen durch den jüdischen Untergrund das Leben erhielten. Mehrere tausend wurden durch den Tiul gerettet, den von den Chaluzim organisierten Fluchtweg aus Ungarn nach Rumänien. Und viele wurden von den jungen Zionistinnen und Zionisten mit falschen Papieren ausgestattet. Zu dem Zeitpunkt, als die Pfeilkreuzler die Macht übernahmen, lebten etwa 150 000 jüdische Frauen, Männer und Kinder in Budapest. Als die

Rote Armee das Budapester Ghetto befreite, lebten dort noch etwa
70 000 Menschen. Selbst wenn die genaue Zahl der durch den jüdischen Widerstand Geretteten nicht zu ermitteln ist, so kann doch mit
Sicherheit festgestellt werden, daß es in jedem Fall mehrere zehntau-
send waren.[96]

Polen

I

Als die Deutschen Polen überfallen, beginnt gerade das neue Schuljahr. Die 15jährige Chava Raban geht, wie viele andere Kinder und Jugendliche, in diesem September 1939 nicht häufig zur Schule. »Einen Monat lang wurde Warschau bombardiert«, erinnert sie sich. »Die Eltern, wie die ganze Umgebung, waren von Angst vor den Deutschen erfaßt, ein normales Leben war überhaupt nicht mehr möglich.«[1] Hela Szyper ist 18 Jahre alt, als die Wehrmacht in Krakau einmarschiert. Sie arbeitet im Büro einer Wäscherei und Färberei und wohnt zur Untermiete bei zwei älteren Damen. Ihre Freizeit verbringt sie in der zionistischen Jugendbewegung Akiba. Der Krieg, denkt sie, kann nicht länger als eine Woche dauern, denn die Engländer werden ja sofort eingreifen. Dennoch flüchtet sie »wie alle Welt« erst einmal in Richtung Osten. »Aber dann sind wir wieder zurück. Egal, wo wir hin sind, die Deutschen waren immer schon da oder folgten uns auf dem Fuß.«[2]

Auf Grund der geheimen Vereinbarungen im Rahmen des deutsch-sowjetischen Nichtangriffspaktes teilen sich die Sowjetunion und das Deutsche Reich Polen auf, die Grenze verläuft entlang des Bug. Tausende Juden fliehen aus dem deutsch besetzten Westpolen in den Osten. Als knapp zwei Jahre später Deutschland die Sowjetunion überfällt, folgen der Wehrmacht die Einsatzgruppen und Polizei-Reservebataillone, die innerhalb weniger Wochen Hunderttausende Juden im östlichen Polen und der westlichen Sowjetunion ermorden. In Bialystok töten sie über 6000 Männer in den ersten Tagen des Einmarsches, 1000 Männer und Knaben werden in der großen Synagoge lebendigen Leibes verbrannt.[3] Einer von ihnen war Ewa Krakowskas Vater: »Sie kamen zu uns nach Hause und holten ihn ab. Wir sind danach geflüchtet, meine Mutter, mein kleiner Bruder und ich, sofort, wir haben so gut wie nichts mitgenommen. Wir gingen zur Schwester meines Vaters, aber da konnten wir auf Dauer nicht bleiben. Schließlich bekamen wir, weil mein Vater Arzt gewesen ist, im Ghetto ein Zimmer im jüdischen Krankenhaus. Meine Mutter hat da auch gearbeitet. Das war alles sehr schwierig.« Seither will Ewa gegen die Deutschen kämpfen: »Ich habe die ganze Zeit nach einem Kontakt zum

Untergrund gesucht. Das war fast der Grund, warum ich mich mit meinem Freund angefreundet habe, denn ich wußte, er hatte Verbindungen. Ich habe es gespürt.«[4] In Grodno, nicht weit von Bialystok, an der Grenze zu Bjelorußland, machen Chasia Bielicka, Bronia Vinicka und Liza Czapnik am 21. Juni 1941 ihr Abitur. Am Abend feiern sie ausgiebig ihren erfolgreichen Schulabschluß. Auf dem Nachhauseweg hören sie Geräusche und Lärm wie von einem heftigen Sturm, wenige Stunden später steht Grodno in Flammen. Am folgenden Tag, einem Sonntag, verkündet Außenminister Molotow, daß Deutschland die Sowjetunion überfallen hat.[5] Die drei Mädchen fliehen erst einmal aus der Stadt, müssen aber feststellen, daß ihre Flucht sinnlos ist: Die Deutschen sind überall. Im August macht Liza Czapnik sich auf den Rückweg. Als sie in die Nähe von Slonim kommt, warnt eine Bäuerin sie, weiterzugehen: »Sie sagte, ›geh da nicht hin, die Deutschen haben alle Juden umgebracht‹.« Ein paar Tage später setzt Liza Czapnik ihren Weg fort. In Slonim erfährt sie von Freunden, daß die Besatzer 10 000 Juden in einem nahegelegenen Wald erschossen und in Gruben geworfen haben, die ihre Opfer zuvor selbst ausheben mußten. Da die Erde in diesen Gruben sich hob und senkte, ging das Gerücht, die Menschen darin lebten noch. Die Deutschen befahlen daraufhin Bauern, mit ihren Traktoren über die Gruben zu fahren, bis sich nichts mehr bewegte.[6]

Anders als in den besetzten Ländern Westeuropas errichteten die deutschen Besatzer in Polen vom ersten Tag an ein Terrorregime. Sie versuchten nicht, die Gefühle einer Bevölkerung für sich zu gewinnen, die auf der rassistischen Werteskala des Nationalsozialismus weit unterhalb der »nordischen Rasse« rangierte. Polen wurde seiner Ressourcen beraubt, 2,5 Millionen polnische Frauen und Männer wurden zur Zwangsarbeit ins Reich verschleppt, Hunderttausende wurden vertrieben, ein großer Teil der polnischen Intelligenz wurde ermordet, Kinder, die nach Ansicht der NS-»Rassenexperten« »aufgenordet« werden konnten, wurden in das Deutsche Reich entführt. Auf ihrem Rückzug brannten die deutschen Soldaten polnische Städte nieder, Warschau zerstörten sie fast vollständig. Teile des Landes wurden dem Deutschen Reich einverleibt, so unter anderem der »Warthegau« und der »Gau Oberschlesien«. »Restpolen« wurde als Generalgouvernement mit der Hauptstadt Krakau von Generalgouverneur Hans Frank verwaltet. Von den 1941 eroberten Gebieten Ostpolens wurde Galizien dem Generalgouvernement angegliedert. Bialystok wurde als eigener Bezirk verwaltet und unterstand der Regierung von Ostpreußen.[7]

Im französischen Exil bildete sich unter General Sikorski eine neue polnische Regierung, die nach der Niederlage Frankreichs nach London ging und von dort aus auch die größte polnische Widerstandsbewegung, die AK, Armia Krajowa (Heimatarmee) kommandierte. Die Leitung des polnischen Widerstands im Land selbst lag in den Händen des »Regierungsdelegierten«, der vom polnischen Ministerrat in London ernannt wurde. Der Aufstandsplan der AK sah vor, in dem Moment loszuschlagen, in dem die deutsche Armee weitgehend demoralisiert und in Auflösung begriffen sei und die westlichen Alliierten in der Lage wären, direkt zu intervenieren. Auf Grund starker antisemitischer und rechtsradikaler Strömungen innerhalb der AK kam es von ihrer Seite nur selten zu Unterstützungsaktionen für den jüdischen Widerstand, und wenn, dann häufig eher auf individueller als auf organisierter Ebene.[8]

Die freundschaftlichen Beziehungen zwischen einigen Gruppen der polnischen Pfadfinder und der zionistischen Jugendbewegung führten dazu, daß einzelne Pfadfinderinnen und Pfadfinder wie Irena Adamowicz, Jadwiga Dudziec und Heniek Grabowski dem jüdischen Widerstand aktive und effektive Hilfe leisteten.[9] Die meiste Unterstützung erhielt der jüdische Widerstand von seiten der polnischen Kommunisten, von denen ein Viertel selbst Juden waren. Die Komintern (Kommunistische Internationale) hatte auf Anweisung Stalins 1938 die polnische Kommunistische Partei aufgelöst. Einzelne Gruppen, wie zum Beispiel Spartakus in Warschau, hatten ihre politische Arbeit unter anderem Namen fortgesetzt, 1942 reorganisierten sie sich zur PPR, der Polnischen Arbeiter-Partei, deren bewaffneten Arm die Guardia Ludowa (Volksgarde) bildete, die sich ab 1944 in Armia Ludowa (Volksarmee) umbenannte. Die Kommunisten waren allerdings schon im Vorkriegs-Polen massiv verfolgt worden, sie bildeten nur eine Minderheit innerhalb des politischen Spektrums in Polen und verfügten meist selbst nur über wenige Waffen.[10]

Angesichts des traditionellen Antisemitismus in großen Teilen der polnischen Bevölkerung, der antisemitischen Tendenzen in der polnischen Widerstandsbewegung und der relativ schwachen Kräfte der fortschrittlichen und nicht oder nicht mehrheitlich antisemitischen Parteien und Organisationen blieb der jüdische Widerstand in Polen weitgehend auf sich gestellt. Die Vernichtungspolitik der deutschen Besatzer ließ ihm keine Zeit, auf die Alliierten oder einen Zusammenbruch der Wehrmacht zu warten. Der Kommandant des Bialystoker Ghettoaufstands, Mordechai Tennenbaum, versuchte – vergeblich –,

Vertretern des polnischen Widerstands, die er bereits mehrfach um Waffen für den Ghettountergrund gebeten hatte, die Lage der jüdischen Widerständler zu verdeutlichen. In einem Brief vom 2. April 1943 schrieb er an das »Direktorat für zivilen Widerstand« in Bialystok: »Ein entschlossener Pole kann seinem Land auf andere Weise dienen: Er kann immer noch warten, bis der Tag kommt, an dem die Regierung der Republik die Anweisung (zum Handeln, Anm. d. Verf.) gibt. Wir können nicht warten. Jeder Tag kann für uns den Abtransport zur Hinrichtung bedeuten. Wir müssen sofort handeln.«[11]

Die Ermordung der jüdischen Bevölkerung gehörte zu den primären Interessen der deutschen Besatzungspolitik in Polen. In einer ersten Phase – nach der Kennzeichnung und Enteignung – sollten die Juden im deutsch besetzten Teil Polens durch Hunger und Krankheiten getötet werden. Die Lebensbedingungen in den großen Ghettos wie Warschau und Lodz waren darauf ausgerichtet, eine im Wortsinne tödliche Verelendung der Bewohnerinnen und Bewohner zu erzeugen. In den nach dem Überfall auf die Sowjetunion im Juni 1941 eroberten ostpolnischen Gebieten und baltischen Ländern ermordeten Einsatzgruppen und Polizeibataillone in den ersten Tagen der Besatzung vor allem jüdische Männer und Knaben zu Hunderttausenden durch Erschießen oder indem sie sie in den Synagogen lebendigen Leibes verbrannten. Anfang September 1941 fanden in Auschwitz die ersten Versuche, Menschen durch Zyklon B zu ermorden, an sowjetischen Kriegsgefangenen statt. Drei Monate später wurde das Lager Chelmno in Betrieb genommen, in dem erstmals Menschen systematisch mit Gas ermordet wurden. Es folgten die Vernichtungslager Belzec, Treblinka, Majdanek und Auschwitz-Birkenau. Im Laufe des Jahres 1943 liquidierten die Besatzer bis auf Lodz alle Ghettos in Polen. Insgesamt wurden von den Deutschen an die drei Millionen polnische jüdische Frauen, Männer und Kinder ermordet.[12]

Der Zensus von 1931 zählte 3 136 000 jüdische Einwohner in Polen, das waren knapp zehn Prozent der Gesamtbevölkerung.[13] Joseph Marcus stellt in seiner Studie über die soziale und politische Geschichte der polnischen Juden in der Zwischenkriegszeit fest, daß, gemessen an westlichen Standards, der durchschnittliche Jude in Polen »ein armer Mann« war.[14] 39 Prozent der polnischen Juden lebten in Ostpolen, einer der ärmsten Regionen Europas.[15] Armut und Antisemitismus zwangen Generationen polnischer Jüdinnen und Juden zur Emigration. Vor dem Ersten Weltkrieg hatten jährlich zwischen 50 000 und 60 000 Juden Polen verlassen; zwischen 1921 und 1930 emigrierten circa 26000 pro Jahr.[16] Seit dem letzten Viertel des 19. Jahrhunderts fand gleichzeitig eine Wanderungsbewegung vom Land in die Städte statt: So stieg die Warschauer jüdische Bevölkerung zwischen 1856 und 1897 von 41000 auf 219000 an. Gleichzeitig wurden die insgesamt stark anwachsenden Städte von der Regierung vernachlässigt, die weder den Wohnungsbau noch den Ausbau der benötigten Infrastruktur ausreichend förderte.[17] 1931 lebten 76 Prozent der jüdischen Bevölkerung in Städten. Im Vergleich dazu: 74 Prozent der nichtjüdischen polnischen Bevölkerung lebten in Dörfern. Juden machten somit fast ein Drittel der städtischen Bevölkerung aus.[18] Sie lebten zu einem großen Teil unter elenden Bedingungen. Viele Wohnhäuser waren noch aus Holz und nicht ausreichend gegen Kälte und Feuchtigkeit geschützt. Zehn Prozent aller städtischen Wohnungen lagen in Kellern und auf Dachböden, in Teilen des Hauses also, die nicht als Wohnraum vorgesehen waren. In 62 Prozent aller städtischen Wohnungen gab es 1931 keine Elektrizität, gut 92 Prozent hatten kein Gas, 84 Prozent kein fließendes Wasser, 87 Prozent keinen Anschluß an die Kanalisation, und nur 6,5 Prozent aller städtischen Wohnungen verfügten über eine Innentoilette.[19]

Nach dem Zensus von 1931 waren circa 45 Prozent der erwerbstätigen Jüdinnen und Juden in Polen in der Industrie beschäftigt und knapp 40 Prozent in der Sparte Handel und Versicherungen. Dem Proletariat gehörten etwa 40 Prozent aller erwerbstätigen Jüdinnen und Juden an, Selbständige ohne lohnabhängige Beschäftigte machten knapp 60 Prozent aus.[20] Angesichts der Kategorien des Zensus ist allerdings eine genauere Definition erforderlich: Zu den »Selbständigen« gehörte auch die Streichholzverkäuferin und zum »Handelssektor« der Lumpensammler. Letztere stellten die Mehrheit, weit vor den Fabrikbesitzern und Großhändlern.[21] 1929 lebte die Hälfte der jüdischen Bevölkerung am oder unter dem Existenzminimum.[22] 1931 waren 29,2 Prozent der jüdischen Erwerbstätigen arbeitslos (im Vergleich zu 21,1 Prozent der nichtjüdischen Polen).[23] Der Antisemitismus in der polnischen Gesellschaft, der nicht nur in der Regierung virulent war, sondern auch in den Gewerkschaften, trug entscheidend zur beruflichen Chancenlosigkeit eines großen Teils der jüdischen Bevölkerung bei. Jüdinnen und Juden konnten de facto weder in der städtischen Verwaltung noch als Lehrerin, weder als Polizist noch als Postbedienstete arbeiten. Auch viele Branchen der Industrie waren ihnen versperrt, und ihr Zugang zu den Universitäten war durch einen Numerus clausus geregelt. Wo der nicht ausreichte, veranstalteten nationalistische polnische Studenten Prügeleien und antijüdische Kundgebungen.[24] Die Lage der jüdischen Bevölkerung, deren Rechte bereits unter Marschall Pilsudski erheblich eingeschränkt worden waren, verschlechterte sich nach dessen Tod 1935 noch weiter. In dem autoritären Regime, das nun die Macht innehatte, gehörte der Antisemitismus zum Regierungsprogramm.[25] 1935 und 1936 kam es in Grodno und einigen anderen Städten zu Pogromen, die eine neue Auswanderungswelle zur Folge hatten.[26]

Die aus den Statistiken gewonnene Vorstellung von der Alltagsrealität der Mehrheit der polnischen Jüdinnen und Juden korrigiert das eher romantische Bild, das ein Teil der jiddischen Erzählungen und Lieder malt. Es gibt jedoch die gelebte Realität nicht adäquat wieder. Denn diese Bevölkerung pflegte auch ein reges gesellschaftliches, kulturelles, religiöses und politisches Leben. Chaika Grossman beschreibt in ihrem autobiographischen Bericht »Die Untergrundarmee« ihre Heimatstadt Bialystok, eine große Textilstadt im Nordosten Polens: »Da war das Zentrum, wo der Stadtturm gestanden hatte – das Herz einer Bevölkerung von 120000 Menschen, die Hälfte von ihnen Juden. (…) In diesen gewundenen, engen und schmutzigen Straßen hatten die unterdrückten und armen Juden gelebt. In diesen Straßen war der jüdische Widerstand geboren worden. Hier hatte 1905 das Herz der jüdischen Selbstverteidigung geschlagen. Hier waren der Bund und die russischen sozialdemokratischen Parteien entstanden. Als sich die zionistische sozialistische Bewegung entwickelte, hatte auch sie in diesen Straßen Einzug gehalten. Mitten in diesem Gassengewirr lag ein kleiner Platz, und auf diesem Platz stand eine Synagoge, die dem ganzen seltsamen Labyrinth den Namen gegeben hatte: ›der Schulhoif‹. (…) Hier hatte es einfach alles gegeben: große und kleine Läden, Hausierer, Fuhrleute, Handwerker, ›Cheder Melameds‹ (Lehrer, die den kleinen Jungen Religion und Hebräisch beibrachten, Anm. d. Verf.), Gelehrte, Chassidim und Misnagdim (die orthodoxen Gegner der Chassidim, Anm. d. Verf.), Revolutionäre und Kleinbürger. In diesen kleinen Gassen hat es schon einen jüdischen Markt gegeben, bevor die Stadt überhaupt gebaut worden war.«[27]

Die Mehrheit der jüdischen Wählerinnen und Wähler im Polen der 30er Jahre tendierte zu liberalen und linken Parteien. Der Bund, die sozialistische jüdische Arbeiterpartei, gewann bei den Wahlen von 1938 die meisten Stimmen in der jüdischen Bevölkerung (circa 40 Prozent).[28] Reuben Ainsztein schätzt in seiner Studie über den jüdischen Widerstand in Osteuropa, daß in den 30er Jahren etwa 40 Prozent aller polnischen Juden mit dem Zionismus sympathisierten[29], dessen Parteienspektrum von den Allgemeinen Zionisten über die religiöse Misrahi, die beiden Arbeiterparteien (linksliberale) Rechte Poale Zion und (linke) Linke Poale Zion bis zu den (rechten) Revisionisten reichte. Eine wichtige Rolle im zionistischen Spektrum spielten die diversen Jugendbewegungen, von den linken Organisationen Dror und Haschomer Hazair über die liberalen Bewegungen Akiba und Hanoar Hazioni bis zur revisionistischen Betar.[30] 20 Prozent der polnischen Juden rechneten sich in den 30er Jahren dem streng religiösen Lager zu.[31] (Im Gegensatz zu den frühen 20er Jahren, in denen die religiösen Parteien der Orthodoxen die Mehrheit der jüdischen Stimmen bei den polnischen Kommunalwahlen gewannen.[32]) Die Kommunistische Partei Polens zählte Anfang der 30er Jahre zwischen 35 und 24 Prozent jüdische Mitglieder. In Warschau war ihre Zahl sehr viel höher, 1937, ein Jahr vor der Auflösung der Partei durch die Komintern, lag der Anteil der jüdischen Parteimitglieder in der Hauptstadt bei 65 Prozent.[33] Insgesamt jedoch war die polnische KP eine Minderheitenpartei. Obwohl der Anteil der jüdischen Parteimitglieder hoch war, waren nur fünf Prozent der polnischen Jüdinnen und Juden Parteimitglied.[34]

Über das Leben, die Arbeit, den Alltag der jüdischen Frauen im Zwischenkriegs-Polen geben die herkömmlichen historischen Studien keine Auskunft.[35] Es ist deshalb nur möglich, aus den »allgemeinen« Informationen, der Memoirenliteratur und den Auskünften von Interviewpartnerinnen Rückschlüsse zu ziehen. Die Rückständigkeit der Wohnungen, der Mangel an Elektrizität und sanitären Einrichtungen legen nahe, daß die Hausarbeit schwer und umständlich war und viel Zeit in Anspruch nahm. In der Mehrheit der Haushalte wurden die Speisegesetze befolgt, was den Arbeitsaufwand noch erhöhte. Viele Ehefrauen und Töchter halfen im Handwerksbetrieb oder Geschäft mit, wurden aber statistisch nicht als Erwerbstätige erfaßt. Viele Frauen brachten die Familie durch Heimarbeit durch, und auch ihr Beitrag zum Familieneinkommen wurde vermutlich auf Grund der antisemitischen Steuergesetze nicht immer gemeldet.[36] Chasia Bielicka berichtet über ihre Mutter: »Sie hat für das Haus gesorgt, sie hat alles allein gemacht. Sie hat sehr schwer gearbeitet. Außer dem Haushalt hat Mutter noch dem Vater im Geschäft geholfen. Sie hat nie verlangt, daß wir etwas machen, sie wollte nur, daß wir lernen und dann spielen gehen, daß wir uns ein schönes Leben machen. Nur Einkaufen hat sie uns manchmal geschickt, das haben wir gerne gemacht. Oder vor Pessach, wenn man das ganze Hause putzt, da haben wir gerne geholfen, denn das war schön, das hat uns Spaß gemacht. Sie hat nicht nur für ihre eigene Familie gesorgt, sondern allen Leuten, die Hunger hatten, hat sie einen Teller mit einer kleinen Serviette gebracht. Wir waren nicht reich, aber wir haben zu essen gehabt. Als meine Tante starb, hat meine Mutter ihre zwei Kinder zu uns genommen, sie haben bei uns gelebt. Bei uns lebte auch die Schwester von meinem Vater. Meine Mutter hat sehr dafür gesorgt, daß alles sauber und ästhetisch war. Ich erinnere mich, wenn sie fertig war mit der Hausarbeit, und die war damals nicht so leicht wie heute, wir haben mit Holz und Kohle gekocht, dann mußten die Töpfe glänzen. Sie hat dagesessen und sie auf Hochglanz poliert. So um fünf, sechs Uhr abends ist sie draußen gesessen, auf der kleinen Bank, und hat gestickt oder Pullover für uns gestrickt. Sie war wie eine Ameise, sie hat immer gearbeitet.«[37]

Im ersten Drittel des Jahrhunderts fand ein deutlicher Wandel im Selbstbild und Verhalten jüdischer Frauen in Polen statt. Die Revolutionen von 1905 und 1917 trugen sicher dazu bei, die allgemeine Aufbruchsstimmung, von der sie getragen wurden, wirkte sich auch auf die Frauen aus. Frauen hatten bei den russischen Anarchisten und Sozialrevolutionären eine prominente Rolle gespielt, Frauen standen auch in den vorderen Linien der sozialistischen Parteien, und nicht wenige dieser Frauen waren, wie Rosa Luxemburg, Jüdinnen. Wie weit die Frauenbewegung der westeuropäischen Länder Einfluß auf die Jüdinnen in Osteuropa hatte, ist eine Frage, die es wert wäre, untersucht zu werden. Bertha Pappenheim, die Gründerin und langjährige Vorsitzende des Bundes Jüdischer Frauen Deutschlands, traf auf ihren Reisen nach Galizien um die Jahrhundertwende und in den 20er Jahren auf einzelne Gleichgesinnte, beklagte sich jedoch generell darüber, daß sie mit ihrem Anliegen – dem Kampf gegen den Mädchenhandel im speziellen und die Emanzipation der ostjüdischen Frauen im allgemeinen – auch unter den weiblichen Gemeindemitgliedern auf taube Ohren stieß.[38]

Arnold Zweig, der als Soldat im Ersten Weltkrieg in Litauen stationiert war und dort sein deutsch-jüdisches Ressentiment gegen das angeblich primitive Ostjudentum revidierte, konstatierte eine Politisierung der jungen Frauen, die ihn beeindruckte. Die Gymnasiastin, die sich am heldinnenhaft-romantischen Vorbild der »sozialistischen Studentinnen« orientierte[39], entzog sich, nimmt der Schriftsteller an, dem Los der verheirateten Frau, das er wie folgt beschreibt: »Die Welt der Bücher gibt es nicht mehr; die Welt des Glaubens ist praktisch geworden und Speisegesetz; die Pflege der Kinder hat sie gelernt, als sie selbst noch Kind war und das Jüngste zu tragen und zu versorgen hatte.«[40]

Esther Kreitmann beschreibt in ihrem autobiographischen Roman »Deborah – Narren tanzen im Ghetto«[41] die Entwicklung eines Mädchens, das im Schtetl aufwächst, später mit Eltern und Bruder nach Warschau zieht und schließlich an einen Mann verheiratet wird, der nach Belgien emigriert ist und mit dem sie eine unglückliche Ehe führt. Esther Kreitmann wurde 1891 als Esther Singer in Bilgorai geboren. Ihr Vater war Rabbiner, der bekannte Schriftsteller Isaac B. Singer war einer ihrer drei Brüder. Esther Singer-Kreitmanns Leben ähnelte sehr stark dem ihrer Romanheldin Deborah. Sie schrieb das Buch auf jiddisch in London, 1936 wurde es in Warschau veröffentlicht. »Deborah« ist eines der wenigen authentischen Lebenszeugnisse einer Frau aus dem orthodoxen Milieu der ersten Jahrzehnte dieses Jahrhunderts in Polen.

Was Arnold Zweig von außen beobachtete, beschreibt Esther Singer-Kreitmann von innen: Auf die Frage der Tochter, »was werde ich einmal werden?«, antwortet der Vater, Reb Avram Ber, irritiert: »Was du eines Tages wirst? Nichts, natürlich!«[42] Deborah weiß, daß sie dazu bestimmt ist, eines Tages einen Mann zu heiraten, den die Eltern, wahrscheinlich mit Hilfe eines Heiratsvermittlers, für sie aussuchen, diesem Mann zu dienen und ihre gemeinsamen Kinder großzuziehen. Doch sie kann sich damit nicht abfinden. Und sie weiß, daß nicht alle Frauen zu stummen Dienerinnen ihres Herrn werden: »(...) es gab Ausnahmen, wie ihre eigene Mutter Reisele, die sehr gebildet war, eine wahre Dame und so klug wie jeder Mann. Reisele war nicht nur die Rebezen (Frau des Rabbiners, Anm. d. Verf.), sondern auch Privatsekretärin von Reb Avram Ber. Wenn es galt, einen verwickelten Streitfall zu erledigen, so war es die Arbeit von der Rebezen, von Reisele, und sie hatte, liegend auf der Couch, eine kränkliche dürre Frau, nie geruht, bis ihr scharfer Verstand das passende Wort für ihn gefunden hatte. Und sie war doch auch einmal ein Mädchen gewesen. Ganz sicherlich, tief in seinem Herzen war Reb Avram Ber nicht einverstanden mit der Gelehrsamkeit seiner Frau. Er dachte, es sei falsch für eine Frau, viel zu wissen, und er war entschlossen, dafür zu sorgen, daß dieser Fehler sich bei Deborah nicht wiederholte.«[43]

Die Familie von Reb Avram Ber verläßt schließlich die Kleinstadt und zieht nach Warschau. Hier lernt Deborah, die als leidenschaftliche Leserin schon im Schtetl mit revolutionärer Literatur in Berührung gekommen ist, die junge Sozialistin Bailke kennen, die sie für »die Partei« gewinnt (die im Roman nicht näher spezifiziert wird): »Bailke wohnte in einem winzigen Zimmer, das ärmlich möbliert, aber peinlich sauber war. Es hatte ein Fenster und einen kleinen, rechteckigen Tisch, auf dem ein roter Stoff lag. Sie bat Deborah, sich auf das Bett zu setzen, weil der einzige Stuhl ›sich nicht wohl fühlte heute‹. Sie lachten beide ausgiebig auf Kosten des armen zerbrochenen Stuhles, dann beschäftigte sich Bailke mit dem Gaskocher. Sie schüttete Tee ein und setzte sich zu Deborah auf das Bett. Während sie den Tee schlürfte, erzählte Bailke ihr mehr über die Partei, das Programm und die Mittel, die sie einsetzten, ihr hochgestecktes Ziel zu erreichen.« Deborah saugt all dies und die Lektüre, die Bailke ihr verschafft, in sich auf: »Sie war erfüllt von leidenschaftlichem Haß auf den Feind, einem überwältigenden Verlangen nach Vergeltung und von Liebe und Begeisterung für jene Männer und Frauen, die kämpften und so bitter litten … Als sie aufgehört hatte zu lesen, fühlte sie, daß es undenkbar war für sie, ihr gegenwärtiges nutzloses Leben weiterzuführen; es war unmöglich, gleichgültig zu bleiben.«[44]

Wenn Bailke über Parteimitglieder spricht, erzählt sie stets von Genossen *und* Genossinnen, Frauen *und* Männern. Auch die Bücher, die sie Deborah zu lesen gibt, handeln von revolutionären Heldinnen und Helden. So stehen die »natürliche« Bestimmung der Frau, das »selbstverständliche« künftige Schicksal des jungen Mädchens und die Existenz offenbar zahlreicher Revolutionärinnen, die dieses Schicksal verweigert haben, unvermittelt nebeneinander. Esther Kreitmann läßt in »Deborah« die Träume ihrer Protagonistin scheitern, die realen Frauen in dem Roman führen letztlich ein reales Frauenleben, mit dem sie sich jedoch innerlich nicht mehr abfinden und das sie unzufrieden und unglücklich macht. Die Revolutionärinnen gibt es aber dennoch, sowohl in der Realität als auch im Roman, in dem Bailke Deborah versichert: »Wir haben auch (…) ältere Frauen.«[45] Der Ausbruch aus dem vorgegebenen Schicksal ist also nicht nur jungen Mädchen vorbehalten, und er muß nicht unbedingt mit der Eheschließung enden.

Das Leben der durchschnittlichen jüdischen Frau in Polen lag vermutlich zwischen den Extremen. Viele der von mir interviewten ehemaligen Widerstandskämpferinnen, die in Polen gelebt hatten oder als Kinder polnischer Emigranten in Frankreich, Belgien oder den Niederlanden aufwuchsen, schildern ihre Mütter, unabhängig von der sozialen Schicht, als kluge, politisch und kulturell interessierte

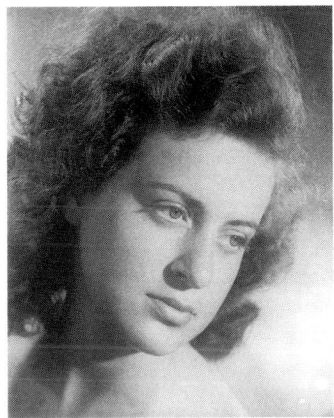

Rahel Cheigham im Mai 1944 in Nizza
(Privatbesitz)

Ruth Usrad nach der Befreiung in
Grenoble (Privatbesitz)

Frida Wattenberg bei ihrer Bat Mizwa im
Juni 1936 (Privatbesitz)

Vivette Samuel im September 1942
(Privatbesitz)

Frida Wattenberg (zweite von rechts) mit vier Kameradinnen aus dem jüdischen Widerstand. Das Foto wurde im Herbst 1943 in Grenoble aufgenommen. (Privatbesitz)

Dina Krischer kurz nach der Befreiung in
Lyon (Archiv Henri Krischer)

Mira Kugler in den frühen vierziger
Jahren in Lyon (Archiv Henri Krischer)

Catherine Varlin 1943 in Toulouse

Ida Rubinstein in Toulouse 1943

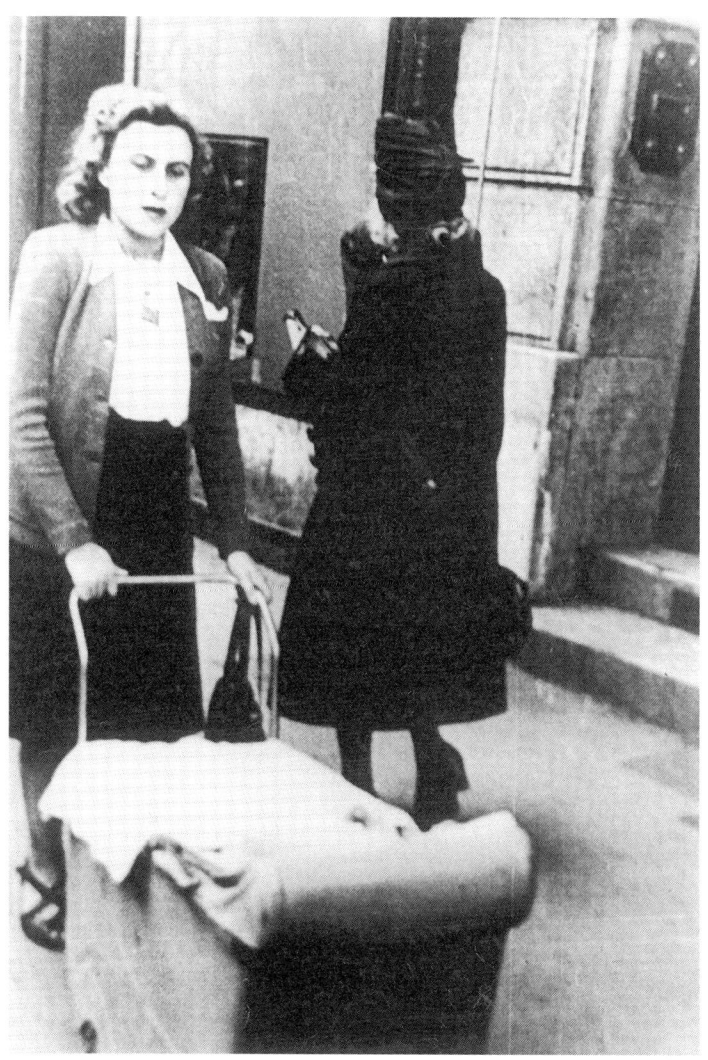

Hélène Taich, Marseille, transportiert Waffen in ihrem Kinderwagen (Privatbesitz)

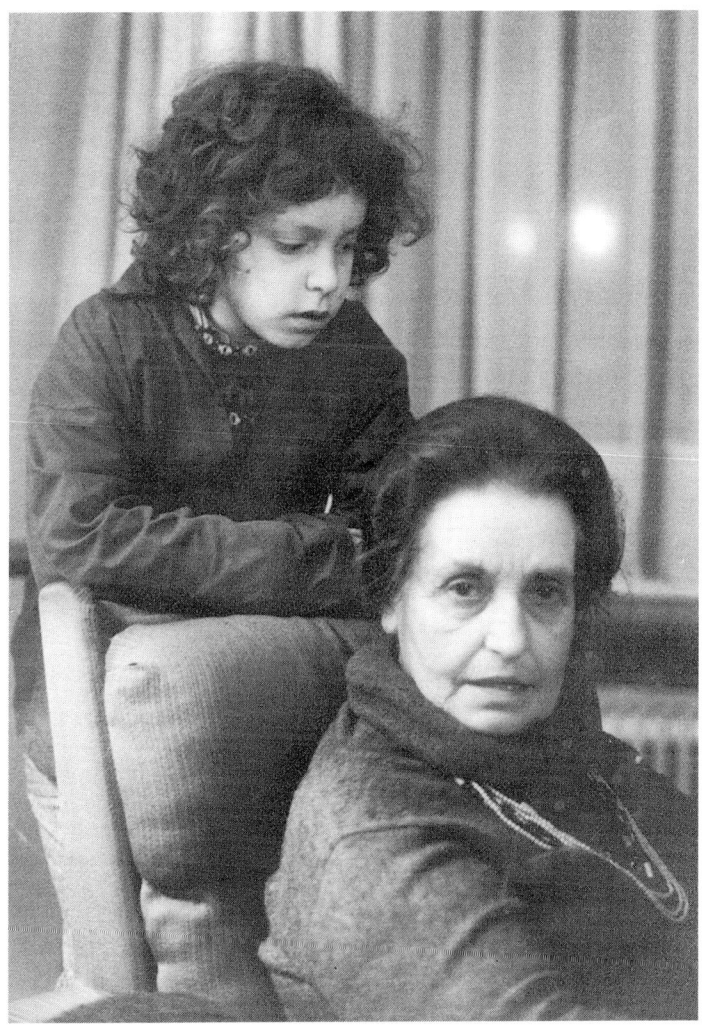

Nach dem Krieg fand Yvonne Jospa ihren Sohn wieder, der in einem Versteck
überlebt hatte

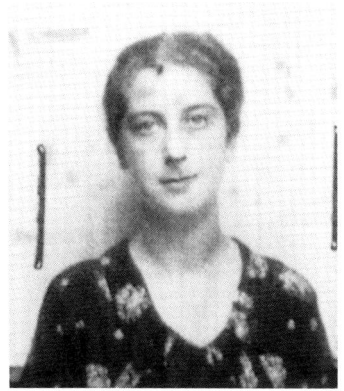

Die gefälschte Identitätskarte von Régine
Orfinger (Privatbesitz)

Sarah Goldberg nach ihrer Befreiung aus
dem Lager (Privatbesitz)

Dieses Foto verwendete Virginia Cohen
für ihren gefälschten Ausweis
(Privatbesitz)

Sieny Cohen in den frühen vierziger
Jahren in Amsterdam (Privatbesitz)

Eva Besnyö war nicht nur Fotografin, sondern auch ein beliebtes Modell für ihre Kollegen, wie hier 1938 für Wim Brusse (Privatbesitz)

Uschi Rubinstein in den frühen vierziger Jahren in Amsterdam (Privatbesitz)

Chaika Grossman auf einer Konferenz in London nach der Befreiung (Privatbesitz)

Liza Czapnik, Chasia Bielicka und Anja Rud (v.l.n.r.) nach der Befreiung von Białystok. Sie bekommen gerade einen Orden für ihre Verdienste als Partisaninnen verliehen. (Privatbesitz)

Partisaninnen aus Wilna (v.l.n.r.): Vitka Kempner, Roza Korczak und Zelda Treger
(Archiv Moreshet)

Personen, die ihre Töchter ermutigten, zu lernen und zu selbständigen Menschen zu werden. Häufig wird die Mutter als diejenige beschrieben, die zwar, wie der Vater, fromm war, aber dabei nicht allzu streng. Sei es, daß sie selbst keinen Scheitel trug (die Perücke der orthodoxen Frauen), sei es, daß sie den Kindern erlaubte, Regeln zu brechen. Das von der Mutter bestimmte religiöse Leben zu Hause wird von den meisten Frauen, auch wenn sie selbst schon lange den Glauben abgelegt haben, eher als etwas Lustvolles, Freudiges, Feierliches beschrieben. Insgesamt entsprechen die Mütter, an die sich die ehemaligen Widerstandskämpferinnen erinnern, ebensowenig dem Klischee wie die Rebezen Reisele in Esther Kreitmanns autobiographischem Roman.

Hela Szyper, die aus einer religiösen Familie kommt und deren Großväter mütterlicherseits wie väterlicherseits Chassidim waren, erinnert sich:»Meine Mutter arbeitete in der kleinen Wohnung, an der Strickmaschine, sie machte Pullover und viele Kindersachen, Mützen, Schals, alles mögliche, sehr schön. Sie hat auch die Aufträge angenommen und die Geschäfte geführt. Unser Haus war glatt koscher, und ich wurde fromm erzogen. Meine Mutter trug den Scheitel, und alles drehte sich um den Schabbat und die Feiertage. Ich habe das sehr gern gehabt. Wir hatten immer eine große Sukka (Laubhütte, Anm. d. Verf.), das war sehr schön.«[46] Masza Putermilch beschreibt ihre Mutter als verständnisvolle und sozial engagierte Frau:»Heute würde man sie vielleicht als Sozialarbeiterin bezeichnen, sie hat so vielen Menschen geholfen. Meine Freundinnen und Kameraden haben oft bei uns gegessen und sogar übernachtet. Meine Mutter hat mir den sozialistischen Geist vermittelt, damit bin ich aufgewachsen. Mein Vater war ein wunderbarer guter Mensch, aber zu Hause und mit uns Kindern hat er sich ganz auf Mutter verlassen.« Ihre Mutter, erzählt Masza Putermilch, wollte seit der russischen Revolution Revolutionärin werden. Sie wurde dann Aktivistin des Bund und schloß sich im Ghetto dem Widerstand an.[47] Chava Raban wiederum sagt von ihren Eltern:»Mein Vater war religiös traditionell, er legte jeden Morgen die Teffilin (Gebetsriemen, Anm. d. Verf.) an. Meine Mutter war viel freier, sie war offen, sowohl politisch als auch in bezug auf soziale Bewegungen. In gewissem Sinne diente mir meine Mutter als Vorbild dafür, modernen Ideen und Ideologien offen gegenüberzustehen.«[48] Chasia Bielicka erinnert sich:»Meine Mutter war fromm, aber nicht übertrieben. Sie hat keinen Scheitel getragen und ist nur zu den Feiertagen in die Synagoge gegangen. Wir haben den Schabbat gehalten und alle Feiertage. Wir haben ein koscheres Haus gehabt. Wir Kinder waren nicht mehr fromm. Aber wir haben Mutter so sehr dafür geachtet, daß sie uns unser Leben hat leben lassen, daß wir zu Hause nie ein Fleischmesser für die Butter verwendet hätten.«[49]

Joseph Marcus verweist auf die wiederholten Klagen der Reformer, die Geburtenrate unter den Juden gehe in erschreckendem Ausmaß zurück. Marcus betont, daß diese Behauptung durch das vorliegende statistische Material nicht gestützt werden könne. Soweit aber dennoch ein Absinken der Geburtenziffer unter der jüdischen Bevölkerung zu beobachten sei, führt Marcus dies ausschließlich darauf zurück, daß es nach dem Zensus von 1931 in der Altersgruppe der 15- bis 44jährigen wesentlich mehr unverheiratete Frauen als Männer gab.[50] Er untersucht außerdem den Zusammenhang zwischen Religion und Geburtenrate und zwischen Armut und Geburtenrate, ohne jedoch je auf die nicht unbedeutende Rolle einzugehen, die Frauen beim Zustandekommen der Geburtenrate spielen. Die Kombination aus ärmlichen Wohnbedingungen in den Städten, in denen die überwiegende Mehrheit der Juden lebte, zunehmender Arbeitslosigkeit, zunehmendem Antisemitismus und einem sich verändernden Rollenbild mag Frauen veranlaßt haben, weniger Kinder zu bekommen. Die ehemaligen polnischen jüdischen Widerstandskämpferinnen, die ich mittels Interviews und Fragebögen befragt habe, stammen weitgehend aus Familien mit zwei, manchmal drei, maximal vier Kindern. Und dies unabhängig davon, ob ihre Eltern religiös waren oder nicht.

Die meisten der von mir befragten Frauen besuchten eine höhere Schule, und wenn das nicht der Fall war, lag der Grund dafür darin, daß die Eltern sich eine Ausbildung finanziell nicht leisten konnten. Daß auch ein Mädchen eine Schul- und Berufsausbildung genießen sollte, scheint Konsens gewesen zu sein.[51] Daß diese Haltung selbst in frommen Bevölkerungskreisen zunahm, zeigt die bis 1939 stetig ansteigende Zahl der Beth-Jakob-Schulen. Diese religiösen Mädchenschulen waren 1917 von Sarah Schenirer gegründet worden, einer Schneiderin aus Krakau, die als Tochter einer orthodoxen Familie keine Ausbildung erhalten hatte. Sie eignete sich selbst schulisches und religiöses Wissen an und gab ihre neuerworbenen Kenntnisse dann an andere Mädchen weiter. Als die Zahl der interessierten Mädchen den privaten Rahmen sprengte, richtete sie die erste, Beth-Jakob genannte, Schule für orthodoxe Mädchen ein. 1925 wurde das Beth-Jakob-Lehrerinnenseminar eröffnet, 1929 gab es in ganz Polen bereits 147 Beth-Jakob-Schulen, die von über 16 000 Schülerinnen besucht wurden. Finanziert wurden die Schulen durch die religiöse Agudat Israel Partei und das American Joint Distribution Committee.[52] 1934 stieg die Schülerinnenzahl auf 30 938.[53]

In den Jugendorganisationen der linken Parteien und in den links-zionistischen Jugendbewegungen herrschte nach Auskunft aller von mir befragten ehemaligen Mitglieder Gleichberechtigung zwischen den Geschlechtern. »Über die Frauenemanzipation haben wir nicht diskutiert, das war für uns selbstverständlich, bei uns gab es da keine Unterschiede.«: Diese Meinung vertreten gleichlautend Frauen, die in Dror, Haschomer Hazair, dem Komsomol und dem Bund organisiert waren.[54] Einzelne, wie Anja Rud in Grodno, gingen darüber hinaus. Sie interessierte sich für »die Frauenfrage« und suchte nach einschlä-giger Lektüre.[55] Die vom Bund inspirierten CISZO-Schulen (Centrale Jiddische Schul Organisatie), in denen die Schülerzahl im Schuljahr 1934/35 über 15 000 betrug, wurden zu zwei Dritteln von Mädchen besucht. Sie waren koedukativ, wie die zionistisch orientierten hebrä-isch-sprachigen Tarbut-Schulen, die im selben Schuljahr über 43 000 Schülerinnen und Schüler zählten.[56] Für das Schuljahr 1927/28 listet Miriam Eisenstein in ihrer Untersuchung über jüdische Schulen im Zwischenkriegs-Polen die Zahlen nach Geschlechtern auf. Demnach waren von 1861 Kindern, die Tarbut-Kindergärten besuchten, 997 Mädchen und 864 Jungen; von den 17 649 Besuchern der Tarbut-Grundschulen 8415 Mädchen und 9234 Jungen; und auf die Tarbut-Gymnasien gingen in diesem Schuljahr 1467 Schülerinnen und 2497 Schüler (insgesamt 3964).[57] Während im Kindergarten die Mädchen stärker als die Jungen vertreten sind, bilden letztere auf dem Gymna-sium eindeutig die Mehrheit. Dennoch ist die Zahl der Schülerinnen für eine private Eliteschule relativ hoch.

II

Im jüdischen Widerstand in Polen spielten Frauen eine quantitativ wie qualitativ bedeutende Rolle. Sie gehörten zu den Gründungs- und Führungsmitgliedern der Widerstandsbewegungen, und sie stellten einen beachtlichen Teil der Kämpferinnen. Historiker des jüdischen Widerstands in Polen, die selbst Widerstandskämpfer waren oder der Generation der Überlebenden angehören, nennen stets Namen und Funktionen der Frauen und äußern sich auch gelegentlich zu deren Bedeutung.[58] Wenn derart die Fakten gewürdigt werden, zeigt sich doch in der Analyse ein mangelndes Interesse an geschlechtsspezifischen Themen. So findet sich zum Beispiel in dem Sammelband über die Zionistischen Jugendbewegungen während der Shoa[59], der die wichtigsten neueren Forschungsergebnisse zu diesem Thema präsentiert, kein einziger Aufsatz zum Thema Mädchen und Frauen in den Jugendbewegungen. Zwar zitiert Yehoyakim Cochavi in seinem Aufsatz über das Motiv der »Ehre« im jüdischen Widerstand[60] häufig Frauen an prominenter Stelle, und Israel Gutman erwähnt, wie auch sonst in seinen Werken, die weiblichen Führungskader des Ghettountergrunds.[61] Doch in keinem der Texte wird etwas darüber ausgesagt, welche Rolle die Geschlechterfrage, die Gleichberechtigung der Frauen, die Koedukation etc. in den zionistischen Jugendbewegungen spielten, oder wie es dazu kam, daß so viele in der zionistischen Jugend organisierte junge Frauen und Mädchen im Widerstand aktiv waren.

In den von Überlebenden nach der Befreiung verfaßten (Rechenschafts-)Berichten und in der Memoirenliteratur wird die Rolle, die Frauen und Mädchen im Widerstand spielten, von den meisten männlichen Autoren gewürdigt, wo nicht explizit, da doch implizit, indem Widerständlerinnen zumindest namentlich erwähnt werden.[62] In den von ehemaligen Widerstandskämpferinnen verfaßten Texten spielen Frauen eine überragende Rolle. Die meisten Autorinnen von Tagebüchern, Rechenschaftsberichten oder kurz nach dem Krieg verfaßten Erinnerungen beziehen sich in allen Aspekten ihrer Berichte immer wieder auf andere Frauen. Dies gilt für so unterschiedliche Autorinnen wie Chaika Grossman, Dora Goldkorn und Zivia Lubetkin, die jeweils anderen Organisationen angehörten, gleichermaßen.[63] Auch Gusta Drenger-Dawidson bezieht sich in ihrem »Tagebuch der Justyna« häufig auf ihre Kameradinnen, vor allem, wenn es um gegenseitigen Trost, Unterstützung und praktisches Handeln geht. Die Entscheidungen treffen in »Justynas« Bericht über den Krakauer jüdischen Widerstand allerdings, im Gegensatz zu den Darstellungen der oben genannten Autorinnen, stets die männlichen Führungskader. Deren Kameradinnen werden sogar des Zimmers verwiesen, wenn die Männer über eine Entscheidung beraten. »Justyna« (Gusta Drenger-Dawidson) kritisiert dieses Verhalten erst, beruhigt sich dann aber mit der Überlegung, daß einer der vier Männer über quasi »weibliche« Qualitäten verfüge, was für sie heißt, daß er nicht nur ideologisch, sondern auch an das Leben der ihm anvertrauten jungen Männer denkt.[64]

Die vom Club der polnischen Juden 1954 in New York herausgegebene Quellenanthologie über das Warschauer Ghetto,»Martyrs and Fighters« (Märtyrer und Kämpfer), dokumentiert Texte aus vier längeren schriftlichen Berichten, die weibliche Überlebende im Ghetto oder kurz nach der Befreiung verfaßten.[65] Anfang der 50er Jahre lagen außerdem der autobiographische Bericht von Chaika Grossman,»Die Untergrundarmee«, der größte Teil des»Tagebuchs der Justyna«, Dora Goldkorns»Erinnerungen an den Aufstand im Warschauer Ghetto«, Roszka Korczaks Berichte über den Kampf der jüdischen Partisanen in Litauen und eine Sammlung von Interviews, die Marie Syrkin, eine amerikanische Journalistin, mit überlebenden jüdischen Widerstandskämpferinnen in Palästina geführt hatte, vor.[66] Dies ist eine einmalige Quellenlage: Zu keinem anderen deutsch besetzten Land liegen so viele von beteiligten Frauen während des Krieges oder kurz nach Kriegsende verfaßte schriftliche Zeugnisse über den jüdischen Widerstand vor. Diese Tatsache mag mit dazu beigetragen haben, daß in den auf»Martyrs and Fighters« folgenden Anthologien und Einzelpublikationen zum Thema stets mehrere weibliche Führungs- und einfache Mitglieder des jüdischen Widerstands nicht nur genannt, sondern auch mit biographischen Hinweisen ausgestattet werden. Die»Biographischen Anmerkungen« im Anhang der 1962 in New York erschienenen Anthologie»The Fighting Ghettos« (Die kämpfenden Ghettos) präsentiert unter 210 jüdischen Widerstandskämpfern in Polen 47 Frauen, das sind gut 22 Prozent, also ein knappes Viertel.[67] Die 1991 im polnischen Original und 1993 in deutscher Übersetzung veröffentlichte Textsammlung»Im Kreis« gibt ausführliche Gespräche mit neun ehemaligen Teilnehmern am Warschauer Ghettoaufstand wieder, von denen fünf Frauen sind. In den»Biogrammen« im Anhang allerdings finden sich nur noch 18 Frauen unter ingesamt 91 Namen.[68] 1996 erschienen die Erinnerungen des Warschauer Ghettokämpfers Simha Rotem in deutscher Übersetzung. Auch dieser Band wurde von den deutschen Herausgebern in Zusammenarbeit mit dem Autor mit einem biographischen Anhang versehen, in dem sich unter 50 aufgeführten jüdischen Personen 13 Frauen finden.[69] Nimmt man diese Zahlen zur Grundlage, ergibt sich ein Anteil von Frauen am Widerstand von maximal einem Viertel. Legt man einer geschlechtsspezifischen Zählung jedoch die von ehemaligen Widerstandskämpferinnen verfaßten Texte zugrunde, ergibt sich eine völlig andere Relation: In diesem Fall entsteht der Eindruck, daß mindestens gleich viele, wenn nicht mehr Frauen als Männer am jüdischen Widerstand in Polen beteiligt waren. Da mit Ausnahme der Anthologie »Im Kreis« die zuvor genannten Publikationen von Männern herausgegeben wurden, kann angenommen werden, daß deren Blick sich bei der Erstellung der biographischen Namenslisten ähnlich auf die männlichen Beteiligten konzentriert, wie der Blick der genannten Zeitzeuginnen sich dem eigenen Geschlecht zuwendet.

Anders gesagt: Es ist relativ einfach festzustellen, daß in den jüdischen Untergrundbewegungen in Polen auf der Führungsebene stets einzelne Frauen vertreten waren, wie – unter anderen – Zivia Lubetkin in der Warschauer ZOB, Roszka Korczak und Sonia Madaisker in der Wilnaer FPO, Chaika Grossman im Bialystoker Vereinigten Antifaschistischen Kampfblock, Gola Mirer in der Krakauer ZOB. Sehr viel schwieriger bis unmöglich ist es, die quantitative Beteiligung der Frauen am Widerstand, von der Verbindungsfrau bis zur »einfachen« Kämpferin, festzustellen. Die Zahlenangaben der Überlebenden sind vage, »wir waren viele Frauen« sagen in bezug auf den Widerstand in den Ghettos alle, aber wie viele, darauf können sie sich meist nicht mehr festlegen. Chasia Bielicka schätzt, daß im Grodnoer Widerstand gleich viele Frauen und Mädchen wie Männer und Jungen aktiv waren.[70] Chaika Grossman nennt in »Die Untergrundarmee« fünf Personen, die an der Spitze der Grodnoer Untergrundbewegung standen: Es handelt sich dabei um vier Frauen und einen Mann.[71] Für andere Ghettos liegen jedoch keine vergleichbaren Schätzungen vor. Zwei Überlebende von Dror, die aus Polen nach Budapest flüchteten und dort einen Bericht über die Aktivitäten ihrer Bewegung und des jüdischen Widerstands in Polen insgesamt verfaßten, nennen darin 15 Mitglieder der zionistischen Jugendbewegung, die sich in ihren Augen besonders auszeichneten; von den 15 sind zehn Frauen.[72]

Einige ehemalige Widerstandskämpferinnen vertreten die Ansicht, daß Frauen die loyaleren und überzeugteren Kombattanten waren. Bronia Klibanski erklärte auf dem Jerusalemer Symposion über Frauen in der Shoa: »Mir scheint, wir waren im Vergleich zu den Männern loyaler in der Sache, sensibler unserer Umgebung gegenüber, weiser – oder vielleicht großzügiger mit der Qualität versehen, die als Intuition bezeichnet wird – und entschiedener in unserer Hingabe an eine Veränderung der Realität, wobei wir gleichzeitig akzeptierten, daß manche Dinge nicht erreichbar sind, ohne daß wir darüber verzweifelten, aufgaben oder aufhörten, es dennoch zu versuchen.«[73] Vitka Kempner-Kover sagt rückblickend, die Frauen seien höher motiviert gewesen. In der Partisaneneinheit, in der sie nach dem gescheiterten Ghettoaufstand kämpfte, meldeten sich nach ihrer Erinnerung selbst die mutigsten Männer nie freiwillig zu Aktionen – im Gegensatz zu den meisten Frauen.[74] Chava Raban antwortet auf die Frage, welche Rolle die Frauen im Widerstand spielten: »Sie haben die gleichen Rollen übernommen wie die Männer. Sie haben auch mit der Waffe gekämpft, wie die Männer. Aber das ist noch nicht alles. Frauen haben im Zentrum des Widerstands gestanden. Ich könnte Ihnen unendlich viele Namen nennen von Frauen, die sich im Zentrum des politischen, technischen und militärischen Widerstands befanden.«[75]

Die überwiegende Mehrheit der jungen Frauen und Männer, die in den Ghettos die Widerstandsorganisationen aufbauten und organisierten, gehörte bereits vor dem Krieg einer Jugendbewegung oder dem Jugendverband einer Partei an: Tsukunft, dem Jugendverband, oder Skif, der Kinderorganisation des Bund; dem Komsomol, dem Jugendverband der Kommunisten; Haschomer Hazair, der unabhängigen marxistisch-zionistischen Jugendbewegung; Dror, der größten Organisation der im Hechaluz verbundenen Jugendbewegungen, die der zionistischen Arbeiterpartei Poale Zion nahestanden; der liberalen zionistischen Jugendbewegung Hanoar Hazioni; der liberal-religiösen zionistischen Jugendbewegung Akiba; der revisionistischen Jugendorganisation Betar. Die Politisierung der jüdischen Jugendlichen erfolgte manchmal schon im Elternhaus, wie bei Masza Putermilch, deren Mutter Bundistin war, oder bei Chava Fulman (Raban), deren beide älteren Brüder linke Zionisten waren. Andere kamen durch Freundinnen in eine bestimmte Gruppe, wie Elsa Lustgarten, deren gesamter Freundeskreis zu Akiba gehörte. Viele Mädchen wurden in der Schule »rekrutiert«. In den bundistisch orientierten CISZO-Schulen und den zionistischen Tarbut-Schulen gehörte die Politisierung der Schülerinnen und Schüler gewissermaßen zum Lehrplan. Masza Putermilch erinnert sich an ihre CISZO-Schule in Warschau: »Unterrichtssprache war natürlich Jiddisch. Jede Schule war nach einem Führer im ›Bund‹ benannt. Ich besuchte die Grosser-Volksschule in der Karmelickastraße 29. Wir bekamen dort eine Kommunenerziehung – die Kinder mußten miteinander teilen, aufeinander Rücksicht nehmen und einander helfen. Das wurde mir vom Kleinkindalter an beigebracht.«[76] Die Mitarbeiterinnen und Mitarbeiter der CISZO-Schulen richteten ein Seminar für experimentelle Pädagogik und psychologisch-pädagogische Forschung ein, das auch Erhebungen in den Schulen durchführte. In einer Umfrage von 1927 an den Bialystoker CISZO-Schulen wurden die Kinder gefragt: »Was würdest du tun, wenn du erwachsen wärst?« Darauf antworteten Schülerinnen: »Ich würde mein ganzes Leben den Arbeitern widmen.« »Ich würde für die Armen arbeiten und ihnen helfen, ihre Bedürfnisse zu erfüllen.« »Ich würde als erstes dafür sorgen, daß alle Menschen gleich wären, und nicht die einen reich und die anderen arm, und dafür, daß alle Leute ihren Kindern eine Ausbildung ermöglichen könnten.« Die Jungen antworteten ähnlich, doch bei ihnen spielte mehr das Machen als das Helfen eine Rolle. Insgesamt antworteten knapp die Hälfte der Schülerinnen und Schüler, sie wollten das Los der Arbeiter verbessern.[77]

Chaika Grossman kam auf dem Tarbut-Gymnasium in Bialystok in Kontakt mit Haschomer Hazair: »Viele Schülerinnen und Schüler waren im Haschomer Hazair, und unsere Lehrerinnen und Lehrer haben das gefördert.«[78] Chasia Bielicka nahm sich ihren Bruder zum Vorbild, der das Tarbut-Gymnasium besuchte: »Im Tarbut war der Haschomer Hazair sehr stark. Die jüdischen Jugendlichen sind alle in Jugendbewegungen gegangen. Zu den Zionisten, dem Bund und den Kommunisten. Haschomer Hazair war eine der größten Bewegungen in Grodno. Wir waren 500 Jugendliche, nur in Grodno. Und weil auf dem Tarbut viele in den Haschomer Hazair gegangen sind, ist mein Bruder auch eingetreten. Man wurde erst ab 13 aufgenommen. Ich wollte schon mit 12 gehen, weil ich gesehen habe, wie er sich anzieht, mit der Krawatte und all den Abzeichen, wie die Pfadfinder. Aber ich mußte noch ein Jahr warten. Mein Bruder war für mich ein Held. Seine Freunde vom Haschomer Hazair sind auch immer zu uns gekommen und haben bei uns im Garten die Versammlungen gemacht. Ich war richtig eifersüchtig, ich wollte auch in die Bewegung gehen.« Das Bedürfnis, dem Bruder zu gleichen und auch Abzeichen und Krawatte zu tragen, wird bald von der Begeisterung über das Gruppenleben abgelöst: »Im Haschomer Hazair haben wir viel diskutiert über verschiedene humane und soziale Probleme. Ob zum Beispiel der technische Fortschritt gut oder schlecht für die Arbeiter ist. Über die Rationalisierung, daß die neuen Maschinen so viele arbeitslos machen. Das waren richtig schwierige Diskussionen. Wir haben Gericht gehalten über verschiedene Bücher, die wir gelesen haben. Über den ›Volksfeind‹ von Ibsen zum Beispiel, da gab es Ankläger und Verteidiger, das war wirklich schön, wir haben alles so ernst genommen. Unsere Anführer, die Madrichim, haben uns immer Listen mit guten Büchern gegeben und gesagt, über dieses Buch werden wir später diskutieren, also lest es. Wir sind auch zusammen in gute Filme gegangen und hatten dann große Diskussionen. Wir hatten ein sehr reiches intellektuelles Leben in der Bewegung. Sie hat uns so reich gemacht, so viel gegeben. Auch politisch. Wir haben auch das Kommunistische Manifest gelesen und gelernt. Das war damals in Polen verboten.«[79]

Vitka Kempner schloß sich als Mädchen Betar an, obwohl ihre Freundinnen alle bei Haschomer Hazair oder Hanoar Hazioni waren. Rückblickend sieht sie darin einen Protest gegen die Normalität ihrer Umwelt. In Betar, erinnert sie sich, gab es außer ihr keine Mädchen, die Mitglieder waren »richtige Kerle«, fast erwachsene Männer, die mit Waffen hantierten und nicht zur Schule gingen. Diese ihr fremde Welt, nimmt sie an, faszinierte sie mehr als ihre eigene. Als Vitka Kempner sich später in Warschau Haschomer Hazair annäherte, hatte sie anfangs Probleme mit dem hohen Bildungsniveau, das dort herrschte: »Da wurde über den letzten Konzertbesuch diskutiert und über das letzte Buch, das sie gelesen haben. Ich komme aus einem kultivierten Elternhaus, aber das war mir zu hoch.«[80]

Zehntausende Mädchen und Jungen in Polen waren Mitglieder der zionistischen Jugendbewegung. Diese jugendlichen Pioniere (Chaluzim) bereiteten sich auf ihre Alija vor, die Einwanderung nach Palästina beziehungsweise Erez Israel (dem Land Israel) und ein Leben im Kibbuz. Ihre verschiedenen Organisationen übernahmen Elemente des Pfadfinderlebens und der deutschen Jugend- und Wandervogelbewegung, sie unterrichteten ihre Mitglieder in »Palästinographie«, jüdischer Geschichte, Zionismus, Hebräisch, sie förderten ihre kulturelle Bildung und vor allem ihre handwerkliche und landwirtschaftliche Ausbildung. In den Hachscharot, den landwirtschaftlichen Ausbildungszentren, lernten die Pionierinnen und Pioniere, was sie brauchten, um in Erez Israel das Land zu bestellen und einen Kibbuz aufzubauen.[81] Die zionistischen Jugendbewegungen spielten im jüdischen Widerstand gegen die deutsche Vernichtungspolitik im besetzten Polen eine entscheidende, wenn nicht die wichtigste Rolle. Sie initiierten den Aufbau von Untergrundbewegungen in den verschiedenen Ghettos, sie bemühten sich darum, Kampfbündnisse untereinander, mit den Kommunisten und dem Bund zu schließen, und sie nahmen führende Positionen in den Widerstandsorganisationen und in den Ghettoaufständen ein.

Bis sie jedoch bereit und fähig waren, diese Rolle zu übernehmen, machten die verschiedenen Bewegungen in Reaktion auf die von den deutschen Besatzern vorgegebene Situation mehrere Entwicklungsschritte durch. Nach dem deutschen Einmarsch floh der größte Teil

249

der Führung der jüdischen Institutionen, Parteien und Organisationen außer Landes oder in den von den Sowjets besetzten Osten. Auch die Schlichim, die von der jüdischen Gemeinschaft in Palästina, dem Jischuw, geschickten Ausbilder der Chaluzim, verließen Polen. Ein Teil der Führungskader der zionistischen Jugendbewegungen ging nach Wilna, in der Hoffnung, von hier aus für so viele ihrer Mitglieder wie möglich die Alija zu organisieren. Einige von ihnen gingen selbst nach Palästina, die anderen beschlossen zu bleiben, um die jüdische Jugend nicht ohne Führung zurückzulassen. Diese Frauen und Männer waren die künftigen Anführerinnen und Anführer des jüdischen Widerstands. Zivia Lubetkin, Frumka Plotnicka, Tosia Altman, Mordechai Anielewicz, Itzhak Zuckerman, Josef Kaplan gingen zurück nach Warschau und gründeten später die ZOB (Zydowska Organizacja Bojowa) mit, die jüdische Kampforganisation im Warschauer Ghetto. Vitka Kempner, Roszka Korczak, Tamara Szneiderman, Chaika Grossman, Abba Kovner, Edek Boraks und Mordechai Tennenbaum blieben in Wilna. Sie veröffentlichten den ersten Aufruf zum bewaffneten Widerstand im deutsch besetzten Osteuropa. Chaika Grossman, Edek Boraks und Mordechai Tennenbaum wurden von ihren Bewegungen nach einiger Zeit nach Bialystok geschickt, um auch dort eine Untergrundbewegung aufzubauen. Doch nur wenige von ihnen blieben die ganze Zeit über in »ihrem« Ghetto. Die meisten, vor allem die Frauen, reisten zwischen den verschiedenen Städten hin und her, um Informationen, Ideen, Aufrufe, Geld und später auch Waffen zu transportieren.[82]

Vitka Kempner-Kovner erinnert sich: »Das Weglaufen vor den Deutschen war ein spontaner Akt. Doch dann kam die Überlegung, zu bleiben. Wir haben einfach eine Art Ersatzführung eingerichtet. Damals wußte kein Mensch, was werden würde. Da war Wilna ja noch unter sowjetischer Besatzung. Wir haben trotzdem beschlossen, an die Orte zurückzugehen, die von den Deutschen besetzt waren, mit allen Konsequenzen. Obwohl wir damals die Konsequenzen gar nicht absehen konnten. Aber es ging uns darum, den Leuten zu helfen.«[83] Chaika Grossman hatte sich schon als Tarbut-Schülerin für ein Zertifikat nach Palästina beworben. Offiziell wollte sie an der hebräischen Universität studieren, doch das war nur die nötige Erklärung, um von der britischen Mandatsverwaltung das Dokument für die legale Einreise zu erhalten. In Wahrheit wollte Chaika den Kibbuz mit aufbauen, den einige ihrer Kameradinnen und Kameraden in Palästina gegründet hatten. Als sie in Wilna war, traf das ersehnte Papier ein.

Doch angesichts der neuen Lage beschloß Chaika Grossman, es nicht zu nutzen und damit ihren Traum vielleicht für immer aufzugeben.[84]

Auf Grund ihrer ideologischen Prinzipien waren die Chaluzim im Leben der jüdischen Gemeinden nicht verankert. Ihr Fixpunkt war ein Leben als Kibbuzniks in Erez Israel. Im Gegensatz zu den Mitgliedern von Tsukunft oder auch der religiösen Jugendbewegungen fühlten sie sich dem jüdischen Leben in Polen, das heißt, in der Diaspora, nicht weiter verbunden.[85] Israel Gutman untersuchte den Wandel in ihrer Haltung an Hand der Warschauer Untergrundpresse. In einer ersten Phase, stellt er fest, handelte es sich noch um eine interne Bewegungspresse, die in einem nach außen unverständlichen, sektenhaften Ton verfaßt war. In einer zweiten Phase wandten sich die Autorinnen und Autoren wenigstens teilweise dem Leben im Ghetto zu, sie verfaßten Attacken auf den Judenrat und gegen konkurrierende Bewegungen und Organisationen. In der dritten und letzten Phase gab es kaum noch Interna. Die Zeitschriften der zionistischen Jugendbewegungen berichteten nun über die Lage an der Front, sie informierten über die Vernichtungspolitik der Deutschen, und sie riefen zum Widerstand auf.[86]

Die Chaluzim übernahmen nun Verantwortung für das Leben im Ghetto. Sie richteten Suppenküchen, illegale Schulen (jüdischen Kindern war jeglicher Schulbesuch untersagt) und Bibliotheken ein, sie veranstalteten mit den Kindern Ausflüge und Gruppenabende, sie suchten nach Fluchtwegen, um Leuten zu helfen, außer Landes zu kommen, sie lernten, Dokumente zu fälschen.[87] Und sie bemühten sich, die Moral der Kinder und Jugendlichen aufrechtzuhalten.[88] Chasia Bielicka erinnert sich an ihre Arbeit mit den Kindern in den beiden Grodnoer Ghettos (dem sogenannten »unproduktiven«, das bald liquidiert wurde, und dem »produktiven«, dessen Bewohnerinnen und Bewohner noch eine Zeitlang als Sklavenarbeiter benutzt wurden): »Bald nachdem wir ins Ghetto mußten, haben wir eine Sitzung abgehalten und als erstes beschlossen, die Kinder zu sammeln und mit ihnen erzieherisch zu arbeiten. Wir haben gesehen, wie die Kinder im Ghetto herumgelungert haben und demoralisiert wurden. Wir haben wieder Gruppen organisiert, wir haben mit ihnen gelernt, Bücher mit ihnen gelesen, das war der Anfang. Zuerst haben wir die Kinder vom Haschomer Hazair genommen. Dann haben wir ihnen gesagt, sie können ihre Freunde mitbringen und wen sie wollen. Auf Grund der Entwicklung mußten wir ständig auch unseren Weg verändern, unsere Erziehung und unsere Tätigkeit. Wenn wir sahen, daß die Väter vieler

Kinder ermordet oder deportiert worden waren, und die Mutter hatte es sehr schwer oder war krank, haben wir angefangen, den Familienangehörigen unserer Kinder zu helfen. Das war eine wichtige Sache. Unsere jungen Männer sind nach der Arbeit – nach einem harten Arbeitstag für die Deutschen – für die Bäckerei Holz hacken gegangen, damit sie etwas Brot bekamen, das wir an die Familien verteilt haben. Wir haben immer etwas gefunden, das benötigt wurde. Wir haben Pfadfinderspiele mit den Kindern im Ghetto gemacht, mit Zeichen und Spuren, Suchspiele und so etwas. Wir haben Phantasiespiele gemacht, haben auf den Treffen gefragt, stellt euch vor, wie es sein wird, wenn der Krieg zu Ende ist und wir nach Israel fahren? Damit sie ein paar schöne, optimistische Minuten hatten. Denn wenn sie wieder nach Hause kamen, waren sie in einer schrecklichen Wirklichkeit. Wir haben versucht, ihnen ein paar schöne Momente zu verschaffen.«[89]

Auch die anderen Jugendorganisationen kümmerten sich um die Kinder und Jugendlichen. Anja Rud richtete zusammen mit jungen Kommunistinnen und Kommunisten im Grodnoer Ghetto eine illegale Schule ein.[90] Masza Putermilch von der Jugendorganisation des Bund berichtet von ihrer Kinder- und Kulturarbeit im Warschauer Ghetto: »Wir haben bei mir im Hof einen Kinderhort eingerichtet für Kinder, die nichts zu essen hatten. Wir wollten ihnen ein bißchen Freude geben, ein bißchen Gesang. Ich hatte so an die 20 Kinder. Man hat sich bemüht, die Moral aufrechtzuhalten und ein bißchen Kultur zu vermitteln. Wir haben im Ghetto auch Stücke von verschiedenen jüdischen Autoren aufgeführt, ich erinnere mich an den Dibbuk von Anski, an Sachen von Scholem Asch. Das war natürlich alles konspirativ. Es war sehr wichtig, denn die Menschen wurden immer mehr geschwächt. Und diese Bedingungen haben auch die Moral geschwächt, deshalb war es so wichtig, die Moral aufrechtzuhalten. Hunger bricht alles. Und die Toten, die man jeden Tag gesehen hat, auf der Straße, in der Familie.«[91]

Die ersten, die aus den lokalen Mordaktionen der Deutschen auf ein umfassendes Programm schlossen, waren die Chaluzim in Wilna. Binnen fünf Monaten, zwischen Juni und Oktober 1941, ermordeten SS und litauische Freiwillige die Hälfte der circa 65000 Wilnaer Juden. Nach anfänglichen »wilden« Massakern führten sie die Menschen in das wenige Kilometer entfernte Ponary und erschossen sie dort im Wald.[92] Abba Kovner verfaßte Ende 1941 einen Text, den seine Kameradinnen und Kameraden von Haschomer Hazair in der Silvesternacht diskutierten und einstimmig annahmen. In diesem Aufruf wird die »Jüdische Jugend« aufgefordert, sich nicht länger »wie Schafe zur Schlachtbank« führen zu lassen, sondern sich zu verteidigen »bis zum letzten Atemzug«.[93] Chaika Grossman erinnert sich: »Wir beschlossen, nicht zu tun, was die Deutschen von uns verlangten. Die Juden, die von den Deutschen abgeholt wurden, verschwanden. Wir fanden heraus, daß sie in Ponary umgebracht wurden. Und daraus haben wir geschlossen, daß das der Beginn eines totalen Programms ist, nach dem alle Juden in den besetzten Ländern ermordet werden sollen. Wir waren wohl die ersten in Europa, die (...) verstanden, was vorging. Das war im Herbst 1941, noch vor den Gaskammern. Wir hatten keine Informationen aus dem Hauptquartier der Mörder. Uns war nur klar, daß nicht ein Mann, egal ob SS oder Gestapo, die Liquidierung der Wilnaer Juden anordnen konnte. Das mußte schon von Berlin ausgehen. Und wenn es in Wilna geschah, dann würde es in jedem Ghetto geschehen.«[94]

Es handelte sich bei dieser Einsicht weniger um ein Wissen als um eine Eingebung, die sich als richtig erwies. Die Aktivistinnen und Aktivisten der zionistischen Jugendbewegung stießen mit ihren Befürchtungen und den Konsequenzen, die sie daraus ziehen wollten, weitgehend auf Ablehnung. Ihr Aufstandskonzept richtete sich an die Bevölkerung, ihrer Vorstellung nach sollte sich nicht nur eine kleine Elite erheben, sondern die Masse des jüdischen Volkes. Doch die Bevölkerung konnte und wollte nicht glauben, daß alle Juden ermordet werden würden. Die Politik der Vollstrecker der »Endlösung« war darauf angelegt, die Menschen einerseits durch Terror einzuschüchtern und durch die Lebensbedingungen und die Zwangsarbeit im Ghetto zu schwächen und ihnen andererseits durch Lügen und eine geschickte Selektionspolitik immer wieder Hoffnung zu machen. Selbst als die Mehrheit nicht mehr leugnen konnte, daß all die anderen, die bereits deportiert worden waren, in Chelmno, Treblinka, Majdanek, Auschwitz getötet wurden, waren die meisten nicht in der Lage, sich denen anzuschließen, die einen bewaffneten Aufstand vorbereiteten. Yehoyakim Cochavi verweist in seinem Aufsatz über das Motiv der »Ehre« in den Kampfaufrufen des Ghettowiderstands auf einen entscheidenden Faktor: »Die überwältigende Mehrheit der jüdischen Gemeinschaft im Ghetto konnte diesen Leuten nicht folgen. (...) Und dies lag nicht an irgendeinem psychischen Defekt oder der Bereitschaft, sich zu ergeben, sondern hatte den einfachen Grund, daß die meisten im Ghetto ›normal‹ auf eine völlig anormale Realität reagierten.«[95] Gusta Drenger-Dawidson bemühte sich, den künftigen

Lesern ihres »Tagebuchs der Justyna«, das sie heimlich im Gefängnis in Krakau schrieb, die Situation der Ghettobewohner zu verdeutlichen: »Noch gab es in diesen Menschen keinen Kampfgeist (...) Aber warum sollte man sich darüber wundern? Wer mit ihnen zusammen die drei Jahre steter Mißhandlung, Erniedrigung, Hetze und des immerwährenden krampfhaften Fassens nach dem Leben nicht durchgemacht hatte, der konnte (...) über sie den Stab brechen. Hätte er aber in die düsteren, resignierten und wunden Herzen hineingesehen, hätte er nur eine Stunde lang in dieser schwarzen Hoffnungslosigkeit gelebt und gewußt, daß sowieso alles zwecklos war, (...) so hätte er genauso fühlen müssen wie sie (...).«[96]

Chaika Grossman, die im Ghetto Bialystok hoffte, die Bevölkerung würde sich dem Aufstand der Widerständler anschließen oder ihn zumindest nutzen, um vor der Deportation zu fliehen, sagt im Rückblick: »Wenn ich heute darüber nachdenke, frage ich mich, wie es möglich war, daß die Juden, in die Ghettos gesperrt, hungrig, ohne Waffen, ohne Kontakte zur Außenwelt, wie diese Menschen überhaupt kämpfen konnten. (...) Über welche Bevölkerung sprechen wir denn? Über Zivilbevölkerung. Und unter welchen Bedingungen! Ich habe die sowjetischen Kriegsgefangenen gesehen, sie haben nicht gekämpft. Sie konnten nicht weglaufen. Ich habe sie auf der Straße gesehen, sie sahen aus wie – Juden (...), die man zur Gaskammer führt. Kaum bekleidet, hungrig, krank. Die Juden befanden sich in derselben Lage. Und diese Kriegsgefangenen haben keinen Aufstand organisiert. (...) Also zu sagen, warum habt ihr nicht gekämpft, mit den Kindern, den Alten, unter diesen unmenschlichen Bedingungen ... (...) Wir hofften, daß wir im Aufstand, im Kampf gegen die Nazis fallen und die Menschen diesen Moment nützen würden, um abzuhauen. Aber wir wußten auch, wohin sollten sie gehen? Das war eine der wichtigsten Fragen, die jeder Jude sich damals stellen mußte: Gut, ich laufe weg. Aber wohin?«[97] Auch Adina Blady Szwajger, ehemalige Kämpferin der ZOB in Warschau, vergleicht nachträglich die »Passivität« der jüdischen Bevölkerung mit dem Verhalten anderer Bevölkerungsgruppen. Sie berichtet vom Ende des polnischen Aufstands in Warschau im August 1944: »Die Warschauer kamen nach dem Aufstand herausgekrochen wie die Schafe. Drei Polizisten und hunderttausend Leute waren da, und keiner hat einen Polizisten angegriffen. Denn diese Polizisten waren bewaffnet, und sie waren unbewaffnet. (...) Ganz Warschau ist so gegangen ...«[98]

Israel Gutman gelangt angesichts der materiellen und psychischen

Situation der Bevölkerungsmehrheit in den Ghettos zu dem Schluß: »Ein Kampf von dieser Art kann nur die Wahl ein paar auserwählter Weniger sein.«[99] Die Kämpferinnen und Kämpfer selbst gewannen diese Einsicht erst spät, manchmal erst am Morgen des Aufstands. Die anderthalb Jahre, die zwischen ihrem Beschluß, einen Aufstand gegen die endgültige Liquidierung der Ghettos zu organisieren, und dem Kampf selbst lagen, verbrachten sie damit, die Verbindung zwischen den Ghettos zu halten, eine gemeinsame Kampforganisation aus den verschiedenen politischen Formationen im Ghetto aufzubauen, ihre Mitglieder zu schulen, Waffen zu sammeln, Verstecke innerhalb und außerhalb der Ghettos anzulegen, Partisanenstützpunkte in den umliegenden Wäldern einzurichten. Die ideologischen Unterschiede zwischen den einzelnen Organisationen kamen auch in der Organisierung des gemeinsamen Widerstands zum Tragen. Lange Zeit zum Beispiel diskutierten die Mitglieder des jeweiligen Ghettountergrunds über die Frage »Ghetto oder Wald?«. Es ging bei dieser Debatte um mehr als nur praktische Überlegungen. Die Befürworter der Partisanen-Linie, die dafür plädierten, daß alle Kampffähigen das Ghetto verlassen sollten, um in den Wäldern als Partisanen gegen die Deutschen zu kämpfen, hatten häufig die Vernunft auf ihrer Seite, vor allem in den östlichen Landesteilen, in denen eine Chance bestand, Kontakt zu den vorrückenden und gut organisierten sowjetischen Partisanen aufzunehmen und sich ihnen anzuschließen. Auf diese Weise hätten sich wesentlich mehr von ihnen retten und zugleich effektiver gegen den Feind kämpfen können als hinter den Ghettomauern und gehandicapt durch die von den Deutschen nach jedem Anschlag verhängten »Kollektivstrafen«. Die Befürworterinnen und Befürworter eines Aufstands im Ghetto argumentierten vor allem ideologisch und moralisch: Sie fühlten sich für die gesamte Ghettobevölkerung verantwortlich, und sie wollten das Schicksal des jüdischen Volkes bis zuletzt teilen, das heißt, mit ihm gemeinsam sterben, nur eben nicht in der Gaskammer, sondern im Kampf. Sie sahen sich nicht berechtigt, die Bewohnerinnen und Bewohner des Ghettos zu selektieren in Starke, die in die Wälder gehen, und Schwache, die wehrlos und führungslos zurückbleiben sollten. In den meisten Ghettos schlossen die verschiedenen Fraktionen einen Kompromiß, nach dem die Mehrheit der Widerständler im Ghetto bleiben und hier kämpfen sollte. Einige Mitglieder des Untergrunds sollten in den Wäldern Partisanenbasen errichten, die nach dem Aufstand im Ghetto alle, die ihn überlebten und in die Wälder fliehen konnten, aufnehmen könnten.[100]

Die Suche nach Waffen bereitete den Widerstandsgruppen in allen Ghettos große Schwierigkeiten. Jeder Revolver, jede Pistole war teuer erkauft, ob mit Geld oder Risiko oder beidem. Die »militärische« Ausbildung der Widerstandskämpferinnen und Widerstandskämpfer fand häufig als Trockenübung statt. Masza Putermilch vom Warschauer Bund erinnert sich: »Mit Waffen zu kämpfen haben wir nur theoretisch gelernt, die Munition ist sehr teuer gewesen. Wir haben Zündflaschen hergestellt, die waren sehr effektiv.« [101] Vitka Kempner von Haschomer Hazair erinnert sich, daß sie in Wilna lange Zeit nur eine einzige Pistole hatten, mit der sie im Keller übten. [102] Die Kommunistin Dora Goldkorn beschreibt in ihren 1947 verfaßten »Erinnerungen an den Aufstand im Warschauer Ghetto« ihre ersten Schießübungen: »Vor uns liegt ein Gewehrmodell aus Holz. Speziell zu dem Zweck, uns die Handhabung des Gewehrs beizubringen, war eine Instrukteurin zu uns gekommen, die Genossin Lena. Wir setzten uns auf den Fußboden, hantierten mit dem hölzernen Modell und machten Zielübungen, behandelten diese Übungen aber doch mehr als Spielerei, wir waren sichtlich enttäuscht. Wir baten um eine richtige Waffe. (…) Wir stritten mit unserer Instrukteurin herum, die schließlich nachgab und uns den Mechanismus des Revolvers und der Handgranate an Hand von Zeichnungen erklärte. Zu der nächsten Stunde brachte man uns schon einen richtigen Revolver und eine Handgranate.« [103]

Als die Aufständischen in den Ghettos sich erhoben, standen einige hundert Kämpferinnen und Kämpfer mit höchstens einem Maschinengewehr, ein paar Dutzend Handfeuerwaffen und ein paar hundert Handgranaten, mit selbstgefertigten Molotowcocktails und mit Säure gefüllten Glühbirnen einem Gegner gegenüber, der über leichte und schwere Artillerie, ausreichend Munition, Flammenwerfer, Gasbomben, Panzer und Kampfflugzeuge verfügte. Die wenigsten von ihnen überlebten. Masza Putermilch, die als Mitglied einer Kampfgruppe der ZOB den Warschauer Ghettoaufstand mitmachte, faßt ihre Motive zu kämpfen und ihre Gefühle während des Aufstands rückblickend so zusammen: »Wir haben gegen eine Armee gestanden, ein paar 17-, 18-, 20jährige Kinder, schon ohne Familie, mit Revolvern und Molotowcocktails. Wir wußten, wir haben nichts zu verlieren, der Tod ist uns gewiß. Aber wir wollten nicht passiv sterben. Und wie die Deutschen erschrocken sind darüber! Und wie sie geschaut haben, als sie gesehen haben, eine Frau schießt, eine Frau wirft eine Handgranate! Was meinen Sie, was das für ein Gefühl ist für so ein Mädchen, wenn sie sieht, die Deutschen ergeben sich, weil sie auf sie zielt! Aber wir haben nie gedacht, wir würden überleben. Daß ein paar überlebt haben, war ja auch reiner Zufall.«[104]

Wilna

Erst kamen die Bomben, dann die Soldaten, erinnert sich Zila Amit, die zu der Zeit Cesia Rosenberg hieß, an den Einmarsch der Deutschen in Wilna im Juni 1941. Sie ist wieder auf der Flucht, versucht wieder, in Richtung Osten zu entkommen, wieder sind die Angreifer schneller. Als sie nach Wilna zurückkehrt, sieht Cesia zum ersten Mal in ihrem Leben eine SS-Einheit aufmarschieren. Die Männer erinnern sie an Aufziehpuppen. Sie machen ihr angst.[105]

Wilna, einst die Hauptstadt des Großherzogtums Litauen, hatte stets enge Verbindungen zu Polen und gehörte lange Zeit zu Polen. Nach der zweiten polnischen Teilung wurde Litauen zusammen mit Ostpolen vom Zarenreich annektiert. Als sich nach dem Ersten Weltkrieg die unabhängigen Staaten Litauen und Polen gründeten, fiel Wilna an Polen. 1939 gaben die sowjetischen Besatzer Ostpolens Wilna an den Litauischen Staat ab, besetzten es jedoch 1940 wieder, als sie Litauen annektierten. 1941 lebten etwa 65000 Juden in Wilna, dem »litauischen Jerusalem«. Wilna bildete seit Jahrhunderten ein Zentrum geistiger und religiöser jüdischer Gelehrsamkeit für litauische wie polnische Juden. Hier befand sich das YIVO, das als Archiv und Studienzentrum über eine einmalige Sammlung zur Geschichte und Kultur des osteuropäischen Judentums verfügte.[106] Hier wurden 1897 der Bund, die sozialistische jüdische Arbeiterpartei, und 1902 die religiöse zionistische Partei Misrahi gegründet.[107] Da nach der Besetzung des westlichen Polen nur noch aus Wilna eine Alija möglich war, waren 2000 Chaluzim, Mitglieder der zionistischen Pionierbewegungen, aus ganz Polen nach Wilna gekommen, unter ihnen die jungen Frauen und Männer, die künftig die Führung der zionistischen Jugendbewegungen und des Widerstands übernehmen werden.[108]

Große Teile der litauischen Bevölkerung sind traditionell antisemitisch und, auf Grund ihrer historischen Erfahrungen sowohl mit dem Zarenreich als auch mit der jungen Sowjetrepublik, russenfeindlich. Viele Litauer sympathisieren mit den Besatzern, Staatspräsident Smetona und andere hochrangige Regierungsmitglieder flüchteten nach Deutschland, als die Rote Armee im Juni 1940 in Litauen einmarschierte. Der Judenhaß im Land verstärkt sich nun noch durch den

Antikommunismus, »den Juden« wird vorgeworfen, sie seien alle Anhänger der Sowjets. Litauische Freiwillige gehören künftig zu den grausamsten Erfüllungsgehilfen der »Endlösung«.[109] An der Unterstellung, die jüdische Bevölkerung sympathisiere mit den Sowjets, ist durchaus etwas Wahres. Vor die Wahl zwischen Wehrmacht und SS und der Roten Armee gestellt, ziehen selbst antikommunistische Juden die Rote Armee vor. Chaika Grossman veranschaulicht die paradoxe Situation der Wilnaer Juden im Jahr 1941 an Hand einer Anekdote: »›Die Reichen haben Glück.‹ Mein Vermieter, der berühmte Jiddisch-Wissenschaftler Turbowicz, stand wütend auf meiner Türschwelle. Zuerst verstand ich nicht, was er meinte. Dann bekam ich heraus, daß die Deutschen eine Offensive an der Grenze zur Sowjetunion gestartet hatten. (...) ›Und warum haben die Reichen Glück?‹, fragte ich unschuldig. ›Weil die Reichen nach Sibirien geschickt werden, und da kommen die Deutschen nie hin, nicht einmal mit Flugzeugen‹, erklärte mir mein Vermieter.«[110] Es sind nicht viele Juden, die das zweifelhafte Glück genießen, nach Sibirien deportiert zu werden. Die Mehrheit der etwa 500 000 litauischen Juden lebt in mehr oder weniger großer Armut.

Am 26. Juni 1941 besetzt die deutsche Armee Wilna, in ihrem Gefolge richten sich auch SS und SD in der Stadt ein und beginnen mit ihrer Arbeit. Bereits in den ersten Wochen töten sie, zusammen mit litauischen Freiwilligen, 20 000 Menschen. Als im September 1941 die beiden Ghettos eingerichtet werden, leben nur noch kanpp 40 000 der gut 65 000 Wilnaer Juden. Die Besatzer verlangen von den Vertretern der jüdischen Gemeinde, einen Judenrat zu bilden. Die ersten Versuche, ein solches Gremium aus Männern zusammenzustellen, die Ansehen in der Gemeinde genießen und über politische Erfahrung verfügen, scheitern. Schließlich wird Anatol Fried, der bisher keine bedeutende Rolle in der jüdischen Gemeinschaft gespielt hatte, zum Vorsitzenden des Judenrates ernannt. Die führende Persönlichkeit im Judenrat ist Jacob Gens, der Kommandant der jüdischen Polizei im Ghetto, der im Juli 1942 Fried als Vorsitzenden ablöst.[111]

Auch in den beiden Ghettos gehen die Deportationen weiter, das zweite, »unproduktive« Ghetto wird liquidiert, bis zum Ende des Jahres sind nur noch 15 000 Menschen am Leben.[112] Chaika Grossman, die im Auftrag des Widerstands auf der »arischen Seite« lebt, schreibt in ihren Erinnerungen über den Herbst 1941: »Jeden Tag zogen nun die traurigen Reihen von der Zawalnastraße Richtung Lukizki und von dort nach Ponary. Tag für Tag stand ich am Fenster und sah hinaus auf die Straße. Alle paar Tage wurde das Ghetto geschlossen, und nur aus der Menge der Abgeführten konnte man entnehmen, wie viele in den Tod getrieben wurden. Den ganzen Herbst über, im Dunst der regnerischen Morgen, marschierten diese langen Menschenzüge vorbei. Ruhig und teilnahmslos tauchten sie aus dem grauen Nebel auf. Man fragte sich, warum nicht einmal die Säuglinge weinten. Manchmal, wenn die Wachen wegsahen, schaute sich jemand um, als ob er nach Hilfe suchte. (...) Ich (...) dränge den Schrei zurück, der aus meinem Herzen brechen will: ›Geht nicht!‹« [113]

Cesia Rosenberg versteckt sich während der ersten »Aktion« im Ghetto in einem Hinterzimmer, das durch einen großen Wandschrank getarnt ist. Unter den Menschen, die sich hier verbergen, befindet sich auch eine junge Mutter mit einem Säugling. Sie verspricht, sie würde das Kind notfalls ersticken, falls die Gefahr bestünde, daß es durch sein Schreien das Versteck verriete. Nach diesem Erlebnis beschließt Cesia Rosenberg, daß sie solche Situationen nicht länger hinnehmen will: »Noch Tage nach der Aktion wurde ich von Alpträumen gequält. (...) Ich fühlte mich wie ein Opfer im Netz des Henkers. Ich war machtlos, und ich fühlte mich auch tief verletzt. Wieviel Haß war in mir! Ich hielt ihn in mir verborgen und lief mit gesenktem Blick herum, gefügig und passiv wie alle. Diese Gefügigkeit und Passivität in mir selbst und den anderen machte mich rasend. Ich mußte etwas tun! Wir alle mußten etwas unternehmen! Egal was!« Wenig später trifft sie Roszka Korczak, eine der Leiterinnen der Untergrundbewegung, die sie als Mitglied von Haschomer Hazair kennt und die ihr erzählt, daß sich im Ghetto eine Widerstandsbewegung gebildet hat. Am nächsten Tag zieht Cesia Rosenberg in die Kommune von Haschomer Hazair in der Straszun-Straße. [114]

Das Leben im Ghetto wird von der Zwangsarbeit und den »Scheinen« dominiert: Nur wer Arbeit hat, erhält einen »Schein«, der ihn – für eine Weile – zum Leben berechtigt. Das System der Scheine wird ständig verändert, werden zu Anfang auch die nächsten Angehörigen von Inhaberinnen oder Inhabern eines Arbeitsnachweises von der Deportation verschont, schützt der Schein zuletzt nur noch seine Besitzerin, seinen Besitzer, und auch das nicht für immer. Jacob Gens fördert, wie die meisten seiner Kollegen, den Glauben, die Bewohnerinnen und Bewohner des Ghettos könnten überleben, wenn sie nur gut und viel arbeiteten. Das Ziel des Judenrates ist es, Zeit zu gewinnen, in der Hoffnung, die Rote Armee würde Wilna befreien, ehe die Deutschen das Ghetto liquidieren könnten. Die Conditio sine qua non dieser Strategie ist es, die Produktivität des Ghettos für die Besatzer unverzichtbar zu machen.[115]

Abba Kovner und etwa 20 weitere Mitglieder von Haschomer Hazair hatten nach dem deutschen Einmarsch Unterschlupf in einem Kloster der Benediktinerinnen außerhalb der Stadt gefunden.[116] Mordechai Tennenbaum und seine Kameradinnen und Kameraden von Dror versuchen, mit Hilfe des österreichischen Feldwebels der Wehrmacht Anton Schmidt, der bis zu seiner Entdeckung und Hinrichtung zahlreichen Wilnaer Juden zur Flucht verhilft, eine Gruppe Jugendlicher aus den verschiedenen Bewegungen nach Libau und von dort auf dem Seeweg auf eine der schwedischen Inseln im Baltischen Meer zu bringen. Außerdem hilft Schmidt mehreren Mitgliedern von Dror, nach Bialystok zu entkommen, wo zu diesem Zeitpunkt noch keine Deportationen stattfinden. Später gehen auch Mordechai Tennenbaum und Chaika Grossman im Auftrag der Untergrundführung nach Bialystok, um dort eine illegale Bewegung aufzubauen.[117]

Chaika Grossman, Vitka Kempner, Roszka Korczak und andere Kader von Haschomer Hazair, die im Ghetto oder auf der »arischen Seite« leben, besuchen regelmäßig ihre Kameraden, die sich im Kloster verborgen halten, um mit ihnen die Lage zu erörtern. In diesen Besprechungen entsteht schließlich die Idee, einen bewaffneten Aufstand im Ghetto vorzubereiten. In der Silvesternacht diskutieren sie über den Aufruf, den Abba Kovner verfaßt hat und in dem er die jüdische Jugend auffordert, die Selbstverteidigung, den Widerstand zu organisieren. Die »Kloster-Mannschaft« beschließt, in das Ghetto zurückzukehren. Drei Wochen später, am 21. Januar 1942, findet im Ghetto ein Treffen statt, an dem sich Vertreterinnen und Vertreter von Haschomer Hazair, Hanoar Hazioni, Betar und den Kommunisten beteiligen. Sie beschließen, eine gemeinsame Kampforganisation zu gründen und ihr den Namen FPO (Fareinikte Partisaner Organisatsie, Vereinigte Partisanenorganisation) zu geben. Zum Kommandanten der FPO wird Itzhak Wittenberg von den Kommunisten gewählt. Unter den Führungskadern der in der FPO vertretenen Organisationen finden sich auffallend viele Frauen. So zum Beispiel Roszka Korczak, Chaika Grossman und Vitka Kempner von Haschomer Hazair und Sonia Madaisker und Chenia Borowska von den Kommunisten.[118] Vitka Kempner-Kovner erklärt in ihrem Interview für Yad Vashem, warum eine Widerstandsorganisation, die zu einem entscheidenden Teil von Zionisten gegründet wurde, einen Kommunisten zum Kommandanten wählte: »Wir dachten, er hat als Kommunist viel mehr Untergrunderfahrung als wir und auch mehr Kontakte nach draußen, vor allem zu den polnischen und litauischen kommunistischen Parteien.«[119] Die Aktivistinnen und Aktivisten der FPO beginnen nun damit, Waffen zu beschaffen, sie produzieren falsche Papiere, bilden und trainieren Dreier- und später Fünfergruppen, initiieren Sabotageaktionen in den Fabriken, die für die Deutschen arbeiten. Die wichtigste Rolle spielen allerdings in dieser ersten Phase die Kurierinnen, die von Wilna aus den Aufruf zum Widerstand in den anderen Ghettos verbreiten, den Kontakt zwischen den einzelnen Ghettos halten und Neuigkeiten, Geld und Waffen nach Wilna zurückbringen.

Eine von ihnen ist Chaika Grossman, die zwar ihrem Auftrag gemäß im Januar 1942 nach Bialystok reist, vorerst aber nicht dort bleibt, sondern als Emissärin des Widerstands zwischen den Ghettos pendelt.[120] Zwei ihrer Kolleginnen, die Schwestern Sarah und Roza Zilber, werden, als sie von einer Reise nach Warschau zurückkommen, auf dem Wilnaer Bahnhof verhaftet und wenige Monate später erschossen.[121] Auch Vitka Kempner arbeitet als Kurierin, obwohl sie, wie sie selbstironisch sagt, »von allen Leuten am jüdischsten aussah«.[122] Sie betont, daß das Auftreten noch wichtiger war als das Aussehen: »Man mußte nicht nur den richtigen Akzent beherrschen, sondern sich auch wie eine richtige Polin verhalten können. Ich konnte das, denn ich komme aus einer assimilierten Familie, ich hatte mich früher als polnisches Mädchen gefühlt und mich auch so benommen und so gesprochen.«[123]

Im Frühjahr 1942 gründen circa 100 junge Frauen und Männer von Dror unter der Führung von Jekhiel Szeinbojm eine Gruppe, die sich bemüht, Kontakt zu den Partisanen in den umliegenden Wäldern aufzunehmen, mit dem Ziel, selbst eine Partisanengruppe zu bilden. Die FPO tritt im Sommer in Verbindung mit einer Gruppe sowjetischer Fallschirmspringerinnen und Fallschirmspringer, die nicht weit von der Stadt entfernt gelandet sind. Die Sowjets versprechen den jüdischen Widerständlern, sie als eigenständige Einheit in die sowjetische Partisanenbewegung aufzunehmen. Sie würden die FPO mit Waffen versorgen und die wiederum sollte die Partisanen dabei unterstützen, eine Basis in der Nähe von Wilna einzurichten. Die Fallschirmspringer hoffen auf weitere Unterstützung aus der Luft, doch ihr Funkkontakt reißt ab, und das erwartete Flugzeug bleibt aus. So entsteht die Idee, einen direkten Kontakt mit Moskau herzustellen. Den Partisanen wäre damit ebenso gedient wie der FPO, die ihr Programm und ihre Ziele sozusagen an höchster Stelle vorstellen und die offizielle Unterstützung dafür einholen könnte. Die Wilnaer beschließen, zwei Kurierinnen nach Moskau zu schicken: Die erfahrene Kommunistin Sonia Madaisker und die junge Cesia Rosenberg von Haschomer Hazair.[124]

Cesia Rosenberg erinnert sich an ihre Freude, als sie von ihrer neuen Aufgabe erfuhr:»Ich war fast unerträglich aufgeregt und sehr dankbar für das Vertrauen, das man mir erwies. Ich war mir der großen Verantwortung, die wir beide trugen, durchaus bewußt.«[125] Chaika Grossman beschreibt den Plan, den die sowjetischen Fallschirmspringer für die Reise entwarfen: Sie sollten über Polozk an die Front in der Gegend von Velikjie Luki reisen, wo es angeblich eine durchlässige Stelle gab, durch die sie auf die andere Seite gelangen könnten. Doch die beiden Frauen, die eine Strecke von Tausenden Kilometern überwinden sollen, haben nicht einmal die Reisegenehmigung bis zur nächsten Kleinstadt. Chaika Grossman gelingt es, in der litauischen Zivilverwaltung und im Büro des deutschen Sicherheitsdienstes ein Original einer Reisegenehmigung zu beschaffen. Abba Kovner fälscht das zweite Papier nach dieser Vorlage, die erste Etappe ihrer Fahrt können Cesia Rosenberg und Sonia Madaisker somit quasi »legal« antreten.[126]

Die beiden Kurierinnen kannten sich bisher nicht, doch schon beim ersten Treffen »funkt« es zwischen ihnen, wie Cesia Rosenberg sich erinnert. Gemeinsam bereiten sie sich auf ihre Reise vor und lernen sich dabei auch gegenseitig kennen. Anfang Oktober brechen sie auf, das auf dünnes Papier geschriebene, kodierte Informationsmaterial, das sie in Moskau überbringen sollen, haben sie in den Rocksaum eingenäht. Nicht weit vor Velikjie Luki werden sie von lokalen Milizionären festgenommen. Sie geben sich als Volksdeutsche aus, als Schwägerinnen, die nach ihren Männern suchen, die von den Sowjets verschleppt wurden. Doch die Milizionäre sperren sie in eine Zelle auf der Polizeistation. Cesia gibt die Hoffnung auf, doch Sonia Madaisker erklärt ihr, daß es dafür noch zu früh ist. Sie zwingt sie am Morgen, ihre Schuhe zu polieren, sich hübsch zu machen und ein fröhliches Gesicht aufzusetzen:»Der äußere Eindruck ist sehr wichtig«, klärt die »alte« erfahrene Illegale ihre jüngere und unerfahrene Genossin auf.[127] Die beiden Frauen werden nach Polozk zum dortigen Büro des Sicherheitsdienstes gebracht. Es gelingt ihnen, den SD-Beamten von ihrer Geschichte zu überzeugen, er läßt sie gehen – unter Auflagen, die sie ignorieren. Schließlich gelangen sie in die nächste Umgebung der Front. Hier soll sich im Wald hinter einem bestimmten Dorf eine Partisanenbasis befinden. Schaffen sie es, sich zu diesen Partisanen durchzuschlagen, haben sie den schwierigsten Teil ihrer Reise überwunden. An einer Weggabelung fragen sie einen alten Bauern nach dem Weg in das Dorf. Wenig später werden sie von deutschen Gendarmen auf dem Motorrad eingeholt. Wieder werden sie zum SD gebracht, sie haben Glück und werden nicht demselben Beamten vorgeführt. Der Beamte, der sie verhört, gibt Anweisung, sie nach Wilna bringen zu lassen. Er hält sie für Mitglieder eines großen Spionagerings, dessen Zentrum sich in Wilna befinden soll. Mit Polizeieskorte reisen die beiden Frauen zu ihrem Ausgangspunkt zurück. Auf dem Bahnhof von Wilna gelingt es ihnen zu entkommen, sie mischen sich in dem Gedränge unter die anderen Reisenden und verstecken sich dann eine Zeitlang auf der öffentlichen Toilette. Drei Wochen, nachdem sie, begleitet von großen Hoffnungen, aufgebrochen sind, kehren sie mit leeren Händen, aber lebend, zurück.[128] Im Ghetto verabschiedet sich Cesia Rosenberg von Sonia Madaisker: »Wir standen uns lange schweigend gegenüber. Nur der feste Händedruck gab das Ausmaß unseres Schmerzes und unserer Enttäuschung wieder, aber auch der Nähe, die zwischen uns gewachsen war.«[129]

Während Cesia Rosenberg und Sonia Madaisker versuchen, nach Moskau zu gelangen, reist Liza Magun von Haschomer Hazair nach Oshmyany. Über eine Verbindungsfrau in der Ghettopolizei hat die FPO erfahren, daß die dortigen Juden im Oktober liquidiert werden sollen. Liza Magun warnt die Bewohner des kleinen Städtchens vor dem, was ihnen bevorsteht, doch sie glauben ihr nicht. Cesia Rosenberg beschreibt Liza Magun als eine Frau, die alle Herzen eroberte, »einen wahren Sonnenschein«. Sie wird im Februar 1943 verhaftet, als sie im Büro des Sicherheitsdienstes um »arische« Papiere ansteht. Als die FPO im März ihre »Kampfregeln« konzipiert, wählt sie als Losungswort für die Mobilisierung ihrer Mitglieder die Parole »Liza ruft«.[130]

Im Juni 1942 führt die FPO ihre erste größere Sabotageaktion durch, die erste überhaupt in Litauen: Sie sprengt einen deutschen Truppenzug in die Luft. Vitka Kempner bereitet die Aktion vor und führt sie aus. Erst sucht sie lange Zeit nach einer geeigneten Stelle auf der Bahnlinie Wilna–Polozk. Geeignet heißt: Der Zug muß diese Strecke auch nachts fahren, und es darf kein jüdisches Arbeitskommando dort im Einsatz sein, dem man den Anschlag anhängen könnte.[131] Als sie eine passende Stelle gefunden hat, bleibt sie zwei Nächte dort, um zu sehen, wie häufig der Zug fährt und von welcher Art Sicherheitsschutz er begleitet wird. Eine der größten Schwierigkeiten ihres

Kundschafterdienstes ist die Ausgangssperre, die jede Nacht verhängt wird. Sich in der Dunkelheit draußen und gar in der Nähe von Bahnschienen herumzutreiben, ist lebensgefährlich. Auf ihrem Rückweg in die Stadt, erinnert sich Vitka Kempner-Kover, mied sie daher die Dörfer und suchte sich lieber Wege durch den Wald. Einmal gerät sie mitten in eine Schießerei: »Ich begriff plötzlich, daß ich mich auf einem deutschen Truppenübungsplatz befand. Ich konnte nicht mehr zurück, ich mußte einfach weitergehen. Je weiter ich ging, desto mehr Deutsche sah ich und desto heftiger wurde geschossen. Ich beschloß, direkt zum Kommandanten zu gehen. Ich fing an, bitterlich zu weinen, und sagte, ich habe furchtbare Angst, ich habe mich verlaufen, bitte helfen Sie mir, hier wieder herauszukommen. Er gab mir zwei Soldaten mit, die mich auf den richtigen Weg führten.«[132]

Die Bombe wird im Ghetto gebaut, von Leuten, die noch nie zuvor eine Bombe hergestellt haben. Roszka Korczak und Abba Kovners Bruder, die im YIVO arbeiten und die Bücher verpacken, die Alfred Rosenbergs Stab nach Deutschland schaffen will, finden unter den Büchern eine Broschüre mit einer Anleitung zur Herstellung von Bomben. Den Sprengstoff schmuggeln jüdische Zwangsarbeiter aus einem deutschen Waffenlager. Die Bombe, die Vitka Kempner schließlich mitnimmt, besteht aus einem 80 Zentimeter langen Rohr, das mit Sprengstoff gefüllt und mit einem primitiven Zünder versehen ist.[133] Ein Ghettopolizist hilft ihr, sie durch das Tor zu schmuggeln. Zusammen mit einem Kameraden macht sie sich auf den kilometerlangen Weg zu der Stelle, die sie ausgesucht hat: »Wir haben auf den richtigen Zeitpunkt gewartet. Dann haben wir das Rohr unter die Schienen gelegt und sind sofort weggelaufen. Aus der Entfernung haben wir die Explosion gehört.«[134]

Ende Juni verhaftet der SD ein Mitglied des städtischen kommunistischen Untergrundkomitees. Der Mann sagt unter der Folter aus, daß er Kontakt zu dem jüdischen Kommunisten Wittenberg im Ghetto hatte. Als die Ghettopolizei Itzhak Wittenberg festnimmt, gibt die FPO zum ersten Mal die Parole »Liza ruft« aus. Die Waffen werden verteilt, Aktivisten der FPO gelingt es, Wittenberg zu befreien. Nun stellen die Deutschen den Vorsitzenden des Judenrates und Chef der Ghettopolizei Jacob Gens vor die Alternative: Entweder das Ghetto liefert Wittenberg aus oder das Ghetto wird liquidiert.[135] Vitka Kempner-Kovner und Cesia Rosenberg erinnern sich an die »Wittenberg-Affäre«, die das Ende ihrer Illusionen bedeutete: Die Aktivistinnen und Aktivisten der FPO sind bereit zu kämpfen, bis sie erkennen, daß der Gegner, gegen den sie antreten müßten, die Ghettobevölkerung ist. Gens hat den Menschen erklärt, daß sie überleben können, wenn sie weiterhin gut und ruhig arbeiten. Daß ihr Leben nicht durch die Deutschen gefährdet ist, sondern durch ein paar Verrückte, die eine Revolte anzetteln wollen und damit alle in Gefahr bringen. Die Mitglieder der FPO versammeln sich bewaffnet in ihrem Zentrum, als Tausende Männer und Frauen mit Äxten, Rohren und Stöcken in den Händen auf sie zukommen und die Auslieferung Wittenbergs verlangen.[136] »Das war eines meiner schwersten und schrecklichsten Erlebnisse«, sagt Vitka Kempner-Kovner rückblickend: »Unsere ganze Ideologie ist zusammengebrochen. Wir dachten immer, wir gehören zu den Leuten, und wenn wir mit dem Aufstand beginnen, schließen sie sich uns an.«[137] Vitka Kempner befindet sich in der Wohnung, in der der Stab der FPO mit Wittenbergs engsten Vertrauten tagt: »Sie haben pausenlos beraten. Es gab Leute, die boten an, an Wittenbergs Stelle zu gehen, aber das lehnten die Deutschen ab. Als dann die Entscheidung getroffen wurde, haben Wittenbergs Leute, die Kommunisten, den Ausschlag gegeben.« Sonia Madaisker und Chania Borowska gehen zu Wittenberg, um ihm die Entscheidung mitzuteilen: Er muß sich stellen. Vitka Kempner sagt heute: »Er hat das dann freiwillig gemacht, aber das ist nur die halbe Wahrheit. Er konnte sich natürlich weigern, aber es war eine Entscheidung seiner kommunistischen Zelle. Er war sehr enttäuscht und verletzt. Er hat Sonia und Chania gefragt: ›Meint ihr wirklich, daß ich das machen muß?‹, und sie sagten: ›Ja.‹ Im Grunde genommen hatte er keine Wahl.« Viele der »einfachen« FPO-Mitglieder verstehen und akzeptieren die Entscheidung ihrer Führung nicht, den Kommandanten der jüdischen Kampforganisation den Deutschen auszuliefern. Vitka Kempner-Kovner erinnert sich: »Es hat die Atmosphäre vergiftet. Es ist eine Atmosphäre des Mißtrauens entstanden. Und nun begann wieder die Diskussion: im Ghetto bleiben oder in den Wald gehen?«[138]

Es spricht viel dafür, das Ghetto zu verlassen. Fast alle Mitglieder der Organisation sind bekannt, Gens könnte sie alle verhaften lassen. Die Menschen, derentwegen sie bisher geblieben sind, für die und mit denen sie kämpfen wollten, haben sich eindeutig gegen sie gestellt. Die Pragmatiker und diejenigen, die schon immer für den Wald plädiert haben, wie Josef Glasman von den Revisionisten, bestehen darauf, sich den Partisanen anzuschließen. Die »Ideologen«, vor allem die Führungsmitglieder von Haschomer Hazair, beharren auf ihrer historischen Verantwortung, als Juden im Ghetto zu kämpfen, wenn die

Deutschen die letzten noch lebenden Juden vernichten wollen. Nach heftigen Diskussionen beschließt die FPO, einen Teil ihrer Leute in den Wald zu schicken. Die anderen sollen einen Aufstand zumindest versuchen und anschließend in die Wälder fliehen.[139]

Am frühen Morgen des 1. September 1943 umstellen deutsche und estnische Polizeieinheiten das Wilnaer Ghetto. Die Führung der FPO gibt das Losungswort »Liza ruft« aus. Eines der beiden Bataillone der FPO wird umzingelt, ehe es sich bewaffnen kann. Das zweite schlägt sich mit ein paar Revolvern, Handgranaten und mit Säure gefüllten Glühbirnen. Als Jekhiel Szeinbojm fällt, übernimmt Roszka Korczak das Kommando, doch die Kämpferinnen und Kämpfer müssen sich zurückziehen, als die Deutschen die Gebäude sprengen, in denen sie sich verschanzt haben. Viele von ihnen kommen in den Häusern um. Die Bewohner des Ghettos, die sich anfangs versteckt hatten, folgen dem Aufruf von Gens, sich freiwillig zum Sammelplatz zu begeben. Er behauptet, sie würden in Arbeitslager gebracht. Die FPO gibt nun den Kampf im Ghetto auf. In Gruppen fliehen die Widerständler nachts auf die »arische Seite« und von dort in die Wälder, wo sie bis zur Befreiung als Partisanen kämpfen.[140]

Eine kleine Gruppe der FPO unter dem Kommando von Abba Kovner bleibt bis zuletzt im Ghetto. Vitka Kempner, Zelda Treger und Sonia Madaisker arbeiten einen Fluchtweg aus dem Ghetto aus und organisieren die weitere Route der entkommenen Kämpferinnen und Kämpfer zu den Partisaneneinheiten in den Wäldern von Rudniki. Vitka Kempner-Kovner erinnert sich, daß sie jede Nacht bis zu 50 Kilometer lief. Sie mußten, berichtet sie, nicht nur die Menschen herausschmuggeln, sondern auch die Waffen, denn ohne Waffen wurden sie von den Partisanen nicht aufgenommen: »Die Waffen haben wir auf dem jüdischen Friedhof versteckt und dann verteilt. Aus dem Ghetto haben wir sie in Särgen herausgebracht.«[141]

Am Tag der endgültigen Liquidierung des Ghettos ist Vitka Kempner auf der »arischen Seite«, um die Flucht der Kameradinnen und Kameraden, die noch übrig sind, von draußen zu organisieren. Da sie es nicht ertragen kann, nicht zu wissen, was mit ihren Leuten geschieht, während die letzten Wilnaer Juden abtransportiert werden, schmuggelt sie sich in das Ghetto und bittet darum, bleiben zu dürfen, bis alle anderen in Sicherheit sind. Doch ihr Genosse, Kommandant und späterer Mann, Abba Kovner, schickt sie zurück: Sie wird draußen gebraucht.[142]

Als sie alle in den Wäldern angekommen sind, warten erneut Ent-

266

täuschungen und Gefahren auf sie, nun von seiten der sowjetischen Partisanen. Nicht alle Wilnaer Kämpferinnen und Kämpfer dürfen sich derselben Einheit anschließen, den Frauen werden ihre schwer erbeuteten Waffen abgenommen, die von Abba Kovner kommandierte Partisanengruppe wird aufgelöst, ihre Mitglieder auf verschiedene andere Verbände verteilt. Die jüdischen Widerständler werden in ihren jeweiligen Einheiten mit offenem und versteckten Antisemitismus konfrontiert. Viele von ihnen werden von den Deutschen entdeckt und überwältigt, weil sie nicht adäquat ausgerüstet und in die größeren Verbände integriert sind.[143] Cesia Rosenberg wird von ihrem Kommandanten gezwungen, in der Feldküche zu arbeiten. Sie wehrt sich gegen diese Degradierung: »Ich bestand auf meiner Gleichberechtigung als Kämpferin. (...) Meine Bitten stießen auf taube Ohren.« Der »Alltag« unter den Männern ist für sie schwer zu ertragen: »Jedesmal, wenn ich mich zu ihnen gesellte, erzählte einer einen Witz, und es war meistens ein geschmackloser Witz, (...) und alle sahen amüsiert in meine Richtung. (...) Auf die schmutzigen Witze folgten die antisemitischen, gemein und bösartig. (...) Ich gehörte nicht dazu. Daß ich die einzige Frau und, mehr noch, die einzige Jüdin in der Kompagnie war, machte es für mich nicht einfach.«[144]

Warschau

Masza Putermilch kehrt kurz vor der Schließung des Ghettos nach Warschau zurück. Sie ist Ende 1939 nach Miedzeszyn gegangen, um dort, zusammen mit elf weiteren Genossinnen der Tsukunft, des Jugendverbandes des Bund, im Medem-Sanatorium in der Näherei zu arbeiten. Ihre Eltern fürchten jedoch, die Familie könnte endgültig auseinandergerissen werden, und bitten sie zurückzukommen: »(sie) waren schon im Ghetto. Wir wohnten in der Nalewkistraße 47, unsere Wohnung befand sich im Ghettogebiet. Wir (...) hatten für die damaligen Verhältnisse ›Glück‹, denn wir mußten nicht aus unserer Wohnung ausziehen. Alles, was wir in der Wohnung hatten, konnten wir für Brot verkaufen, während die, die umziehen mußten, gezwungen waren, fast alles zurückzulassen.«[145]

Knapp 400000 Juden lebten in der polnischen Hauptstadt, als die Deutschen sie besetzten. Zehntausende Flüchtlinge, die aus kleineren Städten und Dörfern nach Warschau geflüchtet waren, ließen sich zusätzlich hier nieder, vor allem in den ohnehin bereits übervölkerten traditionellen jüdischen Arbeitervierteln. Am 2. Oktober 1940 erläßt der Gouverneur des Warschauer Distrikts, Ludwig Fischer, eine »Sonderverordnung« zur Errichtung des Ghettos. Der »jüdische Wohnbezirk« wird mit einer von Stacheldraht bewehrten Mauer umgeben, das Betreten und Verlassen des Ghettos ist nur mit einer Genehmigung möglich, die an den bewachten Toren kontrolliert wird. Im April 1941 drängen sich an die 500 000 Menschen in den überfüllten Wohnungen und Flüchtlingsheimen oder kampieren auf der Straße. In den Häusern teilen sich bis zu 13 Menschen einen Raum. Nur 27 000 Bewohnerinnen und Bewohner sind erwerbstätig, die anderen ernähren sich von Schmuggel, Kleinhandel, Schwarzarbeit und Gelegenheitsarbeit. Der Rest verhungert. Auf Grund der katastrophalen hygienischen Verhältnisse und der mangelnden medizinischen Versorgung breiten sich Krankheiten und Seuchen aus. Bis zum Juni 1942 sind bereits 100 000 Ghettobewohnerinnen und -bewohner an den elenden Lebensbedingungen gestorben.[146]

Diese Bedingungen und ihre Folgen sind das Ergebnis einer gezielten Politik. Warschau ist die Stadt mit der größten jüdischen Bevölkerung in Polen und das Zentrum der jüdischen revolutionären Parteien und Bewegungen. An den Warschauer Juden soll zum einen ein Exempel statuiert und zum anderen die Vernichtung der polnischen Juden durch Verelendung erprobt werden. Der lokale Verantwortliche für diese Politik, Gouverneur Ludwig Fischer, formuliert als Ziel der Ghettoisierung: »Die Juden werden vor Hunger und Elend eingehen, und von der jüdischen Frage wird nur noch ein Friedhof übrigbleiben.«[147]

Die ersten Opfer der Verelendungspolitik sind die Flüchtlinge und »Ausgesiedelten«. Sie haben keine Unterkunft, leben auf der Straße oder bestenfalls in den sogenannten »Punkten«, Übergangsheimen, die Marek Edelman in seinem nach der Befreiung verfaßten Bericht »Das Ghetto kämpft« als »eine der dunkelsten Erscheinungen des Ghettolebens« beschreibt: »In großen, leeren, unbeheizten Sälen der Gebetshäuser und ehemaligen Fabrikhallen hausen zusammengepfercht jeweils einige hundert Menschen. Dreckig, verlaust, ohne Möglichkeit, sich zu waschen, unterernährt und hungrig (einmal am Tag wird vom Judenrat Wassersuppe geliefert), liegen sie tagelang auf schmutzigen Strohsäcken, zu kraftlos, um aufzustehen. (…) Auf eine ganze Familie entfällt oft ein einziger Liegeplatz.«[148]

Die politisch und sozial engagierten Ghettobewohnerinnen und -bewohner gründen Hauskomitees, in denen sie versuchen, das Leben in ihren jeweiligen Wohnhäusern zu organisieren. Später werden diese Hauskomitees Verstecke und Bunker bauen und Tunnel für die Flucht aus dem Ghetto graben. Emanuel Ringelblum, der Chronist des Warschauer Ghettos, schreibt am 10. Juni 1942:»Neulich wurde ein interessantes Phänomen erkenntlich. In vielen Hauskomitees treten die Frauen in den Vordergrund und lösen die Männer ab, die ihre Positionen, müde und erschöpft von der Arbeit, aufgeben. Es gibt Hauskomitees, in denen die gesamte Führung in den Händen der Frauen liegt.«[149] Das Hauskomitee der Krochmalnastraße 13 schreibt in seinem Bericht über den Winter 1941/42:»Während der letzten drei Monate sind 106 Personen gestorben, 64 von ihnen an Fleckfieber, der Rest ist verhungert, darunter 28 Kinder. Aus Mangel an den erforderlichen Mitteln für ein reguläres Begräbnis wurden 63 Leichen auf die Straße geworfen. (...) Etwa 100 Peronen haben auf Grund des Hungers Schwellungen oder Ödeme. (...) Während der letzten drei Monate wurden 43 Familien aus ihren Wohnungen vertrieben, die meisten von ihnen wurden später in Kellern untergebracht, die zu Wohnzwecken ungeeignet sind, da sie über keine Böden, keine Fenster etc. verfügen. Zur Zeit gibt es hier 28 Familien, das heißt 140 Personen, die über keinerlei Mittel zum Unterhalt verfügen. Sie liegen auf dem bloßen Boden, mit Lumpen bedeckt, und ernähren sich von rohen Speiseresten. Sie warten ungeduldig darauf, endlich zu sterben.«[150]

Masza Putermilch ernährt sich und ihre Familie, indem sie alles verkauft, was in ihrem Haushalt noch vorhanden ist. Später kauft sie die Kleider von Verstorbenen auf. Ihr Vater wäscht sie und färbt sie um, Masza näht sie zu neuen Stücken zusammen, die dann ihre Mutter verkauft. Eine Zeitlang arbeitet sie mit ihrem Vater in einer Riemenwerkstatt. Sie hat vom Hunger geschwollene Füße und ist sicher, daß es nicht mehr lange dauern wird, bis sie am Hunger stirbt, wie schon fast ihre gesamte Familie. Ihre Mutter wird in der Juli-Aktion deportiert, der Vater und Masza schlagen sich gemeinsam durch:»Ich habe selten geweint. Aber ich habe geweint, als ich gesehen habe, wie mein Vater das kleine Stückchen Brot teilt. Ich sage zu ihm:›Das ist nicht gleich!‹ Und er sagt:›Nimm, du bist ein Kind, du wächst noch, du brauchst mehr.‹ Es hat Väter gegeben, die haben alles selber gegessen. Die Menschen haben verschieden reagiert.«[151] Bis heute, sagt Masza Putermilch, ist sie von einer »Psychologie des Hungers« geprägt. Der Hunger, erinnert sie sich, beeinflußte auch die Inhalte der Untergrundarbeit, die politische Erziehung trat hinter der praktischen Arbeit zurück:»Im Licht der akuten Leiden verblaßt die Ideologie.«[152]

Seit Anfang 1942 treffen in Warschau Kurierinnen aus Wilna und Bialystok ein, die den Chaluzim den Wilnaer Aufruf zum Widerstand überbringen und von den Massenmorden an Juden nach dem deutschen Überfall auf die Sowjetunion berichten. Im Februar treffen die ersten Nachrichten über die Vergasungen in Chelmno ein. Doch außer den Aktivistinnen und Aktivisten der Jugendorganisationen glaubt niemand die Schreckensmeldungen. Als Chaika Grossman vor Vertretern der jüdischen Gemeinde und der Parteien von den Massenerschießungen in Ponary berichtet, erklären ihre unwilligen Zuhörer: »Es mag ja sein, daß so etwas im Osten vorgekommen ist. Aber Warschau ist ein Zentrum der zivilisierten Welt, hier leben eine halbe Million Juden, hier kann so etwas gar nicht geschehen. Die Welt würde es nicht zulassen.«[153] Die zionistische Jugend, die Jugend des Bund und die Kommunisten diskutieren, anfangs unabhängig voneinander, dann miteinander über Möglichkeiten und Strategien des Widerstands. Im Frühling 1942 gründen Haschomer Hazair, Dror, Poale Zion und die Kommunisten den »Antifaschistischen Block«. Der Jugendverband des Bund, Tsukunft, gründet eigene Kampfgruppen. Die Revisionisten haben bereits zu Beginn des Jahres ihren Kampfverband ZZW (Zydowskie Zwiazek Wojskowy, Jüdischer Militärverband) gegründet. Der Schwerpunkt der illegalen Arbeit im Ghetto verlegt sich von der Erziehungs- und Sozialarbeit auf die Organisierung einer bewaffneten Untergrundbewegung.[154]

Marek Edelman schreibt in »Das Ghetto kämpft« über die Widerstandsarbeit des Bund in dieser Phase: »Da wir über keine Waffen verfügen, (...) beschränkt sich unsere Arbeit praktisch auf das beständige Sammeln von Nachrichten unter den Gestapo-Agenten, damit wir die Menschen vor eventuellem ›Hochgehen‹ warnen können.« In diesem Nachrichtendienst des Bund arbeiten ausschließlich Frauen.[155] Daneben geben der Bund und die vereinigten Verbände der Kinder und Jugendlichen des Bund, SKIF und Tsukunft, illegale Zeitungen heraus, deren Verteilung gleichfalls vor allem Frauen leiten und durchführen.[156] Auch die im Antifaschistischen Block vereinten Organisationen geben illegale Zeitungen heraus. In erster Linie aber bemühen sie sich darum, Waffen zu erwerben und das von den Kurierinnen der zionistischen Jugendbewegung aufgebaute Kontakt- und Informationsnetz zwischen den verschiedenen Ghettos aufrechtzuerhalten und auszubauen. Eine Delegation, bestehend aus Tosia Altman, Frumka Plotnicka, Lea Perlstein und Arieh Wilner, wird auf die »arische Seite« geschickt, um hier konspirative Wohnungen einzurichten, Kontakte zum polnischen Widerstand aufzunehmen und Waffen für das Ghetto zu organisieren.[157]

Am 22. Juli 1942 beginnt die erste große »Aussiedlungs«-Aktion im Warschauer Ghetto. Als erste werden die Insassen der Gefängnisse, die Obdachlosen und die Bettler abtransportiert. Von nun an werden täglich Tausende Menschen in die Gaskammern von Treblinka verschleppt.[158] Am dritten Tag der Aktion treffen sich die Vertreter des Ghettountergrunds. Die Delegierten der Chaluzim und von Tsukunft plädieren dafür, aktiv Widerstand zu leisten, doch die Mehrheit ist dagegen.[159] Der Bund beauftragt während der Aktion einen seiner Aktivisten, einem der Transporte nach Treblinka zu folgen: Er berichtet, daß die Menschen dort vergast werden. Diese Information verbreitet der Bund in seiner illegalen Zeitschrift »Ojf der Wach« und warnt die Bevölkerung davor, sich abführen zu lassen. Doch die Menschen, berichtet Marek Edelman, »wehren sich mit Händen und Füßen« gegen die entsetzliche Wahrheit. Die Deutschen setzen einen neuen Trick ein, um die Ghettobewohner in die Irre zu führen: »Sie versprechen und geben jedem Juden, der sich freiwillig zur Ausreise meldet, drei Kilo Brot und ein Kilo Marmelade. Das reicht. Die Propaganda und der Hunger tun das übrige. Die erste liefert ein unwiderlegbares Argument gegen all diese ›Märchen‹ über die Gaskammern (›Warum sollten sie Brot verteilen, wenn sie alle umbringen wollen?‹), der Hunger, der noch stärker ist, überschattet alles andere durch das Bild von drei braunen, gut durchgebackenen Brotlaiben.«[160] Als die Aktion am 12. September 1942 beendet wird, sind von den 400000 Ghettobewohnerinnen und -bewohnern, die bis zum Sommer 1942 überlebt haben, nur noch 60000 übrig.[161] Sie werden auf drei Arbeitslager auf dem Ghettogelände verteilt: Das Zentralghetto, das Gelände der Bürstenmacher und das Werkstattgelände, auf dem die deutschen Fabrikanten Toebbens, Schultz, Röhrich und Schilling produzieren lassen. Die Zwangsarbeiterinnen und Zwangsarbeiter in den Betrieben erhalten einen Teller Suppe und ein Stück Brot pro Tag. Ihr offizieller Lohn wird der SS ausgezahlt, die Arbeitszeit beträgt zwischen 12 und 19 Stunden täglich.[162]

Im Oktober 1942 gründen die zionistischen Jugendbewegungen Haschomer Hazair, Dror, Hanoar Hazioni, Gordonia und Akiba, Rechte und Linke Poale Zion, der Bund und die Kommunisten die gemeinsame Jüdische Kampforganisation ZOB. Es gibt seit der großen Aktion kaum noch alte Menschen und Kinder im Ghetto, alle Kranken, Schwachen, nach deutschen Kriterien nicht Arbeitsfähigen wur-

271

den deportiert. Die übrigen sind meist junge und in jedem Fall »arbeitsfähige« Frauen und Männer. Die meisten von ihnen haben ihre Familien verloren und zugesehen, wie ihre Nächsten, Freundinnen, Bekannten, Nachbarn abgeführt wurden. Anders als in den meisten anderen Ghettos bewirkt diese Situation, daß große Teile der verbliebenen Bevölkerung die Aufrufe des Widerstands positiv aufnehmen.[163] Masza Putermilch, die bisher vor allem mit den Kindern im Ghetto gearbeitet und die illegale Presse verteilt hat, wünscht sich nun, nachdem fast alle Mitglieder ihrer Familie verhungert sind und ihre Mutter deportiert wurde, mehr zu tun, Rache zu nehmen. Als eine Freundin ihr erzählt, daß im Ghetto Kampfgruppen gebildet werden, ist sie sofort bereit mitzumachen. Sie wird erst einmal gründlich ausgeforscht, doch als alte Aktivistin von SKIF ist sie kein unbeschriebenes Blatt. Marek Edelman führt eine Art »Verhör« mit ihr durch und fordert sie dann auf, bei der Bildung einer neuen Kampfgruppe mitzumachen. Ihre erste Aufgabe besteht darin, Wohnungen zu suchen, in denen die Gruppe vorerst leben und aus denen sie während des Aufstands ihren Angriff führen kann: »Wir mußten zwei Wohnungen haben, eine im ersten und eine im zweiten Stock. Zum Kämpfen sollten wir in die Wohnung im ersten Stock, die sollte so niedrig wie möglich zur Straße hin liegen. Wir wußten, es sollen drei Zimmer sein und fünf Fenster. Das Haus sollte an der Ecke Mila-Zamenhof stehen. Das war ein strategischer Punkt. Die Wohnungen mußten zu denen der beiden anderen Gruppen passen, die schon existiert haben. Wir waren die dritte Gruppe. Nach diesen Kriterien haben wir gesucht. Es hat nicht lange gedauert, bis wir ein passendes Haus gefunden haben, denn im Ghetto standen jetzt ja viele Wohnung leer.«[164]

Masza Putermilch lebt nun mit zehn Genossinnen und Genossen in der gemeinsamen Wohnung: »Wir haben Betten aus verlassenen Wohnungen hineingestellt. Wir haben Brot bekommen von den Bäckern im Ghetto. Sonst hatten wir kaum zu essen. Das ganze Geld, das wir hatten, haben wir für Gewehre ausgegeben. Essen gab es nur so viel, wie nötig war, um uns aufrecht zu halten. Wir haben Suppe gekocht, aus Kartoffeln. Manchmal hat jemand Abfälle gebracht, auch ein bißchen Fleisch. Die Kartoffeln haben wir von den Schmugglern gekauft. Wir haben gelernt, den Revolver auseinanderzunehmen und wieder zusammenzusetzen. Wir haben schießen gelernt, aber nur theoretisch, wir haben nicht wirklich geschossen. Wir haben zielen gelernt. Wir haben gelernt, wie man eine Handgranate wirft. Wir haben aber auch wissenschaftlichen Unterricht bekommen. Jeder, der etwas konnte, hat es den anderen beigebracht. Wir hatten einen, der war sehr musikalisch, der hat uns klassische Musik vorgespielt. Wir haben oben in den Dachböden Verbindungen zwischen den Häusern durchgebrochen, damit wir von einem Haus ins andere konnten. Die Mauern waren sehr dick, das hat viel Zeit in Anspruch genommen. Die Mauern durchbrechen, das mußten wir Mädchen nicht. Aber ich erinnere mich, daß wir sonst alles mit den Jungen zusammen gemacht haben.«[165] Das »Rezept« zur Herstellung der Handgranaten entwickelte Michal Klepfisz, der »Waffenmeister« der ZOB und Kontaktmann des Bund auf der »arischen Seite«. Vladka Mead schmuggelt sowohl die Gebrauchsanleitung als auch das benötigte Material in das Ghetto.[166]

Auch die Kommunisten und die Chaluzim kasernieren ihre Mitglieder, sofern sie nicht ohnehin schon in Kommunen beziehungsweise Kibbuzim leben, und konzentrieren sich auf die Waffenbeschaffung. Dora Goldkorn beschreibt die Arbeit ihrer kommunistischen Kampfgruppe: »Wir lebten ausschließlich dem einen gemeinsamen Gedanken: Waffen zu erbeuten! (...) Wir arbeiteten von sechs Uhr früh bis spät nachts, füllten ausgebrannte elektrische Glühbirnen mit einer Mischung aus Schwefel und Dynamit. Auf einem von uns ausfindig gemachten Dachboden (...) richteten wir einen kompletten Betrieb für unsere Bomben ein.«[167] Die ZOB geht nun auch zu Angriffen im Ghetto über. Im Oktober 1943 erschießen zwei junge Männer und eine Frau, Emilia Landau, von Haschomer Hazair den stellvertretenden Kommandanten des jüdischen Ordnungsdienstes. Im November führen zwei Männer und eine Frau, Sarah Granatsztejn, von Dror ein Attentat gegen den Leiter der Wirtschaftsabteilung des Judenrates durch.[168]

Im Januar 1943 zählt die ZOB etwa 1250 Kämpferinnen und Kämpfer. Sie verfügen inzwischen über Hunderte Molotowcocktails, mit Schwefel gefüllte Glühbirnen und selbstgebaute Handgranaten, doch Handfeuerwaffen konnten sie nur wenige beschaffen, und auch an Munition herrscht Mangel.[169] Derart ärmlich ausgestattet, bereitet sich die ZOB auf den Aufstand vor, der an dem Tag stattfinden soll, an dem die Deutschen das Ghetto liquidieren. Als die Lastwagen mit deutschen Gendarmen, lettischen und estnischen Hilfstruppen und polnischer Polizei am 18. Januar im Ghetto auffahren, leisten fünf Kampfgruppen der ZOB Widerstand. Emilia Landau wirft, nach Aussagen Überlebender, die erste Handgranate und gibt damit das Zeichen zum Angriff. Doch die ZOB wurde überrascht, nur ein Teil der

Kämpferinnen und Kämpfer konnte mobilisiert werden. Sie muß schwere Verluste hinnehmen, ein großer Teil ihrer Kombattanten wird gefangengenommen und deportiert. Die Ghettobevölkerung wehrt sich erstmals aktiv gegen ihre Verschleppung. Die Menschen flüchten in improvisierte Verstecke, reagieren nicht auf die Aufforderung, sich zu stellen, und nutzen ihre Chancen, wenn die Aktion einer Widerstandsgruppe es ihnen ermöglicht, zu fliehen.[170] Die Deutschen brechen die Aktion unerwartet ab, nachdem sie »nur« 5000 bis 6000 Juden gefangennehmen konnten.[171]

Die ZOB organisiert sich nun neu, diskutiert ihre Fehler und ihre Erfolge. Alle Aktivistinnen und Aktivisten werden streng kaserniert und in permanenter Alarmbereitschaft gehalten. In den Kampfwohnungen werden Wachen aufgestellt, in den Straßen Patrouillen durchgeführt. Die Hauskomitees organisieren den Bau von Bunkern und Verstecken, von Durchbrüchen zwischen den Häusern und Fluchtwegen durch die Abwasserkanäle. Die Ghettobewohner legen Vorräte an, die Kinder schmuggeln durch das Kanalsystem Lebensmittel und Waffen.[172]

Nach dem Desaster vom Januar beordert der Höhere SS- und Polizeiführer Ost, Friedrich Wilhelm Krüger, den SS-Brigadeführer Jürgen Stroop, einen Fachmann auf dem Gebiet der Partisanenbekämpfung, nach Warschau und beauftragt ihn mit der endgültigen Liquidierung des »jüdischen Wohnbezirks«.[173] In den frühen Morgenstunden des 19. April 1943 umstellen deutsche Sicherheitskräfte, unterstützt von polnischer Polizei, das Ghetto. Die Posten der ZOB schlagen Alarm, die Kampfgruppen sammeln sich und begeben sich in ihre Stellungen. Kurierinnen und Kuriere der ZOB alarmieren die Zivilbevölkerung, die in die vorbereiteten Verstecke flüchtet. Ab vier Uhr morgens dringen kleinere Gruppen der Deutschen in das Ghetto ein.[174] In seinem Bericht »Das Ghetto kämpft« schreibt Marek Edelman: »Um 7 Uhr morgens rücken die motorisierten Truppen mit ihren Panzern und Panzerwagen ins Ghetto ein. Außerhalb stellen die Deutschen die Artillerie auf. Jetzt sind die SS-Männer einsatzbereit. Mit festem, lautem Schritt marschieren sie in geschlossenen Reihen in die scheinbar ausgestorbenen Straßen des Zentralghettos ein.«[175]

Masza Putermilch erinnert sich: »Vor dem Aufstand hatte ich ein Gefühl von Erleichterung: Ich werde etwas tun. Aber als dann der Tag kam und ich auf meiner Position stand, da habe ich mich gefreut. Ich hatte auch Angst, ich habe zum ersten Mal im Leben geschossen. Aber als ich gesehen habe, daß die Deutschen wirklich fallen, da – es ist schwer, das auszudrücken ... Die Hand, mit der ich den Revolver gehalten habe, hat mir gezittert. Es war alles vermischt, Freude mit Angst. Wir haben ja sie angegriffen, und wir hatten anfangs gute Positionen, wir standen oben, an den Fenstern, und konnten uns ducken. Wir haben geschossen und die Flaschen geworfen und waren dabei halbwegs geschützt, und sie standen ungeschützt im Freien. Wir waren im ersten Stock. Ich hatte einen Revolver und Handgranaten und eine Zündflasche. Wir hatten zweierlei Handgranaten. Eine war unsere eigene, sehr primitiv gemacht. Der Zünder bestand aus fünf Streichhölzern, man mußte eines davon anzünden und dann werfen. Das andere waren polnische Granaten, richtige. Unten das Tor haben wir verbarrikadiert und da hat einer Wache gestanden. Wir waren zehn, je zwei an fünf Fenstern. Gegenüber war noch einmal eine Gruppe von uns. Und wir sehen: Da marschiert eine Armee ein. Wir sehen: Da kämpft eine Fliege mit einem Elefanten. Aber die Deutschen dachten anfangs auch, sie haben eine Armee gegen sich.«[176]

Die überraschten Deutschen bringen die Panzer in Einsatz, doch auch die Panzer werden angegriffen, zwei gehen in Flammen auf.[177] Am Mittag marschieren unter dem Kommando von SS-Brigadeführer Jürgen Stroop 5000 Mann Waffen-SS, SS, Wehrmacht, polnische Polizei, »Fremdvölkische Wachmannschaften« und die Feuerwehr in das Ghetto ein.[178] Die Kampfgruppen der ZOB verteidigen sich, bis ihnen die Munition ausgeht und die Handgranaten knapp werden. Masza Putermilch und ihre Gruppe flüchten über die Dächer. Wo sie für die Deutschen sichtbar werden, geraten sie unter Beschuß. Masza Putermilch und ein paar anderen gelingt es, sich zu einem Bunker durchzuschlagen.[179]

Am zweiten Tag dringen die Deutschen in das Bürstenmacherviertel ein. Auch hier stoßen sie auf Widerstand, auch hier werden sie nicht nur von Männern attackiert, sondern auch von Frauen. Marek Edelman, der diesen Kampfabschnitt kommandiert, erinnert sich: »An einem Fenster im zweiten Stock steht Dwora. Sie schießt verbissen. Die Deutschen haben sie bemerkt: ›Schau, Hans, eine Frau schießt!‹ Sie versuchen, sie abzuschießen. Aber die Kugeln treffen nicht. Dafür setzt sie ihnen offensichtlich reichlich zu.«[180] Jürgen Stroop schreibt in seinem Bericht über die Niederschlagung des Warschauer Ghettoaufstands, den sein Vorgesetzter, der SS-Obergruppenführer und General der Polizei Krüger am 2. Juni 1943 Heinrich Himmler übergibt, zum 21. April: »Erstmalig wurde die Teilnahme der Frauenorganisation der Chaluzzenbewegung (sic!) festgestellt.«[181] Kazimierz Moczarski, der als polnischer politischer Gefangener Ende der 40er Jahre im Warschauer Mokotov-Gefängnis die Zelle mit Jürgen Stroop teilen mußte, erinnert sich in seinem Bericht »Gespräche mit dem Henker« daran, daß Stroop häufig auf die kämpfenden Frauen im Ghetto zu sprechen kam. »Diese Mädels«, erklärte der ehemalige SS-Brigadeführer seinem Zellengenossen, »waren keine menschlichen Wesen; vielleicht Göttinnen oder Teufelinnen. Kaltblütig und geschickt wie Zirkusreiterinnen. Sie schossen oft beidhändig! Verbissen und ausdauernd kämpften sie bis zum Ende.«[182] Es bedarf wohl eher des Psychologen als der Historikerin, um Stroops Phantasmen einzuschätzen. Fest steht, daß zahlreiche Frauen am Aufstand beteiligt waren. Stroops nachträgliche Aussagen über seine Reaktion auf die kämpfenden jüdischen Frauen geben eher über seine Misogynie Auskunft als über das reale Verhalten der Frauen. Seinem Zellengenossen Moczarski sagt er 1949: »(...) aus der Nähe waren sie besonders gefährlich! So ein geschnapptes Chaluzzenmädel wirkte zuerst wie ein unschuldiges Lämmchen. Aber wehe, wenn unsere Männer sich ihnen auf ein paar Schritte näherten! Unter dem Rock nach der versteckten Granate greifen und sie blitzschnell mitten in die SS-Gruppe schleudern, das war eins! (...) In solchen Situationen hatten wir regelmäßig Tote und Verwundete zu beklagen, deshalb befahl ich, diese Mädchen nicht mehr gefangenzunehmen, sie auf keinen Fall zu nahe herankommen zu lassen und sie aus sicherer Entfernung mit der Maschinenpistole umzulegen.«[183]

Als der Widerstand im Ghetto nach vier Tagen noch immer anhält, weist Himmler Stroop an, »die Durchkämmung des Ghettos in Warschau mit größter Härte und unnachsichtiger Zähigkeit zu vollziehen«. Stroop beschließt, »nunmehr die totale Vernichtung des jüdischen Wohnbezirks durch Abbrennen sämtlicher Wohnblocks (...) vorzunehmen«.[184] Marek Edelman beschreibt in seinem Bericht das Inferno des brennenden Ghettos: »Der Asphalt schmilzt unter den Füßen zu einem schwarzen, klebrigen Brei. Das überall herumliegende, zersplitterte Glas verwandelt sich in eine dicke, zähflüssige Masse, in der die Schuhe des Laufenden kleben bleiben. Durch die Hitze des glühenden Pflasters beginnen die Schuhsohlen zu brennen. Einer nach dem anderen schlagen wir uns durch die Flammen durch. Von Haus zu Haus, von Hof zu Hof. Es gibt keine Luft mehr zum Atmen, in den Köpfen dröhnen hundert Hämmer. Brennende Balken stürzen auf unsere Köpfe herab. (...) Was die Deutschen nicht geschafft haben, erledigt jetzt das allmächtige Feuer. Tausende Menschen kommen in

den Flammen um. (...) Das Feuer treibt die Menschen aus den Schutz-
kellern heraus, zwingt sie, aus den seit langem vorbereiteten, sicheren Verstecken auf den Dachböden und in den Kellern zu fliehen. (...)
Hunderte Menschen setzen ihrem Leben ein Ende, indem sie aus dem
dritten und vierten Stock herunterspringen.«[185]

Die Kämpfenden versuchen, in die Bunker zu gelangen, zwischen
denen die Verbindungsleute, so lange es möglich ist, den Kontakt halten. Masza Putermilch wird von ihrer Kampfgruppe in den Stabsbunker der ZOB in der Milastraße 18 geschickt, um Anweisungen von
Mordechai Anielewicz, dem Kommandanten des Aufstands, einzuho-
len.[186] Der Bunker in der Milastraße 18 war ursprünglich von Mitgliedern der Unterwelt eingerichtet und vergleichsweise luxuriös ausgestattet worden. Die Führungsmitglieder der ZOB suchen als erste in
diesen weitverzweigten Kellerräumen Zuflucht und richten hier ihre
Kommandozentrale ein. Im Laufe der Zeit strömen auch zahlreiche
Zivilisten in den Bunker.[187] Zivia Lubetkin, Leitungsmitglied der ZOB,
beschreibt in ihrem nach der Befreiung verfaßten Bericht »Die letzten
Tage des Warschauer Ghettos« die Situation im Bunker: »Da saßen
wir nun, unsere nutzlosen Waffen neben uns (...) Es war klar, daß wir
es ohne Lebenmittel, Wasser und Löschgerät nicht lange inmitten des
tobenden Flammenmeers würden aushalten können.«[188] Die ZOB-
Mitglieder beschließen, Kundschafter auszuschicken, die einen Weg
nach draußen suchen sollen. Währenddessen spüren die Deutschen
die Bunker auf und greifen sie mit Gasbomben an. Am 8. Mai entdek-
ken sie den Stabsbunker. Zivia Lubetkin, die mit Marek Edelman und
Chaim P. von einer Erkundungstour zurückkommt, findet die wenigen Überlebenden im Hof hinter dem Bunker vor. In ihrem Bericht
gibt sie wieder, was die Überlebenden ihr erzählten: Die Deutschen
forderten sie erst auf, sich zu ergeben. Die Zivilisten kamen der Aufforderung nach, die Kämpferinnen und Kämpfer verschanzten sich
schußbereit in der Nähe des Eingangs. Dann ließen die Deutschen
Gas in den Bunker einströmen. Arie Wilner forderte seine Kameradinnen und Kameraden auf, sich nicht langsam vergasen zu lassen,
sondern sich selbst zu töten. 120 Aktivistinnen und Aktivisten der
ZOB starben durch Selbstmord oder erstickten durch das Gas. Als jemand einen verborgenen Ausgang entdeckte, konnten sich nur noch
21 Menschen, davon 18 ZOB-Mitglieder, retten.

Zivia Lubetkin und die Überlebenden schlagen sich zum Bunker in
der Franciszanskastraße, dem Hauptquartier von Marek Edelman,
durch.[189] Masza Putermilch, die sich gleichfalls in der »Mila 18« be-

fand, war schon wenige Tage vor der Entdeckung des Bunkers, zusammen mit den anderen Bund-Mitgliedern, von Marek Edelman in die Franciszanskastraße geholt worden.[190] Die ZOB-Mitglieder setzen die Suche nach einem Weg aus dem Ghetto fort. Simha Rotem, »Kazik« genannt, und Itzhak Zuckerman, »Antek«, bemühen sich von der »arischen Seite« her, eine Fluchtroute aus dem Ghetto zu den Partisanen in den Wyszkower Wäldern zu organisieren. Die konspirative Wohnung von Vladka Peltel (Mead), der Verbindungsfrau des Bund auf der »arischen Seite«, dient »Kazik« als Stützpunkt. Nach einer Woche intensiver Suche findet er einen Weg und zwei Führer, städtische Kanalarbeiter, die ihn für einen Abgesandten des polnischen Untergrunds halten und deshalb bereit sind, die Rettungsaktion mitzumachen. In der Nacht vom 9. auf den 10. Mai gelangt »Kazik« in den Bunker in der Franciszanskastraße.[191] Die Flucht durch die Abwasserkanäle wurde unter anderem von Zivia Lubetkin, Simha Rotem, Marek Edelman und Tuwia Borzykowski beschrieben. Die Schilderungen gleichen sich weitgehend.[192] Zivia Lubetkin schreibt in ihrem Bericht von 1947: »(Wir) stiegen hinunter in die Kanalisationsanlage, an der Spitze die beiden Führer, Marek und ich am Ende. Es war ein Abgrund von Dunkelheit, und ich fühlte, wie das Wasser um mich herum aufspritzte, als ich hinuntersprang, und dann wieder weiterströmte. Ein gräßliches Gefühl des Ekels überkam mich in dem kalten, schmutzigen Wasser (…) 60 Menschen krochen durch den engen Abwasserkanal, halb zusammengekrümmt, während das schmutzige Wasser uns bis an die Knie reichte. Jeder hatte eine Kerze. Auf diese Weise arbeiteten wir uns halb gehend, halb kriechend 20 Stunden lang, einer hinter dem anderen, ohne Rast (…) durch diesen grauenvollen Kanal. Zu unserer Gruppe gehörten auch die 18 Überlebenden der Katastrophe bei Milah (sic) 18, die sich von den Wirkungen des Gases noch nicht erholt hatten. Einige von ihnen waren nicht imstande zu laufen, und wir zerrten sie an Händen und Füßen durch das Wasser.«[193]

Auf der »arischen Seite« angekommen, muß die Gruppe noch bis zum Vormittag unter dem geschlossenen Kanaldeckel warten. Dann holt sie ein Lastwagen ab, der sie in den Wald bringt. Hier erwartet sie eine Gruppe von Kameradinnen und Kameraden, die schon zuvor aus dem Ghetto entkommen konnten: »In unseren Lumpen, voller Unrat und mit unseren verschmutzten und noch ungewaschenen Gesichtern waren wir menschlichen Wesen so unähnlich, daß man uns kaum erkannte. Sie brachten uns sofort warme Milch. Alles war so seltsam.

Um uns der grüne Wald und ein schöner Frühlingstag. (...) Alles, was jahrelang in unseren vereisten Herzen begraben und zurückgedrängt war, regte sich jetzt. Ich brach in Tränen aus.«[194]

Im Ghetto liefern »wilde Gruppen«, Überlebende, die sich in den Ruinen versteckt halten, den Deutschen noch bis in den Frühsommer kleinere Scharmützel. Stroop erklärt in seinem Bericht die Kämpfe am 16. Mai für beendet. Die »Gesamtzahl der erfaßten und nachweislich vernichteten Juden« gibt er mit 56065 an.[195] Die geretteten Kämpferinnen und Kämpfer der ZOB schließen sich den Partisanen in den Wyszkower Wäldern an. Viele von ihnen kommen ums Leben. Die Überlebenden der ZOB-Gruppe beteiligen sich am Warschauer Aufstand im August 1944.[196] Masza Putermilch hält sich mit ein paar Kameradinnen und Kameraden nach der Niederschlagung des polnischen Aufstands durch die Deutschen in Kellern versteckt. Als sie am 17. Januar 1945 laute Schläge an die Wand ihres Bunkers hören, flüchten sie in die Abwasserkanäle, wie schon anderthalb Jahre zuvor: »Wir dachten, es sind die Deutschen, aber es waren Juden, die wußten, daß wir dort drin waren, und die uns sagen wollten, daß Warschau befreit war.«[197]

Krakau

Als die Deutschen am 6. September Krakau erobern, hat Hela Szyper die Stadt schon verlassen. Sie will nach Rußland, wo sich bereits ihr Bruder befindet. Als sie einsehen muß, daß sie den Invasoren nicht entkommen kann, kehrt sie für kurze Zeit nach Krakau zurück. Dann beginnt sie zu pendeln, zwischen Krakau und Zanub, einem kleinen Ort an der russischen Grenze, wo ihr Vater mit seiner neuen Familie lebt, und zwischen Krakau und Warschau. Sie verbindet dabei Politik und »Beruf«: »Wo immer ich hingefahren bin, traf ich Leute von Akiba, ich habe den Kontakt aufrechterhalten. Aber ich mußte auch von etwas leben. Also habe ich in Krakau Sachen gekauft, die es in Zanub nicht gab und umgekehrt und habe damit gehandelt. Das alles habe ich natürlich als ›Arierin‹ gemacht. Ich hatte keine Papiere. Aber ich habe mir gesagt, wenn ich wirklich ›Arierin‹ wäre, dann brauchte ich keine Papiere. Ich hatte nur das Schulzeugnis einer nichtjüdischen Freundin. So hat es angefangen.«[198]

In Krakau, der alten Hauptstadt Polens, lebten zu Kriegsbeginn an die 60000 Juden. Die Krakauer jüdische Gemeinde zählte seit dem

14. Jahrhundert zu den bedeutendsten Europas. Durch die Tausende Juden, die aus Österreich und anderen annektierten »Reichsgebieten« nach Krakau deportiert wurden, erhöhte sich die Zahl der jüdischen Einwohner auf 80000.[199] Im Oktober 1939 erklärte Generalgouverneur Hans Frank Krakau zur Hauptstadt des »Generalgouvernements«. Frank wünschte »seine« Hauptstadt so bald wie möglich »judenrein« zu sehen. Im April 1940 erließ Stadthauptmann Schmidt die erste Ausweisungsverordnung gegen »alle Juden« der Stadt. Bis zum März des darauffolgenden Jahres wurden bis auf 12000 Menschen, die nun in den »jüdischen Wohnbezirk« in Podgórze, einem südlichen Vorort, umgesiedelt wurden, alle jüdischen Bewohner Krakaus vertrieben.[200] Um in das Ghetto ziehen zu »dürfen«, brauchte man einen Berechtigungsschein. Wer keinen erhielt, wurde deportiert. Die Kriterien waren für die Betroffenen oft nicht durchschaubar. Hela Szyper hatte als einzige ihrer Familie eine Genehmigung erhalten. Sie gab sie einer Bekannten, die als einzige ihrer ganzen Familie keine Genehmigung bekommen hatte. Hela Szyper selbst fuhr nach Warschau und lebte dort im Kibbuz von Akiba. Zuvor hatte sie sich mit Gusta und Simon Drenger getroffen, die gerade aus dem Lager entlassen worden waren und ihr von der Idee erzählten, in Warschau eine Hachschara aufzubauen.[201]

Das Ehepaar Drenger und Dolek Liebeskind leiten die Krakauer Akiba, die stärkste zionistische Jugendbewegung in der Stadt. Akiba ist religiös und politisch liberal und verbindet, wie die anderen Jugendbewegungen, Elemente des Pfadfinderlebens mit zionistischer Ideologie und der Vorbereitung auf ein Leben in einem Kibbuz in Palästina. 1941 hält Akiba ein Treffen von etwa 20 Mitgliedern ab, um das künftige Vorgehen der Organisation zu besprechen. Hela Szyper, die an diesem Treffen teilnahm, erinnert sich: »Wir haben beschlossen, wir wollen weiter zusammenkommen, weiter lernen, aber wir haben noch nicht von Konspiration gesprochen. Zu der Zeit hat man überhaupt nicht über bewaffneten Widerstand gesprochen. Wir haben immer noch gehofft, der Krieg wird zu Ende gehen, und wir werden Alija machen können. In diesem Geiste haben wir noch die Hachscharot gemacht. Eine wichtige Aufgabe unserer Organisation und unserer Hachscharot war es auch, den Leuten Hoffnung zu geben.«[202]

In Kopaliny bei Krakau baut Akiba ein Hachschara-Zentrum auf, das sich im Laufe der Ereignisse zu einem Widerstandszentrum entwickelt.[203] Neben Akiba bilden Haschomer Hazair unter der Führung

280

von Hersch Bauminger und die Kommunisten unter der Leitung von Gola Mirer in den ersten Monaten des Jahres 1942 eine gemeinsame Widerstandsorganisation, die im Sommer ihre ersten Anschläge durchführt.[204] Im Ghetto beginnen 1942 die »Aussiedlungsaktionen«. Die erste Aktion findet Anfang Juni statt, 5000 bis 6000 Menschen werden in das Vernichtungslager Belzec deportiert. In der zweiten Aktion im Oktober werden 7000 Frauen, Männer und Kinder in die Gaskammern von Belzec verschleppt. Die endgültige Liquidierung des Ghettos findet am 13. März 1943 statt.[205] Im Frühling 1942 erhält die Leitung von Akiba aus Warschau Nachrichten über die Vergasungsautos in Chelmno. Während der Aktionen im Krakauer Ghetto werden auch mehrere Mitglieder von Akiba deportiert. Die Aktivistinnen und Aktivisten in Kopaliny wissen inzwischen, wo die Deportationszüge enden. Sie beschließen, die Hachschara aufzugeben und in Krakau gegen die Deutschen zu kämpfen.[206] Ein gutes halbes Jahr später, zwischen Januar und April 1943, schreibt Gusta Drenger-Dawidson im Frauengefängnis von Krakau ihr »Tagebuch der Justyna«. Es handelt sich dabei nicht wirklich um ein Tagebuch, sondern eher um eine – aus Vorsichtsgründen teilweise verschlüsselte oder absichtlich ungenau gehaltene – Geschichte des jüdischen Widerstands in Krakau. Gusta Drenger-Dawidson schrieb dieses Dokument auf Toilettenpapierstreifen und versteckte es in einer Blechschachtel in einem Ofen, wo es von Eingeweihten geborgen wurde.[207] Einzelne Blätter, vor allem die ersten Seiten, wurden erst vor einiger Zeit wiedergefunden. Sie befinden sich im Archiv von Beit Lochamei Haghettaot.[208] Auf diesen ersten Seiten beschreibt Gusta Drenger-Dawidson die Verwandlung von Akiba in eine Kampforganisation:

»(...) wir werden nicht länger schweigen. Wir lassen uns nicht wie Vieh in den Tod treiben, wir werden den Kopf nicht unter das Messer legen. (...) Wir werden uns verteidigen – aber unsere Verteidigung wird aktiv sein. (...) Wir wollen überleben, um eine Generation von Rächern zu werden. Wenn also überleben – dann mit der Waffe in der Hand. (...) Immer wieder stieg in uns der heiße Wunsch auf, mit Stolz auf die Schande und Erniedrigung zu antworten, denen wir auf Schritt und Tritt ausgesetzt sind. (...) Aber was konnten wir denn bisher anderes tun? Für jedes Aufbäumen mußte man mit Tausenden von unschuldigen Opfern bezahlen. Die Verantwortung dafür erstickte jede gesunde Reaktion schon im Keim. Und wir fühlten uns auch verantwortlich für das Schicksal der polnischen Juden. Wie konnten wir sie dem Tod ausliefern? – Heute aber ist das Schicksal unseres Volkes auf dieser Erde besiegelt. Nichts wird uns retten. (…) Wir können entweder gemeinsam mit ihnen sterben oder überleben und sie rächen. (…) Es wird schwer sein, das alles zu verlassen, was wir hier geschaffen haben. Es hat uns gutgetan, unsere inneren Werte zu pflegen und zu wissen, daß sie den um uns brodelnden Haß überragen. In unserem Inneren werden sie uns immer teuer bleiben – aber jetzt haben wir keine Zeit mehr für sie. Es wird schließlich auch keinen mehr geben, dem wir sie weitergeben könnten, wir können sie nur mit uns ins Grab nehmen.« [209] Diese Sätze legt Gusta Drenger-Dawidson »Marek«, ihrem Mann Simon Drenger, in den Mund. Ihre eigene Reaktion auf die Erklärung »Mareks« beschreibt sie so: »Darauf hatte (Justyna) gewartet. Noch vor einem Monat vielleicht wären ihr Mareks Worte zu pathetisch vorgekommen. Heute aber ist alles so klar, so einleuchtend. (…) Im Juni, als sie in Krakau Vater und Schwester verlor und nicht mehr fähig war, den Schmerz zu ertragen, wollte sie sich plötzlich mit bloßen Händen auf den Feind stürzen. Zum ersten Mal im Leben hatte sie nur einen Gedanken: sich zu rächen, zuzuschlagen, zu töten. Obwohl dies eigentlich ihrer Natur widersprach, reifte dieser Gedanke immer stärker in ihr (…)« [210]

Vertreter von Akiba nehmen über Gola Mirer Kontakt zur PPR, der Kommunistischen Partei Polens, auf, die sich gerade rekonstituiert hat. Gola Mirer ist die Schwester von Ewa Liebeskind, Doleks Frau, und gleichfalls Aktivistin von Akiba. [211] Die familiäre Bindung erleichtert die Begegnung zwischen zwei so grundsätzlich verschiedenen Organisationen wie Akiba und der PPR. Gola Mirer ist eine erfahrene Militante, sie hat vor dem Krieg im Zuchthaus gesessen und ist bei Kriegsbeginn ausgebrochen. Sie hat ihr Kind und ihren Mann verloren und arbeitet Tag und Nacht für »die Sache«. Doch trotz der Sympathie und Begeisterung, die Gusta Drenger-Dawidson und ihre Kameraden für Gola Mirer empfinden, kommt es vorerst zu keiner Einigung. Die Führungsmitglieder von Akiba geben zu, daß sie politisch und militärisch nicht erfahren sind, sie sind aber nicht bereit, sich dem Kommando der Kommunisten bedingungslos zu unterwerfen. Laut »Justyna« teilen sie Gola Mirer mit, daß sie sich zu einer selbständigen Widerstandsorganisation formieren wollen: »Dann werden wir zu euch als Gleiche zu Gleichen kommen. Wenn es keine Abhängigkeit gibt, wird es auch keine Rangordnung geben.« [212] Hela Szyper erinnert sich: »Die PPR wollte, daß wir uns ihr anschließen. Aber das wollten die zionistischen Organisationen nicht. Wir wollten uns als Chaluzim verteidigen, so wie wir gelebt haben, wollten wir auch sterben.« [213]

Gusta und Simon Drenger träumen davon, in Polen eine Partisanen-bewegung wie Titos Befreiungsarmee zu gründen. Doch der Versuch, den Traum in die Realität umzusetzen, scheitert, mehrere junge Aktivisten von Akiba kommen um, als sie versuchen, eine Partisanenbasis aufzubauen.[214] Akiba und das Bündnis aus Haschomer Hazair und den Kommunisten führen nun Anschläge gegen SS-Männer und Gendarmen durch und erbeuten dabei ein paar Waffen.[215] Elsa Lustgarten, die eine Zeitlang auf dem Land gelebt und für Akiba Lebensmittel und andere notwendige und in der Stadt nur schwer erhältliche Dinge organisiert hat, wird von Simon Drenger und Dolek Liebeskind zurückbeordert. Ihr Mann, Szymon, auch er Aktivist von Akiba, befindet sich bereits im Ghetto. Sie selbst ist bereit, Aufgaben im Widerstand zu übernehmen: »Ich wollte nicht sterben, ohne vorher etwas getan zu haben. Ich hatte damals das Gefühl, ich muß Rache nehmen – für die Kinder. Ich habe mit eigenen Augen gesehen, wie ein Deutscher ein vierjähriges Kind an den Füßen gepackt und gegen die Wand geschleudert hat.«[216] Elsa Lustgarten arbeitet nun als Kundschafterin. Unter anderem beschattet sie den Denunzianten Spitz, der für die Gestapo arbeitet und deshalb vom Widerstand hingerichtet werden soll: »Ich habe ihn beobachtet, geschaut, wo geht er hin, wann, was tut er und so weiter. Am Abend habe ich dann den Kommandanten Bericht erstattet.«[217]

Unter dem Eindruck der Oktoberaktion im Ghetto schließen sich die beiden Widerstandsbewegungen zusammen: Hechaluz Halochem, die »Kämpfenden Pioniere«, wie sich das Bündnis aus Akiba und anderen, kleineren zionistischen Jugendbewegungen nennt, und das Bündnis von Haschomer Hazair und den Kommunisten bilden zusammen die Krakauer Jüdische Kampforganisation ZOB. Die ZOB zählt gegen Ende des Jahres 1942 an die 300 Mitglieder, denn viele junge Frauen und Männer haben sich nach der mit großer Brutalität durchgeführten Aktion im Ghetto dem Widerstand angeschlossen. »Sie waren frei«, schreibt Gusta Drenger-Dawidson über die jugendlichen Überlebenden der Aktion. »Die letzten Bande, die sie mit dem (...) alltäglichen Leben verbanden, waren zerrissen. Wer also noch unentschlossen gewesen war, ob er seinen jüngeren Bruder, seine einzige Schwester, seine alten Eltern verlassen sollte, spürte nach dieser Aktion plötzlich, daß ihm die Hände nicht gebunden waren (...)«[218]

Der Widerstand ändert nun seine Konzeption: Die ZOB beschließt, in Krakau zu kämpfen, der »Hauptstadt des Generalgouvernements«, dem Hauptquartier von SD, SS und Polizei. Ein wichtiger Grund für diese Entscheidung ist der, daß die Widerständler nicht das Ghetto gefährden und eine Aktion gegen die wenigen dort noch lebenden Juden provozieren wollen.[219] Yael Peled verweist in ihrer Studie über den jüdischen Widerstand in Krakau darauf, daß auch die Überlegung, sich vom Zeitplan der »Endlösung« unabhängig zu machen, eine Rolle spielte. Während die Widerstandsbewegungen in den meisten anderen Ghettos den Aufstand auf den Tag festlegten, an dem die Deutschen das Ghetto liquidieren wollten, beschlossen die Krakauer, sie wollten selbst bestimmen, wann sie ihre Aktionen durchführten.[220] Eine solche Taktik ist, wegen der von den Deutschen angedrohten Kollektivstrafen, tatsächlich nur außerhalb des Ghettos möglich. Haschomer Hazair und die Kommunisten verlegen auch ihr Hauptquartier auf die »arische Seite« der Stadt. Die Führung von Akiba beziehungsweise Hechaluz Halochem besteht darauf, aus dem Ghetto heraus zu operieren und sich anschließend wieder in das Ghetto zurückzuziehen.[221]

Die wichtigste Aufgabe besteht vorerst darin, Waffen zu beschaffen. Gola Mirer vermittelt der Krakauer ZOB einen Kontakt zur PPR in Warschau, über den es möglich sein soll, mehrere Handfeuerwaffen zu erhalten. Hela Szyper, die als Verbindungsfrau der Führung von Akiba arbeitet, wird beauftragt, die Waffen zu holen. Sie fährt zusammen mit einem Genossen von Gola Mirer nach Warschau, wo sie erst zwei Tage auf der »arischen Seite« warten muß: »Dann bekam ich endlich die Waffen: Pistolen, Munition und Sprengstoff. Den Sprengstoff habe ich mit der Munition in die Tasche gepackt und Schmutzwäsche drüber gelegt. Man hat mir gesagt, wenn die Tasche durchsucht wird, soll ich sagen, das ist Dünger. Wenn man mich erwischt hätte, wäre ich tot gewesen. Die Pistolen habe ich am Bauch getragen. Ich weiß nicht mehr, ob es auf dieser Fahrt Kontrollen gab. Manchmal, wenn nicht viele Leute im Zug waren, habe ich dem Schaffner ein paar Zloty gegeben und gesagt, ›ich bin sehr müde, lassen Sie bitte keinen ins Abteil‹. Das war eine schwere Geburt, dieser Waffentransport, aber es hat alles geklappt.«[222] Gusta Drenger-Dawidson beschreibt in ihrem »Tagebuch der Justyna« Hela Szypers Rückkehr: »Noch nie war jemand mit einer solchen Rührung begrüßt worden wie jetzt Hela; ihre Ankunft eröffnete eine neue Periode. Sie hatte Waffen gebracht!«[223]

Als Mitglieder von Akiba erfahren, daß es einen Fluchtweg nach Ungarn geben soll, reist Hela Szyper im November 1942 nach Lwow (Lemberg), um diese Möglichkeit auszukundschaften. Gleichzeitig soll sie, ausgestattet mit falschen Papieren und Geld, die über Galizien verstreuten Mitglieder von Akiba dazu bringen, nach Krakau zu kommen und sich dort dem Widerstand anzuschließen.[224] Der Widerstand bereitet währenddessen eine konzertierte Aktion für die Weihnachtstage vor: Am 22. Dezember um sieben Uhr abends sollen das Café Zyganeria, in dem deutsche Offiziere und Beamte der Zivilverwaltung verkehren, mehrere andere Lokale, eine Offiziersmesse und ein Soldatenkino mit Handgranaten und Bomben angegriffen und Garagen der Wehrmacht und SS in Brand gesetzt werden. Gleichzeitig sollen Frauen der ZOB, unter ihnen Elsa Lustgarten, Plakate an die Häuserwände kleben, auf denen die polnische Bevölkerung aufgefordert wird, sich gegen die Besatzer zu erheben.[225] Hela Szyper organisiert einen Unterschlupf für die Kämpfer für die Zeit vor und direkt nach der Aktion: »Bevor unsere Leute zum Café Zyganeria gingen, mußten sie wo wohnen. Sie konnten ja nicht in voller Ausrüstung, mit Waffen und Bomben aus dem Ghetto kommen und den Anschlag machen.« Hela Szyper kennt den Hauswart des jüdischen Krankenhauses, das inzwischen den Deutschen als Lager der »Werterfassung« dient. Sie verspricht dem Mann Geld, wenn er die Kämpfer aufnimmt, er ist damit einverstanden. Anschließend verläßt Hela Szyper die Stadt und geht nach Rzeszow, um für Notfälle als Anlaufstelle zu dienen.[226]

Itzhak Zuckerman und Chava Fulman (Raban) kommen am 22. Dezember aus Warschau, um die Krakauer in ihrer Arbeit zu unterstützen, sie wissen jedoch nichts von der Anschlagsserie, die an diesem Tag stattfinden soll. Chava Fulman berichtet in der von Beit Lochamei Haghettaot und Kibbuz Hameuchad herausgegebenen Quellensammlung »The Fighting Ghettos« (Die kämpfenden Ghettos) über die Ereignisse nach ihrer Ankunft: Die beiden Warschauer ZOB-Mitglieder treffen sich mit ihrem Kontaktmann »Laban« (Abraham Lejbowicz) und Dolek Liebeskind, die ihnen von der geplanten konzertierten Aktion erzählen und sie bitten, so rasch wie möglich zurückzufahren. Die beiden lehnen es ab, Krakau in einem derart entscheidenden Moment zu verlassen, und bieten ihre Hilfe für die geplante Aktion an. Chava Fulman begibt sich in das ehemalige jüdische Krankenhaus, wo die Aktivistinnen und Aktivisten bereits versammelt sind.[227] Sie wartet mit ihnen gemeinsam, bis sie zu ihrer Arbeit aufbrechen: »Um acht Uhr kamen unsere Leute einer nach dem anderen zurück. Alles war nach Plan gelaufen. Die Handgranaten waren gut gezielt geworfen, die Plakate an die Wände geklebt, die deutschen Polizeistationen angezündet worden. (...) Jeden Moment hörten wir wieder

285

ein leises Klopfen an der Tür – wieder kam jemand gesund und sicher zurück. Es fiel uns schwer, unseren Jubel zu dämpfen.«[228] Wenig später allerdings hören die Kämpferinnen und Kämpfer ein lautes Klopfen, die Tür wird eingetreten, Gestapo-Beamte (nach der Erinnerung von Chava Fulman an die 200) stürmen in den Raum. Zwei Spitzel, die sich in die Krakauer ZOB eingeschlichen hatten, haben sie verraten. Im Gestapogebäude hören die Festgenommenen die Deutschen über den Angriff sprechen, zehn von ihnen sollen allein im Café Zyganeria ums Leben gekommen sein: »Da war es uns egal, daß wir in den nächsten paar Minuten schon selber getötet werden würden. Die Hauptsache war, daß diese ›jüdischen Banditen‹ bewiesen hatten, daß sie zu einem solchen Schlag in der Lage waren.« Doch Chava Fulman und ihre Kameradinnen und Kameraden werden durch die Realität grausam aus ihrer euphorischen Todesverachtung gerissen: »Der Tod, den wir in dieser Nacht erwarteten, kam nicht. Es folgten lange Wochen, in denen wir verhört wurden, Wochen, in denen wir blutig geschlagen wurden.«[229]

Auch die meisten anderen ZOB-Mitglieder werden verhaftet, unter ihnen Gola Mirer, Ewa Liebeskind und Simon Drenger. Dolek Liebeskind wird bei der Verhaftung erschossen. Als Gusta Drenger-Dawidson von den Verhaftungen erfährt, stellt sie sich freiwillig, um das Schicksal ihres Mannes zu teilen. Im Gefängnis schreibt sie ihr »Tagebuch der Justyna«. Die männlichen Gefangenen bereiten einen Ausbruch vor und schicken den Frauen die entsprechenden Pläne: An dem Tag, an dem sie zur Erschießung gefahren werden, soll die Flucht stattfinden. Nicht alle Frauen können daran teilnehmen, 20 von ihnen wurden bereits nach Auschwitz deportiert oder hingerichtet.[230] Chava Fulman ist es gelungen, ihre »arische« Identität aufrechtzuerhalten. Sie wird als nichtjüdische politische Gefangene nach Auschwitz deportiert.[231] Am 29. April werden die restlichen 30 ZOB-Kämpferinnen zum Männergefängnis transportiert. Vor dem Gefängnistor versuchen sie, ihre Bewacher zu überrumpeln und zu fliehen. Nur Gusta Drenger-Dawidson und drei weiteren Frauen gelingt es zu entkommen, die anderen, unter ihnen Gola Mirer, werden erschossen oder wieder gefangengenommen. Margot Drenger, Simon Drengers Schwester, bringt ihren Bruder und seine Frau in ein Versteck und betreut sie dort, bis sie ihre Untergrundarbeit wieder aufnehmen. Am 8. November 1943 werden Gusta Drenger-Dawidson und Simon Drenger erneut festgenommen. Ihr weiteres Schicksal ist nicht bekannt.[232] Elsa Lustgarten wird in dem Versteck der ZOB in Bochnia, nicht weit von Krakau, festgenommen und nach Auschwitz deportiert.[233] Hela Szyper bringt den in Bochnia versteckten ZOB-Mitgliedern Geld und Waffen, ehe sie nach Warschau geht, wo sie sich während des Aufstands im Stabsbunker in der Milastraße 18 verborgen hält. Sie war auf der Fahrt nach Warschau festgenommen worden, konnte entkommen, wurde dabei aber in den Fuß geschossen. Mordechai Anielewicz, der Kommandant des Warschauer Ghettoaufstands, befiehlt ihr, sich auf die »arische Seite« in Sicherheit zu bringen. Durch die Abwasserkanäle flieht sie aus dem Ghetto.[234]

Bialystok

Als Chaika Grossman im Januar 1942 aus Wilna nach Bialystok zurückkehrt, erkennt sie das Zentrum ihrer Heimatstadt nicht wieder. Die Deutschen hatten bei ihrem Einmarsch am 27. Juni die große Synagoge und die umliegenden Holzhäuser in Brand gesetzt. Das Feuer hatte sich rasch ausgebreitet und beinahe das gesamte jüdische Viertel zerstört. In ihrem autobiographischen Bericht »Die Untergrundarmee« schreibt sie: »Eine Gemeinde war ausradiert und in das Ghetto gezwängt worden. Trampelpfade führten zum Kosciuszko-Platz, dem Zentrum des jüdischen Bialystok (...), über die Felder direkt in den Wald. Die Hauptstraße hatten sie verkürzt, die kleinen Straßen gab es gar nicht mehr. Nur das rostige Skelett der großen Synagoge lag da wie ein riesiger gefällter Baum.«[235]

Die Stadt Bialystok, vor dem Krieg das größte Textilzentrum Polens, war die Hauptstadt der Wojewodschaft Bialystok, die sich bis zur sowjetischen Grenze erstreckte. Bialystok zählte 1941 circa 120000 Einwohner, die Hälfte davon waren Juden. Diese über 60000 Menschen wurden am 26. Juli gezwungen, binnen fünf Tagen in das Ghetto zu ziehen, ein Areal, das etwa 20 Straßen umfaßte. Dennoch waren die Lebensbedingungen im Bialystoker Ghetto im Vergleich zu Warschau und Wilna erträglich. Die Enge war nicht ganz so bedrückend, und die meisten Menschen hatten Arbeit, die zwar sehr schlecht, aber doch bezahlt wurde. Ein wesentlicher Unterschied zu anderen Ghettos war auch der, daß in Bialystok keine Menschen, wie im nahegelegenen Grodno, auf offener Straße erschossen oder, wie in Wilna, zur Ermordung außerhalb der Stadt abgeführt wurden. Der vorläufigen Ruhe und Sicherheit im Ghetto war allerdings ein umfangreiches Massaker in den ersten Tagen der deutschen Besatzung vorangegangen. An die

1000 Männer und Jungen waren in den Straßen des jüdischen Viertels erschossen, weitere 1000 in der großen Synagoge verbrannt und noch einmal 4000 in Pietrasza, dem Naherholungsgebiet von Bialystok, erschossen worden.[236]

Chaika Grossman und Edek Boraks von Haschomer Hazair und Mordechai Tennenbaum von Dror wurden von der Widerstandsbewegung des Wilnaer Ghettos nach Bialystok entsandt, um hier eine Untergrundorganisation aufzubauen. Chaika Grossman berichtet über die illegale Struktur, die Haschomer Hazair neben derjenigen der normalen Jugendbewegung entwickelt: Jeweils fünf Mitglieder, die nach eingehender Prüfung ausgewählt werden, bilden eine Zelle. Diese Zellen arbeiten streng geheim und getrennt von den Kinder- und Jugendgruppen, die halb legal ihr Bewegungsleben fortsetzen. Der Judenrat weiß von ihrer Existenz, Chaika Grossman konnte beim Leiter der Wirtschaftsabteilung sogar erreichen, daß sie ein eigenes Haus im Ghetto erhalten, das offiziell als Armenküche dient, de facto aber vor allem als Bewegungszentrum für Haschomer Hazair. Die Gruppen leben weiter in ihrem Kibbuz zusammen, sie leisten weiterhin ihre Erziehungsarbeit und nun noch zusätzlich Sozialarbeit. Und sie dienen als Tarnung für die illegalen Zellen. Deren Existenz läßt sich jedoch trotz aller Bemühungen nicht völlig geheimhalten. Chaika Grossman beschreibt die Schwierigkeiten, die sich daraus ergeben: »Nicht alle Mitglieder durften sich den Zellen anschließen, und einige von ihnen protestierten dagegen (…) Sie wollten unbedingt wissen, warum sie in die Aktionen nicht einbezogen wurden.« Abgelehnte Mitglieder werfen der Führung diktatorisches Verhalten und Willkür vor.[237] Neben den internen Schwierigkeiten, die es gibt, gestalten sich auch die Verhandlungen mit den anderen Organisationen im Ghetto kompliziert. Die Kommunisten bestehen auf einem Plazet ihres Genossen Jozef Lewartowski, der sich in Warschau aufhält. Chaika Grossman reist nach Warschau und erhält Lewartowskis Einverständnis zum Aufbau einer gemeinsamen Front von Kommunisten und Haschomer Hazair.[238] Im März 1942 formiert sich der Vereinigte Antifaschistische Block, dem neben den beiden Organisationen noch der linke Flügel des Bund und Tsukunft angehören. Dror, Hanoar Hazioni und der rechte Flügel des Bund vereinen sich zu einem zweiten Block, dem sich Haschomer Hazair gleichfalls anschließt.[239] Als die Widerstandsbewegung in Bialystok erfährt, daß das Grodnoer Ghetto liquidiert werden soll, schickt sie Zera Zilberstein, um die dortigen Kameradinnen und Kameraden bei der Vorbereitung ihrer

288

Aktion zu unterstützen. Zwei Aktivistinnen, Chasia Bielicka und Zila Szacznes, die der Führung von Haschomer Hazair in Grodno angehören, werden beauftragt, das dortige Druckereilabor nach Bialystok zu bringen. Die Bewegung in Grodno stellte schon länger gute falsche Papiere her, sie verfügt über wichtige Stempel, dieses Material soll nicht verlorengehen. Es gelingt den beiden Frauen trotz aller Schwierigkeiten, die Druckerei unversehrt nach Bialystok zu bringen. Chasia Bielicka wird daraufhin von der Leitung ihrer Bewegung gebeten, in Bialystok zu bleiben. Sie soll als Verbindungsfrau auf der »arischen Seite« arbeiten. Sie versucht, ihre Kameradinnen und Kameraden umzustimmen, denn sie möchte zurück nach Grodno, zu ihrer Gruppe und zu ihrer Familie. Die Disziplin wiegt schließlich schwerer als die Gefühle. Sie bleibt. Am 18. Januar 1943, zwei Tage, nachdem sie nach Bialystok aufgebrochen ist, beginnt die Liquidierungsaktion gegen das Grodnoer Ghetto. Chasia Bielicka erinnert sich an den Abschied von ihren Eltern, die in der Aktion deportiert werden: »Es war der 16. Januar, mein Geburtstag. Ich sage zu meinen Eltern: ›Ich gehe nach Bialystok. Ich muß etwas dorthin bringen.‹ Ich habe nicht gesagt, was, ich wollte nicht, daß sie Angst bekommen. Meine Mutter fängt an zu weinen. ›Du läßt uns allein. Und was wird mit dir sein? Man wird dich auf dem Bahnhof erwischen. Und was werden wir ohne dich machen?‹ Ich habe gesagt, ›ich komme zurück‹. So hatten wir es ja beschlossen. ›Nein, es wird dir etwas zustoßen, und wir werden allein bleiben.‹ Und ich sage, ›Mama, ich muß gehen‹. – ›Aber man wird dich erschießen!‹ Sage ich, ›Mama, wir sind alle schon tot. Man wird uns alle töten‹. Vielleicht hätte ich das besser nicht gesagt. Das war dumm von mir. Ich habe gesehen, mein Vater ist stillgeblieben, er hat kein Wort gesagt. Ich habe ihn sehr lieb gehabt und geschätzt. Ich sage: ›Papa, warum sagst du nichts zu mir?‹ Daraufhin sagt er: ›Tote sprechen nicht.‹ Das waren seine letzten Worte zu mir. Ich habe ihm einen Kuß gegeben, er hat mich noch umarmt und an sich gedrückt.«[240]

Auch Mitglieder des Komsomol, des kommunistischen Jugendverbandes, gehen von Grodno nach Bialystok, unter ihnen Liza Czapnik, ihr Bruder Grischa und dessen Frau Anja Rud. Liza und Grischa Czapnik waren schon kurz nach dem Einmarsch der Deutschen in Grodno gewarnt worden, daß sie auf einer Liste der Gestapo stünden. Seither leben die beiden versteckt.[241] Anja Rud ist zwar nicht Mitglied des Komsomol, verkehrt aber in linken und kommunistischen Kreisen. Sie erinnert sich: »Es gab keinen bestimmten Platz, an dem wir uns trafen, manchmal trafen wir uns auf der Straße, manchmal woanders. Es gab

Flugblätter, die wir verteilten. Ich habe zum Beispiel Flugblätter in die Apotheke mitgenommen, in der ich gearbeitet habe. Die Kommunisten machten auch falsche Papiere. Ich habe meine von ihnen erhalten. Anfangs wußten wir nicht, was die Deutschen taten. Ich glaube, das haben wir Anfang 1942 erfahren. Die Leute, die aus Warschau kamen, wußten etwas, und ich erinnere mich, es gab ein Flugblatt, auf dem stand, daß die Deutschen versuchen, die Juden auszurotten.«[242] Anja Rud, die vor dem Einmarsch der Deutschen an der Jawne-Schule, einer jüdischen Schule, Mathematik unterrichtet hat, arbeitet nun in einer illegalen Schule, die der Komsomol für Kinder im Ghetto eingerichtet hat. In den ersten beiden Besatzungsjahren, sagt Anja Rud, war noch keine Rede von einem Aufstand im Ghetto: »Ich kann nicht behaupten, daß es damals bei uns die Tendenz gab, zu bleiben und zu kämpfen. Die jungen Leute wollten weg. Und viele versuchten es auch, Grodno war von Wäldern umgeben. Es war aber sehr schwierig wegzukommen. Eine Freundin von mir hat es versucht. Zwei Tage später fand man ihre Leiche im Wald. Hunderte junge Leute wurden erschossen, als sie versuchten, in die Wälder zu fliehen.«[243]

Liza Czapnik erinnert sich, »daß die Aktivitäten des Komsomol im Grodnoer Ghetto vor allem darin bestanden, heimlich Radio zu hören und die Nachrichten weiterzuverbreiten, Flugblätter und illegale Zeitungen zu drucken und zu verteilen und falsche Papiere herzustellen«.[244] Als im Dezember 1942 die Gestapo auf der Suche nach Grischa Czapnik in das Haus kommt, in dem die Familien Czapnik und Rud leben, beschließen Liza, Anja und Grischa, Grodno zu verlassen und nach Bialystok zu gehen. Hier scheint ihnen die Lage insgesamt besser zu sein, und in den Textilfabriken gibt es Arbeit.[245]

Nach ein paar Monaten im Bialystoker Ghetto legalisieren sich Anja und Liza auf der »arischen Seite«. Sie nehmen Kontakt auf zu ihren alten Grodnoer Freundinnen Chasia Bielicka und Bronia Vinicka, die beide für ihre jeweilige Organisation, Haschomer Hazair und Dror, als Verbindungsfrauen auf der »arischen Seite« arbeiten. Chasia Bielicka wurde von Edek Boraks in ihre Aufgaben eingewiesen. Sie erinnert sich: »Ich sollte als erstes einen richtigen deutschen Paß bekommen, damals wurden gerade die Identitätskarten durch Pässe ersetzt. Dann sollte ich eine Wohnung suchen, Arbeit finden und wie eine normale Polin leben. Aus dem Ghetto würde mir dann jeweils mitgeteilt, was ich zu tun habe. Ich mußte einen Briefkasten haben, damit Briefe an meine Adresse gehen konnten. Ich sollte Kontakt zum polnischen Untergrund finden, zur Gwardia Ludowa und zu den russischen Militärs, die in Bialystok versteckt waren. Ich sollte Gewehre kaufen, Medikamente, alles mögliche. Ich sollte Kontaktadresse sein für Leute, die aus anderen Ghettos kamen, ich sollte Juden helfen, die sich verstecken mußten, und so weiter.«[246]

Bronia Vinicka (Klibanski), die zu den Aktivistinnen von Dror in Grodno gehörte, wurde von der Leitung ihrer Bewegung zu einem Seminar berufen, das zu Pessach 1942 in Bialystok stattfand. Anschließend bat man sie zu bleiben. Am Jahresende wird sie auf die »arische Seite« geschickt. An ihrem ersten Abend als »arische Polin« erfährt sie bereits, welche Schwierigkeiten und Gefahren die Arbeit einer jüdischen Verbindungsfrau in sich birgt: »Ich verließ das Ghetto morgens mit einer Arbeitsgruppe. Bei der ersten Gelegenheit, in einer Seitenstraße, nahm ich die gelben Sterne ab und spazierte langsam weg. Und wurde zur Polin. Ich konnte noch nicht zu meiner Vermieterin, denn die dachte, ich käme mit dem Zug aus dem Dorf, in dem meine Eltern lebten. Ich lief also durch die Straßen. Das war schön, durch den Schnee zu laufen, im Ghetto sah man nie den Schnee, es waren so viele Leute, er schmolz sofort zu schmutzigem Matsch. Ich ging und ging, aber ich sah keine Menschen. Im Zentrum stand ein Christbaum. Da fiel mir ein: Es war Silvester! Welches polnische Mädchen verließ denn seine Familie zu Silvester?« Sie trifft eine Bekannte aus Grodno, die ihr Zimmer auf der »arischen Seite« verlassen mußte, und nun eine Unterkunft sucht. Zusammen gehen sie zu Bronias künftiger Vermieterin: »Wenn man eine gute Ausrede wirklich braucht, fällt einem auch eine ein. Ich sagte zur Vermieterin: ›Es ist Neujahr, und ich wollte nicht allein sein. Es wäre sehr traurig, heute abend allein zu sein. Ich hoffe, Sie haben nichts dagegen, daß ich eine Freundin mitgebracht habe.‹ – Sie sagte, ›nein, da haben Sie ganz recht getan‹.«

Die Vermieterin lädt die beiden »einsamen« Mädchen zum Essen ein, zu dem auch drei Nachbarinnen kommen: »Wir kamen in ihr Eßzimmer. Das war sehr schön dekoriert, es gab einen geschmückten Weihnachtsbaum. Ich kam sozusagen aus dem Ghetto direkt unter den Christbaum. Die Gäste waren eine Mutter mit zwei alten Jungfern. Oder zumindest kamen sie mir alt vor. (...) Es war Antipathie auf den ersten Blick, und ich sagte mir: ›Vorsicht!‹« Eine der Nachbarinnen verdächtigt Bronia Vinickas Bekannte, Jüdin zu sein. Bronia rettet die Situation durch eine freche Antwort, doch das Essen wird zur Qual. Als die beiden jungen Frauen sich endlich in ihr Zimmer zurückziehen können, werden sie noch von zwei Deutschen belästigt, die mit der Vermieterin tanzen gehen wollen, sie aber nicht mehr antreffen. Die beiden flehen die angetrunkenen Männer vergeblich an, sie in Ruhe zu lassen: »Doch dann«, erinnert sich Bronia Vinicka, »hatte ich eine Idee. Ich sagte zu dem einen auf deutsch: ›Bitte, nehmen Sie Platz.‹ Ich setzte mich auf den anderen Stuhl und sah ihm sehr ernst in die Augen. Ich sprach langsam und deutlich und sagte: ›Sehen Sie sich Ihren Freund an. Er benimmt sich nicht wie ein Gentleman. Nehmen Sie ihn und gehen Sie mit ihm fort.‹ Er stand auf, nahm seinen Kumpanen, und sie gingen. Ich habe keine Ahnung, warum es funktionierte. Vielleicht, weil ich es zu einem Befehl gemacht hatte. Und *Befehl ist Befehl*.« [247]

Auch in Bialystok, wie in Grodno und den meisten anderen Ghettos, steht die Widerstandsbewegung vor der Frage »Ghetto oder Wald?«. Auch hier führt diese Frage zu heftigen Diskussionen. [248] Doch ehe eine Einigung erzielt werden kann, führen die Deutschen die erste Aktion im Ghetto durch. Vom 5. bis zum 12. Februar 1943 transportieren sie 10 000 Menschen in die Vernichtungslager ab, die meisten nach Treblinka. Weitere 2000 Frauen und Männer werden während der Aktion im Ghetto erschossen: Sie haben sich gewehrt, mit Äxten, Messern und ihren bloßen Händen. Die Aktivistinnen und Aktivisten des Widerstands greifen die Deutschen in kleinen Gruppen an, schlecht bewaffnet und unkoordiniert, da sie von der Aktion überrascht wurden. Viele von ihnen fallen im Kampf oder werden nach Treblinka deportiert, unter ihnen Edek Boraks, einer der beiden Kommandanten des Vereinigten Antifaschistischen Blocks. [249]

Unter dem Eindruck der Aktion vom Februar intensivieren die Widerstandsorganisationen im Ghetto ihre Arbeit. Am 27. Februar diskutieren die aktiven Mitglieder von Dror im Kibbuz Tel Chai im Ghetto ihr weiteres Vorgehen. Mordechai Tennenbaum stellt die beiden Möglichkeiten vor, die zur Debatte stehen: »Wir beschließen, daß wir, sobald der erste Jude aus Bialystok abgeholt wird, eine Gegenaktion starten; (…) daß, sobald die Aktion der Nazis beginnt, es jedem von uns verboten ist, sich zu verstecken. Daß jeder in den Kampf einbezogen wird. Daß wir uns darum kümmern, daß kein Deutscher das Ghetto lebend verläßt, daß keine Fabrik unbeschädigt bleibt.« Stimmen sie für diese Option, informiert er seine Kameradinnen und Kameraden, wird wahrscheinlich niemand von ihnen am Leben bleiben. Die andere Möglichkeit sei, in den Wald zu gehen. »Wir stehen vor einem Ultimatum«, warnt er am Ende seiner Rede, eine Entscheidung müsse getroffen werden. Jeder einzelne, der eine Chance sähe, sich zu retten, solle diese Chance ergreifen. Für das Kollektiv jedoch müßten sie eine für alle verbindliche Antwort finden.[250]

Die nun folgenden Argumente der fünf Frauen und zehn Männer, die an dem Treffen teilnehmen, machen deutlich, daß zu dieser Zeit viele noch hofften, überleben zu können. Mehrere Diskutanten geben dem Leben die Priorität vor Ehre und Stolz. Sarah argumentiert: »Über Ehre läßt sich eigentlich nichts mehr sagen. Die haben wir längst verloren. Sicher, es ist wichtiger, am Leben zu bleiben, als fünf Deutsche zu töten. Darüber gibt es keinen Zweifel. Es gibt auch keinen Zweifel darüber, daß wir in einer Gegenaktion alle getötet würden. Im Wald gibt es die Möglichkeit, 40 oder 50 Prozent unserer Leute zu retten. Das wird unsere Ehre sein, und das wird eine wichtige Seite im Buch unserer Geschichte sein, und eine Seite größeren Ruhmes. (...) Wir haben keine Ehre, die ist vergangen. Am Leben zu bleiben, das ist unsere Pflicht, unser Los.«[251] Auch Herschl plädiert für das Leben: »Ich habe alle verloren«, sagt er, »und trotzdem möchte ich leben.« Jocheved erklärt, das Reden über den Tod widerspreche dem Überlebensinstinkt. Zipora gibt zu bedenken, daß die einzelnen kein Recht hätten, nur an ihre eigenen Motive zu denken: Die Bewegung müsse überleben. Ethel argumentiert, wenn die Aktion in wenigen Tagen begänne, bliebe ihnen gar nichts übrig, als eine Gegenaktion zu starten. Bliebe ihnen aber mehr Zeit, sollten sie alle Vorkehrungen treffen, um in den Wald zu gehen. Sie schließt jedoch ihre Erklärung mit den Worten: »Aber wie auch immer, ich habe beschlossen, in jedem Fall das zu tun, was ich tun muß. (...) Die Wahl liegt in diesem Fall nicht bei uns, unser Schicksal ist besiegelt. Wir können jetzt nur noch wählen, wie wir sterben wollen. Ich bin ganz ruhig.«[252]

Unter dem Eindruck des Warschauer Ghettoaufstands vereinen sich die beiden Widerstandsblöcke in Bialystok zum Antifaschistischen Kampfblock, dem nun Haschomer Hazair, Dror, Hanoar Hazioni, Betar, der Bund und die Kommunisten angehören. Im Sommer schickt der Antifaschistische Block eine Gruppe von Kämpferinnen und Kämpfern in die Wälder, um dort eine Partisaneneinheit zu gründen. Die Gruppe nennt sich »Forois«, Vorwärts.[253] Die Verbindungsfrauen der verschiedenen Bewegungen arbeiten auf der »arischen Seite« zusammen, um Waffen für das Ghetto zu beschaffen. Die Aktivistinnen und Aktivisten im Ghetto bauen Handgranaten und Molotowcocktails. Sie erschießen zwei Gestapospitzel und rauben 23 Gewehre und Maschinenpistolen aus dem Beutelager der Deutschen. Auf einer »bescheidenen Feier zu Ehren dieses Ereignisses« lernt

293

Chaika Grossman Marylka Rózycka kennen, die als die Chefkurierin des kommunistischen Untergrunds die Verbindung zwischen der Stadt und den Partisanen hält. Chaika Grossman, die sich rasch mit Marylka Rózycka anfreundet, beschreibt in ihrem Bericht »Die Untergrundarmee« ihre Kollegin und Freundin: »Sie hatte ein freundliches junges Gesicht und verhielt sich wie eine alte erfahrene polnische Arbeiterin. Sie war klein, ging leicht gebeugt, und ihre langen Hände bewegten sich nervös. Ihr Gesicht war kindlich mit hellen Augen und einem weißen Teint. Ihr kurzgeschnittenes Haar hatte die Farbe von Flachs. Sie lachte und scherzte gern und sprach Polnisch mit dem jiddischen Akzent von Lodz.«[254]

Das Bialystoker ist eines der letzten Ghettos, die im Sommer 1943 noch existieren. Fast alle anderen wurden bereits liquidiert. Am frühen Morgen des 16. August umstellen polnische Polizei und Gendarmerie das Ghetto. Verantwortlich für die Liquidierungsaktion ist Odilo Globocnik, Chef der »Aktion Reinhard« und Experte für die »Partisanenbekämpfung«. Nach dem Warschauer Ghettoaufstand und dem Widerstand im Bialystoker Ghetto während der ersten Aktion rechnet Globocnik mit Schwierigkeiten und stellt sich darauf ein. Nachts läßt er das Ghetto abriegeln, 3000 deutsche und ukrainische SS-Männer und Wehrmachtssoldaten hält er vor dem Ghetto in Stellung. Dann läßt er der Bevölkerung mitteilen, alle Juden hätten sich um neun Uhr morgens auf dem Sammelplatz auf der Jurowieckastraße einzufinden, sie würden in Arbeitslager in Lublin transportiert.[255] Die Widerstandsbewegung schickt Boten aus, um die Menschen daran zu hindern, zur Jurowieckastraße zu gehen. Die Kampfgruppen formieren sich, der Kommandostab postiert sich diesseits und jenseits der Jurowieckastraße. Chaika Grossman beschreibt die letzte Illusion der Kämpferinnen und Kämpfer an diesem Morgen: »Unsere Stellungen waren nicht gut getarnt. Wir hatten nicht vor, uns zu verstecken. Wir wollten über die SS-Männer herfallen, wenn sie kamen, um ihre Opfer gewaltsam herauszuzerren. (...) Wir würden die Juden, die sich versteckt hielten, verteidigen, und sie wiederum würden sich dann den Kämpfern anschließen. Es war für uns völlig klar, daß die Menschen nicht zur Jurowieckastraße kommen würden.«[256]

Als die Boten zurückkehren, berichten sie, daß die Ghettobewohnerinnen und -bewohner in Massen zum Sammelplatz strömen. Der Aufstandsplan des Widerstands ist damit zur Makulatur geworden, die Verantwortlichen müssen improvisieren. Sie lassen eine Gruppe von zehn Personen, vor allem junge Mädchen, zurück, die, wie zuvor geplant, die deutschen Fabriken in Brand setzen sollen. Die Kampfgruppen beordern sie aus dem städtischen Teil des Ghettos, in dem sie ursprünglich aus den Häusern heraus kämpfen sollten, in den dörflichen Teil auf der anderen Seite der Jurowieckastraße. Hier gibt es nur kleine Holzhäuser, Gärten und freies Feld und damit keine Möglichkeit, sich zu verschanzen. Die Kampfgruppen sollen nun versuchen, den Zaun zu stürmen und einen Weg aus dem Ghetto freizukämpfen. Noch immer hoffen die Widerständler, daß ihnen wenigstens ein Teil der Bevölkerung folgen wird. Sie selbst, stellen sie sich vor, werden im Kampf fallen, aber wenigstens ein paar hundert Menschen könnten sich vielleicht retten. Die beiden Kommandanten Mordechai Tennenbaum und Daniel Moszkowicz richten in der Cieplastraße 13 ihr Hauptquartier ein. Hier werden auch die Waffen verteilt, etwa 300 Stück, davon einige Gewehre, der Rest sind Revolver und Pistolen, Nahkampfwaffen, die bei einem Kampf auf offenem Feld kaum von Nutzen sind.[257] Chaika Grossman erinnert sich: »Die meisten Mädchen blieben unbewaffnet, aber sie hatten eine andere Aufgabe. Die Gruppen für Sabotage und Brandstiftung bestanden vor allem aus jungen Frauen. Andere arbeiteten als Kurierinnen, einige als Sanitäterinnen. Sie hatten leichte Waffen. Aber die jungen Frauen rebellierten und weigerten sich, auf eine Rolle in der Schlacht zu verzichten. Der Stab gab nicht nach.«[258]

Ewa Krakowska gehört zu einer der Sabotage- und Brandstiftungsgruppen. Sie erinnert sich: »Jeder von uns hatte einen festen Platz, wo er hingehen sollte. Mein Platz war Ecke Smolna-Chmielnastraße, nahe am Zaun. Ich wußte damals nicht, wie viele wir sein würden. Nur daß Mosche, mein Freund, und ich dort sein mußten. Als ich um acht Uhr hinkam, bekam ich dort meine Molotowcocktails. Wir mußten den Zaun anzünden, er war aus Holz. Das war die Aufgabe meiner Gruppe. Wir haben gewartet. Um neun Uhr sollten die Deutschen in das Ghetto kommen, das stand auf den Anschlägen. Das Tor war nicht sehr weit von unserem Treffpunkt. Wir hatten ein paar Jungen, die wollten eine Kette bilden, einer sollte dem nächsten sagen, was geschah, damit wir vorbereitet waren. Das funktionierte auch. Aber einer von den Jungen, er war vielleicht 13, sehr klein, der hat, als die ersten offenen Wagen mit deutschen Offizieren einfuhren, zwei Molotowcocktails auf sie geworfen, und einer der Offiziere wurde verletzt. Da begannen sie sofort zu schießen. Sie schossen auf die Leute auf der Straße, auf alles.«[259]

In einem anderen Abschnitt versuchen die Kämpfenden, den Ghettozaun zu stürmen. Chaika Grossman berichtet: »Wir schossen und stürmten vorwärts. Zuerst herrschte Stille. Niemand erwiderte das Feuer. Wo war der Feind? Wir waren am Zaun, versuchten darüberzuklettern. (...) Da waren sie, entlang des Zaunes versteckt. Plötzlich waren wir unter Beschuß geraten. (...) Ich kann mich erinnern, daß ich schoß, hinfiel, aufstand, zum Zaun rannte und mich dann mit den anderen zurückzog. (...) Ich schrie ›hurrah!‹ wie alle und klammerte mich wie alle an den Boden, wenn das deutsche Feuer stärker wurde. (...) Das Feld vor uns war mit Leichen übersät. (...) Die Schießerei wurde intensiver; ein schweres Maschinengewehr dröhnte (...) Wir hatten keine Maschinengewehre und keine ausreichende Munition. Das unbenutzte Tor an der Fabryczna-Straße ging plötzlich auf, und ein schwerer Panzer fuhr langsam Richtung Cziepla-Straße. Er blieb abrupt stehen, offensichtlich war er von einem Molotowcocktail getroffen worden. Vor uns waren noch mehr Panzer.«[260]

Am Nachmittag haben die Aufständischen ihre Munition verschossen. Fast alle sind gefallen. Einigen ist es gelungen, sich in vorbereitete Bunker zurückzuziehen. Chaika Grossman schlägt sich zum Sammelplatz durch. Zufällig hat sie ihre (falsche) Arbeitskarte für die Textilfabrik dabei, die zur Hälfte auf dem Ghettogelände liegt und zur Hälfte auf der »arischen Seite«. Mit Hilfe der Karte gelingt es Chaika Grossman, auf die andere Seite zu gelangen, wo sie in die konspirative Wohnung von Chasia Bielicka geht. Hier hören die beiden Frauen noch tagelang Schüsse aus dem Ghetto, wo die letzten Kämpfer aus ihren Verstecken heraus deutsche Patrouillen überfallen.[261] Ewa Krakowska überlebt das Gefecht in ihrem Kampfabschnitt und mischt sich unter die Leute, die zum Sammelplatz gehen. Dann flieht sie, zusammen mit ihrem Freund Mosche, in ein Versteck im Dachgiebel eines Hauses. Von hier aus beobachtet sie später, wie die Deutschen die Kinder aus dem gegenüberliegenden Waisenhaus abtransportieren. Nach mehreren Wochen in dem engen Raum, in dem sie sich nur liegend aufhalten können, fliehen sie aus dem Ghetto in den Wald, wo sie sich der jüdischen Partisanengruppe anschließen.[262]

Chaika Grossman, Chasia Bielicka, Bronia Vinicka, Anja Rud, Liza Czapnik und Rivka Madaisker bleiben nach der Räumung des Ghettos und dem Abtransport seiner 40000 Bewohnerinnen und Bewohner alleine in der Stadt zurück. Zuerst streifen sie jeden Abend durch die Straßen in der Nähe des Ghettos, in der Hoffnung, auf jemanden zu treffen, der sich retten konnte. Ihre Verbindung zu den Partisanen ist abgerissen, die Forois-Einheit wurde zur selben Zeit, in der das Ghetto liquidiert wurde, von den Deutschen angegriffen. Viele jüdische Partisaninnen und Partisanen fielen im Kampf, die Überlebenden verstreuten sich vorerst über das ganze Gebiet.[263] Eines Tages findet Rivka Madaisker im Keller eines Abbruchhauses einen jungen Mann, der aus dem Ghetto gekommen ist, um für seine Familie, die sich dort in einem Bunker versteckt, Lebensmittel zu organisieren. Sie verspricht, ihm zu helfen, und gibt ihm ihre Adresse. Ein paar Tage später wird er festgenommen und gibt Rivka Madaiskers Adresse an. Als Rivka von der Arbeit nach Hause kommt, warten Gendarmen auf sie. Sie läuft weg, die Gendarmen verfolgen sie und verletzen sie dabei schwer mit ihren Bajonetten. Sie wird ins Krankenhaus gebracht und von Gestapobeamten bewacht. Die jüdische Widerstandskämpferin denkt noch auf dem Sterbebett daran, die Tarnung ihrer Genossinnen nicht zu gefährden, und stirbt in der Rolle der gläubigen Polin. Als Chaika Grossman und die anderen Verbindungsfrauen Rivka Madaisker besuchen kommen, erzählt ihnen eine Krankenschwester erschüttert, die junge Frau habe ihr auf die Frage, ob sie ihr helfen könne, erwidert: »Machen Sie sich keine Sorgen, auch Jesus ist für andere gestorben.«[264]

Nach einigen Wochen treffen die Frauen Marylka Rózycka, die in die Stadt gekommen ist, um ihre Kontaktpersonen aufzusuchen. Der Kontakt zur Partisanengruppe ist damit wiederhergestellt, die fünf jungen Frauen arbeiten von nun an für »ihre« Forois-Einheit. Die Partisanen nennen ihre Kameradinnen in der Stadt liebevoll die »Meijdalach«, die Mädchen. Die »Meijdalach« arbeiten weiterhin an ihren offiziellen Arbeitsplätzen in der Stadt: Chasia Bielicka und Liza Czapnik arbeiten in der Kantine der SS-Werkszentrale, Bronia Vinicka arbeitet als Dienstmädchen bei deutschen Eisenbahnern, Anja Rud als Aushilfe im Hotel Ritz, das nur von Deutschen frequentiert wird. Chaika Grossman hat schon vor der Liquidierung des Ghettos Kontakt zum Direktor des Textilbetriebs IV der Textilaufbau GmbH, Arthur Schade, aufgenommen. Er stellte ihr ohne weitere Fragen einen Arbeitsausweis aus, obwohl sie in Wahrheit nicht in seinem Betrieb arbeitete. Nach der Liquidierung des Ghettos wendet sie sich erneut an Schade. Er verlängert ihren Ausweis, stellt jedoch die Bedingung, daß sie ihre Arbeitsstelle auch einnimmt. Er ermöglicht ihr allerdings eine kürzere Arbeitszeit, so daß sie etwas mehr Zeit für ihre Widerstandsaktivitäten zur Verfügung hat. Neben ihrer offiziellen Arbeit besorgen die »Meijdalach« alles, was die kleine Gruppe im Wald benötigt, von Lebensmitteln über Medikamente bis zu Waffen. Nachts gehen sie stundenlang aus der Stadt zum Partisanenstützpunkt und wieder zurück, um am Morgen ihre reguläre Arbeit anzutreten. Sie sind völlig auf sich gestellt, und jede von ihnen hat ihre Familie in den Deportationen verloren.[265] Chasia Bielicka erinnert sich an das Verhältnis der jungen Frauen zueinander: »Im Ghetto gab es viele Diskussionen, Dror wollte nicht mit den Kommunisten, und wir waren sowohl mit den Kommunisten als auch mit Dror. Jede hat für ihre eigene Organisation gearbeitet, das heißt, wir haben für den Untergrund gearbeitet, aber jede hat ihre Befehle von der jeweils eigenen Bewegung erhalten. Als wir nach der Liquidierung des Ghettos allein waren, hat keine der anderen befohlen, wir haben über alles geredet und gemeinsam beschlossen. Zwischen uns Mädchen gab es da keine Probleme wegen der Parteizugehörigkeit. Wir haben für ein Ziel gekämpft, es gab in unseren Augen keine Zukunft, auf die wir uns hätten ausrichten müssen. Die Zukunft hat uns nicht interessiert, wir waren ja sicher, daß wir sie nicht erleben würden. Wir haben untereinander auch nie darüber gesprochen, was wir nach dem Krieg machen werden, das war kein Thema. Wir haben von einer Stunde zur nächsten gelebt. Konkurrenz zwischen den Parteien hätte auch keinen Sinn gehabt. Wir hatten alle ein Ziel: den Partisanen zu helfen und gegen die Deutschen zu kämpfen.«[266]

Im Frühjahr dringt die sowjetische Partisanenbrigade Kostius Kalinowski in das Gebiet der kleinen jüdischen Forois-Einheit vor. Sie rettet die wenigen jüdischen Partisaninnen und Partisanen, die den kalten Winter 1943/44 und die Angriffe der Deutschen überlebt haben. Brigadekommandant Nikolai Voitsehovksi löst die jüdische Formation auf und gliedert ihre Kombattantinnen und Kombattanten seiner Brigade ein. Doch die jüdischen Widerständler erleben – nach den Aussagen mehrerer Überlebender – von seiten Voitsehovskis und des Politkommissars seiner Brigade keinen Antisemitismus.

Auch die »Meijdalach« unterstehen nun dem Oberbefehl des Partisanenhauptquartiers. Sie werden vor allem als Kundschafterinnen eingesetzt, und sie halten die Verbindung zwischen Stadt und Wald. Sie werden respektiert, der Wert ihrer Arbeit wird adäquat eingeschätzt. Liza Czapnik wird, als Kommunistin, von den Partisanen zur Leiterin des antifaschistischen Komitees von Bialystok ernannt. Das antifaschistische Komitee besteht aus den »Meijdalach«, mehreren Untergrundgruppen in der Stadt und einer Gruppe Deutscher, die, wie der Direktor von Textilbetrieb IV, Arthur Schade, den jüdischen

Verbindungsfrauen bei ihrer Arbeit helfen, Informationen und Waffen für sie beschaffen und ihnen zuletzt auch eine Unterkunft zur Verfügung stellen. Chaika Grossman ist für die Gruppe der Deutschen verantwortlich.[267] Nach der Befreiung verfaßt Liza Czapnik einen Rechenschaftsbericht, in dem sie die Leistungen des antifaschistischen Komitees im allgemeinen und die der »Meijdalach« im besonderen aufzählt. Über die Arbeit der »Meijdalach« für die jüdische Partisaneneinheit vor der Ankunft der sowjetischen Brigade schreibt sie darin unter anderem: »Den Partisanen wurde auch Hilfe geleistet durch die Beschaffung von und Versorgung mit Waffen, Munition, Medikamenten, Papier, Batterien, Radioröhren, topographischen Karten, Kompassen, Schmieröl, Handgranaten, Schwefelsäure etc.« Liza Czapnik führt in ihrem Bericht auch einige konkrete Beispiele für die Kuriertätigkeit der jüdischen Verbindungsfrauen an: »So gelang es ihnen zum Beispiel, indem sie sich als Lebensmittelschmugglerinnen ausgaben, die von Grodno nach Bialystok reisten, im September 1943 ein Maschinengewehr in einem großen Koffer zu transportieren. Nur dank der Geschicklichkeit, Genauigkeit und des Einfallsreichtums der Genossinnen B. (Bronja) Vinicka und C. (Chaika) Grossman war es möglich, das Maschinengewehr heil der jüdischen Partisaneneinheit (...) zu überbringen. (...) die Genossinnen M. (Marylka) Rózycka und A. (Anja) Rud trugen ein Maschinengewehr und Gewehre in Tücher gewickelt am hellichten Tag durch die Stadt. (...) Insgesamt wurden übermittelt: 20 Gewehre, 4 Maschinengewehre, mehr als 22 Pistolen, 30 Kompasse, mehr als 60 Handgranaten.«[268]

Unter dem Oberbefehl der sowjetischen Partisanen übernehmen die »Meijdalach« die Arbeit eines Informationsdienstes. In ihrem Rechenschaftsbericht vom August 1944 schreibt Liza Czapnik: »Die Aufgabe (...) bestand darin, wichtige operative wie strategische militärische Objekte der Deutschen zu beobachten, wie auch alles, was Konstruktion, Tarnung von Verteidigungseinrichtungen, Konzentrationen und Standorte von Flugzeugen, Bombenlagern, Brennstoff und Munition, Anzahl und Lage von militärischen Einheiten, der Gestapo, der SS, Polizei, Gendarmerie, die Lage der industriellen Anlagen etc. betraf. Die gesammelten Informationen wurden auf spezielle Karten eingetragen, die an das Hauptquartier der Kalinovskij-Brigade übergeben wurden, um über die Frontlinie gebracht zu werden.«[269]

Diese komplizierte und normalerweise von ausgebildeten Spezialisten ausgeführte Arbeit wird von fünf, mit Marylka Rósycka zusammen sechs, jungen Frauen geleistet, die bis dahin Spionage bestenfalls mit Mata Hari verbanden. Der Brigadekommandant teilt ihnen mit, welche Informationen benötigt werden, und sie versuchen dann, sie zu beschaffen: Anja Rud hört zu, was die Offiziere im Hotel Ritz reden, wenn sie betrunken sind; Chaika Grossman besorgt mit Hilfe der Deutschen, deren Gruppe sie kommandiert, wichtige Daten; Chasia Bielicka verwickelt an ihrem »legalen« Arbeitsplatz SS-Männer in Gespräche, in denen sie, ohne es zu bemerken, Informationen preisgeben. Die jungen Frauen besprechen jeden Befehl, den sie erhalten, und überlegen gemeinsam, ob und wie er ausführbar ist.[270] Chasia Bielicka erinnert sich an den einzigen Befehl, den sie nicht befolgt, da es nur eine Möglichkeit gibt, ihn auszuführen: »Einmal, ich weiß nicht mehr wieso, brauchten wir etwas von der Gestapo. Und wir hätten das nur machen können, wenn sich eine von uns auf eine Beziehung mit einem Gestapisten eingelassen hätte. Da habe ich gesagt, bis hierher und nicht weiter! Das machen wir nicht. Und alle anderen Mädchen waren völlig meiner Meinung. Es hat auch niemand von uns verlangt, daß wir das machen. Wir haben unter uns immer alle Möglichkeiten durchgesprochen, eine Aufgabe zu lösen, und in diesem konkreten Fall wäre das eine Möglichkeit gewesen. So sind wir überhaupt darauf gekommen, darüber zu reden. Aber die Partisanen hätten uns so etwas nie zugemutet.«[271]

Ende Juli steht die Rote Armee kurz vor Bialystok. Chaika Grossman und Chasia Bielicka begeben sich in das Hauptquartier der Partisanenbrigade. Liza Czapnik, Anja Rud und Bronia Vinicka bleiben in der Stadt. Es gelingt ihnen noch, einige Gebäude zu retten, als die Deutschen bei ihrem Abzug die Stadt systematisch zerstören: Sie hängen Transparente an die Türen, auf denen »Achtung! Seuchengefahr« steht.[272] Liza Czapnik erinnert sich: »Die Deutschen fürchteten sich schrecklich vor ansteckenden Krankheiten. Deshalb gingen sie in diese Häuser nicht, um ihre Minen zu legen.«[273] Chaika Grossman beschreibt in ihrem Bericht »Die Untergrundarmee« ihre Rückkehr in das befreite Bialystok an der Spitze der Partisanen. Sie weiß, daß es in dieser Stadt, in der einst 60000 Juden lebten, keine Juden mehr gibt. Sie begegnet nur einer Frau, einer der wenigen Überlebenden, die von der permanenten Angst und dem Leben in einem trostlosen Kellerversteck psychisch gestört ist. Am Ende ihres autobiographischen Berichts über den jüdischen Widerstand in Bialystok schreibt Chaika Grossman: »Die Stadt war tot. Wir waren traurige Sieger.«[274]

Jüdische Frauen im Widerstand:
Kindheit – Alltag – Arbeit – Gefühle

Die Herkunft: Familie, Kindheit, Jugend

Die Grundlage der folgenden Kapitel, in denen Herkunft, Politisierung, Motivationen, Rollenbilder, Alltag, Praxis und Gefühle der jüdischen Widerstandskämpferinnen untersucht werden, bilden die 43 ausführlichen Interviews, die ich mit jüdischen Frauen, die in Frankreich, Belgien, den Niederlanden, Ungarn und Polen im Widerstand aktiv waren, geführt habe, deren Antworten auf meinen Fragebogen und die schriftlichen oder vor der Videokamera erzählten Lebenszeugnisse, die sie mir zur Verfügung stellten. Zusätzlich greife ich, wo es mir sinnvoll erscheint, auf acht Interviews zurück, die ich mit ehemaligen jüdischen Widerstandskämpferinnen aus Ländern geführt habe, die ich hier nicht behandle. Ergänzend verwende ich auch Memoirenliteratur der von mir interviewten Frauen und schriftliche Berichte ehemaliger jüdischer Widerstandskämpferinnen, die in den ersten Jahren nach der Befreiung verfaßt wurden. Wissenschaftliche Literatur zu den hier untersuchten Fragestellungen ist kaum vorhanden und deshalb auch nicht zu berücksichtigen. Wo mir Informationen und Analysen aus der historischen Literatur zum jüdischen Widerstand hilfreich erscheinen, verwende ich sie ergänzend.

Die von mir befragten Frauen stammen aus den Jahrgängen 1909 bis 1927, die Mehrheit gehört den Jahrgängen 1920 bis 1925 an. Insofern die Mehrheit der jüdischen Widerstandskämpfer jung bis sehr jung war, sind diese Jahrgänge durchaus repräsentativ für die durchschnittlichen Aktivistinnen und Aktivisten. Die Frauen kommen aus Familien aller Schichten. Die meisten Frauen stammen aus der unteren Mittelschicht, ihre Väter waren kleine Ladenbesitzer (für Musikalien, Lederwaren, Eisenwaren, Textilien, Kurzwaren), Handlungsreisende, Hausverwalter, Apotheker. Mehrere Frauen sind die Töchter von Handwerkern oder Arbeitern. Ihre Väter waren Schneider, Kürschner, Buchdrucker, Tischler, Fotograf, Friseur, Kellner, Fabrikarbeiter. Die Väter der Frauen aus dem Bürgertum waren Getränkefabrikant, Lederfabrikant, Eisenwarenfabrikant, Papierfabrikant, Getreidehändler, Holzhändler, Schuhgroßhändler, Diamantenhändler, Juwelier, Universitätsprofessor, Anwalt, Arzt, Kieferchirurg. Die Mütter waren in der überwiegenden Mehrzahl Hausfrauen, arbeiteten aber häufig im Geschäft des Mannes mit. Einige übten auch einen eigenständigen Beruf aus oder hatten zumindest einen erlernt. Drei Mütter der von mir befragten Widerstandskämpferinnen hatten einen Gymnasialabschluß, eine war vor ihrer Ehe Sängerin und Schauspielerin, eine war gelernte Zahnärztin, übte den Beruf aber nicht aus; eine Mutter arbeitete als Restaurantbesitzerin und Köchin, eine als Buchdruckerin, eine als Arbeiterin in einer Automobilfabrik, und sieben trugen als Schneiderinnen zum Familieneinkommen bei.

Gut die Hälfte der befragten Frauen kommt aus einer Familie mit zwei und drei Kindern; fünf Frauen sind Einzelkinder, der Rest stammt aus Familien mit vier und fünf Geschwistern. Dies gilt für West- und Osteuropa gleichermaßen, die durchschnittliche Größe der Familie ist in Polen dieselbe wie in Frankreich oder Belgien. Ebensowenig sind gravierende Unterschiede in der Kinderzahl orthodoxer und assimilierter Familien festzustellen. Der von jüdischen Demographen und Reformpolitikern in den 20er und 30er Jahren in Polen beklagte Geburtenrückgang läßt, wie schon festgestellt, neben anderen Ursachen auch ein verändertes Rollenbild und Selbstverständnis der jüdischen Frauen vermuten. Die jüdischen Mütter im Frankreich und Belgien der ersten beiden Jahrzehnte dieses Jahrhunderts kamen bis 90 Prozent aus Osteuropa. Sie brachten den bereits in ihren Herkunftsländern virulenten Wandel des tradierten Frauenbildes in das Einwanderungsland mit, wobei die Immigrantensituation ihnen zusätzliche Mobilität, Flexibilität und Selbständigkeit abverlangte. Sie mußten in einer fremden Umgebung, der Sprache nicht mächtig, ihrer Familie ein Heim schaffen und häufig zum Lebensunterhalt beitragen. Dies führte notgedrungen zu großer Verunsicherung, gleichzeitig aber auch zu einer neuen Bedeutung der Frau als der Produzentin von innerfamiliärer Wärme und Sicherheit in einer häufig als feindlich erlebten Umwelt.[1] Unabhängig von der sozialen Schicht und dem Ort, an dem sie aufwuchsen, beschreiben die meisten von mir befragten Frauen ihre Kindheit als glücklich und die Eltern als liebevolle Menschen, die zwar in einigen Fällen streng waren und verlangten, daß die Kinder Regeln befolgten, die jedoch nie körperliche oder seelische Grausamkeit gegen sie anwandten. Selbst Frauen, die ihre Kindheit als nicht glücklich und/oder sich selbst als rebellisches Kind beschreiben, wurden, nach ihren Aussagen, nicht geschlagen. Dies ist für die Erziehungsmethoden in dieser Epoche ungewöhnlich, entspricht aber den Ergebnissen von Marion Kaplans Studie »Jüdisches Bürgertum.

Frau, Familie und Identität im Kaiserreich« über die Erziehung jüdischer Kinder im deutschen Kaiserreich.[2] Bildung spielte in beinahe allen Familien eine zentrale Rolle, und sie wurde auch Mädchen zugestanden. Auch in Arbeiterfamilien wurden Bücher und Zeitungen gelesen, Theateraufführungen besucht oder man musizierte zu Hause. Obwohl es hier deutliche Klassenunterschiede gibt, wird doch aus den Kindheitserinnerungen der befragten Frauen deutlich, daß Literatur, Kultur, Bildung, Sprachen in allen Schichten einen wichtigen Platz einnahmen.[3]

Guta Rozencwajg kommt aus einer polnisch-jüdischen Arbeiterfamilie, die nach Belgien emigrierte:»Meine Kindheit war materiell gesehen sehr arm. Wir hatten wenig zu essen und manchmal nicht einmal Schuhe. Aber wir haben von den Eltern viel Liebe bekommen und viel Anständigkeit, Ehrlichkeit. Und Wissen, Kultur. Wir konnten nicht zur Universität gehen, und ich hatte auch keine Bücher. Aber meine ältere Schwester hat ein ganzes Gedicht von Peretz für mich aufgeschrieben auf einer langen Papierrolle. Das war mein Buch, damit ging ich in die Schule. Es gab nur ein Problem, wenn man sagte, ich solle eine bestimmte Seite vorlesen, denn ich hatte keine Seitenangaben. Diese Rolle habe ich jahrelang aufbewahrt. Und wir hatten Musikinstrumente, meine Familie war sehr musikalisch, die Eltern sangen beide gut. Mein Bruder spielte Mandoline, wir sangen und spielten viel. Ich zeichnete gern, und ich liebte die Natur. Ich weiß noch, einmal kaufte meine Mutter ein Bündel Karotten. Da wir keine Pflanzen in der Wohnung hatten, legte ich die Karotten mit dem Grünzeug nach oben auf das Fensterbrett. Das war wunderschön. Ich ging sogar nach unten, um mir anzusehen, wie das aussah, die frischen Karotten, das frische Grün im Fenster. Ich ging auf eine jüdische Schule, vom Bund, Unterrichtssprache war Jiddisch. Bei uns ging man nicht auf die polnische Schule, aber der Vater hätte uns auch nicht auf eine religiöse Schule geschickt. Meine Eltern waren eindeutig Sozialisten. Die Tatsache, daß ich ein Mädchen war, spielte überhaupt keine Rolle, im Gegenteil. Meine Eltern haben bei uns alles anders gemacht, als sie selbst erzogen wurden. Sie wollten uns das geben, was sie selbst nicht bekommen haben.«[4]

Hélène Waksman, die als Kind mit ihren Eltern aus Polen nach Belgien emigrierte, beschreibt ihre Eltern als gebildete Arbeiter:»Ich hatte einen sehr hellsichtigen, klugen Vater. Samstags arbeitete er bis mittags. Nachmittags las er uns vor, auf jiddisch, die Werke von Scholem Alechem, die nicht übersetzbar sind. Meine Mutter war eine sehr sanfte, liebe Frau, aber mein Vater war die Seele des Hauses. Er las viel, er war Schneider und hat sich alles selber beigebracht, er war ein Autodidakt. Er sprach vier Sprachen und war ein besessener Leser. Er las nachts, denn tagsüber mußte er ja arbeiten. Die einzigen Geschenke, die wir Kinder bekamen, waren Bücher. Auch meine Mutter lernte viele Sprachen auf Grund der Zeitumstände. Auf der Schule sprach man Russisch, weil Polen bis 1918 unter russischer Herrschaft war. Dann kamen die Deutschen, während des Ersten Weltkriegs, und so lernte sie Deutsch. Dann wurde Polen unabhängig, und sie lernte Polnisch. Und in Belgien schließlich lernte sie Französisch. Jiddisch konnte sie ohnehin. Wir waren also eine Arbeiterfamilie, aber eine Familie von sozusagen gebildeten Arbeitern. Mein Vater trat in Belgien in die Gewerkschaft der Konfektionsbeschäftigten ein, er war Kommunist. Ob schon in Polen, weiß ich nicht, aber auf jeden Fall in Belgien.« Ihre Mutter, erinnert sich Hélène Waksman, rebellierte dagegen, wegen der Kinder ins Haus gesperrt zu sein, keine Möglichkeit zu haben, die Sprache zu lernen, und alleine den Haushalt führen zu müssen. Sie verlangte von ihrem Mann, daß er seine Stelle in einem Modehaus aufgab und künftig zu Hause arbeitete. Er kam ihrem Wunsch nach, sie besuchte Französischkurse, und das innerfamiliäre Klima besserte sich zusehends.[5]

Ida Zilberbergs Eltern emigrierten aus dem ehemaligen Österreich-Ungarn nach Holland. Sie wollten in die USA, blieben dann aber in Scheveningen hängen. Der Vater führte eine Musikalienhandlung, die jedoch kaum zum Familieneinkommen beitrug. Die Ernährerin der Familie war Idas Mutter: »Sie kam aus der Tschechoslowakei, und in Wien war sie auch gewesen. Sie sprach Tschechisch und Deutsch und liebte den Kaiser Franz Joseph. Sie hat gerne gelesen, Heine und so etwas. Nicht, daß sie eine große Bibliothek hatte, sie kam aus einem sehr armen Haus. Mein Vater kam aus einem wohlhabenden Haus. Aber als mein Vater alles verloren hatte, fand er sich nicht zurecht. Da hat sie die Ärmel aufgekrempelt und ein Restaurant mit Wiener Küche eröffnet. Sie hat das Restaurant geführt und gekocht, alles. Im Ersten Weltkrieg kamen viele jüdische Flüchtlinge aus Belgien nach Holland, nach Amsterdam. Das waren fromme Juden. Also sind wir nach Amsterdam umgezogen, und Mutter hat dort ein koscheres Restaurant eröffnet. Das holländische Essen war damals schon nicht berauschend, Kartoffeln mit Sauce, fades Essen ohne Geschmack. Unser Restaurant ging deshalb wunderbar, 1918 konnten meine Eltern ein größeres Restaurant eröffnen. 1926 kam Sigmund Freud nach Holland. Der war nicht fromm, aber er hat in einem holländischen Restaurant gegessen und fand es scheußlich. Er fragte: ›Wo kann ich hier essen, ohne eine Magenverstimmung zu bekommen?‹ Man hat ihn an uns verwiesen und gesagt, das ist gute Wiener Küche.«[6]

Die Frauen, die aus wohlhabenden Familien stammen, erlebten manchmal schon als Kinder den Absturz in Armut oder ständig schwankende Einkommensverhältnisse. Trudel van Reemsts Vater verspielte das Familienvermögen.[7] Rachel Cheighams Vater war Diamantenhändler, er zog mit der Familie aus der Sowjetunion nach Deutschland, wo die Cheighams ihre »goldene Periode« erlebten, »mit Kindermädchen und Urlauben am Meer und allem«. In Frankreich, wohin die Familie weiterzog, verlor der Vater in der Wirtschaftskrise den größten Teil seines Vermögens, Rachel suchte sich eine Arbeitsstelle, anstatt zu studieren.[8] Chasia Bielicka erinnert sich an ihr Elternhaus im ostpolnischen Grodno: »Meine Eltern hatten eine kleine Getränkefabrik. Das war nicht so leicht, denn im Winter hat keiner kalte Getränke getrunken. Und mein Vater war kein Kaufmann, er hat sich mehr für Bücher und Zeitungen interessiert. Wir hatten schwere Zeiten. Aber wir haben unser eigenes Haus gehabt. Mein Großvater hatte einen großen Bauernhof, den mußte er verkaufen, wegen der antisemitischen Gesetze. Er hat dann am Stadtrand von Grodno eine große Anlage mit vier Häusern gekauft, damit jedes Kind ein eigenes Haus bekam. Wir hatten dort einen großen Garten mit Früchten und Blumen, meine Mutter hat dort auch Gemüse angepflanzt.« Ihre Mutter, erinnert sich Chasia Bielicka, war eine gebildete, fröhliche Frau, die einen großen Haushalt führte, in dem nicht nur die engste Familie, sondern auch Verwandte lebten, die nebenbei noch in der Firma mitarbeitete und von ihren Kinder nie verlangte, daß sie ihr bei der Hausarbeit halfen.[9]

Etwa ein Fünftel, also ein relativ hoher Anteil der von mir befragten ehemaligen Widerstandskämpferinnen, erlebte in der Kindheit den Tod eines Elternteils oder die Scheidung der Eltern. Brüche in der Biographie spielen bei fast allen Frauen eine Rolle. Sarah Goldberg wuchs, da ihre Mutter starb, als sie neun Jahre alt war, bei ihrer älteren Schwester auf. Im Gegensatz zu ihren traditionell religiösen und unpolitischen Eltern waren Sarahs Schwester und Schwager engagierte Linke, die das Mädchen im Geiste ihrer Überzeugungen erzogen und damit vermutlich dazu beitrugen, daß aus Sarah Goldberg eine Widerstandskämpferin wurde.[10] Hela Szypers Kindheit endete, als sie neun Jahre alt war: »Wenn einem die Mutter stirbt, wenn man noch ganz jung ist, dann ändert sich alles. Meine Mutter starb im Kindbett bei der Geburt des fünften Kindes. Sie war so krank, aber sogar im Spital hatte sie noch Humor. Sie war im jüdischen Spital in Krakau, und ich habe sie bedient. Ich war die ganze Zeit bei ihr. Bis zur letzten Stunde. Sie konnte nicht von alleine sitzen, ich habe ihr die Kissen gerichtet. Ich habe alles getan, damit sie es gut hat, aber sie war nie mit mir zufrieden. Aber alle waren lieb zu mir im Krankenhaus, die Ärzte, alle.«[11] Mirjam Ohringer, deren Eltern sich scheiden ließen, wurde von ihrer Mutter erst versteckt, damit der Vater sie nicht fand, und anschließend vom Vater quasi entführt. Die Mutter ging daraufhin mit ihrem neuen Mann nach Paris, wo sie sich später dem Widerstand anschloß. Mirjam wuchs beim Vater auf, der sie, als Sozialist und Aktivist des jiddischen Anski-Vereins in Amsterdam, in die Politik einführte.[12]

Über zwei Drittel der befragten Frauen kommen aus religiös traditionellen oder frommen Elternhäusern, ein knappes Drittel bezeichnet die Eltern als assimiliert. In mehreren Familien war die Mutter weniger strenggläubig als der Vater, in anderen war die Mutter religiös und der Vater nicht (mehr). Einige Familien gaben den Glauben oder die Religionsausübung im Einwanderungsland auf: Waren sie in Polen noch fromm gewesen, befolgten sie die Gesetze in Belgien und Frankreich manchmal nur noch, um ihre Eltern nicht zu verletzen. Die Mehrheit der ehemaligen Widerstandskämpferinnen sagt, sie selbst hätten in ihrer Jugend den Glauben aufgegeben; einige berichten, die Religion habe ihnen schon als Kind nichts bedeutet. Hier ist allerdings Vorsicht geboten. Es ist anzunehmen, daß ein Mädchen, wenn es nicht, wie zum Beispiel Uschi Rubinstein, ausdrücklich gegen die Religion rebelliert, erst einmal den Glauben der Eltern übernimmt und erst in der Pubertät oder als junge Erwachsene davon Abstand nimmt. Auch die Zuschreibungen, die die befragten Frauen vornehmen, entsprechen selten der »reinen Form«. Was die Frauen jeweils als »fromm«, »traditionell« oder »assimiliert« bezeichnen, erweist sich nicht selten als eine recht individuelle Mischung.

So erinnert sich zum Beispiel Mirjam Ohringer, Kind polnischer Einwanderer in Holland, daß in ihrem sozialistischen Elternhaus einerseits die Feiertage nicht eingehalten wurden, andererseits die Mutter ein koscheres Haus führte, »damit meine fromme Großmutter keine Ausrede hatte, uns nicht besuchen zu kommen«.[13] Virginia Cohen, Kind holländischer Juden, erinnert sich: »Den Sabbat hielten wir, mit Kiddusch und weißem Tischtuch und allem. Nach dem Essen las Vater uns aus der Ilias und der Odyssee vor, er las im Original und übersetzte es für uns ins Holländische. Diese Freitagabende sind eine schöne Erinnerung für mich.«[14] Sieny Cohen, die wie Virginia Cohen aus dem holländischen jüdischen Bürgertum stammt, erzählt: »Meine Eltern waren religiös, traditionell. Nicht sehr orthodox, aber wir führten einen koscheren Haushalt, und am Sabbat war das Geschäft geschlossen. Aber wir hörten Radio zum Beispiel. Wir waren nicht superorthodox, aber sehr traditionell.« Sieny Cohens Vater war aktiv und angesehen in der jüdischen Gemeinde von Amsterdam, ihre Mutter beschreibt sie als »eine richtige Dame«, die feine Stickereien anfertigte und etwas melancholisch war.[15]

Tamara Benshalom wuchs zuerst bei der liberalen Mutter auf, die nach der Scheidung von ihrem Mann mit der kleinen Tochter von Budapest nach Graz ging: »Meine Mutter hat gearbeitet, als Arbeiterin bei den Puchwerken, Fahrräder und Motorräder hat man da gemacht. Meine Mutter hat sich sehr, sehr schwer durchgeschlagen. Wir waren arm, aber nicht unglücklich, meine Mutter hat immer einen sehr guten Charakter gehabt, sie war immer guter Laune. Und ich bin in einem sehr freien Haus aufgewachsen. Von Religion hat man bei uns nicht gesprochen, bei der Mutter.« Mit 14 mußte Tamara auf Grund der Bestimmungen im Scheidungsverfahren zu ihrem Vater ziehen, der in dem Teil der Slowakei lebte, der nach 1939 Ungarn zugesprochen wurde: »Mein Vater war religiös, dort hat man am Sabbat kein Licht angezündet und kein Feuer gemacht. Er war nicht fanatisch, meine Stiefmutter hat zum Beispiel keine Perücke getragen, sie hat sich nur den Kopf zugebunden, das ist schon ein Unterschied. Aber für mich war es sehr, sehr schwer bei meinem Vater, in diesem orthodoxen Haushalt.« Tamaras »Rettung« ist der Haschomer Hazair, hier findet sie Zuflucht und einen so offenen und fortschrittlichen Geist, wie sie ihn von ihrer Mutter her gewöhnt ist.[16] Chava Ben Porat dagegen, die in einer nordungarischen Kleinstadt aufwächst, genießt das religiöse Leben ihrer Kindheit. Als sie 12 Jahre alt ist, tauschen ihre Eltern die Religion gegen den Zionismus ein, was die Tochter, die später selbst im Haschomer Hazair aktiv sein wird, damals noch sehr bedauert: »Als meine Mutter den Scheitel (die Perücke, die orthodoxe Frauen tragen, Anm. d. Verf.) ablegte«, erinnert sich Chava Ben Porat, »habe ich geweint.«[17]

Paulette Slivka, Tochter polnischer Immigranten in Paris, berichtet, daß in ihrem Elternhaus die Religion keine Rolle spielte, ihr Vater aber den Kindern erklärte, was die Feste historisch bedeuteten.[18] Ida Rubinstein, die als Kind polnischer Immigranten in Antwerpen aufwuchs, erinnert sich: »Meine Mutter war sehr lieb zu uns und tolerant. Sie wußte, daß ich in der kommunistischen Jugend war, sie hat mir das nie untersagt. Sie hörte bei unseren Diskussionen zu, wenn meine Genossinnen und Genossen zu mir nach Hause kamen. Sie hat nie etwas gesagt, aber sie hörte zu. Wir Jungen haben auch bestimmte Anteile der Religion aufgegeben, aber meine Mutter war traditionell. Wir hatten einen koscheren Haushalt, am Schabbat entzündete meine Mutter die Kerzen, aber mein Vater arbeitete. Am Jom Kippur ging er in die Synagoge.«[19] Frieda Wattenberg erzählt, daß zwar ihre Mutter liberal war, als geschiedene Frau mit einem Kind jedoch die Feiertage stets bei ihren Brüdern verbrachte, die orthodox waren, so daß Frieda zwischen den Extremen hin und her pendelte. Sie erhielt, was in den 30er Jahren eher ungewöhnlich war, eine Bat Mizwa, die Feier zur religiösen Volljährigkeit des Mädchens, die erst im 19. Jahrhundert entstand und nur im Reformjudentum praktiziert wird. Bis in die zweite Hälfte des 20. Jahrhunderts wurde die Bat Mizwa, im Gegensatz zu der für die Knaben seit dem 15. Jahrhundert üblichen Bar Mizwa, eher selten gefeiert.[20] Auf das weiße Kleid, das sie dabei tragen durfte, war sie so stolz, daß sie es in die Schule anzog.[21] Denise Lévy in Paris kommt aus einem traditionell religiösen Haus, doch auch hier gibt es Brüche: »Wir waren sehr traditionell, wir führten ein koscheres Haus, wir begingen natürlich die Feste, und wir haben den Schabbat gehalten, mit eigener Tischdecke, mit Kiddusch und allem. Aber wir benutzten die öffentlichen Verkehrsmittel. Vater hat am Samstag nicht gearbeitet, aber ich ging auch samstags in die Schule. Meine Mutter hat für den Schabbat das Essen vorbereitet, dann aber aufgewärmt.«[22]

Chasia Bielicka, die im ostpolnischen Grodno aufwuchs, berichtet, ihre Mutter sei fromm gewesen, habe jedoch akzeptiert, daß die Kinder sich zunehmend von der Religion entfernten. Dafür respektierten die Kinder den Glauben der Mutter und bemühten sich, sie nicht zu verletzen: Sie hätten zum Beispiel zu Hause niemals mit dem Fleischmesser die Butter aufs Brot gestrichen.[23] Bronia Klibanskis Vater war von Beruf Tischler in Grodno, in der Synagoge aber diente er an den hohen Feiertagen als Chasan (Kantor). Ihre Mutter war Schauspielerin und Sängerin gewesen und vor ihrer Verheiratung in Operetten aufgetreten: »Sie waren traditionell, aber nicht besonders fromm. Für meine Familie – und das gilt auch für mich – war die Tradition ein Teil unserer, meiner Kultur. Ich liebe bis heute die Feiertage. Wir hielten den Schabbat zu Hause, Vater ging in die Synagoge.

Mutter ging nur am Jom Kippur in die Synagoge und zu Rosch Haschana. Sie war eine der wenigen Frauen, die Hebräisch lesen konnten. Dadurch war sie die Vorbeterin der Frauen, sie las die hebräischen Gebete laut vor, und die Frauen sprachen sie ihr nach. Ich selbst habe nur einmal am Jom Kippur gefastet. Ich wollte sehen, ob ich, wenn ich beschloß, es zu tun, es auch schaffen könnte.«[24]

Die Mehrheit der von mir befragten ehemaligen Widerstandskämpferinnen besuchte, unabhängig von der sozialen Herkunft, eine höhere oder eine berufsbildende Schule. Auch diejenigen, deren Eltern sich das Gymnasium oder Studium nicht leisten konnten, wuchsen, von Ausnahmen abgesehen, in dem Bewußtsein auf, daß sie auch als Mädchen Anspruch auf Bildung und eine gute Berufsausbildung hatten. Viele der von mir befragten ehemaligen Widerstandskämpferinnen bezeichnen sich als »Lesekind«. »Ich hatte immer die Nase in einem Buch stecken«, erinnert sich Denise Lévy, »und ich habe auch zu allen Anlässen immer Bücher geschenkt bekommen, zum Geburtstag, zur Zeugnisvergabe und so weiter.« Lange Zeit war Zolas »Les Miserables« ihre Lieblingslektüre.[25] Ruth Usrad, die im Berliner Wedding aufwuchs und als Jugendliche aus Deutschland über Belgien nach Frankreich flüchtete, erzählt: »Bei uns zu Hause gab es auch immer zwei, drei Zeitungen. Die Berliner Volkszeitung und natürlich die Jüdische Rundschau und andere jüdische Zeitungen. Ich hab die auch immer gelesen. Da war ich so sieben, acht Jahre alt. Ich hab sehr früh angefangen zu lesen. Das war am Anfang ein Problem, weil es zu teuer war, Bücher zu kaufen. Und wir waren die einzigen Juden in dem Viertel, die anderen, die dort gewohnt haben, hatten alle keine Bücher. Deshalb habe ich die Zeitungen gelesen, bis ich neun oder zehn war, dann war ich schon in der Leihbibliothek. Ich weiß genau, welche Bücher ich auf deutsch gelesen habe, denn ich bin mit dreizehneinhalb weg aus Deutschland. Tolstoi und Dostojewski, das alles habe ich auf deutsch gelesen, ›Schuld und Sühne‹, ›Die Auferstehung‹, von Stefan Zweig die ›Sternstunden der Menschheit‹, und Hermann Hesse. Nachher hat es lange gedauert, bis ich wieder lesen konnte.«[26] Uschi Rubinstein, die gleichfalls in Berlin aufwuchs, lernte als Mädchen in der Leihbücherei die kommunistischen Jugendlichen kennen, denen sie sich bald politisch anschloß. Auch Anja Rud im ostpolnischen Grodno wurde mittels ihrer »Lesesucht« politisiert: »Als Schülerin hatte ich Freundinnen und Freunde, die links waren. Sie waren keine Mitschüler, sondern acht, zehn Jahre älter als ich. Ich lernte sie in der Bücherei kennen. Dort ging ich hin, um Zeitungen oder Bücher zu lesen, und sie gaben mir ganz bestimmte Bücher, Rosa Luxemburg und so etwas. Mir gefiel diese Art zu denken, die ich bis dahin nicht gekannt hatte.«[27]

Zum Zeitpunkt des deutschen Einmarsches waren viele Frauen noch Schülerinnen, einige studierten. Diejenigen, die bereits berufstätig waren, arbeiteten (in der Reihenfolge der Häufigkeit) als Schneiderinnen, Krankenschwestern, Büroangestellte, Fabrikarbeiterinnen, Sozialarbeiterinnen, Kindergärtnerinnen, Fotografinnen, Apothekerinnen, Hebamme, Hutmacherin, Journalistin und Anwältin. Einige halfen im Geschäft des Vaters mit.

Rachel Cheigham, künftige Kämpferin der Armée Juive in Nizza und Paris, schlug einen für eine Frau zu der Zeit ungewöhnlichen Weg ein: Sie wurde nicht nur Sportreporterin, sondern spezialisierte sich auch noch auf die Berichterstattung über Boxkämpfe: »Mein Vater verlor in der Wirtschaftskrise eine Menge Geld. Ich fand, wenn in dieser schwierigen Situation jemand studieren sollte, dann meine beiden Brüder. Damals dachte man anders als heute. Ein junges Mädchen sollte zwar gebildet sein und nicht völlig unbeleckt, aber sie brauchte kein Studium, denn sie würde ja ohnehin heiraten. So habe ich auch gedacht. Ich ging also arbeiten, um bis zur Hochzeit ein wenig Geld zu verdienen. Ich arbeitete als Verkäuferin in einem Buchladen. Der Buchladen gehörte zu einer Sportzeitung, ›L'auto‹. Außerdem hatte ich viele Freunde, die Journalisten waren. Einer von ihnen verhalf mir zu einer Stelle bei der Pariser Messe. Das war eine große, internationale Messe, die, während der drei Wochen ihres Bestehens, auch eine Zeitung herausgab. Dann kam ich zur Sportredaktion des ›Petit Parisien‹. Das war damals eine sehr große Tageszeitung. Angefangen habe ich mit Damen-Leichtathletik und Basketball, aber dann habe ich über die Boxwettkämpfe berichtet, die fanden jeden Freitagabend statt. Der Chefredakteur hat nie gewußt, daß ich die Berichterstattung machte. Ich habe meine Artikel nicht signiert, und er dachte, es wäre ein Kollege. Um mich auch richtig auszukennen, habe ich zuerst Bücher über den Boxsport gelesen. Und ich hatte ja auch in einem Buchladen gearbeitet, der auf Bücher und Zeitschriften über Sport spezialisiert war. Da habe ich mir schon einiges an Wissen angeeignet. Jedenfalls war ich auf dem laufenden.«[28]

Auch Régine Orfinger wählte einen Beruf, der nicht eben als »typisch weiblich« galt: Die »Tochter aus gutem Hause« studierte Jura und wurde Anwältin. Als sie bei Gericht zugelassen wurde, erinnert sie sich, »gab es schon ein paar Anwältinnen. Die ersten kamen 1922 und 1924. Ich kam 1934, also zehn Jahre später.« Trotzdem mußte sie sich gegen Richter durchsetzen, die sich eine Frau nur in Haus und Küche vorstellen konnten. Régine Orfinger fielen solche Auseinandersetzungen nicht schwer: »Die Emanzipation der Frau ist meine große Leidenschaft«, erzählt die belgische jüdische Widerstandskämpferin, die gegen Ende des Krieges ein ganzes Partisanenbataillon kommandierte: »Ich war schon immer Feministin, zeit meines Lebens. Ich nahm an allen möglichen und unmöglichen Bewegungen für die Emanzipation der Frauen teil, das war stets Teil meines Kampfes.«[29]

Guta Rozencwajg mußte als junges Mädchen zum Familieneinkommen beitragen: »Ich habe mit 14 schon gearbeitet, 12 Stunden pro Tag. Zuerst habe ich Strümpfe umgestülpt in einem kleinen jüdischen Familienbetrieb, die waren auch sehr arm. Die Strümpfe hatten damals noch eine Naht. Die war nach der Herstellung außen. Ich mußte also die Strümpfe umstülpen, damit die Naht nach innen kam. Ich saß auf dem Bett, man legte mir einen Stuhl verkehrt rum auf den Schoß, ich zog die Stümpfe über die Stuhlbeine und zog sie dann wieder ab, so daß sie richtig herum waren. Das war in Polen meine Arbeit, von acht Uhr morgens bis acht Uhr abends. In Belgien dann habe ich alles mögliche gearbeitet, ich habe nie einen Beruf richtig gelernt. Immer wenn mein Vater den Eindruck hatte, ich würde ausgebeutet, durfte ich in den Betrieb nicht mehr gehen. Er ertrug es nicht, daß wir schon in so jungen Jahren ausgebeutet wurden.«[30]

Eva Besnyö bekam als Gymnasiastin ihre erste Kamera, eine Kodak Brownie. Als sie die Schule beendete und keine Vorstellung hatte, was sie nun machen sollte, schenkte ihr der Vater eine Rolleiflex und riet ihr, aus dem Hobby einen Beruf zu machen. Eva Besnyö ging nun bei dem bekannten Budapester Fotografen Józef Pécsi in die Lehre und machte bei ihm ihre Gesellenprüfung. Nebenbei lernte sie Französisch, um sich zur Not mit Sprachunterricht ernähren zu können. 1930, im Alter von 20 Jahren, ging sie nach Berlin, »weil einen besseren als Pécsi gab es in Budapest nicht, und ich wollte weiterkommen«. Befragt nach den Ursachen ihrer jugendlichen Selbständigkeit und ihres künstlerischen Ehrgeizes, sagt sie: »Ich habe mich oft gefragt, warum das so war. Ich glaube, erstens, mein Vater wollte Jungen haben. Zweitens hat er doch auch die Idee gehabt, daß die Frauen emanzipiert werden müssen. Die beiden Sachen haben dazu geführt, daß er uns so aufgezogen hat, eigentlich wie Jungen. Mir erschien das ganz normal. Viel später habe ich herausgefunden, daß mein Vater der Anwalt einer feministischen Organisation war. Das wußte ich damals nicht. Mein Vater war ein richtiger Intellektueller, einer, der sich sein Studium selbst erkämpft hat. Er kam aus einer armen Familie und hat sich sein Studium mit Nachhilfestunden bezahlt. Bildung war für ihn das Wichtigste. Er hat uns auch schrecklich intellektuell aufgezogen. Wir haben nie, aber auch nie etwas im Haushalt getan, wir sind nie in der Küche gewesen. Wir hatten aber auch ein Dienstmädchen und eine Köchin.«[31]

Für Masza Putermilch in Warschau hatte die Politik Vorrang vor dem Beruf: Sie lernte Schneiderin in einem Ausbildungszentrum des Bundes, ihre ganze Energie aber gehörte SKIF, der Kinderorganisation des Bundes und später Tsukunft, dem Jugendverband der sozialistischen jüdischen Arbeiterpartei.[32] Auch für die jungen Zionistinnen spielten ein Studium oder eine klassische Berufsausbildung keine Rolle. Sie besuchten zwar fast alle das Gymnasium, doch dann machten sie ihre Hachschara, die landwirtschaftliche oder handwerkliche Ausbildung, die sie dazu befähigen sollte, in Palästina einen Kibbuz aufzubauen und das Land zu bestellen. Auf die Frage, ob sich eine Tochter aus dem Bürgertum, eine Gymnasiastin, wirklich vorstellen konnte, künftig nur noch harte körperliche Arbeit zu leisten, antwortet Surika Brawerman, später eine der legendären Fallschirmspringerinnen aus Palästina[33]: »Das war die tiefste Revolution unserer Jugend. Es hat uns niemand gezwungen, Arbeiter zu werden, wir wollten es selbst, aus ganzem Herzen.«[34]

Diese Frauen waren sehr unterschiedliche Mädchen. Etwa die Hälfte der von mir befragten Frauen sagt von sich: »Ich war kein braves Mädchen«, einige, wie Roos Sijbrands, bezeichnen sich als »wildes Mädchen« oder berichten, wie Eva Besnyö, sie seien »wie ein Junge« aufgewachsen. Andere dagegen erinnern sich, wie Chasia Bielicka, ein lebhaftes, aber braves Mädchen gewesen zu sein, das gerne mit Puppen spielte und ihnen Kleider nähte. Wieder andere mußten schon als Mädchen vernünftig und verantwortungsbewußt sein, wie Hélène Waksman, die ihrer Mutter, die Hausarbeit haßte, vieles abnahm, oder Hela Szyper, die mit neun Jahren ihre sterbende Mutter pflegte, und Stella Margolit, die sich, seit sie sechs Jahre alt war, wie eine Krankenschwester um ihre kranke Mutter kümmerte und, so nimmt sie an, aus diesem Grund Krankenschwester wurde, nachdem sie im besetzten Jugoslawien mit den Partisanen zusammengearbeitet hatte.[35]

Ich habe die von mir interviewten Frauen gefragt, was sie als klei-

nes Mädchen werden wollten. Die Antworten spiegeln ihre Selbstein-
schätzung wider, tendieren aber insgesamt eher zu für ein Mädchen
ungewöhnlichen Zukunftsträumen: Von den 43 interviewten Frauen,
die in Frankreich, Belgien, den Niederlanden, Ungarn und Polen im
Widerstand aktiv waren, wollten fünf Ärztin werden, vier Schauspielerin, drei Krankenschwester, zwei Tänzerin und zwei Kibbuzniks. Je
eine Frau träumte von einer Zukunft als Hausfrau und Mutter, Kindergärtnerin, Sozialarbeiterin, Schneiderin, Journalistin, Innenarchitek-
tin, Architektin, Anwältin, Historikerin, Archäologin und Ethnologin,
Wissenschaftlerin (ohne genauere Spezifizierung), Gehirnforscherin
und Chemieingenieurin. Eine Frau wollte Spionin werden, eine weitere Malerin und eine Journalistin oder Biologin, letzteres aus einem
bestimmten Grund: »In der Biologie hat mich vor allem das Phänomen
der Parthenogenese fasziniert. Und ich dachte, ich würde einmal ein
Mittel erfinden, das es Frauen, die nicht mit einem Mann leben wol-
ten, ermöglicht, dennoch ein Kind zu bekommen.«[36] Die restlichen
Frauen geben an, sie könnten sich nicht erinnern oder sie hätten keine
Zukunftsträume gehegt.

Eine markante Gemeinsamkeit der von mir interviewten ehemaligen Widerstandskämpferinnen in Westeuropa ist die Tatsache, daß
sie zu gut 90 Prozent selbst Immigrantinnen oder die Kinder von Immigranten sind. Ihre Eltern kamen vor allem aus Polen, Bessarabien und
Rußland, der Rest aus der Tschechoslowakei, aus Ungarn, Österreich
und Deutschland. Ein Drittel der Frauen wurde als Tochter von Immigranten bereits im Aufnahmeland geboren. Die anderen zwei Drittel
der Immigrantinnen wanderten (meist mit den Eltern) ein; sie waren
zum Zeitpunkt der Einwanderung in Frankreich, Belgien oder den
Niederlanden in der Mehrheit zwischen zwei und 13 Jahre alt; einige
von ihnen kamen als junge Erwachsene aus eigener Initiative – sie
waren in ihren Herkunftsländern als politische Aktivistinnen aufgefallen und mußten deshalb das Land verlassen, oder sie wurden, wie
»Nicole«, auf der verspäteten Hochzeitsreise nach Paris vom Kriegsbeginn überrascht. Hier entsprechen die Ergebnisse meiner Untersuchung den allgemeinen Tatsachen: Nicht nur unter den von mir befragten Frauen, sondern unter den jüdischen Widerstandskämpfern
insgesamt, die in Frankreich und Belgien und teilweise auch in den
Niederlanden aktiv waren, handelte es sich mehrheitlich um Ausländer. Auch in Ungarn stellten Flüchtlinge aus Polen und der Slowakei
einen bedeutenden Anteil der jüdischen Widerständler.

Übereinstimmungen in den Kindheitserinnerungen west- und osteuropäischer jüdischer Widerstandskämpferinnen erklären sich aus dieser Tatsache: Die überwiegende Mehrheit der Frauen, die in Westeuropa im Widerstand aktiv waren, wuchs in einer ostjüdischen Familie auf. Unterschiede zeigen sich hier eher zwischen den Generationen als geographisch. Symptome des Wandels, wie die Abwendung vom Glauben und die Hinwendung zu politischen Gruppierungen, lassen sich in Polen ebenso beobachten wie in Frankreich oder Belgien, und es sind meist, wenn auch nicht immer, die Kinder, die mit Traditionen brechen und sich Neuem zuwenden. Junge Mädchen in Warschau und Bialystok verhalten sich dabei nur graduell anders als junge Mädchen in Paris und Brüssel. Die entscheidenden Divergenzen zwischen jüdischen Widerstandskämpferinnen in West- und Osteuropa ergeben sich weniger aus ihrer Herkunft als aus den Bedingungen, unter denen sie Widerstand leisten. Die in Westeuropa und Polen unterschiedliche Besatzungspolitik der deutschen Okkupanten erforderte unterschiedliche Formen des Widerstands und beeinflußte auch das Bewußtsein ihrer jüdischen Opfer und Gegner/innen.

Der Weg in den Widerstand:
Politisierung und Motivation

Der Weg in den Widerstand führte für die meisten Frauen (und auch Männer) über die Mitgliedschaft in einer sozialen oder politischen Organisation oder einer Jugendbewegung. Wer nicht bereits organisiert oder in einem bestimmten sozialen und/oder erzieherischen Bereich engagiert war oder sich zumindest im Umfeld einer politischen oder sozialen Organisation bewegte, fand schwer Zugang zu Widerstandsgruppen, deren Conditio sine qua non es war, sich abzuschotten und vor Infiltrierung und Entdeckung zu schützen. Chaika Grossman berichtet, daß Haschomer Hazair versuchte, die illegalen Zellen, die vom Untergrund im Bialystoker Ghetto gebildet wurden, sogar vor den legalen, »normalen« Mitgliedern der Organisation geheimzuhalten.[1] Sarah Goldberg erinnert sich, daß sie, als sie für die »Rote Kapelle« rekrutiert wurde, den Jugendlichen, deren Gruppe sie in der illegalen Kommunistischen Jugend leitete, erzählen mußte, sie gebe alle politischen Aktivitäten und deshalb auch die Arbeit in ihrer Gruppe auf.[2] Dina Krischer, die in Lyon niemanden kannte, aber entschlossen war, die Leute zu finden, mit denen sie gegen die Besatzer kämpfen wollte, kam der Zufall zu Hilfe: Sie vermutete, daß die Mieter, die eine Etage über ihr wohnten, Juden waren und hier, wie sie selbst, illegal mit falschen Papieren lebten. Auf Grund des etwas sonderbaren Verhaltens ihrer Nachbarn hoffte sie außerdem, daß vielleicht noch mehr dahintersteckte. Sie suchte sie auf und bat sie: »Wenn ihr im Widerstand seid, dann laßt mich mitmachen.«[3] Jacquot Szmulewicz, der militärische Verantwortliche der Gruppe, erinnert sich, daß er in diesem Moment ernsthaft an seinen konspirativen Fähigkeiten zweifelte.[4] Für Dina Krischer kam das Glück zum Zufall, die Gruppe nahm sie schließlich, nach eingehenden »Verhören« und Überprüfungen, auf.[5]

Neun der von mir befragten ehemaligen jüdischen Widerstandskämpferinnen geben an, sie seien vor ihrer Widerstandstätigkeit nicht oder in einer völlig unpolitischen Jugendbewegung organisiert gewesen. Ihr Weg in den Widerstand führte über ihre Arbeitsstelle, wie zum Beispiel bei Sieny Cohen und Virginia Cohen, die in der Crèche, der zur Hollandse Schouwburg, dem Amsterdamer Sammellager, gehörenden Kinderkrippe beschäftigt waren, deren Direktorin mit nichtjüdischen Widerstandsgruppen zusammenarbeitete und dadurch Kinder vor der Deportation retten konnte.[6] Oder sie hatten, wie Rachel Cheigham in Paris und Nizza, Freunde, die in den Widerstand gingen und sich ihr anvertrauten und sie um Mithilfe baten.[7]

Das Gros der Frauen, die sich im deutsch besetzten Europa am Widerstand beteiligten, war schon vor dem Einmarsch der Deutschen Mitglied in einer zionistischen oder linken Jugendbewegung oder Organisation. Einige kommen aus einem Elternhaus, in dem Vater oder Mutter, manchmal auch beide Elternteile, Zionisten, Sozialdemokraten, Bundisten oder Kommunisten waren. In den meisten Fällen wußten die Eltern über die Aktivitäten der Tochter Bescheid und billigten sie mehr oder weniger. Masza Putermilchs Mutter war Aktivistin des Bund, der sozialistischen jüdischen Arbeiterpartei, und erzog ihre Kinder in ihrem Sinne. Die Tochter berichtet: »Ich kann mich zum Beispiel an die Demonstrationen zum 1. Mai erinnern. Die Mutter ist aufgestanden, um demonstrieren zu gehen. Wir Kinder haben auch mitdemonstriert. Aber der Vater hat lieber ausgeschlafen. Da hat die Mutter gesagt: ›Heute schläft man nicht! Heute ist 1. Mai!‹ Die Demonstrationen damals waren gefährlich, die polnischen Faschisten haben sie angegriffen und auf die Demonstranten geschossen. Vater wollte uns Kinder einsperren, damit wir nicht hingehen konnten. Und Mutter hat uns herausgelassen, damit wir mitgingen. Im Ghetto war sie im bundistischen Untergrund. Was sie genau gemacht hat, hat sie nicht erzählt, das war ja konspirativ. Sie hat gewußt, was ich gemacht habe. Aber der Vater nicht. Er wollte es auch gar nicht wissen. Meine Mutter hat während der ersten *aktzia* bei uns auf dem Hof vor allen Bewohnern proklamiert: ›Laßt euch nicht abführen! Glaubt den Deutschen nicht! Geht in die Bunker, versteckt euch!‹ – Aber man hat nicht auf sie gehört.«[8] Vivette Samuels Vater Nahum Hermann war ein bekannter Zionist, der die Wandlung seiner Tochter von der Kinderbetreuerin zur Widerständlerin wohlwollend zur Kenntnis nahm.[9] Auch Chava Ben Porats Eltern waren Zionisten, ihr kleiner Bruder pflanzte mit seinen Freunden im Garten Kartoffeln an, die sie verkauften, um das Geld dem Keren Kajemeth (Jüdischer Nationalfonds, Anm. d. Verf.) zu spenden. Da sie nicht wußten, wem sie es geben sollten, schrieben die Jungen nach Budapest, um nachzufragen. Der Mann, der ihnen antwortete, teilte ihnen mit, er sei nicht nur für den Keren Kajemeth, sondern auch für Haschomer Hazair verantwortlich. Er kam in die kleine Stadt im Norden des Landes und baute die Gruppe auf, der sich bald auch Chava anschloß. »Es war damals keine bewußte Entscheidung für mich, zum Haschomer Hazair zu gehen«, sagt sie rückblickend, »es hat sich gewissermaßen von selbst ergeben.«[10]

Sechs Frauen waren als Mädchen Mitglied in einer religiösen oder religiös-zionistischen Jugendbewegung. Ein Teil von ihnen ging mit der Bewegung in den Widerstand, wenn diese sich, wie Akiba, in diesem Sinne entwickelte. Die anderen verließen die Bewegung mit dem Erwachsenenalter und gelangten auf anderen Wegen in den Widerstand. Eine Frau wechselte von Misrahi zur Kommunistischen Partei: Trudel van Reemst, die als Mädchen fromm und Mitglied in der religiös-zionistischen Jugendorganisation Misrahi war, machte ihre Lehre bei einem Apotheker, der ihr erlaubte, samstags nicht zu arbeiten. Als sie die Lehre beendete, fand sie unter dieser Bedingung keine Anstellung und bewarb sich deshalb am jüdischen Krankenhaus in Rotterdam als Lernschwester. Sie wurde angenommen und kam nun an ihrer neuen Arbeitsstelle in Kontakt zu Kolleginnen, die sie vom Kommunismus überzeugten. »Und dann kam der Spanienkrieg! Der hat mich richtig gepackt«, erinnert sich Trudel van Reemst-de Vries, die als Krankenschwester bei den Internationalen Brigaden am Spanischen Bürgerkrieg teilnahm.[11]

Der Spanienkrieg war für viele der Kommunistinnen oder mit der Linken sympathisierenden jungen Frauen ein entscheidender Faktor ihrer Politisierung. Hélène Taich, die in Moldawien bereits als Schülerin aus politischen Gründen im Gefängnis saß und 1937 gegen Auflagen entlassen wurde, machte sich sofort auf den Weg nach Spanien: »Wir Jungen waren Feuer und Flamme für den Spanischen Bürgerkrieg, für uns war das der Inbegriff des antifaschistischen Kampfes, wir träumten davon, daran teilzunehmen. Wir waren ein Haufen von Schülerinnen und Schülern, von Leuten, die gerade Abitur gemacht hatten, und einigen Arbeitern. Wir waren Juden und Nichtjuden. Man hat uns falsche Papiere verschafft, mit Hilfe von Bakschisch hat man uns aus dem Land bekommen und nach Frankreich gebracht. Dort haben wir uns nach Spanien gemeldet.« Weil Hélène weder Ärztin noch Krankenschwester war und Frauen als Kämpferinnen nicht angenommen wurden, mußte sie in Paris bleiben: »Ich habe mich dann in den Spanien-Solidaritäts-Organisationen engagiert. Wir haben Geld gesammelt, Briefe geschrieben, Päckchen geschickt, all das. Außerdem war ich in der Gefangenenhilfsorganisation, die Gefängnisse waren voll mit politischen Gefangenen.«[12] Die 15jährige Sarah Goldberg verkaufte in Brüssel in der Schule Abzeichen der Spanischen Republik. Als Kind polnischer Immigranten hätte sie sich nicht politisch betätigen dürfen, doch »die Lehrer haben weggesehen«, erinnert sie sich. Das Engagement für Spanien war ihre Initiation: »Schritt für Schritt habe ich mich dann in den linken Organisationen engagiert. Aber offiziell durfte man weder in der Kommunistischen Jugend sein noch in der Kommunistischen Partei, denn wir waren Ausländer. Dafür gab es aber den Sportclub, l'Unité, der war in Brüssel dasselbe wie der YASK in Antwerpen.« In diesen Arbeitersportklubs wurde zwar auch Sport getrieben, vor allem aber politisiert.[13] Auch Ida Rubinstein, die im YASK in Antwerpen Mitglied war, bestätigt die Bedeutung der Arbeitersportklubs und des Spanischen Bürgerkriegs für die politische Entwicklung der jüdischen Immigrantenkinder: »Der YASK stand allen offen, alle wußten davon, und ich kannte Leute, die hingingen, so bin ich dazugekommen. Wir fühlten uns damals aber nicht als Partei oder Teil einer Partei, mit unseren 15 Jahren. In die Partei sind wir erst später eingetreten. Wir haben da ein Pfadfinderleben geführt, mit Liedern und Ausflügen. Aber einmal pro Woche hatten wir eine Zusammenkunft, auf der wir über die laufenden Ereignisse informiert wurden und darüber diskutierten. So kam ich immer weiter nach links. Dann kam der spanische Krieg, der mich sehr beeinflußte. Einige meiner Genossen sind nach Spanien gegangen. Sie sagten, wir hinterlassen hier eine Lücke, ihr müßt uns ersetzen.«[14]

Auch Vivette Samuel, die sich als Studentin an der Sorbonne von ihren linken Kommilitoninnen und Kommilitonen angezogen fühlte, begeisterte sich für die Spanische Republik und den Kampf gegen den Faschismus, der im Nachbarland ausgefochten wurde. Sie schloß sich einer Solidaritätsgruppe an der Universität an und reiste als Leiterin einer Studentendelegation nach Barcelona, um dort das Geld zu übergeben, das sie gesammelt hatten, um Milch für spanische Kinder zu kaufen. Zurück in Paris jedoch verlangten ihre kommunistischen Mitreisenden, daß sie in ihrem Bericht ihre realen Erlebnisse in Spanien zugunsten der ideologischen Interessen verfälschte. »Von diesem Moment an«, erinnert sich Vivette Samuel, »war ich gegen den Kommunismus geimpft.«[15]

Hela Szyper, die in einem frommen Elternhaus aufwuchs, versuchte, aus der sie umgebenden jüdischen Normalität auszubrechen, indem sie in eine staatliche paramilitärische polnische Organisation eintrat, die junge Frauen auf den Wehrdienst vorbereitete. »Akiba und die anderen jüdischen Jugendbewegungen«, erinnert sie sich, »das waren die jüdischen Zores (Schwierigkeiten, Anm. d. Verf.), das kannte ich zur Genüge. Aber das hier, das war etwas ganz anderes.

320

Außerdem, zu Hause hätte man mir nicht erlaubt, in eine zionistische Organisation zu gehen, weil da Jungen und Mädchen zusammen waren. Und das hier war nur für Frauen. Als ich auf der Handelsschule war, kam eine Frau in die Klasse und wollte uns werben. Da bin ich gleich aufgestanden, ich dachte, man kann es doch einmal ausprobieren. Es gab da ein schönes Clubhaus, mit einem Piano. Die Instruktorinnen waren sehr nett zu uns, wir haben schöne Lieder gesungen, sonntags am Kamin. Ich habe mit dem Luftdruckgewehr schießen gelernt, und dann hat man uns auch den Umgang mit richtigen Gewehren erklärt. Wir haben auch den Umgang mit einem Revolver gelernt, ihn auseinandernehmen und wieder zusammensetzen. Ich habe sogar einen Preis bekommen. Wir haben auch Erste Hilfe gelernt, und im Sommer sind wir ins Lager gefahren. Da bin ich aber nicht mitgefahren, weil dort gab es kein koscheres Essen. Das Ganze war etwas für polnische Patrioten, und ich war damals patriotisch. Man mußte etwas haben, wo man sich zugehörig fühlte.« Doch dieses Zugehörigkeitsgefühl erwies sich als Illusion: »Nach einem Jahr oder mehr, ich weiß nicht mehr genau, kam eine wichtige Frau aus Warschau zu uns. Sie war die Kommandantin dieser Organisation von ganz Polen. Sie forderte uns auf, uns für das Verbot des Schächtens zu engagieren, es gab damals gerade eine große Kampagne gegen das Schächten. Am nächsten Tag, als wir unsere Übungen gemacht haben, bin ich aus meiner Reihe vorgetreten und habe gesagt, ›ich melde, daß ich diese Organisation verlasse, denn sie ist antisemitisch‹. Danach habe ich mir gesagt, jetzt gehe ich in eine jüdische Organisation. So bin ich zu Akiba gekommen. Dort hatte ich schon viele Bekannte, und diese Bewegung war nicht links und nicht rechts, sondern in der Mitte. Das hat mir auch ganz gut gefallen. Wir haben nichts Besonderes gemacht. Wir haben uns getroffen und Referate gehalten über Zionismus, Palästina, jüdische Geschichte, Philosophie, Hebräisch. Und Wandzeitungen haben wir gemacht. Unsere Erzieher waren sehr gebildet. Wir waren Mädchen und Jungen zusammen, das heißt, es waren jeweils kleine Gruppen von zehn bis 20 Leuten. In meiner Gruppe waren nur Mädchen, Gusta Drenger war die Leiterin.«[16]

Zwei der von mir befragten Frauen schlossen sich als Mädchen erst der revisionistischen Jugendbewegung Betar an und wechselten dann als Jugendliche zu Haschomer Hazair über. Andere, wie Catherine Varlin in Frankreich, verließen Haschomer Hazair, um sich den Kommunisten anzuschließen. Bronia Klibanski beschloß nach den antisemitischen Ausschreitungen des Jahres 1936, Mitglied einer zionistischen Jugendorganisation zu werden, um Polen verlassen zu können: »Es war nicht denkbar, daß ich als Mädchen allein ins Ausland ging.« Die einzige Möglichkeit bestand darin, Alija zu machen, das heißt, mit einem Zertifikat, der offiziellen Einreisebewilligung, nach Palästina zu gehen. »Ich wollte mich also einer zionistischen Organisation anschließen«, erinnert sich Bronia Klibanski, »aber welcher? Ich hatte aus der Bücherei Freundinnen und Freunde, die im Haschomer Hazair waren. So ging ich zuerst zu Haschomer Hazair, aber da gefiel es mir nicht. Die trugen Uniformen und waren mir zu elitär. Da waren nur Schüler. Das war nichts für mich. Ich wollte mit Arbeitern zusammen etwas machen. Ich suchte also nach einer anderen Organisation. Es gab da den Hechaluz Hazair, der sich ab 1938 Dror nannte. Das gefiel mir. All die jungen Leute dort waren einfach und aus armen Familien. Ich wurde bald Gruppenleiterin von Jüngeren. Da habe ich zum ersten Mal erlebt, was es wirklich bedeutet, arm zu sein. Wir waren auch nicht reich, ich dachte damals sogar, wir wären arm. Aber was ich da sah, hat mich eines Besseren belehrt.« Befragt, warum sie, die aus eher bürgerlichen Verhältnissen kam, unbedingt mit Arbeitern zusammensein wollte, antwortet Bronia Klibanski: »Woher ich diese Ideen hatte, weiß ich nicht. Eine meiner Tanten war Kommunistin, und sie war häufig im Gefängnis. Der Altersunterschied zwischen uns war nicht sehr groß, sie war die jüngste Schwester meiner Mutter. Jedesmal, wenn sie aus dem Gefängnis kam, gingen wir stundenlang zusammen spazieren, und sie erzählte mir dabei Geschichten und was sie im Gefängnis erlebt und gelernt hatte. Ich mochte sie sehr gerne.« [17]

Chaika Grossman ging, wie viele ihrer künftigen Kameradinnen im Widerstand, mit 12 Jahren zu Haschomer Hazair. »Es war eine Elitebewegung«, sagt sie, die großen Wert auf Bildung legte und sich politisch als Avantgarde begriff.[18] Der Haschomer Hazair definierte sich als marxistisch und zionistisch und wurde von anderen zionistischen Jugendbewegungen gelegentlich als »stalinistisch« oder »linksradikal« bezeichnet. Meir Orkin, langjähriger Aktivist von Haschomer Hazair, Chaika Grossmans Gruppenleiter in Bialystok und ihr späterer Mann, beschreibt rückblickend Ideale und Illusionen, Politik und Moral des Haschomer Hazair der 20er und 30er Jahre in Polen[19]: Zu Beginn war die Bewegung humanistisch und politisch liberal eingestellt und teilte viele Ideale der deutschen Jugendbewegung. Erst Anfang der 20er Jahre wandte man sich, beeindruckt von der russischen Revolution, dem Sozialismus zu. So entstand eine Mischung aus mehreren Tendenzen und Einflüssen: Neben dem Zionismus prägten Elemente des Pfadfinderlebens, des Marxismus und der Psychoanalyse die Bewegung. »Und wir haben auch viel von den Chassidim übernommen«, sagt Meir Orkin, »das Singen, die Einfachheit.« Das Ideal der Schomrim (Wächter, Mitglieder des Haschomer Hazair) war »der Jude, der auf einem Pferd über das Land reitet, mit dem Gewehr in der Hand«. Produktiv und wehrhaft wollten sie sein, ihr Traum war, in einem sozialistischen jüdischen Staat im Kibbuz zu leben und zu arbeiten. »Wir wußten allerdings in Polen noch nicht«, erinnert sich Meir Orkin, »wie genau das alles in der Realität aussehen sollte.« Die Schomrim fühlten sich »mit dem Volk verbunden«, stammten aber selbst meist aus dem Bürgertum. »Bei Dror gab es mehr Arbeiter«, sagt Meir Orkin über die Konkurrenzbewegung, »aber das echte Proletariat war im Bund organisiert.« Hebräisch gehörte zur Ideologie des Haschomer Hazair, die Schomrim sprachen bewußt Hebräisch statt Jiddisch miteinander, viele von ihnen besuchten die Tarbut-Schulen, auf denen Hebräisch Unterrichtssprache war. Als Bialik, der hebräische Nationaldichter, Bialystok besuchte, erwarteten ihn seine jugendlichen Anhängerinnen und Anhänger am Bahnhof und zogen ihn in einer Droschke durch die Stadt. Seine Werke kannten sie auswendig. Sie lasen überhaupt viel. Sie lasen die Klassiker des Marxismus-Leninismus und diskutierten darüber, sie lasen Borochow, den Klassiker des zionistischen Sozialismus, sie lasen aber auch Vera Figner, Kropotkin und andere russische Anarchisten, die Werke des Austromarxisten Otto Bauer, Sigmund Freud, C. G. Jung und, last not least, Alexandra Kollontai. Sie lasen die polnische, jiddische und hebräische Literatur und die Klassiker der Weltliteratur, allen voran »die Russen«, Dostojewski, Tolstoi, auch den Antisemiten Gogol. Sie hielten Tribunale über Bücher ab, die sie gelesen hatten, und über Stücke von Ibsen und Gerhart Hauptmann.

Sie veranstalteten auch politische Diskussionen mit anderen Organisationen und prügelten sich gelegentlich mit den Mitgliedern von Betar. Mit 18, nach dem Schulabschluß, gingen sie »auf Hachschara«, was nicht einfach war im antisemitischen Polen. »Wir haben an Arbeit genommen, was wir bekommen konnten«, erinnert sich Meir Orkin, »die Jungen haben oft auch Holz gehackt bei den Bauern. Die Mädchen hatten es noch schwerer, Arbeit zu finden, sie hätten gerne etwas anderes gelernt, aber meistens mußten sie etwas Hauswirtschaftliches machen.«[20]

Die Aussagen über die Gleichberechtigung der Frauen im Haschomer Hazair sind widersprüchlich. Meir Orkin sagt, wie alle von mir befragten Frauen und wie auch andere ehemalige Schomrim, wie etwa Rafi Benshalom, »bei uns herrschte völlige Gleichberechtigung zwischen den Geschlechtern«. Auf die Frage, wie es möglich war, daß sich die in der Gesellschaft verbreitete Frauenfeindlichkeit so ganz und gar nicht im Haschomer Hazair widerspiegelte, antwortete Josef Caspari, ein Kibbuznachbar und ehemaliger Schomer aus Deutschland, der Teile des Gesprächs mit Meir Orkin aus dem Hebräischen übersetzte: »Wir haben uns damals folgenden Witz erzählt: ›Ich habe zwei Schwestern. Eine hübsche und eine beim Haschomer Hazair.‹« Da mir diese Aussage realistischer erscheint als das beschriebene Ideal der völligen Gleichberechtigung, konfrontierte ich meine Gesprächspartnerinnen, die aus dem Haschomer Hazair kommen, in den Interviews damit. Ihre Reaktion war fast immer ein wissendes Lächeln und die anschließende Versicherung, man müsse das im Rahmen der damaligen Gesellschaft sehen, verglichen mit dem, was damals für ein Mädchen als »normal« galt, habe es im Haschomer Hazair wirkliche Gleichberechtigung gegeben, und die Pionierinnen damals seien keine Feministinnen im heutigen Sinne gewesen.[21]

In Meir Orkins Gruppe in Bialystok Anfang der 30er Jahre waren 80 Prozent Mädchen. »Die Mädchen waren meistens intelligenter als die Jungen«, berichtet der ehemalige Gruppenleiter. Während sie ihre landwirtschaftliche und handwerkliche Ausbildung machten und auf die Alija, die Einwanderung in Palästina, warteten, lebten die jungen Frauen und Männer in Kibbuzim zusammen. Die Frauen übernahmen trotz der proklamierten Gleichberechtigung die als typisch weiblich angesehenen Tätigkeiten: Sie kochten und wuschen die Wäsche für alle. In der Führungshierarchie des Haschomer Hazair, sagt Meir Orkin, waren Frauen vor dem Krieg in der obersten Leitung nur selten, auf der mittleren Führungsebene aber sehr stark vertreten. Bei Kriegsbeginn gingen die Verantwortlichen davon aus, daß die jungen Männer zum Militär eingezogen würden, und bildeten eine Untergrundführung, die vor allem aus Frauen bestand.

Die moralischen Grundsätze im Haschomer Hazair waren sehr streng. Die Mitglieder durften nicht rauchen, keinen Alkohol trinken und keine sexuelle Beziehung zueinander haben. Paare durften erst in Palästina heiraten, Kinder waren auch dort in der ersten Zeit untersagt: Es wäre schwierig gewesen, sie unterzubringen und sich mit ihnen zu beschäftigen, ehe der Kibbuz gebaut war und auf eigenen Füßen stand. Wer sich nicht daran hielt, erinnert sich Meir Orkin, mußte die Bewegung beziehungsweise den Kibbuz verlassen.[22] »Wir waren sehr rein und sehr rigoros«, erinnert sich Chasia Bielicka-Bornstein.[23] »Wir waren schrecklich streng mit uns selbst«, sagt Chaika Grossman.[24] Diese Strenge und Rigorosität korrespondiert allerdings mit einer offenbar großen Zärtlichkeit und Kameradschaft untereinander, die in Gesprächen und Erinnerungen zum Ausdruck kommen. Hier ähneln die Selbstdarstellungen der Schomrim beziehungsweise Schomrot (Wächterinnen) denen der Kommunistinnen und Kommunisten. Auch unter den jugendlichen Mitgliedern und Sympathisantinnen der Kommunistischen Parteien herrschten anscheinend häufig gleichzeitig strenge persönliche und Parteidisziplin und liebevolle Kameradschaft.

Waren auch die meisten Frauen bereits in der einen oder anderen Form organisiert, ehe sie sich als Widerstandskämpferinnen betätigten, schlossen sich doch nicht alle (weiblichen) Mitglieder einer politischen oder sozialen Organisation oder einer Jugendbewegung dem Widerstand an. Neben den Auswahlkriterien der Organisatorinnen und Organisatoren des Widerstands für die Rekrutierung spielten die persönlichen Motive der künftigen Aktivistinnen, sich dem Untergrund anzuschließen, eine bedeutende Rolle. Diese Motive nach 50 Jahren zu erforschen gestaltet sich schwierig. Die Erinnerungen der Frauen sind, was diese Frage betrifft, vielleicht noch mehr als in bezug auf andere Bereiche, von den Emotionen, Erfahrungen und neugewonnenen Kenntnissen der Jahrzehnte, die zwischen ihrer Jugend und der Gegenwart liegen, beeinflußt. Catherine Varlin, ehemalige Kommandantin einer kommunistischen Widerstandsgruppe in Frankreich, äußert sich kritisch zu diesem Problem: »Vieles sind nachträgliche politische Rekonstruktionen. Nachträglich hat man gerne eine politische Logik fabriziert. Aber vorher waren die Gründe für den Beitritt zu einer Widerstandsbewegung, denke ich, weitgehend eine Reaktion des Temperaments, eine Mischung aus der Erniedrigung, die man als Jude erleben mußte, dem Willen zu überleben und der politischen Erziehung, die uns davon überzeugt hat, daß wir für das Gute kämpfen. Diese Mischung bestand nicht nur aus guten Anteilen, aber das war es, was die Komplexität der Sache ausmachte. Unsere Motive entsprangen sicher nicht ausgewogenen Gefühlen, die vorher entsprechend einer politischen Linie fabriziert wurden.«[25]

Ehemalige Kommunistinnen, die sich von der Partei gelöst und / oder sich im Alter ihrem zuvor ignorierten Judentum zugewandt haben, neigen gelegentlich dazu, ihre Motive als spezifisch jüdische zu betrachten. Andere, die treue Parteimitglieder geblieben sind und/ oder sich über die »Rejudaisierung« ehemaliger Genossinnen und Genossen ärgern, bestehen resolut darauf, sie hätten ausschließlich als Kommunistinnen gekämpft und nicht als Jüdinnen. Adam Rayski, der ehemalige Leiter der jüdischen Untergrundpresse der MOI in Frankreich, betont, bei den jüdischen Kombattantinnen und Kombattanten des kommunistischen Widerstands hätten sich ihre politische Überzeugung und ihr Judentum miteinander verbunden, man könne das eine nicht vom anderen trennen.[26] Zionistinnen, die in den Ghettos in Polen gekämpft haben, neigen dazu, ihre Motive im letzten Abschnitt des Ghetto- und Partisanenkampfes auf die Anfänge ihres Widerstand zu projizieren. Auf die Frage, warum sie gekämpft haben, antworten sie, sie hätten nicht in der Gaskammer enden, sie hätten etwas tun, sich wehren, die Ermordeten rächen, die Ehre des jüdischen Volkes retten wollen. All diese Gründe bewegten sie jedoch erst nach den ersten großen Liquidierungsaktionen, erst, als ihnen bewußt wurde, daß die Deutschen tatsächlich das gesamte jüdische Volk vernichten, daß sie kein Ghetto übriglassen würden, daß es also nur die »Wahl« zwischen verschiedenen Todesarten geben konnte. Davor liegt jedoch der Zeitraum zwischen dem Einmarsch der Deutschen, dem Beginn der Ghettoisierung und der Liquidierung der ersten Ghettos beziehungsweise dem Aufruf der Wilnaer Chaluzim, sich bewaffnet gegen die Mörder zu wehren. Die ersten Grundsteine zum Aufbau einer Untergrundbewegung wurden in diesem Zeitraum gelegt, die jungen Frauen, die später in den Ghettoaufständen und bei den Partisanen kämpften, entschieden sich bereits in diesen ersten Jahren der Besatzung, also ehe sie die deutsche Vernichtungspolitik in ihrer vollen Bedeutung einschätzen konnten, dafür, illegal zu arbeiten, und sei es »nur«, Schulen für die Kinder im Ghetto einzurichten und die Bewegungsstruktur peu à peu konspirativ zu organisieren.[27]

Die Frage nach den Motiven der ehemaligen jüdischen Widerstandskämpferinnen, Widerstand zu leisten, stellt sich je nach Land, je nach Organisation und je nach Zeitpunkt anders. Die Frauen, die für eine soziale oder pädagogische Einrichtung arbeiteten, wie das Kinderhilfswerk OSE in Frankreich oder die Kinderkrippe gegenüber der Hollandse Schouwburg in Amsterdam, gerieten über ihren Beruf in eine Situation, in der sich Sozialarbeit beziehungsweise Kinderbetreuung in Widerstand verwandelte. Ihr Widerstand beruhte nicht auf einem bewußt gefaßten Beschluß, sondern wurde, quasi schleichend und anfangs nicht als solcher definiert, »selbstverständlicher« Teil ihrer Arbeit. Diese Frauen bewegte im konkreten Fall weniger das Bedürfnis, persönlich gegen die Deutschen zu kämpfen, als den Kindern und Jugendlichen, für deren Wohlergehen sie verantwortlich waren, zu helfen und schließlich das Leben zu retten. Daß sie damit auch etwas gegen die Deutschen unternahmen, kam ihnen gelegen, sie selbst jedoch hätten ihre Aktivitäten nicht als Widerstand bezeichnet. »Wir wollten helfen, etwas tun«, sagt Sieny Cohen, die Kinder aus der Crèche in Amsterdam vor der Deportation rettete: »Aber keine von uns hat in den Kategorien von Illegalität oder Widerstand gedacht. Das war einfach Teil unserer Arbeit.«[28] Vivette Samuel, die als Kindergärtnerin für OSE im französischen Lager Rivesaltes arbeitete und hier zum ersten Mal in ihrem Leben etwas Illegales tat, sagt: »Ich bin durch reinen Zufall zu meiner Arbeit gekommen.« Sie berichtet in ihrem autobiographischen Buch über OSE, daß sie und die anderen Sozialarbeiterinnen die Kinder und Jugendlichen anfangs vor allem vor den Schäden bewahren wollten, die sie in den Lagern erlitten. Sie beschreibt den Fall einer Mutter, die sie bat, ihren 16jährigen Jungen so rasch wie möglich aus dem Lager Rivesaltes zu holen: Er sei ein sanftes und liebes Kind gewesen. Dann habe er einen Fluchtversuch unternommen und sei in Handschellen zurückgeschleppt worden. Seither sei er aufsässig, verschlossen und vernachlässige sich.[29] Vivette Samuel schreibt über ihre Motivation, als Angestellte von OSE in Rivesaltes so viele Kinder und Jugendliche wie möglich aus dem Lager zu holen: »Wir müssen unbedingt die Kinder vor sich selbst schützen und gegen ihre Umgebung, wir müssen ihnen ermöglichen, an ihre Vergangenheit wieder anzuknüpfen, ihnen eine Zukunftsperspektive eröffnen, ihre geistige und körperliche Gesundheit bewahren und uns um ihre Ausbildung kümmern.«[30]

Anders als die Frauen, die für eine soziale oder pädagogische Einrichtung arbeiteten, fühlten sich die Mitglieder einer zionistischen Jugendbewegung in Frankreich oder der EIF, der französischen jüdischen Pfadfinder, für »ihre« Kinder und Jugendlichen nicht aus beruflichen, sondern aus ideologischen Gründen verantwortlich. Doch anders als für ihre Kameradinnen und Kameraden in Polen spielte Politik generell für sie keine überragende Rolle. Der Schwerpunkt ihrer Arbeit war pädagogischer Natur und lag in den zionistischen Bewegungen in der Vorbereitung auf ein Leben in einem Kibbuz in Palästina. Auch diese jungen Frauen wuchsen quasi natürlich in ihre Widerstandsarbeit hinein, ohne daß sie, zumindest anfangs, eine bewußte Entscheidung trafen. Nach ihren Motiven, Widerstand zu leisten, befragt, antwortet Lea Weintraub (Haschomer Hazair), die in Südfrankreich im Rahmen des MJS (Zionistische Jugendbewegung) an der Rettung jüdischer Kinder beteiligt war: »Wir waren Mitglieder der Jugendbewegung, wir waren verantwortlich für die Jugendlichen, wir fühlten uns verantwortlich.«[31] Frieda Wattenberg von Haschomer Hazair sagt, sie sei »durch Zufall mitten im Nest gelandet«. Diese Aussage bezieht sich auf einen Zeitpunkt, zu dem sie bereits illegal die Demarkationslinie in die Südzone passiert, vorher ihre Mutter aus dem Lager Drancy freibekommen und anschließend in einem Versteck untergebracht hat. Auf die Nachfrage, warum die Leute, die sie in Südfrankreich zufällig traf, sie sofort rekrutierten und sie schon fünf Tage später damit betrauten, eine Kindergruppe an die Schweizer Grenze zu bringen, das heißt, warum sie ihr vertrauten, räumt Frieda Wattenberg ein, sie habe schließlich »Gott und die Welt gekannt«, und es habe »eine Quelle in Grenoble gegeben«, bei der man vermutlich Erkundigungen über sie eingezogen habe. Anders gesagt: Sie war kein unbeschriebenes Blatt. Ihre erste Widerstandsaktion hatte allerdings nichts mit ihrer Zugehörigkeit zur zionistischen Jugendbewegung oder ihrer freiwilligen Arbeit für OSE in Paris zu tun: Sie engagierte sich in der Schule in einer gaullistischen Gruppe. Frieda Wattenberg erinnert sich mit Vergnügen an diese Episode, die sie jedoch rückblickend weniger mit einem Entschluß zum Widerstand als mit ihrem »unbotmäßigen Charakter« in Verbindung bringt: »Wir haben ganz einfache Sachen gemacht, zum Beispiel haben wir den ganzen Tag so getan, als müßten wir ständig auf die Toilette gehen. Dann sind wir den Flur entlanggegangen, wo die Jacken hingen, und haben in jede ein Flugblatt gesteckt. Am 11. November bin ich mit ein paar anderen Mädchen in die Schule gegangen, und ganz zufällig gingen unser aller Uhren nicht richtig, wir kamen also eine Stunde vor Unterrichtsbeginn. Der Portier kannte uns ja und ließ uns ein. Wir sind in die Klasse und haben Flugblätter verteilt: ›De Gaulle wird siegen!‹, ›Die Engländer werden siegen‹, etc. Das war sehr schön! Als der Unterricht dann begann, sind wir in die Klasse gegangen, als wäre nichts. Der Lehrer sagte, ›Demoiselle, entfernen Sie diese Plakate!‹ Ein Mädchen, die Streberin vom Dienst, stand auf und machte die Plakate ab. In diesem Moment kam eine Aufseherin und sagte, verlassen Sie sofort die Klasse, die Deutschen sind verständigt worden.«[32]

Wieder anders stellt sich die Frage nach ihrer Motivation bei Frauen, die sich, wie Denise Lévy von den EIF, den jüdischen Pfadfindern, bereits zu Beginn der Besatzung in einer verantwortlichen Posi-

328

tion befanden oder die, wie Rachel Cheigham, in der Armée Juive, dem bewaffneten jüdischen Widerstand, kämpften. Denise Lévy organisierte das Generalsekretariat der EIF in Moissac mit, das sie und ihre Kolleginnen und Kollegen von der Leitung der EIF von einem Bewegungszentrum und einem Zufluchtsort für die ausländischen Flüchtlinge unter den jüdischen Pfadfindern zu einem Zentrum der illegalen Arbeit umwandelten. Denise Lévy gehörte somit zu denjenigen, die nicht im Rahmen ihrer Berufs- oder Bewegungsarbeit in den Widerstand hineinwuchsen, sondern die ihn aufbauten und organisierten, auch wenn am Anfang kein bewußter Beschluß, sondern eine Notlage stand: Die EIF von Moissac wurden informiert, daß eine Razzia unter ihren ausländischen Schützlingen bevorstand, und mußten auf der Stelle Verstecke für sie finden. Die Versteckten konnten auf Dauer nicht ohne falsche Papiere existieren, also begann man damit, falsche Papiere herzustellen, und so führte eines zum anderen. Nach ihren Motiven befragt, antwortet Denise Lévy: »Wir konnten nicht zulassen, daß die Kinder verhaftet wurden. Verhaftet werden, das hieß deportiert werden. Wir wußten damals nicht genau, was mit den Deportierten geschah, aber allein schon deportiert zu werden, reichte doch. Wir wollten das unbedingt verhindern.«[33]

Rachel Cheigham, die später in Nizza in der Armée Juive kämpfte und während der Befreiungskämpfe in Paris den Verbindungsdienst der Armée Juive leitete, übernahm schon in den ersten Besatzungsjahren Aufträge für eine Widerstandsgruppe, die geflüchtete französische Militärs und abgeschossene englische Piloten über die Demarkationslinie brachte: »Für diese Leute habe ich ab und zu Papiere transportiert. Ich habe dabei nicht überlegt, ist das legal oder illegal. Ich wußte, sie könnten vielleicht jemandem das Leben retten. Von daher war es ganz normal, daß ich sie befördert habe. Ich habe nicht gedacht, jetzt leiste ich Widerstand, sondern, jetzt kann ich jemandem helfen. Wenn ein Haus brennt, und Sie wissen, es sind Kinder in dem Haus, dann wollen Sie diese Kinder herausholen. Sie denken nicht darüber nach, ob das Feuer Sie womöglich selbst erfassen könnte, Sie wollen einfach die Kinder herausholen.«[34] Als sie schließlich aus Paris flüchtete und nach Nizza ging, arbeitete Rachel Cheigham für einen Kontaktmann dieser Gruppe, bis er verhaftet wurde: »Da habe ich mir überlegt, ich möchte jetzt richtig Widerstand leisten, aber zusammen mit Juden.« Zu diesem Zeitpunkt hatten die großen Razzien in Paris bereits stattgefunden, die Deportationszüge fuhren aus Drancy ab, und Rachel Cheigham wußte, daß »sie in Polen die Menschen in Mas-

sen töten«. Ihr Bedürfnis, sowohl »richtigen«, das heißt für sie bewaffneten, Widerstand zu leisten, als auch ihr Wunsch, dies in einer
jüdischen Gruppe zu tun, hing für sie mit ihrem jüdischen Selbstbewußtsein zusammen, das sie schon den gelben Stern mit Stolz tragen
ließ. Auf die Frage, wie es kam, daß sie so stolz war, antwortet sie
lachend: »Weil ich einen sehr schlechten Charakter habe.«[35]

Mit der historiographischen »Wiederentdeckung« beziehungsweise beginnenden Aufarbeitung des jüdischen Widerstands in
Frankreich ging eine heftige und teils polemisch geführte Debatte
über die »Jüdischkeit« dieses Widerstands einher. Den kommunistischen Widerstandskämpferinnen und Widerstandskämpfern der MOI
wurde von Vertretern des ehemaligen »echten« jüdischen Widerstands vorgeworfen, ihre Motive seien rein politischer Natur gewesen,
sie hätten ausschließlich als Kommunisten und nicht als Juden gekämpft.[36] Auch Annette Wieviorka wirft in ihrer Studie über jüdische
kommunistische Widerstandskämpfer Adam Rayski und anderen
ehemaligen Aktivisten der MOI und FTP-MOI vor, sie stellten sich
heute als »gute Juden« dar und verschwiegen, daß sie in erster Linie
gute Kommunisten waren.[37] Dieser Vorwurf trifft auf Adam Rayski
nur sehr beschränkt zu. In seinen Artikeln in der jiddischen Untergrundpresse bezieht er sich stets auf das jüdische Volk und die jüdische Geschichte, er suchte die jüdische Jugend mit Hinweisen auf Bar
Kochba und die Makkabäer zum Widerstand zu motivieren und forderte Rache für die ermordeten Juden.[38] Die Autoren von »L'Affiche
Rouge«, einer Studie über den jüdisch-kommunistischen Widerstand
in Paris, weisen darauf hin, daß sich im Laufe der Ereignisse die Motive jüdisch-kommunistischer Widerstandskämpfer von politischen
zu persönlichen verschoben, das heißt, von der »reinen« Ideologie zur
direkten Betroffenheit durch die Deportationen.[39] Im Gegensatz zu
den Verfechtern einer (auch) jüdischen Identität und Motivierung der
kommunistischen Résistants bestreiten andere ehemalige Aktivistinnen und Aktivisten der MOI die jüdische Motivation völlig. Irène Mendelson zum Beispiel, die in Grenoble in der kommunistischen Jugend
und nach der Gründung von Jeune Combat in der Jugendorganisation der MOI aktiv war, besteht darauf, daß die Tatsache, daß sie Jüdin
war, für sie keine Rolle spielte. Sie geht sogar so weit, bis heute eine
Trennung von FTP-MOI und FTPF, also der bewaffneten Formationen der kommunistischen (großteils jüdischen) Immigranten und der
französischen Kommunisten, abzulehnen: »Wir waren Teil der Résistance, das war in Ordnung, warum sich absondern?« Sie erinnert

330

sich, daß sie die Aufspaltung der kommunistischen Jugend in eine Organisation für die französischen und eine eigene für die jüdischen Jugendlichen als falsch und schmerzhaft empfand.[40] Régine Orfinger, die, ohne selbst Parteimitglied zu sein, den jüdischen kommunistischen Partisanen in Belgien angehörte, sagt von sich: »Ich habe nicht gekämpft, weil ich Jüdin bin, sondern weil die Deutschen der Feind waren.«[41] Ida Rubinstein, die, aus Antwerpen kommend, in der 35. Brigade der FTP-MOI in Toulouse kämpfte, meint: »Ich bin aus rein politischen Gründen in die Résistance eingetreten. Aber da ich Jüdin bin, hatte ich sicher eine doppelte Motivation. Das war allerdings nicht meine hauptsächliche Motivation. Ich bin mir sicher, wäre ich keine Jüdin, hätte ich vermutlich dasselbe getan. Außerdem habe ich mir immer gesagt, sollte ich verhaftet werden, sollte mir etwas passieren, dann deshalb, weil ich etwas getan habe.«[42]

»Nicole« dagegen, die in Grenoble und Lyon aktiv war und die für sich persönlich darauf besteht, sie würde zwar niemals leugnen, Jüdin zu sein, habe sich aber auch niemals als solche definiert, vermutet: »Ich glaube, wir waren zuerst nur gegen die Nazis, nur gegen die Deutschen, und erst dann hat sich dieser zweite Strang, Kommunist zu sein, gebildet. Ich habe einen sehr guten Freund, der in Frankreich wohnt, der hat der Partei angehört und der behauptet bis jetzt, daß er nur wegen dem Unrecht gegen die Juden in die Partei gekommen ist, und keine Spur von Kommunismus, und ich glaube das.«[43] Letzteres trifft in jedem Fall auf Dina Krischer zu, die, unpolitisch und nicht organisiert, aber entschlossen, Widerstand zu leisten, sich den FTP-MOI in Lyon anschloß. Sie hatte dafür, erinnert sie sich, zwei Gründe. Erstens: »Die einzigen, die wirklich etwas gegen die Deutschen unternahmen, das waren die Kommunisten. Deshalb wollte ich am liebsten bei ihnen mitmachen.« Zweitens stieß sie durch Zufall auf eine kommunistische Gruppe und konnte so ihren Wunsch tatsächlich realisieren. Dina Krischer trat nie der Partei bei und wahrte innere Distanz zu deren Ideologie. Dennoch äußert sie sich auch Jahrzehnte später, als ihre Ablehnung des Kommunismus Stalinscher Prägung noch sehr viel größer geworden ist, befriedigt darüber, daß »die Kommunisten« ihr, der unpolitischen Jüdin, die Gelegenheit gaben, sich zu wehren, sich zu rächen und »meine Ehre als jüdische Frau« zu verteidigen.[44]

Paulette Slivka, die, anders als Dina Krischer, aus einem kommunistischen Milieu kommt, antwortet auf die Frage nach ihren Motiven, Widerstand zu leisten: »Wir kamen alle aus Immigrantenfamilien. Man sprach zu Hause Jiddisch. Aber gleichzeitig erhielten wir eine, nun ja, nicht unbedingt kommunistische, aber fortschrittliche Erziehung. Und die Absichten der Nazis, die kannten wir. Ich könnte nicht sagen, ich hätte mich speziell als Jüdin engagiert, aber es gehörte beides zusammen. Ich war erst einmal Linke, und wir hatten ja gehört, was in Deutschland geschah, in den Lagern, Buchenwald etc. Aber wir waren auch als Juden in der MOI – und zwar eigens, um besser auf die isolierten jüdischen Massen einwirken zu können, um sie zu rekrutieren, damit sie nicht passiv blieben. Für uns als Juden war es natürlich einfacher, unter den Juden zu wirken. Wir haben uns nicht engagiert, weil wir Juden waren, sondern weil wir Ideale hatten. Wir haben beides nicht voneinander getrennt, beides gehörte für uns zusammen.«[45]

Die Kommunistinnen, die in den Niederlanden im Widerstand waren, äußern sich ähnlich wie ihre Genossinnen in Frankreich und Belgien. »Nein, daß wir Juden waren, hat keine Rolle für uns gespielt«, sagt Trudel van Reemst-de Vries: »Das war kein jüdischer Widerstand, den ich geleistet habe. Meine jüdische Abstammung hat nichts zu tun mit meinem Widerstand. Den habe ich aus meiner politischen Überzeugung heraus geleistet.«[46] Eva Besnyö erinnert sich nicht, ob sie eher als Jüdin oder als Linke in den Widerstand ging: »Ich glaube, aus beiden Gründen. Aber ich habe mich eigentlich nie gefragt, ›warum tust du das?‹. Ich habe es einfach getan.«[47] Uschi Rubinstein, die aus Deutschland, wo sie Mitglied der Gruppe um Herbert und Marianne Baum war, nach Holland geflüchtet ist, äußert sich mit bescheidener Skepsis zu ihren Motiven: »Ich stand ja als Jüdin von vornherein auf der richtigen Seite. Wenn ich nicht Jüdin wäre, vielleicht wäre ich eine Nazifrau geworden? Wer kann das schon sagen? Allerdings, mein Charakter ist eher so, daß ich nicht alles glaube, was man mir sagt.«[48]

Einige (ehemalige) Kommunistinnen machen eher persönliche als politische Motive für sich geltend. Hélène Waksman wurde vom eigenen Vater rekrutiert, den sie liebte und verehrte und dem sie natürlich auch in die Illegalität folgte.[49] Sarah Goldberg, die schon auf der Flucht vor den einmarschierenden Deutschen in Südfrankreich mit ihrer Widerstandsarbeit begann und noch in Auschwitz-Birkenau damit fortfuhr, mißtraut rückblickend den »edlen« Motiven: »Warum ich mich für die ›Rote Kapelle‹ anwerben ließ? Jetzt, 50 Jahre danach, überlege ich, ob ich vielleicht einfach eine Arbeit machen wollte, die gefährlicher war als die bei der illegalen Presse.«[50] Fanny Rozencwajg schloß sich den jüdischen Partisanen in Belgien an, nachdem ihre Mutter deportiert worden war, »und ganz sicher auch, *weil* meine Mutter deportiert wurden«.[51] Annette Wieviorka, Adam Rayski und Henri Krischer verweisen darauf, daß in Frankreich die jungen Frauen und Männer aus der »Generation der Razzia«, die der ersten großen Razzia in Paris im Juli 1942 selbst entkommen konnten, deren Eltern und Geschwister aber festgenommen und deportiert wurden, sich aus dieser Erfahrung heraus dem Widerstand anschlossen. Sie seien in einem jüdisch-kommunistischen Milieu groß geworden, bis zur Razzia aber politisch nicht aktiv gewesen. Nun, nachdem ihre Angehörigen in »den Osten« deportiert worden waren und sie alleine und verzweifelt zurückblieben, hätten sie unbedingt kämpfen wollen.[52] Ähnliches berichten Widerstandskämpferinnen über Jugendliche in den Ghettos in Polen.[53]

Persönliche Motive haben wahrscheinlich auch für diejenigen, die sich auf politische oder ethnische Gründe berufen, eine Rolle bei ihrem Beschluß, Widerstand zu leisten, gespielt. Daneben war auch die Jugend der Frauen von Bedeutung. Sie stellt zwar kein direktes Motiv dar, aber eine Antriebskraft hinter den anderen Motiven. Selbst wenn man etwas politisch für richtig hält, muß man es deswegen nicht tun, man kann vor dem Risiko zurückschrecken. Die Tatsache, daß sie so jung waren, darin sind sich die meisten von mir befragten Frauen einig, verlieh ihnen den Mut oder auch »Leichtsinn«, sich auf Kämpfe und Risiken einzulassen, die jeder Vernunft widersprachen. Tamara Benshalom, die in Ungarn an den Rettungsaktionen des jüdischen Widerstands beteiligt war, antwortet auf die Frage nach ihrer Motivation selbstironisch: »Solche Sachen macht man nur, wenn man jung ist und nicht genug Verstand hat, wirklich!«[54]

Anders als bei ihren Genossinnen und Genossen in Westeuropa steht für die Kommunistinnen und Sympathisantinnen der Kommunisten im besetzten Polen eine (auch) spezifisch jüdische Motivation nicht in Frage. Sie hatten keine Möglichkeit, ihr Judentum zu ignorieren. Sofern sie nicht versteckt auf der »arischen Seite« lebten, befanden sie sich im Ghetto, wie alle anderen Juden auch, und waren von der Deportation bedroht. Auch ihre Familienangehörigen wurden in Chelmno, Treblinka und Majdanek vergast, und im Gegensatz zu ihren Genossinnen und Genossen in Westeuropa hielten sie die Informationen darüber nicht lange für Greuelmärchen. Ihre reale Lage veränderte auch die politisch-taktische Haltung, die sie bis zur Ghettoisierung oder bis zu den ersten Massendeportationen eingenommen hatten: Sie waren seither bereit, Bündnisse mit alten »Erzfeinden«

wie den Zionisten oder dem Bund einzugehen. Sie beharrten allerdings auf anderen Prioritäten als ein Teil des zionistischen Widerstands. Als Kommunisten definierten sie sich, unabhängig von ihrem Judentum, als Teil des europaweiten antifaschistischen Kampfes, der von den sowjetischen über die jugoslawischen Partisanen bis zu den Kommunisten in den fernen westeuropäischen Ländern geführt wurde. Um diesen Kampf so effektiv wie möglich zu gestalten, war es notwendig, so viele Leute wie möglich so gut ausgerüstet wie möglich zu den Partisanen zu schicken, denn aus dem Ghetto heraus war es, von Ausnahmen abgesehen, kaum möglich, Angriffe gegen die Deutschen zu führen. Argumente wie »Ehre« oder jüdisch-nationale Motive wie jenes, zusammen mit dem jüdischen Volk im Kampf zu fallen, spielten für die Kommunisten keine oder nur eine untergeordnete Rolle.[55] In der Diskussion über Ort und Art des Kampfes abstrahierten die Kommunistinnen und Kommunisten also durchaus von der Tatsache, daß sie Juden waren, ohne jedoch zu leugnen, daß sie sich dadurch in einer besonderen Situation befanden.

Es gilt bei den Kommunistinnen und Kommunisten vermutlich noch mehr als bei den Chaluzim, zwischen Führungskadern und »einfachen« Mitgliedern zu unterscheiden. Die Motive der Führungskader zu eruieren, gestaltet sich auf Grund der apologetischen Historiographie in den ehemals sozialistischen Ländern äußerst schwierig. Für die Erinnerungen ehemaliger Kommunistinnen, die sich von der Partei abwandten, gelten ähnliche Bedenken, wie sie in bezug auf ihre Genossinnen und Genossen in Frankreich vorgebracht wurden. Vorsicht ist auch in bezug auf die Interpretationen kommunistischer Motive und kommunistischen Verhaltens in den Erinnerungen zionistischer Widerstandskämpferinnen geboten: Ihre Sicht ist durch die eigene politische Haltung gefärbt. Die Motive von niedrigeren Kadern, »einfachen« Mitgliedern und von Sympathisantinnen der Kommunistischen Partei, sich dem Widerstand anzuschließen, hingen, soweit dies auf der Basis von Zeitzeugenberichten feststellbar ist, eng mit ihrer Situation und ihren Erfahrungen als Jüdinnen unter dem deutschen Besatzungs- und »Endlösungs«-Regime zusammen.[56] Eva Krakowska schloß sich, ähnlich wie Dina Krischer in Frankreich, im Grodnoer Ghetto dem kommunistischen Widerstand an, weil sie einen Weg suchte und ihn über Kontakte zu Kommunisten fand. Warum sie einen Weg in den Widerstand suchte, erklärt sie heute so: »Ich beschloß, daß ich mich nicht deportieren lasse. Wir wußten alles über Auschwitz und Treblinka, es stand auch in den illegalen Zeitungen. Wir wußten, wir werden sterben, es gab keine Hoffnung. Aber ich wollte kämpfen.«[57] Liza Czapnik, die sich 1940 dem Komsomol, der Jugendorganisation der Kommunistischen Partei, anschloß, besteht darauf, die Frage nach ihren Motiven, Widerstand zu leisten, gar nicht zu verstehen: »Das war doch ganz natürlich! Was sollten wir denn sonst tun?« Auf den Einwand, daß nicht alle, weder alle Kommunisten noch alle Juden, in den Widerstand gingen, wiederholt sie, es sei für sie selbst jedenfalls etwas ganz Normales und Selbstverständliches gewesen.[58]

Völlig anders als für die jüdischen Frauen, die sich im besetzten Polen in kommunistischen oder der jeweiligen Kommunistischen Partei nahestehenden Gruppen organisierten, stellt sich die Frage der Motivation für die Aktivistinnen der zionistischen Jugendbewegungen. Die Aufrufe zum bewaffneten Widerstand in den Ghettos in Polen wurden, stellt Yehoyakim Cochavi in seinem Aufsatz über das Motiv der Ehre in dem Sammelband über die zionistischen Jugendbewegungen in der Shoa fest, vom ersten Moment an mit dem Motiv der »Ehre« legitimiert.[59] »Wenn wir auch zu schwach sind, unser Leben zu verteidigen«, zitiert Cochavi Mordechai Tennenbaum, den linkszionistischen Kommandanten des Bialystoker Ghettoaufstands, »so sind wir doch stark genug, um die jüdische Ehre und unsere Ehre als menschliche Wesen zu verteidigen.«[60] Auch die von mir befragten ehemaligen jüdischen Widerstandskämpferinnen nennen Motive wie »Ehre« und »Würde« an vorderster Stelle. Es sei besser, aufrecht zu sterben, als auf Knien zu leben, war die Devise der Wilnaer Chaluzim, erinnert sich Chaika Grossman.[61] Der Tod in der Gaskammer erschien den jungen Zionistinnen nicht nur grauenvoll, sondern auch schmachvoll. »Ich wollte nicht in der Gaskammer sterben«, sagt Chaika Grossman, »ich wollte im Kampf fallen.«[62] Diese Motivation, die gleichermaßen nationaler Ideologie wie persönlicher und kollektiver Verzweiflung angesichts der »Endlösung« entsprang, kennzeichnet die letzte Phase in der Entwicklung des Widerstands der zionistischen Jugendbewegungen in den Ghettos. Als den jungen Frauen und Männern bewußt wurde, daß bis auf einzelne Ausnahmen niemand die Vernichtungspolitik der deutschen Besatzer überleben würde, als sie sich, wie Vitka Kempner-Kovner sagt, »fühlten, als ob wir unser Leben schon verloren hätten«[63], entwickelten sie die Idee von der »Wahl« des Todes und »wählten« für sich den Tod im Kampf.[64] In einer Situation, in der keine Aussicht auf Überleben bestand, gewannen Motive wie »Ehre« und »eine Spur in den Geschichtsbüchern hinterlassen«[65] an Bedeutung.

Zuvor bestand Widerstand für die Chaluzim darin, Menschen – physisch wie moralisch – zu retten. Im Gegensatz zu den Umständen in Frankreich, Belgien und Ungarn, wo die Aktivistinnen und Aktivisten der zionistischen Jugendbewegungen sich bemühten, erst ihre Mitglieder und später so viele Juden wie möglich außer Landes zu bringen oder im Land zu verstecken und mit falschen Papieren zu versehen, waren die Möglichkeiten dafür in Polen sehr beschränkt. Der in weiten Teilen der Bevölkerung verbreitete Antisemitismus und die Ghettoisierung der jüdischen Bevölkerung gestalteten ein Überleben auf der »arischen Seite« schwierig. Außer Landes zu kommen war noch komplizierter. Dennoch unternahmen auch die Mitglieder der zionistischen Jugendbewegungen in Polen Anstrengungen, Fluchtwege zu organisieren.[66] Chaluzim aus Krakau und Bedzin flüchteten über die Slowakei nach Ungarn[67]; der Widerstand im Wilnaer Ghetto arbeitete mit dem österreichischen Feldwebel Anton Schmidt zusammen, der Juden in Lastwagen der Wehrmacht aus der Stadt brachte.[68] Der Weg »in den Wald« war immer auch ein Fluchtweg: Die Chance, bei den Partisanen zu überleben, war nicht hoch, aber höher als die, im Ghetto zu überleben.[69] Doch in dem entscheidenden Jahr von Mitte 1942 bis Mitte 1943, als fast alle Ghettos liquidiert und die polnischen Juden in ihrer großen Mehrheit vernichtet wurden, waren die sowjetischen Partisanen noch nicht weit genug auf polnisches Territorium vorgedrungen, um den flüchtenden Juden Schutz zu gewähren.[70] Die Flucht ins Ausland gelang nur einzelnen, und wer sich auf der »arischen Seite« verstecken wollte, mußte nicht nur über ein »arisches« Äußeres und akzentfreies Polnisch, sondern auch über ausreichend Geld und gute Papiere verfügen, Bedingungen, die nur wenige polnische Juden und Jüdinnen erfüllen konnten.[71]

Die Widerstandsarbeit nicht nur der Chaluzim, sondern auch der Kommunisten und des Bund konzentrierte sich daher zu Beginn der Ghettoisierung darauf, Erziehungsarbeit mit den Kindern und Jugendlichen zu leisten, die eigenen Mitglieder zu schulen und durch kulturelle, soziale und politische Aktivitäten die Moral der Ghettobevölkerung zu heben. Die Aussagen der ehemaligen jüdischen Widerstandskämpferinnen aus Polen über ihre Motive, sich dem Widerstand anzuschließen, sind jedoch von der letzten und aussichtslosen Phase geprägt, in der es um die »Wahl« des Todes ging. Es ist somit heute schwierig bis unmöglich, herauszufinden, was die Aktivistinnen der zionistischen Jugendbewegungen ursprünglich bewog, sich innerhalb der jüdischen Gemeinschaft des Ghettos und innerhalb der eigenen Bewegung zu illegalisieren, konspirative Parallelstrukturen aufzubauen und schließlich einen Untergrund zu organisieren. Die Argumente einer Vitka Kempner, Chaika Grossman, Chasia Bielicka, Hela Szyper, Gusta Drenger beziehen sich auf praktische Erwägungen, wie die Aufrechterhaltung ihrer unter der deutschen Besatzung verbotenen Bewegungen, und auf politische Einsichten, wie die der Wilnaer Chaluzim, daß die Massenmorde von Ponary Teil eines umfassenden Vernichtungsprogramms sein mußten. Über ihre persönlichen Motive in dieser Anfangsphase sagen sie aus, sie seien schließlich Mitglieder einer Jugendbewegung gewesen, und von daher sei ihnen diese Arbeit selbstverständlich erschienen.[72]

Einem Teil der Organisatorinnen des zionistischen Widerstands muß die Frage nach ihren Motiven für einen noch früheren Zeitpunkt gestellt werden: Was bewog sie, in Polen zu bleiben und nicht nach Palästina oder in die Sowjetunion zu flüchten, als ihnen das noch möglich war? Aus Vitka Kempners Interview für Moreshet und Chaika Grossmans Bericht »Die Untergrundarmee« ergeben sich keine persönlichen Antworten auf diese Frage. »Wir wollten die Jugend nicht führungslos zurücklassen« und »wir wollten bei unserem Volk bleiben in diesen schwierigen Zeiten«, lauten die Argumente dieser Frauen, die keine »einfachen« Mitglieder der Bewegung waren, sondern sich für sie verantwortlich fühlten.[73] In Chaika Grossmans Bericht darüber, daß sie das Zertifikat, das ihr die Abreise nach Palästina – und damit nicht »nur« die Flucht vor den Deutschen, sondern vor allem die Verwirklichung ihres Zukunftstraumes – ermöglicht hätte, nicht benutzte, klingt der Schmerz nach, den ihr diese Entscheidung bereitet haben muß, aber auch der Stolz, sich gegen die persönlichen Bedürfnisse entschieden zu haben.[74] Für Chasia Bielicka, Bronia Klibanski, Chava Raban, Hela Szyper oder Gusta Drenger-Dawidson stellte sich die Frage nicht. Sie befanden sich im entscheidenden Moment nicht in Wilna, sondern in Grodno, Warschau, Krakau und in einem Konzentrationslager, von wo eine Flucht so gut wie ausgeschlossen war.[75]

Angesichts der Politik der deutschen Besatzer in Polen, der engen Verbundenheit der Chaluzot (Pionierinnen, weibliche Mitglieder der zionistischen Jugendbewegungen) mit ihrer Organisation und des politischen Beschlusses eines Teils ihrer Führung, »das Schicksal des Volkes« zu teilen, kann angenommen werden, daß eine Mehrheit der künftigen Widerstandskämpferinnen in den Ghettos die ersten Schritte in den Widerstand ohne besondere persönliche oder politische Motivierung im Rahmen ihres Bewegungszusammenhangs unternahm. Bronia Klibanski erinnert sich: »Für mich war es ganz normal, etwas zu tun. Ich war von Natur aus sehr kämpferisch, und ich war Mitglied in einer zionistischen sozialistischen Bewegung, in Dror. Von daher war es normal, daß, als die Okkupation begann, wir im Ghetto sofort nach Mitgliedern unserer und anderer linker Organisationen suchten, um etwas zu unternehmen. Wir wußten nur zu Anfang noch nicht, was.«[76]

Die großen Entscheidungen wurden zu diesem Zeitpunkt noch nicht getroffen. Als die jungen Frauen sich schließlich vor die Wahl gestellt sahen, den bewaffneten Widerstand zu organisieren, den Aufstand im Ghetto vorzubereiten oder »passiv« zu bleiben, waren die meisten der Aktivistinnen bereits zu sehr involviert, um sich ein Aufgeben ihres Engagements vorstellen zu können. Jüngere Frauen beziehungsweise Mädchen wiederum, die bisher nicht über den halblegalen Bewegungsrahmen hinaus aktiv gewesen waren, drängten nach den ersten großen Liquidierungsaktionen in den Ghettos darauf, in die »ernsthafte« Arbeit einbezogen zu werden.[77]

Ein gewichtiges Motiv für den jüdischen Widerstand in West- wie Osteuropa war das Bedürfnis nach Rache. »In den Ruinen der Synagogen, in die sie die Leute getrieben haben, um sie dann anzuzünden, fanden sich Inschriften: ›Rächt uns!‹, stand da an den Wänden«, erinnert sich Chaika Grossman.[78] »Junge Juden, an uns ist es, sie zu rächen!«, schrieb anläßlich des ersten Jahrestages der großen Razzien in Paris vom Juli 1942 Jeune Combat, die illegale Zeitung der jüdischen kommunistischen Jugend in Frankreich.[79] Aus dem gleichen Anlaß rief die kommunistische Untergrundzeitschrift »La voix des femmes juives« (Die Stimme der jüdischen Frauen) ihre Leserinnen auf: »Schwört, daß ihr unsere Toten rächen werdet!«[80] Ein Flugblatt von UJRE (des jüdisch-kommunistischen Widerstands- und Selbsthilfe-Verbandes) beschwört die »Juden von Marseille« am Vorabend der Befreiung: »Unsere barbarisch hingemetzelten Brüder und Schwestern rufen uns zu, sie verlangen von uns: ›Rache und Sühne!‹«[81] Und schon im Juli 1942 deklarierte Adam Rayski in einer Broschüre der jüdischen Sektion der MOI, die kurz nach der Razzia vom 16. Juli erschien: »Auge um Auge, Zahn um Zahn, so muß der Aufschrei aller Juden in Frankreich lauten, in ihrer Entschlossenheit, die Opfer zu rächen.«[82] Pierre Broder, der Herausgeber von »Unzer Wort«, der illegalen Zeitschrift der belgischen zionistischen Arbeiterpartei Linke Poale Zion, schrieb im Juni 1943: »Die Vernichtung der polnischen

Judenheit muß (…) in uns das Feuer des Kampfes, das Feuer der Rache entzünden.« Der jüdische Widerstand in Belgien weiß inzwischen, daß die aus Belgien Deportierten, wie die polnischen Juden, in den Vernichtungslagern ermordet wurden. Auch sie, so Broder in »Unzer Wort«, müßten gerächt werden, denn: »Wie kann ein Jude in seinem Versteck ruhig essen und trinken, während in Oswiecim sein Vater, seine Mutter, sein Bruder und seine Schwester verbrannt werden?«[83]

Auch in den illegalen Zeitungen und Aufrufen des jüdischen Widerstands in Polen ertönte der Ruf nach Rache. Israel Gutman definiert die Ghettoaufstände als den einzigen Akt der Rache, der unter den gegebenen Umständen vollzogen werden konnte.[84] »Rache« nannte sich eine Einheit der jüdischen Partisanen in den Wäldern von Narocz in Litauen.[85] Die jüdischen Partisanen, schreibt Abba Kovner, wollten den Feind nicht nur durch Sabotageaktionen schwächen, sie wollten Rache nehmen.[86] In Erwartung einer Liquidierungsaktion im Ghetto von Bialystok (die einen Monat später tatsächlich stattfand) schrieb Mordechai Tennenbaum, einer der beiden künftigen Kommandanten des Ghettoaufstands, einen Aufruf, in dem er die jüdische Bevölkerung beschwor, nicht »freiwillig in den Tod« zu gehen, sondern »bis zum letzten Atemzug« für das Leben zu kämpfen. »Wir haben nichts zu verlieren als unsere Ehre«, schrieb Tennenbaum: »Nehmt Rache für die zerstörten und ausradierten Gemeinden. (…) Der Feind (soll) mit Blut für das Blut bezahlen, mit Tod für den Tod.«[87]

Spiegeln die dramatischen Appelle in den Zeitungen und Aufrufen des Untergrunds die Gefühle der Beteiligten wider? Sehnten sich die jüdischen Widerstandskämpferinnen nach Rache? Ich habe allen von mir befragten Frauen die Frage gestellt: »Hatten Sie das Bedürfnis, Rache zu nehmen?« Die Antworten auf diese Frage sind zum Teil, wo sie per Fragebogen erfolgten, verwirrend, denn die Frauen bezogen sie auf eine Rache nach dem Krieg. Konkret nach ihrem Rachewunsch während des Krieges befragt, antwortet die Mehrheit mit einem klaren »Ja«. Mit »nein« antworten am ehesten ehemalige Kommunistinnen, die geltend machen, ihre Motive seien politischer Natur gewesen, und daher habe Rache für sie keine Rolle gespielt. Rachel Cheigham, die in der Armée Juive kämpfte, weist eine derartige Rationalisierung zurück: »Ich bin mir sicher, daß die meisten Menschen lügen, wenn sie sagen, Rache sei ihnen fremd gewesen. Das Bedürfnis nach Rache war doch nach allem, was die Deutschen getan haben, einfach nur menschlich.«[88] Doch auch (ehemalige) Kommunistinnen bekennen sich zu ihrem Wunsch nach Vergeltung. »Ob wir das Bedürfnis nach Rache hatten? O ja. Und wie!« sagen die Schwestern Lucienne Pawlocki und Raymonde Donajlo (geborene Bendavid).[89] Ida Rubinstein antwortet auf die Frage: »Aber sicher!«[90]

Liza Czapnik, Mitglied des Komsomol, des kommunistischen Jugendverbandes in Grodno, und später Verantwortliche des Antifaschistischen Komitees in Bialystok, antwortet gleichfalls mit einem »Ja« auf die Frage, ob das Bedürfnis nach Rache eine Rolle für sie spielte.[91] Masza Putermilch vom Warschauer Bund und später Mitglied der ZOB, der Kampforganisation im Warschauer Ghetto, erwidert auf die Frage nach ihrer Motivation, sich dem Widerstand anzuschließen: »Ich wollte Deutsche töten. Für mein Volk und für meine ganze Familie, die sie umgebracht haben. Dieser Wille hat in mir gebrannt. Ich habe gesehen, wie ein Deutscher ein Kind, das war keinen Monat alt, an den Beinen genommen und sie ihm auseinandergerissen hat. Da habe ich gedacht, das kann doch kein Hund tun. Man kann sich gar nicht vorstellen, was für ein Sadismus in den Deutschen gesteckt hat.«[92] Elsa Lustgarten von Akiba, die später in der Krakauer jüdischen Kampforganisation ZOB kämpft, wurde durch ein ähnliches Erlebnis und den daraus resultierenden Wunsch nach Vergeltung motiviert: »Ich wollte nicht sterben, ohne vorher etwas getan zu haben. Ich hatte damals das Gefühl, ich muß Rache nehmen für die Kinder. Ich habe mit meinen eigenen Augen gesehen, wie ein Deutscher ein vierjähriges Kind gegen die Wand geschleudert hat.«[93] Chava Raban (Fulman) von Dror, Aktivistin der Warschauer ZOB, erinnert sich: »Mir war völlig klar, was uns allen bevorstand. Und da war das Element der Rache beinahe eine Selbstverständlichkeit.«[94]

Einige Frauen, wie Vitka Kempner-Kovner und Zila Rosenberg Amit, die in den Ghettos und bei den Partisanen gekämpft hatten, schlossen sich nach der Befreiung einer Gruppe an, die plante, in Deutschland Racheaktionen durchzuführen.[95] Chaika Grossman lehnte diesen Plan nicht ab, nahm aber selbst nicht daran teil, weil sie »schon genug Tote gesehen« hatte.[96] Einzelne Frauen, die sich in Westeuropa am Widerstand beteiligt hatten, äußern ein Bedauern darüber, daß Racheaktionen nach dem Krieg gar nicht möglich gewesen seien. So erinnern sich zum Beispiel Lucienne Pawlocki und Raymonde Donajlo (geborene Bendavid): »Die neue Regierung hat sofort alle Waffen eingesammelt. Hätten wir damals Waffen gehabt, wir hätten sicher weitergemacht.«[97] Fela Weinstein, die in derselben Gruppe der MOI in Lyon aktiv war wie die beiden Schwestern, sagt von sich über die Zeit nach der Befreiung: »Nein, ich empfand kein Bedürfnis nach Rache mehr. Nur noch eine tiefe Trauer.«[98]

Die Motive der ehemaligen jüdischen Widerstandskämpferinnen, sich dem Widerstand anzuschließen oder ihn selbst zu organisieren, waren vielschichtig, miteinander verflochten und sind heute nicht mehr mit der gewünschten Klarheit zu eruieren. Politische Prägung und Organisierung, Identifikation mit dem jüdischen Volk beziehungsweise einer zu schaffenden jüdischen Nation, pädagogische und/oder soziale Verantwortung für Kinder und Jugendliche, der Wunsch zu helfen, persönliche Wut und Verzweiflung und das Bedürfnis, die Grausamkeiten, die sie mit ansehen mußten, und den Tod der nächsten Angehörigen und Freundinnen zu rächen, bilden die einzelnen Versatzstücke, aus denen sich ein je nach Frau unterschiedliches Bild zusammensetzt. Dazu kommt das jugendliche Alter der Frauen, das ihnen eine hohe Risikobereitschaft verlieh und, in der letzten Phase der »Endlösung«, eine Ausweglosigkeit der realen Situation, die den Wunsch evozierte, wenn schon ein Sieg in der Gegenwart unmöglich war, wenigstens in die Geschichte einzugehen, »ein Andenken zu hinterlassen, dem einst jemand seine Achtung erweisen wird«.[99]

Der Alltag im Untergrund:
Der permanente Alarmzustand

»Im Widerstand« zu sein, einer illegalen Gruppe anzugehören, bedeutete nicht »nur«, Informationen, Anweisungen, illegale Zeitschriften, Waffen zu transportieren, Angriffe gegen die Besatzer durchzuführen, Kinder vor der Deportation zu retten, den Aufstand im Ghetto vorzubereiten. Diese Tätigkeiten des Widerstands waren eingebettet in einen konspirativen Alltag, der sich häufig als schwieriger erwies als die Aktionen selbst. Eine Kurierreise, ein Angriff, ein Kindertransport dauerten eine bestimmte Zeit, sie hatten einen Anfang und ein Ende, die Frau, die diese Aktion ausführte, war in dieser Zeitspanne konzentriert, wachsam, sie befand sich sozusagen im Kriegszustand. Doch wenn die Aktion erfolgreich beendet war, lebte sie bis zur nächsten Aktion ein Alltagsleben, das sie so gestalten mußte, daß es nach außen »normal« wirkte, ohne daß ihr innerer Spannungszustand dabei nachließ. »Wir befanden uns im ständigen Alarmzustand«, sagen mehrere Frauen, nach ihrem Alltag im Untergrund befragt. Dieses Problem mußten auch die männlichen Widerstandsaktivisten bewältigen, doch es betraf in besonderem Maße die Frauen.[1] In Relation gesehen, lebten die Männer abgeschotteter, sie kümmerten sich seltener um die Wohnungssuche, um die Beschaffung von Lebensmitteln, sie standen seltener Schlange vor Geschäften und wurden seltener in Gespräche mit Nachbarinnen, Fremden, Ladenbesitzern verwickelt. Sie waren seltener mit der Beschaffung oder »Legalisierung« falscher Papiere auf Ämtern und Rathäusern betraut. In Polen lebten sie seltener auf der »arischen Seite«.

Die Gründe hierfür lagen in der geschlechtsspezifischen Rollenteilung, die in diesem Bereich auch im Widerstand nicht aufgehoben wurde (die Organisierung des Alltags ist »Frauensache«), aber auch in einer taktischen Benutzung geschlechtsspezifischer Vorurteile beim Gegner. Frauen wurden generell von den deutschen wie einheimischen Sicherheitskräften weniger verdächtigt als Männer. War die Frau dazu noch jung, charmant oder keck, hatte sie reelle Chancen, Kontrollen heil zu überstehen oder erst gar nicht kontrolliert zu werden. Die Taktiken, die einzelne Frauen dabei anwandten, waren unterschiedlich. »Frechheit war immer gut«, sagt Uschi Rubinstein, die in

Amsterdam ihre »Berliner Schnauze« erfolgreich einsetzte.[2] »Ein schönes Lächeln und ein freundliches Wort halfen immer«, sagt Tamara Benshalom, die mit dem Charme der »schönen Ungarin« arbeitete.[3]

Einige Frauen übten neben ihrer Widerstandstätigkeit auch noch (unter falscher Identität) einen »legalen« Beruf aus. Rachel Cheigham von der Armée Juive arbeitete in Nizza als Buchhändlerin und nutzte ihre Arbeitsstelle als Treffpunkt und Informationszentrale für ihre Gruppe.[4] Vivette Samuel arbeitete im offiziellen Büro von OSE und deckte damit die illegale Tätigkeit, die hinter dieser Fassade stattfand.[5] Auch Lea Weintraubs Sozialarbeit in der Jüdischen Gemeinde in Nizza diente als legale Fassade für die illegalen Kinderrettungsaktionen des jüdischen Widerstands, die ihr Mann leitete.[6] In den Niederlanden arbeiteten jüdische Widerstandskämpferinnen, wie Roos Sijbrands zum Beispiel, als Dienstmädchen und verbanden damit Unterkunft und Einkommen.[7] Die Aktivistinnen des jüdischen Widerstands in Polen, die als Verbindungsfrauen auf der »arischen Seite« lebten, suchten sich häufig Arbeit in der Höhle des Löwen, in SS-Dienststellen, in den Haushalten von Besatzungsbeamten oder in Hotels und Restaurants, die von Deutschen frequentiert wurden. Sie konnten damit ihre Widerstandsarbeit mit dem »legalen« Leben verbinden, das sie führen mußten, um außerhalb des Ghettos existieren zu können.[8]

Die grundlegende Bedingung, um im Untergrund zu überleben und erfolgreich zu arbeiten, war ein hohes Maß an Konspirativität. Die »alten« Kommunistinnen, die schon vor dem Krieg illegal gearbeitet hatten, und die politischen Flüchtlinge aus Deutschland verfügten über ausreichende Erfahrungen auf diesem Gebiet. Die jüngeren Genossinnen und Genossen und mehr noch die jungen Frauen und Männer, die als Mitglieder einer Jugendbewegung noch nie mit klandestinem Verhalten in Berührung gekommen waren, mußten sich die erforderlichen Erfahrungen weitgehend durch »learning by doing« selbst aneignen. Einige der von mir befragten Frauen erinnern sich, ein paar Anweisungen bekommen zu haben, andere sagen, ihnen hätte nie jemand etwas erklärt. Jacques Lazarus berichtet in seinem Band über den jüdischen Widerstand in Frankreich, er habe in einer konspirativen Wohnung in Paris ein abgezogenes Rundschreiben mit dem Titel »Codes du vrai résistant« (Regeln für den echten Widerstandskämpfer) gefunden, in dem die notwendigen Sicherheitsregeln erläutert wurden.[9] Im kommunistischen Widerstand in Frankreich kursierte ein Schreiben an »Unsere Freundinnen, die Verbindungsgenossinnen«, in dem diesen Anweisungen für das richtige Verhalten bei ihrer Arbeit gegeben und Wert und Bedeutung ihrer Arbeit vermittelt wurden.[10] Die von mir befragten Frauen können sich nicht erinnern, eines dieser Papiere gelesen zu haben. Nach ihrer Erinnerung war ihre Einführung in die illegale Arbeit und das konspirative Leben mehr als mangelhaft. Die Anweisungen, die sie erhielten, beschränkten sich meist auf die Grundregeln. Ida Rubinstein von der 35. Brigade der FTP-MOI in Toulouse erinnert sich: »Meine Verantwortliche sagte mir, ›ab jetzt heißt du Simone, aber das ist nicht der Name in deiner (falschen) Identitätskarte, sondern dein *nom de guerre* innerhalb der Résistance‹. Man gab uns auch Anweisungen, daß wir aufpassen sollten, ob uns jemand folgte; wenn man ein Rendezvous hatte, sollte man drei-, viermal die Runde gehen, um zu sehen, ob da nicht ein Typ herumstand, der da nicht herumstehen sollte. Daß man sich unauffällig kleiden und verhalten sollte. Das war die erste Regel. Und daß man nur drei Mitglieder kennen durfte.«[11] Einige Grundregeln galten für den gesamten Widerstand in den besetzten Ländern Westeuropas: Man durfte nur drei Kameradinnen oder Kameraden kennen; man durfte nicht wissen, wie die anderen hießen, wo sie wohnten und was sie taten; man durfte sich außerhalb der gemeinsamen Aktivitäten nicht privat treffen; Kontakte zu Familienangehörigen und Freundinnen und Bekannten, die selbst nicht aktiv waren, mußten abgebrochen werden; man sollte Adressen und andere Informationen möglichst auswendig lernen, anstatt sie aufzuschreiben; man mußte nach der Verhaftung eines Gruppen- oder Organisationsmitglieds die Wohnung wechseln oder zumindest eine, manchmal zwei Wochen lang woanders wohnen.

Die Überlegung, die hinter all diesen Regeln stand, war die, daß je weniger jemand wußte, desto weniger sie oder er unter der Folter preisgeben konnte.[12] Die von mir befragten ehemaligen jüdischen Widerstandskämpferinnen begriffen dies durchaus und hielten die Sicherheitsregeln prinzipiell für sinnvoll. Dennoch erinnern sich alle daran, zumindest einzelne Regeln gebrochen zu haben. Sarah Goldberg verweist auf den eklatanten Unterschied zwischen einem nicht nur theoretisch, sondern auch praktisch hoch konspirativen Geheimdienst wie der »Roten Kapelle« und den vor allem aus sehr jungen Frauen und Männern zusammengesetzten PA, den (weitgehend jüdischen) kommunistischen Partisans Armés (bewaffneten Partisanen): »Herrman Itsbutski, der mich für die ›Rote Kapelle‹, wie sie von den Deutschen genannt wurde, angeworben hat, hatte mir gesagt, ›darüber darfst du mit niemandem sprechen‹. In dieser Organisation herrschte die allergrößte Vorsicht. Man durfte niemals zuviel wissen, zuviel sehen, zu viele kennen. Ich durfte keinem einzigen Menschen sagen, was ich da machte. Ich war damals verlobt, mit Henri, mit dem ich dann verhaftet wurde und der in Auschwitz vergast wurde, und selbst dem habe ich nie, bis zu seinem Tod nie gesagt, was ich gemacht habe. Auch nicht meiner Schwester oder meinem Schwager und auch nicht den Freundinnen, mit denen ich später bei den Partisanen und in Auschwitz war. Ich habe dieses Geheimnis bis nach dem Krieg bewahrt.« Nachdem die Gestapo die Zentrale der »Roten Kapelle« in Brüssel entdeckt hatte und fast alle Mitglieder verhaftet wurden, entkam Sarah Goldberg durch Zufall, aber auch, weil Herrman Itsbutski sie schützen konnte. »Als ich also sah, daß ich von allen Kontakten abgeschniten war«, berichtet Sarah Goldberg, »wandte ich mich an Jakob Gutfraynd (einen der Kommandanten der PA, Anm. d. Verf.). Vorher traf ich mich mit Laib Rabinowicz, dem Mann meiner Freundin Lola, und sagte ihm, ›ich möchte zu den Partisanen gehen‹. Ich wußte ja, daß die ganze Bande bei den Partisanen war. Wir waren so eng befreundet, daß man so etwas einfach wußte. Man wußte, was wer machte. Nicht, welche Aktionen genau, aber im allgemeinen. Ich sagte also zu Laib: ›Hör zu, könntest du mich deinem Verantwortlichen vorstellen?‹, und er brachte mich mit Jakob zusammen.«[13]

Auch Guta und Fanny Rozencwajg berichten, daß es für die Brüsseler jüdischen PA fast unmöglich war, bestimmte Regeln einzuhalten, »da wir uns ja doch alle von früher kannten«. Sie waren, wie auch viele Widerstandskämpferinnen in Paris, im selben jüdischen Viertel aufgewachsen, sie waren im selben Sportklub und in derselben Jugendorganisation gewesen. Ähnliches gilt für die Mitglieder der zionistischen Jugendbewegungen, die sich anfangs weniger als die kommunistischen Widerständler, durch die Umstände gezwungen aber zunehmend auch an bestimmte Sicherheitsregeln hielten. Der Widerspruch zwischen den Anforderungen der Konspiration und den realen Gegebenheiten führte gelegentlich zu absurden Situationen. Lea Weintraub erinnert sich: »Man lernte in der Résistance vor allem eines: Man darf kein Wort zuviel sagen. Und am besten nichts wissen. Wir durften jeder nicht mehr als drei oder vier andere kennen. Für die Rendezvous gab es auch Codewörter, Paßwörter. Eines Tages aß ich mit meinem Mann ein hastiges Abendessen. Er sagte, er könne das Dessert nicht mehr essen, er müsse los zu einem Rendezvous. Ich sagte zu ihm: ›Gut, ich muß nämlich auch noch weg.‹ Wir hätten uns aber nie gesagt, was genau wir vorhaben. Wir wußten, wenn wir verhaftet werden, wird man uns schrecklich foltern, je weniger man weiß, desto weniger kann man sagen. Ich ging also zu meinem Rendezvous auf einem Platz vor dem Bahnhof. Wir trafen uns meistens auf einem Platz, und man hatte ein Erkennungszeichen. Eine Zeitung in der rechten Hand, die man nach einiger Zeit in die linke nahm und umgekehrt. Ich kam an, ich wußte, welche Zeitung mein Kontaktmann bei sich haben würde, ich ging auf ihn zu – und es war mein Mann. Mein Kontaktmann in Nizza, der dieses Treffen organisiert hatte, arbeitete auch mit meinem Mann, ohne zu wissen, daß wir verheiratet waren. Als mein Mann mich sah, hat er mich umarmt, und wir gingen Arm in Arm weg. Der Mann, der uns den Kontakt gemacht hatte, sagte beim nächsten Treffen dann zu meinem Mann: ›Du bist vielleicht einer! Ich stelle dir ein Mädchen vor, und sofort flirtest du mit ihr.‹«[14]

Eine Regel verletzten so gut wie alle von mir befragten Frauen: das Verbot, die anderen in der »Freizeit« zu treffen. Auch andere jüdische Widerstandskämpferinnen und Widerstandskämpfer brachten in diesem Punkt die erforderte Disziplin nicht auf. Claude Lévy erzählt in seinem Buch über die 35. Brigade in Toulouse folgende Anekdote: Die Verantwortlichen der Brigade beschließen, man dürfe aus Sicherheitsgründen nicht mehr zusammen essen gehen. Die Zeiten, in denen sie als Gruppe in ein bestimmtes Restaurant gingen, seien nun vorbei. Alle stimmen zu, alle sehen ein, daß dies eine absolute Notwendigkeit ist. Am nächsten Tag treffen sich zwei junge Männer aus der Gruppe »zufällig« in der Nähe des Lokals. Da es doch jetzt verboten sei, dorthin zu gehen, überlegen sie, sei gewiß niemand aus der Gruppe da. Sie könnten es also sicher wagen, in dem Restaurant zusammen zu essen, denn sie wären ja die einzigen aus der Gruppe. Sie betreten das Lokal: »Es gab nur noch zwei freie Plätze – gegenüber von Katia und Jan. Am Nebentisch wagte Emile nicht, den Blick von seinem Teller zu heben. Nahe am Eingang war Jacques tief in die Lektüre der ›Dépêche‹ versunken, während Marianne aus dem Fenster sah. Die ganze Brigade hatte denselben Gedanken gehabt.«[15]

Die jüdischen Widerständler lebten isolierter und einsamer als ihre nichtjüdischen »Kollegen«, die häufig ein halblegales Leben führten und nach den Aktionen, die sie als Illegale ausführten, zu ihrer echten Identität in ihrer gewohnten Umgebung zurückkehrten. Die Eltern und Verwandten der Jüdinnen und Juden waren deportiert oder lebten selbst versteckt über das ganze betreffende Land verstreut. Befanden sie sich am selben Ort wie die Widerstandskämpferin, konnte sie sich nur heimlich und für kurze Zeit mit ihnen treffen. In einigen Widerstandsgruppen durften Paare nicht derselben Gruppe angehören, in anderen lebten sie zusammen und waren sich gegenseitig Trost und Zuflucht. Die meisten jüdischen Widerstandskämpferinnen lebten jedoch allein und litten in der wenigen freien Zeit, über die sie verfügten, in den wenigen Momenten, in denen sie in der konspirativen Wohnung ein wenig entspannen konnten, unter ihrer erzwungenen Einsamkeit. Ida Rubinstein erinnert sich: »Es war streng untersagt, sich außerhalb der Arbeit zu treffen, aber wir haben es trotzdem getan. Wenn man so eine Arbeit macht, kann man nicht die ganze Zeit allein leben, ohne mit jemandem zu reden, ohne sich ein bißchen aufzuheitern, ohne zu erzählen, heute ist es gut gelaufen, oder heute hat es nicht geklappt.« [16] Frieda Wattenberg, die für den jüdischen Widerstand Kindertransporte an die französisch-schweizerische Grenze bringt und später die »Bodenstation« für die Fluchtroute über die Pyrenäen organisiert, erinnert sich, daß sie sich sehr einsam fühlte: »Ich hatte eine Freundin, die war aber nicht in unserer Gruppe. Ich fuhr ab und an zu ihr, aber selten. Wir mußten uns verbarrikadieren. Aus Sicherheitsgründen. Aber es hätte auch sehr weh getan, wenn eine Freundin festgenommen worden wäre.« [17] Adam Rayski schreibt, die Einsamkeit der Illegalen habe manchmal dazu geführt, daß ein Verantwortlicher und seine Verbindungsfrau eine Beziehung miteinander eingingen. »Liaisons dangereuses« nannten sie diese Verhältnisse. [18] (Es handelt sich hier um ein Wortspiel: Liaisons dangereuses, Gefährliche Liebschaften, heißt auch der Briefroman von Choderlos de Laclos, Anm. d. Verf.) Die ehemalige kommunistische jüdische Widerstandskämpferin »Nicole« nennt diese heimlichen Treffen, Restaurantbesuche und sonstigen Verstöße gegen die Sicherheitsregeln »die Illegalität in der Illegalität«. [19]

Anja Rud erzählt, daß auch die »Mejdalach«, die jüdischen Verbindungsfrauen auf der »arischen Seite« von Bialystok, sich bemühten, einander nicht zu besuchen, sondern sich nur wie zufällig auf der Straße zu treffen. Sie hielten diese selbst auferlegte Sicherheitsvorschrift allerdings nicht durch. Vor allem nach der Liquidierung des Ghettos, als sie davon ausgingen, die einzigen Überlebenden zu sein, trafen sie sich, auch ohne einen arbeitsbedingten Grund dafür zu haben. [20] Trotz der Gefahr, die es bedeutete, wenn eine Kameradin aus dem Wald, die eine Mission in der Stadt zu erfüllen hatte, bei ihnen übernachtete, freuten sie sich über diese Besuche, die auch Nähe und lange Gespräche bedeuteten. Chaika Grossman erinnert sich, daß auch umgekehrt die kurzen Aufenthalte im Wald, wenn sie der Partisanengruppe Waffen, Informationen oder sonstiges Material brachte, trotz der Strapaze des langen Fußmarsches, der damit verbundenen Gefahren und des mangelnden Schlafes, für sie wie »ein kleiner Urlaub« waren: »Ich war unter meinesgleichen, unter Juden. Ich mußte mich nicht mehr verstellen, ich konnte ich selbst sein. So wie früher, wenn ich von meinen Reisen in ein Ghetto kam und dort endlich aufhören konnte, Theater zu spielen, mich zu verleugnen.«[21] Vitka Kempner-Kovner erinnert sich, daß sie darum bat, von der »arischen Seite« in Wilna wieder ins Ghetto zurückbeordert zu werden: Die völlige Einsamkeit, die Isolation, die ständige Gefahr, entdeckt zu werden, zermürbten sie zusehends.[22] Auch Gusta Drenger erzählt in ihrem »Tagebuch der Justyna«, daß sie sich bei Dolek Liebeskind über die Qual beklagte, die es ihr bereitete, außerhalb des Ghettos zu arbeiten.[23] Gelegentlich befreiten sich die jungen Frauen durch Übermut von dem Druck, unter dem sie standen. Rivka Madajsker, eine der jungen Frauen in Bialystok, arbeitete als Dienstmädchen bei einem deutschen Arzt, der »Rassengutachten« für die Gestapo erstellte. Chaika Grossman erzählt die folgende Anekdote in ihrem Bericht »Die Untergrundarmee«: »Einmal bat sie ihn, ihr Gesicht auf rassische Reinheit zu untersuchen. Er sah ihr in die Augen, maß ihre Nase und Augenbrauen ab, rechnete nach und erklärte schließlich: ›Sie sind eine reinrassige Arierin.‹«[24]

Doch der Alltag auf der »arischen Seite« bestand nicht aus Anekdoten. Für die jüdischen Verbindungsfrauen in Polen galt noch mehr als für ihre »Kolleginnen« in Frankreich, Belgien und den Niederlanden, daß sie sich in einem ständigen Alarmzustand befanden. In der in weiten Teilen antisemitischen polnischen Bevölkerung gab es zahlreiche Denunzianten. Einige hatten sich darauf spezialisiert, Juden zu erkennen, sie zu erpressen und dann an die Deutschen auszuliefern. Während viele Deutsche ein vom »Stürmer« geprägtes Bild von Juden hatten und sie deshalb häufig nicht erkannten, war der polnische Blick durch jahrhundertelange Nähe genauer und treffender. »Die Polen waren viel gefährlicher für uns als die Deutschen«, ist die einhellige Erinnerung der von mir befragten ehemaligen jüdischen Widerstandskämpferinnen, und diese Erfahrung wird auch von zahlreichen anderen Überlebenden und einem großen Teil der Memoiren- und Fachliteratur bestätigt. Vladka Mead (Wladka Peltel), Verbindungsfrau der ZOB in Warschau, beschreibt anschaulich die Gefahren und Anstrengungen dieses Lebens: »Das ganze Leben auf der ›arischen‹ Seite könnte man mit einem einzigen Wort zusammenfassen: Angst. Angst vor den Deutschen, Angst vor dem polnischen Nachbarn, Angst vor dem Denunzianten, Angst, das Versteck zu verlieren, und Angst, daß einem das Geld ausgeht. Angst war unser ständiger Begleiter (...) Sie quälte alle gleichermaßen, die mit einer sogenannten ›arischen‹ Erscheinung, mit blondem Haar, hellen Augen und hochnäsiger Haltung ebenso wie diejenigen, die sich wegen ihrer jüdischen Gesichter in den Wohnungen von Nichtjuden verstecken mußten. Erstere mußten mit ihrer Umgebung verschmelzen und polnische Sitten und Gebräuche annehmen. Sie mußten die christlichen Feiertage einhalten und in die Kirche gehen. Sie wurden ständig von der Angst verfolgt, einen Fehler zu machen, und mußten sorgfältig und ständig auf jede Bewegung achten, auf alles, was sie taten, auf jedes Wort, das ihnen herausrutschte – hatten sie es womöglich mit einem jüdischen Akzent betont? Oh, diese ständige Vorsicht, sich nicht selbst zu verraten, sich nicht von den anderen zu unterscheiden! Ungeachtet der größten Mühe, die man sich gab, wie eine echte Polin auszusehen und zu benehmen, gab es immer irgendeine Kleinigkeit, die man nicht ändern konnte und die den eigenen Ursprung verraten konnte. Daß man es vermied, mit Polen Bekanntschaften zu schließen, der Mangel an Familienmitgliedern und Verwandten erregten Verdacht. Und das bekümmerte und traurige Gesicht und die stumme Sorge, die man in sich barg, verrieten einen ständig...«[25]

Vergleichbare Erfahrungen gibt es offenbar in Frankreich, Belgien und den Niederlanden nicht. Zwar bestand auch hier die Gefahr, als Jüdin denunziert zu werden, doch sie war augenscheinlich geringer. Wo sich Denunzianten quasi professionell auf die Jagd auf Juden spezialisierten, handelte es sich entweder um Juden, wie zum Beispiel »Jacques« in Brüssel, der über einen ähnlichen Blick verfügte wie seine polnischen »Kollegen«, oder um Weißrussen, wie in Nizza. Diese Handlanger der Gestapo waren jedoch einzelne und damit identifizierbar, der jüdische Widerstand sowohl in Brüssel als auch in Nizza bemühte sich darum, sie auszuschalten. In Polen dagegen konnte jeder zum Denunzianten werden, vom professionellen Szmalkowicz (ein Erpresser, der Juden erst ihren letzten Besitz nahm, um sie dann doch an die Deutschen auszuliefern) bis zur Hauswirtin, die entdeckte, daß ihre Untermieterin gar keine »echte« Polin, sondern Jüdin war. Gusta Drenger-Dawidson beschreibt in ihrem »Tagebuch der Justyna« aus ihrer Sicht die äußeren und inneren Schwierigkeiten, die von den Angehörigen des jüdischen Widerstands in Polen, die außer-

349

halb des Ghettos arbeiteten, bewältigt werden mußten: »(...) ihre ersten Anstrengungen (waren) darauf gerichtet, sich zu tarnen. Ihr charakteristisches Gepräge, ihre Kleidung, ihr Typ wurden zur täglichen Sorge. Die Physiognomie und das äußere Ansehen waren eine so gewichtige Sache geworden, daß beinahe sämtliche Kriterien des Menschen eine Veränderung erfuhren. (...) Immerhin wußten sie sich darin prächtig zu helfen. Darin kam ihnen ihre Jugend und ihr Stolz zustatten, an dem es ihnen nicht mangelte. Ihren frischen Gesichtern hatte das Ghetto den Stempel der Gefangenschaft nicht aufzudrücken vermocht. Sie verließen den Stadtbezirk (das Ghetto, Anm. d. Verf.) mit trotzig erhobener Stirn, gingen mit festem, energischem Tritt vorwärts, schritten mit einer solchen Selbstsicherheit, daß sie die anderen zwangen, ihnen aus dem Weg zu gehen. Niemand erkannte in ihnen gehetzte Menschen, niemand hätte gewagt, sie herabzuwürdigen (...) Und doch hing ihre persönliche Sicherheit an einem Haar. Es hätte nur einer Erinnerung, eines Reflexes bedurft, damit sich (...) auf ihre Gesichtszüge eine seltsame Traurigkeit senkte – und der Stempel des unterdrückten Judentums sich in die ganze Gestalt eingrub. In einem solchen Augenblick konnte den Menschen weder der aschblonde Schopf noch seine grauen Augen oder seine Stupsnase retten, denn durch all dieses Äußere schlug mit Macht die jüdische Seele hindurch, die durch nichts mehr zu verheimlichen war.«[26]

Bronia Klibanski, die als Verbindungsfrau von Dror auf der »arischen Seite« in Bialystok arbeitete, berichtet in ihrem Vortrag auf der Konferenz über Frauen in der Shoa in Jerusalem: »Jede der Genossinnen im Untergrund auf der arischen Seite suchte sich eine Identität, die nicht allzuweit entfernt von ihrer eigenen war (...) Die einen gaben sich als gläubige Christinnen, die anderen als Dörflerinnen, wieder andere als Arbeiterinnen. Einige fanden es schwer, sich zu verstellen, und kehrten in das Ghetto zurück. Andere wurden von den Deutschen entdeckt, weil sie die Nerven verloren oder ihre Papiere als falsch erkannt wurden.« Von sich selbst sagt Bronia Klibanski: »Wegen meines zurückhaltenden, höflichen und entschiedenen Benehmens hielten mich die Polen für eine Tochter aus gutem Hause, die sich nicht scheut, ihre Meinung zu sagen.«[27]

Das »arische« Aussehen und ein entsprechendes Auftreten waren die Grundbedingungen, um als Jüdin auf der »arischen Seite« überleben und handeln zu können. Das Auftreten, sagen einige, war noch wichtiger als das Aussehen.[28] Vitka Kempner-Kovner sagt aus, sie habe »von allen Leuten am jüdischsten ausgesehen«, sei aber trotzdem für den Kurierdienst geeignet gewesen, weil sie nicht nur akzentfrei Polnisch sprach, sondern sich auch »polnisch benehmen« konnte.[29] Als Cesia Rosenberg und Sonia Madajsker von der Wilnaer FPO auf ihrer versuchten Reise nach Moskau verhaftet wurden, zwang Sonia Madaisker ihre jüngere und weniger erfahrene Kameradin, sich am Morgen in der Zelle die Haare zu kämmen und die Schuhe zu putzen. Cesia Rosenberg erinnert sich, daß sie selbst bereits die Hoffnung aufgegeben hatte und nicht einsah, wozu der Aufwand gut sein sollte. »Es ist immer wichtig, was für einen Eindruck man macht«, klärte ihre Genossin sie auf und behielt recht.[30]

In einer weitgehend antisemitischen Umgebung konnte sich schon eine kurze Schwäche als verhängnisvoll erweisen: Als Liza Czapnik auf dem Markt in Bialystok ein kleiner Seufzer entfuhr, berichtet Chaika Grossman, hielt sie ein Pole an und beschuldigte sie, Jüdin zu sein, denn dieses »oj«, das sie da vor sich hin geseufzt hätte, sei jüdisch. Es gelang Liza Czapnik, sich zu befreien: »Ihre guten Nerven und ihr ordinäres Benehmen hatten ihr geholfen und auch ihr arisches Aussehen, das durch einen einzigen Seufzer in Frage gestellt worden war. Wir hatten wieder eine Lektion gelernt.«[31] Chasia Bielicka-Bornstein charakterisiert rückblickend die Belastungen des Alltags und der Arbeit der jüdischen Verbindungsfrauen in Polen: »Wir haben uns immer gefühlt wie auf einer Bühne, wir haben doch ständig eine Rolle gespielt. Es war sogar noch schlimmer, ein Schauspieler spielt nur auf der Bühne, und danach ist er wieder er selbst. Wir mußten unsere Rolle 24 Stunden am Tag spielen. Wir mußten zu Hause bei unseren Vermieterinnen immer guter Laune sein, auch wenn wir wußten, sie haben unsere Partisanen liquidiert oder im Ghetto findet eine Aktion statt. Wir mußten immer freundlich und lustig sein, auch wenn es uns vor Schmerz das Herz zerrissen hat.«[32]

Die Situation der jüdischen Widerstandsaktivistinnen in Westeuropa war nicht in diesem Maße prekär. Die nichtjüdische Bevölkerung achtete nicht ständig darauf, ob sich Juden unter sie mischten, die jüdische Bevölkerung war stärker in die nichtjüdische Gesellschaft integriert, und es gab kein Ghetto, das ihr »den Stempel der Gefangenschaft« hätte aufdrücken können. Auch hier war ein als »arisch« geltendes Äußeres von Vorteil, doch entscheidend, sagen die von mir befragten Frauen übereinstimmend, waren das Auftreten und das gesamte Erscheinungsbild. Mira Kugler, einer der Führungskader der MOI und Verbindungsfrau des Kommandanten der FTP-MOI in der Südzone, trug »kurze Röckchen, brave Blüschen und weiße Söckchen« und sah damit »nicht älter als 17, 18 aus«[33]. Sarah Goldberg in Brüssel trug eine Kette mit einem kleinen Kreuz um den Hals[34], Fanny Rozencwajg kleidete sich so elegant, wie es ihr angesichts von Geldmangel und Kleiderkarten möglich war, und trug die Waffen im Geigenkasten durch Brüssel.[35] Chava Ben Porat in Budapest schminkte sich und kleidete sich »damenhaft«, obwohl beides ihr fremd und unbehaglich war. Doch die meisten von mir befragten Frauen tarnten sich auf eine Art, die ihnen nahekam, das Theater wirkte am besten, erinnern sie sich, wenn es möglichst nahe an der Realität blieb. So gab sich die jüngere oder mädchenhaft wirkende Frau jugendlich naiv, die ältere damenhaft arrogant, die eine als unauffällige Hausfrau und die andere als freche Göre. Es war, berichten sie, immer gut, sich die Haare hochzustecken, wie die deutschen Frauen es taten, zwei akkurate Zöpfe taten es aber auch. Guta Rozencwajg berichtet: »Ich war sehr selbstsicher. Ich hatte eine Ausstrahlung, die mich schützte. Ich hatte ein Lächeln, das wirkte, und ich sah den Leuten direkt in die Augen. Ich hatte damals lange Haare, und die habe ich immer anders getragen, mal offen, mal hochgesteckt, mal trug ich einen Turban. Sprach man mich auf deutsch an, tat ich so, als verstünde ich nicht, obwohl ich natürlich sehr gut verstand. Sagte einer: ›Ihre Papiere!‹, dann wartete ich darauf, daß er es auf französisch oder flämisch wiederholte oder noch etwas sagte. Erst dann habe ich meine Identitätskarte hervorgeholt.«[36]

Egal, welche »Rolle« eine Frau wählte, wichtig war in jedem Fall, nicht aufzufallen, nicht aus der Menge hervorzustechen. Und neben allem anderen erforderte die Illegalität Einfallsreichtum und Schlagfertigkeit. Lea Weintraub erzählt, nachdem sie sich innerhalb weniger Wochen zum dritten Mal die Haare, dieses Mal blond, färben ließ, habe der Friseur sie gewarnt: »Madame, wenn Sie so weitermachen, verlieren Sie Ihre Haare und haben bald gar keine mehr.« Worauf Lea Weintraub erwiderte: »Wenn Sie mich nicht blond machen, Monsieur, verläßt mich mein Mann.«[37] Uschi Rubinstein erinnert sich, daß sie eines Tages in Amsterdam mit einem Koffer voller falscher Papiere auf dem Gepäckträger ihres Fahrrades auf eine Straßenrazzia zufuhr: »Umdrehen ging nicht mehr, das wäre aufgefallen. Also bin ich fröhlich auf sie zu geradelt, hab von weitem in breitestem Berlinerisch gebrüllt: ›Ich muß zu meiner kranken Oma, die wartet schon, ich kann doch durch, was?‹, und bin mitten durch die Menge gefahren. Und keiner hat mich aufgehalten.«[38] Mira Kugler, die als polnisch-jüdische Emigrantin nach Frankreich kam, verweist darauf, wie wichtig auch Kleinigkeiten für das Überleben im Untergrund waren. Die Französinnen, erzählt sie, strickten und nähten anders. Sie lernte daher, »französisch« zu stricken und zu nähen. Hätte sie die Handarbeiten auf ihre Art ausgeführt, wäre sie als Ausländerin aufgefallen.[39]

Während die jüdische Widerstandskämpferin auf all die verschiedenen Aspekte ihrer Tarnung achtete, mußte sie täglich ihr ganz »normales« Leben organisieren. Die Bewältigung des Alltags, das Beschaffen von Nahrungsmitteln, Heizmaterial und der Dinge des täglichen Lebens wie Seife etc. gestaltete sich im Krieg für die Mehrheit der Bevölkerung zusehends schwieriger. Alles war rationiert und vieles nur für teures Geld auf dem Schwarzmarkt zu bekommen.[40] Die jüdische Illegale riskierte bei einer Razzia auf dem Schwarzmarkt ihr Leben; und sie hatte keine Verwandten auf dem Land, die ihr hier und da Obst, Eier und ein paar Kilo Kartoffeln abgaben. Sie mußte eine Wohnung oder ein Untermietzimmer finden und sich dort der Vermieterin und den Nachbarn so präsentieren, daß sie keinen Verdacht erregte. Ehemalige jüdische Widerstandskämpferinnen in Frankreich berichten zum Teil, daß sie sich vor der Concierge oder den Nachbarn in acht nahmen. Die Frauen, die in den Niederlanden und in Belgien im Widerstand aktiv waren, berichten fast übereinstimmend von positiven Erfahrungen mit den anderen Hausbewohnern. So erzählt zum Beispiel Guta Rozencwajg: »Es gab keine Schwierigkeiten mit der Concierge oder den Nachbarn. Die Belgier waren damals große Patrioten. Es war ganz leicht, jemanden zu finden, der einem half. Wir wohnten in einem sehr armen Viertel. Die Leute wußten natürlich nichts von uns, aber vielleicht fielen wir auf, weil wir nicht ganz so elend und arm wirkten. Eines Tages war die Gestapo in einem anderen Haus. Ein Belgier, ich kann mich immer noch an sein Gesicht erinnern, kam und flüsterte mir zu: ›Madame, die Fritzen sind da!‹ Also sind wir weg.«[41]

Der Alltag im Untergrund basierte nicht zuletzt auf den falschen Papieren, über die eine Widerstandskämpferin verfügte. Sie mußte sich all ihre verschiedenen Namen und Identitäten merken, ohne sie zu verwechseln. Vivette Samuel erinnert sich, daß sie und ihr Mann, als sie ihre ersten »echten« falschen Papiere erhielten, einander nur noch »Cheri« nannten, um sich nicht zu versprechen.[42] Die »hauptamtlichen« Aktivistinnen und Aktivisten erhielten eine bestimmte – geringe – Summe pro Monat und ein bestimmtes Kontingent an Lebensmittelkarten, Kleidermarken etc. Die meisten von mir befragten Frauen erinnern sich daran, nicht genug zu essen und immer zu wenig

Geld gehabt zu haben. Dies trifft vor allem auf die Kommunistinnen in den besetzten Ländern Westeuropas zu. Sie verdienten sich ihren Lebensunterhalt nicht, wie ihre »Kolleginnen« in Polen, auf einer »legalen« Arbeitsstelle, und sie erhielten (mit Ausnahmen) keine Unterstützung vom Joint oder anderen jüdischen Einrichtungen, wie ihre »Kolleginnen« von OSE, den jüdischen Pfadfindern, dem MJS und der Armée Juive. Das Geld und die Lebensmittelkarten, die sie und ihre Kampfgefährten benötigten, mußten sie sich ab und an durch Überfälle und »Requirierungsaktionen« beschaffen.[43] Vor allem die ehemaligen Widerstandskämpferinnen in Ungarn und den Niederlanden erinnern sich, in den letzten Monaten vor der Befreiung regelrecht gehungert zu haben. Budapest wurde im Dezember und Januar 1944/45 von der Roten Armee belagert, und Holland erlebte den legendären »Hungerwinter«.[44] Eva Besnyö berichtet, daß sie im Februar 1945 schwanger auf einem Fahrrad mit Holzrädern viele Kilometer über Land fuhr, um ein wenig Kohl, Rüben und Getreide aufzutreiben.[45] Uschi Rubinstein erzählt, daß ihr bei der Befreiung weniger aus Freude als vor Hunger schwindelig wurde.[46]

Schwangerschaft und Geburt erschwerten den Alltag im Untergrund zusätzlich. Mehrere der von mir befragten Frauen wurden während ihrer Tätigkeit im Widerstand schwanger. Zwei ließen eine Abtreibung vornehmen, eine von ihnen wäre beinahe daran gestorben. Die Nachgeburt war nicht abgegangen, die Frau litt tagelang unter schweren Blutungen und hohem Fieber, bis sie es schließlich riskierte, sich mit ihren echten Papieren im jüdischen Krankenhaus untersuchen und behandeln zu lassen.[47] Diejenigen Frauen, die ein Kind zur Welt brachten, mußten sich nach kurzer Zeit von ihm trennen, um es in einem Versteck in Sicherheit zu bringen. Hélène Taich behielt ihr Kind etwas länger und nutzte den Kinderwagen als Transportmittel. Régine Orfinger bekam zwei Kinder in der Illegalität, das zweite wurde geboren, als ihr Mann bereits verhaftet und zum Tode verurteilt worden war. Es gelang ihr, ihm die Geburt des Sohnes durch einen Anwalt übermitteln zu lassen. Er antwortete ihr, daß dieses neue Leben allen Männern in Breendonck, der Gestapo-Festung für die politischen Gefangenen in Belgien, neue Hoffnung gebe.[48] Auf die Frage, ob es ihr nicht schwergefallen sei, sich von diesem Kind zu trennen, antwortete die ehemalige Widerstandskämpferin und Kommandantin einer Gruppe der PA (Partisans Armés): »Das Kind wegzugeben war nicht schwerer als alles andere, wenn man schon seit Jahren so ein Leben führte. Man war am Ende des Krieges psychologisch nicht mehr dieselbe wie zu Beginn des Krieges. Im Laufe des Krieges gewöhnt man sich an alles, man verändert sich. Jedenfalls wollte ich dieses Kind bekommen, und am Ende des Krieges war ich froh, daß ich es bekommen hatte. Aber natürlich gab es irgendwo im Kopf die Angst, die Todesangst.«[49]

Zu ihrem Alltag im Untergrund gehörte für einen Teil der von mir befragten ehemaligen jüdischen Widerstandskämpferinnen auch die Sorge um die Eltern. Die jüdischen Widerständlerinnen in Polen hatten kaum eine Chance, sich ihrer Eltern anzunehmen oder sie vor der Deportation zu retten. Einige der von mir befragten Frauen leiden unter Schuldgefühlen, weil sie ihre Eltern verließen, um einen Auftrag für den Untergrund auszuführen. Da die Eltern wenig später deportiert wurden, konnten sie sich nicht von ihnen verabschieden und hatten das Gefühl, sie im Stich gelassen zu haben.[50] Chaika Grossman berichtet, daß sie am Tag des Ghettoaufstands in Bialystok auf dem Weg zu ihrer Kampfstellung ihre Mutter traf, die auf dem Weg zum Sammelplatz und damit zur Deportation war. »Bis heute weiß ich nicht«, sagt die ehemalige Kämpferin, »ob ich damals richtig gehandelt habe, als ich weiterging. Vielleicht hätte ich bei ihr bleiben müssen und ihr beistehen auf ihrem Weg in die Gaskammer.«[51]

Die jüdischen Widerstandskämpferinnen in Westeuropa waren mit der Realität der Vernichtung nicht in dieser Unmittelbarkeit konfrontiert, und die Überlebenschancen der jüdischen Bevölkerung in Frankreich, Belgien und selbst in Budapest waren entschieden höher als in Polen. Waren die Eltern oder ein Elternteil einer jüdischen Widerständlerin in einem besetzten Land Westeuropas deportiert worden oder in Polen zurückgeblieben, mußte die Tochter, spätestens seit die ersten Gerüchte über Gaskammern und Massenmorde aufkamen, das Schlimmste fürchten. Lebten ihre Angehörigen im selben Land wie die Tochter und waren sie nicht selbst im Widerstand aktiv, kümmerte sie sich um ihre Sicherheit. Mehrere Frauen versteckten, wie Frieda Wattenberg und Rachel Cheigham, erst ihre Eltern, Schwiegereltern oder einen Elternteil, bevor sie selbst in den Untergrund gingen. Andere, wie Irène Mendelson, Paulette Slivka, Régine Orfinger, Guta Rozencwajg, kümmerten sich regelmäßig um ihre versteckten Angehörigen und versorgten sie mit den zum Überleben notwendigen Dingen. Guta Rozencwajg erinnert sich: »Ich habe mich allein um meine Eltern gekümmert. Meine Eltern hatten einen belgischen Freund, einen Protestanten. Bei dem deponierte ich Lebensmittel, falls mir etwas zustoßen sollte, und ich sagte ihm, wo meine Eltern versteckt waren. Ich wollte, daß es jemand wußte, falls ich nicht mehr da war. Meine Brüder waren verhaftet, mein Mann, meine Schwester, ich bin ganz allein übriggeblieben, aber meine Eltern wußten das nicht. Ich konnte ihnen doch nicht die Wahrheit sagen. Eines Tages war in der Zeitung eine Liste abgedruckt mit den Namen von Geiseln, die erschossen wurden. Unter diesen zehn Geiseln war auch mein Bruder, Maurice Rozencwajg. An diesem Tag habe ich mich am frühen Morgen im Garten von dem Haus versteckt, wo meine Eltern untergetaucht waren. Als die Zeitung kam, habe ich sie an mich genommen, und so konnte mein Vater sie nicht lesen. Ich mußte ihnen aber an diesem Tag ihre Lebensmittel bringen, wie immer. Ich habe mich natürlich beherrscht so gut es ging, um mir nichts anmerken zu lassen. Aber sie sahen, daß ich blaß war. Ich habe immer Geschichten erfunden, um ihnen Mut zu machen. Ich war ja die einzige, die noch da war. Das hat mir auch angst gemacht. Wenn ich nun auch noch verhaftet würde – was würde aus meinen Eltern werden?«[52]

Ruth Usrad konstatiert einen Rollentausch zwischen Eltern und Töchtern, der schon vor der Besatzung einsetzte und durch die Emigration bewirkt wurde. Nach dem Beginn der antijüdischen Maßnahmen beziehungsweise der Deportationen setzte sich der Wandel in den innerfamiliären Beziehungen verstärkt fort. Ruth Usrad erklärt aus diesem Phänomen auch die ungewöhnliche Selbständigkeit der jungen Frauen, die zu einer Zeit in den Widerstand gingen oder ihn sogar selbst organisierten, in der ein solches Verhalten dem gängigen Rollenbild widersprach: »Es gab viele Fälle, in denen die Eltern nur überlebt haben, weil die Tochter gut Französisch sprach und sie durchgebracht hat. Das ist auch so eine Sache, daß die Frauen sich viel mehr für die Eltern verantwortlich gefühlt haben. Aber gleichzeitig nicht mehr unter der Aufsicht der Eltern waren. Die Rollen waren getauscht. Und die Frauen, die jungen Mädchen, haben sich sehr frei gefühlt. Das war in unserer Generation noch nicht so selbstverständlich wie heute, daß ein junges Mädchen sich frei in der Welt bewegt. Die Verhältnisse haben sich völlig verkehrt: Die jungen Frauen waren diejenigen, die die Eltern versorgt haben, die gearbeitet haben, die alles organisiert haben. Und dadurch haben sie sich auch nicht mehr fragen lassen müssen, wohin gehst du?, was machst du?«[53]

Die Praxis: Verstand und Gefühl

Jüdische Frauen waren in allen Bereichen des Widerstands aktiv und übten alle Funktionen aus, selbst, wenn auch in seltenen Fällen, die der militärischen Kommandantin. Die am häufigsten von Frauen und primär von Frauen ausgeübte Tätigkeit jedoch war die der Verbindungsfrau beziehungsweise Kurierin. Der Verbindungsdienst, einschließlich des Kundschafterdienstes und des Waffentransports wurde von den meisten Widerstandsorganisationen ihren weiblichen Mitgliedern übertragen. Ein wichtiger Grund für diese Aufgabenteilung lag in der Tatsache, daß Frauen sich unter der Besatzung freier und unauffälliger bewegen konnten. Sie wurden von den deutschen und den kollaborierenden Sicherheitskräften des jeweiligen Landes weniger häufig und weniger rasch verdächtigt als Männer. Junge, schöne und (scheinbar) hilflose Frauen weckten häufig auch den Kavalier im Mann: Mehrere Frauen aus verschiedenen besetzten Ländern ließen sich von deutschen Offizieren den Koffer schleppen, in dem sie Waffen und Sprengstoff transportierten.[1] Neben Jugend, Schönheit und einem bestimmten Verhalten konnten Widerstandskämpferinnen auch ihre Schwangerschaft oder ihr neugeborenes Kind für die Arbeit nutzen. »Vichy war doch so erpicht darauf, daß wir Kinder kriegen«, sagt Hélène Taich, die in Marseille im Kinderwagen Bomben und illegales Material transportierte.[2] Régine Orfinger in Brüssel vergrößerte ihren schwangeren Bauch, indem sie Sprengstoffpakete darauf klebte. Sie wurde während ihrer gesamten Schwangerschaft kein einziges Mal kontrolliert und blieb deshalb nach der Geburt des Kindes »noch ein Weilchen länger schwanger«.[3]

Neben der taktischen Nutzung von geschlechtsspezifischen Vorurteilen des Gegners gab es wichtige praktische Gründe, mit der Verbindungs- und Kuriertätigkeit vorwiegend Frauen zu beauftragen. In den besetzten Ländern Westeuropas wurde 1942/43 der Zwangsarbeitsdienst eingeführt, junge arbeitsfähige Männer mußten sich zum Einsatz als »Fremdarbeiter« in Deutschland melden. Diese Verordnungen führten zum einen dazu, daß sich vor allem in Frankreich und den Niederlanden die Beteiligung am nationalen Widerstand verstärkte – Verstecke für die jungen Männer, die den Arbeitsdienst verweigerten, mußten gefunden, die Untergetauchten mit Papieren, Lebensmitteln und allem weiteren Notwendigen versorgt werden. Von dieser Wandlung des zuvor eher marginalen Widerstands zu einer Massenbewegung profitierten teilweise auch die jüdischen Widerstandskämpferinnen und Widerstandskämpfer. Der Zwangsarbeitsdienst führte aber auch dazu, daß junge Männer auf der Straße doppelt verdächtig waren. Sie konnten jederzeit auf den einfachen Verdacht hin, sie seien Arbeitsverweigerer, angehalten, kontrolliert und festgenommen werden. Bestand bei dem Festgenommenen der Verdacht, er sei Jude, wurde in einer demütigenden Prozedur überprüft, ob sein Penis beschnitten war. Auch dieser Gefahr waren Frauen nicht ausgesetzt, und vor allem in Polen, wo die Sicherheitsorgane noch sehr viel direkter, das heißt: brutaler vorgingen als in Westeuropa, spielte dieser Faktor eine wichtige Rolle. Vivette Samuel, die an den Kinderrettungsaktionen des französischen Kinderhilfswerks OSE beteiligt war, faßt die guten Gründe, Frauen als Verbindungspersonen und Kuriere einzusetzen, zusammen: »Es war für die Frauen einfacher, nicht erkannt zu werden. Ab einem bestimmten Zeitpunkt zog man einem Mann, der verhaftet wurde, die Hosen herunter. Bei den Frauen hätte das nichts genützt. Wir haben die Männer geschützt. Das Verkehrsmittel damals war das Fahrrad. Nun, und ein junges Mädchen auf einem Fahrrad, wer würde das schon anhalten? Aber was hatte ein junger Mann auf der Landstraße zu suchen?«[4]

Die von mir befragten Frauen, die in Widerstandsorganisationen aktiv waren, die mehrheitlich oder ausschließlich aus Juden bestanden, übten die Funktion der Verbindungsfrau meist, zumindest zeitweise, auch dann aus, wenn sie einem anderen Bereich zugeteilt waren. So reisten zum Beispiel auch Frauen wie Chaika Grossman, Tosia Altman oder Tamara Sznejderman, die der Führung des jüdischen Untergrunds in Polen angehörten, als Emissärinnen des Widerstands zwischen verschiedenen Ghettos hin und her. Catherine Varlin, die bereits in der Führung der FTP-MOI der Südzone vertreten war und in der Region Meuse als Kommandantin einen Maquis aufbaute, wurde dazwischen als Kurierin für Waffentransporte und Einsatzbefehle eingesetzt. Uschi Rubinstein, die in Amsterdam bei der Herstellung falscher Papiere mitwirkte, transportierte gleichzeitig nicht nur die dafür nötigen Unterlagen, sondern auch die illegale Presse und überbrachte Informationen. Mira Kugler arbeitete als Kurierin und war gleichzeitig für das Sprengstoffdepot von Carmagnole, der Einheit der FTP-MOI in Lyon, verantwortlich. Später stieg sie in die Funktion einer

Verbindungsfrau der nationalen Leitung auf. Tamara Benshalom vom jüdischen Widerstand in Ungarn arbeitete als Fluchthelferin an der ungarisch-rumänischen Grenze, wurde aber auch für Kurierdienste eingesetzt, sei es, um einer Gruppe von Chaluzim im Süden des Landes Waffen und Papiere zu bringen, sei es, um herauszufinden, wo der »Kasztner-Transport« gelandet war.[5]

Die Observationsberichte der Pariser Brigades Spéciales, der Sondereinheiten der französischen Polizei, die für die Ergreifung der »Terroristen« gebildet worden waren, geben ein anschauliches Bild von der Arbeit der Verbindungsagentinnen der Pariser FTP-MOI und damit der Verbindungsagentinnen des Widerstands generell.[6]

In dem Bericht vom 12. März 1943 heißt es zum Beispiel: »(Louisette) trifft um 14.00 Uhr Ecke Rue de Boulainvillers eine Frau, die wir Boulain nennen werden. Personenbeschreibung: 28 Jahre, 1,60 m, kräftig, kastanienbraunes Haar, vorne zu Locken gedreht, rundes Gesicht, gut gepflegt, geschminkt, schwarze Schuhe. Sie machen zusammen ein paar Schritte und trennen sich um 14.40 Uhr in der Rue de Ranelagh. Louisette geht Richtung Metro. Boulain betritt um 14.50 Uhr das Haus Nr. 22 in der Avenue de Versailles. Sie verläßt es um 16.15 Uhr mit einem kleinen Paket unter dem Arm. Sie geht durch die Rue Pature, Rue Félice, Rue David und Rue d'Auteuil zur Place Claude-le-Lorrain. Dort trifft sie um 16.30 Uhr eine Frau, von uns Auteuil genannt. Personenbeschreibung: 35 Jahre, 1,60 m, mittlere Statur, kastanienfarbenes Haar, marineblauer Filzhut mit einer langen Krempe, die hinten hochgeschlagen ist, schwarze Schuhe. Sie trennen sich um 16.58 Uhr. Boulain gibt ihr das Paket, das sie unter dem Arm trug. Auteuil trifft um 17.00 Uhr in der Rue de Géricault eine junge Frau und händigt ihr das Paket aus.«[7]

Die Verbindungsfrau war oft die einzige Person in einer Widerstandsgruppe, die mehr als drei (offizielle) Kontakte hatte und mehrere höhere Kader und Leitungspersonen beziehungsweise deren Verbindungsfrauen kannte. Gelang es der Polizei, wie den Pariser Brigades Spéciales, sich an ihre Fersen zu heften und sie von einem Rendezvous zum nächsten zu verfolgen, führte sie ihre Beschatter schon an einem einzigen Tag zu mehreren weiteren Illegalen, die, gleichfalls observiert, wieder zu neuen Personen führten und so weiter. Den Brigades Spéciales gelang es auf diese Weise, beinahe die gesamte Pariser FTP-MOI und viele Mitglieder des Jugendverbandes der jüdischen Sektion der MOI aufzudecken und zu verhaften.[8] Die Arbeitsweise und die Aufgabenbereiche der Pariser jüdisch-kommunistischen Verbindungsagentinnen unterschieden sich nicht grundlegend von denen ihrer Kolleginnen in anderen Organisationen und Städten. Der wichtigste Unterschied zwischen den Kurierinnen des jüdischen Widerstands und des kommunistisch-jüdischen Widerstands bestand darin, daß die Frauen aus den zionistischen Jugendbewegungen oder von den jüdischen Pfadfindern anfangs weniger konspirativ arbeiteten und zum Teil wichtige Sicherheitsregeln nicht so streng befolgten wie die Kommunistinnen. Doch die Erfahrung lehrte sie, sich an den disziplinierteren und vorsichtigeren Kommunistinnen ein Beispiel zu nehmen.[9] Die Unterscheidung zwischen Verbindungsagentin, Verbindungsfrau, Kurierin ist rein terminologisch, inhaltlich ist meist dasselbe gemeint. Während der Widerstand in Frankreich eher von Verbindungsagentinnen sprach, nannten sich die entsprechenden Frauen in Belgien eher Kurierinnen. Auch in Polen ist (zumindest in den Übersetzungen aus dem Jiddischen und Polnischen) von Kurierinnen die Rede.

In der Pariser MOI und ebenso bei den Brüsseler PA, den Partisans Armés (Bewaffneten Partisanen), verfügte jede Einheit über eine Verbindungsfrau, die den Kontakt zu den Vorgesetzten und zu anderen Einheiten hielt.[10] Hieraus ergab sich eine Hierarchie der Verbindungsagentinnen, wie Fanny Rozencwajg sie an Hand ihrer eigenen »Karriere« beschreibt: Sie war erst Kurierin des Détachements, dann für die Compagnie und schließlich für das Bataillon.[11] Régine Orfinger arbeitete in Brüssel als Kurierin des nationalen Kommandanten der PA, ihre Stellung war somit der eines Adjutanten im Generalstab einer regulären Armee vergleichbar. In den FTP-MOI in Lyon, Toulouse, Marseille arbeiteten offenbar mehrere Kurierinnen für die gesamte Gruppe, während einzelne als Verbindungsfrau des jeweiligen überregionalen Kommandanten fungierten, wie Mira Kugler, die eine Zeitlang die Verbindungsagentin von Ljubomir Ilic war, einem der drei Mitglieder der nationalen Leitung der FTP-MOI. Für ihre Arbeit bedeutete das, daß sie nun keine Waffen oder falschen Papiere mehr transportierte, sondern Anweisungen, Kritik, Rechenschaftsberichte übermittelte.[12]

Die Aussagen der von mir befragten Frauen über die Zuständigkeiten und Aufgaben der Verbindungsfrauen im jüdisch-kommunistischen Widerstand in Frankreich und Belgien sind sehr unterschiedlich. Die einen erinnern sich an eine gewisse Spezialisierung, andere sagen, alle hätten alles gemacht, eine Spezialisierung hätten sie sich nicht leisten können.[13] Teilweise gilt vermutlich beides, für ein und

360

dieselbe Gruppe aber zu verschiedenen Zeitpunkten. Es ist anzunehmen, daß die FTP-MOI in der französischen Hauptstadt nicht nur zahlreicher, sondern auch straffer organisiert waren als die Gruppen in Toulouse, Marseille etc. Selbst Carmagnole in Lyon, das sich nach Paris zur »Hauptstadt der Résistance« entwickelte, verfügte nie über mehr als ein paar Dutzend Kombattantinnen und Kombattanten und konnte sich daher eine Spezialisierung und Hierarchisierung vermutlich nur in Grenzen leisten. In der vorhandenen Literatur finden sich hierzu kaum definitive Aussagen, was nicht weiter erstaunt, da es sich beim Verbindungsdienst größtenteils um die Arbeit von Frauen handelte. Guta Rozencwajgs Beschreibung der Aufgaben einer Kurierin der PA kann, soviel läßt sich auf der Grundlage der Aussagen der von mir befragten Frauen sagen, mit Abstrichen auf das Gros der jüdischen Verbindungsfrauen (so sie nicht einem Mitglied der überregionalen oder nationalen Führung zugeteilt waren) in den Ländern Westeuropas übertragen werden: »Die Kurierin hielt die Verbindung aufrecht zwischen den Chefs der verschiedenen Abteilungen oder zwischen dem Chef ihrer Gruppe und dem nächsthöheren Chef. Sie war aber auch verantwortlich für alles, was die Mitglieder ihrer Gruppe betraf, sie war verantwortlich für ihre Schuhe, für ihre Ernährung, für die Unterbringung. Sie erhielt vom Verantwortlichen die Lebensmittelkarten und das Geld und die sonstigen Sachen für ihre Leute und eventuell auch für deren Familien. Und sie machte den Kundschafterdienst.«[14] Es kann angenommen werden, daß im allgemeinen galt: Je kleiner, lokaler oder isolierter die Widerstandsgruppe, desto größer waren die Aufgabenbereiche der Verbindungsfrau; je größer, bedeutender oder stärker eingebunden in einen nationalen Kontext die Gruppe war, desto höher die Spezialisierung der Verbindungsfrau.

Das »tägliche Brot« der Kurierin waren die Rendezvous, von denen sie häufig mehrere pro Tag hatte. Auch hier gab es anfangs Unterschiede im Grad der Konspirativität zwischen den Verbindungsfrauen des jüdisch-kommunistischen und des jüdischen Widerstands. Letztere trafen sich häufig an Orten, die von Juden als Anlaufadresse oder Versammlungsort genutzt wurden, wie Sozialdienste jüdischer Einrichtungen, die Büros des Kinderhilfswerks OSE oder Synagogen. Diese Taktik hatte Vor- und Nachteile: Sie gab der Frau ein legales Ansehen, setzte sie aber gleichzeitig der Beobachtung durch Sicherheitskräfte und potentielle Denunzianten und der Gefahr von Razzien aus. OSE löste 1943 seine Büros und Heime auf, nachdem mehrere Mitarbeiterinnen und Mitarbeiter und ihre Schützlinge aus diesen Büros und Heimen heraus verhaftet und deportiert worden waren. Die Aktivistinnen und Aktivisten, die für die Kindertransporte und die Verbindung zwischen den einzelnen illegalen Zentren verantwortlich waren, tauchten in die völlige Illegalität ab und wurden einer sehr viel strengeren Konspirativität als zuvor unterworfen.[15] Die Verbindungsagentinnen der Armée Juive und der Jüdischen Pfadfinder setzten sich längere Zeit einer Art Doppelleben aus, indem sie einerseits als Mitglieder einer Sozialeinrichtung oder Jugendbewegung deren Büros und Treffpunkte aufsuchten und andererseits ihre heimlichen Rendezvous ähnlich handhaben wie die Kommunistinnen.[16]

Wie die Triangelstruktur der Führung, die Bildung von Dreier- oder Fünfergruppen und bestimmte Codes, so wurden auch bestimmte Regeln für die Rendezvous im gesamten Widerstand, von den Kommunisten bis zu den Gaullisten, von den belgischen PA über die holländischen Fälscherzentralen bis zur französischen Armée Juive eingesetzt. Bei einem festen Rendezvous traf man sich eine bestimmte Zeitlang stets am selben Ort (oder abwechselnd an mehreren, aber unveränderten Orten), also zum Beispiel immer dienstags um 14 Uhr vor einem bestimmten Zeitungskiosk an der Place Meiser in Brüssel. Auf diese Weise war es möglich, auch nach Verhaftungen oder dem Abtauchen von Mitgliedern der Gruppe wieder einen Kontakt zu finden. Die meisten Rendezvous aber wurden von Mal zu Mal fixiert. Die Verbindungsfrau erfuhr auf ihrem Treffen A, wann und wo Treffen B stattfinden sollte. Erschien ihre Kontaktperson zu dem genannten Zeitpunkt nicht am vereinbarten Ort, ging sie nach fünf Minuten weg und kam eine Stunde oder zwei Stunden später wieder an denselben Ort oder an einen vorher als Alternative vereinbarten anderen Ort. Blieb sie auch hier allein, konnte sie davon ausgehen, daß ihre Kontaktperson verhaftet worden war. Sie mußte nun einerseits überprüfen, ob sie selbst beschattet wurde, und andererseits versuchen, andere Verbindungsfrauen zu informieren, damit die ihrerseits die Neuigkeit weitergeben und die entsprechenden Schutzmaßnahmen veranlassen konnten. Beliebte Treffpunkte waren belebte Plätze, an denen man sich notfalls unter die Menschenmenge mischen konnte. Oft fanden Rendezvous im Gehen statt, die Partner taten so, als hätten sie sich zufällig getroffen oder als gingen sie nur zufällig ein Stück desselben Weges. Paulette Slivka beschreibt, daß sie mit ihrem Einkaufsnetz durch die Straßen lief, eine Kollegin, gleichfalls mit einem Einkaufsnetz bewehrt, sie »entdeckte«, begrüßte und eine Weile mit ihr zusammen weiterging. Während sie miteinander »tratschten«, tauschten die Frauen ihre Netze aus, und jede ging wieder ihres We-ges.[17] Fand das Treffen mit einer Person statt, die der Verbindungs-frau noch nicht bekannt war, verständigte man sich durch ein Erken-nungszeichen: eine Zeitung oder ein Buch, die auf eine bestimmte Art gehalten wurden, eine auf eine bestimmte Weise formulierte Frage nach Uhrzeit oder um Feuer etc. Die Armée Juive unterhielt in Tou-louse und Lyon Läden, in deren Hinterzimmern illegales Material auf-bewahrt und übergeben wurde und die Kurierinnen Informationen erhielten beziehungsweise überbrachten.[18]

Ein Brief der zentralen Kaderkommission der FTP-MOI in Frank-reich, »An unsere Freundinnen, die Verbindungsgenossinnen«, der den Adressatinnen Anweisungen zum richtigen Verhalten bei ihrer konspirativen Arbeit gibt, veranschaulicht die Situation, für die derlei Regeln gedacht waren: »Weißt Du, liebe Genossin, in der illegalen Arbeit machen viele der unseren zwei Fehler: Der erste besteht darin, anfangs sich selbst gegenüber die Gefahren der Arbeit zu übertrei-ben. Der zweite Fehler besteht darin, nach ein paar Wochen, in denen es keine Zwischenfälle gab, die Gefahren zu unterschätzen. Die Ge-fahren aber werden von Tag zu Tag größer, und sie hängen nicht von der Einschätzung dieses oder jenes Genossen ab. Deshalb ist eine per-manente Wachsamkeit vonnöten, ohne überflüssige Ängste, aber auch ohne Schwachstellen.«[19] Sollten sie verfolgt werden, teilt die Ka-derkommission den Adressatinnen ihres Schreibens mit, so müßten sie dies sofort ihrem Vorgesetzten melden. Es sei kein Verbrechen, beschattet zu werden, sehr wohl aber eines, dies nicht zuzugeben und damit andere in Gefahr zu bringen.[20] Diese Hinweise basierten auf Erfahrung, doch in der konkreten Situation war die einzelne Frau auf sich selbst angewiesen. Sowohl Paulette Slivka, die in Paris eines der ersten Opfer der großen Beschattungsaktion der Brigades Spéciales gegen die FTP-MOI wurde, als auch Ida Rubinstein, die in Zusammen-hang mit einer ähnlichen Operation gegen die 35. Brigade in Toulouse verhaftet wurde, bemerkten, daß sie beschattet wurden, konnten sich jedoch auf Grund der besonderen Umstände nicht in Sicherheit brin-gen und auch andere nicht vor der Entdeckung bewahren.[21]

Die Verbindungsfrauen wußten, daß sie für die Gestapo oder die Polizei eine wichtige Quelle darstellten. Sie kannten zumeist mehr Personen und mehr führende Kader als die anderen Aktivisten. Den-noch sagen die meisten von mir befragten Frauen, sie hätten selten an Verhaftung und drohende Folter gedacht: Hätten sie sich diese Mög-lichkeit immer vor Augen gehalten, wären sie nicht mehr zur Arbeit fähig gewesen.«Wir hatten auch keine Zeit für solche Überlegungen«, sagt Hélène Taich, »wir mußten uns auf das Nächstliegende konzentrieren.«[22] Das Nächstliegende wird auch in dem Brief der Zentralen Kaderkommission angesprochen: »Bevor Du losgehst, achte darauf, daß das, was Du transportierst, auch gut versteckt ist, und daß Du, im Falle einer Festnahme, nichts bei Dir hast, das der Polizei Hinweise geben, das die Verhaftung anderer Genossen verursachen könnte. (Keine Treffpunkte im Klartext, keine Adressen etc.) So, wie Du die Orte, an denen die Treffen stattfinden werden, genau erkundet hast, so erkunde auch Deinen Weg dorthin. Wenn Du die Metro nimmst, mache eine Unterbrechung während der Fahrt, an einer weniger frequentierten Haltestelle (indem Du im letzten Moment aussteigst und in den nächsten Zug wieder einsteigst, nachdem Du Dich vergewissert hast, daß die Passagiere, die mit Dir ausgestiegen sind, den Bahnsteig verlassen haben). Vermeide die großen Umsteigebahnhöfe. Wenn Du mit dem Bus fährst, steige möglichst nicht an den großen Haltestellen ein oder um. Wenn Du über Land fährst, benutze verschiedene Züge und Busse und vermeide wenn möglich den Hauptbahnhof. (...) Laß Dich während der Fahrt nicht ablenken. Laß das Buch oder das Strickzeug zu Hause. Meide Gespräche mit den Mitreisenden. All Deine Sinne müssen angespannt sein, willst Du Deine Mission erfolgreich beenden. Du mußt pausenlos, von morgens bis abends, wachsam sein.«[23]

Die Kurierinnen des jüdischen Widerstands in Polen bewegten sich von einem Ghetto in ein anderes oder vom Ghetto auf die »arische Seite« und zurück. Rendezvous wie die von ihren »Kolleginnen« in Frankreich und Belgien beschriebenen hatten sie von daher selten. Als die Verbindungsfrauen des jüdischen Widerstands in Bialystok nach der Liquidierung des Ghettos für die jüdische (und später sowjetische) Partisaneneinheit im Wald arbeiteten, griffen sie innerhalb der Stadt gelegentlich auf ähnliche Vorgehensweisen zurück, um sich zu treffen: Sie täuschten vor, zufällig nebeneinanderher zu gehen, die eine ging an einem Restaurant, in dem eine andere arbeitete, in dem Moment vorbei, in dem sie die Fenster putzte etc. Häufig aber besuchten sich die Frauen auch gegenseitig zu Hause oder auf ihrer Arbeitsstelle.[24]

Das »tägliche Brot« der jüdischen Kurierinnen in Polen war die Überwindung der Ghettomauern: Sie mußten, um überhaupt ihre Tätigkeit ausüben zu können, erst einmal das eine Ghetto verlassen und dann das andere betreten. Beides war verboten, und als Jüdinnen hatten sie den gelben Stern oder die Armbinde zu tragen, die sie als »Arierinnen« natürlich ablegen mußten. Chaika Grossman beschreibt in ihrem Bericht über den jüdischen Widerstand in Bialystok mehrfach die allen ihren Kolleginnen vertraute Prozedur: Sie schmuggelte sich frühmorgens in ein Arbeitskommando, das in der Stadt arbeitete, und verließ so das Ghetto. Kurz hinter dem Tor oder spätestens im ersten Hauseingang riß sie sich die Sterne ab, hoffend, daß niemand sie dabei beobachtet hatte. Auf dem Weg vom Ghetto zum Bahnhof bestand stets die Gefahr, von einem Polen, der sich eigens dafür in diesen Straßen herumtrieb, als Jüdin denunziert zu werden. Auf dem Rückweg oder dem Weg in ein anderes Ghetto mußte sie entweder in der Stadt ein jüdisches Arbeitskommando finden, dem sie sich anschließen konnte, oder unauffällig in der Nähe des Ghettotores warten, bis eines ankam. Hatte sie Glück, wurde das Kommando nur oberflächlich kontrolliert, und sie konnte durchschlüpfen. Hatte sie Pech, mußte sie eine gute Ausrede parat haben, um nicht von dem Polizisten am Tor der Gestapo übergeben zu werden.[25] Chaika Grossman und Vitka Kempner-Kovner sagen übereinstimmend aus, Regeln für ein bestimmtes Verhalten habe es dabei nicht gegeben: Während Chaika Grossman stets vorsichtig und überlegt vorging, handelte Vitka Kempner gerne spontan und impulsiv. Beide wurden nicht entdeckt. Andere, betonen sie, verhielten sich genauso vorsichtig oder impulsiv und haben nicht überlebt.[26]

Einen großen Teil ihrer Zeit verbrachten die Verbindungsfrauen des Widerstands mit Reisen. Meist transportierten sie dabei nicht nur mündliche Informationen, Anweisungen etc., sondern auch Material, das versteckt oder getarnt werden mußte. Die Kurierinnen benutzten für ihre Fahrten alle verfügbaren Verkehrsmittel, vom Fahrrad bis zur Eisenbahn. Die jüdischen Verbindungsfrauen der Partisanen in Polen gingen nachts viele Kilometer zu Fuß von der Stadt in den Wald und zurück. Die jüdischen Kurierinnen des Widerstands transportierten Papiere und Geld, in den Rocksaum oder das Mantelfutter eingenäht, an den Körper gebunden, in der Handtasche, in einem Buch. Kleinere Waffen und Munition trugen sie in der Handtasche oder dem Einkaufskorb bei sich. Größere Waffen schleppten sie im Koffer oder, wie in einem Fall, in einem Ofenrohr.

Juden war es in Polen verboten, öffentliche Verkehrsmittel zu benutzen, und auch Polen durften nur in bestimmten Zügen reisen. Die besten, bequemsten und schnellsten Bahnen waren für Deutsche reserviert. Hatte die Kurierin nicht die nötige »Chuzpe« oder die passenden Papiere, um einen solchen Zug zu nehmen, mußte sie auf der Fahrt nicht nur mehrere Kontrollen in Kauf nehmen, sondern auch Verspätungen, Ausfälle, Umwege. Sie mußte häufig umsteigen, und das bedeutete auch immer, kontrolliert werden. Hela Szyper, die lange Zeit ständig zwischen Warschau und Krakau pendelte, erinnert sich: »Ich habe mich immer anders angezogen, damit mich niemand wiedererkannte. Aber das war schwierig, ich habe nicht immer andere Sachen zum Anziehen bekommen. Und sie sollten auch passen. Gusta (Drenger-Dawidson, Anm. d. Verf.) schrieb später, ich hätte sehr elegant ausgesehen. Wenn sie auf dem Bahnsteig kontrolliert haben – ›Jude? Jude? Jude?‹ – da habe ich die Idiotin gespielt. Ich habe mein Brot herausgezogen und es gegessen. Ich habe Glück gehabt. Es gab viele, die waren genauso gut wie ich angezogen und haben genauso gut Theater gespielt, und trotzdem leben sie nicht mehr. Ich weiß nicht, ist das Schicksal oder Zufall? Einmal hat ein polnischer Polizist meine Papiere verlangt. Jemand hat mich als Jüdin denunziert. Ich konnte nicht weglaufen, das war unmöglich. Er brachte mich auf das Polizeikommissariat. Dort sprach ich mit dem Inspektor. Der sagte mir, meine Papiere seien falsch, da habe ich gesagt, ›ich weiß, aber ich wollte nicht nach Deutschland zur Arbeit geschickt werden‹. – ›Und wer hat Ihnen die Papiere gemacht?‹ – ›Keine Ahnung, wie der heißt, das war auf der Straße.‹ Sie haben mich drei Tage behalten, dann ließen sie mich laufen. Sie haben mich vorher lange verhört, ich mußte das Vaterunser aufsagen, und sie drohten, sie werden einen Pfarrer bringen, und sie stellten mir Hunderte Fragen. Ich sagte, ›lassen Sie mich in Ruhe, ich bin nicht so besonders fromm‹. Ich hatte auf dieser Fahrt zehn richtig gute Papiere dabei, die mußte ich ins WC stopfen, bevor ich dem Inspektor vorgeführt wurde. Ich habe alles mit der Hand hineingestopft, es war ewig schade drum.«[27]

Chaika Grossman beschreibt in ihrem autobiographischen Bericht »Die Untergrundarmee« eine ihrer zahlreichen Reisen als Emissärin des jüdischen Untergrunds: »Ich machte mich (aus Bialystok, Anm. d. Verf.) auf nach Warschau. Auf halber Strecke, in Malkinia, wurde der Zug umstellt, alle Passagiere mußten aussteigen, die Abteile wurden durchsucht, unsere Papiere und Habseligkeiten kontrolliert. Die Frau vor mir wurde in einen Nebenraum abgeführt. Offenbar wurde sie verdächtigt. Man würde sie zwingen, sich auszuziehen, und sie von Kopf bis Fuß untersuchen. Ich näherte mich dem Schalter. Vor mir stand jetzt ein Bauer. Als er seine Papiere vorzeigte, schaute ich ihm über die Schulter, um den Stempel zu sehen. Er war länglich. Nun, dachte ich, damit wird er nicht durchkommen. Die Bahnpolizei hatte eine Vorliebe für runde Stempel. Tatsächlich wurde er zur Seite geführt, und ich war an der Reihe. Die Polizisten waren nicht gerade höflich. Ich reichte ihnen meinen Transitpaß und drehte ihn dabei um, damit der Stempel von der litauischen Grenze zu sehen war. ›Da, schau‹, sagte der Polizist zu dem Bauern, ›so einen Ausweis brauchst du. Verstehst du?‹ Offenbar verstand er nicht (...) Aber ich verstand sehr wohl und grinste über die Dummheit des Polizisten. Der dachte, das Lächeln gelte ihm, lächelte zurück und durchsuchte mich nicht weiter. Nun mußte ich eine ganze Nacht lang auf dem Bahnhof von Malkinia warten. (...) Der Bahnhof befand sich jenseits der Grenze von Kongreß-Polen, und man brauchte keine Spezialerlaubnis, um von hier aus nach Warschau zu fahren. Innerhalb des Generalgouvernements konnten sich die Polen frei bewegen. Das Gedränge war unvorstellbar. Kartoffeln, Milch, Butter, Schinken wurden aus den Dörfern in die Stadt geschmuggelt, obwohl an allen Ecken Polizeikontrollen drohten. Es war hier ziemlich einfach, in eine Falle zu laufen. Die Deutschen führten ihre Razzien überfallartig durch. (...) Auf dem Bahnhof lagen Massen von Menschen auf ihren Bündeln, Koffern und Säcken, man konnte sich nirgends mehr hinsetzen. Manchmal traf man auf einen freundlichen Reisenden, der einen auf einem Sack Kartoffeln sitzen ließ. Normalerweise aber verlangten die Leute Geld für einen solchen Sitzplatz. (...) Der Bahnhof von Malkinia war ein Alptraum für Leute wie uns, die gezwungen waren, unter der Besatzung zu reisen. Ich kam morgens in Warschau an, zerzaust, zitternd vor Kälte und Müdigkeit, und erschöpft vom langen Stehen in dem Zug ›für Polen‹.«[28]

Eine wichtige Aufgabe der jüdischen Kurierinnen in Polen bestand darin, Waffen zu beschaffen. Pistolen, Sprengstoff, die Materialien für Molotowcocktails, all das konnten sie vergleichsweise leicht in einer Tasche transportieren. Ein ganzes Maschinengewehr jedoch war nicht nur schwer, sondern auch unhandlich. Bronia Klibanski und Chaika Grossman fuhren mehrmals zu einem Bauern, der ihnen verschiedene, darunter auch größere automatische Waffen verkaufte. Bronias Arbeitgeber waren deutsche Eisenbahner, einer von ihnen hatte sie ins Herz geschlossen und förderte ihre rege »Schmugglertätigkeit«. Die Frauen warteten an einer bestimmten Stelle der Strecke, bis sein Zug kam, er drosselte die Geschwindigkeit, und sie sprangen auf, während er ihr Gepäck zu sich hereinzog. Er wunderte sich stets erneut darüber, wie schwer der Koffer war, das heißt: wieviel Schinken und Schnaps »seine« Bronia hatte auftreiben können. Eine der Frauen kaufte am nächsten Tag auf dem Schwarzmarkt Schinken, Schnaps und Butter, um dem Eisenbahner seinen Anteil an der »Beute« abgeben zu können.[29] Die Waffen, die von den Frauen beschafft wurden, mußten erst in die Stadt und dann von der Stadt in das Ghetto oder in den Wald gebracht werden. Alle diese Wege waren gefährlich, doch der Transport durch die Stadt barg die größten Risiken. Chasa Bielicka-Bornstein erinnert sich an eine von mehreren solcher Aktionen: »Wir sollten einen Karabiner in den Wald bringen, Marylka (Rószycka) und ich. Wir haben ihn in ein eisernes Ofenrohr gesteckt und das Rohr mit Stoff verstopft. Außen herum haben wir das Rohr so gelassen, wie es war, man sollte sehen, was es war. Wir wollten am Sonntag, da hatte ich frei, am hellichten Tag damit durch die Stadt in Richtung Wald gehen. Wir hatten am Stadtrand von Bialystok eine polnische Kommunistin, die uns viel geholfen hat. Ihr Haus war das letzte auf dem Weg zum Wald. Wir konnten tagsüber alles zu ihr bringen. Und wenn die Sperrstunde begann, konnten wir von ihr aus in den Wald gehen. Wir gingen also mit dem Gewehr durch die Stadt, ich habe es getragen. Die Leute kamen alle aus der Kirche, wir waren auch sonntäglich angezogen. Wenn wir Polizisten sahen, haben wir angefangen, Spaß zu machen. Zu einem bin ich hin und habe ihn gefragt, wie spät es ist, wir haben übermütig gelacht, wie zwei junge Mädchen. Das ist uns den ganzen Weg über gelungen. Bis uns ein paar Polizisten angehalten und gefragt haben, ›was tragen Sie da? Arbeiten Sie denn sonntags?‹ Wir sagten, ›ja, unser Ofenrohr ist kaputtgegangen, jetzt haben wir endlich ein neues bekommen, morgen können wir es montieren‹. Damit sind wir durchgekommen.«[30]

In Frankreich, Belgien oder den Niederlanden war es einfacher als in Polen, sich als Jüdin durch die Stadt und über Land zu bewegen. Den jüdischen Verbindungsfrauen in diesen Ländern kamen die nationalistischen und rassistischen Ressentiments der Besatzer zugute. Eine junge Französin reizte sie zum Flirten, eine Belgierin oder Holländerin empfanden sie fast als ihresgleichen, während sie Polinnen eher als primitiv und minderwertig verachteten. Dennoch war den Frauen bewußt, daß sie sich auf ihren Reisen oder auch bei Transporten innerhalb der Stadt ständig in Gefahr begaben. Wenn sie gelegentlich in ihrem Alltag die Gesetze der Konspiration brachen, so verhielten sie sich in ihrer Arbeit diszipliniert und umsichtig. Dennoch griffen sie nicht selten zu unkonventionellen Methoden, um ihre Transporte durchzuführen. Frieda Wattenberg, die für die Armée

Juive in Südwestfrankreich als Verbindungsfrau arbeitete, benutzte die deutsche Feldpost: »Zufällig kannte ich einen alten Mann, der die Post verteilte, und jedesmal, wenn er nach Limoges fuhr, versuchte ich es so hinzubekommen, daß er mich mit seinem Auto mitnahm. Das war ein Verkehrsknotenpunkt für Militärtransporte, da gab es jeden Tag einen Anschlag, und die Kontrollen waren entsprechend. Ich wußte, daß dieser alte Mann die Post in die Feldlager der deutschen Soldaten brachte, und natürlich wurde er nicht überprüft. Mir gefiel der Gedanke gut, daß die Deutschen mich, eine jüdische Widerstandskämpferin, und meine Fracht beförderten.«[31] Mit am schlimmsten empfanden die Frauen Situationen, auf die sie keinen Einfluß nehmen, sondern in denen sie nur noch versuchen konnten, ruhig zu bleiben. Frieda Wattenberg beschreibt eine solche Situation: »Ich fuhr im Zug. Ich hatte ein Buch dabei, in dem steckte eine Menge Geld. Zu der Zeit waren die Bücher nicht richtig gebunden, man mußte die einzelnen Seiten durchschneiden. Da konnte man viele Sachen zwischen die Seiten stecken. Ich hatte das Buch oben ins Netz gelegt. Als die Deutschen zur Kontrolle kamen, nahmen sie das Buch. Es war alles andere als normal, daß eine junge Frau in diesen Zeiten mit soviel Geld durch die Gegend reiste. Ich dachte also, ›das war es‹. Sie fragten nach den Fahrkarten und den Personalpapieren. Ich hatte eine todsichere Ausweiskarte, und ich sah völlig harmlos aus. Ich konnte auch ganz undurchdringlich wirken, man sah mir nicht an, ob ich Angst hatte. Ich sagte also ganz ruhig: ›Sie wollen die Papiere? Bitte, Monsieur.‹ Ich gab mich als die kleine naive Französin. Sie gaben mir die Papiere zurück und das Buch. Sie haben nicht einmal flüchtig hineingesehen. Aber in dem Moment, als ich da saß und sah, wie die Deutschen das Buch aus dem Netz nahmen, da hatte ich Angst. Als sie nach meinen Papieren fragten, fühlte ich mich wieder sicher.«[32]

Wie den Verbindungsdienst führten auch die Kinderrettungsaktionen vor allem Frauen aus. Es waren meist sehr junge Frauen und häufig Sozialarbeiterinnen, Kindergärtnerinnen, Angehörige der jüdischen Pfadfinder oder einer jüdischen Jugendbewegung, die ohne politische oder gar konspirative Erfahrung eine Arbeit übernahmen, die so anstrengend wie gefährlich war und einige von ihnen das Leben kostete. Die meisten von mir befragten Frauen waren sich lange Zeit nicht bewußt, daß sie die ihnen anvertrauten Kinder und Jugendlichen vor der Vernichtung bewahrten, vor dem Tod in der Gaskammer. Sie hatten entweder nichts von dem gehört, was in den Lagern der »Endlösung« in Polen mit den Deportierten geschah, oder sie hielten es für Greuelpropaganda. Sie dachten, die Familien würden in Arbeitslager geschickt, in denen sie unter sehr harten bis brutalen Bedingungen leben mußten. Dieses Schicksal wollten sie den Kindern ersparen. Sieny Cohen, die Kinder aus der Crèche, der Kinderkrippe des Amsterdamer Sammellagers, schmuggelte, erinnert sich: »Unsere Überlegung war: Laßt uns die Kinder hierbehalten, bis die Eltern zurückkommen, denn hier haben sie es sicher besser als in einem Arbeitslager.«[33] Virginia Cohen, Sienys ehemalige Kollegin, sagt rückblickend: »Ich verstehe das heute nicht mehr. Ich sah, wie Kinder, Alte und Kranke deportiert wurden, die konnten gar nicht arbeiten, aber ich weiß wirklich nicht mehr, was ich damals dachte, ich weiß nur noch, ich war wütend. Ich denke heute, ich habe es nicht verstanden. Vielleicht wollte ich es nicht wissen. Ich weiß nicht.«[34] Auch Frieda Wattenberg, die für OSE Kindertransporte an die französisch-schweizerische Grenze brachte, sagt aus, es falle ihr schwer, von dem, was man anschließend alles erfuhr, zu abstrahieren und sich zu erinnern, was sie damals wußte oder annahm: »Die Razzien vom 16. Juli waren schrecklich, man hat auch die Kinder, die Alten, die Kranken genommen. Ich konnte mir ja vorstellen, daß man meine Mutter und meinen Onkel zur Zwangsarbeit schickt – aber die Babys, die Alten, die Kranken? Wir dachten nicht, daß man sie tötet, aber daß man sie in Lager steckt. Man sprach auch schon von Lagern in Polen, aber man kannte nicht die Wahrheit. Ich wußte über das Warschauer Ghetto Bescheid, vielleicht, weil Heini Bornstein uns aus der Schweiz Nachrichten übermittelt hat, oder weil einer unserer Chefs das im Radio gehört hat, ich wußte es jedenfalls. Aber wie ich von der Vernichtung erfahren habe, daran erinnere ich mich nicht mehr. Ich weiß auch nicht, was genau oder wieviel wir wußten. Wir wußten nur, es war alles schrecklich dringend, man mußte die Leute verstecken, über die Grenze bringen, die Kinder verstecken.«[35]

In Belgien organisierte das CDJ, das Jüdische Verteidigungskomitee, die Aktionen zur Rettung der Kinder. Die Frauen und Männer, die das CDJ und dessen Sektion Kinder initiierten und leiteten, kamen aus politischen Parteien und jüdischen Solidaritätsbewegungen wie dem linkszionistischen Secours mutualité (Gegenseitige Hilfe) und der kommunistischen Solidarité juive (Jüdische Solidarität). Linkszionistinnen und Kommunistinnen verfochten von Anfang an unterschiedliche Konzepte und Vorstellungen über das Wohl der Kinder, doch da sich die Kommunistinnen in der Mehrheit befanden, setzten sie ihre

Haltung durch. Diese basierte auf dem Primat des Lebens und der Sicherheit des Kindes, alles andere, wie die Bewahrung der jüdischen Identität des Kindes, war sekundär. Das Kind sollte, wo nur irgend möglich, in seine neue Umgebung vollständig integriert werden. Yvonne Jospa, Verantwortliche der Sektion Kinder des CDJ, spricht von einer »Wiedergeburt des Kindes« unter seiner neuen Identität. Die Mitarbeiterinnen des CDJ bemühten sich, die ihnen anvertrauten Kinder einzeln in belgischen Familien unterzubringen oder in Internaten, Heimen etc., in denen nicht auch andere jüdische Kinder versteckt waren. »Je weniger auf einem Haufen waren, desto eher hatten sie eine Chance, nicht aufzufallen«, erklärt Yvonne Jospa, und die Erfahrungen von OSE in Frankreich geben ihr recht. Wenn die meisten Mitarbeiterinnen des CDJ religiöse oder kulturelle Überlegungen hintanstellten, übergingen sie doch nicht die Probleme, die einzelnen Kindern aus ihrer falschen Identität entstehen konnten. Yvonne Jospa erinnert sich an den Fall eines Jungen aus streng religiösem Elternhaus, der in einem katholischen Kloster versteckt war: »Im Kloster mußte das Kind natürlich in die Messe gehen. Alle gingen in die Messe, er wäre aufgefallen, wenn er es nicht getan hätte. Diesem Jungen war das aber unmöglich, es war ihm eine Qual, er ist regelrecht verfallen. Wir mußten also ein anderes Versteck für ihn suchen, und wir haben schließlich eine Einrichtung gefunden, die war halb konfessionell, aber auch halb offen. Das war ein Sanatorium in Auderghem. Wir haben dort vorher erklärt, was mit dem Jungen passiert ist. Die Leiterin des Sanatoriums hat mit dem Kind auf eine Art gesprochen, die ich nie vergessen werde: Sie sagte: ›Hör zu, mein Junge, hier mußt du auch in die Kirche gehen. Aber in der Kirche betest du eben deine Gebete, und wir beten die unseren. Denn da oben gibt es nur einen Gott.‹«[36]

Die jungen Frauen, die für das CDJ jüdische Kinder in Verstecke brachten und dort betreuten, kümmerten sich, soweit es ihnen unter den gegebenen Umständen möglich war, nicht nur um das leibliche, sondern auch um das seelische Wohl der Kleinen. Sie transportierten Briefe zwischen den Kindern und den gleichfalls versteckt lebenden Eltern hin und her und dachten sich Geschichten aus, um dem Kind zu erklären, warum plötzlich keine Briefe mehr kamen. Bat das Kind sie um ein Spielzeug, das in einer bestimmten Schublade in der elterlichen Wohnung lag, und war diese Wohnung versiegelt oder von neuen Mietern besetzt, suchten sie nach einem ähnlichen Spielzeug, in der Hoffnung, das Kind würde den Unterschied nicht bemerken.

»Du mußt jetzt noch ein Weilchen tapfer sein, es dauert nicht mehr lange«, lautete der Satz, den jede von ihnen viele Male wiederholte. Sie wußten, daß sie trotz all ihrer Anstrengungen dem Kind nicht seine Verlassenheit, seine Einsamkeit, Ängste, seine Zweifel an der Liebe der Eltern oder daran, ob sie am Leben waren, nehmen konnten. Während sie das Unmögliche versuchten, konzentrierten sie sich auf das Machbare und Notwendige: Jeden Monat brachten sie das Geld für Kost und Logis, wenn nötig Kleider, manchmal ein Schreibheft, Malstifte, eine Kleinigkeit, die dem Kind Freude machte. Hatten sie den Eindruck, das Kind sei schlecht versorgt oder würde schlecht behandelt, suchten sie ihm ein anderes Versteck.[37] Da die belgische kommunistische Untergrundpresse seit Ende 1942 regelmäßig über die Vernichtungslager in Polen berichtete und ein großer Teil der Verantwortlichen und auch der Mitarbeiterinnen des CDJ der Kommunistischen Partei angehörten oder ihr nahestanden, kann angenommen werden, daß sie früher und besser über die deutsche Vernichtungspolitik informiert waren als zumindest ihre holländischen »Kolleginnen«.

Die ungarische jüdische Widerstandsbewegung hatte in den ersten Wochen der deutschen Besatzung eine Fluchtroute nach Rumänien organisiert und so Hunderten, möglicherweise auch Tausenden Menschen das Leben gerettet.[38] Die großen Rettungsaktionen jedoch führte der jüdische Widerstand in Budapest durch, zu einem Zeitpunkt, als bereits die überwiegende Mehrheit der ungarischen Juden deportiert worden war und diejenigen, die bisher in der Hauptstadt hatten überleben können, von Verschleppung und Ermordung bedroht waren. Die Situation der jüdischen Widerständler in Budapest unterscheidet sich von der aller anderen im deutsch besetzten Europa. Sie arbeiteten mit den Konsulaten der neutralen Staaten und vor allem mit der schweizerischen Gesandtschaft zusammen und bauten ihre Rettung darauf auf, den Menschen eine pseudolegale Existenz zu verschaffen, indem sie ihnen gefälschte »Schutzpässe« besorgten und/oder sie in sogenannten »Schutzhäusern« und die Kinder in Kinderhäusern unterbrachten, die dem Internationalen Roten Kreuz unterstanden. Im Gegensatz zu Belgien oder Frankreich ging es hier nicht darum, Kinder einzeln oder in Gruppen »verschwinden« zu lassen, sei es über die Grenze oder in Verstecken, sondern sie unter den Schutz einer ausländischen diplomatischen Vertretung zu stellen. Die Arbeit im Rahmen der ungarischen Kinderrettungsaktion bestand somit primär darin, Papiere zu fälschen und Lebensmittel und Brennmaterial für die Kinderhäuser und »Schutzhäuser« zu »organisieren«. Mitglieder der zionistischen Jugendbewegungen, die selbst »untergetaucht« leben mußten, wohnten in den Kinderhäusern (die sich bald auch mit schutzsuchenden Erwachsenen füllten) und betreuten dort die Kinder und Jugendlichen im Geiste der chaluzischen Pädagogik. Die jungen Frauen, die diese Aufgaben wahrnahmen, blieben also meist an einem Ort, die Schwierigkeiten ihrer Arbeit waren vor allem organisatorischer und psychologischer Natur. Sie bemühten sich, in einer belagerten Stadt, die unter permanentem Beschuß stand und in regelmäßigen Abständen bombardiert wurde, in der es kaum noch etwas zu essen gab und in der Banden jugendlicher und radikal antisemitischer Faschisten das Terrain beherrschten, für ihre Schützlinge in den Kinderhäusern eine »Insel des Guten und Positiven« zu schaffen.[39] Rafi Benshalom, einer der Organisatoren des jüdischen Untergrunds in Budapest, berichtet, daß junge Männer aus dem Widerstand Patrouillen bildeten, um die Kinderhäuser vor den Angriffen der Pfeilkreuzlerbanden zu schützen.[40] Tamara Benshalom erinnert sich, daß die erwachsenen Bewohner der Häuser das gefrorene Budapester Straßenpflaster aufklopfen mußten, um die Leichen derjenigen Kinder zu begraben, die trotz aller Bemühungen des Widerstands, sie zu versorgen, an Hunger und Kälte gestorben waren. Dieses Erlebnis, sagt sie rückblickend, sei für sie die schlimmste Erinnerung an den Krieg.[41]

Im Gegensatz zu Belgien, Frankreich und Ungarn formierte sich in den Niederlanden, mit Ausnahme der »Palästina-Pioniere«, der Gruppe von Chaluzim um Joachim Simon, keine jüdische Widerstandsorganisation, die sich primär oder neben anderen Aktivitäten die Rettung von jüdischen Kindern und Jugendlichen zum Ziel setzte. Einzelpersonen wie Henriette Pimentel, die Leiterin der Crèche, der Kinderkrippe gegenüber der Hollandse Schouwburg, und Walter Süskind, der vom Judenrat eingesetzte jüdische Leiter des Amsterdamer Sammellagers, ergriffen von sich aus die Initiative und suchten Kontakte zu holländischen Widerstandsgruppen, die ihnen die zu rettenden Kinder »abnehmen« und sie in Sicherheit bringen konnten. Henriette Pimentel weihte einzelne junge Mitarbeiterinnen der Crèche ein und beauftragte sie damit, Kinder aus dem Haus zu schmuggeln und den Aktivisten der holländischen Gruppen zu übergeben, die sich in der Nähe der Crèche einfanden, um die Kinder zu übernehmen. Doch selbst diese Beschreibung entspricht nicht ganz den Aussagen der von mir interviewten Frauen, die wiederholt betonen, sie seien nie ausdrücklich mit irgend etwas beauftragt worden. Was sie getan hätten, habe sich ganz von selbst aus ihrer Arbeit ergeben.[42] Sowohl Sieny Cohen als auch Virginia Cohen erinnern sich, daß nicht alle Angestellten und freiwilligen Helferinnen der Crèche »solche« Aufträge ausführten oder wußten, daß sich in einem Zimmer im Dachboden der Krippe Kinder befanden, die nicht registriert worden waren und somit illegal in der Crèche lebten. Dennoch bestehen sie darauf, es habe nie so etwas wie ein Rekrutierungs- oder Einweisungsgespräch gegeben. Es scheint, als habe die, nach den Aussagen ihrer ehemaligen Mitarbeiterinnen von ihnen geliebte und verehrte, Direktorin der Crèche die illegalen Aufträge tatsächlich als einen quasi selbstverständlichen Teil der Arbeit erscheinen lassen, den sie allerdings nur bestimmten Frauen anvertraute. »Wir wußten, wir mußten vorsichtig sein, aber das war im Krieg normal. Wir wußten, was wir da taten, war nicht erlaubt, aber das war im Krieg auch nichts Ungewöhnliches«, sagt Sieny Cohen.[43] Beide von mir befragten Frauen fühlten sich nicht als Widerstandskämpferinnen. Als Widerstand empfand Virginia Cohen erst die Arbeit, die sie in Limburg »machen durfte«, wo sie sich mit einer holländischen Widerstandsgruppe um (vor allem jüdische) Onderduikers kümmerte, zu denen auch mehrere Kinder gehörten, die sie in der Crèche betreut hatte.[44] Es ist schwer festzustellen, ob die Frauen ihre Widerstandsarbeit in Amsterdam und die Risiken, die sie dabei auf sich nahmen, bis heute nicht adäquat einschätzen oder ob sie diese bewußt herunterspielen, in dem Gefühl, nicht genug getan zu haben. Virginia Cohen, die immer betont, daß sie sich an vieles nicht mehr erinnern kann, antwortete auf die Frage, wie viele Kinder ihrer Schätzung nach aus der Crèche gerettet wurden: »Ich weiß nicht mehr, wie viele Kinder wir weggebracht haben. Es heißt, es seien 600 oder sogar mehr gewesen. Aber ich sehe immer die Kinder vor mir, denen wir nicht helfen konnten.«[45]

Mehrere tausend jüdische Kinder und Jugendliche wurden von jüdischen Institutionen und Organisationen in Frankreich gerettet. Vor allem das jüdische Kinderhilfswerk OSE, die jüdischen Pfadfinder, EIF, und die Angehörigen der im MJS (der zionistischen Jugendbewegung) vereinten zionistischen Jugendbewegungen initiierten, organisierten und führten diese Aktionen aus, wobei Angehörige der EIF und des MJS neben ihren eigenen Rettungsaktionen auch mit OSE zusammenarbeiteten. Sabine Zeitoun schätzt in ihrer Dissertation über die Arbeit von OSE unter der deutschen Besatzung, daß etwa 60 Prozent der (einschließlich der nichtjüdischen Unterstützerinnen) circa 50 Mitarbeiterinnen des Circuit Garel, der illegalen Rettungsorganisation von OSE, aus jüdischen Jugendorganisationen und -bewegungen kamen.[46] Sie besorgten mit oder ohne Unterstützung des Bürgermeisters oder eines Magistratsangestellten »echte« falsche Papiere auf Gemeindeämtern, sie stellten selbst alle Arten von Personaldokumenten, vom Taufschein bis zum Impfzeugnis, her, sie suchten nach Verstecken für die Kinder und Jugendlichen, und sie brachten sie über die Grenze in die Schweiz und nach Spanien. Anders als in Belgien, wo das jüdische Verteidigungskomitee CDJ bewußt als illegale Organisation unter dem Dach des Front National, der nationalen linken (und größten) belgischen Widerstandsbewegung, gegründet wurde, entwickelte sich die Widerstandsarbeit der jüdischen Organisationen in Frankreich Schritt für Schritt aus ihrer legalen sozialen und pädagogischen Arbeit. Erst sehr spät, 1943, trafen die Verantwortlichen von OSE eindeutige Entscheidungen über die Gründung von illegalen Netzwerken, die Schließung der Heime und das Abtauchen der Mitarbeiterinnen und Mitarbeiter in die völlige Illegalität. Bis zu diesem Zeitpunkt ergab eines das andere, ein Schritt führte zum nächsten, und während die einen noch an der legalen Fürsorgearbeit festhielten, nutzten die anderen diese schon als Fassade für ihre illegalen Aktivitäten.[47]

Wie ihre belgischen »Kolleginnen« suchten die französischen Aktivistinnen des jüdischen Widerstands nach Versteckplätzen in Familien, Klöstern und Internaten, betreuten die Kinder, nachdem sie untergebracht waren, weiterhin, indem sie ihnen beziehungsweise ihren Gastfamilien oder -institutionen monatlich Pensionsgeld, Lebensmittelkarten, Kleidung etc. brachten und auch Post zwischen Eltern und Kindern beförderten. Auf Grund ihres dezidiert jüdischen Selbstverständnisses kümmerten sich die französischen Aktivistinnen stärker um die Wahrung der jüdischen Identität der Kinder – soweit die Verhältnisse dies zuließen. Ein Ausdruck dieser Politik war es, daß sie sich bemühten, möglichst eher Jugendliche als – leichter formbare – Kinder in Klöstern unterzubringen.[48] Doch auch Jugendliche waren vor Konversionen nicht gefeit. Denise Lévy berichtet: »Die Jugendlichen sind ja leicht zu beeinflussen. Ein Mädchen zum Beispiel wollte anfangs im Kloster nichts essen, weil es nicht koscher war. Der Rabbiner von Brièves hat ihr eigens schreiben müssen, daß sie unter diesen besonderen Umständen unkoscher essen darf. Und selbst ein Mädchen mit diesem Bewußtsein konnten die Nonnen umdrehen.«[49]

Die von mir befragten Frauen berichten über mehrere Aktionen, in denen der jüdische Widerstand Jugendliche aus Klöstern holte, in denen sie getauft werden sollten. Denise Lévy erlebte, daß dies nicht immer ohne Schwierigkeiten möglich war. In solchen Momenten wurde den jüdischen Widerständlerinnen bewußt, wie sehr sie mit ihren Rettungsaktionen von der nichtjüdischen Bevölkerung und deren gutem Willen abhingen. Alle von mir befragten Frauen äußerten sich positiv und dankbar über die Solidarität, die sie von nichtjüdischen Privatpersonen und Institutionen erfahren hatten. Gleichzeitig jedoch waren sie sich bewußt, daß hinter christlicher Hilfsbereitschaft auch das Verlangen stehen konnte, Seelen für den »wahren Glauben« zu retten. Denise Lévy erinnert sich an die Gefühle von Schmerz, Scham und Wut, die sie empfand, als sie, zusammen mit einer Kameradin, drei 16-, 17jährige Mädchen aus einem Kloster holte, wo sie sich auf ihre Taufe vorbereiteten – und freuten: »Wir mußten sie fast über die Straße zerren. Es war schrecklich. Sie bekreuzigten sich ständig und sagten, hoffentlich entgleist der Zug, damit wir verletzt werden und ins Krankenhaus kommen. Im Kloster gab es nämlich auch ein Krankenhaus.«[50]

Niemand hatte Denise Lévy auf eine solche Situation vorbereitet. Sie bewältigte sie, wie sie alle anderen neuen Situationen bewältigte: durch learning by doing. Als im Sommer 1942 Gendarmen die Pfadfinderzentrale in Moissac warnten, daß eine Razzia gegen die ausländischen Jungen und Mädchen in ihren Reihen, die älter als 16 Jahre waren, bevorstand, übernahm es Denise Lévy, die Mädchen binnen weniger Tage in Sicherheit zu bringen. Sie fragte mehr oder weniger »auf gut Glück« nichtjüdische Bekannte, Lehrerinnen, Pfarrer, ob sie ein Mädchen aufnehmen oder einen Platz bei anderen Leuten finden könnten. Auf Konspiration war sie zu diesem Zeitpunkt noch nicht sonderlich bedacht, es mußte schnell gehen, die Mädchen mußten untergebracht werden. Niemand sagte ihr, was sie tun sollte, Denise Lévy unternahm ihre ersten Schritte in die Illegalität aus eigenem Ermessen.[51] Die von mir befragten ehemaligen jüdischen Widerstandskämpferinnen, die an Kinderrettungsaktionen beteiligt waren, sagen übereinstimmend, sie hätten sich bei ihrer Arbeit jeweils so verhalten, wie sie es für richtig hielten, beziehungsweise nach ihrer momentanen Intuition. Sie entfernten sich nicht zu weit von dem, was sie aus der »Normalität« gewohnt waren, und modifizerten dieses Verhalten so, daß es »paßte« oder die Tarnung verstärkte. Frieda Wattenberg wurde wenige Tage, nachdem sie durch Zufall auf eine illegale Gruppe des MJS gestoßen war, für einen Kindertransport an die schweizerische Grenze eingesetzt. Sie hatte noch nie Kinder zu einem illegalen Grenzübertritt gebracht. Sie hatte aber schon häufig Ausflüge mit Kindergruppen gemacht. Dementsprechend verhielt sie sich nun, mit kleinen Variationen: »Wie waren auf dem Weg in die Ferienkolonie. Die Kinder hatten alle entsprechende Papiere. Man sang Lieder, Lieder auf den Marschall (Marschall Pétain, Chef der Kollaborationsregierung von Vichy, Anm. d. Verf.), die hatten die Kinder ohnehin in der Schule gelernt. Die Kinder benahmen sich gut. Sie waren schon vorbereitet und wußten auch ihre falschen Namen, man hatte ihnen gesagt, ›Du heißt jetzt Dupont‹ etc. Aber auf der Reise reagierten sie natürlich wie Kinder, der Zug, die Landschaft, die ganze Fahrt, das war aufregend.«[52]

Die jungen Frauen hatten häufig Erfahrung im Umgang mit Kindern, sie hatten in ihrer zionistischen Jugendbewegung oder bei den jüdischen Pfadfindern Gruppen geleitet oder für OSE die Kinder jüdischer Flüchtlinge betreut. Sie spielten mit den ihnen nun anvertrauten Kindern, alberten mit ihnen herum und vermittelten so nach außen den Eindruck einer »normalen« Kindergruppe und den Kindern ein gleichfalls wichtiges Gefühl von »Normalität« und Lebensfreude.[53] Die Kinder, die mit Marianne Cohn an der Schweizer Grenze entdeckt und verhaftet wurden, beschreiben sie als eine fröhliche, liebevolle Betreuerin, die sie mochten und der sie vertrauten.[54] Dennoch kam es auch zu Mißstimmigkeiten und Verletzungen. Die Betreuerinnen mußten den Kindern das Maß an Disziplin abverlangen, das für ihre Sicherheit unverzichtbar war, und fügten ihnen damit Schmerz zu. Sie mußten das Gepäck der Kinder kontrollieren und Briefe und Fotos der Eltern, Bücher mit persönlichen Widmungen etc. konfiszieren und dem Kind damit häufig das einzige wegnehmen, das ihm von seiner Familie geblieben war.[55]

Eine vermutlich realistische Beschreiung eines Kindertransports gibt Vivette Samuel, Mitarbeiterin von OSE, in ihrem Bericht »Sauver les enfants« (Die Kinder retten): »Das Kind weiß nicht, wohin die Reise geht, die Betreuerin des ersten Abschnitts hat normalerweise selbst keine Ahnung. Sie hat den Auftrag, das Kind von Marseille nach Valence, nach Limoges oder nach Chateauroux zu bringen und es dort an einer bestimmten Adresse ihrer Kollegin zu übergeben. Die setzt die Kette fort. Sie sind zwei, drei oder vier, die sich die kostbare Fracht weiterreichen. Sie kennen von dem Kind nur seinen falschen Namen, und das Kind weiß nichts über sie, denn in den Zügen und Bahnhöfen finden häufig Kontrollen statt, und es ist besser, nichts zu wissen, und alles zu erfinden, als sich zu verraten. Aber die Kinder vertragen diese unvermeidlichen Sicherheitsmaßnahmen nicht immer gut. Aus Sehnsucht oder aus Rebellion versuchen sie manchmal wegzulaufen.«[56]

Mehr noch als die Verbindungsfrauen oder die Frauen, die am bewaffneten Kampf teilnahmen, waren die jungen Frauen, die mit der Rettung der Kinder betraut waren, einer enormen psychischen Belastung ausgesetzt. Sie waren oft nicht viel älter als ihre Schützlinge und mußten sich bei ihnen die Autorität verschaffen, die sie benötigten, um die Kinder und Jugendlichen ohne größere Zwischenfälle an ihren Zielort zu bringen. Sie mußten zugleich liebevoll und heiter und in Alarmbereitschaft sein. Sie mußten beruhigend und gelassen wirken und waren sich ständig bewußt, daß nicht nur ihr eigenes Leben, sondern auch das der Kinder auf dem Spiel stand. Einige dieser jungen Frauen, wie Marianne Cohn und Mila Racine, opferten ihr Leben für die ihnen anvertrauten Kinder. Marianne Cohn lehnte es ab, sich aus dem Gefängnis befreien zu lassen, da sie, vermutlich zu Recht, fürchtete, daß sie damit das Leben der mit ihr zusammen gefangengenommenen Kinder verwirken würde. Mila Racine wurde in Auschwitz als »arbeitstauglich« selektiert, weigerte sich jedoch, die ihr anvertrauten Kinder zu verlassen, und ging mit ihnen zusammen in die Gaskammer. Das Verhalten dieser Frauen entspricht einerseits ihrer weiblichen Rolle als beschützende, mütterliche Frau, die sich für andere opfert. Es geht jedoch gleichzeitig weit über diese Rollenerwartung hinaus, denn die Kinder, für die sie sich opferten, waren nicht ihre eigenen. Es waren noch nicht einmal Kinder, die sie über längere Zeit betreut hatten und die ihnen daher persönlich nahestanden, wie es bei Janusz Korczak, dem Leiter des Waisenhauses im Warschauer Ghetto, der Fall war. Daß sie für ihr Kind in den Tod geht, wird nur von der leiblichen Mutter erwartet, und diese klassische Rollenerwartung sah weder Gaskammern noch Gestapofolter vor. Welche Gefühle und Motive oder welche Mischung aus Gefühlen und Motiven Frauen wie Marianne Cohn und Mila Racine bewegten, ihr eigenes Leben für ihnen fremde Kinder zu opfern, bleibt unbegreiflich. Ein, der extremen Situation entsprechend, ungewöhnlich hohes Verantwortungsgefühl, Altruismus, Idealismus, möglicherweise auch Erschöpfung mögen eine Rolle gespielt haben. Sie wuchsen weit über sich selbst und alles, was man von ihnen an Heroismus erwartete, hinaus. Was sie dazu veranlaßte und ihnen die Kraft für eine solche Entscheidung gab, bleibt ihr Geheimnis. Der retrospektive Blick auf eine insgesamt unfaßbare Situation ist nicht imstande, die inneren Beweggründe dieser Frauen zu erhellen.

Egal, welche Aufgaben eine jüdische Frau im Widerstand erfüllte, sie benötigte dafür ein beachtliches Maß an Mut und Entschlossenheit. »Der Mut kam mit der Arbeit«, sagt Chasia Bielicka-Bornstein, eine Aussage, die sicher auf viele andere Frauen zutrifft. Doch ebenso gilt die Aussage von Masza Putermilch: »Angst ist eine ganz natürliche Sache.« Viele Frauen schrieben in ihrer Antwort auf die entsprechende Frage in meinen Fragebogen, sie hätten keine Angst gehabt. Erst im persönlichen Gespräch waren sie bereit, sich genauer und ausführlicher zu diesem Thema zu äußern. Die abstrakte Aussage »Ich hatte keine Angst« hat insofern ihre Berechtigung, als sie bestätigt, daß die betreffende Frau prinzipiell ihre Angst beherrschen oder überwinden, das heißt: handeln konnte. Sie gilt jedoch nicht für konkrete Situationen und Zeitpunkte. Einige der von mir befragten Frauen bleiben bei ihrer Erklärung, sie hätten keine Angst gekannt. Andere, darunter Frauen, die wichtige Positionen im bewaffneten Kampf eingenommen hatten, wie Vitka Kempner, Catherine Varlin oder Hélène Taich, sprachen über ihre Angst als etwas Selbstverständlichem und Unvermeidlichem.

Mehrere ehemalige jüdische Widerstandskämpferinnen sind sich einig, daß der scheinbare Mangel an Angst mit der »Verrücktheit« und Unbekümmertheit der Jugend zusammenhing. So sagt zum Beispiel Frieda Wattenberg vom französischen MJS, die als Fluchthelferin für den jüdischen Widerstand arbeitete: »Leute, die Angst hatten, machten da nicht mit. Wir machten ja völlig verrückte Sachen. Man mußte ein bißchen verrückt sein, um das zu machen. Und jung. Als der Krieg zu Ende war, war ich 20.«[57] Raymonde Donajlo, die in den Kampfgruppen der jüdisch-kommunistischen Jugend in Lyon aktiv war, bestätigt diese Einschätzung aus ihrer Erfahrung: »Wir waren jung und unbedacht. Deshalb sage ich auch, jemand, der damals Familie hatte und trotzdem in den Widerstand ging, der war viel mutiger als ich. Mir war gar nicht richtig bewußt, was ich da machte. Deshalb hatte ich auch nicht so viel Angst.«[58]

Und auch Eva Besnyö, die als Mitglied einer linken Widerstandsgruppe in Amsterdam Papiere fälschte, sagt rückblickend: »Später dachte ich, ›was hast du nur getan?!‹. Aber damals hat man über das Risiko nicht groß nachgedacht. Ich bin überhaupt keine Heldin, gar nicht, für mich wäre schon eine Ohrfeige etwas Entsetzliches gewesen, und Prügel waren ja das mindeste, was man bei der Gestapo bekam, aber darüber habe ich nicht nachgedacht. Ich hatte das Gefühl, ich muß das tun. Aber über die Konsequenzen habe ich nicht groß nachgedacht. Ich glaube, wenn man darüber sehr viel nachdenkt, tut man es nicht mehr.«[59]

Catherine Varlin, die trotz ihrer Jugend eine hohe Führungsposition in der FTP-MOI einnahm, beschreibt die Gleichzeitigkeit von allgemeiner jugendlicher Unbekümmertheit und konkreter Angst in bestimmten Situationen: »Wir fühlten uns mit unseren 18 Jahren unverletzlich. Aber in konkreten Situationen hatte ich sehr wohl Angst. Wenn ich zum Beispiel eine Bombe scharf machen mußte oder eine Handgranate bekam und wußte, die geht in fünf Minuten los – natürlich hatte ich da Angst. Man kann noch so jung und unbekümmert sein, wenn man im Auto sitzt und es kommt einem ein anderes Auto frontal entgegen, dann hat jeder Angst.« Und auch sie bestätigt: »Man mußte instinktiv handeln. Sobald man über eine Gefahr nachdachte, hat man sich nicht mehr getraut.«[60] Hélène Taich, die in Marseille bewaffnete Aktionen organisierte und durchführte, erinnert sich, daß sie immer angespannt war und manchmal »ganz schön ins Schwitzen kam«.[61] Auch Mira Kugler, Kurierin von Carmagnole, der Lyoneser Kampfgruppe der FTP-MOI, und schließlich Verbindungsfrau der nationalen Leitung der FTP-MOI, bekennt sich vorbehaltlos zu ihrer Angst: »Viele sagen, die Angst habe sich durch die Routine im Laufe der Zeit gegeben. Das stimmt nicht. Oder für mich zumindest stimmt das überhaupt nicht. Ich hatte immer Angst. Wenn man sich zum Beispiel mit einer Tasche voller Waffen der Miliz oder der Feldgendarmerie gegenübersieht, dann klopft einem das Herz, und man ist furchtbar aufgeregt. Man muß natürlich versuchen, ruhig zu bleiben, aber die Angst ist da.«[62]

Guta Rozenczwajg von den PA in Brüssel sagt, Angst hatte sie zum Beispiel, wenn sie mit Waffen oder wichtigen Papieren in der Tasche auf der Straße in eine Razzia geriet und nicht mehr wegkam. Sie dachte dann an ihre Eltern, die sie versorgte, und daran, daß ihr gar nichts passieren durfte, weil doch sonst die Eltern allein zurückgeblieben wären. Diese Überlegung, vermutet sie, gab ihr die nötige Kraft, durch die Kontrolle zu gehen, ohne sich etwas anmerken zu lassen.[63] Yvonne Jospa, Organisatorin der Kinderrettungsaktionen des belgischen CDJ, erinnert sich, daß sie während einer Aktion keinerlei Furcht empfand: »Die Angst kam erst danach. Hinterher haben mir die Knie gezittert, da dachte ich, was hast du da bloß wieder gemacht!«[64] Die Frauen empfanden nicht jede Situation als angsterregend, und in bestimmten Situationen fürchteten sie nicht für sich, sondern für Familienangehörige oder die »Ware«, die sie transportierten.

Die holländische jüdische Widerstandskämpferin Trudel van Reemst erzählt, sie mußte einmal unvorbereitet 24 neue Ausweise transportieren und hatte den ganzen Weg über »schreckliche Angst, nicht wegen mir, sondern wegen der kostbaren Ausweise«.[65]

Die jüdischen Widerstandskämpferinnen in den Ghettos und bei den Partisanen durchlebten andere Ängste als ihre »Kolleginnen« in Westeuropa. Diese Ängste veränderten sich mit der realen Situation, der sie durch die deutsche Vernichtungspolitik ausgesetzt wurden. Hatten sie anfangs wie alle anderen Widerstandskämpferinnen unter bestimmten Bedingungen »einfach« Angst, bezog sich dieses Gefühl später weniger auf ihre Person als auf die Wirkung, die sie zu erzielen hofften. In bezug auf die Zeit vor dem Ghettoaufstand berichtet Chava Raban (Fulman), damals Kurierin der Warschauer ZOB: »Ich hatte Angst, daß man mich beobachtete. Ich hatte Angst, daß man mich entdeckte. Ich hatte Angst, daß man mir folgte. Wenn ich dann endlich in einem Ghetto ankam und meine Freunde und Kameraden traf, erzählte ich oft, wieviel Angst ich hatte, und wir sprachen dann gemeinsam darüber, wie schwierig es manchmal für uns war, unsere Aufgabe zu erfüllen.«[66] Hela Szyper, die als Kurierin den Kontakt zwischen dem Warschauer und dem Krakauer Ghetto hielt, sagt, sie könne sich nicht vorstellen, daß jemand gar keine Angst hatte.[67] Anja Rud dagegen versichert glaubwürdig: »Leben oder sterben hat für uns keinen Unterschied gemacht. Wir haben den Tod nicht gefürchtet, keine von uns. Ganz im Gegenteil.«[68] Ihre Aussage bezieht sich auf einen anderen Zeitraum als die Erinnerungen von Hela Szyper und Chava Raban. Anja Rud spricht in ihrer Antwort die Zeit nach der Liquidierung des Bialystoker und Grodnoer Ghettos an. Sie und ihre Kameradinnen hatten ihre Eltern, Geschwister, Verwandten, Freundinnen und Genossen verloren, lebten isoliert in einer Stadt, die noch zwei Jahre davor 60000 Juden bevölkert hatten, und zweifelten am Sinn ihres eigenen Überlebens. Anja Ruds Kameradin Chasia Bielicka erinnert sich, daß sie, wenn sie in den Wald ging, um den Partisanen Waffen, Medikamente, Lebensmittel zu bringen, große Angst hatte, sie könnte im falschen Moment erwischt werden: »Ich habe immer gebetet, wenn sie mich schnappen, dann bitte, bitte erst auf dem Heimweg! Ich muß vorher noch die Sachen abgeben.«[69]

Die jüdischen Widerstandskämpferinnen, die nach der Niederschlagung der Ghettoaufstände zu den Partisanen entkommen konnten, nahmen nun, was ihnen im Ghetto meist nur während der Erhebung möglich war, auch an bewaffneten Aktionen teil, sofern man sie nicht in die Feldküche verbannte. Die ehemaligen Partisaninnen, die sich in Interviews und Erinnerungsberichten zu ihren Erfahrungen äußerten, sagen so gut wie alle aus, die Teilnahme an bewaffneten Aktionen habe ihnen große Genugtuung bereitet, die Erleichterung darüber, endlich »frei« handeln zu können, habe alle Ängste übertönt. Ewa Krakowska, die sich nach der Niederschlagung des Bialystoker Ghettoaufstands wochenlang in einer engen Dachluke versteckt hielt, konnte schließlich zu den Partisanen fliehen. Sie empfand ihre neue Situation als Erleichterung: »Angst hatte ich da keine. Nach dem Ghetto und nach dem, was ich in dem Versteck erlebt habe, hatte ich kein Angstgefühl mehr. Ich war hungrig und durstig und schmutzig, aber ich war glücklich. Vorher, im Versteck, das war schrecklich. Als Partisanen waren wir frei, wir konnten jederzeit weg.«[70] Vitka Kempner-Kovner, die als Partisanin in den litauischen Wäldern Sabotageaktionen durchführte, empfand nach ihrer Erinnerung, ähnlich wie die »Mejdalach« in Bialystok, keine Angst um ihr Leben. Sie bekennt sich zu einer Furcht, von der nur wenige ehemalige Widerständler, Frauen wie Männer, jüdisch oder nichtjüdisch, offen sprechen: Als sie bei der Vorbereitung einer Aktion verhaftet wurde und die Gendarmen ihr mitteilten, sie würden sie den Deutschen übergeben, hatte sie »große Angst vor der Gestapo. Ich hatte nicht Angst zu sterben, sondern daß sie aus mir Informationen herauspressen, wenn sie mich foltern. Ich hatte nicht so sehr Angst vor dem Tod, sondern davor, daß ich nicht die Kraft haben würde, der Folter zu widerstehen.«[71] Vitka Kempner gelang es, sich rechtzeitig selbst zu befreien. Andere Frauen, wie Sophie Poznanska von der »Roten Kapelle« in Brüssel, töteten sich nach langen Folterungen selbst, in der Angst, sie könnten den Schmerzen nicht länger standhalten.[72]

Auch Marianne Cohn, die schwer gefoltert und vor ihrem Tod auch noch vergewaltigt wurde, äußerte sich zu diesem tabuisierten Thema. Sie schrieb in ihrer Zelle im Gefängnis von Annemasse ein Gedicht, in dem sie den Gedanken des Verrats variiert. Mit dem Satz »Mein Verrat kommt morgen, noch nicht heute« leitet sie das Gedicht ein und beschreibt anschließend in Andeutungen ihre Folter. Der »Verrat«, von dem sie spricht, meint jedoch nicht den von der Gestapo verlangten, sondern den Verrat am Leben, den Selbstmord: »Ich brauche die Nacht für den Entschluß, (...)/um das Leben zu verraten,/um zu sterben./(...) Die Feile liegt versteckt, (...)/nicht für die Gitter,/für den Schnitt durch meinen Puls.«[73] Mehrere ehemalige jüdische Widerstandskämpferinnen beschreiben Situationen, in denen sie versucht

waren, aufzugeben und den Tod als Erlösung imaginierten: Sie über-
legten, sich den Massen auf dem Sammelplatz auf ihrem Weg zur Deportation anzuschließen, wie etwa Chaika Grossman; sie begaben sich
in extreme Gefahrensituationen in der Hoffnung, darin umzukommen,
wie zum Beispiel Rivka Madajsker[74] oder Anja Rud; oder sie empfanden, wie Elsa Lustgarten und Chava Ben Porat, ihre Verhaftung als
momentane Erleichterung: »Man hat uns gejagt wie Tiere«, erinnert
sich die ehemalige Kämpferin des Krakauer jüdischen Widerstands.
»Ich wußte nie, wo ich in der nächsten Stunde bleiben konnte, immer
laufen, immer machen. Und hier, im Gefängnis, da lag ich auf der Erde
und konnte erst einmal liegenbleiben. Und wir waren zusammen. Wir
dachten, wir gehen jetzt zusammen in den Tod.«[75] Chava Ben Porat
erzählt von ähnlichen Empfindungen: »Ich hatte das Gefühl, jetzt ist
ohnehin alles zu Ende. Die Anspannung, unter der ich die ganze Zeit
gestanden hatte, war plötzlich weg, und alles wurde leichter.«[76]

Viele der von mir befragten ehemaligen jüdischen Verbindungsfrauen betonen, daß für den Erfolg ihrer Arbeit eine Mischung aus
Schlagfertigkeit und Instinkt entscheidend war. Sarah Goldberg erinnert sich an eine Situation, in der sie »aus der Panik heraus« das Richtige tat, obwohl es auch ihr selbst im nachhinein unverständlich blieb,
wie sie auf die Idee gekommen war, sich derart zu verhalten: Während sie einen Auftrag für ihre Gruppe der PA in Brüssel durchführte,
bemerkte sie, daß ihr vom anderen Ende der Straße her Jacques, der
jüdische Denunziant, entgegenkam: »Vor mir gingen zwei belgische
Polizisten, mit den weißen Helmen, die sie damals trugen. Ich sagte zu
den beiden: ›Gehen Sie bitte weiter‹, und drängelte mich zwischen
sie. Sie wollten wissen, was los war, und ich sagte: ›Bitte gehen Sie
einfach so weiter‹ – als wäre ich von ihnen verhaftet worden. Sie wollten aber immer noch wissen, was war, da sagte ich: ›Hören Sie, ich bin
Jüdin, und da vorne kommt ein Denunziant.‹ Da nahmen mich die
beiden in ihre Mitte und gingen so mit mir an Jacques vorbei. Als die
Gefahr vorüber war, sagte der eine, er gehe jetzt in die Mittagspause,
und der andere sagte, ›Mademoiselle, wenn Sie je etwas brauchen,
wenden Sie sich an mich, ich arbeite im Kommissariat von Forest‹.«[77]
Diese Geschichte macht nicht nur deutlich, daß Teile der belgischen
Polizei mit dem Widerstand sympathisierten oder zumindest gegen
die antijüdische Politik der Deutschen eingestellt waren. Sie zeigt
auch, daß eine disziplinierte, erfahrene und umsichtige Illegale wie
Sarah Goldberg in diesem Fall »funktionierte«, ohne nachzudenken.

Woher diese Fähigkeit kam, kann sie nicht erklären. Sie und andere Frauen, die sich gleichfalls erinnern, vor allem in scheinbar ausweglosen Situationen spontan und instinktiv reagiert zu haben, stimmten jedoch der Vermutung zu, daß es sich hier möglicherweise um eine Verhaltensweise handelt, die bei Frauen häufiger als bei Männern vorkam. Wobei zu bedenken wäre, daß ein Verhalten, wie das von Sarah Goldberg beschriebene, bei einem Mann vermutlich nicht funktioniert hätte: Die Polizisten hätten auf eine vergleichbare Bitte eines Mannes möglicherweise ablehnend oder aggressiv reagiert. Das intuitive Verhalten der Frauen korrespondierte wahrscheinlich in den meisten Fällen mit einem unbewußten Beschützerinstinkt des entsprechenden Mannes oder seinem Bedürfnis, die hübsche junge Frau zu beeindrucken. Diese geschlechtsspezifischen Reaktionsweisen nutzten die jüdischen Kurierinnen gelegentlich bewußt für ihre Arbeit. So erinnert sich zum Beispiel Hélène Waksman: »Einmal geriet ich bei einem Waffentransport in eine Razzia. Auf der Plattform stand auch ein junger Soldat der Wehrmacht. Ich sagte zu ihm, ich habe ein sehr schweres Paket zu schleppen, könnten Sie mir vielleicht helfen? Er nahm das Paket, stieg damit aus der Straßenbahn, ich lächelte allerliebst, er stellte das Paket vor sich hin, alle standen da mit erhobenen Händen, es war ja eine Razzia, ich zeigte meine Papiere, lächelte, und als die Razzia vorbei war, trug er mir das Paket wieder in die Straßenbahn, und ich bedankte mich freundlich.«[78]

Anny Latour erzählt in ihrer Geschichte des jüdischen Widerstands in Frankreich von einer für die legendäre Dreistigkeit von Betty Knout, der 16jährigen Kurierin der Armée Juive, ganz typischen Begebenheit: Sie war, wie häufig, mit zwei Koffern voller Waffen unterwegs. Die Eisenbahnbrücke über die Loire war zerstört, um nach Paris zu gelangen, mußte man am Loire-Ufer aus dem Zug steigen, zu Fuß über eine andere Brücke den Fluß überqueren und am gegenüberliegenden Ufer einen anderen Zug nehmen. Ein deutscher Offizier sah, wie sich das zierliche junge Mädchen mit den zwei Koffern abschleppte, und bot an, sie ihr zu tragen. Als er sie hochhob, staunte er über das enorme Gewicht und fragte Betty Knout, was sie denn da drin habe. Butter? Käse? Schinken? Sie lächelte ihn verschwörerisch an und sagte: »Pst! Es sind Maschinenpistolen.« Worauf der deutsche Offizier in schallendes Gelächter ausbrach und vergnügt die beiden Koffer der amüsanten jungen Dame ans andere Loire-Ufer und in den dort wartenden Zug schleppte.[79]

Die Keckheit dieser jungen Frauen, die im Widerstand ihre ersten

Erfahrungen mit der Illegalität machten, erstaunt weniger als die Instinktreaktionen erfahrener kommunistischer Militanter wie Sarah Goldberg oder Yvonne Jospa, die sich gleichfalls an eine »verrückte« Begebenheit erinnert, die sie logisch nicht erklären kann: Sie erfuhr, daß die Möglichkeit bestand, eine größere Gruppe jüdischer Kinder in einer Ferienkolonie unterzubringen. Dafür mußte sie zu einem bestimmten Zeitpunkt auf einem der Brüsseler Bahnhöfe, dem Gare du Luxemburg, die Gruppe übernehmen. Als sie diese Nachricht bekam, war es bereits zu spät, um noch rechtzeitig anzukommen. Yvonne Jospa stieg dennoch in die Straßenbahn. Sie ging nach vorne zum Fahrer und sagte: »Monsieur, ich muß um soundso viel Uhr an der Gare du Luxemburg sein.« Der Fahrer beschleunigte die Fahrt und hielt an keiner der folgenden Haltestellen an, bis sie – rechtzeitig – am Bahnhof landeten.[80] »Ich weiß nicht, warum ich so gehandelt habe, und ich weiß nicht, warum er so darauf reagiert hat«, sagt Yvonne Jospa, »wir sind vermutlich beide einem Instinkt gefolgt. Er wußte sofort, daß ich kein normaler Fahrgast war, der es nur eilig hatte. Und ich wußte offenbar unbewußt, daß ich mich an ihn wenden konnte. Aber warum das so war, kann ich nicht sagen.«[81]

Auch Catherine Varlin kann sich nicht erklären, warum sie am Morgen einer wichtigen Aktion, die sie mit vorbereitet hatte, mit einem »unguten Gefühl« erwachte, auf dieses Gefühl hörte und so einen fatalen Fehler verhindern konnte. Sie hatte den Generalstaatsanwalt von Toulouse, der von der 35. Brigade zum Tode verurteilt worden war, ausgekundschaftet und Zeit und Ort des Anschlags fixiert. Als sie ihrem morgendlichen schlechten Gefühl nachgab und das Anschlagsopfer noch einmal überprüfte, stellte sie fest, daß sie den falschen Mann observiert hatte. Sie konnte ihre Genossen im letzten Moment davor bewahren, einen unschuldigen Namensvetter des Kollaborateurs zu erschießen. »Ich glaube nicht an Eingebungen oder so etwas, wirklich nicht«, sagt Catherine Varlin auf der Suche nach einer Erklärung für dieses Erlebnis. »Ich bin alles andere als eine Mystikerin. Vermutlich war es einfach Instinkt.«[82]

Chaika Grossman wiederum erinnert sich an eine weniger der Vernunft als dem Gefühl gehorchende Reaktion von Vitka Kempner: Die erzählte ihrer Zimmerwirtin auf der »arischen Seite« von Wilna, daß sie und ihre Freundinnen in Wahrheit Jüdinnen waren: Sie wollte die Frau, die ihr sympathisch war, »nicht länger zum Narren halten«. Ein riskantes Unterfangen, das sich jedoch als richtig erwies. Die Vermieterin schätzte das ihr entgegengebrachte Vertrauen und half künftig den jungen Verbindungsfrauen des jüdischen Widerstands bei ihrer Arbeit.[83]

Interessant an diesen Erfahrungen ist weniger, daß die Frauen über das, was sie in Ermangelung einer anderen Erklärung einhellig »Instinkt« nennen, verfügten, als die Tatsache, daß sie sich erlaubten, diesem Instinkt nachzugeben. Ein solches »unlogisches« und »undurchdachtes« Verhalten steht in Kontrast zu der auch von den betreffenden Frauen anerkannten Notwendigkeit revolutionärer Disziplin und permanenter Selbstbeherrschung. Daß sie sich erlaubten, Gefühlsregungen, »Instinkten«, »Eingebungen« zu folgen, entspricht ihrem Abweichen von den Regeln der Konspirativität in anderen Zusammenhängen. Sie trafen sich mit Freundinnen und Genossen, obwohl dies streng verboten war, sie versorgten und besuchten ihre versteckten Eltern, obwohl auch das häufig den Sicherheitsregeln widersprach, sie gingen selten, aber doch gelegentlich heimlich ins Kino, sie ließen sogar, wenn ihnen das richtig erschien, eine Anweisung der Leitung, die sie übermitteln sollten, »unter den Tisch fallen«.[84] Sie praktizierten, was »Nicole« die »Illegalität in der Illegalität« nennt.[85] Es sei hier die Vermutung geäußert, daß gerade diese gelegentliche, nie generelle, sondern situationsbezogene »Disziplinlosigkeit« ihnen eine innere Freiheit in einer unfreien Situation bewahrte, daß der gelegentliche Bruch mit starren, wenn auch von ihnen selbst geteilten Prinzipien sie befähigte, unter den Bedingungen des Massenmords Widerstand gegen einen in extremis unmenschlichen Gegner zu leisten, ohne selbst unmenschlich zu werden.

Die »Moral des Widerstands« bestand für viele Aktivistinnen und Aktivisten des Widerstands darin, ihre humanitären Prinzipien nicht vollständig der Effizienz zu opfern, »nicht zu werden wie der Gegner«.[86] Beschädigungen der eigenen Ideale und der gelegentliche Verzicht auf eigene moralische Ansprüche waren nicht zu vermeiden. Anja Rud erinnert sich an ihre Erschütterung, als die Partisanin Marylka ihr gestand, daß man sich an das Töten gewöhne: »Sie gab uns ein Beispiel dafür. Einmal war sie in den Wald gekommen, nachdem es einen Zusammenstoß mit den Deutschen gegeben hatte, ein paar von den Partisanen hatten entkommen können, auf dem alten Lagerplatz lagen die Leichen der anderen. Sie sagte, erst hätte sie sich am liebsten auf die Erde geworfen und geweint. Und geklagt, warum ist die Welt so? Aber sie tat es nicht. Sie nahm sich zusammen und zog den Toten die Schuhe aus, um sie denen zu bringen, die sie brauchten. Sie hätte sich beinahe übergeben, aber sie tat es. Sie sagte uns, mit dem Töten ist es genauso. Erst fällt es dir sehr schwer, dann gewöhnt man sich daran. Sie hatte ja Erfahrung darin, sie war Partisanin. Wir haben über diese Frage sehr lange diskutiert, und wir hatten dazu ganz unterschiedliche Meinungen.«[87] Chaika Grossman berichtet von einer heftigen Diskussion unter den »Mejdalach«, ob sie mit Hilfe der Partisanen einen Bombenangriff in einem Wohnviertel von Bialystok, in dem fast ausschließlich Angehörige des deutschen Sicherheitsapparates mit ihren Familien lebten, durchführen sollten. Die Möglichkeit dazu hätte ihnen zur Verfügung gestanden. Sie entschieden schließlich, diese Möglichkeit nicht wahrzunehmen: Es würden dabei nicht nur Gestapo- und SS-Männer getötet, sondern auch deren Frauen und Kinder.[88]

Die Situation der jüdischen Widerstandskämpferinnen in Westeuropa ist derjenigen der jüdischen Partisaninnen in Polen nicht vergleichbar. Doch auch sie diskutierten über ähnliche Probleme. Catherine Varlin sagt mit der ihr eigenen Skepsis: »Wenn jemand sagt, er oder sie war froh, einen Deutschen töten zu können, auf Grund all dessen, was sie gemacht haben, dann ist das meiner Meinung nach eine nachträgliche Fabrikation. Wenn jemand so etwas sagt, glaube ich das keine Sekunde. Für uns war das Töten eine Pflicht, es gehörte zum Kampf als Résistants. Ich kenne nicht einen einzigen FTP aus meiner Umgebung, für den es ein Vergnügen war. Noch nicht einmal ein Wutausbruch. So etwas glaube ich nicht. Ich glaube, es war das, was getan werden mußte, und wir haben es getan. Aber für mich, wie für die meisten, war es schrecklich schwierig, einen Deutschen, mitten im Stadtzentrum, niederzumachen. Ich bin ziemlich sicher, daß es für jeden ein sehr schwieriger Akt war zu töten. Und für die Juden besonders, denn Töten war ganz und gar gegen unsere Erziehung. Aber auch generell: Die Menschen, die für eine politische Sache kämpfen, verhalten sich auf eine bestimmte Weise und tun sich schwer, wenn sie das Gegenteil tun müssen. Diese Menschen, die für den Sozialismus, den Kommunismus, den Zionismus, die Revolution, gegen den Faschismus, gegen den Nazismus kämpften, waren nicht dafür geschaffen, jemanden zu töten.«[89]

Die etwas älteren und politisch oder pädagogisch erfahrenen jüdischen Widerstandskämpferinnen und Widerstandskämpfer waren sich der Gefahr bewußt, daß die jüngeren in diesem Krieg verrohen und ihre Ideale verlieren konnten. Meist gab es nur wenige Möglichkeiten, während des Krieges gezielt dagegen zu wirken. Rachel Cheigham berichtet, daß ihre Kampfgruppe der Armée Juive in Nizza, die Attentate gegen Denunzianten durchführte, regelmäßige Treffen mit ihren Mitgliedern abhielt, um die sehr jungen Frauen und Männer moralisch zu festigen: »Sie waren noch so jung, und sie mußten töten. Das ist nicht einfach, jemanden zu töten. Und es läßt einen selbst nicht ungeschoren. Wir wollten nicht, daß sie zu Kriminellen würden.«[90]

Nach der Befreiung: Die Mühen der Normalität

»Wir waren nach der Befreiung beim Generalstab in Lyon, da war ein ständiges Kommen und Gehen. Aber wir baten die Amerikaner noch nicht einmal um Zigaretten. Das war nichts für uns. Wir hatten schließlich Lyon und die Gegend befreit. Und unser Stolz verbot es uns, wie kleine Mädchen um Kaugummi und Zigaretten zu betteln. Wir waren würdevolle Menschen, die die Amerikaner in ihrem Generalstab empfingen. Wir hatten gekämpft, wir waren genausoviel wert wie sie. Wir wollten uns nicht für ein Päckchen Kaugummi oder Zigaretten erniedrigen.«[1] Der Stolz, den die beiden Schwestern Bendavid an den Tag legten, isolierte sie von den »normalen« Bewohnern der Stadt. Die Erfahrungen, die jüdische Widerstandskämpferinnen während des Krieges gemacht hatten, wirkten als Barriere gegen eine schnelle Wiedereingliederung in die Gesellschaft.

Der Weg zurück in die »Normalität« fiel vielen der von mir befragten Frauen schwer. Dina Krischer, die im Bataillon Carmagnole in Lyon gekämpft hatte, sprach lange Zeit mit niemandem über ihre Erfahrungen. Sie ging davon aus, daß sie ohnehin niemand verstanden hätte.[2] Irène Mendelson, die in der politischen Arbeit der MOI in Grenoble und Lyon aktiv war, spricht auch für andere, wenn sie sagt: »Wir mußten während des Krieges ständig wachsam sein und uns so unauffällig wie möglich verhalten. Ich bemühte mich immer, so durchschnittlich wie nur möglich zu erscheinen. Es wurde uns zu einer zweiten Natur. Nach dem Krieg hatte ich, und ich war sicher nicht die einzige, große Schwierigkeiten, mich wieder an ein normales Leben zu gewöhnen, mich in ein normales Leben einzufinden. Wir waren Außenseiter.«[3] Denise Lévy von den jüdischen Pfadfindern war nach der Befreiung so erschöpft und desorientiert, daß es ihr nicht gelang, zu der Sonderprüfung anzutreten, die sie hätte ablegen müssen, um ihr vor dem Krieg absolviertes Apothekerstudium abzuschließen.[4] Große Schwierigkeiten, sich in der normalen Welt zurechtzufinden, hatten auch die Frauen, die aus den Vernichtungslagern zurückkehrten. Sarah Goldberg, die Auschwitz, die Todesmärsche und Ravensbrück überlebte, sagt 50 Jahre nach dem Kriegsende: »Man sagt immer, wir seien befreit worden. Ich bin nie aus Auschwitz befreit worden.«[5]

Die jungen Frauen, die in Polen überlebt hatten, gelangten aus den Wäldern oder ihrer falschen Identität in der Stadt in einen Alltag, der keinerlei Ähnlichkeit mehr hatte mit dem Leben, das sie vor dem Krieg geführt hatten, das die Normalität ihrer meist zur Hälfte oder mehrheitlich von Juden bewohnten Städte ausgemacht hatte. Der Tag der Befreiung war für sie der Tag der Erkenntnis, daß sie alleine zurückgeblieben waren: Die Freude all der anderen, der Jubel, der sie umgab, machten ihnen deutlich, daß sie nicht »normal« waren, daß sie nicht, wie die sowjetischen Partisanen, in ein Zuhause zurückkehren würden, in dem ihre Familie auf sie wartete. In den Häusern und Wohnungen ihrer Eltern, in denen sie aufgewachsen waren, in denen sie bis zur Ghettoisierung gelebt hatten, wohnten nun polnische Familien, die nicht bereit waren, die Jüdin hereinzulassen, geschweige denn, die Wohnung, das Haus zu räumen. Ewa Krakowska, die aus den Wäldern nach Bialystok zurückkehrte, erinnert sich: »Da wurde mir bewußt, daß alle tot waren, daß ich niemanden mehr hatte, daß es keinen Ort mehr für mich gab. Ich kam nach Bialystok – es war eine andere Stadt. Ich hatte nicht einmal einen Platz, wo ich übernachten konnte. Das war vielleicht das Schlimmste. Es war eine seltsame Situation. Ich konnte nicht mit den Jungen, meinen Partisanen, leben, das ging im normalen Leben nicht. Ich ging von einer Stadt in die nächste. Von Bialystok nach Grodno, von Grodno nach Volkovysk.«[6]

Chasia Bielicka-Bornstein erzählt, am Tag der Befreiung hätten die Partisanen vor Freude in die Luft geschossen, es herrschte ein Tohuwabohu aus Jubel und Übermut. Sie selbst saß auf einem Baumstumpf und kämpfte mit den Tränen. Sie wußte, daß aus ihrer Familie niemand mehr am Leben war. Da gab ihr ein junger Partisan seine Maschinenpistole und sagte: »Schieß! Das wird dir guttun.« Und Chasia schoß auf einen Baum, bis das Magazin leer war.[7] Als sie später herausfand, daß ihr Freund, der in die Sowjetunion geflüchtet war, dort überlebt hatte, schrieb sie ihm, sie wünsche ihm alles Gute, aber ihre Beziehung könnten sie nicht mehr aufnehmen. Die beiden Welten, in denen sie während des Krieges gelebt hätten, seien so grundverschieden, daß ein gegenseitiges Verstehen nicht mehr möglich sei.[8] Liza Czapnik erinnert sich, sie und ihre Kameradinnen, die »Mejdalach«, hätten sich geschworen, niemandem zu erzählen, was sie während des Krieges erlebt und durchgemacht hatten: »Es hätte niemand geglaubt. Oder vielleicht sogar geglaubt, aber nicht verstanden.«[9] Chaika Grossman erinnert sich: »Das war für mich vielleicht die schlimmste Zeit, diese ersten Monate nach der Befreiung von Bialystok bis zur Befreiung von Warschau. Ich wußte nicht, warum ich noch lebte und wozu.«[10] Chasia Bielicka und Chaika Grossman retteten sich schließlich durch Arbeit. Chaika Grossman arbeitete politisch für ihre Bewegung, den Haschomer Hazair, Chasia Bielicka betreute eine Gruppe von Kindern, die in Polen überlebt hatten, und brachte sie, illegal und auf Umwegen, nach Palästina.

Auch die meisten anderen Zionistinnen, von Polen bis Holland, gingen sofort oder in den ersten Jahren nach der Befreiung nach Palästina, Tamara und ihr Mann Rafi Benshalom organisierten von Prag aus die Alija Bet, die illegale Einwanderung. Andere ehemalige Aktivistinnen des jüdischen und jüdisch-kommunistischen Widerstands, wie Ida Zilberberg, Vivette Samuel, Paulette Slivka, Yvonne Jospa, setzten in den ersten Monaten oder auch Jahren nach der Befreiung ihre Arbeit unter nunmehr legalen Bedingungen fort: Sie holten die Kinder, die sie unter der Besatzung versteckt oder außer Landes gebracht hatten, zurück, suchten nach überlebenden Familienmitgliedern dieser Kinder, richteten Heime für die Waisen ein und betreuten sie. Oder sie kümmerten sich um erwachsene Überlebende, Rückkehrer aus den Lagern, Displaced Persons. Einige kehrten später an ihre Wirkungsstätte während des Krieges zurück. Virginia Cohen wurde 1949 zur Direktorin der neu eröffneten Crèche in Amsterdam ernannt, Vivette Samuel arbeitete wieder bei OSE, dessen Leitung sie in den 80er Jahren übernahm.

Ein Teil der Frauen kehrte, manchmal nur für eine gewisse Zeit, in die alte Rolle zurück: Anstatt zu studieren oder einen interessanten Beruf zu lernen, wovon sie geträumt hatten, ernährten sie die Familie, halfen dem Mann im Geschäft oder führten dem Vater die Buchhaltung. Andere nahmen die Arbeit in ihrem Beruf wieder auf, wie Ida Rubinstein, die als Schneiderin arbeitete und ihren Beruf liebte, oder Rachel Cheigham, die nun nicht mehr die Boxberichterstattung für den »Petit Parisien« machte, sondern für zionistische Zeitschriften schrieb. Sie gab bereits während der Befreiung die erste Ausgabe von »Terre Retrouvée« (Das wiedergefundene Land), der Zeitung des Keren Kajemeth (Jüdischer Nationalfonds), heraus: »Dann bekam ich Schwierigkeiten mit dem Chefredakteur, wir mochten uns nicht besonders, er wollte bewundert werden, und das konnte ich nicht. Ich habe gekündigt und arbeitete bei einer französischen Tageszeitung, der ›Résistance‹, und dann bin ich zur jüdischen Presse zurückgekehrt und dort geblieben. Erst bin ich zurück zur ›Terre Retrouvée‹, dann bin ich für zwei Jahre nach Israel gegangen, mein Sohn wurde dort geboren, in Jaffa. Ich erkrankte nach der Geburt und war zwei Monate lang sehr krank. Und dann bin ich zurück nach Paris gegangen. Ich habe wieder bei der ›Terre Retrouvée‹ gearbeitet.«[11]

Wie Rachel Cheigham pendelten mehrere Frauen zwischen Israel und ihren Herkunftsländern, bis sie sich entweder hier oder dort endgültig niederließen. Einige der Kommunistinnen gingen nach Polen, wie »Nicole«, oder, wie Uschi Rubinstein und Mira Kugler, in die DDR. Keine von ihnen blieb in dem Land, von dem sie dachten, »hier wird die soziale Gerechtigkeit verwirklicht«. Uschi Rubinstein und ihr Mann Max gingen schon nach einem Jahr aus Berlin nach Amsterdam zurück, sie fühlten sich unter Holländern wohler als unter Deutschen, seien sie nun kommunistisch oder nicht.[12] Die aus Polen stammende Mira Kugler folgte ihrem Mann Norbert zuerst nach Bayern, wo er das »arisierte« Geschäft seiner Familie zurückbekam. Sie wollten ein Stoffgeschäft eröffnen, ein Versuch, sich »Normalität« und ein unabhängiges Einkommen zu schaffen: »Aber dann rief die Partei«, wie Mira Kugler heute voller Selbstironie, aber auch Verbitterung sagt, und die Partei rief sie in die Sowjetisch Besetzte Zone.[13] »Nicole« und ihr Mann arbeiteten für die »Polska Gazeta« und das polnische Informationsbüro in Paris, ehe sie nach Warschau zurückkehrten, Jahre, nachdem sie die Stadt für, wie sie damals dachten, einen zweiwöchigen Urlaub in Paris verlassen hatten.[14] Die meisten der ehemaligen jüdischen Widerständler/innen, die nach dem Krieg in die sozialistischen Länder gingen, verließen diese wieder während oder nach den dortigen antisemitischen Kampagnen. Anja Rud und Liza Czapnik kehrten in ihre Heimatstadt Grodno, das nun zur Sowjetunion gehörte, zurück und studierten Sprachen. Liza Czapnik war noch mehrere Jahre in der Partei aktiv, ehe sie sich mehr und mehr zurückzog. Heute leben beide in Israel.

Die Kommunistinnen, die in Frankreich oder Belgien blieben, erlebten, wie zum Teil auch ihre niederländischen Genossinnen, die Befreiung als Niederlage des revolutionären Aspekts ihres Kampfes. Sie hatten gegen die Deutschen gesiegt, doch im befreiten Land übernahmen die aus London zurückgekehrten konservativen Exilregierungen die Macht und drängten die Kräfte der Linken zurück. Régine Orfinger, deren Mann als Widerstandskämpfer erschossen wurde, und die nun wieder in ihrem Beruf, als Anwältin, arbeitete und ihre beiden Kinder großzog, erinnert sich: »Nach der Befreiung herrschte große Verbitterung. Die Regierung kam aus London zurück. Man hat uns sehr schnell entwaffnet, da man Angst vor den Kommunisten hatte.

Man nahm uns unsere Waffen und unseren Kampfgeist.«[15] Im kalten Krieg wurden die Kommunisten erneut verfolgt, den Ausländerinnen und Ausländern unter ihnen wurde, ungeachtet ihrer Verdienste in der Résistance, die französische und belgische Staatsbürgerschaft lange Zeit vorenthalten. Und die meisten von mir befragten (ehemals) kommunistischen jüdischen Widerstandskämpferinnen hatten zumindest in den ersten Jahren mit großen materiellen Schwierigkeiten zu kämpfen. Einige von ihnen arbeiteten weiter in der Partei, wie Roos Sijbrands in Holland und Hélène Taich in Frankreich.

Kaum eine der von mir befragten jüdischen Widerstandskämpferinnen ist je wieder das geworden, was man unter einer »normalen, durchschnittlichen Bürgerin« verstehen könnte. Viele leiden noch heute unter den Traumata der Shoa und dem Verlust ihrer Familien. Viele blieben politisch aktiv: in ihrem Kibbuz; in der kommunistischen Partei; in der antirassistischen Arbeit wie Yvonne Jospa, die MRAX (Mouvement contre le racisme, l'antisémitisme et la xénophobie, die Bewegung gegen den Rassismus, den Antisemitismus und die Fremdenfeindlichkeit) gründete; in linken jüdischen Vereinen wie Sarah Goldberg; oder im Parlament, wie Chaika Grossman, die für ihre Partei Mapam in die Knesset ging.

Guta Rozencwajg blieb zuerst in Belgien und erfüllte sich einen langgehegten Wunsch: Sie besuchte einen Kurs für Bildhauerei und arbeitete als Künstlerin: »Nach dem Tod meiner Eltern wollte ich aber nach Polen gehen. Doch dann wurde Israel gegründet. Ich war zwar politisch weit davon entfernt, aber das hat mich doch fasziniert. Ich sagte mir: ›Wie wollen die das denn machen, ein Land, in dem es nur Juden gibt?‹ Ich war sehr antizionistisch damals. Ich fuhr auf Besuch hin. Da hat sich in mir vieles verändert. Da gab es lauter Sachen, die ich nicht kannte, da passierte etwas. Aber trotzdem dachte ich, die soziale Gerechtigkeit, die wird in den sozialistischen Ländern verwirklicht, ich wollte immer noch nach Polen. Aber dann lernte ich in einem Kibbuz meinen späteren Mann kennen. Er fuhr mit dem Lastwagen die Bananen seines Kibbuz aus und transportierte gleichzeitig Bücher für die Bibliothek. Da dachte ich, meine Güte, ein Mann mit solchen schrecklichen Hosen, in einem zerrissenen Hemd, der auf einem Lastwagen sitzt und sich um Bücher kümmert, das ist schon etwas Besonderes. Also bin ich geblieben.«[16] Dina Krischer, die sich nach der Befreiung zurückzog und »als gute Tochter« in der Firma ihres Vaters arbeitete, hielt es auf Dauer in der gesellschaftlich anerkannten Normalität nicht aus. Sie ließ sich scheiden, heiratete einen alten Kampfgefährten und baute mit ihm zusammen ein Archiv des Widerstands der FTP-MOI in Lyon und Grenoble und ein jüdisches Kulturzentrum auf. Andere Frauen erfüllten sich ihren Mädchentraum und wurden Malerin, wie Uschi Rubinstein, oder sie machten Karriere in ihrem Beruf, wie Eva Besnyö als Fotografin und Catherine Varlin, die zuerst Journalistin wurde und schließlich Filmproduzentin. Einige wichtige Filme über die Résistance wurden von der ehemaligen Widerstandskämpferin produziert.

Zusammenfassung: Divergenzen und Gemeinsamkeiten jüdischer Frauen im Widerstand

Der Widerstand, der von Jüdinnen und Juden gegen die deutsche Besatzung und Vernichtungspolitik geleistet wurde, durchlief mehrere Phasen und formierte und gestaltete sich je nach den lokalen, sozialen, politischen und den von der Besatzungsmacht diktierten Bedingungen. Er unterschied sich nach Ländern, nach Organisationen, nach geographischen und infrastrukturellen Gegebenheiten und nach Zeitpunkten. Die von der historischen Situation vorgegebenen Divergenzen zwischen Widerstandsformen und Widerstandsgruppen bestimmten auch die Unterschiede zwischen den verschiedenen jüdischen Frauen, die im Widerstand aktiv waren.

In den deutsch besetzten Ländern Westeuropas konzentrierte sich der Widerstand von Jüdinnen und Juden auf vornehmlich zwei Bereiche: den bewaffneten Widerstand und die Rettung von Menschen, hier vor allem von Kindern und Jugendlichen. Die Herstellung falscher Papiere, ein weiterer wichtiger Sektor der Untergrundarbeit, diente beiden Varianten des Widerstands: Sowohl die Kampfgruppen als auch die Aktivistinnen und Aktivisten der Rettungsorganisationen und die von ihnen Betreuten benötigten möglichst »echte« falsche Papiere. Einen zusätzlichen Sektor des Widerstands bildete die politische Arbeit: die Solidaritätsarbeit und die Herstellung und Verteilung von illegalen Zeitungen, Flugblättern und Aufrufen.

Sowohl in Frankreich als auch in Belgien und den Niederlanden wurde der bewaffnete Widerstand primär von kommunistischen Gruppen organisiert und getragen. Eine Ausnahme bildeten in Frankreich die Armée Juive und eine Abteilung der Éclaireurs Israélites. Die Armée Juive wurde von Zionistinnen und Zionisten initiiert und kämpfte teils in autonomen städtischen Freischärlergruppen, teils in Maquis in Südfrankreich unter dem Oberkommando der Armée Secrète, des gaullistischen bewaffneten Untergrunds. Aktivisten des illegalen Armes der jüdischen Pfadfinder gründeten gleichfalls eigene Maquis, die sich militärisch der Armée Juive und in letzter Instanz der Armée Secrète unterstellten. In Belgien schlossen sich auch Mitglieder der zionistischen Arbeiterpartei Linke Poale Zion den kommunistisch dominierten Partisans Armés an.

Kommunistische Widerstandsgruppen bekämpften in Frankreich, Belgien und den Niederlanden seit dem Ende des Hitler-Stalin-Paktes, also seit Juni 1941, bis zur Befreiung des jeweiligen Landes kontinuierlich und vehement Besatzer und Kollaborateure. Viele dieser Organisationen hatten sich schon bei Beginn der Besatzung formiert, das Ende des Paktes befreite sie aus ihrer ideologisch erzwungenen Passivität. Auf Grund ihrer – der Parteilinie widersprechenden, aber dennoch häufig erfolgten – heimlichen Vorbereitung auf den Widerstand gegen die Deutschen waren sie nach dem Überfall auf die Sowjetunion relativ rasch handlungsfähig.

Einen wichtigen Sektor des kommunistischen Widerstands in allen besetzten Ländern Westeuropas bildete, neben dem bewaffneten Kampf, die politische Arbeit. Während Männer eher in die Kampfgruppen berufen wurden, beauftragte man die Frauen, vor allem die Mitglieder der Frauenorganisationen und die weiblichen Mitglieder der Jugendorganisationen, mit der Solidaritätsarbeit und der Herstellung und Verbreitung der illegalen Zeitungen, Flugschriften etc.

Anders als der kommunistische bildete sich der jüdische Widerstand in Westeuropa (mit Ausnahme etwa der französischen Armée Juive und des belgischen CDJ) selten per politischem Beschluß. Er erwuchs vielmehr aus dem sozialen und pädagogischen Engagement von Jugendbewegungen und sozialen Einrichtungen. Die Illegalisierung der Arbeit und derer, die diese Arbeit leisteten, erfolgte Schritt für Schritt, lange Zeit in Reaktion auf die deutsche Besatzungs- und Vernichtungspolitik und meist erst spät aus eigener bewußter Entscheidung.

Jüdische Organisationen, Jugendbewegungen und soziale Hilfswerke in Frankreich betätigten sich nach dem Einmarsch der Deutschen vor allem im sozialen und erzieherischen Bereich. Sie betreuten Kinder und Jugendliche, kümmerten sich um jüdische Immigranten und Flüchtlinge und richteten Kinderhorte, Suppenküchen, Ambulanzen, Beratungsstellen ein. Sie sahen ihre Aufgabe nicht darin, den Besatzern Widerstand entgegenzusetzen, sondern darin, die eigenen Mitglieder und die Schwächsten innerhalb der jüdischen Gemeinschaft vor den sozialen Folgen der antijüdischen Maßnahmen zu schützen. Als schließlich die von ihnen betreuten Menschen deportiert werden sollten, bemühten sie sich, sie davor zu bewahren. Als sie feststellten, daß dies auf legalem Wege nicht oder nur in Ausnahmefällen möglich war, griffen sie zu illegalen Mitteln und organisierten zuletzt Fluchtrouten ins Ausland und illegale Netzwerke zur Unter-

396

bringung und Versorgung jüdischer Kinder, Jugendlicher und Erwachsener.

Ähnlich verlief der Weg in den Widerstand für die Direktorin und die Mitarbeiterinnen der Crèche, der Kinderkrippe des Amsterdamer Sammellagers Hollandse Schouwburg. Sie wollten ursprünglich lediglich den Kindern eine freundliche Umgebung schaffen, einen Raum, in dem sie vor ihrem Abtransport halbwegs kindgerecht leben konnten. Diese Frauen nahmen an, die Deportierten würden in Arbeitslager in einem nicht genauer lokalisierten »Osten« geschickt, und sie stellten sich das Leben in diesen Lagern hart und strapaziös und für Kinder möglicherweise lebensbedrohlich vor. Deshalb begannen sie damit, Kinder aus der Crèche zu schmuggeln, um sie Mitgliedern des holländischen Widerstands zu übergeben, die sie in holländischen Familien unterbrachten. Den jungen Mitarbeiterinnen der Crèche wurde häufig erst nach der Liquidierung des gesamten Sammellagers bewußt, daß sie die Kinder in Wahrheit vor dem sicheren Tod in der Gaskammer bewahrt hatten. Ihr eigenes Handeln empfanden sie als »frech«, unbotmäßig, riskant, nicht aber als »richtigen« Widerstand.

In Belgien gehörten die jüdischen PA, Partisans Armés, derselben Dachorganisation an wie das jüdische Verteidigungskomitee, CDJ (Comité de Défense des Juifs). Beide unterstanden dem Kommando der kommunistisch dominierten FI, Front de l'Indépendence (Unabhängigkeitsfront), der größten und aktivsten belgischen Widerstandsbewegung. Der Gründer des CDJ, Ghert Jospa, hatte allerdings für die jüdische Selbstschutzorganisation auf einer gewissen Autonomie und Entscheidungsfreiheit bestanden, in dem Bewußtsein, daß die von der Deportation bedrohten Juden häufig keine Zeit haben würden, Anträge einzureichen und Beschlüsse »von oben« abzuwarten.[1] Die organisatorische Verbindung zwischen humanitärem und bewaffnetem jüdischen Widerstand ermöglichte zum Beispiel ein Eingreifen der jüdischen Partisanen in Situationen, in denen Kinder in ihren Verstekken gefährdet waren. Die Dominanz der Kommunistinnen innerhalb der Sektion Kinder des CDJ führte allerdings zu heftigen Konflikten mit den Vertreterinnen zionistischer Organisationen, die in mehreren Punkten eine andere Auffassung darüber vertraten, was für die versteckten Kinder richtig und notwendig sei.

In Ungarn wiederum entwickelten sich die Ereignisse nach dem Einmarsch der Deutschen so rasch, daß für die Formierung eines bewaffneten Widerstands kaum Chancen bestanden. Mitglieder des jüdischen Widerstands, die auf einer bewaffneten Option bestanden, erkundeten auf Grund der Lage Kontakte zu den jugoslawischen Partisanen. Der Aufbau einer eigenständigen schlagkräftigen jüdischen Kampforganisation in Ungarn erschien auch ihnen zumindest schwierig. Auf der anderen Seite gelang es Vertretern der zionistischen Bewegung und vor allem der Jugendbewegungen, Kontakte zu den Gesandtschaften neutraler Staaten herzustellen und im Verbund mit ihnen effektive Rettungsaktionen zu organisieren. Begonnen hatte der Widerstand der jungen Zionistinnen und Zionisten in Ungarn, wie für ihre Kameradinnen und Kameraden in Frankreich und junge kommunistische jüdische Widerstandsaktivistinnen und -aktivisten in den Niederlanden, damit, jüdischen Flüchtlingen zu helfen: ihren Chaverim und Chaverot aus der Slowakei und Polen, die in das – vergleichsweise – sichere und ruhige Ungarn geflohen waren. Doch Ungarn war ein Verbündeter Deutschlands und ein Polizeistaat. Die Flüchtlinge hatten legal keine Lebenschance. Also mußten illegale Existenzmöglichkeiten für sie geschaffen werden, und das hieß, falsche Papiere besorgen und herstellen, Wohnungen beschaffen und die am meisten Gefährdeten über die Grenze nach Rumänien schmuggeln, von wo sie nach Palästina gelangen konnten.

Auch der kommunistische Widerstand gestaltete sich nicht einheitlich. Er durchlief verschiedene Phasen der Organisierung, und Mitglieder dieses Widerstands wechselten gelegentlich von einem Bereich in einen anderen. Hier handelten zwar die Aktivistinnen und Aktivisten von Anfang an und wissentlich illegal, doch junge Frauen, die ein, zwei Jahre lang die kommunistische Untergrundpresse hergestellt und / oder verteilt, die mit ihren Jugend- oder Frauengruppen Demonstrationen organisiert und Flugblätter über Kasernenmauern geworfen hatten, bestanden, nachdem ihre Eltern oder Geschwister deportiert worden waren, darauf, nunmehr »richtig« zu kämpfen und die Ihren zu rächen. Oder sie wurden Schritt für Schritt in die Arbeit der Kampfgruppen eingebunden, indem man sie erst mit kleineren Kurierdiensten beauftragte, bis sie schließlich »professionell« Papiere, Waffen und Sprengstoff transportierten. Hélène Taich, eine führende Aktivistin des jüdisch-kommunistischen Widerstands in Marseille, sagt rückblickend: »Es gab für uns in dem Sinne keinen Anfang im Widerstand, es war eine Evolution, ein ständiges Reagieren auf neue Ereignisse.«[2]

In Polen entwickelte sich der Widerstand gleichfalls in Reaktion auf die deutsche Besatzungs- und Vernichtungspolitik und durchlief dadurch verschiedene Stadien der Organisierung und Praxis. In der ersten Phase der Ghettoisierung der jüdischen Bevölkerung spielte einerseits die Neustrukturierung der verschiedenen Organisationen unter den Bedingungen des Ghettos und des Untergrunds, andererseits die pädagogische und kulturelle Arbeit mit den eigenen (jugendlichen) Mitgliedern und den Kindern im Ghetto eine vorrangige Rolle. »Das Aufrechterhalten der Moral«, sagen übereinstimmend eine Aktivistin des Bund, eine Jugendleiterin von Haschomer Hazair und eine Sympathisantin des Komsomol, »war uns sehr wichtig.«[3] Illegale Schulen, Theateraufführungen, sogar »Ausflüge« im Ghetto wurden organisiert, Hilfsdienste für die Flüchtlinge und Ausgesiedelten aus anderen Städten und Schtetln und Suppenküchen für die Armen wurden eingerichtet und dienten oft gleichzeitig der Tarnung illegaler Tätigkeiten. Ein weiteres Ziel des jüdischen Widerstands in der ersten Phase der Ghettoisierung war es, Menschen zu retten und nach Wegen zu suchen, auf denen eine Alija doch noch möglich wäre. Die wenigen konkreten Versuche, die in dieser Richtung unternommen wurden, waren allerdings auf Grund der speziellen Bedingungen im besetzten Polen selten und meist nur für kurze Zeit von Erfolg gekrönt.

Die von glaubwürdigen Augenzeugen überbrachten Nachrichten über Massenerschießungen und über Vergasungen in den Lagern Chelmno und Treblinka veränderten die Haltung und Politik der politischen Aktivistinnen und Aktivisten in den Ghettos. Einzelne Organisationen zogen aus dem Gehörten sofort, andere im Laufe der weiteren Ereignisse den Schluß, daß offenbar alle polnischen Juden vernichtet werden sollten, und orientierten ihre weiteren Schritte an dieser Einsicht. Die Energien wurden nun darauf gerichtet, Waffen zu beschaffen, die Diskussionen verliefen um die Frage: Kampf im Ghetto, an der Seite des jüdischen Volkes, oder im Wald, zusammen mit den Partisanen, in einer gemeinsamen Front mit den antifaschistischen Kräften Europas? Hinter der scheinbar rein ideologischen Debatte verbargen sich auch existentielle Motive: Der Kampf im Ghetto bedeutete für die Kämpfenden so gut wie sicher den Tod. Der Widerstand in den Wäldern eröffnete eine, wenn auch geringe, Überlebenschance.

Die weiblichen jüdischen Mitglieder der diversen Widerstandsbewegungen und Organisationen im deutsch besetzten Europa betätigten sich in allen Bereichen des Widerstands und nahmen auch Führungspositionen ein. Als klassische Domänen der Frauen können der Verbindungsdienst, einschließlich des Kundschafterdienstes und des

Waffentransports, und die Rettung von Kindern und Jugendlichen bestimmt werden. Führungspositionen auf höherer Ebene nahmen Frauen vor allem in den linkszionistischen Jugendbewegungen in Polen und in den jüdischen sozialen und sozialpädagogischen Einrichtungen in Frankreich ein. Im bewaffneten Widerstand in Westeuropa übernahmen Frauen leitende Funktionen in »ihren« Domänen, wie der Verbindungsarbeit und dem Kundschafterdienst. In West- wie Osteuropa gelang es nur wenigen Frauen, eine militärische Führungsposition einzunehmen.

Das Gros der jüdischen Widerstandsaktivistinnen war zwischen 17 und 22 Jahre alt, wobei Jugend generell einen entscheidenden Faktor im Widerstand darstellte. Die von mir für diese Untersuchung befragten jüdischen Widerstandskämpferinnen stammen aus allen sozialen Schichten, die meisten kommen aus Elternhäusern, die der unteren Mittelschicht angehörten. Bei mehreren Frauen sind Brüche in ihrer Biographie festzustellen, sei es, daß die Eltern sich scheiden ließen oder ein Elternteil starb, als die betreffende Frau noch ein Kind war. Zwei Drittel aller von mir befragten Frauen stammen aus einem religiös orthodoxen oder traditionellen Elternhaus, und die meisten von ihnen haben positive Erinnerungen an das religiöse Leben ihrer Kindheit. Generell sagt die Mehrheit meiner Interviewpartnerinnen aus, ihre Kindheit sei glücklich gewesen, und die Tatsache, daß sie Mädchen waren, habe sie in ihrer Entfaltung nicht sonderlich behindert. Kultur, Musik, Literatur spielten eine wichtige Rolle für das Familienleben, auch in vielen armen und Arbeiterfamilien. Eine größere Anzahl von Frauen wuchs mehrsprachig auf, oder ihre Eltern sprachen mehrere Sprachen. Die meisten von mir befragten ehemaligen jüdischen Widerstandsaktivistinnen besuchten eine höhere Schule oder qualifizierten sich beruflich. Fast alle waren bereits vor dem Einmarsch der Deutschen Mitglied in einer politischen Organisation oder einer Jugendbewegung.

Ihre Motive, sich dem Widerstand anzuschließen oder ihn zu organisieren, waren vielfältig und sind nachträglich schwer zu ermitteln. Generell kann jedoch gesagt werden, daß die Frauen sowohl politische als auch ethnische, soziale wie persönliche Gründe hatten. Sie engagierten sich als überzeugte Jüdinnen, als Antifaschistinnen und weil sie die ihnen anvertrauten Kinder und Jugendlichen vor der Deportation retten wollten. Auch das Bedürfnis nach Rache und das Gefühl, die Ehre des jüdischen Volkes verteidigen zu müssen, waren wichtige Gründe für Frauen, Widerstand zu leisten. Häufig kamen mehrere dieser Gründe zusammen. Es ist retrospektiv nicht möglich und es wäre inhaltlich auch müßig, komplexe emotionale Befindlichkeiten und ideologische Prägungen und Überzeugungen, Verstand und Gefühl, Verantwortungsbewußtsein und jugendlichen Überschwang voneinander zu trennen. Eines hatte mit dem anderen zu tun, eines folgte vielleicht auf das andere, oder verschiedene Aspekte mischten sich, und dies auch unterschiedlich zu unterschiedlichen Zeiten.

Neben den Divergenzen zwischen den verschiedenen jüdischen Widerstandsaktivistinnen, die vor allem in der jeweiligen Situation der jüdischen Bevölkerung, dem Vorgehen der deutschen Besatzer und der sozialen und politischen Herkunft der einzelnen Frauen begründet sind, konnte ich auch mehrere – im folgenden kurz zusammengefaßte – Gemeinsamkeiten zwischen ihnen feststellen:

Die von mir befragen ehemaligen jüdischen Widerstandsaktivistinnen aus Westeuropa sind in der überwiegenden Mehrheit Immigrantinnen oder Töchter von Immigranten. Dieses Phänomen prägt insgesamt den Widerstand von Jüdinnen und Juden in Westeuropa, vor allem in Frankreich und Belgien. Bis zu 90 Prozent der jüdischen Bevölkerung in diesen beiden Ländern waren Immigranten, vorwiegend aus Osteuropa. Doch auch in den Niederlanden spielten jüdische Immirantinnen und Immigranten und jüdische Flüchtlinge aus Deutschland eine Rolle im Widerstand. Von den deutschen Genossen, sagt eine holländische jüdische Widerstandskämpferin, hätten sie, die holländischen Widerständler, gelernt, was Konspirativität bedeutet. In Ungarn fungierten jüdische Flüchtlinge aus Polen und der Slowakei als Initiatoren des Widerstands der zionistischen Jugendbewegungen. Sie brachten Informationen über die Vernichtungspolitik der Deutschen, aber auch über die Untergrundbewegungen in den Ghettos nach Ungarn. Sie motivierten ihre ungarischen Kameradinnen und Kameraden, sich mit der Illegalität vertraut zu machen und einen organisierten Widerstand aufzubauen.

Es ist gewiß kein Zufall, daß Immigrantinnen und Immigranten die treibende Kraft im Widerstand von Jüdinnen und Juden in Westeuropa waren. Ein Teil von ihnen war aus politischen Gründen aus ihren Herkunftsländern geflohen, bei ihnen handelte es sich um erfahrene Aktivistinnen und Aktivisten meist linker Parteien und Organisationen. Sie setzten ihre politische Arbeit in den Einwanderungsländern fort, und dies meist illegal, weil es Ausländern verboten war, sich politisch zu betätigen. Sie waren somit an ein illegales oder semilegales Leben und Handeln gewöhnt und konnten sich rasch auf die neue Situation nach dem Einmarsch der Deutschen einstellen.

Die Mehrheit der Immigrantinnen und Immigranten war jedoch aus Gründen der Arbeitssuche und auf der Flucht vor dem Antisemitismus in ihren Herkunftsländern nach Frankreich, Belgien und Holland gekommen. Ihre soziale und rechtliche Lage war prekär, sie verfügten über keinerlei Privilegien in dem jeweiligen Land, sie gehörten selten den tonangebenden Kreisen der (jüdischen) Gesellschaft an, und sie fühlten sich häufig als Außenseiter. Unter den Erwachsenen, die Familien zu versorgen hatten und wußten, wie gefährdet ihr Aufenthalt und ihre soziale Lage waren, führte ihre Abhängigkeit von den Behörden des Einwanderungslandes nicht selten eher zu »Wohlverhalten« als zu Rebellion, die sie sich im Wortsinne nicht leisten konnten. Ihre Kinder dagegen waren häufig nicht bereit, sich Beschränkungen auferlegen zu lassen, und begierig, ihr Leben selbst zu bestimmen und zu gestalten. Die jungen Mädchen und Frauen besuchten meist staatliche Schulen und lebten so in zwei Welten: dem »Jiddischland« der Eltern und der französischen, belgischen, holländischen Gesellschaft. Die Kinder dienten oft als Vermittler zwischen den Eltern und ihrer Umgebung. Sie beherrschten die Sprache und auch die Umgangsformen des jeweiligen Landes, sie hatten nichtjüdische »einheimische« Freundinnen und Freunde, und sie sogen die Kultur des neuen Landes in sich auf. Insgesamt bewegten sie sich gesellschaftlich mit größerer Sicherheit als ihre Eltern, die oft zwar Jiddisch, Russisch, Polnisch und Deutsch, aber eben – noch – nicht Französisch oder Flämisch sprachen, und wenn, dann mit einem starken, auffälligen Akzent.

Zwischen Kindern und Eltern in Immigrantenfamilien fand gelegentlich ein regelrechter Rollentausch statt, der sich unter der deutschen Besatzung noch verstärkte und der die Töchter in besonderem Maße betraf. Die jungen Männer befanden sich in Kriegsgefangenschaft oder waren außer Landes oder in eine andere Region geflüchtet, sie waren bereits festgenommen worden oder hielten sich versteckt und wagten es nicht, sich in der Nähe ihrer ehemaligen Nachbarschaft zu zeigen. Zudem betrachteten unverheiratete junge Männer es generell nicht als ihre Aufgabe, für andere zu sorgen, auch wenn jüdische junge Männer sich auf Grund ihrer starken Familienbindung gelegentlich nicht der männlichen Rolle konform verhielten und durchaus Verantwortung für ihre Angehörigen übernahmen. Primär aber waren es die Töchter, die sich um Eltern und jüngere Geschwister kümmerten, sie überredeten, die Wohnung, die Werkstatt, das Stadtviertel zu verlassen, die Verstecke für sie suchten und sie in diesen Verstecken mit Lebensmitteln, Informationen und emotionaler Zuwendung versorgten. Töchter sprachen ihren Eltern Mut zu und sagten ihnen, was zu tun sei, und Eltern folgten ihren Vorschlägen und verließen sich auf ihren Schutz und ihre Fürsorge. Die damals knapp über 20jährige Lucienne Bendavid empfand sich unter der deutschen Besatzung als »chef de famille«, und sie stand mit dieser Überzeugung nicht allein.[4]

Der Krieg beziehungsweise die deutsche Besatzungspolitik machte viele junge jüdische Frauen auf unerwartete Weise selbständig. Dies gilt nicht nur für die Immigrantinnen und Töchter von Immigranten, die auf Grund ihrer sozialen Lage bereits eher auf eine solche Autonomie und Verantwortlichkeit vorbereitet waren. Im Laufe der Zeit griff die Bedrohung auch auf die französischen, belgischen, holländischen Juden über. Viele von ihnen hatten sich bis zu einem sehr späten Zeitpunkt darauf verlassen, daß sie als Staatsbürger des betreffenden Landes, als dekorierte Teilnehmer des Ersten Weltkriegs und deren Angehörige etc. von »ihrer« Regierung (im Falle Frankreichs) oder von der Besatzungsmacht verschont würden. Auch in diesen Familien erwiesen sich die Eltern manchmal, wenn auch aus anderen Gründen, hilfloser und unflexibler als ihre Kinder. Vivette Samuel, die selbst aus einer russischen jüdischen Einwandererfamilie stammt, deren Kameradinnen im Widerstand jedoch häufig aus alteingesessenen französischen jüdischen Familien kamen, antwortete auf meine Frage, warum, ihrer Ansicht nach, so viele jüdische Frauen sich im Widerstand engagierten: »Ich finde es wichtig zu bedenken: Die jüdische Bevölkerung war aus ihren Zusammenhängen gerissen. Die jungen Frauen lebten nicht mehr in der Familie, die meisten Familien waren auseinandergerissen. Meine Schwester zum Beispiel, die auch Widerstand geleistet hat, war noch sehr jung und hat schon nicht mehr bei den Eltern gewohnt. Diese jungen Frauen haben ohnehin kein ›normales‹ Leben mehr geführt. Von all den jungen Frauen, mit denen ich zusammengearbeitet habe, hat keine mehr bei der Familie gelebt. Und es gab große finanzielle Probleme in den Familien. Die Mädchen sind arbeiten gegangen, auch in Familien, in denen das vorher undenkbar war.«[5]

Ihre Rolle als (Mit-)Ernährerinnen und Beschützerinnen der Familie und ihre durch die Verfolgungssituation bedingte Selbständigkeit verlieh den jungen Frauen auch ein neues Selbstbewußtsein. Sie ließen sich kaum noch etwas vorschreiben, und sie gaben keine Rechenschaft mehr darüber ab, wohin sie gingen und was sie taten. Häufig wußten die Eltern, daß ihre Tochter irgend etwas mit dem Widerstand zu tun hatte, aber sie erfuhren nichts Genaueres, sofern sie nicht selbst aktiv waren.

Auch in den Ghettos in Polen gewannen junge Frauen notgedrungen eine neue Selbständigkeit und Verantwortlichkeit. Sie galten als »arbeitstauglich« und konnten dadurch in der ersten Zeit ihre Eltern schützen. Sie waren auf Grund ihrer Jugend flexibler und »frecher« und wagten es daher eher, das Ghetto zu verlassen, um Lebensmittel zu schmuggeln und so die Familie zu ernähren. Ehemalige Ghettokämpferinnen aus Polen quälen sich teils heute noch mit Schuldgefühlen, weil sie sich von ihren Eltern nicht verabschieden konnten: Sie mußten auf Grund ihrer Untergrundtätigkeit »ihr« Ghetto verlassen und versprachen den Eltern, sie würden wiederkommen. Ehe sie jedoch ihr Versprechen einlösen konnten, liquidierten die Deutschen das Ghetto und deportierten die Eltern nach Treblinka, Majdanek, Auschwitz. Andere junge Frauen empfanden erst nach der Deportation der Eltern das Bedürfnis zu kämpfen und so den Tod der Mutter, des Vaters zu rächen.

Eine weitere Gemeinsamkeit, die jüdische Frauen im Widerstand teilten, war die psychische Belastung der Camouflage. Um ihre Tätigkeit als Verbindungsagentinnen in Westeuropa und als Kurierinnen in Polen ausüben zu können, mußten die Frauen sich als »Arierinnen« ausgeben und diese Rolle in jeder Lage überzeugend spielen. Dies implizierte vor allem in Polen eine große Einsamkeit, denn außerhalb des Ghettos waren die Frauen allein und hatten niemanden, mit dem sie gefahrlos sprechen oder sich ein wenig entspannen konnten. Die Verbindungsagentinnen befanden sich überall im besetzten Europa in einem permanenten Alarmzustand, denn sie spielten ihre Rolle 24 Stunden am Tag, sie spielten sie vor Vermietern, Nachbarn, im Lebensmittelladen, am Arbeitsplatz, auf Ämtern, vor Schaffnern, bei Zugkontrollen, während Straßenrazzien und im schlimmsten Fall, nach einer Festnahme, vor Polizisten oder Gestapo-Beamten. Übereinstimmend berichten ehemalige jüdische Widerstandskämpferinnen, daß diese Einsamkeit und Entfremdung sie mit am meisten belastet hätten und daß Aufenthalte in einem Ghetto oder bei den Partisanen beziehungsweise im Maquis für sie eine Erholung bedeuteten: Sie konnten für kurze Zeit wieder sie selbst sein.

Einen großen Teil ihrer Aufgaben übernahmen die Frauen im Widerstand nicht nur, weil diese Aufgaben im weitesten Sinne der weiblichen Rolle entsprachen, sondern auch, weil sie tatsächlich besser dafür geeignet waren. Frauen wurden weniger häufig als Männer kontrolliert, und sie fielen in Westeuropa nach Einführung der Zwangsarbeit im »Reich« im Straßenbild nicht auf, im Gegensatz zu jungen Männern, die nunmehr als Arbeitsdienstverweigerer verdächtig waren. Als Juden verdächtigte Männer wurden auf eine Beschneidung hin überprüft. Jüdische Frauen dagegen waren physisch nicht eindeutig als solche identifizierbar. Ein weiterer wichtiger Faktor, den jüdische Widerstandskämpferinnen in West- wie Osteuropa für ihre Arbeit nutzen konnten, waren die geschlechtsspezifischen und antisemitischen Vorurteile des Gegners. Frauen konnten sich als Schwangere tarnen oder ihre echte Schwangerschaft zur Tarnung ihrer Tätigkeit nutzen. Gelegentlich setzten sie auch den Kinderwagen und selbst ihr neugeborenes Kind ein, um unauffällig Waffen und anderes Material zu transportieren. Eine junge Frau, die in ihren Augen »arisch« aussah, reizte deutsche Soldaten und auch Polizisten eher dazu, mit ihr zu flirten, als sie zu verdächtigen. Eine häufig erzählte und aus verständlichen Gründen äußerst beliebte Geschichte handelt von der hübschen jungen jüdischen Widerstandskämpferin, die sich ihren Koffer voller Waffen von einem deutschen Offizier schleppen läßt.

Die meisten ehemaligen jüdischen Widerstandskämpferinnen in West- wie Osteuropa berichten von einer großen Kameradschaft innerhalb ihrer Gruppen und Organisationen und von einer in ihren Augen völligen Gleichberechtigung zwischen den Geschlechtern. Bei genauerer Untersuchung erwies sich, daß sehr wohl eine geschlechtsspezifische Arbeitsteilung im Widerstand existierte. Frauen waren seltener Kombattantinnen in bewaffneten Gruppen und unvergleichlich häufiger Verbindungsagentinnen und mit der Betreuung und Rettung von Kindern und Jugendlichen, der Solidaritätsarbeit und der Herstellung und Verbreitung (nicht aber der inhaltlichen Gestaltung) der illegalen Presse betraut. In den Kommunen der Widerstandsbewegungen in den Ghettos übernahmen die Frauen verantwortlich die Hausarbeit, während die Männer höchstens beim Kartoffelschälen halfen. Und Frauen wurden, wie schon erwähnt, deutlich seltener als Männer in Führungspositionen und nur in Ausnahmefällen in militärische Führungspositionen berufen.

Dennoch unterschied sich das Verhältnis zwischen Frauen und

Männern in jüdischen oder mehrheitlich von Juden gebildeten Widerstandsgruppen offenbar von den in der »normalen« Gesellschaft üblichen Rollenbildern und dem gängigen Rollenverhalten. Die meisten Frauen sagen übereinstimmend aus, ihre Kameraden hätten sie nicht verachtet, sondern im Gegenteil geachtet und geschätzt, eine Einschätzung, die durch die Darstellung der Widerstandskämpferinnen in den meisten Berichten und Memoiren männlicher jüdischer Widerständler bestätigt wird. Diese Hochachtung setzte sich allerdings im »realen Leben« nach dem Krieg nicht fort. Frauen wurden deutlich weniger als Männer für ihren Widerstand geehrt und mit Orden ausgezeichnet. Diese Mißachtung hatte nicht nur Auswirkungen auf ihre öffentliche Anerkennung und Präsenz, sondern auch auf ihre späteren Renten.

Der Wiedereintritt in die Normalität der Nachkriegsgesellschaft fiel vielen ehemaligen jüdischen Widerstandsaktivistinnen schwer. Sie hatten häufig ihre Familien verloren, ihre Wohnungen oder Elternhäuser waren von fremden Menschen belegt, viele waren völlig mittellos, und nicht wenige wurden im kalten Krieg erneut Opfer von Verdächtigungen und Verfolgungen. Ihre Umgebung wollte häufig nichts von ihren Erlebnissen und Erfahrungen wissen, oder sie hatten sich selbst Schweigen auferlegt, in der Annahme, es könne ohnehin niemand begreifen, was sie zu sagen hätten. Vor allem die Überlebenden aus Polen erlebten oft die Kluft zwischen sich und ihren ehemaligen Chaverim oder Genossinnen, die in Palästina oder der Sowjetunion von dem unmittelbaren Grauen der Shoa verschont geblieben waren, als so groß, daß sie auf Distanz zu alten Freunden gingen und sogar bestehende Verlobungen lösten.[6] Viele der von mir befragten Frauen werden noch heute oder heute wieder von Alpträumen geplagt.

Einige der ehemaligen jüdischen Widerständlerinnen setzten ihr politisches Engagement fort, sei es in der kommunistischen Partei oder einer politischen Bewegung des Landes, in dem sie aktiv waren, sei es in einem Kibbuz und einer politischen Partei oder Bewegung in Israel. Ein paar erfüllten sich ihre Jugendträume und wurden Künstlerin oder besuchten zumindest Kurse in Malerei oder Bildhauerei. Eine Mehrheit der von mir befragten Frauen nahm ihren gelernten Beruf wieder auf oder wurde in einem neuen Beruf tätig. Einige kümmerten sich weiter um die zuvor von ihnen versteckten Kinder, deren Eltern nicht aus den Lagern zurückgekehrt waren oder (noch) nicht in der Lage waren, für sie zu sorgen. Mehrere Frauen heirateten nach dem

Krieg Männer, die gleichfalls im Widerstand aktiv gewesen waren, oder ehemalige Deportierte, Menschen in jedem Fall, mit denen sie ihre Erfahrungen direkt oder indirekt teilen konnten.

Die Gesetze und Erfahrungen der Illegalität sind den meisten ehemaligen jüdischen Widerstandskämpferinnen in Fleisch und Blut übergegangen und ließen sich nicht ohne weiteres ablegen. Vielen fällt es heute noch schwer, bestimmte Informationen weiterzugeben oder auch, sie überhaupt zu erinnern: Sie hatten sie bereits während des Krieges aus Sicherheitsgründen sofort nach Gebrauch wieder vergessen. Bei meinem Interview mit Lea Weintraub in Tel Aviv fragte ich sie, wie sie sich bei Kontrollen verhalten habe. »Ich bin zum Glück nie in eine Razzia geraten«, antwortete sie, »toi toi toi«, und dabei klopfte sie auf das Holz des Tisches. Als sie ihre Geste realisierte, erklärte sie lachend: »Sehen Sie, so steckt uns das in den Knochen.« [7]

Anmerkungen

Einleitung

1 Hamon, Léo: Le Témoignage Hexagonal d'un français de l'interieur, in: Les Juifs dans la résistance et la libération. Histoire, témoignage, débats, hrsg. von der Association pour la Récherche sur l'Histoire Contemporaine des Juifs (RHICOJ), Paris 1985, S. 49f.

2 Siehe Poznanski, Renée: Reflections on Jewish Resistance in France, in: Jewish Social Studies, Bd. 2, Nr. 1, Stanford 1995, S. 141

3 Interview der Autorin mit Rachel Cheigham

4 Interview der Autorin mit Vivette Samuel

5 Siehe Cohen, Asher: The Halutz Resistance in Hungary 1942–1944, New York 1986, S. 2f.

6 Poznanski, Renée: Reflections, a.a.O. S. 132

7 Vgl. Strobl, Ingrid: »Sag nie, du gehst den letzten Weg.« Frauen im bewaffneten Kampf gegen Faschismus und deutsche Besatzung, Frankfurt/Main 1989

8 Bauer, Jehuda: Jewish Reactions to the Holocaust, Tel Aviv 1989; Gutman, Israel und Greif, Gideon: The Historiography of the Holocaust Period, in: Proceedings of the Fifth Yad Vashem International Historical Conference, Jerusalem 1988; Rayski, Adam: Le Choix des juifs sous Vichy. Entre soumission et résistance, Paris 1992; Edelman, Marek in: Krall, Hanna: Dem Herrgott zuvorkommen, Frankfurt 1992; Cohen, Asher: The Halutz Resistance, a.a.O.; Poznanski, Renée: Être juif en France pendant la seconde guerre mondiale, Paris 1994

9 Siehe dazu u.a. mehrere Symposiums- und Debattenbeiträge in: Les Juifs dans la résistance, a.a.O.; Rayski, Adam: Le Choix des juifs, a.a.O.; Poznanski, Renée: Reflections, a.a.O.

10 In u.a. den folgenden Publikationen wird die TA in Ausschnitten oder als Hauptthema behandelt: Berger/Holzinger/Podgornik/Trallori (Hrsg.): Der Himmel ist blau. Kann sein. Frauen im Widerstand. Österreich 1938–1945, Wien 1985; dies.: Ich geb Dir einen Mantel, daß Du ihn noch in Freiheit tragen kannst. Widerstehen im KZ. Österreichische Frauen erzählen, Wien 1987; Dokumentationsarchiv des österreichischen Widerstandes (Hrsg.): Erzählte Geschichte. Bd. 1: Berichte von Widerstandskämpfern und Verfolgten, Wien 1991, Bd. 3: Jüdische Schicksale. Berichte von Verfolgten, Wien 1992; Kriss/Fuchs-Ligetti/Herrnstadt-Steinmetz: Wien Belgien – Retour? Materialien zur Zeitgeschichte, Bd. 7, hrsg. v. Erika Thurner, Wien–Salzburg; Ligetti, Hertha: Die Sterne verlöschen nicht, Bukarest 1959; Gavric, Lisa: Die Straße der Wirklichkeit, Berlin 1984; Kreissler, Fé: Des autrichiens dans la résistance française, in: Espoir, Revue de l'Institut Charles de Gaulle, Nr. 80, März 1992; Laroche, Gaston: On les nommait des étrangers ..., Paris 1965; Leo, Gerhard: La Résistance Anti-nazie allemande en France, in: Espoir, Revue de l'Institut Charles de Gaulle, Nr. 80, März 1992; Österreicher im Exil 1934–1945, Protokolle des Internationalen Symposiums zur Erforschung des österreichischen Exils von 1934–1945, Wien 1977;

Dokumentationsarchiv des österreichischen Widerstandes (Hrsg.): Österreicher im Exil – Frankreich 1938–1945, Wien/München 1984; Dokumentationsarchiv des österreichischen Widerstandes (Hrsg.): Österreicher im Exil – Belgien 1938–1945, Wien/München 1987; Pech, Karlheinz: An der Seite der Résistance, Frankfurt am Main 1974; Reiter, Franz Richard: Unser Kampf. In: Frankreich für Österreich. Interviews mit Widerstandskämpfern, Wien 1984; Rosenstrauch, Hazel: Beim Sichten der Erbschaft. Wiener Bilder für das Museum einer untergehenden Kultur. Eine Nacherzählung, Mannheim 1992; Schaul, Dora: Résistance. Erinnerungen deutscher Antifaschisten, Berlin 1973; Hugennot, Jean/Laroche, Gaston: Die Ausländer in der französischen Widerstandsbewegung, in: Internationale Hefte der Widerstandsbewegung, H. 4, Wien 1960, S. 9ff.; Spiegel, Tilly: Österreicher in der belgischen und französischen Résistance, Wien 1969; Bonte, Florimond: Les Antifascistes Allemands dans la résistance française, Paris 1969

11 Siehe Strobl, Ingrid: »Fräulein, warum sprechen Sie so gut deutsch?« Österreichische Exilantinnen in der Résistance, in: Tribüne, Heft, 4, 36. Jahrgang, Frankfurt am Main 1997

12 Siehe Poznanski, Renée: Reflections, a.a.O., S. 124–158

13 Siehe dazu unter anderem die Ausführungen von Asher Cohen zur kritischen Aufnahme Überlebender des ungarischen jüdischen Widerstands in Israel, in: Cohen, Asher: The Halutz Resistance, a.a.O.

14 Ainsztein, Reuben: Jewish Resistance in Nazi-Occupied Eastern Europe, London 1974

15 Siehe unter anderem Gutman, Israel: The Warsaw Ghetto Uprising, Boston/New York 1994; ders.: Fighters among Ruins, Washington 1988; ders.: Youth Movements in the Underground and the Ghetto Revolts, in: Jewish Resistance during the Holocaust, Proceedings on the Conference on Manifestations of Jewish Resistance, Jerusalem 1971; ders.: Youth and Resistance Movements in Historical Perspective. Yisrael Gutman talks to Daniel Blatman, in: Yad Vashem Studies XXIII, Jerusalem 1993; ders. und Krakowski, Shmuel: Unequal Victims. Poles and Jews during World War Two, New York 1986

16 Siehe u. a. Bauer, Jehuda: Jewish Reactions, a.a.O.

17 Anthology on Armed Jewish Resistance, drei Bände, New York 1986

18 Bernard Mark leitete das Jüdische Historische Institut in Warschau und publizierte mehrere Arbeiten vor allem über den Warschauer Ghettoaufstand. Siehe u. a.: Mark, Bernard: Der Aufstand im Warschauer Ghetto, Berlin 1958

19 Cukierman (Zuckerman), Itzhak: Berichte über die Aktivitäten der Jüdischen Kampforganisation, veröffentlicht in: Nasze Slowo, Bd. III, Nr. 6–7, Warschau 19. April 1948; Edelman, Marek: Das Ghetto kämpft. Warschau 1941–1943, Berlin 1993 (die polnische Originalausgabe »Getto walczy« erschien in Warschau 1945); Hertz, J. S. (Hrsg.): Zygelboim Buch, New York 1947; Goldstein, Bernard: Die Sterne sind Zeugen, Hamburg 1950 (die jiddische Originalausgabe »Finf yor in Warshever Ghetto« erschien in New York 1949); Borzykowski, Tuvya: Tsvishn falndike vent, Warschau 1949; Lubetkin, Ziviah: Die letzten Tage des Warschauer Ghettos, Berlin-Potsdam 1949; Meed, Vladka: On both Sides of the Wall, Beit Lohamei Haghettaot und Hakibutz Hameuchad 1973 (englische Überset-

zung von: Peltel-Miedzyrzecki, Wladka Feigele: Fun bayde zaytn ghetto-moyer, New York 1948); Korczak, Reisl (Roszka): Lahawot beafar (Flammen in der Asche), Merhavia 1946; Goldkorn, Dora: Erinnerungen an den Aufstand im Warschauer Ghetto, in: Im Feuer vergangen. Tagebücher aus dem Ghetto, Berlin 1962 (verfaßt und dem Jüdischen Historischen Institut in Warschau übergeben 1947); Grossman, Chaika: Die Untergrundarmee. Der jüdische Widerstand in Bialystok. Ein autobiographischer Bericht, Frankfurt/Main 1993 (die hebräische Originalausgabe erschien 1949); Neustadt, Melech: Hurbn un oyfshtand fun di Yidn in Varshe, 2 Bände, Tel Aviv 1948; In di Yorn fun yidishn hurbn, New York 1948; Ringelblum, Emanuel: Notitsn fun Varshever Ghetto, Warschau 1952 (Ghetto Warschau. Tagebücher aus dem Chaos, Stuttgart 1967); Drenger-Dawidson, Gusta: Tagebuch der Justyna, in: Im Feuer vergangen; Martyrs and Fighters, hrsg. v. Friedman Philip, New York 1957; Syrkin, Marie: Blessed is the Match, New York 1947

20 Siehe die Beiträge von Hamon, Léo, Mayer, Daniel, Kriegel-Valrimont, Maurice: in: Les Juifs dans la résistance, a. a. O.

21 Knout, David: Contribution à l'histoire de la résistance juive en France 1940–1944, Paris 1947; Lazarus, Jacques: Juifs au Combat. Témoignage sur l'activité d'un mouvement de résistance, Paris 1947

22 Latour, Anny: La Résistance Juive en France (1940–1944), Paris 1970

23 Siehe Grynberg, Anne: Les Sionistes, les éclaireurs israélites et les bundistes dans la résistance, in: Les Juifs dans la résistance, a. a. O., S. 116

24 N. S.: Ou en est l'histoire de l'AJ?, in: La Lettre des résistants et déportés juifs, Nr. 33, April–Mai 1997

25 Douvette, David: Une histoire controversé, in: Les Juifs dans la résistance, a. a. O., S. 163

26 Siehe ebd.; siehe auch Courtois, Stéphane/Peschanski, Denis/Rayski, Adam: L'Affiche Rouge. Immigranten und Juden in der französischen Resistance, Berlin 1994, S. 315ff. und S. 320f.; Krischer, Henri: Les Barricades de la MOI, in: Les Juifs dans la résistance, a. a. O., S. 174f.

27 Siehe unter anderem: Rayski, Adam: Le Choix des juifs, a. a. O.; Collin, Claude: L'Été des partisans. Les F.T.P. et l'organisation de la résistance en Meuse, Nancy 1992; Wieviorka, Annette: Ils étaient juifs, résistants, communistes, Paris 1986; Courtois/Peschanski/Rayski: L'Affiche Rouge, a. a. O.; Bernard, Marcel Pierre: Bouches du Rhône. Thèse de Doctoriat (Dissertation), Aix-en-Provence 1982

28 Diamant, David: Héros Juifs de la résistance française, Paris 1962; ders.: Les Juifs dans la résistance française, avec ou sans armes, 1940–1944, Paris 1971; ders.: Jeune Combat: La Jeunesse Juive dans la résistance, Paris 1993; Ravine, Jacques: La Résistance organisée des juifs en France (1940–1944), Paris 1973; Lissner, Abraham: Un franc-tireur juif raconte, Paris 1969; La Presse antiraciste a. a. O.; Rayski, Adam: Zwischen Thora und Partei. Lebensstationen eines jüdischen Kommunisten, Freiburg 1987; Gronowski, Louis: Le dernier grand jour. Un juif de Pologne, Paris 1980; Kriegel, Annie: Réflexion sur les questions juives, Paris 1984; dies.: Ce que j'ai cru comprendre, Paris 1991; Lévy, Claude: Les Parias de la résistance, Paris 1970

29 Steinberg, Maxime: La Traque des juifs, 2 Bände, Brüssel 1986; Partisans armés

juifs. 38 témoignages, hrsg. v. Les Enfants des Partisans juifs de Belgique, Brüssel 1991; Teitelbaum-Hirsch, Viviane: Les Larmes sous le masque, Brüssel 1994

30 Siehe unter anderem: Szjakowski, Z.: La Presse Illégale Juive en Belgique pendant l'occupation allemande, in: YVObleter, New York, Bd. XXVI, Nr. 1, September–Oktober 1945, und Bd. XXVII, Nr. 2, Sommer 1946; Points critiques Nr. 58, Numéro special Partisans armés, Dezember/Januar 1996, Brüssel 1996; Van Doorslaer, Rudi: Les Enfants du ghetto. L'immigration Juive Communiste en Belgique et la quête de la modernité (1925–1940), in: Les Juifs de Belgique. De l'immigration au génocide. 1925–1945, hrsg. v. Centre de Recherches et d'Études Historiques de la seconde guerre mondiale, Brüssel 1994, S. 59–77; Extermination, sauvetage et résistance des juifs de Belgique, hrsg. v. Maxime Steinberg, Bulletin périodique de documentation, Nr. 4, Brüssel, April 1979; Michman, Dan: Les Mouvements de la jeunesse sioniste en Belgique devant l'occupation allemande. Étude d'un point de vue comparatif, in: Les Juifs de Belgique, a.a.O., S. 173–192

31 van de Kar, Jac: Joods Verzet, Amsterdam 1981

32 Braber, Ben: Joden in verzet en illegaliteit. Zelfs als wij zullen verliezen. 1940–1945, Amsterdam 1990

33 Presser, Jacob: Ashes in the Wind. The Destruction of Dutch Jewry, London 1968. Das Original mit dem Titel: Ondergang. De Verfolging en verdelging van het nederlandse Jodendom. 1940–1945, erschien 1965. Pressers Arbeit über den Widerstand von Juden erschien unter dem Titel: Het verzet van joden in Nederland 1940–1945, in: Schrijfsels en schriftturen, Amsterdam 1961

34 Siehe u. a. Cohen, Asher: The Halutz Resistance, a.a.O.

35 Herzberg, Tusia: Der lachende Sand. Junge jüdische Widerstandskämpfer im Zweiten Weltkrieg, Klagenfurt 1996

36 Bornstein, Heini: Die Insel Schweiz. Rettungs- und Hilfsaktionen in den Jahren 1939–1946, Tel Aviv 1996. Eine deutsche Ausgabe des hebräischen Originals unter diesem Titel ist geplant. Der Autor stellte mir freundlicherweise Dokumente aus seinem Archiv und Teile seiner Übersetzung zur Verfügung

37 Lustiger, Arno: Zum Kampf auf Leben und Tod! Vom Widerstand der Juden 1933–1945, Köln 1994

38 Siehe Thalman, Rita: Une Lacune de l'historiographie, in: Les Juifs dans la résistance, a.a.O., S. 89f.

39 Hervé, Florence: »Wir fühlten uns frei«. Deutsche und französische Frauen im Widerstand, Essen 1997

40 Strobl, Ingrid: »Sag nie ...«, a.a.O.

41 Cohen, Asher und Cochavi, Yehoyakim (Hrsg.): Zionist Youth Movements during the Shoa, New York 1995

42 Ebd., S. 8

43 Diese Listen finden sich in dem Dossier des bei Razzien in den Wohnungen von verhafteten Mitgliedern der 35. Brigade beschlagnahmten Materials im »Rapport Gillard«: Direction des Services de la Police de Sureté 6, Le Commissaire de Police de Sureté Gillard Charles à Monsieur le Commissaire Principal, Chef de la 6ième Section de la Direction des Services de la Police de Sureté à Vichy, Vichy 25. April 1944, Archiv der 35. Brigade, Claude Urman, Paris

44 Siehe Hilberg, Raul: Die Vernichtung der europäischen Juden. Die Gesamtgeschichte des Holocaust, Berlin 1982, S. 673 ff.; Adam Rayski in der Einleitung
zu Courtois/Peschanski/Rayski: L'Affiche Rouge, a. a. O., S. 7
45 Siehe Trepper, Leopold: Die Wahrheit. Autobiographie, München 1975; Perrault, Gilles: Auf den Spuren der Roten Kapelle, Wien/Zürich 1990
46 Collin, Claude: L'Été des partisans, a. a. O., S. 149
47 Siehe Stroop, Jürgen: Es gibt keinen jüdischen Wohnbezirk in Warschau mehr,
Neuwied 1960; ders.: Tägliche Meldungen, 1. April bis 24. Mai 1943, dokumentiert in: Wulf, Josef: Das Dritte Reich und seine Vollstrecker. Die Liquidierung
der Juden im Warschauer Ghetto. Dokumente und Berichte, Wiesbaden 1989;
Moczarski, Kazimierz: Gespräche mit dem Henker. Das Leben des SS-Gruppenführers und Generalleutnants der Polizei Jürgen Stroop. Aufgezeichnet im
Mokotow-Gefängnis zu Warschau, Frankfurt/Main 1982
48 Stroop, Jürgen: Tägliche Meldungen, a. a. O., S. 93 ff.
49 Siehe ebd., S. 146, S. 156 und S. 170 f.; Stroop, Jürgen: Es gibt keinen jüdischen
Wohnbezirk in Warschau mehr, a. a. O.
50 Siehe Moczarski, Kazimierz: Gespräche mit dem Henker, a. a. O., S. 177 ff.; siehe
auch das Kapitel zu Polen in diesem Buch
51 Siehe Wulf, Joseph: Das Dritte Reich, a. a. O., S. 74 ff.
52 Die Lösung der Judenfrage in Galizien. Bericht des SS- und Polizeiführers Fritz
Katzman an den Höheren SS- und Polizeiführer Krüger vom 30. Juni 1943, ausführlich zitiert in: Der Nürnberger Prozeß gegen die Hauptkriegsverbrecher
vom 14. November 1945 bis zum 1. Oktober 1946, 22 Bände, München/Zürich
1984, Bd. III, IV und VII
53 Siehe Reichspropagandaamt Ostpreußen an das Reichsministerium für Volks-
aufklärung und Propaganda, Königsberg, den 24. 9. 1943, abgedruckt im Anhang von Grossman, Chaika: Die Untergrundarmee, a. a. O., S. 540 f.
54 Hilberg, Raul: Die Vernichtung, a. a. O., S. 698 f.
55 Collin, Claude: L'Été des partisans, a. a. O., S. 9
56 Ebd., S. 10
57 Ebd.
58 Interview der Autorin mit Catherine Varlin (Winter)
59 Siehe Steinberg, Maxime: La Traque, Bd. 2, a. a. O.
60 Wieviorka, Annette, Ils étaient juifs, a. a. O., S. 12
61 Poznanski, Renée: Être juif, a. a. O., S. 12

Die Beteiligung jüdischer Frauen am Widerstand am Beispiel einzelner Länder

Frankreich

1 Interview der Autorin mit Rachel Cheigham
2 Interview der Autorin mit den Schwestern Raymonde Donajlo und Lucienne
Pawlocki (geborene Bendavid)
3 Interview der Autorin mit Hélène Taich
4 Samuel, Vivette: Sauver les enfants, Paris 1995, S. 29 f.
5 Lazare, Lucien: Educational, Rescue and Guerilla Operations of the Jewish

Youth Movements in France, 1940–1944, in: Cohen, Asher und Cochavi, Yehoyakim (Hrsg.): Zionist Youth Movements, a.a.O., S. 173f.

6 Ebd.

7 Poznanski, Renée: Reflections, a.a.O., S. 137

8 Poznanski, Renée: Être juif, a.a.O., S. 23 und 44

9 Knout, David: Contribution, a.a.O., S. 17

10 Siehe Poznanski, Renée, Être juif, a.a.O., S. 24ff.; Interview der Autorin mit
Vivette Samuel

11 Siehe Latour, Anny: La Résistance, a.a.O.; Poznanski, Renée, Être juif, a.a.O.,
S. 28

12 Bernard Farnoux, Yvette: A la suite de Berthe Albrecht au service social des
»Mouvements Unis de la Résistance«, in: Les Juifs dans la résistance, a.a.O.,
S. 104

13 Interview der Autorin mit Yvette Bernard-Farnoux

14 Siehe Poznanski, Renée: Être juif, a.a.O., S. 32ff.; Wieviorka, Annette: Ils
étaient juifs, a.a.O., S. 27ff.; Interview der Autorin mit Jacquot Szmulewicz,
Nancy, Dezember 1987

15 Poznanski, Renée: Être juif, a.a.O., S. 24

16 Siehe Wieviorka, Annette: Ils étaient juifs, a.a.O., S. 23ff. und S. 158f.; Krischer,
Henri: Les Barricades de la MOI, a.a.O., S. 175f.; Interview der Autorin mit Jac-
quot Szmulewicz, Nancy, Dezember 1987; Interview der Autorin mit Paulette
Sliwka

17 Interview der Autorin mit Lucienne Pawlocki und Raymonde Donajlo; Interview
der Autorin mit Vivette Samuel

18 Samuel, Vivette: Sauver, a.a.O., S. 17; Interview der Autorin mit Vivette Samuel

19 Samuel, Vivette: Sauver, a.a.O., S. 17

20 Marschall Pétain, »Chef des französischen Staates«, Oberhaupt der Kollaborationsregierung von Vichy

21 Samuel, Vivette: Sauver, a.a.O., S. 47

22 Interview der Autorin mit Lucienne Pawlocki und Raymonde Donajlo

23 Interview der Autorin mit Rachel Cheigham

24 Knout, David: Contribution, a.a.O., S. 19

25 Ebd.

26 Poznanski, Renée: Être juif, a.a.O., S. 142

27 Siehe Rayski, Adam: Zwischen Thora und Partei, a.a.O., S. 85; Lévy, Claude:
Les Parias, a.a.O.; Interview der Autorin mit Dina und Henri Krischer, Nancy,
Dezember 1987; Interview der Autorin mit Gert Levy, Brüssel, August 1992 und
Mai 1994

28 Siehe Samuel, Vivette: Sauver, a.a.O.; Zeitoun, Sabine: L'Œuvre de Secours
aux Enfants (O.S.E.) sous l'occupation en France, Paris 1990; »Notre Mémoir«,
hrsg. von OSE (Œuvre de Secours aux enfants), vervielfältigte maschinengeschriebene Broschüre, Paris 1993; Latour, Anny: La Résistance, a.a.O.; Lazare,
Lucien: Aperçus sur les organisations juives de sauvetage, in: Le Monde Juif 152,
September–Dezember 1994, S. 21–27; ders.: À Nice occupée par les Allemands,
Moussa Abadi a orchestrée le sauvetage de 527 enfants juifs, in: Le Monde Juif
155, September–Dezember 1995, S. 48–57; Kauffmann, Pierre: Du grand jeu à la

résistance, in: Le Monde Juif 152, S. 62–66; Interviews der Autorin mit Vivette Samuel und Denise Lévy und mit Lea Weintraub

29 Partisanenbasen in den Wäldern Frankreichs. »Prendre le maquis« heißt soviel wie »sich im Unterholz verstecken«

30 Siehe Poznanski, Renée: Reflections, a. a. O., S. 137

31 Siehe Cohen, Asher: La Presse Clandestine face à la »question juive« de 1940 à 1942. Une étude de l'opinion publique, in: Le Monde Juif 117, 1985, S. 14 f.; siehe auch Poznanski, Renée: Reflections, a. a. O., S. 137

32 Interviews der Autorin mit Vivette Samuel, Denise Lévy und Frieda Wattenberg; siehe auch Bernard, Marcel Pierre: Bouches du Rhône, a. a. O.

33 Siehe Wieviorka, Annette: Ils étaient juifs, a. a. O., S. 90

34 Siehe ebd. S. 90 ff., 106; Poznanski, Renée: Être juif, a. a. O., S. 311 f.

35 Siehe Lazare, Lucien: Educational, Rescue and Guerilla Operations, a. a. O., S. 174

36 Siehe Wieviorka, Annette: Ils étaient juifs, a.a.O, S. 74

37 Lazarus, Jacques: Juifs au Combat, a. a. O.

38 Rayski, Adam: Zwischen Thora und Partei, a. a. O., S. 58

39 Gronowski-Bruno, Louis: Dernier grand soir. Un juif de Pologne, Paris 1980, zitiert nach Courtois/Peschanski/Rayski: L'Affiche Rouge, a. a. O., S. 85

40 Samuel, Vivette: Sauver, a. a. O., S. 37

41 Interview der Autorin mit Vivette Samuel

42 Interview der Autorin mit Rachel Cheigham

43 Siehe Courtois/Peschanski/Rayski: L'Affiche Rouge, a. a. O., S. 88; Poznanski, Renée: Être juif, a. a. O., S. 308

44 Siehe ebd. S. 307

45 Siehe ebd., S. 352 f.

46 Interview der Autorin mit Rachel Cheigham

47 Zitiert nach Wieviorka, Annette: Ils étaient juifs, a.a.O, S. 148 ff.

48 Siehe Poznanski, Renée: Être juif, a. a. O., S. 385

49 Siehe Rajfus, Maurice: Jeudi noir, Paris 1988, S. 27 ff.; Wieviorka, Annette: Ils étaient juifs, a.a.O, S. 152 ff.;

50 Interview der Autorin mit Paulette Sliwka

51 Interview der Autorin mit Frieda Wattenberg

52 Siehe Rajfus, Maurice: Jeudi, a. a. O., S. 27 ff.; Courtois/Peschanski/Rayski: L'Affiche Rouge, a. a. O., S. 124; Interview der Autorin mit Vivette Samuel

53 Arbeiterinnen und Arbeiter, die in Betrieben beschäftigt waren, die für die Deutschen arbeiteten, erhielten eine Bescheinigung als »wirtschaftlich wertvoller Jude«, siehe Knout, David: Contribution, a. a. O., S. 92

54 Interview der Autorin mit Frieda Wattenberg

55 Interview der Autorin mit Rachel Cheigham

56 Poznanski, Renée: Être juif, a. a. O., S. 688 und 669

57 Zitiert nach Lazare, Lucien: Aperçus, a. a. O., S. 23

58 Serge Klarsfeld im Vorwort zu Zeitoun, Sabine: L'Œuvre, a. a. O., S. 11

59 Siehe Knout, David: Contribution, a. a. O., S. 37 ff.; Lazare, Lucien: À Nice occupée, a. a. O., S. 48–57; Poznanski, Renée: Être juif, a. a. O., S. 563 ff.; Steinberg, Jonathan: Deutsche, Italiener und Juden, Göttingen 1992

60 Zitiert nach: Association pour la Recherche sur l'Histoire Contemporaine des Juifs (RHICOJ): Quelques repères pour l'histoire, in: Les Juifs dans la résistance, a.a.O., S. 16

61 Siehe ebd., S. 13–19; Mayer, Daniel: Socialiste, puis français et enfin juif, in: ebd., S. 53–57; Poznanski, Renée: Reflections, a.a.O., S. 124ff.

62 Siehe Wieviorka, Annette: Ils étaient juifs, a.a.O.; Douvette, David: Une histoire controversé, a.a.O., S. 153–164; Rayski, Adam: Diversité et unité de la résistance juive, in: Les Juifs dans la résistance, a.a.O., S. 165ff.; Krischer, Henri: Les Barricades de la MOI, a.a.O.

63 Siehe Lublin, Aron (Lucien): L'Organisation Juive de Combat (OJC), in: Le Monde Juif 152, September–Dezember 1994, S. 67–77; Latour, Anny: La Résistance, a.a.O., S. 96ff.; Ermosilla, Valérie: La Résistance Juive dans le Tarn, in: Le Monde Juif 152, S. 46–61; Poznanski, Renée: Être juif, a.a.O., S. 241ff. und S. 655f.; Knout, David: Contribution, a.a.O., S. 142ff.; Interview der Autorin mit Rachel Cheigham

64 Siehe Lazare, Lucien: Educational, Rescue and Guerilla Operations, a.a.O., S. 175ff.; Kauffmann, Pierre: Du grand jeu, a.a.O., S. 62–66; Knout, David: Contribution, a.a.O., S. 134ff.; Latour, Anny: La Résistance, a.a.O., S. 37ff., 71ff., 80ff., 90ff., 132ff.; Interview der Autorin mit Denise Lévy

65 Siehe Lazare, Lucien: Educational, Rescue and Guerilla Operations, a.a.O.; Karwasser, Serge: Bericht über Aktivitäten des MJS in Nizza, Centre de Documentation Juive Contemporaine (CDJC), CCXV-16; Poznanski, Renée: Être juif, a.a.O., S. 563f. und 585f.; 595; Knout, David: Contribution, a.a.O., S. 126f.; Latour, Anny: La Résistance, a.a.O., S. 85ff.; Interview der Autorin mit Lea Weintraub, Ruth Usrad, Frieda Wattenberg

66 Siehe Zeitoun, Sabine: L'Œuvre, a.a.O.; Samuel, Vivette: Sauver, a.a.O.; Lemalet, Martine (Hrsg.): Au secours des enfants du siècle, Paris 1993; »Notre Mémoir«, a.a.O.; Interview der Autorin mit Vivette Samuel

67 Lazarus, Jacques: Juifs au Combat, a.a.O., S. 44

68 Die vollen Namen der Frauen lauten: Charlotte Sorkine (Verbindungsagentin der OJC, Waffentransporte, Teilnahme an der Befreiung von Paris), Annette Zymann (Verbindungsagentin und Mitarbeiterin des Kundschafterdienstes in Nizza, Teilnahme an der Befreiung von Paris); Micheline Kaplan (Mitarbeiterin eines illegalen Sozial-Dienstes in der Region Nizza), Milak »Mina« Racine (Mitarbeiterin eines illegalen Sozial-Dienstes, Herstellung falscher Papiere, Schmuggel von Kindern in die Schweiz), Rachel Cheigham (Verbindungsagentin und Mitarbeiterin des Kundschafterdienstes in Nizza, Teilnahme an der Befreiung von Paris), Nelly Cheigham (Verbindungsagentin und Mitarbeiterin des Kundschafterdienstes in Nizza, Teilnahme an der Befreiung von Paris), Quelle: Organisation Juive de Combat, Paris, 1. Mai 1945: Vorschläge zur Ordensverleihung (Section Féminine), Centre de Documentation Juive Contemporaine (CDJC), CDLXIX-26a; Josée Herman: Auskunft Vivette Samuel

69 Centre de Documentation Juive Contemporaine (CDJC), CDLXIX-26a, 26c

70 Dokumentiert in Diamant, David: Jeune Combat, a.a.O. S. 149ff.

71 Michel, Alain: Les Éclaireurs Israélites de France pendant la seconde guerre mondiale, Paris 1984

72 »Notre Mémoir«, a. a. O., S. 90 f.
73 Diamant, David: Les Juifs dans la résistance française, a. a. O.
74 Diamant, David: Jeune Combat, a. a. O., S. 28 f.
75 Latour, Anny: La Résistance, a. a. O.
76 Poznanski, Renée: Être juif, a. a. O.
77 Rayski, Adam: Le Choix des juifs, a. a. O.
78 Courtois/Peschanski/Rayski: L'Affiche Rouge, a. a. O.
79 Wieviorka, Annette: Ils étaient juifs, a. a. O.
80 Siehe Latour, Anny: La Résistance, a. a. O.; Interviews der Autorin mit Rachel
   Cheigham, Denis Lévy und Frieda Wattenberg
81 Amicale du Bataillon Carmagnole-Liberté; Broschüre, Bourg-La-Reine o. J.;
   Interview der Autorin mit Henri und Dina Krischer und Herbert Herz
82 Zeitoun, Sabine: L'Œuvre, a. a. O., S. 194
83 Ebd.
84 Hamon, Léo: Le Témoignage Hexagonal, a. a. O., S. 49
85 Samuel, Vivette in: ebd., S. 84
86 Poznanski, Renée: Reflections, a. a. O. S. 132
87 Siehe die diversen Debattenbeiträge und die Referate von Léo Hamon, Daniel
   Meyer und Maurice Kriegel-Valrimont in: Les Juifs dans la résistance, a. a. O.
88 Lublin, Aron (Lucien): L'Organisation Juive de Combat (OJC), a. a. O., S. 69
89 Récit d'un résistant juif sur l'activité du MJS et d'autres formations de la résistance juive, Centre de Documentation Juive Contemporaine (CDJC), XI°−36
90 Lazare, Lucien: Aperçus, a. a. O., S. 22
91 Ebd.
92 Ebd., S. 25
93 Interview der Autorin mit Vivette Samuel. Ein ähnliches Phänomen zeigt sich
   auch bei Frauen, die in den besetzten Niederlanden Kinder aus der zur Hollandse Schouwburg, dem Amsterdamer Sammellager, gehörenden Kinderkrippe schmuggelten, um sie Leuten zu übergeben, die sie in Verstecke brachten. Siehe das Kapitel über die Niederlande
94 Interview der Autorin mit Vivette Samuel
95 Interviews der Autorin mit Paulette Urman, Ida Rubinstein; siehe auch List-
   Pakin, Jeanne: De certains aspects de la résistance, in: Le Monde Juif 152,
   S. 172−175
96 List-Pakin, Jeanne: De certains aspects, a. a. O., S. 174
97 Ebd. S. 173
98 Varlin, Catherine: Une Ville Engloutie: La résistance des femmes juives, in: Les
   Juifs dans la résistance, a. a. O., S. S. 102
99 Ebd.
100 Zeitoun, Sabine: L'Œuvre, a. a. O., S. 37
101 Ebd., S. 36 f.
102 Ebd., S. 41 f.
103 Interview der Autorin mit Frieda Wattenberg
104 Siehe Zeitoun, Sabine: L'Œuvre, a. a. O., S. 42 f.
105 Averbouh, Enéa, zitiert nach: Laloum, Jean: Une résistante en zone nord: Enéa
   Averbouh, in: Les juifs dans la résistance, a. a. O., S. 110

106 Siehe Zeitoun, Sabine: L'Œuvre, a.a.O., S. 48ff.

107 Siehe ebd., S. 56 und 58

108 Siehe ebd., S. 66f.

109 Siehe Samuel, Vivette: Sauver, a.a.O., S. 47ff.

110 Siehe ebd., S. 59

111 Ebd., S. 60

112 Zitiert nach ebd., S. 97

113 Siehe Samuel, Vivette: Sauver, a.a.O., S. 66

114 Siehe ebd., S. 75ff.; Interview der Autorin mit Vivette Samuel

115 Interview der Autorin mit Vivette Samuel

116 Siehe Latour, Anny: La Résistance, a.a.O., S. 68; Interview der Autorin mit Vivette Samuel

117 Siehe Vivette, Samuel: Sauver, a.a.O., S. 92f.

118 Siehe Poznanski, Renée: De l'action philanthropique à la résistance humanitaire, in: Lemalet, Martine (Hrsg.): Au secours, a.a.O., S. 68f.; Zeitoun, Sabine: L'Œuvre, a.a.O., S. 108ff.; Samuel, Vivette: Sauver, a.a.O., S. 98ff.

119 Siehe Samuel, Vivette: Sauver, a.a.O., S. 112

120 Siehe Garel, George: Le Sort des enfants pendant la guerre, in: Le Monde Juif Nr. 89, Januar–März 1978

121 Zitiert nach Samuel, Vivette: Sauver, a.a.O., S. 117

122 Siehe ebd.

123 Interview der Autorin mit Vivette Samuel

124 Siehe Interview der Autorin mit Vivette Samuel; Dreyfus, Madeleine: Extraits d'un témoignage: L'histoire que j'ai vecue d'octobre 1941 à la libération – Lyon – Le Chambon sur Lignon, in: »Notre Mémoir«, a.a.O., S. 59–69; Loinger Nezer, Fanny: Mes activités comme infirmière-assistante sociale à l'OSE (1941–1947), in: ebd., S. 70–73

125 Siehe Loinger Nezer, Fanny: Mes activités, a.a.O., S. 71

126 Siehe Dreyfus, Madeleine: Extraits, a.a.O., S. 60

127 Interview der Autorin mit Lea Weintraub

128 Siehe Zeitoun, Sabine: L'Œuvre, a.a.O., S. 166f.

129 Siehe ebd., S. 168f.

130 Siehe Samuel, Vivette: Sauver, a.a.O., S. 137

131 Siehe Zeitoun, Sabine: L'Œuvre, a.a.O., S. 170

132 Siehe ebd., S. 170f.

133 Laut Latour, Anny: La Résistance, a.a.O., S. 151, handelte es sich um die Bahnhofsmission

134 Zitiert in: Samuel, Vivette: Sauver, a.a.O., S. 126f.

135 Siehe ebd., S. 128

136 Siehe Garel, George: Rapport sur l'acitivité de Mme N. Salon, née Weil, Paris, 11. August 1946, Centre de Documentation Juive Contemporaine (CDJC), CDLXVIII-70b

137 Zitiert nach Latour, Anny: La Résistance, a.a.O., S. 173

138 Siehe Garel, George: Rapport sur l'acitivité de Mme N. Salon, a.a.O.

139 Salomon, Andrée: Rapport Nicole Salon née Weil, o.O., o.J., Centre de Documentation Juive Contemporaine (CDJC), CDLXVIII-70a

140 Siehe Zeitoun, Sabine: L'Œuvre, a.a.O., S. 184 ff.; Samuel, Vivette: Sauver, a.a.O., S. 116 und S. 137 ff.; Interview der Autorin mit Vivette Samuel

141 Interview der Autorin mit Vivette Samuel

142 Siehe Samuel, Vivette: Sauver, a.a.O., S. 144 ff.

143 Siehe Zeitoun, Sabine: L'Œuvre, a.a.O., S. 176 ff.

144 Ebd., S. 186

145 Siehe Samuel, Vivette: Sauver, a.a.O., S. 154

146 Siehe Brener, Maurice und Jefroykin, Jules: L'American Joint Distribution committee (»Joint«), in: Le Monde Juif 152, S. 13–14; Zeitoun, Sabine: L'Œuvre, a.a.O., S. 190 f.

147 Siehe Brener, Maurice und Jefroykin, Jules: L'American, a.a.O.

148 Zitiert nach Latour, Anny: La Résistance, a.a.O., S. 125

149 Siehe ebd., S. 36 f.

150 Siehe Kauffmann, Pierre: Du grand jeu, a.a.O., S. 64

151 Interview der Autorin mit Denise Lévy, Paris, Oktober 1996

152 Ebd.

153 Siehe ebd. und Latour, Anny: La Résistance, a.a.O., S. 72

154 Interview der Autorin mit Denise Lévy

155 Ebd.

156 Siehe Latour, Anny: La Résistance, a.a.O., S. 132

157 Siehe ebd., S. 73

158 Interview der Autorin mit Denise Lévy

159 Ebd.

160 Ebd.

161 Siehe Latour, Anny: La Résistance, a.a.O., S. 80

162 Siehe ebd., S. 76

163 Siehe Ermosilla, Valérie: La Résistance Juive, a.a.O., S. 49 f.

164 Zitiert nach ebd., S. 49

165 Denise Lévy nennt namentlich Liliane Marx als Verbindungsagentin des Maquis der EIF: Interview der Autorin mit Denise Lévy. Siehe außerdem Michel, Alain: Les Éclaireurs Israélites, a.a.O.; Latour, Anny: La Résistance, a.a.O.; Ermosilla, Valérie: La Résistance Juive, a.a.O.; Kauffmann, Pièrre: Du grand jeu, a.a.O.; Grynberg, Anne: Les Sionistes, a.a.O., S. 115–121

166 Siehe Poznanski, Renée: Être juif, a.a.O., S. 585; Latour, Anny: La Résistance, a.a.O., S. 77

167 Siehe Knout, David: Contribution, a.a.O., S. 133. Freddy Menahem, der ehemalige Verantwortliche der »Sixième« in der Nordzone, zählt vier Dienste der Sixième in der Nordzone auf: den Recherchedienst und einen zweiten Dienst, die den Gruppen Sozialdienst und Sozialarbeit bei Knout entsprechen; den Dienst falsche Papiere, der den Gruppen Labor und Synthétisation bei Knout entspricht; und einen Dienst zur Koordination von Verwaltung und Finanzen. Siehe Menahem, Freddy: La »Sixième«, a.a.O., S. 144 f.

168 Siehe Menahem, Freddy: La »Sixième«, a.a.O., S. 145

169 Siehe Knout, David: Contribution, a.a.O., S. 135

170 Ebd. S. 136

171 Interview der Autorin mit Denise Lévy

419

172 Déposition de Monsieur Serge Karwasser, Nizza 27. 7. 1945, Centre de Documentation Juive Contemporaine (CDJC), CCXV-16

173 Siehe Poznanski, Renée: Être juif, a. a. O., S. 244; Lazare, Lucien: Educational, Rescue and Guerilla Operations, a. a. O., S. 178f.

174 Siehe Latour, Anny: La Résistance, a. a. O., S. 85

175 Siehe ebd., S. 179

176 Siehe ebd., S. 180

177 Siehe Knout, David: Contribution, a. a. O., S. 126

178 Interview der Autorin mit Catherine Varlin (Winter)

179 Siehe Latour, Anny: La Résistance, a. a. O., S. 85; Interview der Autorin mit Lea Weintraub

180 Definition von Levitte, Simon, zitiert nach: Latour: La Résistance, a. a. O., S. 86

181 Siehe Knout, David: Contribution, a. a. O., S. 126f.; Latour, Anny: La Résistance, a. a. O., S. 87; Poznanski, Renée: Être juif, a. a. O., S. 585

182 Zitiert nach Latour, Anny: La Résistance, a. a. O., S. 88

183 Zitiert nach ebd.

184 Siehe Poznanski, Renée: Être juif, a. a. O., S. 563; Interview der Autorin mit Lea Weintraub

185 Siehe Knout, David: Contribution, a. a. O., S. 38

186 Interview der Autorin mit Frieda Wattenberg

187 Ebd.

188 Ebd.; siehe auch Poznanski, Renée: Être juif, a. a. O., S. 566ff.

189 Interview der Autorin mit Lea Weintraub

190 Ebd.

191 Ebd.

192 Siehe Poznanski, Renée: Être juif, a. a. O., S. 569

193 Déposition de Serge Karwasser, a. a. O.

194 Interview der Autorin mit Lea Weintraub

195 Siehe Latour, Anny: La Résistance, a. a. O., S. 154

196 Zitiert nach ebd., S. 155

197 Latour, Anny: La Résistance, a. a. O., S. 155

198 Chombart de Lauwe, Marie-Josée: Un Témoignage sur Mila Racine et France Bloch-Sérazin, in: Le Monde Juif 153, Januar–April 1995, S. 207f.

199 Möglicherweise war Marianne Cohn auch Mitglied der EIF. Es kann nicht mehr geklärt werden, welcher der beiden Organisationen, die eng zusammenarbeiteten, sie angehörte: Biographie de Marianne Cohn, redigée par Herbert Herz, Genève, Mai 1995 (Brief von Herbert Herz an die Autorin). Herbert Herz ist ehemaliges Mitglied der FTP-MOI-Einheit Liberté in Grenoble. Er führt seit vielen Jahren ein Archiv des jüdischen Widerstands und hat insbesondere zum Tod von Marianne Cohn für das Archiv in Yad Vashem recherchiert

200 Siehe Interview Herbert Herz mit Emile Barras, 18. Oktober 1994, Archiv Herbert Herz

201 Siehe die Berichte der mitverhafteten (damaligen) Kinder Alice Lentz (geborene Podstolski) und Marcel Katz, Archiv Herbert Herz

202 Auszug aus dem Eingangsbuch des Gestapo-Gefängnis in Annemasse, Archiv Herbert Herz

203 Deffaugt, Jean: Attestation, Annemasse, 21. April 1949, Archiv Herbert Herz; Emmanuel Racine, Marianne Cohns direkter Verantwortlicher im Widerstand, schreibt in seiner »Attestation« (Bestätigung) für Yad Vashem von 1981: »Es gelang der jüdischen Résistance, die Kinder aus dem Gefängnis frei zu bekommen und sie in einem Kinderheim in den Bergen unter der Verantwortung des Bürgermeisters von Annemasse, Jean Deffaugt, unterzubringen.« Racine, E.: Attestation, Herzlia, 25. August 1982, Centre de Documentation Juive Contemporaine (CDJC), CDXXI-138a. Racine bezeichnet sich in diesem Attest selbst als »Mitglied des Résistance-Netzes ›Combat‹«, gleichzeitig war er einer der Organisatoren der Fluchtroute des jüdischen Widerstands. Auch Deffaugt arbeitete als »Legaler« für den nationalen Widerstand. Da ein illegales Mitglied des Untergrundes, sei es Combat oder der jüdische Widerstand, Marianne Cohn nicht im Gefängnis besuchen konnte, ist anzunehmen, daß Deffaugt im Auftrag Racines gehandelt hat

204 Auskunft von André Allombert, der den Fluchtplan ausführen sollte, im Gespräch mit Herbert Herz: Brief von Herbert Herz an die Autorin, Genf, 15. November 1995

205 Zitiert nach Haymann, Emmanuel: Marianne Cohn, la dernière victime, in: Tribune Juive, Paris, 10. September 1982, S. 18

206 Zitiert nach ebd., S. 18

207 Siehe Racine, Emmanuel: Attestation, a. a. O.

208 Interview der Autorin mit Lea Weintraub

209 Lea Weintraub meint sich zu erinnern, daß es Sascha Racine war, die Schwester von Mila Racine (Interview mit der Autorin). Herbert Herz verweist darauf, daß es sich möglicherweise um Rolande Birgy handelte. Rolande Birgy war eine katholische Helferin der Kinderrettungsaktionen des jüdischen Widerstands (Brief an die Autorin vom 15. November 1995)

210 Kopien dieser Fotos, die der Öffentlichkeit nicht zugänglich sind, wurden mir freundlicherweise von Herbert Herz zur Verfügung gestellt

211 Brief von Herbert Herz an die Autorin, Genf, 15. November 1995

212 Ich danke für diese Information Volker Schlunk

213 Interview der Autorin mit Frieda Wattenberg

214 Lublin, Aron (Lucien): L'Organisation Juive de Combat (OJC), a. a. O., S. 73

215 Latour, Anny: La Résistance, a. a. O., S. 90

216 Ebd.

217 Siehe Lublin, Aron (Lucien): L'Organisation Juive de Combat (OJC), a. a. O., S. 73; Latour, Anny: La Résistance, a. a. O., S. 94

218 Alle anderen Autorinnen und Autoren geben später seine Darstellung wieder. Ich folge daher dem Original.

219 Siehe Poznanski, Renée: Être juif, a. a. O., S. 241

220 Knout, David: Contribution, a. a. O., S. 142

221 Siehe ebd., S. 143

222 Siehe ebd., S. 146; Poznanski, Renée: Être juif, a. a. O., S. 241

223 Siehe Briefwechsel zwischen H. Pohorylès, »Victor« und Heini Bornstein vom Dezember 1943, Moreshet Archives, D 1.11941, D 1.1195 und D 1.1198; mündliche Auskunft von Heini Bornstein, Kibbuz Lehavot Habashan

224 Siehe Lublin, Aron (Lucien): L'Organisation Juive de Combat (OJC), a.a.O., S. 74

225 Siehe Knout, David: Contribution, a.a.O., S. 149

226 Lublin, Aron (Lucien): L'Organisation Juive de Combat (OJC), a.a.O., S. 73

227 Ebd., S. 72

228 Siehe Ermosilla, Valérie: La Résistance Juive, a.a.O., S. 48; Lublin, Aron (Lucien): L'Organisation Juive de Combat (OJC), a.a.O., S. 71 f.

229 Siehe Grynberg, Anne: Les Sionistes, a.a.O., S. 120; Lazarus, Jacques: Juifs au Combat, a.a.O., S. 67 und 90; Interview der Autorin mit Rachel Cheigham

230 Siehe Lazarus, Jacques: Juifs au Combat, a.a.O., S. 90

231 Siehe Latour, Anny: La Résistance, a.a.O., S. 177

232 Interview der Autorin mit Rachel Cheigham

233 Ebd., S. 78 f.

234 Siehe Lazarus, Jacques: Juifs au Combat, a.a.O., S. 61 f.

235 Siehe Knout, David: Contribution, a.a.O., S. 150

236 Interview der Autorin mit Frieda Wattenberg

237 Interview der Autorin mit Rachel Cheigham

238 Ebd.

239 Siehe Knout, David: Contribution, a.a.O., S. 159 f.; Latour, Anny: La Résistance, a.a.O., S. 178 ff.; Interview der Autorin mit Rachel Cheigham

240 Interview der Autorin mit Rachel Cheigham

241 Ebd.

242 Ebd.

243 Siehe Latour, Anny: La Résistance, a.a.O., S. 180 f.

244 Siehe ebd. S. 194 f.

245 Siehe Lazarus, Jacques: Juifs au Combat, a.a.O., S. 116 ff.

246 Siehe Latour, Anny: La Résistance, a.a.O., S. 185; Interview der Autorin mit Rachel Cheigham

247 Interview der Autorin mit Rachel Cheigham

248 Siehe Lazarus, Jacques: Juifs au Combat, a.a.O., S. 136; Latour, Anny: La Résistance, a.a.O., S. 254

249 Interview der Autorin mit Rachel Cheigham

250 Zitiert nach Collin, Claude: L'Été des partisans, a.a.O., S. 18

251 Ebd., S. 18 und S. 27

252 Siehe Rayski, Adam: Zwischen Thora und Partei, a.a.O., S. 67 f.; Courtois/Peschanski/Rayski: L'Affiche Rouge, a.a.O., S. 92

253 Interview der Autorin mit Mira Kugler

254 Interview der Autorin mit Paulette Sliwka

255 Es handelt sich um die jungen Kommunisten Henri Gautherot und Samuel Tyszelman, siehe Courtois/Peschanski/Rayski: L'Affiche Rouge, a.a.O., S. 95

256 Siehe Collin, Claude: L'Été des partisans, S. 41

257 Siehe ebd., S. 41 f.

258 Siehe ebd.; Rayski, Adam: Le Choix des juifs, a.a.O.; Wieviorka, Annette: Ils étaient juifs, a.a.O; Diamant, David: Jeune Combat, a.a.O.; Interview der Autorin mit Paulette Sliwka

259 Interview der Autorin mit Paulette Sliwka

260 Ebd.

261 Ebd.

262 Ebd.

263 Ebd.

264 Siehe Diamant, David: Jeune Combat, a. a. O., S. 37 f.

265 Interview der Autorin mit Paulette Sliwka

266 Siehe Courtois/Peschanski/Rayski: L'Affiche Rouge, a. a. O., S. 115

267 Siehe ebd.; Collin, Claude: »Ces étrangers d'ici qui choisirent le feu«. Francs-Tireurs et partisans de la main d'œuvre immigrée: Le cas des unités ›Carmagnole‹ (Lyon) et ›Liberté‹ (Grenoble), in: Cahiers d'histoire, Bd. XXXVII 1992, Nr. 1, Lyon 1992, S. 43–71

268 Siehe Douvette, David: Une histoire controversée, a. a. O., S. 157

269 Siehe Courtois/Peschanski/Rayski: L'Affiche Rouge, a. a. O., S. 111 f. und 147 f.

270 Siehe ebd., S. 213 f., S. 238 f., S. 267 ff.

271 L'Armée du Crime, Archiv: Henri und Dina Krischer, Nancy

272 Siehe Auszug aus dem Todesregister des Standesamts Stuttgart Nr. 2195/1944 vom 18. 1. 1994, eine Kopie des Dokumentes stellte mir freundlicherweise Adam Rayski zur Verfügung

273 Siehe Diamant, David: Combattants, héros et martyrs de la résistance, Paris 1984, S. 183; siehe Courtois/Peschanski/Rayski: L'Affiche Rouge, a. a. O., S. 270 und 291

274 Auszug aus dem Gefangenenbuch der Untersuchungshaftanstalt Stuttgart; eine Kopie dieses Auzugs wurde mir freundlicherweise von Adam Rayski zur Verfügung gestellt.

275 Centre de Documentation Juive Contemporaine (CDJC), CDLXX-99

276 Bancic, Golda: »Ma chère petite fille, mon cher petit amour...«, Stuttgart, 9. Mai 1944, Centre de Documentation Juive Contemporaine (CDJC), CDLXX-99

277 Siehe Courtois, Stéphane: Le »Groupe Manouchian«: Sacrifié ou trahi?, in: Le Monde 2./3. 6. 1985; Rayski, Adam: Il faut réconstituer par le menu cette histoire tragique, in: Le Monde, 19. 6. 1985

278 Courtois/Peschanski/Rayski: L'Affiche Rouge, a. a. O., S. 7

279 Zur Debatte über das Verhalten der Partei gegenüber den Pariser FTP-MOI siehe auch Wieviorka, Annette: Ils étaient juifs, a. a. O., S. 224 ff.; Courtois/Peschanski/Rayski: L'Affiche Rouge, a. a. O., S. 238 und S. 252 f.

280 Siehe Courtois/Peschanski/Rayski: L'Affiche Rouge, a. a. O., S. 148 ff.

281 Interview der Autorin mit Paulette Sliwka

282 Ebd.

283 Siehe Courtois/Peschanski/Rayski: L'Affiche Rouge, a. a. O., S. 154

284 Siehe ebd. S. 160 f.

285 Interview der Autorin mit Paulette Sliwka

286 Siehe ebd.; Courtois/Peschanski/Rayski: L'Affiche Rouge, a. a. O., S. 165

287 Interview der Autorin mit Paulette Sliwka

288 Ebd.; zum Wortlaut des Kassibers siehe: Wieviorka, Annette: Ils étaient juifs, a. a. O., S. 177

289 Interview der Autorin mit Paulette Sliwka

290 Siehe Collin, Claude: Aux origines de l'Union de la Jeunesse Juive (UJJ). Con-

tribution à l'histoire des organisations juives de Résistance, unveröffentlichtes Manuskript, Grenoble, 1995; Diamant, David: Jeune Combat, a. a. O.; Krischer, Henri: Les Barricades de la MOI, a. a. O.; Wieviorka, Annette: Ils étaient juifs, a. a. O., S. 191 ff.; Strobl, Ingrid: »Sag nie …«, a. a. O., S. 135 ff.

291 Interview der Autorin mit Irène Gautier (geb. Mendelson)

292 Interview der Autorin mit »Nicole«, die anonym bleiben will; Collin, Claude: Montpellier – Grenoble … 1942. Éléments pour une histoire des organisations communistes juives en zone Sud, unveröffentlichtes Manuskript

293 Interview der Autorin mit Catherine Varlin, Paris, Mai und Oktober 1996

294 Ebd.

295 Ebd.

296 Interview der Autorin mit Irène Gautier (geb. Mendelson)

297 Ebd.

298 Interview der Autorin mit »Nicole«

299 Interview der Autorin mit Catherine Varlin

300 Claude Collin (Aux origines de la Union de la Jeunesse Juive, a. a. O.) datiert die Gründung der UJJ auf Frühjahr 1943. Auch die Chronologie im Anhang von »Les Juifs dans la résistance«, a. a. O., S. 195, vermerkt: »Mai 1943: Gründung der Union de la Jeunesse Juive, UJJ«. Jaques Ravine (La Résistance Organisée, a. a. O., S. 136) dagegen schreibt: »Die ersten Gruppen der jüdischen Jugend wurden im Sommer 1941 in Lyon gegründet.« David Diamant wiederum veröffentlicht in seinem Buch »Jeune Combat«, a. a. O., S. 173, ein »Dokument der Union de la Jeunesse Juive de France«, das er auf »Sommer 1943?« datiert. In diesem Dokument werden Ziele und politische Haltung der UJJ erklärt, diverse Berufs- und Interessengruppen jüdischer Jugendlicher werden aufgefordert, der UJJ beizutreten. Das Dokument gleicht damit anderen Aufrufen neugegründeter Organisationen, die sich vorstellen und Mitglieder werben.

301 Siehe Ravine, Jacques: La Résistance Organisée, a. a. O., S. 147

302 Interview der Autorin mit Irène Gautier; Interview von Claude Collin mit Irène Gautier in: Aux origines de l'union de la jeunesse juive (UJJ), a. a. O., S. 6

303 Interview der Autorin mit Catherine Varlin

304 Siehe Collin, Claude: »Ces étrangers d'ici qui choisirent le feu«, a. a. O., S. 48 f.

305 Interview der Autorin mit Catherine Varlin

306 Interview der Autorin mit »Nicole«

307 Interview der Autorin mit Raymonde Donajlo und Lucienne Pawlocki (geb. Bendavid)

308 Ebd.

309 Ebd.

310 Ebd.

311 Union des Juifs pour la Résistance et l'Entraide: »Juifs Lyonnais!«, Februar 1944, in: La Presse Antiraciste sous l'occupation hitlérienne, hrsg. vom Centre de Documentation der UJRE, Paris o. J.

312 Interview der Autorin mit Mira Kugler

313 Siehe: Amicale du Bataillon Carmagnole-Liberté: Broschüre, a. a. O.; Krischer, Henri: Les Barricades de la MOI, a. a. O., S. 174; Collin Claude: »Ces étrangers d'ici qui choisirent le feu«, a. a. O.; Strobl, Ingrid: »Sag nie …«, a. a. O., S. 149 ff.

424

314 Interviews der Autorin mit Dina und Henri Krischer und Herbert Herz, Nancy, Dezember 1987; Catherine Varlin; Mira Kugler

315 Katalog der Ausstellung Carmagnole Liberté, Marie de Vénissieux, September 1985

316 Interviews der Autorin mit Dina Krischer; Catherine Varlin; »Nicole«; Hélène Taich; Ida Rubinstein; Paulette Sliwka; Vivette Samuel; siehe auch: List-Pakin, Jeanne: De certains aspects, a.a.O.; Varlin, Catherine: Une Ville Engloutie, a.a.O.

317 Siehe Carmagnole Liberte, a.a.O.; Interviews der Autorin mit Jacquot Szmulewicz, Dina und Henri Krischer; Dossier zu Jeanine Sontag, Archiv Henri und Dina Krischer, Nancy

318 Siehe Strobl, Ingrid: »Sag nie …«, a.a.O., S. 149ff.

319 Zitiert nach ebd., S. 173

320 Interview der Autorin mit Mira Kugler

321 Ebd.

322 Ebd.

323 Interviews der Autorin mit Irène Gautier, »Nicole«, Catherine Varlin, Denise Lévy

324 Siehe ebd.

325 Siehe ebd.

326 Interview der Autorin mit Catherine Varlin

327 Drei weitere Nachnamen sind handschriftlich hinzugefügt, die Vornamen werden nur mit dem Anfangsbuchstaben wiedergegeben: Ordre de Bataille des Unités FFI, Dossier d'Homologation d'une Formation FFI, Détachements de la Heute Garonne de la 35ième Brigade des FTP de MOI (Formation Étrangers). Annexe IV: État des Morts, disparus et déportés, Paris 1947, Archiv der 35. Brigade, Claude Urman, Paris

328 Siehe: 35ième Brigade/Marcel Langer, Broschüre hrsg. von der Amicale der 35ième Brigade, Paris 1983

329 Interview der Autorin mit Gert Levy, Brüssel, August 1992

330 Siehe Trempé, Rolande: La 35ième Brigade Marcel Langer (Toulouse), in: Musée de la Résistance et la Déportation (Hrsg.): Les Étrangers dans la Résistance en France. Katalog zur gleichnamigen Ausstellung, Besançon 1992

331 Interview der Autorin mit Catherine Varlin

332 Interview der Autorin mit Gert Levy

333 Siehe 35ième Brigade/Marcel Langer, Broschüre der Amicale der 35ième Brigade

334 Siehe ebd.; Trempé, Rolande, a.a.O.; Ravine, Jacques: La Résistance organisée, a.a.O., S. 181

335 Ebd.; Claude Lévy beschreibt die Observierung Lespinasses durch »Katja« (Catherine Varlin) in: Les Parias, a.a.O., S. 172ff. Er weicht in einigen Details von der Darstellung ab, die Catherine Varlin mir in ihrem Interview gab. Ich folge hier dem Interview mit Catherine Varlin

336 Interview der Autorin mit Catherine Varlin

337 Siehe Lévy, Claude: Les Parias, a.a.O., S. 184ff.

338 Interview der Autorin mit Ida Rubinstein

339 Ebd.

340 »Rapport Gillard«: Direction des Services de la Police de Sureté 6, Le Commissaire de Police de Sureté Gillard Charles à Monsieur le Commissaire Principal, Chef de la 6ième Section de la Direction des Services de la Police de Sureté à Vichy, Vichy 25. April 1944, Archiv der 35. Brigade, Claude Urman, Paris

341 Siehe Mosco: Ni travail, ni famille, ni patrie, Dokumentarfilm, Paris 1993

342 Interview der Autorin mit Catherine Varlin

343 Siehe Lévy, Claude: Les Parias, a. a. O., S. 207 ff.; Mosco: Ni travail, ni famille, ni patrie; Interview der Autorin mit Catherine Varlin; Collin, Claude: L'Été des partisans, a. a. O., S. 99

344 Siehe Ravine, Jacques: La Résistance organisée, a. a. O., S. 249 f.; Lévy, Claude: Les Parias, a. a. O., S. 206 ff.

345 Zitiert nach Mosco: Ni travail, ni famille, ni patrie

346 Siehe Lévy, Claude: Les Parias, a. a. O., S. 207 ff.; Mosco: Ni travail, ni famille, ni patrie

347 Siehe Lévy, Claude: Les Parias, a. a. O., S. 207 ff.

348 Interview der Autorin mit Ida Rubinstein

349 Siehe »Rapport Gillard«, a. a. O., S. 3

350 Interview der Autorin mit Ida Rubinstein

351 »Rapport Gillard«, a. a. O., S. 7

352 Interviews der Autorin mit Catherine Varlin und Ida Rubinstein; Gespräch der Autorin mit Claude Urman

353 »Rapport Gillard«, a. a. O.

354 Interview der Autorin mit Ida Rubinstein

355 Ebd.

356 Siehe Collin, Claude: L'Été des partisans, a. a. O., S. 95 ff. und 180 ff.; Interview der Autorin mit Catherine Varlin

357 Interview der Autorin mit Catherine Varlin

358 Taich, Hélène: La Résistance armée au cœur de Marseille, handgeschriebener Bericht, undatiert; dies.: Marseille au mois d'août 1944, maschinengeschriebener Bericht, undatiert; beide: Archiv Hélène Taich, Marseille

359 Siehe Ravine, Jacques: La Résistance organisée, a. a. O., S. 135

360 Siehe Bernard, Marcel Pierre: Bouches du Rhône, a. a. O., S. 183 ff.; Interview der Autorin mit Hélène Taich

361 Siehe Ravine, Jacques: La Résistance organisée, a. a. O., S. 185

362 Siehe Hélène Taich: »Tombés au combat«, Liste erstellt für die Autorin, Marseille 1993

363 Siehe Gronowski, Louis: Témoignage; Abschrift des Erfassungsbogens von Mindla Diamant der Justizvollzugsanstalt Breslau; beide Archiv Henri und Dina Krischer, Nancy

364 Interview der Autorin mit Hélène Taich

365 Siehe Ravine, Jacques: La Résistance organisée, a. a. O., S. 185

366 Interview der Autorin mit Hélène Taich

367 Interview der Autorin mit Hélène Taich; siehe auch Ravine, Jacque: La Résistance organisée, a. a. O., S. 186

368 Interview der Autorin mit Hélène Taich; Ravine, Jacques: La Résistance orga-

426

nisée, a. a. O., S. 186, zitiert Boris Stcherbak, der dieselbe Geschichte erzählt mit einer kleinen Abweichung: Er sagt, ihm selbst sei eine unbenutzte Handgranate übriggeblieben

369 Interview der Autorin mit Hélène Taich; siehe auch Ravine, Jacques: La Resistance organisée, a. a. O., S. 186

370 Siehe ebd., S. 186f.

371 Interview der Autorin mit Hélène Taich

372 Ebd.

373 Ebd.

374 Siehe unter anderem »Marseillais!«, Flugblatt des Mouvement National contre le Racisme, MNCR vom 27. 9. 1943; »A toutes les femmes! A tous les hommes de cœur!«, Flugblatt des MNCR, Marseille, undatiert; »Aux Juifs de Marseille«, Flugblatt von UJRE, Section Bouches-du-Rhône vom August 1944, alle Archiv Hélène Taich, Marseille; in der Dokumentensammlung »La Presse antiraciste sous l'occupation Hitlérienne«, a. a. O., finden sich weitere vergleichbare Beispiele aus verschiedenen Städten

375 »Jeunes Juifs!«, Aufruf der UJJ, Marseille, undatiert, Archiv Hélène Taich, Marseille

376 »Marseillais!«, Flugblatt des Mouvement National contre le Racisme, a. a. O.

377 »Aux juifs de Marseille«, Flugblatt der UJRE, August 1944, Archiv Hélène Taich

378 Siehe: La Presse Antiraciste sous l'occupation Hitlérienne, a. a. O. In Lyon allerdings erschienen anläßlich des Aufstands von Villeurebanne Flugblätter, auf denen von den »Frauen und Männern«, den »Lyonaisern und Lyonaiserinnen« die hier heldenhaft kämpfen, die Rede ist: Archiv Henri und Dina Krischer, Nancy

379 Ich beziehe mich auf Fotos im Archiv von Hélène Taich

Belgien

1 Interview der Autorin mit Yvonne Jospa, Brüssel, Mai 1995 und Februar 1996

2 Interview der Autorin mit Sarah Goldberg, Brüssel, August 1992, September 1994, Februar 1996

3 Siehe Points critiques, Nr. 58, Numéro special partisans armés, Dezember/Januar 1996, Brüssel 1996, S. 11

4 Interview der Autorin mit Régine Orfinger

5 Siehe: Partisans armés juifs. 38 Témoignages, hrsg. von Les enfants des partisans juifs de Belgique, Brüssel 1991, S. 15; Van Doorslaer, Rudi: Les Enfants du ghetto, a. a. O., S. 59; Interviews der Autorin mit Sarah Goldberg, Yvonne Jospa, Régine Orfinger, Fanny Rozencwajg, Guta Rozencwajg, Hélène Waksman, Belgien und Israel, Juni 1996

6 Siehe: Le Génocide Juif. 1941–1944, hrsg. v. Ministère de l'éducation, de la recherche de la Formation, direction générale de l'organisation des études, Brüssel 1994, S. 156

7 Van Doorslaer, Rudi: Introduction, in: Les Juifs de Belgique, a. a. O., S. 5

8 Steinberg, Maxime: La Traque, a. a. O.

9 Siehe: Campagne de discrédit contre les partisans juifs. Reponse à l'historien Maxime Steinberg, hrsg. v. Nejszaten, Marcel, Saraing 1992

10 Partisans armés juifs, a. a. O.

11 Siehe u. a.: Extermination, sauvetage et résistance des juifs, a. a. O.; Points critiques, Nr. 58, Brüssel Dezember 1995 / Januar 1996

12 Siehe die Cahiers d'Histoire de la seconde guerre mondiale des Centre de Recherches et d'Études Historiques de la seconde guerre mondiale, Brüssel; Gotovich, José: Du rouge au tricolore, résistance et parti communiste, Brüssel 1992; Van Doorslaer, Rudi: Joodse antifascistische immigranten uit Belgie in de Internationale brigaden, Note de travail 11, Brüssel, Centre de Rechercheres et d'Études Historiques de la seconde guerre mondiale, 1981

13 Siehe u. a. Teitelbaum-Hirsch, Viviane: Les Larmes, a. a. O.; Résistance. Père Bruno Reynders, Juste des Nations, Brüssel 1993; Brachfeld, Sylvain: Ils n'ont pas eu nos gosses, Brüssel, Institut de Recherche sur le Judaisme belge

14 Ein einziger bibliographischer Hinweis in dem Sammelband »Les Juifs de Belgiques«, a. a. O., bezieht sich auf Frauen: Dratwa, Daniel: Portraits de quelques femmes juives et laiques in: Femmes, Libertés, Laicité, Edition der Université Libre de Bruxelles, Série Laicité, Brüssel 1989, S. 137–147

15 Siehe Steinberg, Maxime: La Traque, Bd. 1 und 2, a. a. O.

16 Van Doorslaer, Rudi: Les Enfants du ghetto, a. a. O., S. 77

17 Partisans armés juifs, a. a. O.

18 Teitelbaum-Hirsch, Viviane: Les Larmes, a. a. O.,

19 Steinberg, Maxime: La Traque, Bd. 2., a. a. O., S. 44

20 Ein Großteil der Akten befindet sich im Archiv des belgischen Gesundheitsministeriums, Ministère de la Santé publique, und hier vor allem in den Archives de l'administration des victimes de guerre, service de documentation et de recherches, Archives clandestines du comité de défense des juifs, Archives de l'Association des Juifs de Belgique; weitere Dokumente finden sich in den Archives de l'Aide aux Israélites victimes de la guerre; im Archiv der Kommunistischen Partei Belgiens; in Privatarchiven wie dem von Yvonne Jospa; siehe auch: de Lathouwer, René: Comité de défense des juifs – CDJ. Témoignages et documents recueillis entre 1947 und 1951, Brüssel 1951, Archives de l'administration des victimes de guerre, service de documentation et de recherches, Brüssel

21 Gotovitch, José: Résistance et question juive, in: Les Juifs de belgique, a. a. O., S. 132

22 Siehe ebd.

23 Siehe ebd.; Laureys, Véronique: L'Attitude du gouvernement belge en exil à Londres envers les juifs et la question juive pendant la seconde guerre mondiale, in: Les Juifs de Belgique, a. a. O., S. 137–152; Van den Wijngaert, M.: Les catholiques belges et les Juifs durant l'occupation allemande, in: ebd., S. 121–128; Saerens, Lieven: L'Attitude du clergé catholique belge à l'égard du judaisme (1918–1940), in: ebd., S. 11–57

24 Siehe Gotovich, Jose: Résistance et question juive, a. a. O., S. 133f.

25 Siehe ebd., S. 134; siehe auch Laureys, Véronique: L'Attitude, a. a. O., S. 151

26 Die Stadt Mechelen ist flämisch, wird jedoch in der einschlägigen Literatur meist nach ihrem französischen Namen Malines genannt

27 Siehe Gotovich, José: Résistance et question juive, a. a. O., S. 132
28 Siehe Cige, Arlette: Le Juif dans la presse clandestine belge de 1940 à 1944, Mémoire de licence en journalisme et communication sociale, ULB, Brüssel 1972–1973, zitiert nach Gotovich, José: Résistance et question juive, a. a. O., S. 129
29 Abspaltung der zionistischen Arbeiterpartei Poale Zion
30 Siehe Van Doorslaer, Rudi: Les Enfants du ghetto, a. a. O., S. 70
31 Siehe Steinberg, Maxime: La Traque, Bd. 1, a. a. O.
32 Michman, Dan: Les Mouvements de la jeunesse sioniste en Belgique devant l'occupation allemande. Étude d'un point de vue comparatif, in: Les Juifs de Belgique, a. a. O., S. 173
33 Siehe ebd., S. 178f.
34 Siehe ebd., S. 187
35 Siehe ebd., S. 189
36 Siehe ebd.
37 Le Soir: La Libération de la Belgique, in Zusammenarbeit mit RTBF, September 1994
38 Interview der Autorin mit Fanny Rozencwajg
39 Siehe Teitelbaum-Hirsch, Viviane: Les Larmes, a. a. O., S. 200
40 Siehe Saerens, Lieven: L'Attitude du clergé, a. a. O., S. 11
41 Siehe ebd. S. 28
42 Siehe Steinberg, Maxime: La Traque, Bd. 2, a. a. O., S. 250; Laureys, Véronique: L'Attitude, a. a. O.
43 Extermination, sauvetage et résistance des juifs, a. a. O., S. 22; Le Génocide Juif, a. a. O., S. 53, S. 56 und S. 58
44 Siehe Gotovich, José: Résistance et question juive, a. a. O., S. 130f.
45 Siehe ebd., S. 129
46 Siehe Landgericht Kiel: Urteil in der Strafsache gegen Kurt Heinrich Asche vom 8. Juli 1981, Aktenzeichen VIII Ks (3/77) – 2 Ks 1/75
47 Nejszaten, Abraham: Mémoires, in: Partisans armés juifs, a. a. O., S. 335
48 Interview der Autorin mit Régine Orfinger
49 Interview der Autorin mit Guta Rozencwajg
50 Die hier genannte Zahl lautet »rd. 42500 Juden, von denen über 90 Prozent ausländische Staatsangehörige sind«. Sie widerspricht somit der in der belgischen Literatur (Steinberg, Le Génocide Juif etc.) genannten Zahl von ca. 56000 1941 in Belgien lebenden Juden. Zitiert nach: Urteil des Landgerichts Kiel gegen Kurt Heinrich Asche, S. 20
51 Zitiert nach Urteil des Landgerichts Kiel gegen Kurt Heinrich Asche, S. 20
52 Coelst, J: Président de la conférence des bourgmestres de Bruxelles an Monsieur le Docteur Gentzke, Haut conseiller militaire d'administration, Brüssel, 5. Juni 1942, dokumentiert in: Le Génocide Juif, a. a. O., S. 53
53 Siehe ebd.
54 La libre Belgique, nr. 34, Édition spéciale pour le pays de Liège, Juli 1942, dokumentiert in: Le Génocide Juif, a. a. O., S. 55f.
55 Siehe: Partisans armés juifs, a. a. O., S. 17; Interviews der Autorin mit Fanny und Guta Rozencwajg

56 Siehe: Le Génocide Juif, a. a. O., S. 51
57 Siehe Steinberg, Maxime: Les juifs de 1940 à 1944. Trois stratégies pour une tragédie, in: Les Juifs de Belgique, a. a. O., S. 166; Urteil des Landgerichts Kiel gegen Kurt Heinrich Asche, a. a. O., S. 39
58 Siehe: Urteil des Landgerichts Kiel gegen Kurt Heinrich Asche, a. a. O., S. 50; Extermination, sauvetage et résistance des juifs, a. a. O., S. 17
59 Interview der Autorin mit Guta Rozencwajg
60 Interview der Autorin mit Hélène Waksman
61 Zitiert nach Steinberg, Maxime: La Traque, Bd. 1, a. a. O., S. 72
62 Siehe ebd., S. 18; Partisans armés juifs, a. a. O., S. 18
63 Siehe Steinberg, Maxime in: Les Juifs de Belgique, a. a. O., S. 165f.
64 Bulletin intérieur du Front de l'indépendance, Nr. 4, 17. Oktober 1942, dokumentiert in: Le Génocide Juif, a. a. O., S. 77ff.
65 Zitiert nach: Urteil des Landgerichts Kiel gegen Kurt Heinrich Asche, a. a. O., S. 51f.
66 Zitiert nach ebd., S. 66
67 Siehe: Extermination, sauvetage et résistance des juifs, a. a. O., S. 20f.
68 Siehe Van Doorslaer, Rudi: Les Enfants du ghetto, a. a. O., S. 61ff.; Schreiber, J. PH.: L'Attitude des juifs de Belgique face au nazisme: Le boycottage économique (1933–1939), in: Les Juifs de Belgique, a. a. O., S. 79–100
69 Interview der Autorin mit Hélène Waksman
70 Ebd.
71 Interview der Autorin mit Yvonne Jospa
72 Interview der Autorin mit Guta Rozencwajg
73 Interview der Autorin mit Sarah Goldberg
74 Gespräch der Autorin mit Albert Rozencwajg, Rischon Lezion, Juni 1996
75 Interviews der Autorin mit Hélène Waksman, Sarah Goldberg, Fanny Rozencwajg und mit Marcel Nejszaten, Köln, September 1992, Oktober 1995, Dezember 1996
76 So zum Beispiel die Familien Nejszaten und Rozencwajg, siehe dazu: Partisans armés juifs, a. a. O.
77 Gespräch der Autorin mit Albert Rozencwajg
78 Der von Leopold Trepper geleitete Geheimdienst hatte in Wahrheit keinen eigenen Namen. Die Bezeichnung »Rote Kapelle« stammt von der deutschen Abwehr. Zur »Roten Kapelle« siehe: Trepper, Leopold: Die Wahrheit. Eine Autobiographie, München 1975; Perrault, Gilles: Auf den Spuren der Roten Kapelle, Wien/Zürich 1990
79 Interview der Autorin mit Sarah Goldberg
80 Siehe Gotovich, José: Du rouge au tricolore, a. a. O., S. 117f. und S. 151ff.
81 Siehe ebd., S. 152
82 Siehe Gotovich, José: Résistance et question juive, a. a. O.; Steinberg, Maxime: La Traque, Bd. 1, a. a. O., S. 77
83 Siehe Gotovich, José: Du rouge au tricolore, a. a. O., S. 157
84 Zitiert nach ebd., S. 158
85 Siehe Steinberg, Maxime: La Traque, Bd. 2, a. a. O., S. 49
86 Maxime Steinberg widerspricht Yacob Gutfrajnd und schreibt in »La Traque des

juifs«, Bd. 2, a. a. O., S. 39, die Brüsseler Gruppe habe sich am 29. Juni 1942 gegründet. Dieser Punkt ist einer von mehreren, an denen Steinberg sich bemüht, die Aussagen der überlebenden Beteiligten zu widerlegen. In einer 1992 erschienenen Broschüre mit dem Titel »Campagne de discrédit contre les partisans juifs« (a. a. O.) werfen ehemalige jüdische Partisanen Steinberg vor, sie im 2. Band seiner Studie absichtlich in Mißkredit zu bringen, der Unglaubwürdigkeit zu zeihen und ihre Erinnerungen als irrelevant und falsch darzustellen. Die Herausgeberinnen und Herausgeber des Bandes »Partisans armés juifs« (a. a. O.) folgen in ihrer Einleitung den Angaben Gutfrajnds. Dessen Erinnerungen werden auch in Auszügen in »Partisans armés juifs« dokumentiert. Da Steinbergs Einwände die Angaben der Überlebenden nicht immer überzeugend widerlegen und da es, wie auch Steinberg bedauernd feststellt, kaum schriftliche Quellen aus der Epoche gibt und daher eine Rekonstruktion der Geschichte der jüdischen PA sich weitgehend auf die Aussagen der Überlebenden stützen muß, halte ich mich im folgenden in den Fällen, in denen sich Steinberg und die Zeitzeugen widersprechen, an die Version letzterer in »Partisans armés juifs«

87 Siehe: Partisans armés juifs, a. a. O., S. 18; Gutfrajnd, Yacob: Eléments d'une autobiographie, in: ebd., S. 155–207; Steinberg, Maxime: La Traque, Bd. 2, a. a. O., S. 48 ff.

88 Siehe Steinberg, Maxime: La Traque, Bd. 2, a. a. O., S. 42 f.; Gutfrajnd, Yacob: Éléments, a. a. O., S. 187 ff.

89 Gespräche der Autorin mit Albert Rozencwajg und Abraham Nejszaten; siehe auch: Nejszaten, Abraham: Mémoires, a. a. O., S. 322 ff.

90 Interview der Autorin mit Guta Rozencwajg

91 Siehe die Berichte der Zeitzeuginnen in: Partisans armés juifs, a. a. O.; Interviews der Autorin mit Fanny Rozencwajg, Guta Rozencwajg, Hélène Waksman

92 Siehe: Témoignage d'Ida Szulzinger-Ganz in: Partisans armés juifs, a. a. O., S. 224

93 Interview der Autorin mit Régine Orfinger

94 Ebd.

95 Ebd.

96 Ebd.

97 Interview der Autorin mit Hélène Waksman

98 Interview der Autorin mit Guta Rozencwajg

99 Ebd.

100 Letzter Brief von Maurice Rozencwajg, dokumentiert in: Partisans armés juifs, a. a. O., S. 33

101 Interview der Autorin mit Guta Rozencwajg

102 Ebd.

103 Interview der Autorin mit Sarah Goldberg

104 Ebd.

105 Ebd.

106 Ebd.

107 Nejszaten, Abraham: Mémoires, a. a. O.

108 Guta Rozencwajg geht davon aus, daß Sarah Goldberg von »Jacques« denunziert wurde: Interview der Autorin mit Guta Rozencwajg

109 Interview der Autorin mit Sarah Goldberg

110 Ebd.

111 Siehe Steinberg, Maxime: La Traque, Bd. 2, a. a. O., S. 153 ff.; Points critiques, Numéro spéciale: Partisans armés, S. 11; Interviews der Autorin mit Guta Rozencwajg und Abraham Nejszaten

112 Interview der Autorin mit Guta Rozencwajg

113 L'Ami du peuple vom 31. 10. 1942, zitiert nach Steinberg, Maxime: La Traque, Bd. 1, a. a. O., S. 127

114 Interview der Autorin mit Yvonne Jospa

115 Ebd.

116 Siehe Steinberg, Maxime: La Traque, Bd. 1., a. a. O., S. 86; und ebd. FN 21

117 Interview der Autorin mit Yvonne Jospa; siehe auch Jospa, Yvonne: L'Historique du CDJ, Brüssel, 7. 7. 1944; Steinberg, Maxime: La Traque, Bd. 1, a. a. O., S. 67 f. und S. 118; de Lathouwer, René: Comité, a. a. O., S. 11 ff.

118 Jospa, Yvonne: L'Historique, a. a. O.

119 Siehe Teitelbaum-Hirsch, Viviane: Les Larmes, a. a. O., S. 52; Extermination, sauvetage et résistance des juifs, a. a. O., S. 38; Steinberg, Maxime: La Traque, Bd. 1., a. a. O., S. 84 und S. 124; René de Lathouwer gibt in seiner Dokumentensammlung »Comité«, a. a. O., sehr viel höhere Zahlen an, er schreibt: »Auf Grundlage der Dokumente (...) kann man schätzen, daß ca. 3000 Kinder vom CDJ gerettet wurden und 12 000 Erwachsene von der Hilfe dieser Organisation profitierten.« (S. 16)

120 Siehe: Extermination, sauvetage et résistance des juifs, a. a. O., S. 47 ff.; diverse Ausgaben der beiden Zeitschriften, CREHSGM (Centre de Recherches et d'Études Historiques de la Seconde Guerre Mondiale), Abteilung Presse Clandestine; siehe auch de Lathouwer: Comité, a. a. O., S. 9

121 Siehe Steinberg, Maxime: La Traque, Bd. 1., a. a. O., S. 126, S. 137 ff. und S. 140

122 Interview der Autorin mit Yvonne Jospa

123 Ebd.

124 Siehe Steinberg, Maxime: La Traque, Bd. 1., a. a. O., S. 124

125 Zitiert nach ebd., S. 123

126 Interview der Autorin mit Judith van Monfort

127 Die Hefte befinden sich im Archiv der CDJ-Nachfolgeorganisation Aide aux Israélites Victimes de la Guerre im belgischen Gesundheitsministerium, Brüssel. Andrée Geulen, ehemalige Mitarbeiterin des CDJ, stellte mir freundlicherweise ihre eigenen Kopien zur Einsichtnahme zur Verfügung

128 Zitiert nach Steinberg, Maxime: La Traque, Bd. 1, a. a. O., S. 161 f.

129 Interview der Autorin mit Yvonne Jospa

130 Interviews der Autorin mit Yvonne Jospa und Andrée Geulen; Gespräch der Autorin mit Fela Herrman, Brüssel, Dezember 1994

131 Interview der Autorin mit Yvonne Jospa

132 Ebd.

133 Ebd.

134 Siehe Steinberg, Maxime: La Traque, Bd. 1, a. a. O., S. 183 ff.; de Lathouwer, René: Comité, a. a. O., S. 10; van Praag, Roger: Déclaration, in: de Lathouwer, René: Comité, a. a. O., S. 33 ff.

135 Ebd.
136 Ebd.; siehe auch Teitelbaum-Hirsch, Viviane: Les Larmes, a. a. O., S. 116 f.;
Steinberg, Maxime: La Traque, Bd. 1, a. a. O., S. 40
137 Steinberg, Maxime: La Traque, Bd. 1, a. a. O., S. 156
138 Interview der Autorin mit Yvonne Jospa
139 Siehe Steinberg, Maxime: La Traque, Bd. 1, a. a. O., S. 91 und S. 172
140 Zitiert nach Teitelbaum-Hirsch, Viviane: Les Larmes, a. a. O., S. 154 f.
141 Siehe ebd., S. 90 f. und S. 156
142 Siehe ebd., S. 175 f.
143 Interviews der Autorin mit Sophie Rechtman, Präsidentin der Union de l'enfant
caché, der Vereinigung der versteckten Kinder in Belgien, Brüssel, Dezember
1994 und Mai 1995
144 Interview der Autorin mit Yvonne Jospa

Niederlande

1 Interview der Autorin mit Virginia Cohen
2 Interview der Autorin mit Eva Besnyö
3 Siehe Kwiet, Konrad und Eschwege, Helmut: Selbstbehauptung und Widerstand. Deutsche Juden im Kampf um Existenz und Menschenwürde 1933–1945,
Hamburg 1984, S. 151
4 Siehe ebd., S. 143
5 Interview der Autorin mit Uschi Rubinstein
6 Siehe Presser, Jacob: Ashes in the Wind. The Destruction of Dutch Jewry, London 1968, S. 7 ff. (Das Original erschien unter dem Titel: Ondergang. De Vervolging en Verdelging van het nederlandse Jodendom, 1940–1945, 2 Bände, Den
Haag 1965)
7 Siehe ebd. S. 9
8 Siehe Braber, Ben: Joden in Verzet en Illegaliteit. Zelfs als wij zullen verliezen.
1940–1945, Amsterdam 1990, S. 41
9 Siehe Presser, Jacob: Ashes, a. a. O., S. 10
10 Siehe Braber, Ben: Joden, a. a. O., S. 28 ff.
11 Siehe ebd., S. 31
12 Siehe Michmann, Dan: Zionist Youth Movements in Holland and Belgium and
their Activities during the Shoah, in: Cohen, Asher und Cochavi, Yehoyakim
(Hrsg.): Zionist Youth Movements, a. a. O., S. 148 f.
13 Interview der Autorin mit Ida Zilberberg-Gerstner, Hadar Am, Mai 1996
14 Interview der Autorin mit Trudel van Reemst-de Vries
15 Interview der Autorin mit Sieny Cohen (geborene Kattenburg)
16 Ebd.
17 Ebd.
18 Presser, Jacob: Ashes, a. a. O.
19 Siehe unter anderem: Braber, Ben: Joden, a. a. O.; ders.: Passage naar Vrijheid,
Amsterdam 1987; Paape A.H. (Hrsg.): Bericht van de Tweede Wereldoorlog,
Amsterdam, 1970–1971, darin u. a.: Herzberg, A. J.: Verzet in Verlatenheit. De

problematiek van het joodse verzet, S. 1486–1488; Stuhldreher, C. J. F.: Samen alleen. Joods verzet in Nederland, S. 1489–1494; Flim, Bert Jan: Omdat Hun Hart Sprak. Geschiedenis van de georganiseerde hulp aan Joodse kinderen in Nederland 1942–1945, Kampen 1996; De jeugdalijah van het Paviljoen Loosdrechtse Rade, Hilversum 1987; Verzet zonder Geweld. Ter herinnering aan Joop Westerweel, o. O. 1964; Van de Kar, Jacob: Joods Verzet, Amsterdam 1981; de Jong, S.: Joodse Oorlogsherinneringen (1940–1945), Franeker 1975. Siehe auch die Passagen zur Beteiligung von Juden am niederländischen Widerstand in de Jong, S.: Het Koninkrijk der Nederlanden in de Tweede Wereldoorlog, 10 Bände, 's Gravenhage 1969–1981

20 Siehe Braber, Ben: Joden, a. a. O., S. 22
21 Siehe Presser, Jacob: Ashes, a. a. O., S. 383
22 Siehe Presser, Jacob: Ashes, a. a. O., S. 283 f.; Braber, Ben: Joden, a. a. O.; ders.: Passage, a. a. O.; Van de Kar, Jacob: Joods Verzet, a. a. O.; De jeugdalijah van het Paviljoen Loosdrechtse Rade, Hilversum 1987
23 Siehe Presser, Jacob: Ashes, a. a. O., S. 279
24 Siehe ebd., S. 173
25 Siehe ebd., S. 155 f.
26 Siehe ebd., S. 15
27 Siehe ebd., S. 36 f.
28 Interview der Autorin mit Sieny Cohen
29 Interview der Autorin mit Eva Besnyö
30 Siehe Presser, Jacob: Ashes, a. a. O., S. 48; Die Welt der Anne Frank. Katalog zur Ausstellung, hrsg. von der Anne Frank Stiftung, Amsterdam 1985
31 Siehe Presser Jacob: Ashes, a. a. O., S. 83
32 Siehe ebd., S. 88
33 Siehe ebd., S. 60
34 Ebd., S. 93 f.
35 Siehe ebd., S. 107
36 Siehe ebd., S. 114
37 Siehe ebd., S. 124 ff.
38 Siehe ebd., S. 13 f.
39 Interview der Autorin mit Uschi Rubinstein
40 Siehe Presser, Jacob: Ashes, a. a. O., S. 136; Braber, Ben: Joden, a. a. O., S. 71
41 Siehe Presser, Jacob: Ashes, a. a. O., S. 151 ff.
42 Weil, Grete: Meine Schwester Antigone, Zürich / Köln 1980, S. 35
43 Presser, Jacob: Ashes, a. a. O., S. 139 f.
44 Ebd., S. 327
45 Het Parool, 10. Mai 1942, zitiert nach ebd., S. 325 f.
46 Siehe ebd., S. 147
47 Zitiert nach Presser, Jacob: Ashes, a. a. O., S. 146 f.
48 Siehe ebd., S. 353 f.
49 Siehe Flim, Bert Jan: Omdat Hun Hart Sprak, a. a. O.; Braber, Ben: Joden, a. a. O.; ders.: Passage, a. a. O.; Menger, Truus: Toen Niet, Nu Niet, Nooit, Den Haag 1982; Interview der Autorin mit Truus Menger, Venhuizen, Mai 1987; Interview der Autorin mit Virginia Cohen

50 Siehe ebd., S. 383

51 Meulenbelt, J. in: Voormalig Verzet Nederland, 26. März 1955, zitiert nach: Presser, Jacob: Ashes, a.a.O., S. 382

52 Siehe Presser, Jacob: Ashes, a.a.O., S. 389f.

53 Interview der Autorin mit Uschi Rubinstein

54 Interview der Autorin mit Virginia Cohen

55 Ebd.

56 Interview der Autorin mit Ida Zilberberg

57 Ebd.

58 Interview der Autorin mit Trudel van Reemst-de Vries

59 Ebd.

60 Ebd.

61 Siehe ebd. S. 50; Braber, Ben: Joden, a.a.O., S. 57ff. und S. 65ff.

62 Presser, Jacob: Ashes, a.a.O., S. 80

63 »Staakt!!! Staakt!!! Staakt!«, a.a.O. Siehe auch Presser, Jacob: Ashes, a.a.O., S. 56; Braber, Ben: Joden, a.a.O., S. 68

64 Interview der Autorin mit Roos Sijbrands

65 Siehe Presser, Jacob: Ashes, a.a.O., S. 56

66 Ebd., S. 278f.

67 Ebd., S. 283

68 Siehe Latour, Anny: La Résistance, a.a.O., S. 104f.; Knout, David: Contribution, a.a.O., S. 154ff.; Lazarus, Jacques: Juifs au Combat, a.a.O.

69 Michman, Dan: Zionist Youth Movements, a.a.O., S. 155ff.

70 Siehe Kochba, Adina: The »Hehalutz« Underground in Holland during the Nazi Occupation, in: Extermination and Resistance. Historical Records and Source Material, Bd. 1, Lohamei Haghettaot 1958, S. 173–176; Braber, Ben: Joden, a.a.O., S. 83ff.

71 Siehe Braber, Ben: Joden, a.a.O., S. 83ff. und S. 172, Fußnote 17

72 Ebd.

73 Interview der Autorin mit Sieny Cohen

74 Gespräch der Autorin mit Max Rubinstein; siehe auch Presser, Jacob: Ashes, a.a.O., S. 165f.

75 Weil, Grete: Meine Schwester, a.a.O., S. 94

76 Interview der Autorin mit Sieny Cohen

77 Siehe Presser, Jacob: Ashes, a.a.O., S. 281ff.; Braber, Ben: Joden, a.a.O., S. 82f.; Interview der Autorin mit Sieny Cohen

78 Weil, Grete: Meine Schwester, a.a.O., S. 95

79 Interview der Autorin mit Sieny Cohen

80 Ebd.

81 Interview der Autorin mit Virginia Cohen

82 Ebd.

83 Interview der Autorin mit Sieny Cohen

84 Interviews der Autorin mit Virginia und Sieny Cohen

85 Interview der Autorin mit Sieny Cohen

86 Interview der Autorin mit Virginia Cohen

87 Interview der Autorin mit Sieny Cohen

435

88 Interview der Autorin mit Virginia Cohen
89 Ebd.
90 Interview der Autorin mit Sieny Cohen
91 Interview der Autorin mit Uschi Rubinstein
92 Ebd.
93 Ebd.
94 Ebd.
95 Siehe Braber, Ben: Passage, a. a. O., S. 37 ff.
96 Interview der Autorin mit Uschi Rubinstein
97 Ebd.
98 Siehe Braber, Ben: Joden, a. a. O., S. 123 f.; Kwiet, Konrad und Eschwege, Helmut: Selbstbehauptung, a. a. O., S. 188 f.
99 Interview der Autorin mit Eva Besnyö
100 Ebd.
101 Ebd.
102 Interview der Autorin mit Mirjam Ohringer
103 Ebd.
104 Ebd.
105 Ebd.
106 Interview der Autorin mit Roos Sijbrands
107 Ebd.
108 Ebd.
109 Ebd.
110 Siehe Presser, Jacob: Ashes, a. a. O., S. 400
111 Interview der Autorin mit Eva Besnyö
112 Siehe: Die Welt der Anne Frank a. a. O.; Interviews der Autorin mit Truus Menger, Uschi Rubinstein, Virginia Cohen
113 Interview der Autorin mit Eva Besnyö
114 Interview der Autorin mit Uschi Rubinstein
115 Interview der Autorin mit Virginia Cohen

Ungarn

1 Interview der Autorin mit Chava Ben Porat
2 Interview der Autorin mit Tamara und Rafi Ben Shalom
3 Siehe Cohen, Asher: The Halutz Resistance, a. a. O., S. 18 ff.; Büchler, Jehosua Robert: Die jüdischen Widerstandsbewegungen in der Slowakei, Ungarn und Rumänien, in: Im Kampf gegen Besatzung und Endlösung. Widerstand der Juden in Europa 1939–1945, Katalog zur gleichnamigen Ausstellung im Jüdischen Museum Frankfurt, hrsg. von Georg Heuberger, Frankfurt am Main 1995, S. 266–287; Interview der Autorin mit Tamara und Rafi Ben Shalom
4 Siehe: Europa unter dem Hakenkreuz. Dokumentenedition, Bd. 6, hrsg. v. Bundesarchiv, Berlin/Heidelberg 1992, S. 94 f.; Cohen, Asher: The Halutz Resistance, a. a. O., S. 33 f. und S. 55
5 Europa unter dem Hakenkreuz, a. a. O., S. 99 und S. 324; Cohen, Asher: The

Halutz Resistance, a.a.O., S. 58; Enzyklopädie des Holocaust. Die Verfolgung und Ermordung der europäischen Juden, Bd. III, Berlin 1993

6 Zitiert nach: Europa unter dem Hakenkreuz, a.a.O., S. 334

7 Cohen, Asher: The Halutz Resistance, a.a.O., S. 45f.

8 Zitiert nach ebd., S. 47

9 Interview der Autorin mit Tamara und Rafi Ben Shalom

10 Siehe Cohen, Asher: The Halutz Resistance, a.a.O., S. 207f.

11 Siehe ebd., S. 188 und S. 218; Enzyklopädie des Holocaust, Bd. III

12 Siehe Cohen, Asher: The Halutz Resistance, a.a.O., S. 157

13 Paetzke, Hans-Henning: Auf der Suche nach dem verschwundenen Schlangen-töter, in: Tribüne, Heft 90, 23. Jahrgang, Frankfurt am Main 1984, S. 66ff.

14 Siehe Patai, Raphael: The Jews of Hungary. History, Culture, Psychology, De-troit 1996, S. 590. Diese Zahl ist ungewöhnlich hoch. Die Enzyklopädie des Holo-caust, Bd. III, schätzt die Verluste der jüdischen Gemeinde Ungarns während des Krieges auf insgesamt 564500 Menschen, von denen 63000 vor der deutschen Besatzung ums Leben kamen

15 Siehe Cohen, Asher: The Halutz Resistance, a.a.O., S. 221

16 Siehe Rozett, Robert: Jewish and Hungarian Armed Resistance in Hungary, in: Yad Vashem Studies XIX, Jerusalem 1988, S. 276ff.

17 Siehe ebd., S. 279ff.

18 Zitiert nach ebd., S. 275

19 Zitiert nach ebd., S. 279

20 Siehe ebd., S. 278ff.

21 Siehe Cohen, Asher: The Halutz Resistance, a.a.O., S. 20

22 Siehe ebd., S. 2

23 Siehe ebd., S. 1

24 Siehe Braham, Randolph L.: The Politics of Genocide. The Holocaust in Hun-gary, New York 1981, S. 988

25 Diese Briefe liegen in diversen Archiven in Israel, unter anderem in Beit Lohamei Haghettaot, in Moreshet-Archives, Givat Haviva und im Archiv von Heini Born-stein im Kibbuz Lehavot Habashan

26 Rafi Ben Shaloms Bericht aus dem Jahr 1945 ist in dem Sammelband »Neevaknu Lemaan Hachaim« (Wir kämpften für das Leben) des Archiv Moreshet, Tel Aviv 1977, S. 223ff. veröffentlicht. Zvi Goldfarbs Bericht liegt auch auf englisch vor: On »Hehalutz« Resistance in Hungary, in: Extermination and Resistance. Histo-rical Records and Source Material, Bd. 1, Lohamei Haghettaot 1958

27 Herzberg, Tusia: Der lachende Sand, a.a.O. Das Original erschien 1988 in He-bräisch in Tel Aviv

28 Schiloach-Abres, Galia: Die ungarische jüdische Untergrundbewegung, Doku-mentarfilm, Budapest 1996. Ich danke Ita Schmolowsky, die mir die Aussagen der Zeitzeuginnen und Zeitzeugen in diesem Film übersetzt hat

29 Cohen, Asher: The Halutz Resistance, a.a.O., S. 3

30 Siehe Patai, Raphael: The Jews of Hungary, a.a.O.

31 Siehe Cohen, Asher: The Halutz Resistance, a.a.O.; Goldfarb, Zvi: On »Heha-lutz« Resistance in Hungary, a.a.O.; Rozett, Robert: Jewish and Hungarian Armed Resistance, a.a.O.

32 Siehe Herzberg, Tusia: Der lachende Sand, a.a.O., Interviews der Autorin mit Chava Ben Porat, Tamara und Rafi Ben Shalom, Ita Eisen

33 Siehe ebd.

34 Siehe Patai, Raphael: The Jews of Hungary, a.a.O., 604; Neues Lexikon des Judentums, hrsg. von Julius H. Schoeps, Gütersloh/München 1992

35 Siehe Patai, Raphael: The Jews of Hungary, a.a.O., S. 604f.

36 Siehe Cohen, Asher: The Halutz Resistance, a.a.O., S. 13ff.

37 Siehe Büchler, Jehosua Robert: Die jüdischen Widerstandsbewegungen, a.a.O., S. 276f.; Cohen, Asher: The Halutz Resistance, a.a.O., S. 14f. und S. 18f.; Europa unter dem Hakenkreuz, a.a.O., S. 94

38 Siehe Cohen, Asher: The Halutz Resistance, a.a.O., S. 21ff.; Goldfarb, Zvi: On »Hehalutz« Resistance in Hungary, a.a.O.; Herzberg, Tusia: Der lachende Sand, a.a.O.; Statement von Neschka Goldfarb in »Die ungarische jüdische Untergrundbewegung«; Interview der Autorin mit Tamara und Rafi Ben Shalom

39 Fredka Mazia und Lolka Majtlis, zwei Mitglieder von Hanoar Hazioni, konnten auf dem Arbeitsamt in Czestochowa Arbeitsgenehmigungen für mehrere ihrer Kameradinnen und Kameraden organisieren. Die fuhren als »arische« polnische »Fremdarbeiter« zu ihren Einsatzorten in Salzburg und Linz. Von dort reisten sie illegal über Wien weiter nach Sopron an der österreichisch-ungarischen Grenze und von dort nach Budapest. Siehe Herzberg, Tusia: Der lachende Sand, a.a.O., S. 92f.

40 Herzberg, Tusia: Der lachende Sand, a.a.O., S. 32

41 Ebd., S. 33

42 Zitiert nach Cohen, Asher: The Halutz Resistance, a.a.O., S. 45

43 Siehe Cohen, Asher: The Halutz Resistance, a.a.O., S. 45ff.; Interview der Autorin mit Tamara und Rafi Ben Shalom

44 Interview der Autorin mit Chava Ben Porat

45 Siehe Cohen, Asher: The Halutz Resistance, a.a.O., S. 25

46 Interview der Autorin mit Chava Ben Porat

47 Ebd.

48 Aussage von Mosche Alpan in: Die ungarische jüdische Untergrundbewegung

49 Siehe Büchler, Robert: Die jüdischen Widerstandsbewegungen, a.a.O., S. 280f.; Cohen, Asher: The Halutz Resistance, a.a.O., S. 34ff.; Interview der Autorin mit Tamara und Rafi Ben Shalom; Gespräch der Autorin mit Heini Bornstein, Kibbuz Lehavot Habashan, Juni 1996

50 Cohen, Asher: The Halutz Resistance, a.a.O., S. 22

51 Herzberg, Tusia: Der lachende Sand, a.a.O., S. 42

52 Interview der Autorin mit Tamara und Rafi Ben Shalom

53 Ebd.

54 Ebd.

55 Siehe Cohen, Asher: The Halutz Resistance, a.a.O., S. 73ff.

56 Interview der Autorin mit Tamara und Rafi Ben Shalom

57 Siehe Cohen, Asher: The Halutz Resistance, a.a.O., S. 78

58 Siehe ebd.

59 Interview der Autorin mit Chava Ben Porat

60 Ebd.

61 Ebd.

62 Ebd.

63 Interview der Autorin mit Tamara und Rafi Ben Shalom

64 Siehe Cohen, Asher: The Halutz Resistance, a. a. O., S. 99

65 Siehe ebd., S. 100 ff.

66 Siehe Brief von Rafi Ben Shalom an Nathan Schwalb und Heini Bornstein, Budapest, den 12. 7. 1944, Archiv Heini Bornstein; siehe auch Interview der Autorin mit Tamara und Rafi Ben Shalom

67 Zum »Kazstner-Transport« siehe Cohen, Asher: The Halutz Resistance, a. a. O.; Braham, Randolph L.: The Politics of Genocide, a. a. O.; die kurze Zusammenfassung in der Enzyklopädie des Holocaust, Bd. 3

68 Siehe Cohen, Asher: The Halutz Resistance, a. a. O., S. 106 und S. 110 f.

69 Siehe ebd., S. 108

70 Herzberg, Tusia: Der lachende Sand, a. a. O., S. 46

71 Siehe ebd., S. 47 f.

72 Siehe ebd., S. 94

73 Siehe Cohen, Asher: The Halutz Resistance, S. 143 ff.; Rozett, Robert: Jewish and Hungarian Armed Resistance, a. a. O., S. 281 ff.

74 Rafi Ben Shalom an Nathan Schwalb und Heini Bornstein, Budapest, den 27. November 1944, Moreshet Archives D.1.1150. Der Brief ist mit einem Kürzel unterschrieben. Laut Auskunft von Heini Bornstein handelt es sich um die Signatur von Rafi Ben Shalom

75 Siehe Cohen, Asher: The Halutz Resistance, a. a. O., S. 133 ff. und 164 ff.; Rozett, Robert; Jewish and Hungarian Armed Resistance, a. a. O., S. 270 ff.; Patai, Raphael: The Jews of Hungary, a. a. O., S. 579 ff.

76 Siehe Cohen, Asher: The Halutz Resistance, a. a. O., S. 135 ff.

77 Siehe ebd., S. 169 f.; Herzberg, Tusia: Der lachende Sand, a. a. O., S. 37; Interview der Autorin mit Tamara und Rafi Ben Shalom

78 Interview der Autorin mit Tamara und Rafi Ben Shalom

79 Neshka Goldfarb in: Die ungarische jüdische Untergrundbewegung

80 Siehe Cohen, Asher: The Halutz Resistance, a. a. O., S. 167

81 Interview der Autorin mit Tamara und Rafi Ben Shalom

82 Rafi Ben Shalom an Nathan Schwalb und Heini Bornstein, Budapest, den 27. November 1944, Moreshet Archives D.1.1150

83 Siehe Cohen, Asher: The Halutz Resistance, a. a. O., S. 138

84 Herzberg, Tusia: Der lachende Sand, a. a. O., S. 52

85 Siehe ebd., S. 54 ff.

86 Siehe Cohen, Asher: The Halutz Resistance, a. a. O., S. 185 f.

87 Zitiert nach ebd., S. 180

88 Aussage eines Zeitzeugen in: Die ungarische jüdische Untergrundbewegung

89 Interview der Autorin mit Tamara und Rafi Ben Shalom

90 Ebd.

91 Siehe Cohen, Asher: The Halutz Resistance, a. a. O., S. 213 ff.; Goldfarb, Zvi: On »Hehalutz« Resistance in Hungary, a. a. O., S. 164 f.

92 Siehe Goldfarb, Zvi: On »Hehalutz« Resistance in Hungary, a. a. O., S. 165

93 Siehe Cohen, Asher: The Halutz Resistance, a. a. O., S. 208 f.

94 Goldfarb, Neschka in: Die ungarische jüdische Untergrundbewegung
95 Siehe Cohen, Asher: The Halutz Resistance, a.a.O., S. 234f.; Goldfarb, Zvi: On »Hehalutz« Resistance in Hungary, a.a.O., S. 167ff.
96 Siehe Cohen, Asher: The Halutz Resistance, a.a.O., S. 246f.

Polen

1 Antworten von Chava Raban (Fulman) auf den Fragebogen der Autorin, auf Tonkassette gesprochen und übersetzt von Uriel Leumi, Kibbuz Lohamei Haghettaot, August 1996
2 Interview der Autorin mit Hela Szyfer-Rufeisen
3 Siehe Ainsztein, Reuben: Jewish Resistance, a.a.O., S. 518f.
4 Interview der Autorin mit Ewa Krakowska, Ramat Gan, Juni 1996
5 Liza Czapnik in: Strobl, Ingrid: »Mir zeynen do«. Der Ghettoaufstand und die Partisaninnen von Bialystok, Dokumentarfilm, Köln 1992
6 Interview mit Czapnik Liza für Yad Vashem 1995, Archiv von Yad Vashem, Cassette Nr. 033C/2880
7 Siehe u.a. Bartoszewski, Wladyslaw: Uns eint vergossenes Blut. Juden und Polen in der Zeit der »Endlösung«, Frankfurt am Main 1987
8 Siehe Ainsztein, Reuben, Jewish Resistance, a.a.O., S. 396ff.
9 Siehe Grossman, Chaika: Die Untergrundarmee, a.a.O., S. 48ff.
10 Siehe Ainsztein, Reuben: Jewish Resistance, a.a.O., S. 398ff.; Grossman, Chaika: Die Untergrundarmee, a.a.O.; Edelman, Marek: Das Ghetto kämpft, a.a.O.; Mark, Bernard: Der Aufstand, a.a.O.; Zuckerman, Itzhak: The Jewish Revolt, in: The Fighting Ghettos, hrsg. v. Barkai Meyer, Philadelphia und New York 1962, S. 3−18; Interviews der Autorin mit Chaika Grossman; Bronia Vinicka; Liza Czapnik
11 Zitiert nach Ainsztein, Reuben: Jewish Resistance, a.a.O., S. 535
12 Siehe Hilberg, Raul: Die Vernichtung, a.a.O., S. 137ff. und 338ff.; Wulf, Joseph: Das Dritte Reich, a.a.O.; Enzyklopädie des Holocaust, Bd. 1−3, Berlin 1993
13 Siehe Ainsztein, Reuben: Jewish Resistance, a.a.O., S. 183ff.
14 Marcus, Joseph: Social and Political History of the Jews in Poland, 1918−1939, Berlin/New York/Amsterdam 1983, S. 13
15 Siehe ebd., S. 15
16 Siehe Ainsztein, Reuben: Jewish Resistance, a.a.O., S. 184
17 Siehe Marcus, Joseph: Social and Political History, a.a.O., S. 18
18 Siehe ebd., S. 16
19 Siehe ebd., S. 183ff.
20 Siehe Ainsztein, Reuben: Jewish Resistance, a.a.O., S. 185
21 Siehe ebd.; Marcus, Joseph: Social and Political History, a.a.O., S. 46ff. und 99ff.
22 Siehe Marcus, Joseph: Social and Political History, a.a.O., S. 46
23 Siehe Ainsztein, Reuben: Jewish Resistance, a.a.O., S. 181
24 Siehe Marcus, Joseph: Social and Political History, a.a.O., S. 356
25 Siehe Ainsztein, Reuben: Jewish Resistance, a.a.O., S. 181f.; Marcus, Joseph: Social and Political History, a.a.O., S. 18ff.

26 Interviews der Autorin mit Chasia Bielicka-Bornstein, Kibbuz Lehavot Habashan, Juni 1995 und Juni 1997

27 Grossman, Chaika: Die Untergrundarmee, a. a. O., S. 94

28 Siehe Bunzl, John: Klassenkampf in der Diaspora, Wien 1975, S. 152; Marcus,
Joseph: Social and Political History, a. a. O., S. 280 ff.

29 Siehe Ainsztein, Reuben: Jewish Resistance, a. a. O., S. 187

30 Siehe Marcus, Joseph: Social and Political History, a. a. O., S. 264 ff.

31 Siehe Ainsztein, Reuben: Jewish Resistance, a. a. O., S. 187

32 Siehe Marcus, Joseph: Social and Political History, a. a. O., S. 262 und 264

33 Siehe ebd., S. 290 f.

34 Siehe Ainsztein, Reuben: Jewish Resistance, a. a. O., S. 187

35 Laut Auskunft von Prof. Dalia Ofer von der Hebrew University, Jerusalem, gibt
es inzwischen Untersuchungen zu diesem Thema in hebräischer Sprache. Da
mir diese sprachlich leider nicht zugänglich sind, konnte ich sie hier nicht verwenden

36 Interviews der Autorin mit Chaika Grossman, Chasia Bielicka-Bornstein, Anja
Rud, Hela Szyper-Rufeisen, Elsa Lustgarten, Masza Putermilch; siehe auch
Kreitmann, Esther: Deborah – Narren tanzen im Ghetto, Frankfurt 1984

37 Interviews der Autorin mit Chasia Bielicka-Bornstein, Kibbuz Lehavot Habashan

38 Siehe Pappenheim, Bertha: Sisyphus. Gegen den Mädchenhandel in Galizien,
Freiburg i. Br. 1992

39 Zweig, Arnold und Struck, Hermann: Das ostjüdische Antlitz, Wiesbaden 1988,
S. 130 f.

40 Ebd., S. 111

41 Kreitmann, Esther: Deborah, a. a. O.

42 Ebd., S. 6

43 Ebd.

44 Ebd., S. 191

45 Ebd., S. 187

46 Interview der Autorin mit Hela Szyper-Rufeisen

47 Interview der Autorin mit Masza Putermilch

48 Antworten von Chava Raban auf den Fragebogen der Autorin

49 Interviews der Autorin mit Chasia Bielicka-Bornstein

50 Siehe Marcus, Joseph: Social and Political History, a. a. O., S. 175 ff.

51 Interviews der Autorin und/oder schriftliche Erinnerungen und Antworten auf
den Fragenbogen mit/von Chaika Grossman, Chasia Bielicka-Bornstein, Bronia
Klibanski, Anja Rud, Liza Czapnik, Ewa Krakowska, Vitka Kempner, Zila Amit,
Chava Raban, Masza Putermilch, Hela Szyper, Elsa Lustgarten

52 Siehe Pappenheim, Bertha: Sisyphus, a. a. O., S. 267; Eisenstein, Miriam: Jewish
Schools in Poland. Their Philosophy and Developement, 1919–1939, New York
1950, S. 82 ff.

53 Siehe Marcus, Joseph: Social and Political History, a. a. O., S. 154

54 Interviews der Autorin mit Chaika Grossman, Chasia Bielicka-Bornstein, Bronia
Klibanski, Ewa Krakowska, Masza Putermilch

55 Interview der Autorin mit Anja Rud, Tel Aviv, Juni 1996

56 Siehe Marcus, Joseph: Social and Political History, a.a.O, S. 150f.

57 Siehe Eisenstein, Miriam: Jewish Schools, a.a.O., S. 56

58 Siehe u.a. Ainsztein, Reuben: Jewish Resistance, a.a.O., Arad, Ytzhak: Ghetto in Flames, Jerusalem und New York 1980; Bauer, Yehuda: They Chose Life, New York und Jerusalem 1973; ders.: Jewish Reactions, a.a.O.; Gutman, Israel: Fighters among the Ruins, Washington 1988; Krakowski, Shmuel: The War of the Doomed, New York und London 1974; Mark, Bernard: Der Aufstand, a.a.O. Unterschiede in der Schreibweise der Namen von Autorinnen und Autoren beruhen auf der im Englischen und Deutschen unterschiedlichen Transkription des Jiddischen beziehungsweise Hebräischen und des Russischen

59 Cohen, Asher und Cochavi, Yehoyakim (Hrsg.): Zionist Youth Movements, a.a.O.

60 Cochavi, Yehoyakim: The Motif of »Honor« in the Call to Rebellion in the Ghetto, in: Cohen, Asher und Cochavi, Yehoyakim (Hrsg.): Zionist Youth Movements, a.a.O., S. 245–253

61 Gutman, Israel: The Youth Movement as an Alternative Leadership, in: Cohen, Asher und Cochavi, Yehoyakim (Hrsg.): Zionist Youth Movements, a.a.O., S. 7–18

62 Siehe u.a. Edelman, Marek: Das Ghetto kämpft, a.a.O.; Zuckerman, Ytzhak: The Jewish Revolt, a.a.O.; Rotem, Simha: Kazik. Erinnerungen eines Ghettokämpfers, Berlin 1996; diverse Autoren in: The Fighting Ghettos, a.a.O.; Ron, Szmuel: Damals gab es so viele Legenden, in: Grupinska, Anka: Im Kreis. Gespräche mit jüdischen Kämpfern, Frankfurt am Main 1993; Goldstein, Bernard: Die Sterne sind Zeugen, Hamburg 1950; Neustadt, Melekh (Hrsg.): Hurbn un oyfshtand fun di Yidn in Varshe, Tel Aviv 1948, 2 Bände: Siehe die Auszüge daraus in: Martyrs and Fighters. The Epic of the Warsaw Ghetto, hrsg. von Friedman, Philip, New York 1954

63 Siehe Grossman, Chaika: Die Untergrundarmee, a.a.O.; Goldkorn, Dora: Erinnerungen, a.a.O.; Lubetkin, Ziviah: Die letzten Tage des Warschauer Ghettos, Berlin–Potsdam 1949

64 Siehe Draenger-Dawidson, Gusta: Tagebuch der Justyna, in: Im Feuer vergangen, a.a.O., S. 225

65 Es sind dies Lubetkin, Zivialı: Die letzten Tage, a.a.O.; Kahan, Shoshanah: In Fayer un Flamen. A Diary, Buenos Aires 1949; Szac-Wajnkranc, Noemi: Przeminelo z Ogniem, Lodz 1947 (in deutscher Übersetzung erschienen in: Im Feuer vergangen, a.a.O.); Meed, Vladka: On both Sides, a.a.O.

66 Goldkorn, Dora: Erinnerungen, a.a.O.; Korczak, Roszka: Jüdische Partisanen in den Wäldern von Narocz, Litauen, in: Lustiger, Arno: Zum Kampf auf Leben und Tod! Vom Widerstand der Juden 1933–1945, Köln 1994, S. 269–283; Syrkin, Marie: Blessed is the Match, New York 1947

67 Siehe: The Fighting Ghettos, a.a.O., S. 361ff.

68 Siehe Grupinska, Anka: Im Kreis, a.a.O, S. 229ff.

69 Siehe Rotem, Simha: Kazik, a.a.O., S. 199ff.

70 Interviews der Autorin mit Chaisia Bielicka-Bornstein

71 Siehe Grossman, Chaika: Die Untergrundarmee, a.a.O., S. 249

72 Bericht von Anita und Hermann, Moreshet Archives D.2.75

442

73 Klibanski, Bronia: In the Ghetto and in the Resistance, Beitrag zu der Konferenz »Women in the Holocaust«, Hebrew University, Jerusalem, 19.–22. Juni 1995

74 Interview mit Vitka Kempner-Kovner für Moreshet, Moreshet Archives (T.5) A. 1439. Vitka Kempner-Kovner stellte mir freundlicherweise Videokassetten dieses Interviews zur Verfügung; Abi Ehrlich hat sie aus dem Hebräischen ins Deutsche übersetzt

75 Antwort von Chava Raban (Fulman) auf den Fragebogen der Autorin

76 »Aber einer mußte den Schrank ja wieder vorschieben«. Ein Gespräch mit Masza Glajtman Putermilch, in: Grupinska, Anka: Im Kreis, a. a. O., S. 49

77 Zitiert nach Eisenstein, Miriam: Jewish Schools, a. a. O., S. 24

78 Interviews der Autorin mit Chaika Grossman, Kibbuz Evron, 1991, 1992, 1993

79 Interviews der Autorin mit Chasia Bielicka-Bornstein

80 Interview von Vitka Kempner-Kovner für Moreshet

81 Siehe Oppenheim, Israel: Hehalutz in Eastern Europe between the two World Wars, in: Cohen, Asher und Cochavi, Yehoyakim (Hrsg.): Zionist Youth Movements, a. a. O., S. 33–115; Schatzker, Chaim: The Special Character of the Jewish Youth Movement, in: ebd., S. 19–31; Interviews der Autorin mit Chaika Grossman, Chasia Bielicka, Meir Orkin, Bronia Klibanski, Hela Szyper-Rufeisen

82 Siehe Gutman, Israel: The Youth Movement as an Alternative Leadership in Eastern Europe, in: Cohen, Asher und Cochavi, Yehoyakim (Hrsg.): Zionist Youth Movements, a. a. O., S. 7–18; Grossman, Chaika: Die Untergrundarmee, a. a. O.

83 Interview mit Vitka Kempner-Kovner für Moreshet

84 Interviews der Autorin mit Chaika Grossman

85 Siehe Gutman, Israel: The Youth Movement as an Alternative Leadership, a. a. O., S. 9

86 Siehe ebd., S. 10 f.

87 Siehe Interview mit Vitka Kempner-Kovner für Moreshet; Gutman, Israel: Youth Movements in the Underground and the Ghetto Revolts, in: Jewish Resistance during the Holocaust. Proceedings on the Conference on Manifestations of Jewish Resistance, Jerusalem (Yad Vashem Studies), 1971

88 Siehe ebd., S. 11

89 Interview der Autorin mit Chasia Bielicka-Bornstein

90 Interview der Autorin mit Anja Rud

91 Interview der Autorin mit Masza Putermilch

92 Siehe Ainsztein, Reuben: Jewish Resistance, a. a. O., S. 486

93 Aufruf von Aba Kovner, Wilna 1. 1. 1942, Archiv Moreshet D 1.4630

94 Grossman, Chaika in: »Mir zeynen do«, a. a. O.

95 Cochavi, Yehoyakim: The Motif of »Honor«, a. a. O., S. 252

96 Draenger-Dawidson, Gusta, Tagebuch der Justyna, a. a. O., S. 179 f.

97 Grossman, Chaika in: Strobl, Ingrid: »Mir zeynen do«, a. a. O.

98 Im Juli '42 ging ich aus dem Haus und kam nie wieder dorthin zurück. Ein Gespräch mit Adina Blady Szwajger, in: Grupinska, Anka: Im Kreis, a. a. O., S. 202

99 Siehe Gutman, Israel: The Youth Movement as an Alternative Leadership, a. a. O., S. 245

100 Siehe Gutman, Israel: Youth Movements in the Underground, a.a.O., S. 278; Zuckerman, Yitzhak: Twenty-Five Years after the Warsaw Ghetto Revolt, in: Jewish Resistance during the Holocaust, a.a.O., S. 27; Grossman, Chaika: Die Untergrundarmee, a.a.O., S. 139ff. und 261ff.; Goldkorn, Dora: Erinnerungen, a.a.O., S. 591; Interview mit Vitka Kempner-Kovner für Moreshet

101 Interview der Autorin mit Masza Putermilch

102 Interview mit Vitka Kempner für Moreshet

103 Goldkorn, Dora: Erinnerungen, a.a.O., S. 588f.

104 Interview der Autorin mit Masza Putermilch

105 Amit Rosenberg, Zila (Cesia): Not to lose the human face, Moreshet Archives A. 55 und Beit Lochamei Haghettaot. Zila Amit Rosenberg stellte mir freundlicherweise die englische Übersetzung (von Vera Woerner) ihrer Erinnerungen zur Verfügung

106 Siehe Arad, Ytzhak: Ghetto in Flames, Jerusalem und New York 1980f.; Ainsztein, Reuben: Jewish Resistance, a.a.O., S. 486f.

107 Siehe: Image Before My Eyes. A Photographic History of Jewish Life in Poland, 1864–1939, hrsg. vom YIVO Institute for Jewish Research, New York 1977, S. 54

108 Siehe Arad, Ytzhak: The Struggle and Rescue Work of the Underground Zionist Youth Movements in Vilna, in: Cohen, Asher und Cochavi Yehoyakim (Hrsg.): Zionist Youth Movements, a.a.O., S. 214

109 Siehe Levin, Dov: Participation of the Lithuanian Jews in the Second World War, in: Anthology on Armed Jewish Resistance, Bd. 1, a.a.O., S. 272; Grossman, Chaika: Die Untergrundarmee, a.a.O., S. 30ff.; Enzyklopädie des Holocaust, Bd. 2

110 Grossman, Chaika: Die Untergrundarmee, a.a.O., S. 30

111 Siehe Arad, Jitzchak: Bewaffneter jüdischer Widerstand in den Ghettos Minsk und Wilna, in: Im Kampf gegen Besatzung und Endlösung, a.a.O. S. 242

112 Ebd., S. 56

113 Grossman, Chaika: Die Untergrundarmee, a.a.O., S. 56

114 Amit Rosenberg, Zila: Not to lose , a.a.O., S. 27

115 Siehe Arad, Jitzchak: Bewaffneter jüdischer Widerstand, a.a.O., S. 242f.

116 Siehe Arad, Yitzhak: The Struggle and Rescue Work, a.a.O., S. 218f.

117 Siehe ebd.; Grossman, Chaika: Die Untergrundarmee, a.a.O., S. 78ff.

118 Siehe Arad, Jitzchak: Bewaffneter jüdischer Widerstand, a.a.O., S. 240f.; ders.: Ghetto in Flames, a.a.O., S. 231ff.; Ainsztein, Reuben: Jewish Resistance, a.a.O., S. 490; Grossman, Chaika: Die Untergrundarmee, a.a.O., S. 57; Interview mit Vitka Kempner-Kovner für Moreshet

119 Interview mit Vitka Kempner-Kovner für Moreshet

120 Siehe Grossman, Chaika: Die Untergrundarmee, a.a.O., S. 112ff.; Interviews der Autorin mit Chaika Grossman; Arad, Yitzhak: Ghetto in Flames, a.a.O., S. 239 und S. 243f.; Ainsztein, Reuben: Jewish Resistance, a.a.O., 501f.

121 Ainsztein, Reuben: Jewish Resistance, a.a.O., S. 500

122 Interview mit Vitka Kempner-Kovner für Moreshet

123 Ebd.

124 Siehe Grossman, Chaika: Die Untergrundarmee, a.a.O., S. 190ff.; Amit Rosenberg, Zila: Not to lose, a.a.O., S. 34ff.

444

125 Amit Rosenberg, Zila: Not to lose, a.a.O., S. 34
126 Siehe Grossman, Chaika: Die Untergrundarmee, a.a.O., S. 194 ff.
127 Ebd., S 39
128 Ebd., S. 41 ff.
129 Ebd., S. 45
130 Ebd., S. 49
131 Siehe Interview mit Vitka Kempner-Kovner für Moreshet
132 Ebd.
133 Ebd.
134 Ebd.
135 Siehe Arad, Jitzchak: Bewaffneter jüdischer Widerstand, a.a.O., S. 244 ff.;
     ders.: Ghetto in Flames, a.a.O., S. 387 ff.; Ainsztein, Reuben: Jewish Resi-
     stance, a.a.O., S. 512; Amit Rosenberg, Zila: Not to lose, a.a.O, S. 50 ff.
136 Siehe Amit Rosenberg, Zila: Not to lose, a.a.O., S. 51 ff.; Interview mit Vitka
     Kempner-Kovner für Moreshet
137 Interview mit Vitka Kempner-Kovner für Moreshet
138 Ebd.
139 Siehe ebd.; Arad, Jitzchak: Bewaffneter jüdischer Widerstand, a.a.O., S. 245
140 Siehe Arad, Jitzchak: Bewaffneter jüdischer Widerstand, a.a.O., S. 248 ff.;
     ders.: Ghetto in Flames, a.a.O., S. 418
141 Interview mit Vitka Kempner-Kovner für Moreshet
142 Siehe Interview mit Vitka Kempner-Kovner für Moreshet
143 Siehe ebd.; Amit Rosenberg, Zila: Not to lose, a.a.O., S. 58 ff.
144 Amit Rosenberg, Zila: Not to lose, a.a.O., S. 67 f.
145 Glajtman Putermilch, Masza: »Aber einer mußte …«, a.a.O., S. 50
146 Siehe Mark, Bernard: Der Aufstand, a.a.O., S. 15 ff.; Ainsztein, Reuben: Jewish
     Resistance, a.a.O., S. 555 ff.; Interview der Autorin mit Masza Putermilch
147 Zitiert nach Mark, Bernard: Der Aufstand, a.a.O., S. 19
148 Edelman, Marek: Das Ghetto kämpft, a.a.O., S. 33
149 Zitiert nach: Martyrs and Fighters, a.a.O., S. 108
150 Zitiert nach ebd., S. 59
151 Interview der Autorin mit Masza Putermilch
152 Ebd.
153 Interviews der Autorin mit Chaika Grossman
154 Siehe Ainsztein, Reuben: Jewish Resistance, a.a.O., S. 565 ff. und S. 573 ff.;
     Mark, Bernard: Der Aufstand, a.a.O., S. 142
155 Edelman, Marek: Das Ghetto kämpft, a.a.O., S. 37
156 Siehe ebd., S. 38 f.
157 Siehe Bericht der ZOB vom März 1944: »Die Entstehung der ZOB«, in: Martyrs
     and Fighters, a.a.O., S. 201
158 Siehe Ainsztein, Reuben: Jewish Resistance, a.a.O., S. 577 f.
159 Siehe Edelman, Marek: Das Ghetto kämpft, a.a.O., S. 47 f.
160 Ebd. S. 49 f.
161 Knapp 36000 von ihnen sind legal erfaßt, die anderen leben als Illegale: Siehe
     Ainsztein, Reuben: Jewish Resistance, a.a.O., S. 591
162 Siehe ebd., S. 591 f.

163 Siehe ebd. S. 592 f.
164 Interview der Autorin mit Masza Putermilch
165 Ebd.
166 Siehe Meed, Vladka: On both Sides, a. a. O., S. 156 f.
167 Goldkorn, Dora: Erinnerungen, a. a. O., S. 599
168 Siehe Mark, Bernard: Der Aufstand, a. a. O., S. 147 f.
169 Siehe Ainsztein, Reuben: Jewish Resistance, a. a. O., S. 607
170 Siehe Gutman, Israel: Der Aufstand im Warschauer Ghetto, in: Im Kampf gegen Besatzung und Endlösung, a. a. O., S. 180
171 Siehe Ainsztein, Reuben: Jewish Resistance, a. a. O., S. 609 und 622; Mark, Bernard: Der Aufstand, a. a. O., S. 231
172 Siehe ebd.
173 Siehe Ainsztein, Reuben: Jewish Resistance, a. a. O., S. 618
174 Siehe Edelman, Marek: Das Ghetto kämpft, a. a. O., S. 66
175 Ebd., S. 67
176 Interview der Autorin mit Masza Putermilch
177 Siehe Edelman, Marek: Das Ghetto kämpft, a. a. O., S. 67 ff.
178 Siehe Stroop, Jürgen: Es gibt keinen jüdischen Wohnbezirk in Warschau mehr, a. a. O.
179 Siehe Glajtman Putermilch, Masza: »Aber einer mußte ... «, a. a. O.; Interview der Autorin mit Masza Putermilch
180 Edelman, Marek: Das Ghetto kämpft, a. a. O., S. 70
181 Stroop, Jürgen: Es gibt keinen jüdischen Wohnbezirk in Warschau mehr, a. a. O.
182 Moczarski, Kazimierz: Gespräche mit dem Henker, a. a. O., S. 177 f.
183 Zitiert nach ebd., S. 178 f.
184 Stroop, Jürgen: Es gibt keinen jüdischen Wohnbezirk in Warschau mehr, a. a. O.
185 Edelman, Marek: Das Ghetto kämpft, a. a. O., S. 71 f.
186 Interview der Autorin mit Masza Putermilch
187 Borzykowski, Tuwia: Tsvishn falndike vent, Warschau 1949, nachgedruckt in: Martyrs and Fighters, a. a. O., S. 250 f.
188 Lubetkin, Ziviah: Die letzten Tage, a. a. O., S. 9
189 Siehe ebd., S. 18 ff.; Glajtman Putermilch, Masza: »Aber einer mußte ...«, a. a. O., S. 63
190 Siehe Glajtman Putermilch, Masza: »Aber einer mußte ...«, a. a. O., S. 65
191 Siehe Rotem, Simha: Kazik, a. a. O., S. 62 ff.; Meed, Vladka: On both Sides, a. a. O., S. 196 f.
192 Siehe Lubetkin, Ziviah: Die letzten Tage, a. a. O.; Rotem, Simha: Kazik, a. a. O.; Edelman, Marek: Das Ghetto kämpft, a. a. O.; Borzykowski, Tuwia in: Martyrs and Fighters, a. a. O.
193 Lubetkin, Ziviah: Die letzten Tage, a. a. O., S. 25 f.
194 Ebd., S. 33
195 Stroop, Jürgen: Es gibt keinen jüdischen Wohnbezirk in Warschau mehr, a. a. O.
196 Siehe Lubetkin, Ziviah: The Polish Uprising, in: Anthology on Armed Jewish

Resistance, Bd. 1, a.a.O., S. 152; Rotem, Simha: Kazik, a.a.O., S. 145ff.; Edelman, Marek: Das Ghetto kämpft, a.a.O., S. 76; Interview der Autorin mit Masza Putermilch

197 Glajtman Putermilch, Masza: »Aber einer mußte … «, a.a.O., S. 73
198 Interview der Autorin mit Hela Szyper
199 Siehe Ainsztein, Reuben: Jewish Resistance, a.a.O., S. 824f.
200 Siehe Peled, Yael: Abstract in englischer Sprache ihrer Dissertation »The Jewish Resistance Movement in Krakow During the German Occupation Against the Background of Jewish Community Life in the Ghetto« (in hebräischer Sprache), Hebrew University Jerusalem, 1989, S. I; Ainsztein, Reuben: Jewish Resistance, a.a.O., S. 825
201 Interview der Autorin mit Hela Szyper
202 Ebd.
203 Siehe Anmerkungen von Josef Wulph zur Veröffentlichung von Gusta Drenger-Dawidsons »Tagebuch der Justyna«, in deutscher Übersetzung in: Im Feuer vergangen, a.a.O., S. 170f.
204 Siehe Ainsztein, Reuben: Jewish Resistance, a.a.O., 832ff.
205 Siehe Peled, Yael: Abstract, a.a.O., S. II
206 Siehe Anmerkungen von Josef Wulph zu Drenger-Dawidson, Gusta: Tagebuch der Justyna, a.a.O., S. 171
207 Siehe Einführung zu Drenger-Dawidson, Gusta: Tagebuch der Justyna, a.a.O., S. 169ff.
208 Hela Szyper gab mir den Hinweis auf den Fund der fehlenden Seiten, das Archiv von Beit Lohamei Haghettaot stellte mir freundlicherweise eine Kopie zur Verfügung, die Margitta Weber für mich übersetzte
209 Drenger-Dawidson, Gusta: Tagebuch der Justyna, unveröffentlichte Seiten 3–15, Beit Lochamei Haghettaot 1708 (Blumental)
210 Ebd.
211 Siehe Drenger-Dawidson, Gusta: Tagebuch der Justyna, a.a.O., S. 227: Ainsztein, Reuben: Jewish Resistance, a.a.O., S 833
212 Drenger-Dawidson, Gusta: Tagebuch der Justyna, a.a.O., S. 228f.
213 Interview der Autorin mit Hela Szyper
214 Siehe Drenger-Dawidson, Gusta: Tagebuch der Justyna, a.a.O, S. 219ff.
215 Siehe Ainsztein, Reuben: Jewish Resistance, a.a.O., S. 832 und S. 836
216 Interview der Autorin mit Elsa Lustgarten, Haifa, Juni 1996
217 Ebd.
218 Drenger-Dawidson, Gusta: Tagebuch der Justyna, a.a.O., S. 262
219 Siehe Peled, Yael: Abstract, a.a.O., S. VII; Drenger-Dawidson, Gusta: Tagebuch der Justyna, a.a.O., S. 263ff.
220 Siehe Peled, Yael: Abstract, a.a.O., S. IX
221 Siehe Ainsztein, Reuben: Jewish Resistance, a.a.O., S. 837ff.
222 Interview der Autorin mit Hela Szyper
223 Drenger-Dawidson, Gusta: Tagebuch der Justyna, a.a.O., S. 211f.
224 Siehe Interview der Autorin mit Hela Szyper
225 Siehe Ainsztein, Reuben: Jewish Resistance, a.a.O., S 841f.; Interview der Autorin mit Elsa Lustgarten

226 Interview der Autorin mit Hela Szyper

227 Fulman, Chava: The Cafe Ziganeria is Attacked, in: The Fighting Ghettos, a. a. O., S. 98 ff.

228 Ebd., S. 101

229 Ebd., S. 103 f.

230 Siehe Ainsztein, Reuben: Jewish Resistance, a. a. O., S. 848 f.; Krakowski, Shmuel: The Jewish Fighting Organisation in Caracow, in: Armed Jewish Resistance, Bd. 3, a. a. O., S. 140

231 Antwort von Chava Raban (Fulman) auf den Fragebogen der Autorin

232 Siehe Ainsztein, Reuben: Jewish Resistance, a. a. O., S. 848 f.; Krakowski, Shmuel: The Jewish Fighting Organisation in Caracow, a. a. O., S. 140

233 Interview der Autorin mit Elsa Lustgarten

234 Interview der Autorin mit Hela Szyper

235 Grossman, Chaika: Die Untergrundarmee, a. a. O., S. 95

236 Siehe Ainsztein, Reuben: Jewish Resistance, a. a. O., S. 518; Interviews der Autorin mit Chaika Grossman; Bericht von Anita und Hermann (zwei Mitgliedern von Dror, die mit Hilfe des österreichischen Feldwebels Anton Schmidt von Wilna nach Bialystok geflüchtet waren), Moreshet Archives D. 2.75

237 Siehe Grossman, Chaika: Die Untergrundarmee, a. a. O., S. 141 f.; Grossman Chaika in: Strobl, Ingrid: »Mir zeynen do«, a. a. O.

238 Siehe Grossmann Chaika: Die Untergrundarmee, a. a. O., S. 115

239 Siehe Ainsztein, Reuben: Jewish Resistance, a. a. O., S. 524

240 Interviews der Autorin mit Chasia Bielicka-Bornstein

241 Interview mit Liza Czapnik für Yad Vashem, 1995, Cassette Nr. 033C/2880

242 Interview der Autorin mit Anja Rud

243 Ebd.

244 Interview mit Liza Czapnik für Yad Vashem

245 Interview der Autorin mit Anja Rud

246 Interviews der Autorin mit Chasia Bielicka-Bornstein

247 Interview der Autorin mit Bronia Klibanski (Vinicka)

248 Siehe Ainsztein, Reuben: Jewish Resistance, a. a. O., S. 524

249 Siehe ebd., S. 529 f.; Interviews der Autorin mit Chaika Grossman; siehe Grossman, Chaika: Die Untergrundarmee, a. a. O., S. 277 ff.

250 Protokoll des Treffens von Kibbuz Tel Chai. Dieses Protokoll wurde zusammen mit anderen Dokumenten und dem Tagebuch von Mordechai Tennebaum von Bronia Vinicka (Klibanski), die als Verbindungsfrau von Dror auf der »arischen Seite« lebte, versteckt und nach der Befreiung geborgen und dem Archiv von Yad Vashem übergeben. Der erste Abdruck des Protokolls erschien in der Originalausgabe von »The Fighting Ghettos«. Ich verwende hier die englische Übersetzung in »The Fighting Ghettos«, a. a. O., S. 126 ff.

251 Ebd., S. 129 f.

252 Ebd., S. 136

253 Interviews der Autorin mit Chaika Grossman und Bronia Klibanski; siehe auch Ainsztein, Reuben: Jewish Resistance, a. a. O., S. 469

254 Grossman, Chaika: Die Untergrundarmee, a. a. O., S. 377

255 Siehe ebd., S. 23 ff.; Ainsztein, Reuben: Jewish Resistance, a. a. O., S. 537 ff.

256 Grossman, Chaika: Die Untergrundarmee, a. a. O., S. 392
257 Siehe ebd., S. 395 ff.; dies. in: Strobl, Ingrid: »Mir zeynen do«, a. a. O.
258 Grossman, Chaika: Die Untergrundarmee, a. a. O., S. 399
259 Interview der Autorin mit Ewa Krakowska
260 Grossman, Chaika: Die Untergrundarmee, a. a. O., S. 402 f.
261 Siehe Grossman, Chaika in: Strobl, Ingrid: »Mir zeynen do«, a. a. O.
262 Interview der Autorin mit Ewa Krakowska
263 Interviews der Autorin mit Anja Rud und Chaika Grossman
264 Interviews der Autorin mit Chaika Grossman und Chasia Bielicka-Bornstein; siehe auch Grossman, Chaika: Die Untergrundarmee, a. a. O., S. 457 ff.
265 Interviews der Autorin mit Anja Rud, Liza Czapnik, Chasia Bielicka-Bornstein, Chaika Grossman
266 Interviews der Autorin mit Chasia Bielicka-Bornstein
267 Siehe Grossman, Chaika: Die Untergrundarmee, a. a. O., S. 496
268 Czapnik, Liza: Bericht über die Aktivitäten der Antifaschistischen Organisation in Bialystok, August 1944, veröffentlicht in: Grossman, Chaika: Die Untergrundarmee, a. a. O., S. 542 ff.
269 Ebd., S. 547 f.
270 Interviews der Autorin mit Anja Rud, Liza Czapnik, Chasia Bielicka-Bornstein, Chaika Grossman
271 Interviews der Autorin mit Chasia Bielicka-Bornstein
272 Interviews der Autorin mit Chaika Grossman, Chasia Bielicka-Bornstein und Bronia Klibanski
273 Interview mit Liza Czapnik für Yad Vashem
274 Grossman, Chaika: Die Untergrundarmee, a. a. O., S. 533

Jüdische Frauen im Widerstand: Kindheit – Alltag – Arbeit – Gefühle
Die Herkunft: Familie, Kindheit, Jugend

1 Siehe hierzu Annette Wieviorkas Darstellung polnisch-jüdischer Immigrantenfamilien in Paris in: Wieviorka, Annette: Ils étaient juifs, a. a. O. Zur Rolle der jüdischen Frau als Erzeugerin und Bewahrerin innerfamiliärer Geborgenheit in einer potentiell feindlichen Umwelt siehe Kaplan, Marion: Jüdisches Bürgertum. Frau, Familie und Identität im Kaiserreich, Hamburg 1997. Die von mir interviewten Frauen beschreiben ihre Mütter häufig in dieser Rolle. Auch die ergänzend von mir befragten Männer erinnern sich an ihre Mütter als dominante, das schwierige Leben in der Emigration meisternde und zugleich liebevolle, »mütterliche« und tolerante Frauen: Interviews der Autorin mit Henri Krischer, Nancy, Dezember 1987 und September 1992; Jacquot Szmulewicz, Nancy, Dezember 1987 und Paris 1992; Abraham Nejszaten, Köln, 1992, 1994 und 1996; Albert Rozencwajg, Rischon Lezion, Juni 1996
2 Siehe Kaplan, Marion: Jüdisches Bürgertum, a. a. O.
3 Dies sind keine allgemeingültigen Aussagen über jüdische Familien im Polen und Westeuropa der 20er und 30er Jahre. Sie geben nur die Verhältnisse wieder, in denen die von mir untersuchten Frauen aufwuchsen. Sicherlich gab es auch

449

unter polnischen Juden und jüdischen Immigranten Gewalt in der Familie und Haushalte ohne jede Bildung und Kultur. Dennoch fällt auf, daß, mit graduellen Unterschieden, für beinahe alle 60 von mir befragten ehemaligen jüdischen Widerstandskämpferinnen eher das Gegenteil zutrifft

4 Interview der Autorin mit Guta Rozencwajg
5 Interview der Autorin mit Hélène Waksman
6 Interview der Autorin mit Ida Zilberberg
7 Interview der Autorin mit Trudel van Reemst-de Vries
8 Interview der Autorin mit Rachel Cheigham
9 Interview der Autorin mit Chasia Bielicka
10 Interview der Autorin mit Sarah Goldberg
11 Interview der Autorin mit Hela Szyper
12 Interview der Autorin mit Mirjam Ohringer
13 Ebd.
14 Interview der Autorin mit Virginia Cohen
15 Interview der Autorin mit Sieny Cohen
16 Interview der Autorin mit Tamara Ben Shalom
17 Interview der Autorin mit Chava Ben Porat
18 Interview der Autorin mit Paulette Sliwka
19 Interview der Autorin mit Ida Rubinstein
20 Siehe Neues Lexikon des Judentums, a. a. O.
21 Interview der Autorin mit Frieda Wattenberg
22 Interview der Autorin mit Denise Lévy
23 Interview der Autorin mit Chasia Bielicka
24 Interview der Autorin mit Bronia Klibanski
25 Interview der Autorin mit Denise Lévy
26 Interview der Autorin mit Ruth Usrad
27 Interview der Autorin mit Anja Rud
28 Interview der Autorin mit Rachel Cheigham
29 Interview der Autorin mit Régine Orfinger
30 Interview der Autorin mit Guta Rozencwajg
31 Interview der Autorin mit Eva Besnyö
32 Interview der Autorin mit Masza Putermilch
33 Die Mitglieder dieser Gruppe waren Angehörige der zionistischen Jugendbewegungen, die bereits in Palästina lebten. Sie wollten der jüdischen Bevölkerung und dem jüdischen Widerstand in ihren Herkunftsländern Ungarn, Rumänien, der Slowakei und Italien zu Hilfe kommen und gewannen nach langen Verhandlungen die Zustimmung der britischen Armee. Nach einer militärischen Ausbildung in Kairo sprangen sie über den von den jugoslawischen Partisanen bereits befreiten Gebieten in Jugoslawien ab und machten sich von dort aus auf den Weg in ihre Zielländer. Die meisten von ihnen wurden entdeckt und umgebracht
34 Interview der Autorin mit Surika Brawerman
35 Interviews der Autorin mit Roos Sijbrands, Eva Besnyö, Chasia Bielicka-Bornstein, Hela Szyper; Stella Margolit, Kibbuz Schaar Hamakim, Mai 1996
36 Interview der Autorin mit Catherine Varlin

450

1 Siehe Grossman, Chaika: Die Untergrundarmee, a. a. O., S. 141 f.
2 Interview der Autorin mit Sarah Goldberg
3 Interview der Autorin mit Dina Krischer, Nancy, Dezember 1987; siehe auch Strobl Ingrid: »Sag nie …«, a. a. O., S. 168 f.
4 Siehe ebd.
5 Siehe ebd.
6 Siehe das Kapitel über die Niederlande in diesem Band
7 Siehe Interview der Autorin mit Rachel Cheigham
8 Interview der Autorin mit Masza Putermilch
9 Siehe Interview der Autorin mit Vivette Samuel; Samuel, Vivette: Sauver, a. a. O.
10 Interview der Autorin mit Chava Ben Porat
11 Interview der Autorin mit Trudel van Reemst-de Vries
12 Interview der Autorin mit Hélène Taich
13 Interview der Autorin mit Sarah Goldberg
14 Interview der Autorin mit Ida Rubinstein
15 Samuel, Vivette: Sauver, a. a. O., S. 24
16 Interview der Autorin mit Hela Szyper-Rufeisen
17 Interview der Autorin mit Bronia Klibanski
18 Interviews der Autorin mit Chaika Grossman
19 Interview der Autorin mit Meir Orkin
20 Ebd.
21 Interviews mit Tamara Ben Shalom, Surika Brawerman, Chasia Bielicka-Bornstein, Chava Ben Porat
22 Interview der Autorin mit Meir Orkin
23 Interview der Autorin mit Chasia Bielicka-Bornstein
24 Interview der Autorin mit Chaika Grossman
25 Interview der Autorin mit Catherine Varlin (Winter)
26 Siehe Adam: Diversité et unité de la résistance juive, a. a. O.; ders.: Le Choix des juifs, a. a. O.; ders.: La Résistance Juive en France et le soulèvement du ghetto de Varsovie, in: Le Monde Juif, Nr. 49, Januar–März 1968, S. 56–62
27 Siehe das Kapitel zu Polen
28 Interview der Autorin mit Sieny Cohen
29 Siehe Samuel, Vivette: Sauver, a. a. O., S. 67 f.
30 Ebd., S. 75
31 Interview der Autorin mit Lea Weintraub
32 Interview der Autorin mit Frieda Wattenberg
33 Interview der Autorin mit Denise Lévy
34 Interview der Autorin mit Rachel Cheigham
35 Ebd.
36 Siehe die Beiträge und Debatten zu diesem Thema in dem Sammelband »Les Juifs dans la résistance«, a. a. O.
37 Siehe Wieviorka, Annette: Ils étaient juifs, a. a. O., S. 112 und S. 334
38 Siehe unter anderem »J'accuse« Nr. 2, 20. Oktober 1942, Centre de Documenta-

tion Juive Contemporaine (CDJC), XXII, 6; »Notre Voix«, 1. Juni 1943, und »J'accuse«, Nr. 14, Juni 1943, in: La Presse antiraciste; »Notre Voix«, 1. August 1943, Centre de Documentation Juive Contemporaine (CDJC), XXII, 9; »Pourquoi ils luttent, pourquoi ils meurent«, Archiv Henri und Dina Krischer, Nancy; siehe auch Rayski, Adam: La Résistance Juive en France, a.a.O.

39 Siehe Courtois/Peschanski/Rayski: L'Affiche Rouge, a.a.O., S. 8 und S. 125

40 Interview der Autorin mit Irène Gautier (geborene Mendelson)

41 Interview der Autorin mit Régine Orfinger

42 Interview der Autorin mit Ida Rubinstein

43 Interview der Autorin mit »Nicole« (die anonym bleiben möchte)

44 Interview der Autorin mit Dina Krischer; siehe auch Strobl, Ingrid: »Sag nie ...«, a.a.O., S. 169ff.

45 Interview der Autorin mit Paulette Sliwka

46 Interview der Autorin mit Trudel van Reemst-de Vries

47 Interview der Autorin mit Eva Besnyö

48 Interview der Autorin mit Uschi Rubinstein

49 Interview der Autorin mit Hélène Waksman

50 Interview der Autorin mit Sarah Goldberg

51 Interview der Autorin mit Fanny Rozencwajg

52 Siehe Wieviorka, Annette: Ils étaient juifs, a.a.O.; Rayski, Adam: Le Choix des juifs, a.a.O.; ders.: Diversité et unité de la résistance juive, a.a.O.; Krischer, Henri: Les barricades de la MOI, a.a.O.

53 Siehe unter anderem Grossman, Chaika: Die Untergrundarmee, a.a.O.; Drenger-Dawidson, Gusta: Das Tagebuch der Justyna, a.a.O.

54 Interview der Autorin mit Tamara Ben Shalom

55 Siehe Ainsztein, Reuben: Jewish Resistance, a.a.O.; Grossman, Chaika: Die Untergrundarmee, a.a.O.; Mark, Bernard: Der Aufstand, a.a.O.; Interviews der Autorin mit Chaika Grossman, Anja Rud und Ewa Krakowska

56 Siehe Ainsztein, Reuben: Jewish Resistance, a.a.O.; Goldkorn, Dora: Erinnerungen, a.a.O.; Interview der Autorin mit Anja Rud

57 Interview der Autorin mit Ewa Krakowska

58 Interview der Autorin mit Liza Czapnik; siehe auch Liza Czapnik in: Strobl, Ingrid: »Mir zeynen do«, a.a.O.

59 Cochavi, Yehoyakim: The Motif of »Honor«, a.a.O., S. 240

60 Zitiert nach ebd., S. 246

61 Interview der Autorin mit Chaika Grossman

62 Ebd.

63 Vitka Kempner-Kovner in: Aviva Kempner und Josh Waletzky: Partisans of Vilna, Dokumentarfilm, New York 1985

64 Siehe ebd.; Grossman, Chaika: Die Untergrundarmee, a.a.O.; Interview mit Vitka Kempner-Kovner für Moreshet; Gutman, Israel: The Youth Movement as an Alternative Leadership, a.a.O.; Arad, Yitzhak: The Struggle and Rescue Work, a.a.O., S. 213–226; Krakowski, Shmuel: The Jewish Youth Movement Underground in Poland, in: Cohen, Asher und Cochavi, Yehoyakim (Hrsg.): Zionist Youth Movements, S. 255–264; Drenger-Dawidson, Gusta: Tagebuch der Justyna, a.a.O.

65 Drenger-Dawidson, Gusta: Tagebuch der Justyna, a. a. O., S. 216
66 Siehe Grossman, Chaika: Die Untergrundarmee, a. a. O., S. 28f.; Interview mit Vitka Kempner-Kovner für Moreshet
67 Siehe Herzberg, Tusia: Der lachende Sand, a. a. O; Interview der Autorin mit Tamara und Rafi Ben Shalom
68 Siehe Grossman, Chaika: Die Untergrundarmee, a. a. O.; Interview mit Vitka Kempner-Kovner für Moreshet
69 Siehe Ainsztein, Reuben: Jewish Resistance, a. a. O., S. 279ff.; Krakowski, Shmuel: Der Kampf der Juden in Polen 1942–1944, in: Im Kampf gegen Besatzung und Endlösung, a. a. O., S. 148–172; Grossman, Chaika: Die Untergrundarmee, a. a. O.; Interview mit Vitka Kempner-Kovner für Moreshet
70 Siehe Krakowski, Shmuel: Der Kampf der Juden in Polen, a. a. O., S. 157 ff.
71 Siehe Interviews der Autorin mit Chaika Grossman, Chasia Bielicka-Bornstein, Bronia Klibanski, Hela Szyper; siehe auch Meed, Vladka: On both Sides, a. a. O.
72 Siehe Interview mit Vitka Kempner-Kovner für Moreshet; Interviews der Autorin mit Chaika Grossman, Chasia Bielicka-Bornstein und Hela Szyper-Rufeisen; Drenger-Dawidson, Gusta: Tagebuch der Justyna, a. a. O.
73 Interview mit Vitka Kempner-Kovner für Moreshet; Interviews der Autorin mit Chaika Grossman
74 Siehe Grossman, Chaika: Die Untergrundarmee, a. a. O., S. 32; Interviews der Autorin mit Chaika Grossman
75 Interviews der Autorin mit Chasia Bielicka-Bornstein, Bronia Klibanski, Chava Raban, Hela Szyper; Drenger-Dawidson, Gusta: Tagebuch der Justyna, a. a. O.
76 Interview der Autorin mit Bronia Klibanski
77 Siehe Grossman, Chaika: Die Untergrundarmee, a. a. O.; Interviews der Autorin mit Chasia Bielicka-Bornstein
78 Interviews der Autorin mit Chaika Grossman
79 Jeune Combat, Juli 1943, Centre de Documentation Juive Contemporaine (CDJC), XXII, 7
80 La Voix des femmes juives, Juli 1943, Centre de Documentation Juive Contemporaine (CDJC), XLIX, 2
81 »Aux juifs de Marseille«, Flugblatt der UJRE, Section Bouches-du-Rhône, vermutlich August 1944, Archiv Hélène Taich, Marseille
82 »Notre Politique«, Juli 1942, zitiert nach: Rayski, Adam: Diversité et unité de la résistance juive, a. a. O., S. 167
83 Unzer Kampf, Juni 1942, zitiert nach: Steinberg, Maxime. La Traque, Bd. 2, a. a. O., S. 2
84 Siehe Gutman, Israel: The Youth Movement as an Alternative Leadership, a. a. O., S. 16
85 Siehe Korczak, Roszka: Jüdische Partisanen, a. a. O., S. 269–283
86 Kovner, Abba: Easy Revenge, in: Barkai, Meyer: The Fighting Ghettos, a. a. O., S. 192–194
87 »Juden!«, Aufruf, verfaßt von Mordechai Tennenbaum am 13. Januar 1943, in französischer Übersetzung dokumentiert von Bronia Klibanski in: Le Monde Juif, Nr. 132, Oktober–Dezember 1988, S. 195f.
88 Interview der Autorin mit Rachel Cheigham

89 Interview der Autorin mit Lucienne Pawlocki und Raymonde Donajlo (geborene Bendavid)
90 Antwort von Ida Rubinstein auf den Fragebogen der Autorin
91 Antwort von Liza Czapnik auf den Fragebogen der Autorin
92 Interview der Autorin mit Masza Putermilch
93 Interview der Autorin mit Elsa Lustgarten
94 Antwort von Chava Raban auf den Fragebogen der Autorin
95 Siehe Interview mit Vitka Kempner-Kovner für Moreshet; Antwort von Zila Rosenberg Amit auf den Fragebogen der Autorin
96 Interviews der Autorin mit Chaika Grossman
97 Interview der Autorin mit Lucienne Pawlocki und Raymonde Donajlo (geborene Bendavid)
98 Antwort von Fela Weinstein auf den Fragebogen der Autorin
99 Drenger-Dawidson, Gusta: Tagebuch der Justyna, a. a. O., S. 216 f.

Der Alltag im Untergrund: Der permanente Alarmzustand

1 Siehe hierzu auch Rayski, Adam: Le Front Invisible, Teil 2, in: Le Monde Juif, Nr. 55, S. 11–20
2 Interview der Autorin mit Uschi Rubinstein
3 Interview der Autorin mit Tamara Ben Shalom
4 Interview der Autorin mit Rachel Cheigham
5 Interview der Autorin mit Vivette Samuel
6 Interview der Autorin mit Lea Weintraub
7 Interview der Autorin mit Roos Sijbrands
8 Siehe Interview der Autorin mit Chaika Grossman, Chasia Bielicka-Bornstein, Anja Rud, Liza Czapnik, Bronia Klibanski; siehe auch Grossman, Chaika: Die Untergrundarmee, a. a. O.; Meed, Vladka: On both Sides, a. a. O.
9 Lazarus, Jacques: Juifs au Combat, a. a. O., S. 115
10 Commission Centrale des Cadres: »À nos amies ›Camarades de liaison‹«, o. O. und undatiert, Archiv der 35ième Brigade Toulouse, Claude Urman, Paris
11 Interview der Autorin mit Ida Rubinstein
12 Siehe u. a. Rayski, Adam: Le Front Invisible, a. a. O., S. 12 ff.; Interviews der Autorin mit Sarah Goldberg, Hélène Waksman, Guta Rozencwajg, Fanny Rozencwajg, Irène Littman, Ida Rubinstein, Hélène Taich, Mira Kugler, Catherine Varlin, Rachel Cheigham, Denise Levy, Lea Weintraub, Uschi Rubinstein
13 Interview der Autorin mit Sarah Goldberg
14 Interview der Autorin mit Lea Weintraub
15 Lévy, Claude: Les Parias, a. a. O., S. 130 f.
16 Interview der Autorin mit Ida Rubinstein
17 Interview der Autorin mit Frieda Wattenberg
18 Siehe Rayski, Adam: Zwischen Thora und Partei, a. a. O., S. 78
19 Interview der Autorin mit »Nicole«
20 Interview der Autorin mit Anja Rud; siehe dazu auch Grossman, Chaika: Die Untergrundarmee, a. a. O., S. 408 ff.

21 Interviews der Autorin mit Chaika Grossman

22 Siehe Interview mit Vitka Kempner-Kovner für Moreshet

23 Drenger-Dawidson, Gusta: Tagebuch der Justyna, a. a. O., S. 248

24 Grossman, Chaika: Die Untergrundarmee, a. a. O., S. 456

25 Meed, Vladka: On both Sides, a. a. O., S. 259 ff.

26 Drenger-Dawidson, Gusta: Tagebuch der Justyna, a. a. O., S. 192 f.

27 Klibanski, Bronia: In the Ghetto and in the Resistance, a. a. O.

28 Siehe Interview mit Vitka Kempner-Kovner für Moreshet; Interviews der Autorin mit Rafi Ben Shalom und Max Rubinstein

29 Interview mit Vitka Kempner für Yad Vashem

30 Rosenberg Amit, Zila: Not to lose, a. a. O., S. 39

31 Ebd., S. 484

32 Interviews der Autorin mit Chasia Bielicka-Bornstein

33 Interview der Autorin mit Mira Kugler

34 Interview der Autorin mit Sarah Goldberg

35 Interview der Autorin mit Fanny Rozencwajg

36 Interview der Autorin mit Guta Rozencwajg

37 Interview der Autorin mit Lea Weintraub

38 Interview der Autorin mit Uschi Rubinstein

39 Interview der Autorin mit Mira Kugler

40 Siehe dazu Rayski, Adam: Le Front Invisible, a. a. O., S. 14; siehe auch: Aubrac, Lucie: Heldin aus Liebe. Eine Frau kämpft gegen die Gestapo, München 1997

41 Interview der Autorin mit Guta Rozencwajg

42 Interview der Autorin mit Vivette Samuel

43 Interview der Autorin mit Paulette Sliwka, Henri Krischer, Abraham Nejszaten

44 Siehe die Kapitel zu Ungarn und den Niederlanden

45 Interview der Autorin mit Eva Besnyö

46 Interview der Autorin mit Uschi Rubinstein

47 Interviews der Autorin mit »Nicole« und Roos Sijbrands

48 Interviews der Autorin mit Régine Orfinger

49 Ebd.

50 Siehe Interviews der Autorin mit Chasia Bielicka-Bornstein und Bronia Klibanski

51 Interviews der Autorin mit Chaika Grossman

52 Interview der Autorin mit Guta Rozencwajg

53 Interview der Autorin mit Ruth Usrad

Die Praxis: Verstand und Gefühl

1 Interview der Autorin mit Bronia Klibanski, Catherine Varlin, Fanny Rozencwajg; siehe auch Latour, Anny: La Résistance, a. a. O., S. 178; Lazarus, Jacques: Juifs au Combat, a. a. O., S. 78

2 Interview der Autorin mit Hélène Taich

3 Interview der Autorin mit Régine Orfinger

4 Interview der Autorin mit Vivette Samuel

5 Die Informationen in diesem Kapitel basieren, so nicht anders angegeben, auf den Interviews, die ich mit den jüdischen Widerstandskämpferinnen geführt habe, die in den einzelnen Länderkapiteln vorgestellt werden und deren Namen im Anhang verzeichnet sind. Wo ich mich auf Angaben aus der Memoiren- oder Fachliteratur beziehe, zitiere ich diese ebenso wie Zitate einzelner Frauen oder Informationen, die sich auf einzelne Frauen oder deren Organisationen beziehen

6 Siehe Courtois/Peschanski/Rayski: L'Affiche Rouge, a.a.O. Die Autoren der Untersuchung über die Pariser FTP-MOI konnten erstmals Einsicht in diese bisher unter Verschluß gehaltenen Akten nehmen. Siehe dazu auch das Kapitel zu Frankreich

7 Zitiert nach Courtois/Peschanski/Rayski: L'Affiche Rouge, a.a.O., S. 156

8 Siehe ebd.

9 Siehe Interviews der Autorin mit Lea Weintraub, Rachel Cheigham, Frieda Wattenberg

10 Siehe Lissner, Abraham: Diary of a Jewish Partisan in: Suhl, Yuri: They fought back, New York 1967, S, 287; Rayski, Adam: Zwischen Thora und Partei, a.a.O.; Interviews der Autorin mit Paulette Slivka, Guta Rozencwajg, Fanny Rozencwajg, Régine Orfinger

11 Interview der Autorin mit Fanny Rozencwajg

12 Interview der Autorin mit Mira Kugler

13 Siehe Interviews der Autorin mit Mira Kugler, Catherine Varlin, Hélène Taich, Paulette Urman

14 Interview der Autorin mit Guta Rozencwajg

15 Siehe Interviews der Autorin mit Frieda Wattenberg, Vivette Samuel, Ruth Usrad, Denise Lévy; siehe auch Samuel, Vivette: Sauver, a.a.O.; Latour, Anny: La Résistance, a.a.O.; Knout, David: Contribution, a.a.O

16 Siehe Interviews der Autorin mit Rachel Cheigham und Frieda Wattenberg; siehe auch Latour, Anny: La Résistance, a.a.O.

17 Interview der Autorin mit Paulette Sliwka

18 Siehe Latour, Anny: La Résistance, a.a.O.; Knout, David: Contribution, a.a.O; siehe dazu auch das Kapitel zu Frankreich

19 »À nos amies ›Camarades de liaison‹«, Commission Centrale des Cadres, o.O., undatiert, Archiv der 35ième Brigade Toulouse, Claude Urman, Paris

20 Siehe »À nos amies«, a.a.O.

21 Siehe das Kapitel zu Frankreich

22 Interview der Autorin mit Hélène Taich

23 »À nos amies«, a.a.O.

24 Siehe Interviews der Autorin mit Anja Rud, Liza Czapnik, Bronia Klibanski; Chasia Bielicka-Bornstein; Chaika Grossman

25 Siehe Grossman, Chaika: Die Untergrundarmee, a.a.O.; Interview mit Vitka Kempner-Kovner für Moreshet; Meed, Vladka: On both Sides, a.a.O.; siehe auch Interviews der Autorin mit Chaika Grossman, Chasia Bielicka-Bornstein, Hela Szyper

26 Interviews der Autorin mit Chaika Grossman; Interview mit Vitka Kempner-Kovner für Moreshet

456

27 Interview der Autorin mit Hela Szyper
28 Grossman, Chaika: Die Untergrundarmee, a. a. O., S. 116 f.
29 Interview der Autorin mit Bronia Klibanski
30 Interviews der Autorin mit Chasia Bielicka-Bornstein
31 Interview der Autorin mit Frieda Wattenberg
32 Ebd.
33 Interview der Autorin mit Sieny Cohen
34 Interview der Autorin mit Virginia Cohen
35 Interview der Autorin mit Frieda Wattenberg
36 Interview der Autorin mit Yvonne Jospa
37 Interviews der Autorin mit Yvonne Jospa, Judith van Monfort, Andrée Geulen
   (eine der nichtjüdischen Mitarbeiterinnen des CDJ), Gespräch der Autorin mit
   Fela Hermann
38 Siehe das Kapitel über Ungarn
39 Siehe Goldfarb, Neschka, in: Schiloach-Abres, Galia: Die ungarische jüdische
   Untergrundbewegung, Dokumentarfilm, Budapest 1996
40 Interview der Autorin mit Tamara und Rafi Ben Shalom
41 Interview der Autorin mit Tamara Ben Shalom
42 Interviews der Autorin mit Sieny Cohen und Virginia Cohen
43 Interview der Autorin mit Sieny Cohen
44 Interview der Autorin mit Virginia Cohen
45 Ebd.
46 Zeitoun, Sabine: L'Œuvre, a. a. O., S. 152 f.
47 Siehe das Kapitel über Frankreich
48 Siehe Interview der Autorin mit Denise Lévy
49 Ebd.
50 Ebd.
51 Siehe Latour, Anny: La Résistance, a. a. O., S. 72; Interview der Autorin mit Denise Lévy
52 Interview der Autorin mit Frieda Wattenberg
53 Siehe Interviews der Autorin mit Vivette Samuel, Frieda Wattenberg, Denise
   Lévy, Ruth Usrad
54 Siehe die Berichte von Alice Lentz, Marcel Katz und anderen, Archiv Herbert
   Herz, Genf
55 Siehe Interviews der Autorin mit Vivette Samuel, Frieda Wattenberg, Denise
   Lévy, Ruth Usrad
56 Samuel, Vivette: Sauver, a. a. O., S. 118
57 Interview der Autorin mit Frieda Wattenberg
58 Interview der Autorin mit Raymonde Donajlo
59 Interview der Autorin mit Eva Besnyö
60 Interview der Autorin mit Catherine Varlin (Winter)
61 Interview der Autorin mit Hélène Taich
62 Interview der Autorin mit Mira Kugler
63 Interview der Autorin mit Guta Rozencwajg
64 Interview der Autorin mit Yvonne Jospa
65 Interview der Autorin mit Trudel van Reemst-de Vries

66 Interview der Autorin mit Chava Raban
67 Interview der Autorin mit Hela Szyper-Rufeisen
68 Interview der Autorin mit Anja Rud
69 Interview der Autorin mit Chasia Bielicka-Bornstein
70 Interview der Autorin mit Ewa Krakowska
71 Interview mit Vitka Kempner-Kovner für Moreshet Vashem
72 Interview der Autorin mit Sarah Goldberg; siehe auch: Trepper, Leopold: Die Wahrheit. Autobiographie, München 1975; Perault, Gilles: Auf den Spuren der Roten Kapelle, Wien/Zürich 1990
73 Cohn, Marianne: Je trahirai demain, zitiert nach: Seghers, Pierre: La Résistance Française et ses poètes, S. 450. Das vollständige Gedicht lautet:

Mein Verrat kommt morgen, noch nicht heute.
Reißt mir heute die Nägel aus,
ich verrate nichts.

Ihr kennt nicht das Ende meines Mutes,
ich aber kenne es.
Ihr seid fünf harte Hände fingerberingt.
Am Fuß sind eure Schuhe
genagelt.

Morgen begehe ich Verrat, nicht heute.
Erst morgen.
Ich brauche die Nacht für den Entschluß,
eine einzige Nacht
zum Verleugnen, Verzichten, Verraten.

Um meine Freunde zu verleugnen,
um auf Brot und Wein zu verzichten,
um das Leben zu verraten,
um zu sterben.

Mein Verrat kommt morgen, heute noch nicht.
Die Feile liegt versteckt,
nicht für den Henker,
nicht für die Gitter,
für den Schnitt durch meinen Puls.

Für heute gibt es nichts mehr zu sagen.
Morgen begehe ich Verrat.

74 Siehe Grossman, Chaika: Die Untergrundarmee, a.a.O., S. 454 ff.
75 Interview der Autorin mit Elsa Lustgarten
76 Interview der Autorin mit Chava Ben Porat
77 Interview der Autorin mit Sarah Goldberg

78 Interview der Autorin mit Hélène Waksman

79 Siehe Latour, Anny: La Résistance, a. a. O., S. 178

80 Interview der Autorin mit Yvonne Jospa

81 Ebd.

82 Interview der Autorin mit Catherine Varlin (Winter)

83 Siehe Grossman, Chaika: Die Untergrundarmee, a. a. O., S. 77 f.

84 Interview der Autorin mit Mira Kugler

85 »Nicole«

86 Interviews der Autorin mit Chaika Grossman

87 Interview der Autorin mit Anja Rud

88 Interview der Autorin mit Chaika Grossman, Kibbuz Evron 1992

89 Interview der Autorin mit Catherine Varlin (Winter)

90 Interview der Autorin mit Rachel Cheigham

Nach der Befreiung: Die Mühen der Normalität

1 Interview der Autorin mit Raymonde Donajlo und Lucienne Pawlocki

2 Interview der Autorin mit Dina Krischer

3 Interview der Autorin mit Irène Gautier

4 Interview der Autorin mit Denise Lévy

5 Interview der Autorin mit Sarah Goldberg

6 Interview der Autorin mit Ewa Krakowska

7 Interviews der Autorin mit Chasia Bielicka-Bornstein

8 Ebd.

9 Liza Czapnik in: Strobl, Ingrid: »Mir zeynen do«, a. a. O.

10 Chaika Grossman in: ebd.

11 Interview der Autorin mit Rachel Cheigham

12 Interview der Autorin mit Uschi Rubinstein

13 Interview der Autorin mit Mira Kugler

14 Interview der Autorin mit »Nicole«

15 Interview der Autorin mit Régine Orfinger

16 Interview der Autorin mit Guta Rozencwajg

Zusammenfassung: Divergenzen und Gemeinsamkeiten

1 Interview der Autorin mit Yvonne Jospa

2 Interview der Autorin mit Hélène Taich

3 Interviews der Autorin mit Masza Putermilch und Chasia Bielicka-Bornstein

4 Interview der Autorin mit Lucienne Pawlocki

5 Interview der Autorin mit Vivette Samuel

6 Interviews der Autorin mit Chasia Bielicka und Anja Rud

7 Interview der Autorin mit Lea Weintraub

Bibliographie

I. Quellen

I.1 Öffentliche Archive

Archiv Beit Lohamei Haghettaot

Archiv des belgischen Gesundheitsministeriums, Ministère de la Santé publique, Archives de l'Administration des Victimes de guerre, service de documentation et de recherches: Archives clandestines du comité de Défense des Juifs; Archives de l'Aide aux Israélites victimes de la guerre

Centre de Documentation Juive Contemporaine (CDJC), Paris, Serien XI°; XXII; XLIX; CCXV; CDXI; CDLXVIII; CDLXIX; CDLXX; LXXV; LXXVII

Centre de Recherches et d'Études Historiques de la Seconde Guerre Mondiale (CREHSGM), Abteilung Presse Clandestine, Brüssel

Moreshet Archives, Givat Haviva, A.55; A.1.439 (T.5) D.1.1150; D.1.11941, D.1.1195 und D.1.1198; D.1.4630; D.2.75

Yad Vashem Archives

I.2 Privatarchive

Archiv Dina und Henri Krischer, Nancy

Archiv Herbert Herz, Genf

Archiv der 35. Brigade »Marcel Langer« Toulouse, Claude Urman, Paris

Archiv Hélène Taich, Marseille

Archiv Adam Rayski, Paris

Archiv Yvonne Jospa, Brüssel

Archiv Andrée Geulen, Brüssel

Archiv Heini Bornstein, Kibbuz Lehavot Habashan

I.3 Unveröffentlichte Quellen

»À nos amies ›Camarades de liaison‹«, Commission Centrale des Cadres, o. O., undatiert, Archiv der 35ième Brigade Toulouse, Claude Urman, Paris

»A toutes les femmes! A tous les hommes de cœur!«, Flugblatt des MNCR, Marseille, undatiert, Archiv Hélène Taich, Marseille

Amit Rosenberg, Zila (Cesia): Not to lose the human face, Moreshet Archives A. 55

L'Armée du Crime, Archiv: Henri und Dina Krischer, Nancy

Aufruf von Aba Kovner, Wilna 1. 1. 1942, Archiv Moreshet D 1.4630

Auszug aus dem Eingangsbuch des Gestapo-Gefängnisses in Annemasse, Archiv Herbert Herz

Auszug aus dem Todesregister des Standesamts Stuttgart Nr. 2195/1944, vom 18. 1. 1994, Kopie des Dokumentes, Archiv Adam Rayski, Paris

Auszug aus dem Gefangenenbuch der Untersuchungshaftanstalt Stuttgart; Kopie des Dokumentes, Archiv Adam Rayski, Paris

»Aux juifs de Marseille«, Flugblatt der UJRE, Section Bouches-du-Rhône, vermutlich August 1944, Archiv Hélène Taich, Marseille

Bancic, Golda: »Ma chère petite fille, mon cher petit amour ...«, Stuttgart, 9. Mai 1944, Centre de Documentation Juive Contemporaine (CDJC), CDLXX-9

Ben Shalom, Rafi an Nathan Schwalb und Heini Bornstein, Budapest, den 27. November 1944, Moreshet Archives D.1.1150

Bericht von Anita und Hermann, Moreshet Archives D.2.75

Brief von Herbert Herz an die Autorin, Genf, 15. November 1995

Briefwechsel zwischen H. Pohorylès, »Victor« und Heini Bornstein vom Dezember 1943, Moreshet Archives, D 1.11941, D 1.1195 und D 1.1198

de Lathouwer, René: Comité de défense des juifs – CDJ. Témoignages et documents recueillis entre 1947 und 1951, Brüssel 1951, Archives de l'administration des victimes de guerre, service de documentation et de recherches, Brüssel

Deffaugt, Jean: Attestation, Annemasse, 21. April 1949, Archiv Herbert Herz

Dossier Mindla Diamant: Louis Gronowski: Témoignage; Abschrift des Erfassungsbogens von Mindla Diamant der Justizvollzugsanstalt Breslau; beide Archiv Dina und Henri Krischer, Nancy

Drenger-Dawidson, Gusta: Tagebuch der Justyna, unveröffentlichte Seiten 3–15, Beit Lochamei Haghettaot 1708 (Blumental)

Garel, George: Rapport sur l'acitivité de Mme N. Salon, née Weil, Paris, 11. August 1946, Centre de Documentation Juive Contemporaine (CDJC), CDLXVIII-70b

Handschriftliche und maschinengeschriebene Berichte von Alice Lentz (geborene Podstolski) und Marcel Katz, Archiv Herbert Herz

Interview Herbert Herz mit Emile Barras, 18. Oktober 1994, Archiv Herbert Herz

Interview mit Liza Czapnik für Yad Vashem, 1995, Cassette Nr. 033C/2880

Interview mit Vitka Kempner-Kovner für Moreshet, Moreshet Archives (T.5) A. 1439

»Jeunes Juifs!«, Aufruf der UJJ, Marseille, undatiert, Archiv Hélène Taich, Marseille

Karwasser, Serge: Déposition, Nizza 27. 7. 1945, Bericht über Aktivitäten des MJS in Nizza, Centre de Documentation Juive Contemporaine (CDJC), CCXV-16

Klibanski, Bronia: In the Ghetto and in the Resistance, Beitrag zu der Konferenz »Women in the Holocaust«, Hebrew University, Jerusalem, 19.–22. Juni 1995

Landgericht Kiel: Urteil in der Strafsache gegen Kurt Heinrich Asche vom 8. Juli 1981, Aktenzeichen – VIII Ks (3/77) – 2 Ks 1/75

»Marseillais!«, Flugblatt des Mouvement National contre le Racisme, MNCR vom 27. 9. 1943, Archiv Hélène Taich, Marseille

Ordre de Bataille des Unités FFI, Dossier d'Homologation d'une Formation FFI, Détachements de la Haute Garonne de la 35ième Brigade des FTP de MOI (Formation Étrangers). Annexe IV: État des Morts, disparus et déportés, Paris 1947, Archiv der 35. Brigade, Claude Urman, Paris

Organisation Juive de Combat, Paris, 1. Mai 1945: Vorschläge zur Ordensverleihung

(Section Féminine), Centre de Documentation Juive Contemporaine (CDJC), CDLXIX-26 a

»Pourquoi ils luttent, pourquoi ils meurent«, Archiv Henri und Dina Krischer, Nancy

Racine, Emmanuel.: Attestation, Herzlia, 25. August 1982, Centre de Documentation Juive Contemporaine (CDJC), CDXXI-138 a

»Rapport Gillard«: Direction des Services de la Police de Sureté 6, Le Commissaire de Police de Sureté Gillard Charles à Monsieur le Commissaire Principal, Chef de la 6ième Section de la Direction des Services de la Police de Sureté à Vichy, Vichy 25. April 1944, Archiv der 35. Brigade, Claude Urman, Paris

Récit d'un résistant juif sur l'activité du MJS et d'autres formations de la résistance juive, Centre de Documentation Juive Contemporaine (CDJC), XI°–36

Salomon, Andrée: Rapport Nicole Salon née Weil, o. O., o. J., Centre de Documentation Juive Contemporaine (CDJC), CDLXVIII-70 a

Taich, Hélène: La Résistance Armée au cœur de Marseille, handgeschriebener Bericht, undatiert; dies.: Marseille au mois d'août 1944, Maschinengeschriebener Bericht, undatiert; beide: Archiv Hélène Taich, Marseille

Taich, Hélène: »Tombés au combat«, Liste erstellt für die Autorin, Marseille 1993

I.4: Periodica

J'accuse

Notre Voix

Jeune Combat

La voix des femmes juives

Diverse Periodica in: La Presse antiraciste sous l'occupation hitlérienne, hrsg. vom Centre de Documentation der UJRE, Paris o. J.

Le Flambeau

I.5 Interviews und Hintergrundgespräche

Frankreich:

Bernard-Farnoux, Yvette, Paris, September 1992

Cheigham, Rachel, Paris, Oktober 1996

Donajlo (geb. Bendavid), Raymonde, Paris, Mai 1996

Gautier (geb. Mendelson), Irène, Paris, Mai 1996

Herz, Herbert, Nancy, Dezember 1987

Krischer, Dina, Nancy, Dezember 1987, August und November 1992

Krischer, Henri, Nancy, Dezember 1987, August und November 1992, Oktober 1996

Kugler, Mira, München, Januar 1996

Lévy, Denise, Paris, Oktober 1996

Levy, Gert, Brüssel, August 1992, Mai 1994

»Nicole«, Köln, März 1996
Pawlocki (geb. Bendavid), Lucienne, Paris, Mai 1996
Rayski, Adam, Paris, Oktober 1996
Rubinstein, Ida, Brüssel, August 1996
Samuel (geb. Hermann), Vivette, Paris, Oktober 1996
Sliwka, Paulette, Paris, Mai 1996
Szmulewicz, Jacquot, Nancy, Dezember 1987, Paris, August 1992
Taich, Hélène, Paris, Mai 1996
Urman, Paulette, Paris, Oktober 1996
Usrad, Ruth, Kibbuz Lehavot Habashan, Juni 1996
Wattenberg, Frieda, Paris, Mai 1996
Weintraub, Lea, Tel Aviv, Mai 1996
Winter (geb. Varlin), Catherine, Paris, Mai und Oktober 1996

Belgien:

Geulen, Andrée, Brüssel, Mai 1995
Goldberg, Sarah, Brüssel, August 1992, September 1994, Februar 1996
Herman, Fela, Brüssel, Dezember 1994
Jospa, Yvonne, Brüssel, Mai 1995, Februar 1996
Nejszaten, Abraham, Köln, Juli 1992, Januar 1994, September 1996
Orfinger-Karlin, Régine, Brüssel, August 1996
Rechtman, Sophie, Brüssel, Mai 1995, Februar 1996
Rozencwajg, Guta, Holon, Mai 1996
Rozencwajg, Fanny, Rischon Lezion, Juni 1996
van Monfort, Judith, Brüssel, Mai 1995
Waksman, Hélène, Brüssel, August 1996

Niederlande:

Besnyö, Eva, Amsterdam, August 1996
Cohen, Sieny, Amsterdam, August 1996
Cohen, Virginia, Amsterdam, August 1996
Ohringer, Mirjam, Amsterdam, August 1996
Rubinstein, Uschi und Max, Amsterdam, August 1996
Sijbrands, Roos, Amsterdam, August 1996
van Reemst-de Vries, Trudel, Amsterdam, August 1996
Zilberberg, Ida, Hadar Am, Mai 1996

Ungarn:

Bon Porat, Chava, Kibbuz Gaaton, Mai 1996
Ben Shalom, Tamara und Rafi, Kibbuz Ha Ogen, Mai 1996
Schmolowsky, Ita, Haifa, Mai 1996

Polen:

Bielicka-Bornstein, Chasia, Kibbuz Lehavot Habashan, Juni 1995, Juni 1996
Czapnik, Liza, Ramat Gan, März 1992, Bersheva, Juni 1995
Grossman, Chaika, Kibbuz Evron, Dezember 1991, März 1992, Mai 1993
Klibanski, Bronia, Jerusalem, März 1992, Juni 1996
Kracowska, Ewa, Ramat Gan, März 1992, Juni 1996
Lustgarten, Elsa, Haifa, Mai 1996
Orkin, Meir, Kibbuz Evron, Mai 1996
Putermilch (Glajtman), Masza, Tel Aviv, Mai 1996
Rud, Anja, Tel Aviv, März 1992, Juni 1996
Szyfer-Rufeisen, Hela, Bustan Hagalil, Mai 1996

Zusätzliche Interviews:

Behaim (Margalit), Stella, Kibbuz Schaar Hamakim, Mai 1996
Brawerman, Surika, Kibbuz Schamir, Mai 1996
Drori, Edith, Haifa, Mai 1996
Nahir, Eva, Kibbuz Schaar Hamakim, Mai 1996

I.6 Veröffentlichte Dokumente

Bulletin intérieur du Front de l'Indépendance, Nr. 4, 17. Oktober 1942, in: Le Génocide Juif. 1941–1944, hrsg. v. Ministère de l'éducation, de la recherche de la formation, direction générale de l'organisation des études, Brüssel 1994, S. 77 ff.

Cohn, Marianne: Je trahirai demain, zitiert nach: Seghers, Pierre: La Résistance
Française et ses poètes, S. 450

Czapnik, Liza: Bericht über die Aktivitäten der Antifaschistischen Organsiation in
Bialystok, August 1944, in: Grossman, Chaika: Die Untergrundarmee. Der jüdische Widerstand in Bialystok. Ein autobiographischer Bericht, Frankfurt/Main
1993, S. 542 ff.

Coelst, J., Président de la conférence des bourgmestres de Bruxelles an Monsieur le
Docteur Gentzke, Haut conseiller militaire d'administration, Brüssel, 5. Juni 1942,
in: Le Génocide Juif. 1941–1944, hrsg. v. Ministère de l'éducation, de la recherche
de la formation, direction générale de l'organisation des études, Brüssel 1994, S. 53

Drenger-Dawidson, Gusta: Tagebuch der Justyna, in: Im Feuer vergangen. Tagebücher aus dem Ghetto, Berlin 1962

Goldkorn, Dora: Erinnerungen an den Aufstand im Warschauer Ghetto, in: Im
Feuer vergangen. Tagebücher aus dem Ghetto, Berlin 1962

»Juden!«, Aufruf, verfaßt von Mordechai Tennenbaum am 13. Januar 1943, in französischer Übersetzung dokumentiert von Bronia Klibanski, in: Le Monde Juif, Nr.
132, Oktober–Dezember 1988, S. 195 f.

Le Génocide Juif. 1941–1944, hrsg. v. Ministère de l'éducation, de la recherche de la
formation, direction générale de l'organisation des études, Brüssel 1994

Rozencwajg, Maurice: Ma chère Gilberte, letzter Brief aus dem Gefängnis Saint-

464

Gilles, Brüssel, in: Partisans armés juifs. 38 Témoignages, hrsg. von Les enfants des partisans juifs de Belgique, Brüssel 1991, S. 33

»Staakt!!! Staakt!!! Staakt!«, Streikaufruf, 25. Februar 1941, Amsterdam, Verzets Museum Amsterdam, ständige Ausstellung

Stroop, Jürgen: Es gibt keinen jüdischen Wohnbezirk in Warschau mehr! Fotomechanischer Nachdruck, Neuwied/Berlin/Darmstadt 1960

Union des Juifs pour la Résistance et l'Entraide: »Juifs Lyonnais!«, Februar 1944, in: La Presse antiraciste sous l'occupation hitlérienne, hrsg. vom Centre de Documentation der UJRE, Paris o. J.

I.7 Veröffentlichte Zeitzeug/inn/enberichte und Memoiren

Bernard Farnoux, Yvette: À la suite de Berthe Albrecht au service social des »Mouvements Unis de la Résistance«, in: Les Juifs dans la résistance et la libération. Histoire, témoignages, débats, hrsg. von der Association pour la Recherche sur l'Histoire Contemporaine des Juifs (RHICOJ), Paris 1985, S. 104–108

Blady Szwajger, Adina: Im Juli '42 ging ich aus dem Haus und kam nie wieder dorthin zurück. Ein Gespräch mit Adina Blady Szwajger, in: Grupinska, Anka: Im Kreis. Gespräche mit jüdischen Kämpfern, Frankfurt am Main 1993, S. 202

Amicale du Bataillon Carmagnole-Liberté: Broschüre, Bourg-La-Reine o. J.

Dreyfus, Madeleine: Extraits d'un témoignage: L'histoire que j'ai vecue d'octobre 1941 à la libération – Lyon – Le Chambon sur Lignon, in: »Notre Mémoir«, vervielfältigte maschinengeschriebene Broschüre, hrsg. von OSE (Œuvre de Secours aux enfants), Paris 1993, S. 59–69

Fulman, Chava: The Cafe Ziganeria is Attacked, in: The Fighting Ghettos, hrsg. v. Barkai Meyer, Philadelphia und New York 1962, S. 98ff.

Glajtman Putermilch, Masza: »Aber einer mußte den Schrank ja wieder vorschieben.« Ein Gespräch mit Masza Glajtman Putermilch, in: Grupinska, Anka: Im Kreis. Gespräche mit jüdischen Kämpfern, Frankfurt am Main 1993, S. 49–78

Goldfarb, Zvi: On »Hehalutz« Resistance in Hungary, in: Extermination and Resistance. Historical Records and Source Material, Bd. 1, Lohamei Haghettaot 1958

Grossman, Chaika: Die Untergrundarmee. Der jüdische Widerstand in Bialystok. Ein autobiographischer Bericht, Frankfurt/Main 1993

Gutfrajnd, Yacob: Eléments d'une autobiographie, in: Partisans armés juifs. 38 Témoignages, hrsg. von Les enfants des partisans juifs de Belgique, Brüssel 1991, S. S. 155–207

Hamon, Léo: Le Témoignage Hexagonal d'un français de l'interieur, in: Les Juifs dans la résistance et la libération. Histoire, témoignage, débats, hrsg. von der Association pour la Recherche sur l'Histoire Contemporaine des Juifs (RHICOJ), Paris 1985, S. 49–52

Jospa, Yvonne: L'Historique du CDJ, Brüssel, 7. 7. 1944

Kochba, Adina: The »Hehalutz« Underground in Holland during the Nazi Occupation, in: Extermination and Resistance. Historical Records and Source Material, Bd. 1, Lohamei Haghettaot 1958, S. 173–176

Korczak, Roszka: Jüdische Partisanen in den Wäldern von Narocz, Litauen, in: Lustiger, Arno: Zum Kampf auf Leben und Tod! Vom Widerstand der Juden 1933–1945, Köln 1994, S. 269–283

Kovner, Abba: Easy Revenge, in: The Fighting Ghettos, hrsg. v. Barkai Meyer, Philadelphia und New York 1962, S. 192–194

Krakowski, Shmuel: The Jewish Fighting Organisation in Caracow, in: Anthology on Armed Jewish Resistance, New York 1986, Bd. 3, S. 140

Kriegel-Valrimont, Maurice: Témoignage d'un antifasciste juif, in: Les Juifs dans la résistance et la libération. Histoire, témoignage, débats, hrsg. von der Association pour la Recherche sur l'Histoire Contemporaine des Juifs, Paris 1985, S. 58–61

Krischer, Henri: Les Barricades de la MOI, in: Les Juifs dans la résistance et la libération. Histoire, témoignage, débats, hrsg. von der Association pour la Recherche sur l'Histoire Contemporaine des Juifs (RHICOJ), Paris 1985, S. 174–184

Lissner, Abraham: Diary of a Jewish Partisan in: Suhl, Yuri: They fought back, New York 1967, S, 287

Loinger Nezer, Fanny: Mes activités comme infirmière-assistante sociale à l'OSE (1941–1947), in: »Notre Mémoir«, vervielfältigte maschinengeschriebene Broschüre, hrsg. von OSE (Œuvre de Secours aux enfants), Paris 1993, S. 70–73

Lubetkin, Ziviah: Die letzten Tage des Warschauer Ghettos, Berlin–Potsdam 1949

Martyrs and Fighters. The Epic of the Warsaw Ghetto, hrsg. von Friedman, Philip, New York 1954

Mayer, Daniel: Socialiste, puis français et enfin juif, in: Les Juifs dans la résistance et la libération. Histoire, témoignage, débats, hrsg. von der Association pour la Recherche sur l'Histoire Contemporaine des Juifs (RHICOJ), Paris 1985, S. 53–57

Meed, Vladka: On both Sides of the Wall, Beit Lohamei Haghettaot und Hakibutz Hameuchad 1973 (englische Übersetzung von: Peltel-Miedzyrzecki, Wladka Feigele: Fun bayde zaytn ghetto-moyer, New York 1948)

Nejszaten, Abraham: Mémoires, in: Partisans armés juifs. 38 Témoignages, hrsg. von Les enfants des partisans juifs de Belgique, Brüssel 1991, S. 322–384

»Notre Mémoir«, vervielfältigte maschinengeschriebene Broschüre, hrsg. von OSE (Œuvre de Secours aux enfants), Paris 1993

Partisans armés juifs. 38 Témoignages, hrsg. von Les enfants des partisans juifs de Belgique, Brüssel 1991

Protokoll des Treffens von Kibbuz Tel Chai, in: The Fighting Ghettos, hrsg. v. Barkai Meyer, Philadelphia und New York 1962, S. 126 ff.

Rayski, Adam: Zwischen Thora und Partei. Lebensstationen eines jüdischen Kommunisten, Freiburg 1987

Rotem, Simha: Kazik. Erinnerungen eines Ghettokämpfers, Berlin 1996

Syrkin, Marie: Blessed is the Match, New York 1947

Szac-Wajnkranc, Noemi: Im Feuer vergangen, in: Im Feuer vergangen. Tagebücher aus dem Ghetto, Berlin 1962

Trepper, Leopold: Die Wahrheit. Eine Autobiographie, München 1975

Varlin, Catherine: Une Ville Engloutie: La Résistance des femmes juives, in: Les Juifs dans la résistance et la libération. Histoire, témoignages, débats, hrsg. von der Association pour la Recherche sur l'Histoire Contemporaine des Juifs (RHICOJ), Paris 1985, S. 101–103

466

I.8 Dokumentarfilme

Kempner, Aviva und Waletzky, Josh: Partisans of Vilna, Dokumentarfilm, New York 1985

Mosco: Ni travail, ni famille, ni patrie, Dokumentarfilm, Paris 1993

Mosco: Les Terroristes à la rétraite, Dokumentarfilm, Paris 1987

Schiloach-Abres, Galia: Die ungarische jüdische Untergrundbewegung, Dokumentarfilm, Budapest 1996

Strobl, Ingrid: »Mir zeynen do«. Der Ghettoaufstand und die Partisaninnen von Bialystok, Dokumentarfilm, Köln 1992

II. Literatur

II.1 Bücher

Ainsztein, Reuben: Jewish Resistance in Nazi-Occupied Eastern Europe, London 1974

Amicale der 35ième Brigade (Hrsg.): 35ième Brigade/Marcel Langer, Paris 1983

Anthology on Armed Jewish Resistance, 3 Bände, New York 1986

Arad, Ytzhak: Ghetto in Flames, Jerusalem und New York 1980

Bartoszewski, Wladyslaw: Uns eint vergossenes Blut. Juden und Polen in der Zeit der »Endlösung«, Frankfurt am Main 1987

Bauer, Yehuda: They Chose Life. Jewish Resistance in the Holocaust, New York und Jerusalem 1973

Bauer, Yehuda: Jewish Reactions to the Holocaust, Tel Aviv 1989

Bernard, Marcel Pierre: Bouches-du-Rhône. Thèse de Doctorat (Dissertation), Aix-en-Provence 1982

Braber, Ben: Joden in Verzet en Illegaliteit. Zelfs als wij zullen verliezen. 1940–1945, Amsterdam 1990

Braber, Ben: Passage naar Vrijheid, Amsterdam 1987

Brachfeld, Sylvain: Ils n'ont pas eu nos gosses, Brüssel, Institut de Recherche sur le Judaisme belge

Braham, Randolph L.: The Politics of Genocide. The Holocaust in Hungary, New York 1981

Bunzl, John: Klassenkampf in der Diaspora, Wien 1975

Campagne de discrédit contre les partisans juifs. Réponse à l'historien Maxime Steinberg, hrsg. v. Nejszaten, Marcel, Saraing 1992

Cohen, Asher und Cochavi, Yehoyakim (Hrsg.): Zionist Youth Movements During the Shoa, New York 1995

Cohen, Asher: The Halutz Resistance in Hungary 1942–1944, New York 1986

Collin, Claude: L'Été des partisans. Les F.T.P. et l'organisation de la résistance en Meuse, Nancy 1992

Courtois, Stéphane/Peschanski, Denis/Rayski, Adam: L'Affiche Rouge. Immigranten und Juden in der französischen Résistance, Berlin 1994

De jeugdalijah van het Paviljoen Loosdrechtse Rade, Hilversum 1987

de Jong, S.: Joodse Oorlogsherinneringen (1940–1945), Franeker 1975

de Jong, S.: Het Koninkrijk der Nederlanden in de Tweede Wereldoorlog, 10 Bände, 's Gravenhage 1969–1981

Diamant, David: Combattants, héros et martyrs de la résistance, Paris 1984

Diamant, David: Jeune Combat. La Jeunesse Juive dans la résistance, Paris 1993

Diamant, David: Les Juifs dans la résistance française, avec ou sans armes, 1940–1944, Paris 1971

Die Welt der Anne Frank. Katalog zur gleichnamigen Ausstellung, hrsg. von der Anne Frank Stiftung, Amsterdam 1985

Edelman, Marek: Das Ghetto kämpft. Warschau 1941–1943, Berlin 1993 (polnische Originalausgabe mit dem Titel »Getto walczy«, Warschau 1945)

Eisenstein, Miriam: Jewish Schools in Poland. Their Philosophy and Development, 1919–1939, New York 1950

Enzyklopädie des Holocaust. Die Verfolgung und Ermordung der europäischen Juden, drei Bände, Berlin 1993

Europa unter dem Hakenkreuz. Dokumentenedition, Bd. 6, hrsg. v. Bundesarchiv, Berlin/Heidelberg 1992

Extermination, sauvetage et résistance des juifs de Belgique, hrsg. v. Maxime Steinberg, Bulletin périodique de documentation, Nr. 4, Brüssel, April 1979

Flim, Bert Jan: Omdat Hun Hart Sprak. Geschiedenis van de georganiseerde hulp aan Joodse kinderen in Nederland 1942–1945, Kampen 1996

Gotovich, José: Du rouge au tricolore, résistance et parti communiste, Brüssel 1992

Grupinska, Anka: Im Kreis. Gespräche mit jüdischen Kämpfern, Frankfurt am Main 1993

Gutman, Israel: Fighters among the Ruins, Washington 1988

Herzberg, Tusia: Der lachende Sand. Junge jüdische Widerstandskämpfer im Zweiten Weltkrieg, Klagenfurt 1996

Hilberg, Raul: Die Vernichtung der europäischen Juden. Die Gesamtgeschichte des Holocaust, Berlin 1982

Im Feuer vergangen. Tagebücher aus dem Ghetto, Berlin 1962

Im Kampf gegen Besatzung und Endlösung. Widerstand der Juden in Europa 1939–1945, Katalog zur gleichnamigen Ausstellung im Jüdischen Museum Frankfurt, hrsg. von Georg Heuberger, Frankfurt am Main 1995

Image Before My Eyes. A Photographic History of Jewish Life in Poland, 1864–1939, hrsg. vom YIVO Institute for Jewish Research, New York 1977

Kaplan, Marion: Jüdisches Bürgertum. Frau, Familie und Identität im Kaiserreich, Hamburg 1997

Katalog der Ausstellung Carmagnole Liberté, Marie de Vénissieux, September 1985

Knout, David: Contribution à l'histoire de la Résistance Juive en France 1940–1944, Paris 1947

Krakowski, Shmuel: The War of the Doomed, New York und London 1974

Krakowski, Shmuel: Der Kampf der Juden in Polen 1942–1944, in: Im Kampf gegen Besatzung und Endlösung. Widerstand der Juden in Europa 1939–1945, Katalog zur gleichnamigen Ausstellung im Jüdischen Museum Frankfurt, hrsg. von Georg Heuberger, Frankfurt am Main 1995, S. 148–172

Kreitmann, Esther: Deborah – Narren tanzen im Ghetto, Frankfurt 1984

Kwiet, Konrad und Eschwege, Helmut: Selbstbehauptung und Widerstand. Deutsche Juden im Kampf um Existenz und Menschenwürde 1933–1945, Hamburg 1984

Latour, Anny: La Résistance Juive en France (1940–1944), Paris 1970

Lazarus, Jacques: Juifs au Combat. Témoignage sur l'activité d'un mouvement de résistance, Paris 1947

Le Soir: La Libération de la Belgique, in Zusammenarbeit mit RTBF, September 1994

Lemalet, Martine (Hrsg.): Au secours des enfants du siècle, Paris 1993

Les Étrangers dans la Résistance en France, hrsg. vom Musée de le Résistauce et la Déportation, Besançon 1992

Les Juifs dans la résistance et la libération. Histoire, témoignages, débats, hrsg. von der Association pour la Recherche sur l'Histoire Contemporaine des Juifs (RHICOJ), Paris 1985

Les Juifs de Belgique. De l'immigration au génocide. 1925–1945, hrsg. v. Centre de Recherches et d'Études Historiques de la Seconde Guerre Mondiale, Brüssel 1994

Lévy, Claude: Les Parias de la résistance, Paris 1970

Lustiger, Arno: Zum Kampf auf Leben und Tod! Vom Widerstand der Juden 1933–1945, Köln 1994

Marcus, Joseph: Social and Political History of the Jews in Poland 1918–1939, Berlin/New York/Amsterdam 1983

Mark, Bernard: Der Aufstand im Warschauer Ghetto, Berlin 1958

Menger, Truus: Toen Niet, Nu Niet, Nooit, Den Haag 1982

Michel, Alain: Les Éclaireurs Israélites de France pendant la seconde guerre mondiale, Paris 1984

Moczarski, Kazimierz: Gespräche mit dem Henker. Das Leben des SS-Gruppenführers und Generalleutnants der Polizei Jürgen Stroop. Aufgezeichnet im Mokotow-Gefängnis zu Warschau, Frankfurt am Main 1985

Neues Lexikon des Judentums, hrsg. von Julius H. Schoeps, Gütersloh/München 1992

Paape, A. H. (Hrsg.): Bericht van de Tweede Wereldoorlog, Amsterdam, 1970–1971

Pappenheim, Bertha: Sisyphus. Gegen den Mädchenhandel in Galizien, Freiburg i. Br. 1992

Patai, Raphael: The Jews of Hungary. History, Culture, Psychology, Detroit 1996

Peled, Yael: Abstract in englischer Sprache ihrer Dissertation »The Jewish Resistance Movement in Krakow During the German Occupation Against the Background of Jewish Community Life in the Ghetto« (in hebräischer Sprache), Hebrew University Jerusalem, 1989

Perault, Gilles: Auf den Spuren der Roten Kapelle, Wien/Zürich 1990

Points critiques Nr. 58, Dezember 1995/Januar 1996, Numéro special Partisans armés, Brüssel 1996

Poznanski, Renée: Être juif en France pendant la seconde guerre mondiale, Paris 1994

Presser, Jacob: Ashes in the Wind. The Destruction of Dutch Jewry, London 1968 (Original unter dem Titel: Ondergang. De Vervolging en Verdelging van het nederlandse Jodendom, 1940–1945, 2 Bände, Den Haag 1965)

Rajfus, Maurice: Jeudi noir, Paris 1988

Ravine, Jaques: La Résistance organisée des juifs en France, 1940–1944, Paris 1973

Rayski, Adam: Le Choix des juifs sous Vichy. Entre soumission et résistance, Paris 1992

Résistance. Père Bruno Reynders, Juste des Nations, Brüssel 1993

Samuel, Vivette: Sauver les enfants, Paris 1995

Steinberg, Jonathan: Deutsche, Italiener und Juden. Der italienische Widerstand gegen den Holocaust, Göttingen 1992

Steinberg, Maxime: La Traque des juifs, 1942–1944, 2 Bände, Brüssel 1986

Strobl, Ingrid: »Sag nie, du gehst den letzten Weg«. Frauen im bewaffneten Widerstand gegen Faschismus und deutsche Besatzung, Frankfurt am Main 1989

Teitelbaum-Hirsch, Viviane: Les Larmes sous le masque, Brüssel 1994

The Fighting Ghettos, hrsg. v. Barkai Meyer, Philadelphia und New York 1962

Van de Kar, Jacob: Joods Verzet, Amsterdam 1981

Verzet zonder Geweld. Ter herinnering aan Joop Westerweel, o. O. 1964

Weil, Grete: Meine Schwester Antigone, Zürich/Köln 1980

Wieviorka, Annette: Ils étaient juifs, résistants, communistes, Paris 1986

Wulf, Joseph: Das Dritte Reich und seine Vollstrecker. Die Liquidierung der Juden im Warschauer Ghetto. Dokumente und Berichte, Wiesbaden 1989

Zeitoun, Sabine: L'œuvre de Secours aux Enfants (O.S.E.) sous l'occupation en France, Paris 1990

Zweig, Arnold und Struck, Hermann: Das ostjüdische Antlitz, Wiesbaden 1988

II.2 Aufsätze

Arad, Jitzchak: Bewaffneter jüdischer Widerstand in den Ghettos Minsk und Wilna, in: Im Kampf gegen Besatzung und Endlösung. Widerstand der Juden in Europa 1939–1945, Katalog zur gleichnamigen Ausstellung im Jüdischen Museum Frankfurt, hrsg. von Georg Heuberger, Frankfurt am Main 1995, S. 242

Arad, Yitzhak: The Struggle and Rescue Work of the Underground Zionist Youth Movements in Vilna, in: Cohen, Asher und Cochavi, Yehoyakim (Hrsg.): Zionist Youth Movements During the Shoa, New York 1995, S. 213–226

Brener, Maurice und Jefroykin, Jules: L'American Joint Distribution committee (»Joint«), in: Le Monde Juif, Nr. 152, S. 13–14

Büchler, Jehosua Robert: Die jüdischen Widerstandsbewegungen in der Slowakei, Ungarn und Rumänien, in: Im Kampf gegen Besatzung und Endlösung. Widerstand der Juden in Europa 1939–1945, Katalog zur gleichnamigen Ausstellung im Jüdischen Museum Frankfurt, Frankfurt am Main 1995, S. 266–287

Cochavi, Yehoyakim: The Motif of »Honor« in the Call to Rebellion in the Ghetto, in: Cohen, Asher und Cochavi, Yehoyakim (Hrsg.): Zionist Youth Movements During the Shoa, New York 1995, S. 245–253

Cohen, Asher: La Presse Clandestine face à la »question juive« de 1940 à 1942. Une étude de l'opinion publique, in: Le Monde Juif, Nr. 117, 1985, S. 1–17

Collin, Claude: »Ces étrangers d'ici qui choisirent le feu«. Francs-Tireurs et Partisans de la main d'œuvre immigrée: Le cas des unités ›Carmagnole‹ (Lyon) et ›Liberté‹ (Grenoble), in: Cahiers d'histoire, Bd. XXXVII 1992, Nr. 153, Lyon 1992, S. 43–71

Collin, Claude: Aux origines de l'Union de la Jeunesse Juive (UJJ). Contribution à l'histoire des organisations juives de Résistance, unveröffentlichtes Manuskript, Grenoble 1995

Collin, Claude: Montpellier – Grenoble ... 1942. Éléments pour une histoire des organisations communistes juives en zone Sud, unveröffentlichtes Manuskript

Courtois, Stéphane: Le »Groupe Manouchian«: Sacrifié ou trahi?, in: Le Monde, 2./3. 6. 1985

Douvette, David: Une histoire controversée, in: Les Juifs dans la résistance et la libération. Histoire, témoignages, débats, hrsg. von der Association pour la Recherche sur l'Histoire Contemporaine des Juifs (RHICOJ), Paris 1985, S. 153–164

Dratwa, Daniel: Portraits de quelques femmes juives et laiques, in: Femmes, Libertés, Laicité, Edition der Université Libre de Bruxelles, Série Laicité, Brüssel 1989, S. 137–147

Ermosilla, Valérie: La Résistance Juive dans le Tarn, in: Le Monde Juif, Nr. 152, S. 46–61

Garel, George: Le Sort des enfants pendant la guerre, in: Le Monde Juif, Nr. 89, Januar–März 1978

Gotovich, José: Résistance et question juive, in: Les Juifs de Belgique. De l'immigration au génocide. 1925–1945, hrsg. v. Centre de Recherches et d'Études Historiques de la Seconde Guerre Mondiale, Brüssel 1994, S. 129–136

Grynberg, Anne: Les Sionistes, les éclaireurs israélites et les bundistes dans la résistance, in: Les Juifs dans la résistance et la libération. Histoire, témoignages, débats, hrsg. von der Association pour la Recherche sur l'Histoire Contemporaine des Juifs (RHICOJ), Paris 1985, S. 115–126

Gutman, Israel: Der Aufstand im Warschauer Ghetto, in: Im Kampf gegen Besatzung und Endlösung. Widerstand der Juden in Europa 1939–1945, Katalog zur gleichnamigen Ausstellung im Jüdischen Museum Frankfurt, hrsg. von Georg Heuberger, Frankfurt am Main 1995, S. 180

Gutman, Israel: The Youth Movement as an Alternative Leadership, in: Cohen, Asher und Cochavi, Yehoyakim (Hrsg.): Zionist Youth Movements During the Shoa, New York 1995, S. 7–18

Haymann, Emmanuel: Marianne Cohn, la dernière victime, in: Tribune Juive, Paris, 10. September 1982, S. 16–19

Kauffmann, Pierre: Du grand jeu à la résistance, in: Le Monde Juif, Nr. 152, S. 62–66

Laloum, Jean: Une résistante en zone nord: Enéa Averbouh, in: Les Juifs dans la résistance et la libération, hrsg. von der Association pour la Recherche sur l'Histoire Contemporaine des Juifs (RHICOJ), Paris 1985, S. 110

Laureys, Véronique: L'Attitude du gouvernement belge en exil à Londres envers les juifs et la question juive pendant la seconde guerre mondiale, in: Les Juifs de Belgique. De l'immigration au génocide. 1925–1945, hrsg. v. Centre de Recherches et d'Études Historiques de la Seconde Guerre Mondiale, Brüssel 1994, S. 137–152

Lazare, Lucien: À Nice occupée par les Allemands, Moussa Abadi a orchestrée le sauvetage de 527 enfants juifs, in: Le Monde Juif, Nr. 155, September–Dezember 1995, S. 48–57

Lazare, Lucien: Aperçus sur les organisations juives de sauvetage, in: Le Monde Juif, Nr. 152, September–Dezember 1994, S. 21–27

Lazare, Lucien: Educational, Rescue and Guerilla Operations of the Jewish Youth Movements in France, 1940–1944, in: Cohen, Asher und Cochavi, Yehoyakim (Hrsg.): Zionist Youth Mouvements during the Shoa, New York 1995, S. 173–183

Levin, Dov: Participation of the Lithuanian Jews in the Second World War, in: Anthology on Armed Jewish Resistance, New York 1986, Bd. 1, S. 272

List-Pakin, Jeanne: De certains aspects de la résistance, in: Le Monde Juif, Nr. 152, S. 172–175

Lublin, Aron (Lucien): L'Organisation Juive de Combat (OJC), in: Le Monde Juif, Nr. 152, September–Dezember 1994, S. 67–77

Menahem, Freddy: 1944: La »Sixième« en zone nord, in: Les Juifs dans la résistance et la libération. Histoire, témoignages, débats, hrsg. von der Association pour la Recherche sur l'Histoire Contemporaine des Juifs (RHICOJ), Paris 1985, S. 144–146

Michman, Dan: Les mouvements de la jeunesse sioniste en Belgique devant l'occupation allemande. Étude d'un point de vue comparatif, in: Les Juifs de Belgique. De l'immigration au génocide. 1925–1945, hrsg. v. Centre de Recherches et d'Études Historiques de la Seconde Guerre Mondiale, Brüssel 1994, S. 173–192

Michman, Dan: Zionist Youth Movements in Holland and Belgium and their Activities during the Shoah, in: Cohen, Asher und Cochavi, Yehoyakim (Hrsg.): Zionist Youth Mouvements during the Shoa, New York 1995, S. 145–171

Oppenheim, Israel: Hehalutz in Eastern Europe between the two World Wars, in: Cohen, Asher und Cochavi, Yehoyakim (Hrsg.): Zionist Youth Movements During the Shoa, New York 1995, S. 33–115

Paetzke, Hans-Henning: Auf der Suche nach dem verschwundenen Schlangentöter, in: Tribüne, Heft 90, 23. Jahrgang, Frankfurt am Main 1984

Poznanski, Renée: De l'action philanthropique à la résistance humanitaire, in: Lemalet, Martine (Hrsg.): Au secours des enfants du siècle, Paris 1993, S. 57–82

Poznanski, Renée: Reflections on Jewish Resistance and Jewish Resistants in France, in: Jewish Social Studies, Bd. 2, Nr. 1, Stanford 1995, S. 124–158

Rayski, Adam: Diversité et unité de la résistance juive, in: Les Juifs dans la résistance et la libération. Histoire, témoignages, débats, hrsg. von der Association pour la Recherche sur l'Histoire Contemporaine des Juifs (RHICOJ), Paris 1985, S. 165 ff.

Rayski, Adam: Il faut réconstituer par le menu cette histoire tragique, in: Le Monde, 19. 6. 1985

Rayski, Adam: La Résistance Juive en France et le soulèvement du ghetto de Varsovie, in: Le Monde Juif, Nr. 49, Januar–März 1968, S. 56–62

Rayski, Adam: Le Front Invisible, Teil 2, in: Le Monde Juif, Nr. 55, S. 11–20

Rozett, Robert: Jewish and Hungarian Armed Resistance in Hungary, in: Yad Vashem Studies XIX, Jerusalem 1988, S. 269–288

Saerens, Lieven: L'Attitude du clergé catholique belge à l'égard du judaisme (1918–1940), in: Les Juifs de Belgique. De l'immigration au génocide. 1925–1945, hrsg. v. Centre de Recherches et d'Études Historiques de la Seconde Guerre Mondiale, Brüssel 1994, S. 11–57

Schatzker, Chaim: The Special Character of the Jewish Youth Movement, in: Cohen, Asher und Cochavi, Yehoyakim (Hrsg.): Zionist Youth Movements During the Shoa, New York 1995, S. 19–31

Schreiber, J. PH.: L'attitude des Juifs en Belgique face au nazisme: le boycottage

ökonomique (1933–1939), in: Les Juifs de Belgique. De l'immigration au génocide. 1925–1945, hrsg. v. Centre de Recherches et d'Études Historiques de la Seconde Guerre Mondiale, Brüssel 1994, S. 79–100

Steinberg, Maxime: Les juifs de 1940–1944. Trois stratégies pour une tragédie, in:
Les juifs de Belgique. De l'immigration au génocide 1925–1945, hrsg. v. Centre de
Recherche et d'Études Historiques de la Seconde Guerre Mondiale, Brüssel 1994,
S. 155–172

Trempé, Rolande: La 35e Brigade Marcel Langer (Toulouse), in: Les Etrangers dans
la Rísistance en France, hrsg. v. Musée de la Résistance et de la Déportation, Besançon 1992

Van den Wijngaert, M.: Les Catholiques Belges et les juifs durant l'occupation allemande, in: Les Juifs de Belgique. De l'immigration au génocide. 1925–1945, hrsg.
v. Centre de Recherches et d'Études Historiques de la Seconde Guerre Mondiale,
Brüssel 1994, S. 121–128

Van Doorslaer, Rudi: Joodse antifascistische immigranten uit Belgie in de Internationale brigaden, Note de travail 11, Brüssel, Centre de Rechercheres et d'Études
Historiques de la Seconde Guerre Mondiale, Brüssel 1981

Van Doorslaer, Rudi: Les Enfants du ghetto. L'Immigration Juive Communiste en
Belgique et la quête de la modernité (1925–1940), in: Les Juifs de Belgique. De
l'immigration au génocide. 1925–1945, hrsg. v. Centre de Recherches et d'Études
Historiques de la Seconde Guerre Mondiale, Brüssel 1994, S. 59–77

Zuckerman, Yitzhak: Twenty-Five Years after the Warsaw Ghetto Revolt, in: Bauer,
Yehuda: They Chose Life. Jewish Resistance during the Holocaust, New York
und Jerusalem 1973

Abkürzungen und Glossar

AJ: Armée Juive (Jüdische Armee), vorwiegend von Zionisten gebildete bewaffnete Formation des jüdischen Widerstands in Frankreich

AJB: Association des Juifs en Belgique (Vereinigung der Juden in Belgien), von den Deutschen kontrollierte Zwangsvereinigung, der belgische »Judenrat«

AK: Armia Krajowa (Heimatarmee), größte Widerstandsorganisation in Polen, die AK unterstand der polnischen Exilregierung in London

Akiba: Liberal-zionistische Jugendbewegung

Aktzia: Jiddische Übernahme des deutschen Begriffs »Aktion« für Liquidierungsaktion

AL: Armia Ludowa (Volksarmee), die bewaffnete Formation des kommunistischen Widerstands in Polen

Alia: hebräisch »Aufstieg«, Bezeichnung für die Einwanderung in Israel beziehungsweise Palästina

Alia Bet: Alia B, Bezeichnung für die illegale Alia

AS: Armée Secrète (Geheime Armee), militärische Formation des unter General de Gaulles Oberbefehl stehenden Widerstands in Frankreich

Bar Mizwa: Hebräisch »Sohn der religiösen Verpflichtung«, Zeremonie zur Erlangung der religiösen Mündigkeit des Knaben mit dem 13. Geburtstag

Bat Mizwa: Hebräisch »Tochter der religiösen Verpflichtung«, im 19. Jahrhundert vom liberalen Judentum eingeführte Zeremonie zur Erlangung der religiösen Mündigkeit des Mädchens mit dem 13. Geburtstag

Betar: Rechtszionistische (revisionistische) Jugendorganisation

Brigades spéciales: Sondereinsatzbrigaden der französischen Polizei unter der deutschen Besatzung. Die Brigades spéciales wurden gebildet, um den kommunistischen Widerstand zu bekämpfen

Bund: Jüdische sozialistische Partei, spielte in Polen in der Zwischenkriegszeit und unter der deutschen Besatzung eine wichtige Rolle

CDJ: Comité de Défense des Juifs (Komitee zur Verteidigung der Juden), 1942 gegründete jüdische Selbstschutzorganisation in Belgien

Chaluzim: Hebräisch »die Pioniere«, Bezeichnung für die Mitglieder der linkszionistischen Jugendbewegungen

Chanukka: Fest zur Erinnerung an die Wiedereinweihung des Tempels in Jerusalem 164 v.d.Z.

Chasan: Vorsänger und Vorbeter in der Synagoge

Chassidim: Anhänger des Chassidismus, mystisch-religiöse Bewegung, die im 18. Jahrhundert in Polen entstand

Chaver, Chavera: Plural Chaverim, Chaverot, hebräisch »Kamerad/Genosse«, »Kameradin/Genossin«, in der linkszionistischen Jugendbewegung gebräuchliche Anrede der Mitglieder untereinander

CISZO: Centrale Jiddische Schul Organisazje, Verband der Schulen des Bund in Polen

CNR: Conseil national de la résistance (Nationaler Widerstandsrat), Zusammenschluß der verschiedenen Widerstandsbewegungen in Frankreich, am 27. Mai 1943 von Jean Moulin im Auftrag de Gaulles gegründet

Crèche: Kinderkrippe, ab 1942 die »Dependance« des Amsterdamer Durchgangslagers Hollandse Schouwburg, in der die Deutschen die kleineren Kinder unterbrachten

Drancy: Zentrales Durchgangslager in Frankreich, von dem aus die in Frankreich lebenden Juden in die Vernichtungslager deportiert wurden

Dror (Dror-Hechaluz): Hebräisch »Freiheit«, linkszionistische Jugendbewegung

EIF: Éclaireurs Israélites de France, Jüdische Pfadfinder in Frankreich

Erez Israel: Hebräisch für »das Land Israel«

FFI: Forces françaises de l'intérieur (Französische Binnenlandstreitkräfte), die, 1944 vereinheitlichte, französische Befreiungsarmee

FI: Front de l'Indépendance, Zusammenschluß der kommunistischen und anderer linker Widerstandsorganisationen in Belgien

FPO: Farejnikte Partisaner Organisazje, Kampforganisation des Widerstands im Ghetto von Wilna

FTP: Francs-tireurs et partisans (Freischärler und Partisanen), die bewaffneten Formationen des kommunistischen Widerstands in Frankreich

FTP-MOI: Die bewaffneten Einheiten der MOI, Main d'Œvre Immigrée (Immigrierte Arbeitskräfte), der Immigrantenorganisation der französischen kommunistischen Partei

Gestapo: Geheime Staatspolizei

Goi: Plural Gojm, hebräisch / jiddisch für »Nichtjude«

Gordonia: Gemäßigte linkszionistische Jugendbewegung

Hachschara: Hebräisch »Tauglichmachung«, landwirtschaftliche und handwerkliche Ausbildung der zionistischen Pionierjugend zur Vorbereitung auf die Einwanderung in Palästina beziehungsweise für das Leben im Kibbuz. Erfolgte meist in Zentren auf dem Lande oder in städtischen Wohngemeinschaften, die bereits als Kibbuzim bezeichnet wurden

Hanoar Hazioni: Hebräisch »Zionistische Jugend«, liberalzionistische Jugendbewegung

Haschomer Hazair: Hebräisch »Der junge Wächter«, linkszionistische Jugendbewegung

Hechaluz: Hebräisch »Der Pionier«, Zusammenschluß linkszionistischer Jugendbewegungen

Hollandse Schouwburg: Ehemaliges Theater, das von den deutschen Besatzungsbehörden als Durchgangslager für die Juden in Amsterdam eingerichtet wurde. Von der Hollandse Schouwburg wurden die Menschen weiter in das zentrale Durchgangslager Westerbork gebracht

Jeschiwa: Talmudschule, Schule für religiöse Studien

Jischuw: Hebräisch für »bewohntes Land«, Bezeichnung für die jüdische Gemeinschaft in Palästina bis zur Gründung des Staates Israel

476

Joint: Kurzform für Joint Distribution Committee (Vereinigtes Verteilungskomitee), amerikanische jüdische Hilfsorganisation, die während des Krieges weitgehend zur Finanzierung von Widerstands- und Rettungsaktionen beitrug

Jom Kippur: Versöhnungstag, hoher jüdischer Feiertag

Kaschrut: Die rituellen Speisegesetze

Kibbuz: Plural Kibbuzim, landwirtschaftliche Siedlung in Israel, nach kollektivistischen Vorstellungen organisiert

Kiddusch: Hebräisch für »Heiligung«, Segensspruch über einem Becher Wein, durch den der Sabbat und andere Feste geheiligt werden

Kol Nidre: Gesungenes Gebet zu Beginn des Jom Kippur

Komintern: Kommunistische Internationale

Komsomol: Jugendverband der KPdSU, der Kommunistischen Partei der Sowjetunion

Koscher: Rituell rein, von den Religionsgesetzen erlaubt; der Begriff bezieht sich vor allem auf die Speisegesetze

KPF: Kommunistische Partei Frankreichs

LICA: Ligue internationale contre l'antisémitisme (Internationale Liga gegen Antisemitismus)

Magen David: Davidstern

Malines/Mechelen: Zentrales Durchgangslager in Belgien, von dem aus die in Belgien lebenden Juden in die Vernichtungslager deportiert wurden

Maquis: Unterschlupf und Basislager des Widerstands in Frankreich, außerhalb der Städte auf dem Land oder in den Bergen gelegen; der Begriff Maquis dient auch als Synonym für Résistance

Mazze: Plural Mazzot, ungesäuertes Brot, das zu Pessach gegessen wird

Mejdalach: Jiddisch für »Mädchen«

Misrahi: (Hebräisch »östlich«, auch Abkürzung von Merkas ruchani, hebräisch »Geistiges Zentrum«), orthodoxe zionistische (Jugend)Organisation

MJS: Mouvement de la Jeunesse Sioniste, Zionistische Jugendbewegung in Frankreich

MNCR: Mouvement national contre le racisme (Nationale Bewegung gegen den Rassismus), Massenorganisation der jüdischen Sektion der MOI in Frankreich

Mogen David: Schwert Davids, religiöse Jugendorganisation

MOI: Main d'Œvre Immigrée (Immigrierte Arbeitskräfte), die Immigrantenorganisation der französischen kommunistischen Partei. Die MOI war nach Sprachgruppen in einzelne Sektionen unterteilt, die (jiddischsprachige) jüdische Sektion spielte im Widerstand eine bedeutende Rolle

MUR: Mouvements Unis de la résistance (Vereinigte Widerstandsbewegungen), Zusammenschluß der drei gaullistischen beziehungsweise nichtkommunistischen Widerstandsbewegungen Libération, Combat und Franc-Tireur in der Südzone Frankreichs

OKW: Oberkommando der Wehrmacht

Onderduikers: Niederländisch »Untergetauchte«, jüdische und/oder politisch Verfolgte, die sich vor ihren Verfolgern versteckten

OSE: Œvre de secours aux enfants (Kinderhilfswerk), jüdische medizinisch-soziale

Fürsorgeeinrichtung für die Kinder der osteuropäischen jüdischen Immigranten in Frankreich

PA: Partisans Armés (Bewaffnete Partisanen), bewaffnete Formation der FI in Belgien

Pejes: Lange Schläfenlocken, die von orthodoxen Juden getragen werden

Pessach: Fest zur Erinnerung des Auszugs der Juden aus Ägypten

Poale Zion: Hebräisch »Arbeiter Zions«, sozialistisch-zionistische Arbeiterpartei, die sich 1920 in die Linke Poale Zion und die Rechte Poale Zion spaltete

PPR: Polska Partia Robotnicza (Polnische Arbeiterpartei), Kommunistische Partei Polens nach der Neugründung 1942

Purim: Freudenfest zur Erinnerung an die Rettung der Juden in Persien durch die Königin Esther

Rosch Haschana: Jüdisches Neujahrsfest

RSHA: Reichssicherheitshauptamt

Sabbat: Schabbat, Schabbes, wöchentlicher Ruhetag von Freitag abend bis Samstag abend, an dem nach dem Gesetz jede Arbeit, einschließlich zum Beispiel des Schulbesuchs, des Schreibens, des Fahrens, des Kochens etc., verboten ist

Scheitel: Perücke, die eine verheiratete jüdische Frau nach streng religiöser Vorschrift tragen muß

Schomer: Hebräisch für »Wächter«, Plural: Schomrim, Mitglied der zionistischen Jugendbewegung Haschomer Hazair (Der junge Wächter)

Schul: Traditioneller und im Jiddischen gebräuchlicher Ausdruck für Synagoge

SD: Sicherheitsdienst

Seder: Der feierlich nach tradiertem Ritus begangene erste Abend von Pessach

Sipo: Sicherheitspolizei (unterstand dem SD)

Skif: Kinderorganisation des Bund in Polen

SS: Schutzstaffel

STO: Service du travail obligatoire (Pflichtarbeitsdienst), 1943 eingeführte Zwangsrekrutierung französischer junger Männer zum Arbeitseinsatz im Deutschen Reich

TA: Travail allemand, korrekt: Travail anti-allemand (antideutsche Arbeit), vom kommunistischen Widerstand in Frankreich und Belgien gebildete Organisation zur Ausspähung und Agitation von deutschen Besatzungsbehörden und Wehrmachtsoldaten

Tarbut: Hebräisch »Kultur«, vor allem in Polen in der Zwischenkriegszeit verbreitetes Gymnasium, das nach zionistischem Vorbild geführt wurde und in dem Hebräisch Unterrichtssprache war

Tefilin: Gebetsriemen, die von strenggläubigen Männern zum Beten angelegt werden

Tsukunft: Jugendorganisation des Bund in Polen

Tiul: Hebräisch »Ausflug«, Tarnname für die von der zionistischen Jugendbewegung in Ungarn organisierten illegalen Grenzübertritte und Flüchtlingstransporte in die Slowakei und nach Rumänien

UGIF: Union générale des israélites de France (Allgemeiner Verband der Israeliten Frankreichs), von den Deutschen kontrollierte Zwangsvereinigung der in Frankreich lebenden Juden, der französische »Judenrat«

UJJ: Union des jeunes Juifs (Verband der jungen Juden), Jugendverband der jüdischen Sektion der MOI in Frankreich

UJRE: Union des Juifs pour la résistance et l'entraide (Verband der Juden für Widerstand und gegenseitige Hilfe), Basisorganisation des jüdisch-kommunistischen Widerstands in Frankreich

Westerbork: Zentrales Durchgangslager in Holland, von dem aus die in Holland lebenden Juden in die Vernichtungslager deportiert wurden

WIZO: Women's International Zionist Organisation, die internationale zionistische Frauenorganisation

YIVO: Jiddischer Visenschaftliker Institut, Institut für das wissenschaftliche Studium der jiddischen Sprache und des sozialen, ökonomischen und kulturellen Lebens des jüdischen Volkes, Hauptsitz des YIVO war bis zur deutschen Besetzung Wilna, seither ist es New York

Zertifikat: Dokument, das von den britischen Mandatsbehörden ausgestellt wurde und eine legale Einreise nach Palästina ermöglichte. Da nur wenige Zertifikate ausgegeben wurden, mußten viele Einwanderungswillige illegal einreisen

ZOB: Zydowska Organizacja Bojowa (Jüdische Kampforganisation), vereinigte Kampforganisation im Warschauer Ghetto; und Kampforganisation des jüdischen Widerstands in Krakau

Zores: Jiddisch für Schwierigkeiten, Sorgen, Kummer, schwierige Angelegenheiten

ZZW: Zydowskie Zwiazek Wojskowy (Jüdischer Militärverband), die Kampforganisation der Revisionisten (Rechtszionisten) im Warschauer Ghetto

Gerda Szepansky

Frauen leisten Widerstand:
1933–1945

Lebensgeschichten nach
Interviews und Dokumenten

Band 3741

Frauen erzählen aus ihrem Leben im Widerstand gegen die Na-
zidiktatur. Kläre versteckt ihren jüdischen Freund, Rosel nimmt
den gelben Stern von der Jacke und geht in die Illegalität, Käthe
verteilt Flugblätter ihrer Widerstandsgruppe, Maria besorgt dem
von der Gestapo Gesuchten Quartier, Dinah Nelken muß in der
Emigration bestehen, Gräfin von M. hilft 62 Verfolgten über die
Grenze. Da steht die Christin neben der Kommunistin und So-
zialdemokratin, die verfolgte Jüdin neben den Frauen, die ihre
jüdischen Freunde nicht im Stich lassen. Sie bewähren sich vor
der Gestapo, überstehen Gefängnis und KZ durch die Solidarität anderer Frauen. Unterschiedlich von Herkunft, Weltanschau-
ung, Charakter und Temperament, ist ihnen allen eines gemeinsam: der Mut zur Menschlichkeit in einer unmenschlichen Zeit.
Gerda Szepansky hat mit diesen Frauen gesprochen und ihre
Lebensgeschichten aufgezeichnet, zur Erinnerung an dieses Kapitel deutscher Geschichte und den Widerstand von Frauen, von
dem bisher zu wenig die Rede war.

Fischer Taschenbuch Verlag

fi 933 / 4